Direito dos Valores Mobiliários e dos Mercados de Capitais – Angola, Brasil e Portugal

Direito dos Valores Mobiliários e dos Mercados de Capitais – Angola, Brasil e Portugal

2019

Coordenação:
A. Barreto Menezes Cordeiro
Francisco Satiro

ALMEDINA

DIREITO DOS VALORES MOBILIÁRIOS
E DOS MERCADOS DE CAPITAIS
– ANGOLA, BRASIL E PORTUGAL

COORDENAÇÃO
A. Barreto Menezes Cordeiro/ Francisco Satiro

EDITOR
EDIÇÕES ALMEDINA, S.A.
Rua Fernandes Tomás, nºs 76, 78 e 80
3000-167 Coimbra
Tel.: 239 851 904 · Fax: 239 851 901
www.almedina.net · editora@almedina.net

DESIGN DE CAPA
FBA.

PRÉ-IMPRESSÃO
EDIÇÕES ALMEDINA, S.A.

IMPRESSÃO E ACABAMENTO
ACD Print, S.A.

Novembro, 2019

DEPÓSITO LEGAL
464096/19

ALMEDINA | GRUPOALMEDINA

BIBLIOTECA NACIONAL DE PORTUGAL – CATALOGAÇÃO NA PUBLICAÇÃO
DIREITO DOS VALORES MOBILIÁRIOS E DOS MERCADOS DE CAPITAIS – ANGOLA, BRASIL E PORTUGAL
Direito dos valores mobiliários e dos mercados de capitais
– Angola, Brasil e Portugal / coord. A. Barreto Menezes Cordeiro, Francisco Satiro. – (Obras colectivas)
ISBN 978-972-40-8193-9
I – CORDEIRO, A. Barreto Menezes
II – SATIRO, Francisco
CDU 347

ABREVIATURAS

Absatz	Abs.
Accounting Review	Accounting Rev.
acórdão – acórdãos	ac. – acs.
African Review of Economic and Finance	African Rev. of Econ. and Fin.
Agência de Regulação e Supervisão de Seguros (Angola)	ARSEG Ao
Alemanha (e derivações)	Ger
alínea – alíneas	al. – als.
Análise Social	AnSoc
Angola (e derivações)	Ao
Arizona State Law Journal	Ariz. St. L.J.
artigo – artigos	art. – arts.
Assembleia-Geral das Nações Unidas	AG-ONU *ou* AG-NN.UU.
Associação Académica da Faculdade de Direito de Lisboa	AAFDL
Auflage (= edição)	Auf.
Autor	A.
Autores Vários	AA.VV.
Autoridade Bancária Europeia (União Europeia)	EBA
Autoridade Europeia para Seguros e Pensões Ocupacionais (União Europeia)	EIOPA
Banco Angolano de Investimentos	BAI Ao
Banco Central do Brasil	BACEN Br
Banco Central Europeu (União Europeia)	BCE
Banco de Fomento Angola	BF Ao

Banco de Portugal	BP Pt
Banco Nacional de Angola	BN Ao
Boletim de Ciências Económicas da Faculdade de Direito da Universidade de Coimbra	Bol. Cienc. Eco. FDUC
Boletim de Faculdade de Direito de Coimbra	BFDUC
Boletim do Instituto Brasileiro de Ciências Criminais	Bol. IBrCCrim
Boletim do Ministério da Justiça	BMJ
Bolsa de Dívida e Valores Mobiliários de Angola	BODIVA Ao
Brasil (e derivações)	Br
Brigham Young University Law Review	BYU L. Rev.
Bulletin Joly Bourse	Bull. Joly Bourse
Bundesanstalt für Finanzdienstleistungsaufsicht	BaFin
Bundesgerichtshof	BGH
Bürgerliches Gesetzbuch (Código Civil, Alemanha)	BGB
business to consumer	B2C
Cadernos do Mercado de Valores Mobiliários	CadMVM
Capital Markets Union	CMU
Cardozo Law Review	Cardozo Law Rev.
Católica Law Review	CLR
Centro de Estudos e Investigação Científica – Universidade Católica de Angola	CEIC
Centro de Estudos e Investigação Científica da Universidade Católica de Angola	CEIC-Univ. Católica de Angola
citada *ou* citado	cit.
Code Civil (Código Civil, França)	CC Fr
Codice Penale (Código Penal, Itália)	CP It
Código Civil (Itália)	CC It
Código Civil (Portugal)	CC Pt
Código da Propriedade Industrial (Portugal)	CPI Pt
Código das Sociedades Comerciais (Portugal)	CSC Pt
Código de Direito de Autor e dos Direitos Conexos	CDADC Pt
Código de Processo Civil (Brasil)	CPP Br
Código de Processo Civil (Portugal)	CPC Pt
Código de Propriedade Industrial	CPI Pt

Código de Valores Mobiliários – Dec. Lei nº 486/99, de 13 de novembro de 1999 (Portugal)	CVM Pt
Código de Valores Mobiliários (Angola)	CVM Ao
Código do Mercado de Valores Mobiliários – Dec. Lei nº 142-A/91, de 10 de abril de 1991 (Portugal)	CodMVM/91 Pt
Código do Procedimento Administrativo (Portugal)	CPA Pt
Código do Trabalho (Portugal)	CT Pt
Código dos Valores Mobiliários (Portugal)	CVM Pt
Código Penal (Brasil)	CP Br
Código Penal (Espanha)	CP Es
Código Penal (Portugal)	CP Pt
Colectânea de Jurisprudência	CJ
Columbia Business Law Review	CBLR
Comissão de Mercado de Capitais (Angola)	CMC Ao
Comissão de Mercado de Capitais (Angola)	CMC Ao
Comissão de Valores Mobiliários do Brasil	CVM Br
Comissão do Mercado de Valores Mobiliários (Portugal)	CMVM Pt
Comissione Nazionale per le Societá e la Borsa	Consob
Comité Europeu do Risco Sistémico (União Europeia)	CERS
Comité Europeu dos Reguladores de Valores Mobiliários	CESR
confira	cfr. *ou* cf.
Conselho Administrativo de Defesa Econômica (Brasil)	CADE
Conselho (União Europeia)	Conselho *ou* C UE
Conselho da Europa	CE *ou* EC
Conselho de Controle de Atividades Financeiras (Brasil)	COAF Br
Conselho de Recursos do Sistema Financeiro Nacional (Brasil)	CRSFN Br
Conselho Federal de Contabilidade (Brasil)	CFC Br
Conselho Federal de Corretores de Imóveis (Brasil)	COFECI Br
Conselho Federal de Economia (Brasil)	COFECON Br
Conselho Monetário Nacional (Brasil)	CMN Br
Conselho Nacional de Estabilidade Financeira (Angola)	CNEF Ao
Conselho Nacional de Supervisores Financeiros	CNSF
Constituição da República de Angola	CR Ao

Constituição da República Federativa do Brasil	CRF Br
Constituição da República Portuguesa	CR Pt
Convenção das Nações Unidas contra a Criminalidade Organizada Transnacional (ONU/NN.UU., Palermo/Nova Iorque, 15 de novembro de 2000)	Convenção NN.UU. de Palermo (2000)
Convenção do Conselho da Europa Relativa ao Branqueamento, Deteção, Apreensão e Perda dos Produtos do Crime e ao Financiamento do Terrorismo (EC/EC, Varsóvia, 16 de maio de 2005)	Convenção CE de Varsóvia (2005)
Convenção Europeia dos Direitos Humanos	CEDH
Convenção Relativa ao Branqueamento, Deteção, Apreensão e Perda dos Produtos do Crime (CE/EC, Estrasburgo, 08 de novembro de 1990)	Convenção CE de Estrasburgo (1990)
coordenação ou organização (por)	coord.
Dec.	Decreto
Declaração Universal dos Direitos Humanos	DUDH
Decreto-Lei	DL ou Dec.-Lei
Departamento Central de Investigação e Ação Penal	DCIAP
Departamento de Registro Empresarial e Integração (Brasil)	DREI Br
Diário da República	DR
Diretiva sobre Serviços de Investimento no domínio dos valores mobiliários (93/22/CEE, 10 de maio)	DSI
Direito das Sociedades em Revista	DSR
Direito dos Valores Mobiliários (periódico; Instituto dos Valores Mobiliários)	DVM
Direito e Justiça (Revista)	DJ
Diretiva	D.
Diretiva dos Mercados de Instrumentos Financeiros I (2004/39/CE, 21 de abril)	DMIF I
Diretiva dos Mercados de Instrumentos Financeiros II (2014/65/EU, 15 de maio)	DMIF II
Diretiva nº 2004/25/CE, de 21 de abril	Diretiva das OPAs
distributed ledger technology	DLT
documento	doc.

Draft of a Common Frame of Reference	DCFR
Duke Law Journal	Duke L. J.
e outros	et al.
edição	ed.
Em diversas passagens da obra citada	passim.
empresa pública	EP
Espanha (e derivações)	Es
Estudos de Regulação Pública	ERP
European Securities and Markets Author (Autoridade Europeia dos Valores Mobiliários e dos Mercados)	ESMA
European Banking Federation	EBF
European Business Organization Law Review	EBO Law Rev.
European Company and Financial Law Review	ECFLR
European Journal of International Law	European Jour. Int. Law
European Journal of Law and Technology	EJLT
European Law Journal	ELJ
European Law Review	ELR
European Market Infrastructure Regulation	EMIR
Faculdade de Direito da Universidade Agostinho Neto (Luanda, Angola)	FDUAN
Festschrift / Festschriften	FS
Financial Action Task Force	FATF
Financial Industry Regulatory Authority (Estados Unidos da América)	FINRA
Financial Sector Assessment Program (Programa de Avaliação do Setor Financeiro)	FSAP
Gabinete de Administração de Bens	GAB
Gabinete de Recuperação de Ativos	GRA
Georgetown Law Technology Review	Geo. L. Tec. Rev.
German Law Journal	GLJ
Gewerblicher Rechtsschutz und Urheberrecht	GRUR
Giurisprudenza commerciale (revista)	G.Comm.
Grupo de Ação Financeira Internacional ou Financial Action Task Force	GAFI *ou* FATF

GRUR International	GRUR Int
Harvard International Law Review;	Harvard Int. Lar Rev.
Harvard Law Review	Harv. L. Rev.
Hastings Law Journal	Hastings L.J.
Hong Kong Journal of Legal Studies	Hong Kong JLS
ibidem (no mesmo lugar)	ib. / ibid.
idem (o mesmo / do mesmo autor)	id.
Instituto do Patrimônio Histórico e Artístico Nacional (Brasil)	IPHAN Br
International Economics	Int. Economics
International Organization of Securities Commissions	IOSCO-OICV
International Organization of Securities Commissions	IOSCO
Iowa Law Review	Iowa L. Rev.
isto é (id est)	i.e.
Itália (e derivações)	It
Journal of Corporation Law	J. Corp. L.
Journal of European Consumer and Market Law	EuCML
Journal of Financial Economics	J. financ. econ.
Journal of Financial Regulation and Compliance	Jour. Fin. Reg. Comp.
Journal of Intellectual Property Law & Practice	JIPLP
Journal of Intellectual Property, Information Technology and E-Commerce Law	JIPITEC
Journal of Systems Integration	J. Syst. Integr.
Julgar online (revista)	JO
Juristische Arbeitsblätter (revista)	JA
know your client rule *ou* know your costumer rule	KYC
Lei Constitucional de 1975 (Angola)	LC/75 Ao
Lei Constitucional de 1992 (Angola)	LC/92 Ao
Lei das Sociedades por Ações, Lei nº 6.404 de 15-dez.-1976 (Brasil)	Lei das S.A. Br
Market Abuse Directive I – Diretiva nº 2003/6/CE, do Parlamento Europeu e do Conselho, de 28 de janeiro, relativa ao abuso de mercado	MAD I

Market Abuse Directive II – Diretiva 2014/54/UE (Diretiva do Abuso de Mercado), do Parlamento e do Conselho, de 16 de abril de 2014	MAD II
Market Abuse Regulation – Regulamento (UE) nº 596/2014 (Regulamento do Abuso de Mercado), do Parlamento e do Conselho, de 16 de abril de 2014	MAR
Maryland Law Review	Md. L. Rev.
McKinsey Quarterly (Revista)	McQ
Mecanismo Único de Supervisão Bancária (União Europeia)	MUS UE
Ministério Público	MP
Multimedia und Recht	MMR
National Association of Securities Dealers (Estados Unidos da América)	NASD
National Association of Securities Dealers Automated Quotations – NASDAQ Stock Market	NASDAQ
Neue juristische Wochenschrift	NJW
Neue Zeitschrift für Gesellschaftsrecht	NZG
nota de rodapé	n.
número – números	nº – nºs
obra	ob.
OECD Journal: Financial Market Trends	OECD J.: FMT
Oferta Pública de Aquisição	OPA
Ohio Northern University Law Review	Ohio N.U. L. Rev.
Organização das Nações Unidas / Nações Unidas	ONU / UN / NN.UU.
Organização para a Cooperação e Desenvolvimento Económico	OCDE
Pacotes de produtos de investimento de retalho e de produtos de investimento com base em seguros	PRIIPS
Pacto Internacional de Direitos Civis e Políticos	PIDCP
página – páginas	p. – pp.
Parlamento (União Europeia)	Parlamento *ou* P UE
Parlamento e Conselho (diploma do)	P UE e C UE
Política Internacional (Revista)	PolInt

Polymathea – Revista de Filosofia	Polymathea
por exemplo	p. ex. *ou* e.g. *ou* v.g.
Portugal (e derivações)	Pt
prevenção à lavagem de dinheiro e do financiamento do terrorismo	p.l.d.f.t.
Privacy in Germany	PinG
processo	proc.
Processo Sancionador CVM Br	Proc. Sanc. CVM Br
Public Offers of Securities Regulation	POSR
Questions and Answers (documento para harmonização interpretativa do Direito da União Europeia)	Q&A
Regime Geral das Instituições de Crédito (Portugal)	RGIC Pt
Regime Jurídico do Conselho Nacional de Supervisores Financeiros	Reg-Cnsf
Regulamento (UE) nº 600/2014 do Parlamento Europeu e do Conselho, de 15 de maio de 2014, relativo aos mercados de instrumentos financeiros	MiFIR
Regulamento Delegado (UE)	RD (UE)
reimpressão	reimp.
Revista Angolana de Direito	RAoD
Revista da EMERJ	Rev. EMERJ
Revista da Ordem dos Advogados	ROA
Revista da Procuradoria-Geral do Banco Central	Rev. PGBACEN
Revista de Administração de Empresas	Rev. AE
Revista de Concorrência e Regulação	C&R
Revista de Defesa da Concorrência	Rev. D.C.
Revista de Derecho Penal y Criminología	RDPC
Revista de Direito Comercial	RDCom
Revista de Direito das Sociedades	RDS
Revista de Direito e Estudos Sociais	RDES
Revista de Direito Intelectual	RDI
Revista de Direito Mercantil	RDM
Revista de Legislação e Jurisprudência	RLJ
Revista do Ministério Público	RMP

Revista dos Tribunais	Rev. Trib.
Revista Penal	Rpen
Revista Portuguesa de Ciência Criminal	RPCC
Revue Trimestrielle de Droit Financier	RTDF
Satz	S.
secção	sec.
Secretaria de Acompanhamento Fiscal, Energia e Loteria (Brasil)	SEFEL Br
Securities and Exchange Commission (EUA)	SEC
seguintes / e seguintes	ss.
sem data de edição	[s.d.]
sem editora	[s.e.]
sem local de edição	[s.l.]
Separata	Sep.
Sistema Europeu de Bancos Centrais (União Europeia)	SEBC
Sistema Europeu de Supervisão Financeira	SESF
Special Study of Securities Markets of the Securities and Exchange Comission	SESM-SEC *ou* Special Study
Strafgesetzbuch (Código Penal, Alemanha)	StGB
Suffolk University Law Review	Suffolk U.L. Rev.
Superintendência de Seguros Privados (Brasil)	SUSEP Br
Superintendência Nacional de Previdência Complementar (Brasil)	PREVIC Br
Superior Tribunal de Justiça (Brasil)	STJ Br
Supremo Tribunal Administrativo (Portugal)	STA Pt
Supremo Tribunal de Justiça (Portugal)	STJ Pt
Supremo Tribunal Federal (Brasil)	STF Br
Syracuse Law Review	Syracuse Law Rev.
Tennessee Law Review	Tenn. L. Rev.
Testo unico della finanza (Testo unico delle disposizioni in materia di intermediazione finanziaria)	t.u.f.
The American Economic Review	American E. Rev.
The Bell Journal of Economics and Management Science	The Bell Journ. EMS
The Journal of Political Economy	J. Pol. Eco.

The Journal of the Higher School of Economics	HSEJ
Themis: Revista de Direito	Themis
tradução (de)	trad.
Tratado da União Europeia	TUE
Tratado que institui a Comunidade Europeia	TCE
Tribunal Constitucional	TC
Tribunal Constitucional (Portugal)	TC Pt
Tribunal da Relação de Coimbra	TRC
Tribunal da Relação de Évora	TRE
Tribunal da Relação de Guimarães	TRG
Tribunal da Relação de Lisboa	TRL
Tribunal da Relação de Porto	TRP
Tribunal de Justiça da União Europeia	TJUE
Tribunal de Justiça das Comunidades Europeias	TJCE
Tribunal Europeu dos Direitos Humanos	TEDH
Tribunal sobre o Funcionamento da União Europeia	TFUE
União Europeia	UE
Unidade de Informação Financeira	UIF.
ver	v. *ou* vide
Vida Judiciária (Revista)	Rev. VJ
Washington and Lee Law Review	Wash. & Lee L. Rev.
Wertpapiererwerbs- und Übernahmegesetz	WpÜG
Wertpapierhandelsgesetz	WpHG
Wertpapier-Mitteilungen	WM
Working Paper / Documentos de Trabalho	WP *ou* [WP nº]
Yale Law Journal	Yale L.J.
Zeitschrift für Bank- und Kapitalmarktrecht (revista)	BKR
Zeitschrift für Wirtschaftsrecht	ZIP

SUMÁRIO

Introdução

I. Os mercados de capitais assumem-se como a face mais visível do sucesso económico de um País. A sua vitalidade pressupõe, por um lado, o surgimento constante de novas empresas, mais competitivas e inovadoras e, por outro lado, a existência de uma classe média pujante, interessada em arriscar as poupanças do seu trabalho em investimentos mais proveitosos.

A importância económica dos mercados de capitais exige uma especial atenção por parte dos legisladores. A necessidade de os regular e supervisionar há muito que se encontra identificada. As crises que sucessivamente se repetem evidenciam uma intrínseca ligação entre a desaceleração económica e o incorreto funcionamento dos mercados.

Mas o Direito dos Valores Mobiliários e dos Mercados de Capitais não é apenas o Direito da bolsa, das ações e dos demais instrumentos financeiros. É também o Direito das sociedades abertas, dos intermediários financeiros, dos fundos de investimento e do capital de risco.

II. Com a presente obra coletiva visa-se a partilha de experiências, de soluções e de perspetivas de futuro de três sistemas ligados por questões económicas e jurídicas, mas também sociais e culturais. Esta inegável proximidade é contrabalançada por importantes diferenças não apenas regulatórias, mas também ao nível da maturidade dos respetivos sistemas financeiros.

Em Angola, a tão antecipada e desejada abertura do mercado de capitais ao investimento privado globalizado será em breve uma realidade, com a privatização de grandes empresas públicas. O estudo do Direito comparado é indispensável para que não se cometam os erros cometidos em Portugal ou no Brasil.

O Direito brasileiro, marcado pela dinâmica B3 – Brasil, Bolsa, Balcão, e influenciado pela doutrina estado-unidense, assume-se como um inegável contraponto, prático e teórico, das conceções jurídicas e regulatórias que moldam o Velho Continente.

Por fim, o Direito português, fortemente influenciado pelo Direito da União Europeia, consubstancia um importante tubo de ensaio para possíveis reformas dos demais países lusófonos.

III. Esta obra coletiva, que reúne trabalhos de práticos e académicos de três Continentes, segue uma sistematização clássica do núcleo do Direito dos Valores Mobiliários: (i) valores mobiliários; (ii) ofertas públicas; (iii) intermediação financeira e investidores; (iv) supervisão; e (v) crimes contra o mercado.

A participação do Dr. Marcelo Barbosa – Presidente da Comissão de Valores Mobiliários – e do Dr. Mário Gavião – Presidente da Comissão do Mercado de Capitais –, que todos os Autores honra e distingue, representa um grande incentivo ao caminho que tem vindo a ser trilhado nos últimos anos: o estudo comparatístico dos Direitos lusófonos/Direitos dos países de língua oficial portuguesa e a aproximação das suas Ciências Jurídicas.

IV. Devemos um agradecimento muito especial à Dra. Inês Sitima, pela preparação do índice de abreviaturas, uniformização dos estilos de citação e revisão geral desta obra.

A. Barreto Menezes Cordeiro/Francisco Satiro

Capítulo I

O Futuro

O mercado de valores mobiliários em Angola: notas sobre o seu desenvolvimento e os desafios para a regulação, supervisão e promoção

Mário Gavião

Foi com muita honra que acedemos ao convite formulado pelo Professor António Barreto de Menezes Cordeiro para apresentar algumas notas sobre o mercado de valores mobiliários em Angola. É o que tentaremos fazer neste breve ensaio, que se apoia no Plano Estratégico para o seu desenvolvimento 2017-2022 e procura identificar os desafios para a sua regulação, supervisão e promoção.

1. Contextualização da actividade desenvolvida pela Comissão do Mercado de Capitais

Para uma adequada contextualização das actividades desenvolvidas pela Comissão do Mercado de Capitais (CMC) no quadro do sistema financeiro angolano, é imprescindível proceder a um breve historial dos passos que levaram à sua criação e da forma como tem participado na construção do mercado de valores mobiliários em Angola.

Os primeiros passos para a criação do mercado de valores mobiliários em Angola foram dados em 1997 com a institucionalização, pelo Executivo, do Núcleo do Mercado de Capitais. O Núcleo tinha a função primordial de criar as condições para o surgimento do mercado de valores mobiliários em Angola e, deste modo, contribuir para a diversificação das modalidades e formas de financiamento à economia angolana e aumentar o grau de transparência no funcionamento das empresas públicas e privadas.

Neste sentido, em 1998, foram apresentados os primeiros estudos sobre a constituição da Bolsa de Valores de Angola e lançadas as premissas que viriam a resultar, mais tarde, no surgimento de um organismo público com funções de regulação, supervisão e fiscalização do mercado de valores mobiliários.

O panorama económico e financeiro que se instalou em Angola no período pós-conflito, ou seja, a partir de 2002, colocou grandes desafios ao sistema financeiro angolano, no sentido de ser dotado de maior sofisticação e capacidade para dar resposta às necessidades dos diferentes agentes económicos, em particular para os que directamente se relacionavam com a captação de recursos financeiros para o desenvolvimento das respectivas actividades.

Foi neste contexto que, em 2005, na sequência da aprovação da Lei das Instituições Financeiras (LIF) e da Lei dos Valores Mobiliários (LVM), se criou, através do Decreto nº 9/05, de 18 de Março, a CMC, com a qualificação de Pessoa Colectiva de Direito Público, dotada de personalidade jurídica e autonomia administrativa, financeira e de património próprio, tutelada pelo Ministério das Finanças. Nos termos do referido decreto, a CMC tinha as seguintes atribuições:

a) Regular, supervisionar e fiscalizar o mercado de capitais e as actividades que envolvessem todos os agentes que nele interviessem directa ou indirectamente, tendo em vista estimular a formação de poupança e a sua aplicação em valores mobiliários;
b) Promover a organização e o funcionamento regular e eficiente do mercado de capitais;
c) Assegurar a transparência do mercado de capitais e das transacções que nele se efectuassem;
d) Assegurar aos investidores internacionais e intermediários em geral, uma informação suficiente, verídica, objectiva, clara, acessível e atempada sobre os valores mobiliários e as entidades que os emitem, e as transacções que são efectuadas.

Em Fevereiro de 2012, com a nomeação do primeiro Conselho de Administração foi elaborado e publicado o Plano Estratégico da CMC, denominado *Estratégia de Actuação 2012-2017*, que assentava no desenvolvimento sequencial dos segmentos do mercado de valores mobiliários e instrumentos derivados, designadamente: (*i*) o mercado de dívida pública, (*ii*) o mercado de dívida corporativa, (*iii*) os fundos de investimento, (*iv*) o mercado de acções e (*v*) o mercado de derivados.

Para o pleno cumprimento dos seus desígnios estratégicos, o Executivo angolano fez aprovar, em 2013, o novo estatuto orgânico da CMC, definido pelo Decreto Presidencial nº 54/13, de 6 de Junho, que estabelece como atribuições a regulação, supervisão, fiscalização e promoção do mercado de capitais, prosseguindo os seguintes objectivos: *i. a protecção dos investidores, ii. assegurar a eficiência, o funcionamento regular e a transparência do mercado de capitais e iii. a prevenção do risco sistémico.*

A CMC passa a estar sujeita à superintendência do Presidente da República e à tutela do Ministro das Finanças, sem prejuízo de prosseguir, de forma independente, as suas atribuições e objectivos, conforme previsto nos números 2 e 3 do artigo 1º e artigo 4º do seu Estatuto Orgânico, aprovado pelo Decreto Presidencial nº 54/13, de 6 de Junho, e nos artigos 17º e 18º do Código de Valores Mobiliários, aprovado pela Lei nº 22/15, de 31 de Agosto, que enquadram a sua actuação a nível do sistema financeiro angolano.

A *Estratégia de Actuação*, então em curso, previa que o mercado de acções seria estruturado em dois segmentos: i. o segmento de balcão organizado, direccionado às pequenas e médias empresas (PMEs) e; ii. o segmento de bolsa, com requisitos de admissão mais exigentes e direccionado às empresas de maior dimensão.

Para cumprir os objectivos definidos no seu plano estratégico, a CMC, para além da vertente institucional e de infra-estruturas de mercado, privilegiou a vertente regulatória, tendo capitaneado a construção do edifício legal que tornou possível a aprovação e publicação de diplomas estruturantes do sistema financeiro angolano, designadamente, a Lei nº 22/15, de 31 de Agosto, que aprovou o Código de Valores Mobiliários (CódVM), a Lei nº 12/15, de 31 de Agosto – Lei de Bases da Instituições Financeiras (LBIF), bem como outros instrumentos legais, entre os quais figuram os Regimes Jurídicos das Sociedades Gestoras de Mercados Regulamentados, dos Organismos de Investimento Colectivo e das Sociedades Corretoras e Distribuidoras de Valores Mobiliários.

Estes diplomas, para além de hoje garantirem a segurança jurídica, a legítima confiança e sã concorrência dos vários intervenientes do mercado e permitirem o regular funcionamento e transparência do mercado de valores mobiliários, encontram-se alinhados com as melhores práticas regulatórias internacionais.

No domínio institucional e infra-estruturas do mercado, e após conclusão do quadro jurídico-legal estruturante do mercado de valores mobiliários, a CMC lançou as bases do que é hoje a Bolsa de Dívida e Valores de Angola (BODIVA), Sociedade Gestora de Mercados Regulamentados, SA. Em Dezembro de 2014, deu-se o arranque dos dois segmentos de mercado, conforme previsto na *Estratégia de Actuação* , e um ano mais tarde, em 2015, foi lançado o primeiro segmento do mercado de balcão organizado, o Mercado de Registo de Operações de Valores (MROV).

O MROV tinha como objectivo fazer com que os negócios realizados, e que eram apenas do conhecimento das partes envolvidas, pudessem agora ser percecionados e canalizados para o mercado, dando início ao registo do histórico das transacções em mercado secundário. Em bom rigor, tratavam-se apenas de registos de negócios previamente realizados no mercado secundário de dívida pública.

Fruto dos desenvolvimentos ocorridos na plataforma tecnológica da BODIVA, entrou em funcionamento, ainda em 2015, a Central de Valores Mobiliários de Angola (CEVAMA) com o propósito de organizar e gerir os serviços de custódia centralizados, compensação e liquidação dos valores mobiliários[1].

Com vista a materializar o mercado de acções, a CMC elaborou dois importantes projectos no âmbito da dinamização do mercado de valores mobiliários em Angola, designadamente, o Programa Operacional de Preparação das Empresas Nacionais para o Mercado Accionista (POPEMA), orientado para as grandes empresas, e o Projecto de Operacionalização do Mercado em Crescimento (MEC), direccionado para as PMEs.

Paralelamente a estes desenvolvimentos e para assegurar a adopção no mercado angolano das melhores práticas de regulação e supervisão, ajustadas às especificidades locais e de acordo com as melhores expe-

[1] Vide Regras BODIVA nº 6/15, da Compensação e Liquidação da Central de Valores Mobiliários (CEVAMA) in http://www.bodiva.ao

riências internacionais, a CMC aderiu às principais organizações internacionais do sector financeiro, com destaque para a IOSCO / OICV (Organização Internacional das Comissões de Valores), da qual é membro ordinário desde Junho de 2017.

A nível da região da África Austral, a CMC aderiu, em 2012, ao *Committee of Insurance, Securities and Non-banking Financial Authorities* (CISNA) , sendo signatária do "*Memorando de Entendimento Multilateral Relativo à Troca de Informações e Vigilância*", que visa promover e manter a estabilidade financeira e o crescimento na região da SADC através de um quadro regulamentar harmonizado e de supervisão eficaz das Instituições Financeiras não Bancárias. A integração da CMC nesta organização regional tem como objectivos:

a) Identificar e mitigar os riscos sistémicos de forma proactiva;
b) Harmonizar e melhorar o quadro regulatório para agilizar o crescimento e o acesso à indústria, e assegurar a sua eficiente e consistente implementação/supervisão;
c) Assegurar a observância ao nível regional dos princípios, normas e boas práticas aplicáveis;
d) Promover a articulação, cooperação e a troca de informações entre os órgãos e agências regionais e internacionais para desenvolver a capacidade regional de combate ao branqueamento de capitais e financiamento do terrorismo;
e) Contribuir para o desenvolvimento da capacidade regulatória competente e profissional;
f) Contribuir para que os investidores e os consumidores estejam bem informados;
g) Promover o desenvolvimento e aprofundamento dos mercados financeiros não bancários; e
h) Promover a observância de boas práticas de governação corporativa.

2. Estrutura do Mercado de Valores Mobiliários

Antes de olharmos para a estrutura do mercado, é importante referir que o mandato do Conselho de Administração nomeado em 2012 ocorreu num contexto repartido em duas fases distintas do ciclo económico. Os primeiros anos, entre 2012 e meados de 2014, foram caracterizados por altas taxas de crescimento económico, baixos níveis de inflação e estabilidade cambial e monetária, tendo sido neste período que se estruturou a base legal e institucional do mercado de valores mobiliários em Angola. O período subsequente foi marcado por uma desaceleração económica como resultado de uma queda acentuada do preço do petróleo, principal produto de exportação de Angola, obrigando a um ajustamento das políticas fiscais e monetárias para um novo contexto, o que teve impacto no desenvolvimento do mercado de valores mobiliários e na execução da *Estratégia de Actuação* para o quinquénio 2012-2017.

Apesar desta nova realidade, foi possível executar o plano estratégico para o desenvolvimento do mercado, do qual se registou a criação de uma sociedade de investimentos e sete fundos de investimento, cujo valor sob gestão se situava, até final de 2017, na ordem dos 1,6 mil milhões de USD.

O surgimento da BODIVA permitiu, desde logo, melhorar paulatinamente a transparência e o nível de informação dos mercados primário e secundário de dívida pública, através do lançamento do primeiro segmento – Mercado de Registo de Operações de Valores (MROV) – que viabilizou o registo em mercado regulamentado de operações de compra e venda de títulos do tesouro, que antes eram efectuadas sem o conhecimento dos restantes participantes do mercado de dívida pública titulada, conforme acima mencionado.

A canalização dos registos dos negócios para o MROV foi impulsionada por uma estrutura de incentivos fiscais de certa forma atractiva (eliminação de 1% de imposto de selo em caso de registo da operação de negociação na BODIVA), e tem captado um montante significativo de registo de negócios. Até final de 2015, o volume de negócios registados cifrava-se em USD 831 milhões, sendo que em 2016 os negócios registados totalizaram USD 2.230 milhões, com uma média de crescimento mensal de 17%, e um nível de profundidade (peso das transacções no PIB) de 2,2%. Salienta-se, ainda, que a maturidade média das obrigações registadas neste segmento de mercado rondou os três anos[2].

[2] Estratégia CMC 2017-2022/Comissão do Mercado de Capitais. – Luanda: CMC, 2017, p. 20 http://www.cmc.gv.ao/sites/main/pt/Lists/CMC%20%20PublicaesFicheiros/Attachments/1067/Estratégia%20CMC%202017%20-%202022_versão%20DCEF.pdf

Actualmente, o mercado gerido pela BODIVA compreende o Mercado de Balcão Organizado e o Mercado de Bolsa, sendo este último integrado pelos seguintes segmentos de mercado:

a) Mercado de Bolsa de Títulos do Tesouro (MBTT): foi o primeiro segmento de bolsa disponibilizado pela BODIVA, em Novembro de 2016, permitindo aos investidores efectuarem as suas operações em regime de *order driven*, isto é, por meio de interacção permanente de todos os interesses de compra e venda;
b) Mercado de Bolsa de Acções (MBA): que se destina à negociação de títulos representativos do capital social de emitentes, isto é, acções em ambiente de bolsa;
c) Mercado de Bolsa de Obrigações Privadas (MBOP): que se destina à negociação de títulos de dívida emitidas por emitentes privados; e
d) Mercado de Bolsa de Unidades de Participação (MBUP): que se destina à negociação de unidades de participação de fundos de investimento.

Como se fez referência, a par da conclusão da infra-estrutura de negociação da BODIVA, foi desenvolvido um longo processo de instalação e parametrização da Plataforma de Liquidação e Compensação, infra-estrutura de pós-negociação que foi fundamental para a entrada em funcionamento da CEVAMA.

Com base num trabalho coordenado entre a CMC, o Banco Nacional de Angola (BNA) e a BODIVA, foi também possível concluir o processo de conexão dos sistemas de negociação e pós-negociação da BODIVA ao Subsistema de Gestão de Activos (SIGMA) e ao Subsistema de Pagamento em Tempo Real (SPTR) do BNA, o que representou um passo significativo na criação de condições para o arranque do MBTT. A conclusão deste processo permitiu a migração dos títulos de dívida pública da plataforma de custódia do BNA para a CEVAMA.

A aprovação, em primeira instância, do Código dos Valores Mobiliários foi decisiva para que a CEVAMA fosse estruturada de forma a possibilitar o registo individualizado na central, por parte dos investidores. Actualmente só é possível transacionar títulos e valores mobiliários na BODIVA após a abertura de uma conta individualizada na central.

Com a finalidade de dar maior credibilidade aos títulos transaccionados na BODIVA, a CMC aderiu a Associação das Agências Nacionais de Numeração (ANNA) e por força da adesão criou o aplicativo para a codificação dos valores mobiliários emitidos no mercado angolano de acordo com os parâmetros estabelecidos pela Associação, facilitando a sua negociação nos mercados geridos pela BODIVA.

3. Entidades registadas na CMC

Com base na segmentação do sistema financeiro e de acordo com o artigo 8º da LBIF e do artigo 23º do CódVM, recaem para a esfera de regulação e supervisão da CMC as seguintes instituições e entidades:

- Sociedades corretoras de valores mobiliários;
- Sociedades distribuidoras de valores mobiliários;
- Instituições financeiras bancárias, no que se refere ao exercício de serviços e actividades sobre valores mobiliários e instrumentos derivados nos termos equiparados às sociedades distribuidoras;
- Sociedades de investimento;
- Sociedades gestoras de patrimónios;
- Entidades gestoras de mercados regulamentados, de sistemas de liquidação, de câmara de compensação ou contraparte central e de sistemas centralizados de valores mobiliários;
- Consultores para investimento e analistas financeiros autónomos;
- Emitentes de valores mobiliários;
- Auditores e sociedades de notação de risco, registados na CMC; e
- Outras entidades que sejam sujeitas por lei à CMC ou outras pessoas que exerçam, a título principal ou acessório, actividades relacionadas com a emissão, a distribuição, a negociação, o registo ou o depósito de valores mobiliários e instrumentos derivados ou, em geral, com a organização e o funcionamento dos mercados de valores mobiliários e instrumentos derivados.

A actuação destas instituições no mercado de valores mobiliários é admitida pela CMC através das suas actividades de licenciamento. Assim, tem-se constatado, nos últimos anos, um crescimento notável no número de entidades registadas na CMC, evidenciando o elevado interesse e o potencial do mercado de valores mobiliários em Angola: até

Junho de 2018 tinham sido registadas na CMC e autorizadas a operar um total de 48 (quarenta e oito) entidades.

4. Evolução das negociações no Mercado Secundário de Dívida Pública

Ao analisarmos as negociações em sede do mercado secundário de dívida pública, é importante recordar que a BODIVA tem sob sua administração o mercado de balcão e o mercado de bolsa. E, tal como já se fez referência, o mercado de balcão integra o Mercado por Grosso de Títulos do Tesouro – MGTT e Mercado de Registo de Operações sobre Valores Mobiliários – MROV.

Com base na Regra nº 4/15 da BODIVA[3], há um conjunto de vantagens para os emitentes de valores mobiliários admitidos naquela instituição, tais como a redução em 50% da taxa aplicável à distribuição de rendimentos (de 10% para 5%), até 2019; a isenção do pagamento do imposto de selo (1%), aplicável à entidade vendedora em caso de negociação das acções; e maior facilidade e rapidez na execução e liquidação de negócios sobre as acções.

O mercado administrado pela BODIVA conta com duas categorias de membros – os membros de negociação e os de liquidação. Os primeiros são agentes de intermediação que asseguram, pelo menos, os serviços de recepção e execução de ordens e é através destes que o investidor poderá encaminhar as suas ordens de compra e venda para o mercado. Os membros de liquidação são as entidades responsáveis por proceder à liquidação física e financeira dos negócios realizados nos mercados geridos pela BODIVA, por isso cabendo-lhes, quando necessário, prover os activos e os recursos financeiros para a boa liquidação das operações efectuadas por si ou por clientes seus.

Actualmente, a BODIVA tem registados 14 (catorze) agentes de intermediação (bancos) registados simultaneamente como membros de negociação e de liquidação e duas corretoras de valores mobiliários registadas apenas como membros de negociação[4].

[3] Esta regra é referente ao mercado de registo de operações sobre valores mobiliários e veio revogar as Regras BODIVA Nº 2/14 – Do Mercado Regulamentado da Dívida Pública Titulada.

[4] Listagem dos membros e outros participantes nos mercados regulamentados http://www.bodiva.ao/index.php?acao=7ade42d6120a45bc30bf3b23642ebec7

Em 2018, o volume de negócios na BODIVA foi de AOA 794 910 493 825,00, equivalente a USD 3 012 488 073,66. Relativamente ao volume de negociação registado até ao III trimestre de 2019, foram transaccionados no Mercado Secundário de Dívida Pública um total de AOA 642 500 671 797,39, equivalente a USD 1 977 981 545,89, o que representa um aumento de 7,29% face ao período homólogo[5].

5. O Plano Estratégico da CMC para o Período 2017-2022: desafios e perspectivas

Do balanço das actividades desenvolvidas no âmbito da *Estratégia de Actuação* 2012-2017 registaram-se, como desafios, a necessidade de promover o surgimento de novos segmentos do mercado de valores mobiliários, bem como aumentar a profundidade dos segmentos do mercado existentes; a importância de adequar a regulação existente às necessidades do mercado de valores mobiliários, promovendo o equilíbrio entre a protecção dos investidores e o desenvolvimento do mercado; a necessidade de aprimorar os mecanismos de supervisão no sentido de fazer dialogar a supervisão baseada na legalidade e a supervisão baseada no risco; e de implementar um programa de educação financeira em parceria com os demais reguladores do sistema financeiro angolano.

Para melhor executar estes propósitos que se inscrevem na sua esfera de actuação, a CMC concebeu o Plano Estratégico da CMC para o período 2017-2022 que, tal como o anterior, foi estruturado com base nos eixos, designados domínios de promoção, regulação, supervisão, cooperação e relações internacionais.

5.1. Domínio da promoção

No âmbito do domínio de promoção, a CMC definiu como objectivos, promover a revisão de aspectos estruturantes necessários ao desenvolvimento do mercado de valores mobiliários; contribuir para a dinamização do segmento de dívida pública, permitindo a criação de uma curva de preços de referência e de aprendizagem aos demais segmentos; dinamizar o segmento dos organismos de investimento colectivo e estimular o surgimento dos demais segmentos do mercado; e promover o alcance de

[5] Relatório Trimestral dos Mercados BODIVA – 2019 – I Trimestre http://www.bodiva.ao/files/relatorio-trimestral/relatoriotrimestral201801.pdf

um nível de educação financeira que garanta a efectiva participação dos investidores no mercado de valores mobiliários, bem como, em sede do Plano Nacional de Inclusão Financeira, incentivar junto da população a adopção de hábitos duradouros de poupança e uma atitude consciente face aos riscos inerentes a qualquer investimento.

O Conselho Nacional de Estabilidade Financeira (CNEF)[6] tem em execução o Plano Nacional de Inclusão Financeira (PNIF), um programa que tem como objectivos, dentre outros, os seguintes: educar a população para que possa compreender os conceitos básicos da actividade bancária e de investimento, bem como serviços e produtos financeiros; divulgação dos direitos e deveres do consumidor financeiro; e disseminação de conhecimentos para que a população possa identificar situações que podem indiciar fraudes ou práticas potencialmente lesivas dos seus interesses financeiros.

O PNIF tem como áreas prioritárias de actuação a educação financeira, o acesso à rede de serviços financeiros, à protecção do consumidor e aos serviços e produtos financeiros digitais. Relativamente à educação financeira pretende-se melhorar o conhecimento e atitudes financeiras dos cidadãos e promover uma cultura de poupança e boa gestão das finanças pessoais; quanto ao acesso à rede de serviços financeiros , pretende-se promover a disponibilização e acesso aos serviços financeiros básicos e promover o recurso responsável ao crédito; relativamente à protecção do investidor orienta-se a divulgação de informação e a criação de mecanismos de protecção do consumidor; quanto aos serviços digitais, pretende-se promover os serviços financeiros digitais como ferramenta fundamental para integração acelerada da população no sistema financeiro.

Para o mercado de valores mobiliários, de modo especial, a CMC tem desenvolvido um programa de literacia financeira estruturado nos seguintes eixos: a) divulgação da importância do mercado de valores mobiliários e do papel da CMC enquanto co-garante da estabilidade do

[6] Um órgão independente público, criado com o objectivo de promover os mecanismos de cooperação para garantir a estabilidade financeira e a prevenção de crise sistémica e é é integrado, como membros permanentes, o Ministro das Finanças que o preside; o Governador do BNA; os Presidentes da CMC e da ARSEG, bem como os respectivos administradores responsáveis pelo pelouro da supervisão.

sistema financeiro, do funcionamento eficiente do mercado e da protecção do investidor; b) inserção de conteúdos financeiros e do mercado de valores mobiliários no sistema regular de ensino; c) divulgação e popularização dos principais conceitos financeiros e do mercado de valores mobiliários; e d) realização de diagnósticos sobre o nível de educação financeira da população angolana.

Com o objectivo de promover o alcance de um nível de educação financeira que garanta a participação efectiva dos investidores no mercado de valores mobiliários, este programa foi estruturado para facultar conhecimentos financeiros às pessoas para que estas promovam escolhas informadas e conscientes, através da sensibilização das mesmas para temas como a racionalidade no consumo, a importância e aplicação de poupanças, o planeamento de despesas, a escolha de serviços e produtos financeiros adequados, o recurso ao crédito em condições que lhes sejam mais vantajosas, entre outros[7].

5.2. Domínio da regulação

Entre 2012 e 2016, a CMC desenvolveu os instrumentos legais e regulamentares necessários para promover o desenvolvimento, em Angola, de um mercado de valores mobiliários transparente e seguro. Com a publicação de mais de 35 diplomas legais produzidos pela CMC, o quadro regulatório do mercado de valores mobiliários afigura-se actualmente robusto, garantindo, assim, a segurança jurídica e promovendo a confiança dos investidores.

Ao domínio da regulação do mercado caberá proporcionar e adoptar as soluções normativas que permitam suportar o desenvolvimento da estrutura de mercados através da resposta às respectivas necessidades de desenvolvimento regulatório.

Neste contexto, a CMC define como desafio a promoção de um quadro regulatório eficiente e efectivo, através do balanço e avaliação das iniciativas legislativas e regulamentares já tomadas; a promoção do desenvolvimento incremental dos aspectos regulatórios associados à organização, estrutura e funcionamento de um mercado de valores mobiliários em pleno desenvolvimento; e o reforço da qualidade

[7] Para mais desenvolvimentos vide. Leonildo João Lourenço Manuel, *Mecanismos de Protecção do Investidor no Mercado de Valores*, Luanda: Where Angola, 2018, 53.

da apresentação de informação ao mercado e a robustez dos sistemas de controlo interno, por intermédio do reforço dos requisitos aplicáveis à actividade de auditoria externa

Assim, a par de necessidade de melhoria contínua de toda legislação criada tendo por base os desafios do mercado, novos desafios se inscrevem para a regulação do mercado de valores mobiliários, como a criação de normas sobre as novas formas de financiamento empresarial, por exemplo, o *crowdfunding*, os títulos de participação das empresas públicas, os contratos de investimentos em bens corpóreos, os instrumentos derivados e os produtos financeiros complexos.

Desde 2017, a CMC tem criado um conjunto de bases técnicas de normas que têm melhorado o processo de supervisão prudencial e comportamental das entidades ligadas ao mercado de valores mobiliários, tal como, as bases técnicas de Instrução sobre os Deveres de Prestação de Informação Financeira dos Emitentes, de Instrução sobre a Prestação de Informação Periódica dos Auditores Externos, de Instrução sobre o Licenciamento das Entidades Supervisionadas pela CMC e de integração no Sistema Informático de Supervisão (SISF) de que nos debruçaremos no próximo ponto em sede do domínio da supervisão.

5.3. Domínio da Supervisão

No âmbito dos princípios da IOSCO e da consultoria prestada pelo Banco Mundial, a CMC estabeleceu como objectivos a melhoria do processo de supervisão exercida junto das entidades sob sua jurisdição, nos termos do artigo 23º do CódVM, deste modo, está em curso a adopção de um modelo de supervisão baseada em regras, pretende adoptar um modelo de supervisão baseada no risco que consiste na avaliação prévia dos riscos, o que permite o seu alinhamento com as melhores práticas internacionais, na definição de procedimentos de supervisão da actividade de auditoria externa e o acompanhamento do desenvolvimento dos segmentos de mercado, de forma a assegurar a adaptação contínua dos procedimentos de supervisão ao novo contexto e quadro de risco.

Para a implementação deste modelo de supervisão, a CMC definiu como ferramentas a existência e a imposição de regras de licenciamento; o estudo de qualidade e estratégia da gestão; a utilização de um programa sistemático de inspecções *in loco*; a exigência de padrões elevados de controlos internos[8]. Em suma, ferramentas que lhe permitam identificar problemas numa fase precoce, tomar medidas correctivas e, se necessário, aplicar sanções proporcionais e dissuasivas[9].

Para a concretização deste modelo de supervisão e nos termos do artigo 29º do CódVM, a CMC desenvolveu um sistema informático integrado de supervisão e fiscalização – SISF (denominado *Kilundu*) configurado como uma plataforma *online*, por meio da qual as entidades dão entrada do processo de licenciamento (autorização e registo) e se fornece toda informação necessária para o efeito.

A plataforma permite que a entidade solicitante possa acompanhar o estado do seu pedido, enviar a informação financeira do respectivo período, tudo dentro dos prazos pré-definidos.

Esta plataforma *online* permite, também, que se faça um acompanhamento das operações de negociação em tempo real, receba a informação de transacções online da bolsa e da *Bloomberg*, o que possibilita a identificação e análise dos riscos de irregularidades, transações suspeitas, manipulação de mercado e abuso de mercado, a recepção de queixas e denúncias, bem como o consequente processo de investigação e o registo e a condução do processo sancionatório.

5.4. Domínio da cooperação e relações internacionais

Para a consecução dos objectivos consagrados na estratégia de actuação para o período 2012-2017, a CMC criou sinergias com diversas instituições locais e internacionais, de modo a obter o apoio e a experiência necessária que lhe permitissem materializar os objectivos previamente definidos, que se centravam na criação das bases para a criação de um mercado de capitais sólido, robusto e dinâmico.

Entendemos que para garantir a execução bem-sucedida do plano estratégico 2017-2022 e criar o mercado de valores mobiliários que que se pretende, é pertinente que a CMC continue a cooperar e a estreitar relações com várias instituições, a nível local e internacional. É neste sentido que pensamos que para o domínio da cooperação e relações ins-

[8] IOSCO, *Toolkit for Risk Based Supervision of Securities Markets Intermediaries, Module 1 Introduction to Risk Based Supervision*, p. 21.

[9] Para mais desenvolvimentos vide. Leonildo João Lourenço Manuel, *Mecanismos de Protecção do Investidor no Mercado de Valores* cit., p. 127.

titucionais, o nosso objectivo deva centrar-se no estreitamento e melhoria das relações já existentes e trabalhar no sentido de se aumentar a rede de parceiros.

Neste contexto, para o período 2017-2022 para o domínio da cooperação e relações institucionais, a CMC definiu como objectivo estratégico, o reforço da capacidade e a imagem institucional da CMC para que possa de forma eficaz e eficiente cumprir a sua missão, privilegiando a constante coordenação, cooperação e diálogo com outras instituições.

Este objectivo pressupõe que o reforço da capacidade institucional contribui em grande medida para a credibilidade do órgão regulador, elemento fundamental para a evolução do mercado de valores mobiliários.

Nos últimos anos, a actuação da CMC tem sido alvo de reconhecimento por diversas entidades, nacionais e internacionais, por força de (i) uma prudente gestão do seu risco reputacional; (ii) intensificação da relação com outros reguladores nacionais e internacionais; (iii) interacção com todos os agentes do mercado; (iv) engajamento de forma consistente e permanente com organismos internacionais; e (v) envolvimento na produção de documentos, relatórios, estudos que possam fornecer contributos válidos para a economia nacional, com especial enfoque para o sistema financeiro e o mercado de valores mobiliários.

6. Perspectivas do Mercado de Valores Mobiliários em Angola

No âmbito do Decreto Presidencial nº 258/17, 27 de Outubro, referente ao Plano Intercalar, definiu-se como medida de fortalecimento do sector financeiro a promoção do mercado de acções por via da privatização em bolsa de empresas de referência.

O Plano Intercalar previa, dentre diversas medidas, a implementação de um Programa de Redimensionamento e Reestruturação do Sector Empresarial Público (SEP) e a Promoção do Mercado de Acções por via da implementação de um Programa de Privatização de Empresas de Referência, pelo que foi criada, por via do Despacho Presidencial nº 19/18, de 20 de Fevereiro, a Comissão de Preparação e Implementação do Processo de Privatização em Bolsa de Empresas de Referência (CoPIPPBER), no qual a CMC participou de forma activa.

A concretização do Programa de Privatizações de empresas de referência por via da bolsa é fundamental, não apenas porque permite ao

Estado obter receitas e diminuir despesas, mas também porque promove a existência e o funcionamento do mercado de acções[10].

Foi nesta senda que o grupo de trabalho definiu – um conjunto de princípios orientadores a ter em conta na definição do programa de privatização de empresas de referência por via da bolsa; os critérios orientadores para escolha das empresas de referência que farão parte do Programa; os principais constrangimentos, desafios, vantagens e desvantagens das principais opções.

Por esta via, à semelhança do que ocorreu noutras geografias e do que já existe em termos do mercado de dívida pública, espera-se que o processo de privatizações impulsione, a curto prazo, a materialização do mercado de acções. Mas, para tal é necessária a superação de determinados desafios ligados fundamentalmente às questões de governação corporativa, ao reporte de informação e à organização contabilística das empresas públicas que estão a ser avaliadas, para que a execução do programa de privatização seja, de facto, uma realidade[11].

Em suma, podemos dizer, de forma consciente, que as perspectivas para o mercado de valores mobiliários em Angola são promissoras, atendendo ao trabalho efectuado até à data e ao nível de compromisso de todas as partes envolvidas no desenvolvimento deste segmento do sistema financeiro, que se quer ágil e robusto, de modo a desempenhar o seu papel no crescimento sustentável da economia e, deste modo, no bem-estar de todos os angolanos.

[10] Leonildo João Lourenço Manuel, *Privatização de empresa via mercado de acções: que desafios?* RDCom (2018) 771-798, 781: https://www.revistadedireitocomercial.com/privatizacao-de--empresa-via-mercado-de-accoes-que-desafios

[11] Leonildo João Lourenço Manuel, *Privatização de empresa via mercado de acções: que desafios?* cit., 783 a 784.

Inovação e mercado de capitais

Marcelo Barbosa
Julia Hebling

Resumo: *É crescente a tendência mundial de emprego de novas tecnologias no mercado de capitais. Considerando, de um lado, a importância de um ambiente institucional que estimule a inovação tecnológica favorável à eficiência do mercado de valores mobiliários e, de outro, o princípio fundamental da proteção do investidor, cabe aos reguladores do mercado de capitais acompanhar e estudar a evolução das práticas de mercado desenvolvidas na esteira de novas tecnologias, de forma que o mercado possa delas se beneficiar, sem no entanto comprometer a efetividade de seus mecanismos de proteção do investidor. Somente assim será possível avaliar as intervenções regulatórias necessárias para atender a demandas e mitigar riscos antes inexistentes. Nesse contexto, a capacidade de os reguladores reagirem hábil e rapidamente às transformações torna-se fundamental para evitar a perda de oportunidades, manter os mercados competitivos e conferir as adequadas proteções aos investidores.*

1. Introdução

O conhecido trabalho de Joseph Schumpeter sobre a importância do aspecto inovador da atividade empresarial[1] tem, neste momento de

[1] Joseph A. Schumpeter, *The Creative Response in Economic History*, em *Essays on Entrepreneurs, Innovations, Business Cycles, and the Evolution of Capitalism*, Transaction Publishers: New Brunswick/Londres (1991), 221-231.

importantes transformações provocadas pela evolução tecnológica, um ótimo caso para estudo.

É natural que, em um ambiente competitivo, novos instrumentos, estratégias e produtos sejam concebidos, alterando padrões vigentes, a fim de atender às demandas dos agentes de mercado e buscar soluções para as falhas que constantemente se apresentam. Por isso mesmo, tampouco pode causar surpresa que tais novidades sejam superadas rapidamente por outras.

Porém, se ao longo do século XX a inovação tinha como força propulsora a necessidade de melhorar as condições de liquidez e de negociabilidade dos instrumentos, aumentar o acesso dos agentes econômicos a fontes de crédito e a mecanismos de participação acionária, bem como reduzir custos de transação[2], hoje sua origem está, principalmente, no acentuado desenvolvimento tecnológico.

Quando o avanço tecnológico se traduz em produtos ou serviços para o mercado de capitais, os reguladores se veem diante da necessidade de entender tais fenômenos e seus impactos para o mercado regulado. Exemplo disso, não mais tão recente, é a adoção, em massa, dos meios que permitem a utilização de ambientes virtuais para a comunicação com investidores, realização de operações, disponibilização de documentos, entre outras funções. Nesse cenário, o aspecto territorial na determinação do alcance da competência dos reguladores, de grande importância, foi objeto de profunda reflexão[3].

Manifestação mais recente desse fenômeno é bem representada pelas captações públicas de recursos que têm como contrapartida os chamados ativos virtuais ou criptoativos[4], que se alastraram de forma avassala-

[2] Para uma reconstrução histórica das motivações das inovações no mercado, cf. Otavio Yazbek, *Regulação do Mercado Financeiro e de Capitais*, 2ª ed., Elsevier: Rio de Janeiro (2009), 56-64.

[3] Boa parte dessas reflexões foi abordada no Edital de Audiência Pública SDM nº 06/2007, que antecedeu a edição da Instrução CVM Br nº 461/2007, que disciplina os mercados regulamentados de valores mobiliários e dispõe sobre a constituição, organização, funcionamento e extinção das bolsas de valores, bolsas de mercadorias e futuros e mercados de balcão organizado.

[4] Embora seja usual a referência a parte desses ativos como "moedas virtuais", a discussão a respeito do enquadramento no conceito de "moeda" é estranha ao escopo deste trabalho e, por razões de concisão, deixo de suscitá-la nesta oportunidade.

dora nos últimos anos[5], e pelo emprego de novas tecnologias de registro e armazenamento de informações como o *blockchain*.

A inovação propicia ao mercado novas dinâmicas, muito frequentemente abrindo espaço para a substituição de práticas estabelecidas por outras que as superam em termos de eficiência. Ao mesmo tempo, a inovação impõe ao regulador o dever de refletir sobre o impacto dessas potenciais mudanças sobre o mercado de valores mobiliários, de forma a ter condições de identificar riscos que justifiquem sua atuação, seja através da emissão de alertas, do estabelecimento de regras de mitigação de tais riscos ou mesmo da vedação de determinadas práticas[6].

Com frequência, o aparato regulatório vigente e mesmo as técnicas de fiscalização e supervisão disponíveis já se encontram aptos a recepcionar os novos produtos e serviços sem a necessidade de alterações normativas. Entretanto, em alguns casos, a regulação existente, ainda que estabelecida de forma mais flexível, que abra espaço para recepcionar a inovação, se revelará insuficiente.

Disso se conclui, antes de tudo, que o primeiro papel do regulador de mercado de capitais diante da inovação será o de conhecer cada fenômeno que se apresenta, para que possa compreendê-lo adequadamente antes da tomada de qualquer decisão que possa produzir resultado prejudicial a uma de suas principais missões: fomentar o desenvolvimento do mercado.

2. O necessário equilíbrio entre a expansão e o funcionamento eficiente e íntegro dos mercados

A discussão sobre a postura do regulador de mercado de capitais diante do fenômeno da inovação deve ser feita com a devida consideração das

[5] Existem registros que indicam que, entre 2014 e 2018, mais de 650 entidades distribuídas entre mais de 50 países emitiram *tokens*, espécie de ativo virtual, arrecadando aproximadamente US$13 bilhões – cf. Thomas Bourveau/Emmanuel T. de George/Atif Ellahie/ Daniele Macciocchi, *Initial Coin Offerings: Early Evidence on the Role of Disclosure in the Unregulated Crypto Market* (27-jul.-2018). Acessível em SSRN: https://papers.ssrn.com/sol3/papers.cfm?abstract_id=3193392 (consultado a 31 de outubro de 2018).

[6] Sobre o cenário desafiador que a tecnologia impôs e impõe aos reguladores do mercado de capitais, confira-se Chris Brummer, *Disruptive Technology and Securities Regulation* (15-jan.-2015). Acessível em SSRN: https://www.papers.ssrn.com/sol3/papers.cfm?abstract_id=2546930 (consultado a 31 de outubro de 2018).

diferenças existentes entre os reguladores dos diversos países, sendo tais diferenças decorrentes de escolhas políticas e administrativas adotadas ao longo do tempo pelos Poderes Legislativo e Executivo.

Como resultado, há aqueles que se organizam de forma integrada com o regulador bancário[7] e os que existem de forma independente[8]. Ainda mirando o aspecto da competência, são frequentes variações significativas na sua abrangência, uma vez que certos reguladores não exercem atuação sancionadora, enquanto outros não apenas sancionam como contemplam, em sua estrutura, tribunais administrativos. Do mesmo modo, enquanto em alguns mercados há reguladores responsáveis, em diferentes graus, pela normatização e supervisão de toda a cadeia de prestadores de serviços profissionais (como por exemplo auditores, consultores e gestores), em outros a supervisão de tais agentes se dá com base na autorregulação.

Há que se considerar, ainda, que os reguladores são norteados por propósitos distintos, a depender das circunstâncias econômicas, sociais e políticas de seus respectivos mercados, o que faz com que atuem conforme mandatos e objetivos nem sempre idênticos. Este aspecto resulta, por sua vez, em abordagens diferenciadas em relação a um mesmo assunto.

Exemplo disto é a postura dos reguladores em face da disseminação das operações envolvendo ativos virtuais: enquanto alguns rapidamente se posicionaram de maneira mais liberal, reconhecendo como legítimas e autorizando essas transações, outros adotaram – ao menos inicialmente – postura mais restritiva, decidindo proibi-las[9]. No entanto, a maior parte dos reguladores optou por adotar postura intermediária, ao mesmo tempo reconhecendo a importância da inovação para o

[7] Como as autoridades reguladoras da Itália (CONSOB) e Alemanha (BaFin).

[8] São exemplos as autoridades reguladoras do Brasil (CVM) e dos Estados Unidos (SEC).

[9] Ao longo de 2017, entre outros países, Estados Unidos (SEC), Inglaterra (FCA), Singapura (MAS), Canadá (CSA), Hong Kong (SFC), Austrália (ASIC) e Portugal (CMVM) alertaram os investidores e os potenciais ofertantes sobre a legislação que poderia recair sobre as ofertas públicas de ativos virtuais (*Initial Coin Offerings*) e os riscos associados a esses investimentos, sem contudo determinar sua proibição. Outras jurisdições, como China e Macau, adotaram medidas para efetivamente banir determinadas instituições a prestar serviços relacionados aos ativos virtuais. Acessível em IOSCO: https://www.iosco.org/publications/?subsection=ico-statements (consultado a 31 de outubro de 2018).

desenvolvimento do mercado e entendendo como importante, em um primeiro momento, alertar os investidores para os riscos existentes em operações envolvendo essas novas modalidades de ativos, sem no entanto impor proibições mais amplas.

Apesar dessas diferenças, e sem deixar de lado os impactos decorrentes, os reguladores têm, em comum, a dupla função de promover o desenvolvimento e o funcionamento eficiente do mercado de capitais e, simultaneamente, preservar sua integridade e confiabilidade perante os agentes que nele atuam. Esses propósitos alinham-se aos objetivos internacionalmente aceitos como próprios da regulação do mercado de capitais[10].

Nessa linha, a CVM Br, nos termos da Lei nº 6.385/76, deverá, no exercício de suas atribuições, dentre outros, "*estimular a formação de poupança e a sua aplicação em valores mobiliários*"[11], "*promover a expansão e o funcionamento eficiente e regular do mercado de ações* (...)"[12] e "*proteger os titulares de valores mobiliários e os investidores do mercado* (...)"[13].

Trata-se de mandato com conteúdo bastante amplo, mas que pode ser resumido na ideia de *formação de capitais*, o que impõe ao regulador o dever de perseguir objetivos que, por vezes, poderão parecer conflitantes, e lhe exigirão a cautela necessária para fazer escolhas devidamente fundamentadas e de fácil compreensão por seus regulados, de modo a indicar, com a clareza possível, suas prioridades[14].

[10] A *International Organization of Securities Commissions* – IOSCO, que promove esforços para o aprimoramento e a uniformização de práticas diversas nos mercados de valores mobiliários, prescreve como principais objetivos da regulação do setor: (i) a proteção dos investidores; (ii) a garantia de que os mercados operem de modo equitativo, eficiente e transparente; e (iii) a redução do risco sistêmico. Acessível em IOSCO: https://www.iosco.org/library/pubdocs/pdf/IOSCOPD561.pdf (consultado a 31 de outubro de 2018).

[11] Art. 4º (I).

[12] Art. 4º (II).

[13] Art. 4º (IV).

[14] É bem verdade que a finalidade de *formação de capitais* pode ser perseguida pelos reguladores com maior ou menor intensidade, a depender dos interesses que os orientam. A Lei nº 6.385/76 assim estabeleceu porque, à época de sua edição, este propósito refletia a realidade brasileira, que demandava medidas destinadas a fortalecer o mercado de capitais, incentivar a criação de considerável volume de poupança e promover a atração de recursos para as companhias nacionais, cf. Luiz Gastão Paes de Barros Leães, *Mercado de Capitais & "Insider Trading"*, Revista dos Tribunais: São Paulo (1982), 128-129; e Ary Oswaldo Mattos

O desafio existe porque, ao mesmo tempo em que a expansão e o desenvolvimento do mercado de capitais são importantes, inclusive sob a perspectiva do investidor que se beneficiará dos ganhos de eficiência oriundos da inovação e de melhores oportunidades de investimento, existem riscos associados a esse crescimento que, se não forem adequadamente afastados ou mitigados, podem prejudicar os investidores a ponto de fragilizar a confiabilidade do mercado e comprometer sua estabilidade como um todo[15].

Isso não significa, contudo, que o estabelecimento de mecanismos de proteção aos investidores possa ser feito de forma arbitrária pelo regulador. Existe uma medida de suficiência na criação dos deveres que são atribuídos aos entes regulados com o objetivo de assegurar a devida proteção aos investidores, e o que quer que se estabeleça além desse patamar poderá resultar em ineficiência, operando contra o desenvolvimento do mercado. Não há dúvidas quanto a que o estabelecimento desse limite de suficiência é uma tarefa que poderá, muitas vezes, se revelar altamente complexa e produzir resultados insatisfatórios.

São várias as frentes nas quais o regulador deverá atuar com o propósito de atrair os investidores e seus recursos a um determinando mercado, atentando-se para a medida de suficiência antes referida. O estabelecimento de mecanismos que promovam e assegurem a ampla transparência de informações[16], a adoção de boas práticas de gover-

Filho/Viviane Muller Prado, *Nota à 2ª edição*, em *Direito, Planejamento e Desenvolvimento do Mercado de Capitais Brasileiro (1965-1970)*, coord. José Rodrigo Rodrigues, Saraiva: São Paulo (2011), 29-38.

[15] Embora à primeira vista a proteção dos investidores possa parecer uma finalidade em si mesma, não se trata disso. Além do objetivo de evitar prejuízos individuais aos investidores em decorrência de práticas inadequadas, essa proteção alcança o propósito mais amplo de garantir a idoneidade do mercado de capitais, cf. Sheila C. Neder Cerezetti, *Artigo 4º*, em *Comentários à Lei do Mercado de Capitais*, coord. Gabriela Codorniz/Laura Patella, Quartier Latin: São Paulo (2015), 122.

[16] Estudos demonstram que a ampla divulgação de informações por emissores de valores mobiliários tem como efeitos: (i) melhorar a qualidade da formação pública de preços dos ativos; (ii) aumentar a liquidez e reduzir a volatilidade dos mercados; (iii) reduzir o custo de identificar oportunidades de investimento; (iv) reduzir os custos de capital; e (v) aumentar a eficácia dos mecanismos de execução dos direitos dos investidores (*eforcement*). Confira-se, por exemplo: Mark H. Lang/Russell J. Lundholm, *Corporate Disclosure Policy and Analyst Behavior*, 71/4 Accounting Rev. (1996); e, Paul M. Healy/Krishna G. Palepu,

nança[17], a qualidade das instituições, a clareza do arcabouço regulatório e a previsibilidade da aplicação de suas regras são apenas alguns exemplos desses campos de atuação. Cada um deles, obviamente, tem grande importância em qualquer avaliação que se faça a respeito da qualidade de um mercado[18].

Destaca-se, nesse contexto, a capacidade do regulador de reagir com agilidade às evoluções do mercado, ainda mais em um cenário em que as novas tecnologias vêm provocando significativas transformações e reclamando respostas em prazos curtos, de forma a não perder janelas de oportunidade e manter o mercado competitivo frente a outros concorrentes.

Neste sentido, cabe observar que a proximidade do regulador com entidades representativas de mercado pode contribuir de forma positiva para que as respostas regulatórias ocorram em prazos razoáveis. Práticas como a manutenção de conselhos consultivos, a realização de audiências públicas e a manutenção de uma agenda de discussões com representantes dos diversos segmentos regulados e especialistas são alguns exemplos de formas de aproximação do regulador com o mercado.

A Review of the Empirical Disclosure Literature, JAE Conference (01-fev.-2001). Acessível em SSRN: http://www.ssrn.com/abstract=258514 (consultado a 31 de outubro de 2018).

[17] A correlação entre boas práticas de governança e o desenvolvimento dos mercados de capitais também foi evidenciada pelos estudos empíricos desenvolvidos por La Porta e outros: Rafael La Porta/Florencio Lopez-de-Silanes/Andrei Shleifer/Robert W. Vishny, *Law and Finance* (27-set.-1996). Acessível em SSRN: http://www.ssrn.com/abstract=7788 (consultado a 31 de outubro de 2018).; e, *Legal Determinants of External Finance*, NBER WP nº 5879 (1997). Acessível em NBER: https://www.nber.org/papers/w5879.pdf (consultado a 31 de outubro de 2018). Dos mesmos autores, vide, também, *Investor Protection and Corporate Valuation*, NBER WP nº 7403 (1999). Acessível em NBER: https://www.nber.org/papers/w7403 (consultado a 31 de outubro de 2018).

[18] John C. Coffee Jr. e Joel Seligman fizeram um apanhado dos objetivos da regulação do mercado de valores mobiliários, que naturalmente influenciam na avaliação de sua eficiência, apontando os seguintes: (i) proteção dos investidores; (ii) manutenção da estabilidade financeira e a administração do risco sistêmico; (iii) satisfação das necessidades informacionais dos investidores; (iv) manutenção de mecanismos eficientes para formação de preço dos ativos; (v) administração dos problemas de agência; e (vi) incentivo do crescimento econômico e do desenvolvimento de inovações tecnológicas, cf. John C. Coffee Jr./Joel Seligman, *Securities Regulation: Cases and Materials*, 9ª ed., Foundation Press: Nova Iorque (2003), 2-7.

3. Impactos do desenvolvimento tecnológico sobre o mercado de capitais

Se, por um lado, a inovação pode atuar como força propulsora do desenvolvimento do mercado, pode ser, ao mesmo tempo, resultado da evolução natural do mercado de capitais. A íntima correlação entre inovação e desenvolvimento é facilmente percebida, por exemplo, nas profundas transformações advindas da adoção de sistemas eletrônicos de negociação ao longo da década de 90 e do processo de desmutualização das bolsas de valores[19]. Mais recentemente, e com maior intensidade desde meados de 2014[20], a crescente utilização da tecnologia de cadastro descentralizado e o aumento do número de operações com feições de ofertas de valores mobiliários envolvendo ativos virtuais têm suscitado importantes questionamentos a respeito do papel do regulador frente à inovação, dada a velocidade com que surgem as novidades.

Em essência, o mercado de capitais é o ambiente em que titulares de recursos e aqueles que necessitam de tais recursos podem alinhar seus interesses em operações em que tais recursos são alocados. Ou, em outra camada de relações negociais, compradores e vendedores podem realizar negócios que envolvam valores mobiliários.

O impacto do desenvolvimento tecnológico sobre esse ambiente é óbvio por qualquer ângulo que se mire. Por exemplo, a multiplicação dos meios pelos quais os agentes podem se comunicar e manter registros de tais comunicações, a velocidade com que as informações podem ser transmitidas e a possibilidade de armazenamento, com segurança e confiabilidade, de volumes exponencialmente crescentes de informações são campos cuja evolução tem se verificado em ritmo difícil de se acompanhar, com a obsolescência de tecnologias que até há pouco haviam sido consideradas, não sem razão, revolucionárias[21].

[19] Os ambientes virtuais de negociação de valores mobiliários que substituíram o pregão viva-voz são um bom exemplo das profundas alterações que podem resultar dos avanços nas comunicações e na tecnologia da informação.

[20] Bourveau/De George/Ellahie/Macciocchi, *Initial* cit., 1.

[21] Desde os anos 90 já se apontavam os impactos dos avanços tecnológicos para o mercado de capitais, como, por exemplo, a disponibilidade de um maior número de canais por meio dos quais os investidores podem ter acesso às informações sobre a companhia investida, cf. Healy/Palepu, *A Review* cit., 38-40.

Como resultado, as fronteiras entre mercados, antes bem definidas, hoje não se encontram demarcadas com a mesma nitidez. O advento das novas tecnologias facilitou o acesso a mercados internacionais, tornando-o menos custoso e proporcionando, com isso, a integração em escala mundial entre diversos agentes e o surgimento de um ambiente em que a proximidade geográfica perde a relevância.

Essas mudanças incentivam a concorrência, que passa a se dar não apenas dentro dos mercados domésticos, mas também entre estes e os mercados internacionais. Entretanto, se por um lado a competição anuncia o surgimento de benefícios para o investidor, tais como a diminuição dos custos de transação, por outro, traz algumas preocupações como aquelas relacionadas às dificuldades de supervisão e aos riscos emergentes das novas tecnologias.

Esses efeitos são percebidos no âmbito dos novos produtos e serviços que, fruto da evolução tecnológica e do engenho humano, são oferecidos aos agentes de mercado. Considere-se, a este respeito, os ativos virtuais que não necessariamente se enquadram na categoria de valores mobiliários, mas podem ser trocados por determinado valor em moeda tradicional, sendo utilizados como meios de pagamento (por exemplo, os *bitcoins*), ou que conferem aos investidores acesso à plataforma, projeto ou serviço, nos moldes de uma licença de uso ou de créditos para consumir ou usufruir determinado bem ou serviço (*tokens* ou *utility tokens*).

O mesmo pode ser dito sobre a utilização de novas tecnologias – como o *blockchain*[22] – que permite o registro e o armazenamento, a partir de meios exclusivamente eletrônicos, dos mais diversos tipos de informações (transações, contratos, títulos de dívida, etc.), sob a promessa de imutabilidade e legitimidade desses registros: conforme novas transações são processadas, blocos de informações são constantemente adicionados à cadeia, preservando-a intacta e completa.

O emprego dessa tecnologia vem trazendo impactos diretos aos segmentos do mercado que abrangem os serviços tradicionais de negociação, pós-negociação e custódia de valores mobiliários. Os sistemas e mecanismos hoje empregados pelas câmaras de compensação e liqui-

[22] O nome faz alusão à cadeia (*chain*) de informações (*blocks*) registradas cronológica e eletronicamente.

dação, pelas centrais depositárias e por plataformas de negociação certamente serão alterados, ajustados ou substituídos a depender dos contornos que vierem a ser definidos em relação ao emprego de tecnologias como o *blockchain*.

Ao viabilizar o registro de informações mais precisas, completas e atualizadas se comparadas àquelas disponibilizadas segundo as estruturas de mercado hoje existentes, essa tecnologia tende a propiciar maior segurança e agilidade às transações a um custo significativamente menor[23]. A criação de meios inéditos através dos quais é possível ao setor produtivo se financiar no mercado e o surgimento de novas empresas prestadoras de serviços, igualmente, trazem vantagens na medida em que ampliam as opções de investimento, assegurando maior flexibilidade aos agentes econômicos e proporcionando novas conveniências.

Naturalmente, um fator que sugere cautela com relação à inovação é a compreensível dificuldade de se identificar, de forma minimamente segura, possíveis riscos relacionados, o que não ocorreria se estivesse sob consideração alguma prática amparada em elementos já conhecidos. Especificamente no campo da tecnologia, os debates a respeito da inovação têm sido presentes não apenas nas agendas de cada órgão regulador, mas também em suas discussões em foros como a *International Organization of Securities Commissions – IOSCO* e o *Financial Stability Board – FSB*, que têm se ocupado desses debates com crescente intensidade[24].

[23] Tanto foi assim que a tecnologia foi concebida a partir da percepção de que a estrutura do sistema financeiro tradicional não foi capaz de garantir a estabilidade durante crises financeiras recentes. Os benefícios trazidos pelo sistema de *blockchain*, aliás, explicam a expansão de sua utilização para outras áreas como, por exemplo, para auxiliar a participação e votação a distância nas assembleias gerais de acionistas de companhias abertas. Confira-se, a este respeito, a plataforma criada pela República da Estônia em conjunto com a NASDAQ para viabilizar a participação de acionistas residentes na Estônia em assembleias de companhias listadas na NASDAQ. Acessível em NASDAQ: http://www.ir.nasdaq.com/news-releases/news-release-details/nasdaqs-blockchain-technology-transform-republic--estonias-e?releaseid=954654 (consultado a 31 de outubro de 2018).

[24] A exemplo do IOSCO *Research Report on Financial Techonologies* (2017), que reflete estudo sobre a evolução das tecnologias financeiras e seus reflexos na regulação do mercado de valores mobiliários. Acessível em IOSCO: https://www.iosco.org/library/pubdocs/pdf/IOSCOPD554.pdf (consultado a 31 de outubro de 2018). E, ainda, dos trabalhos liderados pelo *Financial Stability Board* relativos à análise das implicações à estabilidade financeira que podem ser geradas pelo mercado de criptoativos, conforme refletido em relatório publi-

De um modo geral, são apontados riscos operacionais, de fraudes e ataques cibernéticos – relacionados à fragilidade das plataformas de negociação dos ativos virtuais e de seus sistemas – e riscos de liquidez e volatilidade. Estes últimos, embora inerentes ao funcionamento do mercado de capitais, são significativamente acentuados nas transações envolvendo criptoativos em razão das suas particularidades.

O risco de liquidez é potencializado, em primeiro lugar, porque é mais provável que os ativos virtuais disponíveis em um determinado mercado estejam concentrados nas mãos de um menor número de agentes quando comparado à dispersão usualmente verificada na negociação de valores mobiliários[25]. E, em segundo lugar, como a maior parte das plataformas virtuais de negociação de criptoativos não opera como entidade regulada, isso compromete a conexão entre compradores e vendedores em relação à atuação por meio de intermediários regulados, já que estes últimos, valendo-se da infraestrutura do mercado (centrais depositárias, custodiantes e escrituradores), conseguem reunir em um mesmo ambiente enorme número de agentes. Também por essa razão, tais plataformas ainda não oferecem instrumentos que assegurem efetiva mitigação dos riscos de volatilidade excessiva, aumentando a exposição dos investidores a variações atípicas de preço.

Diante desse cenário, uma série de medidas de supervisão, regulação e de atuação sancionadora vêm sendo estudadas e empregadas pelos reguladores dos mercados de capitais de diversas jurisdições.

Esse movimento demonstra o potencial das inovações introduzidas no mercado de gerar tanto impactos positivos quanto negativos. E é justamente desta contraposição de forças que surgem os principais desafios do regulador no processo de modernização e adaptação do quadro regulatório em face de novas realidades.

cado em julho de 2018. Acessível em http://www.fsb.org/wp-content/uploads/P160718-1.pdf (consultado a 31 de outubro de 2018).

[25] Conforme apontado em recente relatório elaborado pelo *Financial Stability Board* no qual são destacados alguns riscos à estabilidade financeira decorrentes dos criptoativos: "*Ownership of crypto-assets appears to be concentrated among relatively few market participants, limiting market depth and reducing the capacity of markets to accommodate large trading volumes*". Acessível em FSB: http://www.fsb.org/2018/10/crypto-asset-markets-potential-channels-for-future-financial-stability-implications/ (consultado a 31 de outubro de 2018).

Acrescente-se, ainda, que, se o desconhecimento do público investidor em relação a tais novas categorias de ativos ainda é significativo de forma geral, isso será ainda mais verdade em mercados com menor nível de educação financeira, o que requererá atenção especial por parte do regulador.

4. Reflexões no âmbito da regulação do mercado de capitais

Conforme já afirmado, a inovação é peça importante para o crescimento do mercado de capitais. Pode-se até ir além e cogitar se um mercado de capitais refratário à inovação sobreviveria ou definharia, com os investidores migrando para outros mercados mais receptivos a uma realidade em constante evolução[26]. Uma postura razoável por parte dos reguladores tem sido a de adotar, como primeira medida, a identificação dos riscos potenciais para orientação ao mercado. E, a partir daí, determinar respostas regulatórias mais formais, como por exemplo a edição de normativos.

Justamente porque algumas inovações surgem associadas a externalidades negativas[27] não se justificam posturas regulatórias que autorizem práticas ou produtos antes inexistentes sem análise prévia de seus impactos, sobretudo quanto aos riscos que podem ensejar. O objetivo de tal exercício é buscar soluções regulatórias que afastem ou mitiguem de forma satisfatória tais riscos, preservando a higidez do mercado.

[26] Preocupações com os efeitos adversos de respostas regulatórias avessas às inovações foram exaradas pela Comissária da *Securities and Exchange Commission – SEC*, Hester M. Peirce, em voto dissidente proferido no âmbito de julgamento que apreciou proposta de alteração legislativa autorizando a listagem em bolsa de ETF's vinculados a *bitcoins*. Em seu voto, a Comissária sustentou que proibir ETF's com lastro em bitcoins de serem listados em bolsa impediria o acesso dos investidores a esses produtos com o respaldo de regras que lhes garantissem maior proteção (informações adequadas, regras de liquidez, entre outras). Ademais, sustentou a Comissária que a proibição da listagem demonstraria a resistência por parte do órgão regulador em relação a inovações, representando desincentivo ao desenvolvimento do mercado de capitais. Na palavras da Comissária: "*I reject the role of gatekeeper of innovation–a role very different from (and, indeed, inconsistent with) our mission of protecting investors, fostering capital formation, and facilitating fair, orderly, and efficient markets*". Acessível em SEC: https://www.sec.gov/news/public-statement/peirce-dissent-34-83723 (consultado a 31 de outubro de 2018).

[27] Como nos casos em que são introduzidos no mercado produtos inadequados aos destinatários finais ou desacompanhados dos necessários mecanismos de proteção.

Os reguladores devem ter em vista, ainda, que inovações – principalmente aquelas relacionadas à criação de novos produtos – tendem a estimular posturas menos prudentes por parte dos investidores em prol da busca por oportunidades de lucro, muitas vezes em curto prazo. Nesse cenário, a ausência de supervisão e de regras claras que confiram proteções suficientes ao investidor pode ocasionar sérios prejuízos.

Essas premissas devem orientar a postura dos reguladores, impondo-os o exercício de sopesar as vantagens e desvantagens a elas associadas, preservando somente aquelas cujos benefícios ao mercado de capitais superarem os inconvenientes. É sob essa lente que os reguladores do setor devem reagir às inovações.

Nessa linha, é necessário determinar se e como o aparato regulatório será adaptado – seja por meio da alteração de regras existentes, seja através da criação de um novo regime ou mesmo apenas pela emissão de comunicado de cunho interpretativo – para recepcionar as mudanças daí decorrentes acompanhadas das devidas proteções. É inevitável que as respostas regulatórias variem conforme as características das inovações, dos mercados nos quais se manifestam e dos participantes que atingem.

Regras de transparência, por exemplo, podem não ser suficientes para um dado grupo de investidores, em relação ao qual talvez seja mais coerente proibir o acesso a determinados produtos. Da mesma forma, pode haver reguladores que optem por medidas mais conservadoras, em oposição a posturas mais liberais adotadas por outras entidades que tenham por objetivo fomentar os respectivos mercados e atrair um maior número de participantes mesmo que isso signifique afrouxar os mecanismos de proteção existentes.

Seja como for, as escolhas regulatórias devem ser estudadas, sistematizadas e criadas buscando o equilíbrio entre as diretrizes fundamentais à higidez dos mercados de capitais: a proteção aos investidores e a preservação de um ambiente institucional que estimule a inovação tecnológica favorável à eficiência dos mercados de valores mobiliários[28].

[28] Rachel Sztajn ilustrou tais diretrizes ao justificar a interferência do Estado no mercado de valores mobiliários na combinação de crescimento econômico, inovação e acesso a recursos da poupança popular e, principalmente, nos respectivos bens que se deve tutelar

No caso dos criptoativos, dada sua variedade, ainda não há clareza sobre o seu enquadramento como valores mobiliários – ou ao menos a clareza não é suficiente para dispensar a cuidadosa análise casuística, tampouco quanto aos riscos e aos potenciais impactos que podem gerar ao mercado de capitais. Foi, aliás, com o objetivo de aclarar os investidores quanto a essas questões que uma série de notas de esclarecimento e alertas foram emitidos por órgãos reguladores e autoridades de diversas jurisdições[29]. Tais esclarecimentos se prestaram a destacar alguns dos riscos a princípio observados nos investimentos em ativos virtuais e a estabelecer contornos legais mínimos a essas transações enquanto o tema ainda é objeto de estudo e não há certeza quanto à necessidade de edição de normativos específicos.

Discute-se, nesse contexto, a eficiência de se instituir um regime de licenças ou registros prévios para os emissores de ativos virtuais, com o propósito de assegurar a prestação de informações suficientes e adequadas ao público investidor. Estabelecer requisitos de acesso ao mercado de criptoativos parece ser de fundamental importância, uma vez que a disponibilização voluntária de informações pelos participantes pode não ser a alternativa mais eficiente nesses mercados, ainda não regulados e desprovidos de regras de supervisão e sanção[30].

A corroborar essa lógica, estudos recentes demonstraram que o êxito de ofertas de ativos virtuais estava diretamente relacionado à quantidade e, em especial, à qualidade das informações fornecidas aos investidores. Revelaram ainda, sob uma perspectiva mais ampla, que a existência de regras de transparência é capaz de atrair investidores para esses mer-

em relação a cada uma dessas frentes, cf. Rachel Sztajn, *Regulação e o mercado de valores mobiliários*, 135 RDM (2004), 136 e 140-141.

[29] Acessível em IOSCO: https://www.iosco.org/publications/?subsection=ico-statements (consultado a 31 de outubro de 2018). Nos esclarecimentos que prestou ao mercado sobre os *Initial Coin Offerings*, a CVM alertou os emissores que os criptoativos ofertados no Brasil, a depender do contexto econômico de sua emissão e dos direitos conferidos aos investidores, poderão ter natureza de valor mobiliário e, se assim forem enquadrados, as ofertas estarão sujeitas ao arcabouço regulatório existente. Além disso, também apontou os principais ricos associados a essas ofertas.

[30] Há que se notar que a autorregulação depende de adequada fiscalização do cumprimento de normas, sob pena de privilegiar os interesses de determinado grupo aos do público em geral. Assim, diante da inexistência de sólido arcabouço regulatório que se aplique aos ativos virtuais, as estratégias de autorregulação ficam comprometidas.

cados porque reduzem os custos de obtenção de informações, mitigam assimetrias e seleções adversas e minimizam os riscos de iliquidez e volatilidade[31].

Outro aspecto que vem sendo analisado no campo dos ativos virtuais é a criação de padrões de conduta destinados às empresas prestadoras dos serviços de negociação, pós-negociação e custódia desses produtos e, como consequência, a sujeição dessas entidades – que hoje atuam livremente – à supervisão e controle de órgãos reguladores. Disciplinar a atuação desses agentes significa aumentar as chances de que adotem controles internos, mecanismos de governança, protocolos de vigilância de mercado, entre outras salvaguardas, que evitem ou ao menos mitiguem a exposição dos investidores[32].

Em outra frente, é notável o desafio que se colocou para a manutenção do conceito de territorialidade, especialmente com o estabelecimento do ambiente virtual da *internet*, o que suscita questões complexas a respeito do alcance da regulamentação de cada jurisdição, bem como das competências das respectivas autoridades. Essas preocupações relacionam-se, essencialmente, às condições segundo as quais os agentes econômicos serão autorizados a se financiar ou prestar serviços em mercados estrangeiros.

Há países que exigem o cumprimento da regulamentação doméstica por entidades ou empresas estrangeiras que desejarem oferecer valores mobiliários ou serviços aos investidores locais, submetendo-as à supervisão do correspondente órgão regulador, como os Estados Unidos[33] e o Brasil. No caso brasileiro, as regras editadas pela CVM Br aplicam-se independentemente da residência ou nacionalidade do emissor, dos

[31] Essas conclusões resultaram da análise de 776 entidades que tentaram se financiar por meio de ICO's entre abril de 2014 e fevereiro de 2018. Detalhes sobre o estudo podem ser conferidos em: Bourveau/ De George/ Ellahie/ Macciocchi, *Initial*, cit.

[32] A este respeito: Chris Brummer/Yesha Yadav, *Fintech and the Innovation Trilemma* (2008). Acessível em SSRN: https://www.papers.ssrn.com/sol3/papers.cfm?abstract_id=3054770 (consultado a 31 de outubro de 2018).

[33] Chris Brummer, *Territoriality as a Regulatory Technique: Notes from the Financial Crisis* (2013). Acessível em SSRN: https://www.papers.ssrn.com/sol3/papers.cfm?abstract_id=1616341 (consultado a 31 de outubro de 2018).

intermediários, vendedores ou compradores quando os valores mobiliários forem publicamente distribuídos no mercado de capitais nacional[34].

Desta forma, busca-se garantir aos investidores domésticos adequada tutela, uma vez que estarão cobertos pelas salvaguardas da regulamentação do país em que residem independentemente da origem dos emissores dos títulos negociados ou dos prestadores de serviço. Por outro lado, essa prática submete os agentes estrangeiros a dois conjuntos de normas: as que lhes são impostas pela jurisdição de origem e aquelas exigidas pela regulamentação do país em que seus ativos ou serviços são oferecidos.

Surgem, então, algumas ponderações. Por conta dos custos associados à observância de um duplo arcabouço regulatório, é possível que as atividades empreendidas por tais agentes em mercados internacionais sejam inibidas, privando os investidores do acesso a determinados produtos e serviços. Este fator agrava-se quando a existência de mais de um regime aplicável onerar os participantes de maneira injustificada. Isso poderá ocorrer, por exemplo, quando a jurisdição estrangeira apresentar regras e proteções muito mais robustas e eficazes se comparadas àquelas estabelecidas pela regulamentação doméstica, tornando inócuo o cumprimento desta última, que apenas terá o efeito de atribuir custos adicionais às entidades estrangeiras dispostas a ofertar produtos e serviços de boa qualidade.

Abordagens regulatórias baseadas na imposição de ônus que não se justificam frente aos benefícios reais que podem propiciar tendem a criar incentivos para comportamentos capazes de gerar ineficiências, impactando de modo negativo o desenvolvimento do mercado de capi-

[34] Conforme consolidou o Parecer de Orientação CVM Br nº 33 (30-set.-2005), os emissores e intermediários estrangeiros devem obter as respectivas autorizações junto à CVM se desejarem ofertar valores mobiliários para investidores residentes no Brasil ou exercer a intermediação de operações no mercado local, desde que, neste último caso, as operações intermediadas caracterizem-se como ofertas públicas nos termos da legislação brasileira. Acessível em: http://www.cvm.gov.br/legislacao/pareceres-orientacao/pare033.html (consultado a 31 de outubro de 2018). Ainda sobre este tema, a CVM Br também editou o Parecer de Orientação CVM Br nº 32 (30-set.-2005), que cuida da interpretação da autarquia a respeito da natureza pública das ofertas de valores mobiliários realizadas por meio da *internet*. Acessível em: http://www.cvm.gov.br/legislacao/pareceres-orientacao/pare032.html (consultado a 31 de outubro de 2018).

tais e, consequentemente, o crescimento econômico[35]. O recurso a tais abordagens deve, portanto, ser absolutamente excepcional.

Há, ainda, o risco de as regras locais conflitarem com as regras da jurisdição estrangeira. Neste caso, também haverá efeitos adversos aos investidores, que serão submetidos a um cenário indesejável de insegurança jurídica.

No outro extremo, não exigir o cumprimento da regulamentação local pode dar margem ao surgimento de arbitragens regulatórias, já que os agentes poderão escolher as regras que desejam adotar de acordo com sua conveniência. Com isso, sobrevém a tendência de que regras mais eficazes e que confiram maior proteção aos investidores sejam deixadas de lado em prol daquelas que representem ônus menor a quem tiver de cumpri-las.

Em meio a essas dificuldades, não parece haver alternativa aos esforços de harmonização entre as propostas regulatórias de cada jurisdição, ainda que sem a pretensão de uniformização, mas algum alinhamento que evite arbitragens indesejadas e ofereçam maior segurança aos investidores e mitiguem riscos de comprometimento da estabilidade financeira. Algumas discussões já indicam a necessidade de coordenação internacional entre os órgãos reguladores sem definir, contudo, os contornos de como essa composição poderá, na prática, ser estabelecida[36].

[35] André Grünspun Pitta, *O Regime de Informação das Companhias Abertas*, Quartier Latin: São Paulo (2013), 63. Nesse sentido, Frank H. Easterbrook e Daniel R. Fischel afirmaram: "*There are high costs of operating capital and managerial markets, just as there are high costs of other methods of dealing with divergence of interest. It is inevitable that a substantial amount of undesirable slack of self-dealing will occur. The question is whether these costs can be cut by mechanisms that are not themselves more costly. Investors, like all of us in our daily lives, accept some unwelcome conduct because the costs of the remedy are even greater*", cf. Frank H. Easterbrook/Daniel R. Fischel, *The economic structure of corporate law*, Harvard University Press: Londres (1996), 7.

[36] A IOSCO demonstrou essa preocupação em relatório sobre tecnologias financeiras publicado em 2017, cf. *IOSCO Research Report on Financial Techonologies*. Acessível em IOSCO: https://www.iosco.org/library/pubdocs/pdf/IOSCOPD554.pdf (consultado a 31 de outubro de 2018). De acordo com esse relatório, a organização reconheceu o papel fundamental da coordenação internacional entre os reguladores no campo das "fintechs", inclusive por meio de memorandos de entendimento celebrados entre diferentes jurisdições, a fim de viabilizar o compartilhamento de informações relacionadas às inovações em seus respectivos mercados, bem como de considerações regulatórias. O *Basel Committe on Banking Supervision* e o *Financial Stability Board* também fizeram recomendações semelhan-

Deve-se reconhecer, a este respeito, que a articulação entre propostas regulatórias internacionais é tarefa complexa. Como visto, os reguladores atuam segundo mandatos e objetivos que não necessariamente são convergentes. Enquanto alguns podem pretender expandir o mercado de capitais priorizando as inovações a qualquer custo, reguladores de mercados mais maduros podem preferir postura mais conservadora em vista do maior peso que conferem à proteção dos investidores. O grau de educação financeira do público investidor também deve ser considerado, por reguladores, como um fator importante a pautar sua atuação.

Daí porque é altamente recomendável a busca pelo alinhamento internacional, ao menos para que se alcance consenso sobre as bases mínimas a partir das quais cada jurisdição erigirá suas próprias regras. Ademais, por permitir o compartilhamento de experiências e informações, a articulação entre os reguladores também poderá contribuir para a formulação de diretrizes e mecanismos mais eficientes, especialmente em mercados cujas estruturas e riscos são tão pouco familiares[37].

Por fim, outro importante elemento a ser considerado com relação às respostas regulatórias em face da evolução das práticas no mercado de capitais está associado ao fato de que, pela velocidade com que essas mudanças se manifestam, a criação de regras detalhadas pode ser contraproducente no longo prazo, uma vez que poderão tornar-se obsoletas rapidamente. Desse modo, é provável que intervenções regulatórias

tes. Acessíveis, respectivamente, em BIS e FSB: https://www.bis.org/bcbs/publ/d415.htm e http://www.fsb.org/wp-content/uploads/R270617.pdf (todos consultados a 31 de outubro de 2018).

[37] Este e outros benefícios da cooperação internacional no âmbito da regulação financeira foram destacados por Lev Bromberg, Andrew Godwin e Ian Ramsay em artigo sobre o tema. Confira-se: "*In respect of Fintech, there may be a tension between countries' national preferences because they compete to attract Fintech businesses and entrepreneurs, which reduces the potential for effective cooperation between regulators. However, effective cooperation between regulators could also deliver significant benefits for both regulators and Fintech start-ups, particularly because it would allow the latter to become more sustainable by providing their innovative offerings in a number of jurisdictions without having to navigate different regulatory requirements in each country. Effective cooperation would also help regulators ensure that lawmaking and regulatory design is more proactive, dynamic and responsive*", cf. Lev Bromberg/Andrew Godwin/Ian Ramsay, *Cross-Border Cooperation in Financial Regulation: Crossing the Fintech Bridge*, Capital Markets Law Journal (18-jan.-2018). Acessível em SSRN: https://www.papers.ssrn.com/sol3/papers.cfm?abstract_id=3105141 (consultado a 31 de outubro de 2018), 18-19.

mais eficientes no campo das inovações residam na concepção de princípios ou regras genéricos e que possam abranger um leque mais amplo de circunstâncias[38].

5. Conclusão

As inovações no âmbito do mercado de capitais são inerentes à natureza competitiva do setor, inserido em um constante processo de evolução. Trata-se de uma força cujo poder vem sendo estudado há muito no campo econômico, mais notadamente por Schumpeter[39], que cunhou o termo "destruição criativa" para referir-se ao processo contínuo que, sob a perspectiva microeconômica, se percebe no advento de novos processos produtivos que eliminam os até então existentes.

Uma segunda constatação importante, embora óbvia, é a de que a inovação em si não é, por definição, positiva. O que é certo, isso sim, é que a inovação tem o condão de forçar reflexões nos investidores, nos agentes do mercado e no regulador. E isso porque põe em cheque sistemas estabilizados, impondo ponderações sobre os benefícios de tal estabilização, e fazendo com que, de tempos em tempos, seja necessário responder se tal sistema deve se manter íntegro em suas características ou se é o caso de adaptá-lo à inovação – o que tenderá a se verificar quando os benefícios que produz não vierem atrelados a riscos relevantes não mitigáveis por arranjos contratuais e regulatórios.

É neste contexto que, de forma evidente, se manifesta a tensão entre os dois principais objetivos do regulador do mercado de capitais: de um lado, o desenvolvimento de mercado, que não se realiza sem a consciência de que é no próprio mercado, e não no regulador, que, via de regra, se origina a inovação, e que os mercados competem entre si; e de outro, a proteção dos investidores e a garantia de estabilidade financeira.

Uma inclinação para favorecer o advento de inovações em ritmo mais agressivo pode acabar prejudicando as necessárias análises de adequação de tecnologias e seus possíveis riscos e formas de mitigação. Já uma postura excessivamente cautelosa pode reduzir a atratividade do mercado

[38] Stephen A. Lumpkin, *Regulatory Issues Related to Financial Innovation*, 2009/2 OECD J.: FMT (2009), 12.

[39] Joseph A. Schumpeter, *Capitalism, Socialism and Democracy*, Harper and Brothers: Nova Iorque (1942).

aos investidores e ao setor produtivo, resultando na busca por outros mercados.

Sendo inexistente um equilíbrio perfeito entre o conservadorismo e a abertura para a inovação, não surpreende que o regulador acabe tendendo a adotar postura mais conservadora[40]. Dentre outras possíveis razões, isso pode ser explicado pela maior segurança que tal abordagem oferece em relação aos riscos de fragilização do mercado regulado, e da possibilidade de abertura gradual, na medida em que se conheça melhor as características de cada nova prática ou tecnologia.

De outro lado, não apenas uma postura mais flexível poderia, como dito, abrir maior possibilidade de riscos, como, diferentemente do que tende a ocorrer com a adoção de postura mais conservadora, a decisão por um ajuste gradual se daria provavelmente após a verificação, no caso concreto, de prejuízos.

Sejam quais forem as respostas regulatórias adotadas em face da inovação, deverão ser resultado dessas ponderações e da percepção dos impactos que poderão causar no momento em que inseridas dentro do contexto específico de determinado mercado, tanto para os agentes de mercado quanto para o próprio órgão regulador. É um exercício complexo e que deve ser constante, com plena ciência, de parte do regulador, que é condição para o bom aproveitamento, por parte de seu mercado, das oportunidades de desenvolvimento.

Bibliografia

Basel Committee on Banking Supervision, *Sound Practices: Implications of fintech developments for banks and bank supervisors* (ago.-2017). Acessível em: https://www.bis.org/bcbs/publ/d415.htm (consultado a 31 de outubro de 2018).

Lev Bromberg/Andrew Godwin/Ian Ramsay, *Cross-Border Cooperation in Financial Regulation: Crossing the Fintech Bridge*, (18-jan.-2018). Acessível em SSRN: https://www.papers.ssrn.com/sol3/papers.cfm?abstract_id=3105141 (consultado a 31 de outubro de 2018).

Thomas Bourveau/Emmanuel T. De George/Atif Ellahie/Daniele Macciocchi, *Initial Coin Offerings: Early Evidence on the Role of Disclosure in the Unregulated Crypto Market* (27-jul.-2018). Acessível em SSRN: https://www.papers.ssrn.

[40] Lumpkin, *Regulatory* cit., 2.

com/sol3/papers.cfm?abstract_id=3193392 (consultado a 31 de outubro de 2018).

Chris Brummer, *Territoriality as a Regulatory Technique: Notes from the Financial Crisis* (05-ago.2011). Acessível em SSRN: https://www.papers.ssrn.com/sol3/papers.cfm?abstract_id=1616341 (consultado a 31 de outubro de 2018);
– *Disruptive Technology and Securities Regulation* (15-jan.-2015). Acessível em SSRN: https://www.papers.ssrn.com/sol3/papers.cfm?abstract_id=2546930.

Chris Brummer/Yesha Yadav, *Fintech and the Innovation Trilemma* (19-out.-2017). Acessível em SSRN: https://www.papers.ssrn.com/sol3/papers.cfm?abstract_id=3054770 (consultado a 31 de outubro de 2018).

Sheila C. Neder Cerezetti, *Artigo 4º*, em *Comentários à lei do mercado de capitais*, coord. Gabriela Codorniz/Laura Patella, Quartier Latin: São Paulo (2015).

John C. Coffee Jr./Joel Seligman, *Securities regulation: cases and materials*, 9ª ed., Foundation Press: Nova Iorque (2003).

Frank H. Easterbrook/Daniel R. Fischel, *The economic structure of corporate law*, Harvard University Press: Londres (1996).

Financial Stability Board, *Financial Stability Implications from FinTech: Supervisory and Regulatory Issues that Merit Authorities' Attention* (jun.-2017). Acessível em: http://www.fsb.org/wp-content/uploads/R270617.pdf (consultado a 31 de outubro de 2018);
– *Crypto-assets: Report to the G20 on work by the FSB and standard-setting bodies* (jul.-2018). Acessível em: http://www.fsb.org/wp-content/uploads/P160718-1.pdf (consultado a 31 de outubro de 2018);
– *Crypto-asset markets: Potential channels for future financial stability implications* (out.-2018). Acessível em: http://www.fsb.org/2018/10/crypto-asset-markets-potential-channels-for-future-financial-stability-implications/ (consultado a 31 de outubro de 2018).

Paul M. Healy/Krishna G. Palepu, *A Review of the Empirical Disclosure Literature*, JAE Conference (01-fev.-2001). Acessível em SSRN: http://www.ssrn.com/abstract=258514 (consultado a 31 de outubro de 2018).

Mark H. Lang/Russell J. Lundholm, *Corporate Disclosure Policy and Analyst Behavior*, 71/4 Accounting Rev. (1996).

Rafael La Porta/Florencio Lopez-de-Silanes/Andrei Shleifer/Robert W. Vishny, *Law and Finance* (27-set.-1996). Acessível em SSRN: http://www.ssrn.com/abstract=7788 (consultado a 31 de outubro de 2018);
– *Legal Determinants of External Finance* (1997). Acessível em NBER: https://www.nber.org/papers/w5879.pdf (consultado a 31 de outubro de 2018);
– *Investor Protection and Corporate Valuation* (1999). Acessível em NBER: https://www.nber.org/papers/w7403 (consultado a 31 de outubro de 2018).

Luiz Gastão Paes de Barros Leães, *Mercado de Capitais & "Insider Trading"*, Revista dos Tribunais: São Paulo (1982).

Stephen A. Lumpkin, *Regulatory Issues Related to Financial Innovation*, 2009/2 OECD J.: FMT.

Ary Oswaldo Mattos Filho/Viviane Muller Prado, *Nota à 2ª edição*, em *Direito, Planejamento e Desenvolvimento do Mercado de Capitais Brasileiro (1965-1970)*, coord. José Rodrigo Rodrigues, Saraiva: São Paulo (2011).

André Grünspun Pitta, *O Regime de Informação das Companhias Abertas*, Quartier Latin: São Paulo (2013).

Joseph A. Schumpeter, *Capitalism, Socialism and Democracy*, Harper and Brothers: Nova Iorque (1942);

– *The creative Response in Economic History*, em *Essays on Entrepreneurs, Innovations, Business Cycles, and the Evolution of Capitalism*, Transaction Publishers: New Brunswick/Londres (1991).

Rachel Sztajn, *Regulação e o mercado de valores mobiliários*, 135 RDM (2004), 136-147.

Otavio Yazbek, *Regulação do Mercado Financeiro e de Capitais*, 2ª ed., Elsevier: Rio de Janeiro (2009).

Capítulo II
Valores Mobiliários

Revisitando o conceito de valor mobiliário: o caso especial dos *tokens* emitidos no âmbito de ICOs

A. Barreto Menezes Cordeiro

Resumo: *Os últimos anos têm sido marcados por um rápido processo de digitalização do Direito financeiro e, em especial, do sector dos mercados de capitais. As transformações são evidentes na periferia, com a emergência de novas formas de captação de poupanças, mas também no centro: os conceitos basilares de valor mobiliário, oferta pública ou intermediário financeiro estão diariamente a ser colocados à prova. No presente estudo pretendemos analisar (i) em que medida o conceito de valor mobiliário tem sido afetado com a emergências das ICOs; e (ii) se podem os tokens aí emitidos ser reconduzidos ao conceito de valor mobiliário, no Direito angolano, brasileiro e português.*

1. Introdução

O Direito dos valores mobiliários desenvolveu-se, como a sua denominação o evidencia, em torno do conceito de valor mobiliário. A influência publicista contemporânea e que se reflete, por exemplo, em designações adotadas mais recentemente – *Kapitalmarktrecht*[1] ou *Droit de mar-*

[1] O termo *Kapitalmarktrecht*, somente disseminado a partir da década de 70 do século passado, é muito posterior ao desenvolvimento do Direito alemão dos valores mobiliários. A primeira Lei federal data de 1896 (*Börsengesetz*). Para uma breve análise ao Direito alemão, veja-se: A. Barreto Menezes Cordeiro, *Direito dos valores mobiliários*, I: *Fontes; Dogmática geral*, Almedina: Coimbra (2015), 63 ss.

chés financiers[2-3] – são, tanto numa perspetiva linguística como dogmática, imprecisas. O Direito dos valores mobiliários não é o Direito do mercado, mas sim o Direito dos valores mobiliários – numa aceção ampla – e das situações jurídicas mobiliárias. É essa a constante que atravessa, de forma sempre presente, este ramo jurídico[4]. O facto de alguns ordenamentos jurídicos terem adotado contemporaneamente um novo termo unificador – o de instrumento financeiro – em nada afeta estas considerações iniciais. Na realidade e como oportunamente analisaremos, a expressão instrumento financeiro veio somente substituir o termo de valor mobiliário em sentido amplo, sem, todavia, afetar o seu conteúdo substantivo[5].

É o conceito de valor mobiliário – ou o do seu sucedâneo instrumento financeiro – que determina o âmbito de aplicação material do Código dos Valores Mobiliários português (artigo 2º do CVM Pt) e as competências de supervisão da CMVM Pt (artigo 359º do CVM Pt). O mesmo se verificando para o Direito angolano (artigos 1º e 23º do CM Ao) e para Direito brasileiro (artigos 1º e 8º da Lei nº 6.385, de 7 de dezembro de 1976). Certamente que estes sistemas conhecem exceções. Contudo, o facto de, pontualmente, o Direito dos valores mobiliários regular outros tipos de situações ou de bens não afeta o núcleo da sua existência.

O advento da Era Digital trouxe consigo profundas alterações sociais, culturais e, naturalmente, jurídicas[6]. No âmbito do Direito finan-

[2] É também empregue a designação *Droit financier.*

[3] A denominação *Droit de valeurs mobilières*, consolidada no seio da Ciência Jurídica francesa desde meados do século XIX, caiu também em desuso nos últimos anos. Esta evolução linguística, perfeitamente compreensível, não justifica, todavia, que se apresente o *Droit de marchés financiers* ou o *Droit financier* como ramos jurídicos novos. São os herdeiros diretos do *Droit de valeurs mobilières.* Para uma breve análise ao Direito francês, veja-se: Barreto Menezes Cordeiro, *Direito* I cit., 59 ss.

[4] A. Barreto Menezes Cordeiro, *Manual de Direito dos valores mobiliários*, 2ª ed., Almedina: Coimbra (2018), 22 ss.

[5] Amadeu José Ferreira, *Um Código dos Instrumentos Financeiros? Algumas notas soltas* em *EH Carlos Ferreira de Almeida*, I, Almedina: Coimbra (2011), 706 ss: defendendo uma nova designação: a de Direito dos instrumentos financeiros.

[6] Oliver Stengel/Alexander van Looy/Stephan Wallaschkowski, *Digitalzeitalter – Digitalgesellschaft: Das Ende des Industriezeitalters und Der Beginn einer neuen Epoche*, Springer VS: Wiesbaden (2017).

ceiro[7] – banca, bolsa e seguros –, esta revolução, denominada de *FinTech*[8], coloca novos e renovados problemas à Ciência Jurídica e aos legisladores. Os avanços tecnológicos exigem um esforço de adaptação constante às necessidades contemporâneas, uma reavaliação da dogmática consolidada e a conceitualização jurídica dos novos mecanismos.

Neste estudo, pretendemos revisitar o conceito de valor mobiliário, à luz dos Direitos angolano, brasileiro e português, e analisar o cabimento de reconduzir os *tokens* emitidos no âmbito de uma ICO ao universo dos valores mobiliários.

2. O conceito de valor mobiliário

2.1. Raízes e difusão linguística

A polissemia da locução *valor mobiliário* dificulta a localização do exato momento em que terá começado a ser empregue com um sentido análogo ao que atualmente lhe é atribuído. Julgamos ser possível apontar para a viragem do século XVIII para o século XIX, mais especificamente para a lei de 22 de frimário de na VII (12 de fevereiro de 1798)[9-10]. Nas décadas que se seguiram, a locução é assumida pela pujante Ciência Económica[11], primeiro, e, posteriormente, pela Ciência Jurídica[12]. A adoção deste termo pela doutrina italiana ocorre praticamente em simultâneo, em face da reconhecida ascendência cultural francesa[13].

[7] Barreto Menezes Cordeiro, *Manual* cit., 59 ss: sobre a autonomia dogmática do Direito financeiro e as suas fronteiras.

[8] Barreto Menezes Cordeiro, *Manual* cit., 83 ss.

[9] *Législation sur l'enregistrement.*

[10] O termo havia sido já empregue anteriormente em, pelo menos, um outro diploma, datado de dezembro 1790: s. 5, 1º: "*Les actes, soit entre-vifs ou à cause de mort, contenant dons ou legs de sommes déterminées et de valeurs mobilières désignées et susceptibles d'estimation*". Porém, não é claro com que propósito foi a expressão utilizada: *Recueil des lois de la République Française, concernant l'ordre judiciaire, depuis 1790*, I, ed. por J. P. Crosilhes, I, Montauban (1798), 158.

[11] *Bulletin des sciences géographiques, économie publique; voyages*, VIII, Paris, 1826, 68: breves considerações comparatísticas sobre os mercados britânico e francês.

[12] Ambroise Buchère, *Traité théorique et pratique des valeurs et effets publics*, Marescq Ainé: Paris (1869); Henri Lefèvre, *Traité des valeurs mobilières et des opérations de bourse: placement & spéculation*, E. Lachaud: Paris (1870).

[13] Gaetano Castellano, *I titoli di massa*, 50 Banca, Borsa (1987), 22-37, 23; Vicenzo Vito Chionna, *Le origini della nozione di valore mobiliare*, Rivista delle Società (1999), 831-866, 834 ss. A

Tanto em terras portuguesas[14], como, em menor medida, em terras brasileiras[15] a expressão valor mobiliário foi empregue, durante todo o século XIX e início do século XX, como sinónimo de bem mobiliário ou coisa móvel. A assunção do sentido contemporâneo data, somente e em ambos os lados do Atlântico, da viragem da década de 50 para a década de 60[16].

2.2. Direito português e Direito angolano

2.2.1. O conceito de valor mobiliário

O Decreto-Lei nº 46 342, de 20 de maio de 1965, primeiro diploma em que o termo valor mobiliário é utilizado de forma generalizada, fornece-nos poucos pistas quanto ao seu conteúdo jurídico. Todavia, da leitura conjunta dos artigos 1º e 10º, podemos retirar os seguintes elementos: os valores mobiliários são títulos emitidos por entidades públicas ou privadas e negociáveis em bolsa[17]. Estas linhas gerais conservam-se nos Decretos-Lei nº 55/72, de 16 de fevereiro, e nº 8/74, de 14 de janeiro.

Com o CodMVM/91 Pt é dado um novo passo, no sentido da clarificação do conceito. À suscetibilidade da negociação é acrescentada um outro elemento: o da homogeneidade do seu conteúdo – "conjuntos homogéneos que confiram aos seus titulares direitos idênticos"[18].

Apenas com o CVM Pt, de 1999, o legislador português se aventurou a categorizar os valores mobiliários, apresentando-os como documentos representativos de situações jurídicas homogéneas suscetíveis de serem

primeira obra em que o termo é empregue no respetivo título data de 1926: *I valori mobiliari*, da autoria de Riera.

[14] Código Civil de Seabra, artigos 58º, 151º, 906º, 929º ou 2010º.

[15] Decreto nº 5.589, de 11 de julho de 1905, artigos 29 e 47.

[16] Primeiros diplomas: Portugal, Decreto-Lei nº 42 641, de 12 de novembro de 1959; Brasil, Lei nº 4,728, de 14 de julho de 1965.

[17] A expressão título não parece ser utilizada com um sentido de título de crédito, mas simplesmente com o de representação titulada, independentemente da natureza jurídica do bem aí inscrito: Amadeu José Ferreira, *Valores mobiliários escriturais: um novo modo de representação e circulação de direitos*, Almedina: Coimbra (1997), 28.

[18] Artigo 3º/1, *a)* do CodMVM. Sobre as origens deste preceito, veja-se, o nosso, *Valor mobiliário: evolução e conceito*, 7 RDS (2016), 279-312.

transmitidos em mercado[19]. Esta mesma definição foi adotada pelo legislador angolano, no CVM Ao[20].

São 3 os elementos que compõem o conceito de valor mobiliário: (i) documento; (ii) representativo de situações jurídicas homogéneas; e (iii) suscetível de ser negociado em mercado. A apresentação dos valores mobiliários como documentos pode causar alguma perplexidade, em face do processo de desmaterialização que caracteriza hoje o mercado mobiliário. Numa perspetiva jurídica, por documento entende-se "qualquer objeto elaborado pelo homem com o fim de reproduzir ou representar uma pessoa, coisa ou facto"[21]. Esta definição não se circunscreve ao universo corpóreo, aplicando-se, igualmente, à realidade digital. É o próprio legislador português que reconhece esta posição ao apresentador os documentos eletrónicos como documentos elaborados "mediante processamento eletrónico de dados"[22].

A característica da homogeneidade é comum a todos os valores mobiliários: (i) as ações que compreendam direitos iguais formam uma categoria, artigo 302º/2 do CSC Pt; (ii) as obrigações conferem, aos seus titulares, direitos de crédito iguais sobre a entidade emitente, 348º/1 do CSC Pt; ou (iii) o património dos fundos de investimento é representado por partes de conteúdo idêntico que asseguram aos seus titulares direitos iguais, artigo 7º do RGOIC. A homogeneidade permite ainda distinguir os valores mobiliários dos documentos representativos de situações jurídicas individuais, caso paradigmático dos títulos de crédito[23].

Por fim, esses documentos representativos de situações jurídicas homogéneas apenas poderão ser designados de valores mobiliários se forem negociáveis em mercado. Não se exige a sua negociação efetiva, o sistema basta-se com a mera possibilidade. Esta característica é posta em evidência na coexistência de duas grandes categorias de sociedades abertas: (i) as cotadas em mercados; e (ii) as não cotadas em mercados.

[19] O conceito de valor mobiliário apenas assume este preenchimento com a reforma de 2004 do CVM: artigo 1º, *g)* do CVM Pt.

[20] Artigo 2º, *q)* do CVM AO.

[21] Artigo 362º do CC Pt.

[22] Artigo 2º, *a)* do DL nº 290-D/99, de 2 de agosto.

[23] Para um apanhado sucinto das duas figuras: José de Oliveira Ascensão, *Valor mobiliário e título de crédito*, 56 ROA, 1996, 837-875.

As ações destas últimas, conquanto não sejam transacionadas em bolsa, consubstanciam, para todos os efeitos jurídicos, efetivos valores mobiliários.

2.2.2. O princípio da atipicidade

Dificilmente se poderá afirmar uma preferência histórica do Direito português pelo princípio da tipicidade. A evolução legislativa local aponta no sentido de sucessivos avanços e recuos.

O Decreto-Lei nº 8/74 circunscrevia, no seu artigo 34º, a admissão à cotação bolsistas aos valores mobiliários expressamente indicados na Lei.

O CodMVM/91 Pt, ao não esclarecer, de forma clara, suscitou dúvidas. A primeira doutrina mobiliária acabaria por reconhecer essa possibilidade: Amadeu Ferreira[24], conquanto num primeiro momento a tenha negado[25], Paulo Câmara[26] e Osório de Castro[27].

Na preparação do novo Código – o CVM Pt – a Comissão responsável pela sua elaboração, ciente da querela existente, opta por tomar posição expressa, acabando por prevalecer a tese favorável ao princípio da tipicidade[28-29]. A Comissão propôs-se, assim, a:

> Tipificar os valores mobiliários através da conjugação de critérios de natureza substancial, indicadores das suas características gerais, com a necessidade de reconhecimento em concreto por entidade pública (Ministro das Finanças[30] ou CMVM) dos requisitos exigíveis para a sua emissão e negociação[31].

[24] *Direito dos valores mobiliários*, AAFDL: Lisboa (1997), 162 ss.

[25] *Valores mobiliários escriturais* cit., 24.

[26] *Emissão e subscrição de valores mobiliários* em *Direito dos valores mobiliários*, Lex: Lisboa (1997), 201-241, 221

[27] *Valores mobiliários: conceito e espécies*, 2ª ed., UCP: Porto (1998), 61-63 e 183-185.

[28] Recorde-se que dos três membros que trabalhar no Título I do CVM Pt – Ferreira de Almeida, Amadeu Ferreira e Paulo Câmara –, dois haviam já defendido, por escrito, serem favoráveis ao princípio da atipicidade.

[29] Pedro Pais de Vasconcelos, *O problema da tipicidade dos valores mobiliários*, III DVM (2001), 61-72;

[30] Substituído pelo Banco de Portugal, na versão final do Anteprojeto.

[31] *Trabalhos preparatórios do Código dos Valores Mobiliários*, Almedina: Coimbra (1999), 53.

São dois os principais argumentos invocados: segurança e transparência. Para contrabalançar a rigidez do sistema, atribuiu-se competência à CMVM Pt e ao BdP na "legalização" de novos mecanismos produzidos pelo mercado[32].

A reforma de 2004, operada através do Decreto-Lei nº 66/2004, de 24 de março, viria a rever a posição inicialmente assumida, ao positivar, de forma expressa, o princípio da atipicidade dos valores mobiliários – atual alínea *g)* do artigo 1º[33]. O preâmbulo do diploma não deixa dúvidas em face das razões que motivaram esta importante alteração legislativa:

> É um objectivo da flexibilização e de defesa da inovação financeira que justifica o abandono, no presente decreto-lei, do princípio da tipicidade dos valores mobiliários, substituído por um princípio de liberdade de criação destes valores. O mercado de valores mobiliários português revela, actualmente, a experiência e a maturidade necessárias à revogação daquele princípio que, em 1999, foi consagrado, fundamentalmente, por razões de segurança. Segue-se, assim, de perto a prática internacional e as soluções consagradas nas legislações estrangeiras e vai-se ao encontro de recentes indicações comunitárias, dando-se primazia ao dinamismo e à criatividade dos intervenientes no mercado na emissão de possíveis novos tipos de valores mobiliários. Reserva-se, naturalmente, a função supervisora da Comissão do Mercados de Valores Mobiliários (CMVM) para os casos em que esses valores mobiliários são destinados ao público.

2.2.3. O conceito de valor mobiliário em sentido amplo e o conceito de instrumento financeiro

Dogmaticamente e sem negar a volatilidade que sempre caracterizou o preenchimento do conceito de valor mobiliário, parte da Ciência Jurídica tende a reconhecer, numa tradição que remonta, pelo menos, aos

[32] *Trabalhos preparatórios* cit., 177: "Esse pareceu ser o caminho adequado para combinar o dinamismo e a criatividade dos agentes nos mercados com a necessária segurança que nestes deve existir".

[33] Daniela Farto Baptista, *O princípio da tipicidade e os valores mobiliários* em *Jornadas sociedades abertas, valores mobiliários e intermediação financeira*, coord. Maria Fátima Ribeiro, Almedina: Coimbra (2007), 87-121.

escritos oitocentistas de Buchère[34], a assunção, pelo termo, de dois sentidos distintos: (i) um sentido estrito, abrangendo ações, obrigações e outros instrumentos similares; e (ii) um sentido amplo, abarcando, por recurso ao panorama moderno, as mais variadas figuras, desde os títulos do mercado monetário aos instrumentos estruturados e derivados. Esta conceção encontra-se bem enraizada na realidade jurídica mobiliária portuguesa.

Na sua versão original, o CVM Pt reconhecia duas grandes modalidades de valor mobiliário – a que acresciam outras categorizações secundárias: (i) valor mobiliário em sentido estrito, consagrado no artigo 1º; e (ii) valor mobiliário em sentido amplo, positivado no artigo 2º/3,

> Para efeitos do número anterior, as referências feitas neste Código a valores mobiliários devem ser entendidas de modo a abranger outros instrumentos financeiros.

e que parece assumir, cumulativamente, a denominação de instrumento financeiro, sendo essa sinonímia destacada no próprio preâmbulo, no ponto 7[35]:

> Daí que a expressão "valor mobiliário" utilizada ao longo do Código significa também "instrumento financeiro".

A estes dois tipos base, acresciam (iii) valores mobiliários de natureza monetária, sujeitos ao CVM Pt consoante as suas características não fossem incompatíveis com o respetivo regime jurídico (2º/2): (iv) valores mobiliários sujeitos ao CVM Pt; (v) valores mobiliários parcialmente sujeitos ao CVM Pt (111º: exclui a aplicação da parte respeitante à emissão); e (vi) valores mobiliários sujeitos a legislação especial – caso dos valores mobiliários monetários incompatíveis com o regime geral (2º/2). Embora introduzindo importantes novidades, com especial destaque para o pujante conceito de instrumento financeiro, a sistematização con-

[34] Ambroise Buchère, *Traité théorique et pratique des valeurs et effets publics*, Marescq Ainé: Paris (1869), 14.

[35] Não nos parece, assim, que a expressão instrumento financeiro tenha assumido, logo com a versão original do CVM Pt, uma autonomização dogmática ou absorvido o conceito base de valor mobiliário.

ceitual da versão original do CVM Pt é particularmente próxima da prevista no CodMVM/91 Pt.

Foi apenas com o Decreto-Lei nº 357-A/2007, de 31 de outubro, que transpôs para a ordem jurídica interna a Diretriz nº 2004/39/CE, de 21 de abril (DMIF), que o Direito dos valores mobiliários sofreu uma profunda e revolucionária modificação. As alterações em nada afetaram o conceito de valor mobiliário *stricto sensu*, aperfeiçoado com o Decreto-Lei nº 66/2004; foram antes dirigidas ao conceito de valor mobiliário *lato sensu*, vertido, globalmente, no artigo 2º, e que foi consumido pelo de instrumento financeiro[36].

À luz das alterações introduzidas pelo Decreto-Lei nº 357-A/2007, de 31 de outubro, o CVM Pt assenta na seguinte sistematização conceitual e terminológica:

a) valores mobiliários, que poderão ou não estar sujeitos, total ou parcialmente, ao CVM Pt, veja-se o já referido artigo 111º;
b) instrumentos financeiros, categoria que passa a desempenhar o papel até então assumido pelo conceito de valor mobiliário *lato sensu*;
c) meios de pagamento, figura autónoma não reconduzível aos conceitos de valor mobiliário ou de instrumento financeiro – corresponde a anterior categoria valor mobiliário monetário não sujeito ao CVM Pt (artigo 2º/2 da versão original do CVM e artigo 2º/2, *a)* do CodMVM/91 Pt).

A realidade angolana é idêntica. Numa perspetiva geral, também o CVM Pt Ao assenta em duas figuras primordiais: o valor mobiliário, definido do artigo 2º, *q)* e o de instrumento financeiro ou de valor mobiliário em sentido amplo que abrange, pelo menos, os valores mobiliários em sentido estrito e os instrumentos derivados, positivados no artigo 2º, *e)*.

[36] Esta viragem terminológica é posta em evidência no preâmbulo do diploma: "Relativamente ao elenco dos instrumentos financeiros, impõe-se clarificar os instrumentos financeiros que, além dos valores mobiliários, devem assim ser qualificados".

3. Direito brasileiro

3.1. Evolução histórica

O Direito dos valores mobiliários (Direito do mercado de capitais) brasileiro contemporâneo foi inaugurado pela Lei nº 6.385, de 7 de dezembro de 1976. Entre as várias medidas então implementadas, destaca-se, naturalmente, a criação da CVM Br: medida decisiva para a autonomização regulamentar deste ramo jurídico[37].

Seguindo uma conceção formal, idêntica à prevista no Decreto-Lei nº 8/74 (Portugal), a Lei nº 6.385, na sua redação original, previa, no seu artigo 2º, as seguintes categorias de valores mobiliários: "ações, partes beneficiárias e debêntures, os cupões desses títulos e os bónus de subscrição e os certificados de depósito de valores mobiliários". O legislador positivou uma cláusula de salvaguarda, considerando como valores mobiliários "outros títulos criados ou emitidos pelas sociedades anônimas, a critério do Conselho Monetário Nacional". Ao longo dos anos que se seguiram, o Conselho Monetário Nacional, fundado neste preceito, reconduziu ao universo dos valores mobiliários (i) as notas promissórias[38]; (ii) os direitos de subscrição, os recibos e as opções de valores mobiliários e os certificados de depósito de ações[39]; (iii) os certificados representativos de contratos mercantis de compra e venda a termo de energia elétrica[40]; ou (iv) os certificados de recebíveis imobiliários[41]. A lista de valores mobiliários foi alargada, diversas vezes, por decisão legislativa[42].

O panorama jurídico brasileiro seria objeto de profundas alterações no final do século passado. A 8 de janeiro de 1998 é editada a Medida Provisória nº 1.637, de forma a dar resposta à necessidade de regula-

[37] Aline Pacheco/Bruno Saraiva Pedreira de Cerqueira/Evy Cynthia Marques/Mariana Ventura Milnitzky, *CVM: limites de sua competência* em *Mercado de capitais brasileiro II: doutrina, cases & materials*, Quartier Latin: São Paulo, 2015, 32-48, 33.

[38] Resolução nº 1.723, de 27 de junho de 1990.

[39] Resolução nº 1907, de 26 de fevereiro de 1992.

[40] Resolução nº 2405, de 25 de junho de 1997.

[41] Resolução nº 2517, de 29 de junho de 1998.

[42] Erik Frederico Oioli/José Romeu G. Amaral, *O conceito de oferta pública como elemento delineador do regime jurídico dos valores mobiliários*, 2 RDSVM (2015), 139-174, 140-141: com múltiplas referências legislativas.

ção dos denominados "contratos de boi gordo"[43]. Influenciado pelo Direito mobiliário estado-unidense, o artigo 1º deste diploma dispunha o seguinte: "Constituem valores mobiliários, sujeitos ao regime da Lei nº 6.385, de 7 de dezembro de 1976, quando ofertados publicamente, os títulos ou contratos de investimento coletivo, que gerem direito de participação, de parceria ou de remuneração, inclusive resultante de prestação de serviços, cujos rendimentos advêm do esforço do empreendedor ou de terceiros".

A grande reforma da Lei nº 6.385, de 2001 – Lei nº 10.303, de 31 de outubro – viria dar um conteúdo renovado ao seu artigo 2º e ao conceito de valor mobiliário. Hoje, o preceito, para além de elencar uma extensa lista de valores mobiliários, prevê um último inciso, diretamente inspirado no artigo 1º da Medida Provisória nº 1.637.

Com a reforma de 2001, o Direito dos valores mobiliários brasileiro adotou um modelo aberto de base substantiva, ou seja, aos valores mobiliários expressamente previstos na Lei acrescem "quando ofertados publicamente, quaisquer outros títulos ou contratos de investimento coletivo, que gerem direito de participação, de parceria ou de remuneração, inclusive resultante de prestação de serviços, cujos rendimentos advêm do esforço do empreendedor ou de terceiros"[44].

3.2 Os *investment contracts* no Direito estado-unidense

O moderno Direito mobiliário estado-unidense tem no *Securities Act*, 1993 (SA), e no *Securities Exchange Act*, 1934 (SEA), os seus pilares fundacionais[45]. Promulgado em resposta à Grande Depressão de 33, o SA[46],

[43] Cit., 164 ss.

[44] Sobre o conceito de valor mobiliário no Direito brasileiro e a sua evolução: Ary Oswaldo Mattos Filho, *O conceito de valor mobiliário*, 25 Rev Adm Empr (1985), 37-51; Nelson Eizirik/Ariádna B. Gaal/Flávia Parente/Marcus de Freitas Henriques, *Mercado de capitais: regime jurídico*, 3ª ed., Renova: Rio de Janeiro (2011), 25 ss.

[45] Elisabeth Keller e Gregory A. Gehlmann, *Introductory Comment: A Historical Introduction to the Securities Act of 1933 and the Securities Exchange Act of 1934*, 49 Ohio St LJ (1988), 329-352.

[46] A bibliografia disponível sobre o tema é inesgotável. Refiram-se alguns estudos introdutórios: William O. Douglas e George E. Bates, *The Federal Securities Act of 1933*, 43 Yale LJ (1933), 171-217: muito provavelmente, a primeira análise mais completa ao diploma; William Douglas, posteriormente Juiz do Supremo Tribunal dos Estados Unidos, foi nomeado, por Franklin D. Roosevelt, para a então recentemente constituída *Securities and Exchange Com-*

por vezes apelidado de *Truth Act*, tem na transparência do mercado o seu objetivo primordial, impondo aos emissores de valores mobiliários estritos deveres de informação, tendo em vista a proteção da posição dos investidores. Ao SEA[47] cabe-lhe regular o mercado secundário dos valores mobiliários, com destaque para a venda a descoberto ou os crimes contra o mercado[48].

Tanto o SA[49] como o SEA[50] contêm uma extensa definição de *security*[51] – termo que equivale ao nosso valor mobiliário. A solução adotada pelo legislador estado-unidense e que influenciou e que continua a influenciar incontáveis sistemas jurídicos, consistiu em enumerar, de forma particularmente exaustiva, várias categorias de *securities*. Esta lista foi sendo, ao longo dos anos, objeto de contínuos alargamentos.

A inflexibilidade da solução estado-unidense e que, inevitavelmente, nos recorda o princípio da tipicidade, tão conhecido da história recente dos sistemas jurídico-mobiliários lusófonos, é meramente aparente. A utilização de termos abertos, com destaque para o de *investment contract*,

mission; Elisabeth Keller e Gregory A. Gehlmann, *Introductory Comment: A Historical Introduction to the Securities Act of 1933 and the Securities Exchange Act of 1934*, 49 Ohio St LJ (1988), 329-352; James M. Landis, *The Legislative History of the Securities Act of 1933*, 28 Geo Wash L Rev (1959), 29-49: análise do processo legislativo que culminou com a elaboração do diploma.

47 John E. Tracy e Alfred Brunson MacChesney, *The Securities Exchange Act of 1934*, 32 Mich L Rev (1934), 1025-1068.

48 William B. Herlands, *Criminal Law Aspects of the Securities Exchange Act of 1934*, 21 Va L Rev (1934), 139-204: sublinhado que os autores do diploma estavam mais preocupados com questões de índole económica, tendo secundarizado os importantes aspetos criminais subjacentes.

49 § 2(1).

50 § 3(a)(10).

51 As definições não são na sua totalidade, coincidentes. Apesar das diferenças pontuais, o Supremo Tribunal dos Estados Unidos tem defendido, de forma contínua e consolidada, uma interpretação única de ambos os preceitos: *Tcherepnin v E. Knight*, 88 S Ct 548-558 (US 1967), 553: "*The Securities Act of 1933 contains a definition of security8virtually identical to that contained in the 1934 Act*"; *International Brotherhood of Teamsters, Chauffeurs, Warehousemen and Helpers of America v Daniel*, 99 S Ct 790-802 (US 1979), nota 7: "*The definition of a "security" in § 3(a)(10) of the Securities Exchange Act is virtually identical and, for the purposes of this case, the coverage of the two Acts may be regarded as the same*"; *Marine Bank v Weaver*, 102 S Ct 1220-1226 (US 1982), nota 3: "*We have consistently held that the definition of "security" in the 1934 Act is essentially the same as the definition of "security in § 1(1) of the Securities Act of 1933*".

permitiu que a legislação americana acompanhasse as constantes evoluções do sector sem que fosse necessário aguardar por alterações legislativas[52].

A expressão *investment contract* é anterior ao próprio SA, sendo já antes conhecida das denominadas *Blue Sky Laws* – legislação mobiliária estadual[53]. Contudo, nem aí nem no SA é avançada qualquer definição. Coube aos tribunais estado-unidenses clarificar os contornos da figura.

O conceito de *investment contract* surge, ainda hoje, moldado pelo incontornável acórdão *Securities and Exchange Commission v W.J. Howey*[54], proferido pelo *Supreme Court*: "*an investment contract for purposes of the Securities Act means a contract, transaction on scheme whereby a person invest his money in a common enterprise and is led to expect profits solely from the efforts of the promoter or a third party, it being immaterial whether the shares in the shares in the enterprise are evidenced by formal certificates or by nominal interest in the physical assets employed in the enterprise*"[55]. À luz do *the Howey Test*, o preenchimento do conceito de *investment contract* pressupõe a verificação de 4 elementos[56]: (i) *an investment of money*; (ii) *expectation of profits*; (iii) *in a common enterprise*; e (iv) *solely from the efforts of others.*

Por *investment of money* entende-se tanto o investimento de dinheiro, como o investimento de qualquer outro bem passível de ser avaliado patrimonialmente. O conceito de *profit* abrange a valorização do capital investido e a distribuição de dividendos[57]. É em relação ao terceiro elemento – *a common enterprise* – que maiores dúvidas subsistem. O facto de o *Supreme Court* não ter, até ao momento, esclarecido os seus exatos contornos, permitiu que os tribunais inferiores avançassem diferentes soluções, com destaque para as seguintes: (i) *horizontal commonality*: o investidor tem sempre de incorrer em alguma forma de risco finan-

[52] *Tcherepnin v E. Knight*, 88 S Ct 548-558 (US 1967), 552.

[53] Jonathan R. Macey/Geoffrey P. Miller, *Origin of the Blue Sky Laws*, 70 Tex L Rev (1991), 348-397; Paul G. Mahoney, *The Origins of the Blue-Sky Laws: A Test of Competing Hypothesis*, 46 JL & Econ (2003), 229-251.

[54] *Securities and Exchange Commission v W.J. Howey*, 66 S Ct 1100-1105 (US 1946).

[55] Cit., 1103.

[56] Kyle M. Globerman, *The Elusive and Changing Definition of a Security: one Test Fits All*, 51 Fla L Rev (1999), 271-318, 309 ss; Miriam R. Albert, *The Howey Test Turns 64: Are Courts Grading this Test on a Curve*, 2 Em & Mar Bus L Rev (2011), 1-50, 16 ss.

[57] *United Housing Foundation, Inc v Forman*, 421 US 837-869 (US 1975), 852.

ceiro; e (ii) *vertical commonality*: apenas o promotor do investimento e um dos investidores têm de incorrer em alguma forma de risco financeiro[58]. Por fim, a expressão *solely from the efforts of others* deve ser interpretada de forma extensiva, ou seja, o facto de o investidor desenvolver alguns esforços não afasta, só por si, o seu preenchimento[59]. A solução estado-unidense coloca a pedra de toque na dimensão material do valor mobiliário, enquanto mecanismo de investimento, em prejuízo da sua dimensão formal[60].

3.3. Os títulos e os contratos de investimento coletivo no Direito brasileiro

A abertura do Direito dos mercados de capitais brasileiro a valores mobiliários atípicos ocorreu, como *supra* referido, no âmbito da reforma de 2001 da Lei nº 6.385/76 e por influência estado-unidense. A assunção do princípio da atipicidade foi alcançada através da inclusão dos contratos de investimento coletivo no rol de valores mobiliários, previsto no artigo 2º da Lei nº 6.385/76. Recorde-se a definição legal:

> quando ofertados publicamente, quaisquer outros títulos ou contratos de investimento coletivo, que gerem direito de participação, de parceria ou de remuneração, inclusive resultante de prestação de serviços, cujos rendimentos advêm do esforço do empreendedor ou de terceiros.

São 5 os seus elementos: (i) no âmbito de uma oferta pública; (ii) títulos ou contratos (iii) de investimento coletivo; (iv) que atribuam, ao investidor, um direito de participação, de parceria ou de remuneração; e (v) cujos rendimentos advenham do esforço do empreendedor ou de terceiros[61].

O primeiro elemento consubstancia um preciosismo legislativo. A aplicação da Lei nº 6.385/76 encontra-se dependente, para qualquer um

[58] Albert, *The Howey Test Turns 64* cit., 16-18.

[59] *Securities and Exchange Commission v Glenn W. Turner Enterprises Inc.*, 474 F 2d. 476-483 (USCA 9th Cir 1973), 482.

[60] *Tcherepnin v E. Knight*, 88 S Ct 548-558 (US 1967), 554.

[61] Jefferson Siqueira de Brito Alvares, *O atual conceito de valor mobiliário*, 142 RDM (2006), 203-247, 232-233. Veja-se, ainda: Flavio Augusto Picchi, *A sociedade em conta de participação e os contratos de investimento coletivo: paralelismo e assimetria*, 134 RDM (2004), 193-205, 198 ss.

dos valores mobiliários elencados no artigo 2º, da sua correspondente natureza pública[62]. Não se trata, assim, de uma característica específica dos títulos e dos contratos de investimento, mas de todos os valores mobiliários.

A dupla referência – a títulos e a contratos – justifica-se em face das distintas naturezas jurídicas que os instrumentos financeiros podem assumir. Deste modo, o legislador brasileiro acautela todos as inovações produzidas pelos mercados. O mesmo resultado é alcançado no Direito estado-unidense através de uma interpretação jurisprudencial extensiva do termo *investment contract*: "*An investment contract for purposes of the Securities Act means a contract, transaction or scheme*"[63].

O terceiro elemento – investimento coletivo – corresponde, na realidade, a um duplo requisito: (i) investimento; e (ii) coletivo. Por investimento entende-se a transmissão de uma quantia monetária ou de outro bem para esfera jurídica da sociedade emitente ou do empreendedor. O requisito da coletividade encontra-se já presente no elemento da *oferta pública*. Não se exige, assim, uma multiplicidade de investidores, mas somente essa possibilidade.

Ao investir monetariamente num determinado empreendimento, o investidor recebe, a título de contraprestação, um direito de participação, de parceria ou de remuneração. Todas estas três situações jurídicas ativas devem ser interpretadas de forma ampla, de modo a incluir qualquer direito de conteúdo patrimonial.

O último elemento evidencia, quando comparamos as legislações brasileira e estado-unidense, uma importante evolução: ao emitir a expressão *solely*, o legislador abre as portas a situações em que também o sucesso do empreendimento é atribuível aos esforços do próprio investidor, conquanto assumindo apenas uma reduzida parcela do esforço global.

[62] Oioli/Amaral, *O conceito de oferta pública* cit., em especial 169 ss.

[63] *Securities and Exchange Commission v W.J. Howey*, 66 S Ct 1100-1105 (US 1946), 1102: "*An investment contract for purposes of the Securities Act means a contract, transaction or scheme*".

4. *Initial Coin Offerings (ICOs)*, *tokens* e valores mobiliários

4.1 Enquadramento

O universo da *blockchain* e das *cryptocurrencies* (criptomoedas) representam, para todos os que não estejam familiarizados com o seus termos e procedimentos, um autêntico mistério[64]. Apesar do fascínio que esta área desperta – trata-se de mais uma manifestação da infindável curiosidade humana –, ao jurista não interessa, conquanto possa facilitar a sua compreensão, dominar os alicerces técnicos deste universo, mas sim compreender as consequências sociais, numa perspetiva ampla, e jurídicas e decorrentes.

Numa perspetiva jurídica, as *ICOs* consubstanciam propostas dirigidas ao público[65]. O conteúdo da proposta consta de um *white paper*. Neste documento, os potenciais investidores podem encontrar um conjunto alargado de informações, desde a história do promotor, o desenvolvimento e as características do bem ou do produto *vendido* e os direitos dos investidores, entre outras[66]. Ao investir num determinado projeto, o investidor recebe como contraprestação um *token*. Juridicamente, os *tokens* são documentos – numa aceção lata – representativos de situações jurídicas. Os *token* são classificados consoante a natureza da situação jurídica representada: (i) *utility tokens*: direitos a determinados produtos ou serviços; (ii) *currency tokens*: consubstanciam meios de pagamento; e (iii) *investment tokens*: direitos sobre o projeto de investimento – p.ex.: direitos sobre os lucros do projeto.

A especificidade dos *ICOs* não reside na sua estrutura geral: esta é particularmente simples, mas no mercado em que esta oferta é lançada. A aquisição dos *tokens* emitidos no âmbito das *ICOs* é realizada em *cryptocurrencies*, cuja validade é suportada por um protocolo que garante a fiabilidade da transação, denominado de *blockchain*. Por fim, as *cryptocur-*

[64] De entre a incontável bibliografia disponível sugere-se, a título introdutório, a obra Arvind Narayanan/Joseph Bonneau/Andrew Miller/Steven Goldfeder, *Bitcoin and Cryptocurrency Technologies: A Comprehensive Introduction*, PUS: Printeton (2016), e, numa perspetiva jurídica, a obra *The Law of Bitcoin*, coord. Staurt Hoegner, iUniverse: Bloomington (2015).

[65] ESMA, *Advice on Initial Coin Offerings and Crypto-Assets*, 9-jan.-2019.

[66] https://whitepaperdatabase.com: base de dados com inúmeros *white papers*.

rencies são ou pretendem ser – consoante o ordenamento jurídico – efetivos bens de pagamento[67].

4.2 Direito português e Direito angolano

No Direito português e no Direito angolano, o conceito de valor mobiliário é essencialmente formal: são documentos representativos de situações jurídicas homogéneas suscetíveis de serem transacionados em mercado. Ao intérprete aplicador cabe, somente, comparar os *tokens* com os valores mobiliários, de forma a verificar se os primeiros partilham todos os elementos previstos na Lei.

A 23 de julho de 2018, o supervisor português emitiu o *Comunicado da CMVM às entidades envolvidas no lançamento de "Initial Coin Offerings" (ICOs) relativo à qualificação jurídica dos tokens*, em que explora, precisamente, a natureza jurídica dos *tokens* e a sua recondução ao universo dos valores mobiliários. Apenas se transcrevem as conclusões mais expressivas:

> A esse respeito é possível concluir que:
>
> 1. Um token será um valor mobiliário caso seja um documento representativo de uma ou mais situações jurídicas de natureza privada e patrimonial (i.e., direitos e deveres);
> 2. Um token será um valor mobiliário caso, tendo em conta a(s) situação(ões) jurídica(s) representada(s), seja comparável com valores mobiliários típicos;
> 3. Para efeitos do previsto no número anterior, deve nomeadamente considerar-se a previsão, nas informações disponibilizadas pelo emitente, de elementos dos quais possa decorrer uma vinculação do emitente à realização de condutas das quais resulte uma expectativa de retorno para o investidor, como sejam:
>   a) O direito a um rendimento (por exemplo, se o token conferir direito a lucros ou a um juro); ou

[67] Sobre a definição de criptomoeda: Financial Action Task Force, *Virtual Currencies: Key Definitions and Potential AML/CFT Risks*, junho de 2014, 4 ss; e Stuart Hoegner, *What is Bitcoin?*, em *The Law of Bitcoin*, cit., xiv. Sobre o sistema, i.e., o protocolo, das criptomoedas: Jan Lansky, *Possible State Approaches to Cryptocurrencies*, J System Integration (2018), 19-31, 19 ss.

b) A prática de atos por parte do emitente ou entidade relacionada adequados à incrementação do valor do token.

Ao contrário do que resulta da definição legal, a CMVM Pt faz depender a recondução dos *tokens* ao universo dos valores mobiliários de um elemento funcional, previsto no nº 2 e densificado no nº 3, deste Comunicado. Contudo, não é claro no que consiste este novo elemento. Se a alínea *a)* parece apontar para uma circunscrição da discussão aos *investment token*, já a alínea *b)* abre as portas, em abstrato, a todas as demais modalidades, salvo se, o que dificilmente se antevê, que, após a emissão dos *tokens*, a entidade emitente não desenvolva qualquer tipo de atividade.

A doutrina que entre nós e no espaço europeu já se pronunciou sobre a natureza jurídica dos *tokens*, do ponto de vista do Direito dos valores mobiliários, tem assumido a posição de que apenas os *investment tokens* e, porventura, os *hybrid tokens* podem ser, numa perspetiva abstrata, reconduzíveis ao conceito de valor mobiliário, ficando assim de fora os *utility tokens*[68]. Apesar de esta solução ser, num primeiro momento, particularmente apelativa, temos dúvidas que encontre suporte legal bastante.

O conceito de valor mobiliário no Direito português é puramente formal. Em nenhum preceito o legislador local se pronunciou sobre a natureza da situação jurídica representada no valor mobiliário. Apenas lhe interessa a homogeneidade e a suscetibilidade de negociação em mercado. Também no Direito europeu não conseguimos encontrar fundamento positivo que justifique esta circunscrição. O Direito europeu nunca mostrou, sequer, uma pretensão em densificar o conceito de valor mobiliário, desde logo para não colidir com as definições nacionais. Contudo, na busca por alguns elementos identificativos, apenas conseguimos encontra dois: homogeneidade e negociabilidade[69].

[68] João Vieira dos Santos, *Desafios jurídicos das Initial Coin Offers*, IVM, 2018; Philipp Hacker/Chris Thomale, *Crypto-Securities Regulation: ICOs, Token Sales and* Cryptocurrencies *under* EU *Financial Law* (SSRN), 2017; Peter Zickgraf, *Initial Coin Offerings – Ein Fall für das Kapitalmarktrecht?*, 63 AG, 2018, 293-307; Lars Klöhn/Nicolas Parhofer/Daniel Resas, *Initial Coin Offerings (ICOs)*, 30 ZBB, 2018, 89-106.

[69] Barreto Menezes Cordeiro, *Valor mobiliário* cit., 298 ss e 307.

Nesta perspetiva e conquanto se reconheça a pertinência de distinguir as várias modalidades de *tokens*, não vemos como possa a natureza jurídica da situação representada determinar, hoje, a não aplicação do Direito dos valores mobiliários angolano, português ou europeu.

4.3. Direito brasileiro

De modo idêntico ao que se verifica nos quatro cantos do mundo, também a CVM brasileira já se pronunciou, em diversas ocasiões, sobre as *ICOs*. Em relação à natureza jurídica dos *tokens*, tem especial interesse atender ao Comunicado datado de 16 de novembro de 2017:

> Em certos casos, os ativos virtuais emitidos no âmbito de ICOs podem claramente ser compreendidos como algum tipo de valor mobiliário, principalmente quando conferem ao investidor, por exemplo, direitos de participação no capital ou em acordos de remuneração pré-fixada sobre o capital investido ou de voto em assembleias que determinam o direcionamento dos negócios do emissor.
>
> Em outros casos, quando ocorre a emissão de um "*utility token*", a distinção não é tão clara, podendo ou não haver entendimento de que houve emissão de valor mobiliário. A emissão de "*utility tokens*" ocorre quando o ativo virtual emitido confere ao investidor acesso à plataforma, projeto ou serviço, nos moldes de uma licença de uso ou de créditos para consumir um bem ou serviço.

O comunicado da CVM Br reconhece, no seguimento de outras entidades de supervisão, com destaque para a SEC estado-unidense[70], que do simples facto de a situação representada nos *tokens* emitidos corresponder a um direito sobre um bem ou um serviço não significa que esse *token* não possa ser apresentado como um valor mobiliário. Ao intérprete-aplicador cabe, depois de analisar o *white paper* que acompanha a emissão de *tokens*, avaliar a subsunção a uma das categorias de valores mobiliários legalmente positivados, com destaque, naturalmente, para a dos títulos e contratos de investimento coletivo.

[70] https://www.sec.gov/ICO.

5. Conclusões

Os conceitos de valor mobiliário em sentido estrito – Portugal e Angola – e de título e de contrato de investimento coletivo – Brasil – assumem, apesar das profundas diferenças que os separam, funções idênticas: permitir a incorporação, pelos respetivos sistemas jurídicos, de novos instrumentos produzidos pelos atores dos mercados de capitais.

A emergência e subsequente expansão das *ICOs* veio colocar enorme pressão em ambos os conceitos. A multiplicidade de bens emitidos no âmbito das *ICOs* e o correspondente número, cada vez mais variável, das situações jurídicas correspondentes, tem impelido as entidades de supervisão a assumir uma postura cautelosa e casuística, ou seja, apenas em concreto será possível determinar a recondução ou não recondução desses produtos ao universo mobiliário.

Esta solução, apesar de elegante, contrasta com alguns princípios fundacionais do Direito dos valores mobiliários, com destaque para o princípio da transparência e o princípio da proteção dos investidores[71]. Nesse sentido, dificilmente se concebe que o crescimento da importância económica das *ICOs* não seja acompanhado de uma clarificação cabal das emissões de *tokens* sujeitas aos respetivos Direitos dos valores mobiliários.

Bibliografia

Miriam R. Albert, *The Howey Test Turns 64: Are Courts grading this Test on a Curve*, 2 Em & Mar Bus L Rev (2011), 1-50.

Jefferson Siqueira de Brito Alvares, *O atual conceito de valor mobiliário*, 142 RDM (2006), 203-247.

José de Oliveira Ascensão, *Valor mobiliário e título de crédito*, 56 ROA, 1996, 837-875.

Daniela Farto Baptista, *O princípio da tipicidade e os valores mobiliários* em *Jornadas sociedades abertas, valores mobiliários e intermediação financeira*, coord. Maria Fátima Ribeiro, Almedina: Coimbra (2007), 87-121.

Ambroise Buchère, *Traité théorique et pratique des valeurs et effets publics*, Marescq Ainé: Paris (1869); Henri Lefèvre, *Traité des valeurs mobilières et des opérations de bourse: placement & spéculation*, E. Lachaud: Paris (1870).

[71] Barreto Menezes Cordeiro, *Manual* cit., 86 ss.

Paulo Câmara, *Emissão e subscrição de valores mobiliários* em *Direito dos valores mobiliários*, Lex: Lisboa (1997), 201-241,

Gaetano Castellano, *I titoli di massa*, 50 Banca, Borsa (1987), 22-37.

Carlos Osório de Castro, *Valores mobiliários: conceito e espécies*, 2ª ed., UCP: Porto (1998).

Vicenzo Vito Chionna, *Le origini della nozione di valore mobiliare*, 44 RivS (1999), 831-866.

A. Barreto Menezes Cordeiro, *Direito dos valores mobiliários*, I: *Fontes; Dogmática geral*, Almedina: Coimbra (2015);
– *Manual de Direito dos valores mobiliários*, 2ª ed., Almedina: Coimbra (2018), 22 ss;
– *Valor mobiliário: evolução e conceito*, 7 RDS (2016), 279-312.

William O. Douglas/George E. Bates, *The Federal Securities Act of 1933*, 43 Yale LJ (1933), 171-217.

Nelson Eizirik/Ariádna B. Gaal/Flávia Parente/Marcus de Freitas Henriques, *Mercado de capitais: regime jurídico*, 3ª ed., Renova: Rio de Janeiro (2011).

Amadeu José Ferreira, *Valores mobiliários escriturais: um novo modo de representação e circulação de direitos*, Almedina: Coimbra (1997);
– *Direito dos valores mobiliários*, AAFDL: Lisboa (1997);
– *Um Código dos Instrumentos Financeiros? Algumas notas soltas* em *EH Carlos Ferreira de Almeida*, I, Almedina: Coimbra (2011).

Ary Oswaldo Mattos Filho, *O conceito de valor mobiliário*, 25 Rev Adm Empr (1985), 37-51.

Kyle M. Globerman, *The Elusive and Changing Definition of a Security: one Test Fits All*, 51 Fla L Rev (1999), 271-318.

William B. Herlands, *Criminal Law Aspects of the Securities Exchange Act of 1934*, 21 Va L Rev (1934), 139-204.

Elisabeth Keller/Gregory A. Gehlmann, *Introductory Comment: A Historical Introduction to the Securities Act of 1933 and the Securities Exchange Act of 1934*, 49 Ohio St LJ (1988), 329-352.

Lars Klöhn /Nicolas Parhofer/Daniel Resas, *Initial Coin Offerings (ICOs)*, 30 ZBB (2018), 89-106.

James M. Landis, *The Legislative History of the Securities Act of 1933*, 28 Geo Wash L Rev (1959), 29-49.

Jan Lansky, *Possible State Approaches to Cryptocurrencies*, J System Integration (2018), 19-31.

Jonathan R. Macey/Geoffrey P. Miller, *Origin of the Blue Sky Laws*, 70 Tex L Rev (1991), 348-397.

Paul G. Mahoney, *The Origins of the Blue-Sky Laws: A Test of Competing Hypothesis*, 46 JL & Econ (2003), 229-251.

Arvind Narayanan/Joseph Bonneau/Andrew Miller/Steven Goldfeder, *Bitcoin and Cryptocurrency Technologies: A Comprehensive Introduction*, PUS: Printeton (2016).

Erik Frederico Oioli/José Romeu G. Amaral, *O conceito de oferta pública como elemento delineador do regime jurídico dos valores mobiliários*, 2 RDSVM (2015), 139-174.

Aline Pacheco/Bruno Saraiva Pedreira de Cerqueira/Evy Cynthia Marques/Mariana Ventura Milnitzky, *CVM: limites de sua competência* em *Mercado de capitais brasileiro II: doutrina, cases & materials*, Quartier Latin: São Paulo, 2015, 32-48, 33.

Flavio Augusto Picchi, *A sociedade em conta de participação e os contratos de investimento coletivo: paralelismo e assimetria*, 134 RDM (2004), 193-205.

João Vieira dos Santos, *Desafios jurídicos das Initial Coin Offers*, IVM, 2018.

Oliver Stengel/Alexander van Looy/Stephan Wallaschkowski, *Digitalzeitalter – Digitalgesellschaft: Das Ende des Industriezeitalters und Der Beginn einer neuen Epoche*, Springer VS: Wiesbaden (2017).

John E. Tracy/Alfred Brunson MacChesney, *The Securities Exchange Act of 1934*, 32 Mich L Rev (1934), 1025-1068.

Pedro Pais de Vasconcelos, *O problema da tipicidade dos valores mobiliários*, III DVM (2001), 61-72.

Philipp Hacker/Chris Thomale, *Crypto-Securities Regulation: ICOs, Token Sales and* Cryptocurrencies *under EU Financial Law* (SSRN), 2017.

Peter Zickgraf, *Initial Coin Offerings – Ein Fall für das Kapitalmarktrecht?*, 63 AG (2018), 293-307.

Derivativos e operações compromissadas

Marcelo Godke Veiga

***Resumo**: Derivativos são operação parodoxais. Aparentemente simples, podem ser complexas na implementação. São de elevado risco, até mesmo para os agentes econômicos mais sofisticados. O vocábulo "derivativo" possui pouco conteúdo jurídico e, por isso, as suas várias espécies precisam ser estudadas adequadamente. Já as operações compromissadas, em alguns pontos, assemelham-se aos derivativos. Mas, em tese, são diferentes. Este capítulo estudará, de maneira sucinta, os dois tipos de operação.*

1. Derivativos

1.1. Derivativos são instrumentos financeiros sofisticados

Derivativos (ou "derivados", como são chamados em Portugal[1]) são instrumentos financeiros peculiares. Despertam, ao mesmo tempo, admi-

[1] José Engrácia Antunes, *Os instrumentos financeiros*, 3ª ed., Almedina: Coimbra (2017), 163. A. Barreto Menezes Cordeiro, *Manual de Direito dos Valores Mobiliários*, Almedina: Coimbra (2017), 199.

ração e medo[2]. Além disso, são vistos como muito poderosos[3]. São fruto da criatividade e da inventividade humanas e, como ensina Capelle-Blancard, "[d]erivatives are undoubtedly the most important financial innovations of the last thirty years"[4]. Surgem da necessidade de mitigar riscos e de se proteger ativos empresariais[5].

Há importante debate acerca da origem dos derivativos. De um lado, alguns autores defendem que os derivativos são utilizados há vários séculos. Assim, por exemplo, Chorafas informa que os contratos de opção foram inventados por Thales na Grécia antiga[6], enquanto para Weber "[d]erivative contracts emerged as soon as humans were able to make credible promises"[7] e, para Gengatharen, "[t]he existence of markets that specialized in the spot and forward delivery of specific commodities in the pre-Christian empires, suggests that forward contracts were used for hedging even in early times"[8].

De outro lado, outros autores afirmam que a origem dos derivativos é mais recente. Salomão Neto, por exemplo, nos ensina que "[o]s derivativos são novas modalidades de operações financeiras surgidas durante a década de 1980 principalmente"[9], enquanto Wood explica que "[d]eriatives sprang up mainly because of the volatility of interest rates,

[2] Dimitris N. Chorafas, *Introduction to derivative financial instruments – options, futures, forwards, swaps, and hedging*, McGraw-Hill: New York (2008), ix e 32; John C. Hull, *Opções, futuros e outros derivativos*, 9ª ed., trad. Francisco Araújo da Costa, Bookman: Porto Alegre (2016), 1.

[3] Gunther Capelle-Blancard, *Are derivatives dangerous? A literature survey*, 123 Int. Economics (2010), 67-90, 69.

[4] Capelle-Blancard, *Are derivatives* cit., 68.

[5] Eduardo Salomão Neto, *Direito bancário*, 2ª ed., Atlas: São Paulo (2014), 467-468.

[6] Chorafas, *Introduction* cit., 7.

[7] Ernst Juerg Weber, *A Short History of Derivative Security Markets*, em *Vinzenz Bronzin's Option Pricing Models*, coord. Wolfgan Hafner/Heinz Zimmermann, Springer: Berlin (2009), 431-466. Segundo o referido autor, isso se deu na Mesopotâmia, no quarto milênio antes de Cristo, quando a linguagem escrita foi inventada, já que passou a ser possível documentar de maneira duradora os contratos celebrados; o referido autor informa, ainda, que os primeiros contratos derivativos foram redigidos em escrita cuneiforme em tabuletas feitas de argila, e que tais derivativos seriam equivalentes a contratos a termo, comumente combinados com um mútuo.

[8] Rasiah Gengatharen, *Derivatives law and regulation*, Kluwer Law International: London (2001), 8.

[9] Salomão Neto, *Direito* cit., 467.

floating currencies, shares, bonds, and commodities, and the need for 'insurance.' The main developments were from the 1980s forward, resulting from the collapse of the Bretton Woods fixed exchange currency parity with the US dollar and gold in 1971 and the removal of exchange controls in advance countries"[10-11].

Parece claro, como afirma Weber, que contratos assemelhados a alguns dos instrumentos classificados, hoje, como derivativos, são utilizados há centenas de anos[12]. Não obstante a aparente controvérsia, os derivativos anteriormente utilizados não parecem ter *características financeiras* como os que surgiram a partir das décadas de 1970 e 1980[13]. Isso se confirma pela explicação trazida por Mishikin:

[10] Philip R. Wood, *Title finance, derivatives, securitizations, set-off and netting*, Sweet & Maxwell: London (1995), 426.

[11] Como explica Maria Clara Calheiros, *O contrato de swap*, Coimbra Editora: Coimbra (2000), 12-13, "[é] de conhecimento comum que o ano de 1973 ficou marcado como chave de compreensão dos problemas económicos que se lhe seguiram ao adoptar-se, em 14 de Novembro desse mesmo ano, a decisão de suprimir o duplo mercado do ouro, formalizando assim a desmonetarização do ouro e o seu abandono definitivo como padrão monetário. Abandona-se, pois, no ano de 1973, o sistema monetário internacional desenhado em Julho de 1944 no Acordo de Bretton Woods, com a constituição do Fundo Monetário Internacional. Aquela constituía teoricamente num padrão de câmbios-ouro: cada país membro do Fundo era obrigado a declarar o valor do câmbio da sua moeda em germos de Gramas de outro fino e bem assim em relação ao dólar, cuja paridade era de 35 dólares por onça de outro fino".

[12] Weber, *A Short* cit., ibid.. Segundo o referido autor, apesar e os contratos a termo já serem bastante comuns, foi só na década de 1540 que surgiram os negócios diferenciais, em que, no lugar de uma parte entregar a outra o ativo negociado em um contrato a termo, será feito mero pagamento pela diferença de preço entre as datas da contratação e a da execução do pacto.

[13] Chorafas, *Introduction* cit., 29-30; Neto, *Direito* cit., 467. Otávio Yazbek, *Regulação no mercado financeiro e de capitais*, Elsevier: Rio de Janeiro (2007), 102. Não obstante, Jerry W. Markham, *A financial history of the United States: From the age of derivatives into the new millenium (1970-2001)*, III, M. E. Sharpe: Amonk (2002), 51, nos ensina que opções (uma das modalidades de derivativos) para negociações de ações já eram utilizadas como instrumentos com características financeiras bem antes das décadas de 1970 e 1980; segundo o referido autor, "[s]tock options had had a troubled regulatory history before the creation of the CBOE. Congress had found in the investigations that followed the stock market crash of 1929 that 'the granting of options to pool syndicates had been at the bottom of most manipulative operations, because the granting of these options permits large-scale manipulations to be conducted with a minimum of financial risk to the manipulator.' The Securities

"Given the greater demand for the reduction of interest-rate risk, commodity exchanges such as the Chicago Board of Trade recognized that if they could develop a product that would help investors and financial institutions to protect themselves from, or ***hedge****, interest-rate risk, then they could make profits by selling this new instrument.* ***Futures contracts****, in which the seller agrees to provide a certain standardized commodity to the buyer on a specific future date at an agreed-on price, had been around for a long time. Officials at the Chicago Board of Trade realized that if they created futures contracts in financial instruments, which are called* ***financial derivatives*** *because their payoffs are linked to previously issued securities, they could be used to hedge risk. Thus in 1975, financial derivatives were born"* (destaques encontrados no texto original)"[14].

Note-se que os derivativos negociados antes de 1970 parecem ter claramente inspirado os instrumentos que emergiram durante estas duas décadas. Por isso mesmo, certos autores deixam claro que o que os instrumentos engendrados na esteira da liberalização econômica e da redução da carga regulatória, decorrentes da derrocada do sistema de Bretton Woods, são relativamente similares ao que se via anteriormente[15].

É importante que se compreenda que, apesar de alguns dos derivativos modernos terem estrutura similar a contratos utilizados há algum

Exchange Act of 1934, as initially drafted, banned all stock options contracts. The Committee of Put and Call Brokers and Dealers in the City of New York urged Congress not to take such a drastic step because stock options had been used successfully for over 200 years. Stock options were said to have had a stabilizing effect on the markets and served as insurance for investors. As a result of this testimony, Congress decided not to ban options trading. Instead, the Securities Exchange Act of 1934 gave the SEC authority to regulate their trading".

[14] Frederic S. Mishikin, *The economics of money, banking, and financial markets*, 7ª ed., Peason: Boston/San Francisco/New York (2004), 233.

[15] Chorafas, *Introduction* cit., 285-286, por exemplo, ensina que, em 1972, surgiram os contratos futuros para negociação de moedas estrangeiras (ou seja, derivativos com características financeiras), na sequência da decisão tomada por Richard Nixon, então presidente dos Estados Unidos da América, de pôr fim à convertibilidade livre do dólar norte-americano em relação ao ouro, conforme estabelecido nos acordos de Bretton Woods de 1944. Tal decisão, explica o referido autor, levou à livre movimentação da cotação da moeda norte-americana em relação à demais. O referido autor informa, ainda, que este tipo de derivativo precedeu os contratos futuros para negociação de taxas de juros em aproximadamente três anos.

tempo, o uso do vocábulo *derivative* propriamente dito (que inspirou a utilização de "contrato derivativo" no Brasil ou "contrato derivado" em Portugal), enquanto *operação financeira*, ao que parece, é relativamente recente. Segundo Swan, no início da década de 1980 alguns agentes econômicos já utilizavam, notadamente nos Estados Unidos, a referida palavra como gênero de operações financeiras específicas. Mas foi no caso *American Stock Exchange vs. Commodity Futures Trading Commission* que se adotou tal significado primeira vez em uma decisão judicial[16], o que foi confirmado por Swan[17] e Weber[18]. A partir daí, a expressão passou a ser amplamente utilizada, inclusive sob a ótica jurídica. Em 1985, por exemplo, é criada a *International Swap Dealers Association* (hoje denominada *International Swap and Derivatives Association*), uma associação que congrega vários participantes dos mercados jurídico e financeiro ajudaram sobremaneira a popularizar o uso dos instrumentos derivativos, notadamente no mercado de balcão[19]. Tal associação, também conhecida como "ISDA", passou a editar documentos e minutas padronizadas, no intuito de reduzir o tempo gasto na negociação de contratos, o que facilitou e agilizou, em muito, a celebração de tais pactos[20].

Os *derivativos financeiros*, por muito tempo, foram doutrinariamente definidos como contratos ou instrumentos cujos valores derivam de outros ativos, ou algo neste sentido[21]. Hull, por exemplo, ensina que "[u]m *derivativo* pode ser definido como um instrumento financeiro cujo valor depende (ou deriva) dos valores de outras variáveis subjacentes mais básicas. Muitas vezes, as variáveis por trás dos derivativos são os preços de ativos negociados. Uma opção sobre ações, por exemplo, é um derivativo cujo valor depende do preço de uma ação"[22].

Hoje, entretanto, pode-se afirmar, sem qualquer risco de errar, que tal tipo de definição está, em boa parte, ultrapassada, ou, ao menos,

[16] Edward J. Swan, *Building the global market: a 4000 year history derivatives*, Kluwer Law International: London (1999), 5.

[17] Swan, *Building* cit., 5.

[18] Weber, *A Short History* cit., passim.

[19] Paul C. Harding, *Mastering the ISDA master agreement: a practical guide for negotiators*, Pearson Education: London (2002), 19.

[20] Harding, *Mastering* cit., 19.

[21] Chorafas, *Introduction* cit., 33; Salomão Neto, *Direito* cit., 468; Yazbek, *Regulação* cit., 106.

[22] Hull, *Opções* cit., 1.

incompleta. Com efeito, como Hull mesmo alerta, "[...] os derivativos podem depender de praticamente qualquer variável, desde o preço da carne à quantidade de neve que cai em um determinado *resort* para esquiadores"[23]. Weber compartilha de tal pensamento ao afirmar que "[a] derivative should not be defined as a financial instrument whose value depends (is derived) from the value of some underlying asset because there is no such asset in the case of weather derivatives, electricity derivatives and the derivatives whose value depended on the outcome of papal elections in the sixteenth century"[24].

Um outro aspecto que Weber[25] considera importante para compor a definição de derivativo é o chamado "risco de contraparte", representado pela possibilidade de descumprimento das obrigações assumidas. Por isso, Weber afirma que "[...] this definition of a derivative is incomplete because it does not recognize the risk that the counterparty of a derivative contract may default"[26].

Um ponto muito importante e que claramente diferencia os derivativos dos demais contratos tradicionais é o aspecto temporal[27]. Com efeito, todos os contratos ou instrumentos derivativos são celebrados ou adquiridos em um momento, mas o direitos e obrigações a eles subjacentes somente poderão ser exigidos ou executados posteriormente. Basicamente, como afirma Antunes, são "[...] resultantes de contratos a prazo celebrados e valorados por referência a um determinado ativo subjacente"[28]. Assim, como se verá mais adiante, um contrato a termo (uma das espécies de derivativos) é um contrato de compra e venda com a execução diferida. O mesmo se pode dizer dos contratos futuros, das opções ou dos *swaps*. Portanto, o elemento temporal diferencia os derivativos.

O que é evidente, hoje, é que os derivativos estão cada vez mais complexos e sofisticados, o que, inclusive, aumenta a dificuldade de utilizá-los sem assumir riscos elevados. A complexidade e a sofisticação de tais instrumentos, por si só, aumentam os seus riscos inerentes, mas, como

[23] Hull, *Opções* cit., 1.

[24] Weber, *A Short History* cit., passim.

[25] Weber, *A Short History* cit., passim.

[26] Weber, *A Short History* cit., passim.

[27] Cordeiro, *Manual* cit., 199.

[28] Antunes, *Os instrumentos* cit., 163.

ensina Partnoy, a falta de escrúpulos de alguns profissionais dos mercados financeiros e de capitais podem, em muito, fragilizar a posição de determinados investidores[29]. Tal ideia é corroborada por Chorafas, que nos ensina que os derivativos e os seus reais riscos somente são bem compreendidos por um grupo de pessoas com elevada sofisticação financeira, e que a maioria dos investidores e profissionais, incluindo contadores, frustram-se com os impactos negativos que tais instrumentos podem exercer sobre os resultados financeiros das empresas[30].

É oportuno ressaltar que, apesar da ampla utilização dos derivativos, não são claros os contornos do que realmente representam. Como bem ressalta Yazbek, "tal definição apenas descreve os efeitos econômicos daqueles instrumentos, não ajudando a identificar a sua natureza jurídica"[31]. Wood afirma que "[d]erivative products is a generic term used to describe futures, options, swaps and various other similar transactions"[32]. Por representar todo um gênero de operações financeiras, faz-se necessário olhar para cada espécie e, a partir delas, tentar encontrar as respectivas naturezas jurídicas, que é o que se tentará fazer a seguir.

1.2. Natureza jurídica dos instrumentos derivativos

Partnoy ensina que "[a]ll derivatives are combinations of options and forwards. Much activity in the derivatives market [...] involves combining different options and forwards and selling them in packages"[33].

[29] Frank Partnoy, *F.I.A.S.C.O. – blood in the water on Wall Street*, Norton: New York (2009), 17.

[30] Chorafas, *Introduction* cit., 32-33, complementa seu pensamento e explica que os riscos inerentes aos derivativos levaram o Financial Accounting Standards Board (conhecido como "FASB"), nos Estados Unidos, e o Internacional Accounting Standards Board (conhecido como "IASB"), em outros países (incluindo-se várias nações europeias), a editar normas reforçadas de *disclosure* quando companhias abertas investirem em instrumentos derivativos. Como se verá mais adiante, a Comissão de Valores Mobiliários fez o mesmo aqui, após a derrocada de várias companhias abertas em decorrência de elevadas perdas com derivativos.

[31] Yazbek, *Regulação* cit., 106.

[32] Wood, *Title finance* cit., 207. O autor continua seu raciocínio: "The jargon is confusing (because it is non-legal and imprecise), the varieties of transactions ae very numerous and the contracts themselves often complex in detail. The tax, stamp duty and regulatory aspects are labyrinthine. But the transactions themselves are relatively simple in outline".

[33] Partnoy, *F.I.A.S.C.O.* cit., 30.

Yazbek vai no mesmo sentido e afirma que "[m]esmo que os processos inovativos sejam, em tais mercados, bastante velozes, permitindo a combinação dos mais diversos produtos e relações, as operações essenciais, ou *building blocks* [...] são os contratos a termo, os futuros, os *swaps* e as opções"[34].

Tais explicações deixam bastante evidente que é necessário analisar cada tipo específico de derivativo e, consequentemente, encontrar a respectiva natureza jurídica, para que se possa entender os direitos e obrigações correlatas. As formas tradicionais de derivativos são (i) contratos "a termo" (ou "forwards", em inglês), (ii) os contratos "futuros" (ou "futures", em inglês), (iii) os "swaps" (cuja nomenclatura utilizada no mercado brasileiro é indiferente à utilizada no mercado internacional) e (iv) as "opções" (ou "options", em inglês), a serem a seguir tratados[35].

1.2.1. Os contratos "a termo"

Os contratos "a termo" são vistos por Yazbek como os derivativos mais tradicionais[36-37]. Existem contratos a termo com características financeiras e não-financeiras. São, basicamente, contratos que representam a compra e venda de um ativo (muito comumente financeiro), cuja execução dar-se-á em momento posterior ao da contratação[38]. O diferimento da execução é ponto-chave para que o contrato seja considerado

[34] Yazbek, *Regulação* cit., 103.

[35] Note-se que tal divisão pode ser feita de outra maneira. Para Salomão Neto, *Direito* cit., 468, por exemplo, existem somente três tipos de derivativos, a saber, "os *swaps*, as operações em mercados a termos e futuros e a opções"; Sunil Parameswaran, *An introduction to stocks, bonds, foreign exchange, and derivatives*, John Wiley & Sons (Asia): Singapore (2011), 16, vai no mesmo sentido, ao afirmar que "[t]he three major categories of derivative securities are (1) forward and futures contracts, (2) options contracts, and (3) swaps". Note-se que a análise de Parameswaran, *An introduction* cit., 16, não tem caráter jurídico, enquanto a de Salomão Neto tem. É importante ressaltar, ainda, que mesmo que possa haver discrepância na classificação jurídico-doutrinária acerca da tipologia jurídica dos instrumentos derivativos, basicamente todos os autores tratam isoladamente de cada forma, o que facilita a busca pela natureza jurídica e a aplicação prática da lei.

[36] Yazbek, *Regulação* cit., 103.

[37] Nas palavras de Hull, *Opções* cit., 6, o contrato a termo é: "[u]m derivativo relativamente simples [...]".

[38] Salomão Neto, *Direito* cit., 476.

"a termo" e que o diferencia da compra e venda tradicional[39]. Note-se, contudo, que, para que seja efetivamente considerado contrato de compra e venda, deverão estar presentes os elementos essenciais deste tipo contratual, conforme disposto nos artigos 481º e 482º do CC br[40].

É importante que se compreenda que o contrato a termo, como utilizado originalmente, nada mais é do que um contrato de compra e venda utilizado para negociação de *commodities* agropecuárias cuja execução dá-se em momento posterior ao da celebração. Apesar de os contratos a termo ainda serem bastante utilizados para compra e venda de *commodidities* agropecuárias, hoje também são muito utilizados para negociação de ativos financeiros.

Por aproximarem-se muito da compra e venda tradicional, há quem entenda que os contratos a termo não podem ser considerados derivativos[41]. Mas, ao que parece, o referido autor não se atentou para o fato de "derivativo" não ter conteúdo jurídico preciso, por ser expressão utilizada genericamente por agentes nos mercados financeiros e de capitais, mesmo que, hoje, seja utilizada em texto de lei, como se verá mais adiante. Portanto, mesmo que contrato a termo seja mera compra e venda com execução diferida, não há motivo claro ou justificável para deixar de considerá-lo um derivativo.

Em decorrência da sua própria origem, o contrato a termo é bastante comum no mercado de balcão[42-43]. Entretanto, pode – e comumente é –

[39] Mishikin, *The economics* cit., 310, explica que: "**Forward contracts** are agreements by two parties to engage in a financial transaction at a future (forward) point in time".

[40] O artigo 481º do CC Br determina que: "[p]elo contrato de compra e venda, um dos contratantes se obriga a transferir o domínio de certa coisa, e o outro, a pagar-lhe certo preço em dinheiro. Já o art. 482º determina que "[a] compra e venda, quando pura, considerar-se-á obrigatória e perfeita, desde que as partes acordarem no objeto e no preço"; Yazbek, *Regulação* cit., 103.

[41] V., p. ex., Augusto Jorge Hirata, *Derivativos – o impacto do direito no desempenho da função econômica*, Quartier Latin: São Paulo (2012), 160.

[42] Hull, *Opções* cit., 6, afirma que: "[u]m contrato a termo é negociado no mercado de balcão, geralmente entre duas instituições financeiras ou entre uma instituição financeira e um de seus clientes". Segundo, Wood, *Title* cit., 207: "[t]he term 'forward contract' is often used in relation to private contracts not transacted through an organized exchange".

[43] Segundo a Instrução CVM Br nº 461, 23-out.-2007, os mercados de balcão podem ser organizados ou não-organizados.

ser negociado em bolsa[44]. No Brasil, por exemplo existe um mercado de bolsa ativo para contratos a termos, no qual são negociadas ações de companhias abertas brasileiras. Uma importante diferença entre os contratos a termo negociados nos mercados de bolsa e de balcão é que os primeiros exigem certo nível de padronização, enquanto os segundos não. Além disso, a proteção pela utilização do sistema de depósitos de margem é facultativa nos mercados de balcão, mas obrigatória em bolsa[45].

Os contratos a termo podem, como todo pacto para compra e venda, ser executados por meio da entrega física das *commodities* ou dos ativos financeiros negociados. Mas, muito comumente, a execução dá-se por mero pagamento calculado com base na diferença de preço ou cotação entre o dia da contratação e o dia da efetiva liquidação. Por isso, são chamados de "negócios diferenciais", nas palavras de Salomão Neto[46], positivados no artigo 816º do CC Br[47].

Os contratos futuros são sobremaneira semelhantes aos contratos a termo, o que passarei a tratar agora.

1.2.2. Os contratos "futuros"

Os contratos futuros possuem muitas similaridades com os contratos a termo[48]. Salomão Neto, por exemplo, praticamente os coloca na mesma categoria ao classificar ambos como contratos de compra e venda com execução diferida[49]. Nos contratos futuros com características financeiras uma parte promete entregar a outra, em momento posterior ao da celebração, um instrumento financeiro[50]. Mas também podem ser utilizados para a negociação de *commodities* ou outros ativos[51].

[44] Andréa Fernandes Andrezo/Iran Lima, *Mercado financeiro – aspectos conceituais e históricos*, 3ª ed, Atlas: São Paulo (2007), 147-148.

[45] Andrezo/Lima, *Mercado* cit., 147-148.

[46] Salomão Neto, *Direito* cit., 469.

[47] O artigo 816º do CC Br determina que "[a]s disposições dos arts. 814º e 815º não se aplicam aos contratos sobre títulos de bolsa, mercadorias ou valores, em que se estipulem a liquidação exclusivamente pela diferença entre o preço ajustado e a cotação que eles tiverem no vencimento do ajuste".

[48] Mishikin, *The economics* cit., 312.

[49] Salomão Neto, *Direito* cit., 333-334.

[50] Mishikin, *The economics* cit., 312.

[51] Wood, *Title* cit., 207.

Mishikin ensina que os contratos futuros surgem da necessidade de se resolver problemas de falta de liquidez e de risco de contraparte normalmente vistos nos contratos a termo; por isso, complementa o autor, o *Chicago Board of Trade* desenvolveu contratos futuros para negociação de ativos financeiros[52]. São, portanto, contratos engendrados para a lógica negocial dos mercados de bolsa, não dos de balcão. Assim, como ensina Hull, "[a]o contrário dos contratos a termo, os contratos futuros normalmente são negociados em uma bolsa"[53].

Várias medidas foram tomadas para se criar liquidez via mercado de bolsa. Um passo importante foi o de padronizar os referidos instrumentos[54]. Não podem, portanto, ser objeto de adaptações conforme as necessidades das partes. Assim, os contratos futuros são padronizados quanto ao prazo, à quantidade, ao local de entrega e às características dos respectivos ativos subjacentes. No mercado de balcão as partes contratantes possuem a oportunidade de negociar longamente e se conhecer com maior profundidade, o que pode facilitar nas negociações. Mas isso certamente não leva à liquidez do mercado, pois reduz a velocidade das negociações. Liquidez maior pressupõe rapidez nas relações econômicas. Assim, são utilizados mecanismos, pela bolsa, para garantir os negócios celebrados e reduzir o risco de contraparte[55]. Para lidar com tal risco, os contratos futuros estão atrelados a um mecanismo bastante inteligente, a chamada "conta de margem", que exige que as partes façam ajustes[56] e depósitos diários, de acordo com a variação da cotação do ativo subjacente[57]. Tal mecanismo, na prática, representa uma pré-liquidação diária do pacto, que, no contrato a termo, via de regra, somente ocorre ao final do prazo estipulado pelas partes[58]. Uma outra

[52] Mishikin, *The economics* cit., 311.

[53] Hull, *Opções* cit., 8.

[54] Hull, *Opções* cit., 8.

[55] Hull, *Opções* cit., 30. Segundo o referido autor: "[s]e dois investidores entram em contato diretamente um com o outro e concordam em negociar um ativo no futuro por determinado preço, os riscos da transação são óbvios. Um dos investidores pode se arrepender do negócio e tentar voltar atrás. O investidor também pode simplesmente não ter os recursos financeiros necessários para honrar o contrato".

[56] Tais ajustes diários são também chamados de "marcação a mercado".

[57] Hull, *Opções* cit., 30-31; Yazbek, *Regulação* cit., 107.

[58] Hull, *Opções* cit., 33.

medida de segurança implementada que também auxilia no aumento da liquidez é a atuação da própria bolsa (no caso, da *clearing house* da bolsa) como contraparte e intermediário nos contratos futuros[59]. Isso garante que as operações sejam liquidadas de maneira adequada, mesmo que os efetivos contratantes falhem em comprimir com as posições assumidas.

Por fim, uma outra característica que distingue o contrato futuro do contrato a termo é que o mais comum é que no primeiro não se exija a entrega física dos ativos subjacentes, liquidando-se o pacto pela diferença de preço[60]. Já no segundo é bastante comum que a liquidação dê-se com a entrega efetiva dos ativos adquiridos.

1.2.3. Os "swaps"

Os derivativos chamados de "swaps" possuem obrigações assumidas pelas partes que levam à troca de fluxo de caixa[61]. Antunes ensina que o *swap* é "[...] o contrato pelo qual as partes se obrigam ao pagamento recíproco e futuro de duas quantias pecuniárias, na mesma moeda ou em moedas diferentes, numa ou várias datas predeterminadas, calculadas por referência a fluxos financeiros associados a um ativo monetário subjacente, geralmente uma determinada taxa de câmbio ou de juro"[62].

Tais derivativos não são padronizados. São, portanto, feitos "sob medida" e de acordo com os interesses específicos das partes[63]. Ademais, são negociados somente no mercado de balcão[64]. Antunes adiciona que

[59] Hull, *Opções* cit., 33-34.

[60] Hull, *Opções* cit., 26; Wood, *Title* cit., 208.

[61] Segundo Gengatharen, *Derivatives* cit., 16, "[a] swap has been described as 'an agreement between two parties to pay each other a series of cash flows, based on the fixed or floating interest rates in the same or different currencies.' The cash flows are either fixed or calculated at each payment date by multiplying the notional principal by a specified price (such as the USD/barrel of oil) or reference rate (such as six-month LIBOR)". Para Chorafas, *Introduction*, 295, "[a] *swap* is a financial transaction in which two counterparties agree to exchange streams of payments over time, according to a predetermined rule applying to both of them. It is a legal agreement that specifies the notional principal amount, payments, and termination (maturity), as well as the terms of default".

[62] Antunes, *Os instrumentos* cit., 217.

[63] Gengatharen, *Derivatives* cit., 16.

[64] Gengatharen, *Derivatives* cit., 16; Mishikin, *The economics* cit., 328.

os *swaps* são, no mercado de balcão, os derivativos mais importantes que se tem notícia[65].

Os *swaps* nasceram da necessidade de reduzir custos e de mitigar riscos empresariais, ou até mesmo de especular, em boa parte como os demais derivativos[66]. Curiosamente, entretanto, o caminho da evolução dos *swaps* foi, até certo ponto, o oposto ao visto com outros derivativos. Com efeito, os contratos a termo e os futuros surgem para negociação de *commodities* e, posteriormente, passam a ser utilizados em operações de cunho eminentemente financeiro. Já os *swaps* seguem o caminho inverso, já que são inicialmente engendrados essencialmente como instrumentos para lidar com operações financeiras[67], mas que, hoje, também são utilizados para negociar de *commodities*[68].

[65] Antunes, *Os instrumentos* cit., 218.

[66] Richard Flavell, *Swaps and other derivatives*, Wiley: West Sussex (2002), 1-3; Neto, *Direito* cit., 468.

[67] Segundo Mishikin, *The economics* cit., 328: "[i]nterest-rate swaps are an important tool for managing interest-rate risk, and they first appeared in the United States in 1982, when, as we have seen, there was an increase in the demand for financial instruments that could be used to reduce interest-rate risk"; Linda Allen/Anthorny Saunders, *Risk management in banking* em *The Oxford handbook of banking*, coord. Allen Berger/Philip Molyneux et. al., Oxford University Press: Oxford (2010), 90-111, 102-103, proporcionam um pouco mais de detalhes acerca do surgimento dos *swaps*: "[i]t was August 1981. The US dólar was entering a period of strengh against European currencies. In 1979, IBM had issued debt denominated in Swiss Francs and Deutschmarks, in the course of its regular financing program. With the increase in the dollar, the dollar cost of IBM's liabilities declined significantly. IBM could realize a significant cash inflow if only the liabilities could be repurchased and converted into US dollars. But the retirement of debt at a discount would expose IBM to a considerable tax liability. Moreover, in the European bearer-bond market, it would have been difficult for IBM to find the bonds for repurchase. It seemed that the opportunity would pass IBM by. Enter World Bank. The World Bank typically borrows in all major currencies to finance its activities. Because of upheaval in the European currencies, the World Bank was concerned that future borrowing would soak up the credit available in those markets. How could the World Bank borrow Swiss francs and Deutschmarks without competing with other borrowers? Enter Solomon Brothers, who saw the opportunity to match the needs of IBM and the World Bank. IBM wanted to replace Deutschmark and Swiss franc borrowings with US dollar borrowings. The World Bank wanted those Deutschmark and Swiss franc borrowings and was willing to borrow US dollars in order to avoid disrupting the European debt markets. The synergies were obvious, once someone pointed them out, and a new financial instrument was born – the cross-currency swap".

Para Yazbek, tais contratos possuem estrutura simplificada, apesar da análise ser sobremaneira difícil[69]. Já Chorafas basicamente os equipara a contratos a termo: "[a] portfolio of swap agreements can be regarded as one of forward contracts – one for each payment date, and each written at same forward price"[70]. Para Gengatharen, "[s]wap clash flows can be decomposed into equivalent cash flows from a bundle of simple forward contracts"[71], o que nos leva a entender que, por mais sofisticadas que tais operações possam parecer, na prática representam a conjugação de vários contratos similares e que andam paralelamente, o que permite a efetiva contratação de troca de fluxo de caixa.

Como indicam Salomão Neto[72] e Yazbek[73], não há somente uma forma de se contratar o que se convencionou chamar de *swap*, pois, na verdade, nas palavras deste último autor, "em parte porque a expressão não designa um único instrumento, mas toda uma família deles"[74]. Como é possível utilizar mais de uma estrutura jurídica para se chegar à referida troca de fluxo de caixa[75], torna-se, necessário, assim, entender quais a principais características jurídicas de tais pactos.

Salomão Neto nos ensina que, em primeiro lugar, tais derivativos podem ter a estrutura jurídica de contratos diferenciais[76]. Segundo ele:

[68] Como Gengatharen, *Derivatives* cit., 17, nos ensina: "[s]wap transactions are broadly classified into interest rate, currency, commoditiy, or equity swaps. The most common swap transaction is the fixed-for-floating interest rate swap, often referred to as the 'plain vanilla swap'. In such a swap, a counterparty with fixed-rate liabilities agrees to exchange interest payments with a counterparty with floating-rate liabilities. Commodity and equity swaps are, however, of more recent origin".

[69] Yazbek, *Regulação* cit., 111.

[70] Chorafas, *Introduction* cit., 295.

[71] Gengatharen, *Derivatives* cit., 17.

[72] Salomão Neto, *Direito* cit., 468-469.

[73] Yazbek, *Regulação* cit., 111.

[74] Yazbek, *Regulação* cit., 111.

[75] Como explica Salomão Neto, *Direito* cit., 468, nos centros financeiros, onde tais negócios são cursados, há pouca preocupação acerca da precisão do conteúdo jurídico. *Swap*, continua o referido autor, descreve meramente a função econômica deste tipo de negócio. Logo, torna-se necessário determinar em qual(is) categoria(s) jurídica(s) tal tipo de operação financeira se encontra, para que se estabeleça adequadamente quais regras deverão ser aplicadas e observadas.

[76] Salomão Neto, *Direito* cit., 469.

"[e]xemplo disso seria a promessa recíproca de duas partes de pagar uma à outra valor suficiente para que a variação de uma obrigação de uma delas sujeita a juros flutuantes se limite a um percentual prefixado, e não seja inferior a tal limite. O mesmo negócio poderia ser usado para cobrir as variações cambiais de duas obrigações diversas contraídas para com credores estrangeiros"[77]. Por fim, Salomão Neto conclui: "[n]esta hipótese, as partes prometeriam pagar uma à outra o valor necessário para aquisição de determinado montante de duas moedas estrangeiras diferentes pelo qual cada uma delas tivesse se obrigado perante terceiros. Os pagamentos seriam liquidados pela diferença"[78]. É importante relembrar que, como acima apontado, os contratos a termo são muito comumente diferenciais.

Para Salomão Neto, os *swaps* também poderão ser estruturados como contratos de *reporte*[79]. Segundo o autor, "[o] reporte é a compra de títulos representativos de valor a vista, com simultânea retrocessão a termo. [...] Em termos econômicos, esta transação terá o efeito de permitir à vendedora a vista da moeda travar o risco de variação cambial, porque sabe que tem o direito de recomprá-la a prazo por valor fixo, para pagar o empréstimo contraído"[80]. Por fim, o autor ressalta que, isoladamente, tais operações podem ser vistas como contratos a termo[81].

Salomão Neto, finalmente, ensina que os *swaps* podem ter forma de mútuos cruzados, em que as partes "[...] tendo contraído obrigações de valor semelhante, mas sujeitas a juros fixos no primeiro caso e flutuantes no segundo, e, desejando trocar tais posições, podem reemprestar uma à outra os recursos recebidos, pelas mesmas taxas de jutos pelas quais receberam"[82]. Note-se que as partes, ao invés de efetivamente reemprestar o dinheiro tomado, podem, mais uma vez, simplesmente negociar a liquidação pela diferença.

Assim, em uma das combinações acima, as partes podem criar *swaps* que supram suas necessidades e interesses.

[77] Salomão Neto, *Direito* cit., 469.

[78] Salomão Neto, *Direito* cit., 469.

[79] Salomão Neto, *Direito* cit., 469-470.

[80] Salomão Neto, *Direito* cit., 469-470.

[81] Salomão Neto, *Direito* cit., 470.

[82] Salomão Neto, *Direito* cit., 470.

1.2.4. As "opções"

As opções, diferentemente dos demais derivativos já estudados, não representam a efetiva negociação de um ativo subjacente. A opção representa simplesmente o direito de adquirir ou de vender um ativo subjacente por um preço previamente estipulado, durante um prazo pré-determinado ou em uma data futura específica[83]. Assim, uma parte tem o direito de vincular e obrigar a outra a efetivamente celebrar, em momento futuro, algum outro tipo de contrato, normalmente de compra e venda[84]. Uma das partes pagará um "prêmio" à outra, para que esta assuma a obrigação de comprar ou de vender o ativo subjacente[85].

As opções podem ser de compra e de venda[86]. As de compra, também conhecidas internacionalmente como "call options", dão ao detentor o direito de adquirir determinado ativo, enquanto as de venda, também chamadas de "put options", dão o direito de vendê-lo[87]. Note-se que as opções dão aos detentores (chamados de "compradores" ou "titulares") um direito – de comprar ou de vender, conforme o caso – mas não uma obrigação[88]. Ao titular cabe a faculdade de exercer ou não seu direito[89]. Os sujeitos passivos em tais operações (chamados de "vendedores" ou "lançadores"), por outro lado, terão obrigações nos termos pactuados[90-91]. As opções podem ser "americanas", que permitem aos titulares o direito de exercício a qualquer momento até a data de expiração; já as "europeias" somente podem ser exercidas em data específica[92]. Uma vez passado o prazo sem o respectivo exercício, as opções expiram, perdem a eficácia e não mais poderão ser exercidas[93].

[83] Gengatharen, *Derivatives* cit., 17.

[84] Salomão Neto, *Direito* cit., 479.

[85] Yazbek, *Regulação* cit., 115.

[86] Salomão Neto, *Direito* cit., 479.

[87] Gengatharen, *Derivatives* cit., 17; Yazbek, *Regulação* cit., 115; Wood, *Title* cit., 210.

[88] Wood, *Title* cit., 210. Note-se que isso não retira, do titular da opção, uma vez feito o exercício, a obrigação de pagar pelo ativo adquirido ou de recebê-lo, em caso de venda.

[89] Mishikin, *The economics* cit., 320.

[90] Mishikin, *The economics* cit., 320.

[91] Uma vez pactuada a compra ou venda nos termos da opção lançada, terão o direito de receber pelo ativo vendido ou de receber o bem em caso de venda.

[92] Gengatharen, *Derivatives* cit., 17.

[93] Chorafas, *Introduction* cit., 40.

Salomão Neto, ressalta a necessidade de se compreender a lógica econômica que norteia as opções. O referido autor nos ensina que o lançador busca ser remunerado com o prêmio, logo ao emitir a opção[94]. O autor continua e explica que tal prêmio será "[...] um acréscimo em termos econômicos ao preço se houver exercício da opção de compra, e uma diminuição do benefício representado por esse preço se houver exercício da opção de venda"[95]. Mas o mais importante a respeito do prêmio é que "[m]esmo em caso de não-exercício, [...] poderá evidentemente ser retido pelo emitente da opção"[96], já que a forma de remuneração cobrada pelo lançador para assumir os riscos inerentes à própria opção.

Já para a outra parte de tal relação jurídica – o titular –, pode haver a intenção de especular, "[...] de forma a permitir ganho sobre ativo cujo preço se acredita que subirá ou descerá"[97]. Além disso, o titular também poderá ter intenção de se proteger – de fazer *hedge*[98]; assim, poderá usar as opções para, por exemplo, resguardar-se em relação a variações indesejadas de preços de *commodities* ou de moeda estrangeira, ou de taxa de juros.

O exercício levará à celebração de um novo contrato, muito comumente de compra e venda, como acima alertado. Assim como os contratos a termo, a compra e venda oriunda de uma opção poderá ser liquidada tanto pela entrega efetiva do ativo subjacente quanto financeiramente, pela diferença de preço (negócio jurídico diferencial)[99].

É importante destacar, por fim, que as opções podem ser criadas de acordo com os interesses específicos das partes, no mercado de balcão[100], ou ser padronizadas e negociadas em bolsa[101].

1.2.5. Outras formas: produtos estruturados

Como já se percebe do que se disse até agora, os derivativos podem assumir as mais variadas formas. Os agentes financeiros podem criar

[94] Salomão Neto, *Direito* cit., 480.

[95] Salomão Neto, *Direito* cit., 480.

[96] Salomão Neto, *Direito* cit., 480.

[97] Salomão Neto, *Direito* cit., 480.

[98] Salomão Neto, *Direito* cit., 480.

[99] Chorafas, *Introduction* cit., 151.

[100] Chorafas, *Introduction* cit., 154.

[101] Yazbek, *Regulação* cit., 116.

novos derivativos e constantemente o fazem, principalmente ao utilizar variações das formas básicas acimas apresentadas, ou ao combiná-las[102]. Os arranjos, claramente, podem ser inúmeros e o limite é a criatividade humana[103]. Logo, seria praticamente impossível listar todos os tipos de derivativos existentes[104]. Mesmo que fosse possível, tal trabalho seria desnecessário ou até mesmo inútil, pois a lista logo estaria defasada. Mas, como explica Gengatharen, algumas das formas modernas de derivativos merecem ser mencionadas[105]. Especificamente, o referido autor dá destaque às *structured notes* (também conhecidas como "notas estruturadas", que são materializadas na forma de valores mobiliários representativos de dívida do emissor) e as *collateralized mortgate obligations*, (valores mobiliários similares às nossas cotas de fundos de investimentos lastreados em recebíveis imobiliários)[106]. Tais instrumentos *normalmente* não seriam vistos derivativos, mas como valores mobiliários mais tradicionais. No entanto, como o valor de tais instrumentos está diretamente relacionado a determinados ativos financeiros (os ativos subjacentes), culminam por ser considerados derivativos por agentes econômicos. Foram objeto de investimento, notadamente por investidores institucionais, mas, em vários casos, levaram a perdas consideráveis, inclusive no Brasil[107].

Tais derivativos são conhecidos genericamente como "produtos estruturados" ou "intrumentos estruturados". Chorafas nos ensina que tais instrumentos são *bonds* engendrados "sob medida" e são sobremaneira opacos[108-109]. Não obstante, o autor continua, os agentes de

[102] Global Derivatives Study Group, *Derivatives: practices and principles (Group of Thirty Report)*, Group of Thirty: Washington, DC (1993), 27.

[103] Segundo Andrew M. Chisholm, *Derivatives demystified: a step-by-step guide to forwards, futures, swaps & options*, John Wiley & Sons: (2004), 187, "[o]ne of the strengths of derivatives is that they can be combined in many ways to create new risk management solutions. Similarly, banks and securities houses can use derivatives to create new families of investments aimed at the institutional and retail markets".

[104] Gengatharen, *Derivatives* cit., 19.

[105] Gengatharen, *Derivatives* cit., 19.

[106] Gengatharen, *Derivatives* cit., 19-20.

[107] Gengatharen, *Derivatives* cit., 19-20.

[108] Chorafas, *Introduction* cit., 49.

[109] Chisholm, *Derivatives* cit., 187, vai no mesmo sentido e explica que "[p]roducts can be developed with a wide range of risk and return characteristics, designed to appeal to diffe-

mercado parecem gostar de tais instrumentos, pois podem oferecer retornos maiores do que investimentos tradicionais ou permitir alocação de recursos financeiros que normalmente não seria possível[110]. Mas é importante ressaltar que o investidor médio possui grande dificuldade em compreender os riscos efetivamente assumidos, com possibilidade de incorrer em enormes perdas[111-112].

Tais produtos estruturados podem levar à uma certa confusão: deveriam ser vistos como derivativos ou como valores mobiliários? É que se tentará responder a seguir.

1.3. Derivativos como valores mobiliários

Afigura-se uma aparente dualidade. *Derivativos* e *valores mobiliários*, apesar de serem instrumentos claramente financeiros, possuiriam funções e formas diversas. Mas será que, de fato, a distinção é tão clara assim?

rent categories of investors in different market conditions. The choice is no longer limited to buying bonds, investing in shares or placing money in a deposit account. Derivative instruments can create securities whose returns depend on a wide range of variables, including currency exchange rates, stock market indices, default rates on corporate debt, commodity prices – even electricity jprices or the occurrence of natural disasters such as earthquakes".

110 Chorafas, *Introduction* cit., 49. Veja-se um exemplo trazido pelo referido autor: "[o]ne of many examples of structured products is the *principal exchange-rate-linked security* (PERLS). These derivative instruments target changes in currency rates. They are disguised to look like bonds, by structuring them as if they were debt instruments, making it feasible for investors who are not permitted to play in currencies to place bets on the direction of exchange rates".

111 Chorafas, *Introduction* cit., 49, complementa seu pensamento: "[a]n irony associated to this structured product is that when buying it, the average investor has no clear idea that he or she bets against a set of forward yield curves, which tend to slope upward but may be flat or trend downward. Yield curves behave in a way that is absolutely out of the investor's control. The pros say that flexibly structured options can be useful to sophisticated investors seeking to manage particular portfolio and trading risks. However, as a result of exposure being assumed, and also because of the likelihood that there is no secondary market, transactions in flexibly structured options are not suitable for investors who are not in a position to understand the behavior of their intrinsic value financially able to bear the risks embedded in them when worst comes to worst".

112 Partnoy, *F.I.A.S.C.O.* cit., 53, explica que: "PERLS are kind of a bond called structured note, which is simply a custom designed bond. Structured notes are among the derivatives that have caused the most problems for buyers".

Como visto na seção anterior, os derivativos *podem* tomar forma de instrumentos que *normalmente* seriam vistos como valores mobiliários. Assim, por exemplo, *bonds* emitidos por sociedades empresárias, como descreve Partnoy[113], teriam *substância* mais próxima da dos derivativos do que propriamente de valores mobiliários, apesar da *forma* eleita ser a de títulos que, tanto no Brasil quanto nos Estados Unidos, seriam claramente vistos como valores mobiliários tradicionais, utilizados para o financiamento das atividades empresariais.

Note-se que em outros mercados os derivativos já eram vistos por muitos, notadamente os agentes de mercado, como valores mobiliários, inclusive prestando-se pouca atenção à forma propriamente dita. Assim, alguns chamam os derivativos de "derivative securities"[114]. A própria lei americana já tratava alguns derivativos como valores mobiliários[115].

[113] Segundo Partnoy, *F.I.A.S.C.O.* cit., 53: "[...] [t]his particular trade, and its acronym, were among the group's most infamous early inventions, although it still is popular among certain investors. The trade is called PERLS. PERLS stands for Principal Exchange Rate Linked Security, so named because the trade's principal repayment is linked to various foreign exchange rates, such as British pounds or German marks. PERLS look like bonds and smell like bonds. In fact, they *are* bonds – an extremely odd type of bond, however, because they behave like leveraged bets on foreign exchange rates. They are issued by reputable companies (DuPont, General Electric Credit) and U.S. government agencies (Fannie Mae, Sallie Mae), but instead of promising to repay the investor's principal at maturity, the issuers promise to repay the principal amount multiplied by some formula linked to various foreign currencies".

[114] V., por exemplo, o que afirma Geoffrey Poitras, *Risk, management, speculation, and derivative securities*, Academic Press: Cambridge, MA (2002), 3: "[i]t is difficult to do speak generally about derivative securities. It is possible to observe that a derivative security involves a contingent claim; it is a security that contains some essential feature, typically the price, that is derived from some future event. This event is often, though not always, associated with a security or commodity delivery to take place at a future date. The contingent claim can be combined with other security features or traded in isolation. This definition is not too helpful because financial markets are riddled with contingent claims. Sometimes the contingent claim is left bundled with the spot commodity, in which case the derivative security is also the spot security (e.g., mortgage-backed securities). Yet, the term 'derivative security' is usually restricted further to only include cases where the contingent claim is unbundled and traded as a separate security, effectively forwards, futures, options, and swaps. In what follows, this class of unbundled contingent claims will be referred to as *derivatives securities*". Os seguintes autores também utilizam a expressão "derivative security" e, implícita ou explicitamente, admitem que os derivativos sejam valores mobiliários: Myron S. Scholes, *Global financial markets, derivative securities, and systemic risks*, 12/2 Journal of Risk

No Brasil, no entanto, os derivativos não eram facilmente vistos como valores mobiliários. Como alerta Sica, "[n]o Brasil, a noção de valor mobiliário depende de sua previsão legislativa e serve à proteção e à fiscalização da poupança pública. Essa caracterização decorre do art. 2º [...] da Lei nº 6.385/76 – a lei que 'Dispõe sobre o mercado de valores mobiliários e cria a Comissão de Valores Mobiliários' [...]"[116]. Apesar de a referida lei ter sido inicialmente editada em 1976, foi somente com a edição da Lei nº 10.303, de 31 de outubro de 2001, que os derivativos passaram a integrar o rol exaustivo do que no Brasil se considera valor mobiliário. Assim, nos termos do artigo 2º da referida lei, após ser objeto de reforma legislativa, passaram a ser considerados valores mobiliários "VII – os contratos futuros, de opções e outros derivativos, cujos ativos subjacentes sejam valores mobiliários" e "VIII – outros contratos derivativos, independentemente dos ativos subjacentes".

and Uncertainty (1996), 271-286; J. Carr Bettis/Michael L. Lemmon et. al., *Insider trading in derivative securities: an empirical examination of the use of zero-cost collars and equity swaps by corporate insiders* (31-mai.-1999). Acessível em SSRN: https://www.ssrn.com/abstract=167189 (consultado a 07 de setembro de 2018); Jing Cheng, *Derivatives securities: what they tell us*, 3/5 Quantitative Finance (2003), C92-C96 (2003); NASDQ, *Derivative security* [s.d.]. Acessível em NASDAQ: https://www.nasdaq.com/investing/glossary/d/derivative-security (consultado a 21 de novembro de 2018).

[115] V., por exemplo, o artigo 2 (a) (1) da *Securities Act of 1933*, que define valor mobiliário no direito americano: "The term 'security' means any note, stock, treasury stock, security future, security-based swap, bond, debenture, evidence of indebtedness, certificate of interest or participation in any profit-sharing agreement, collateral-trust certificate, preorganization certificate or subscription, transferable share, investment contract, voting-trust certificate, certificate of deposit for a security, fractional undivided interest in oil, gas, or other mineral rights, any put, call, straddle, option, or privilege on any security, certificate of deposit, or group or index of securities (including any interest therein or based on the value thereof), or any put, call, straddle, option, or privilege entered into on a national securities exchange relating to foreign currency, or, in general, any interest or instrument commonly known as a 'security', or any certificate of interest or participation in, temporary or interim certificate for, receipt for, guarantee of, or warrant or right to subscribe to or purchase, any of the foregoing".

[116] Lígia Paula Pires Pinto Sica, *Os valores mobiliários e a oferta publica destes no Brasil*, em *Regulação brasileira do mercado de capiais*, coord. Danilo Borges dos Santos Gomes de Araújo, Saraiva: São Paulo (2015), 43-102, 44.

A despeito da péssima técnica legislativa e da tautologia de tais dispositivos[117], não resta dúvida que todos os derivativos, hoje, são valores mobiliários. Note-se, todavia, que o novel tratamento legal dados aos derivativos foi objeto de crítica quanto ao seu conteúdo. Goldberg[118] e Yazbek[119], por exemplo, demonstram inconformismo ao afirmar que os valores mobiliários são instrumentos tradicionalmente utilizados para o financiamento empresarial, enquanto os derivativos têm como função precípua "[...] transformar, transferir e realocar riscos [...]", nas palavras do primeiro autor[120]. Yazbek, ainda, critica a utilização da vocábulo "derivativo", que é genérico, bem como o fato de a nova lei ter colocado sob a tutela da CVM Br todas as operações com tais instrumentos, visto que nem sempre são objeto de oferta pública (por serem negociados privadamente)[121].

Não obstante as críticas formuladas, ao que nos parece, o novel tratamento legislativo dispensado aos derivativos tem grande mérito. O primeiro deles é que os coloca sob as asas da CVM Br. Assim, a referida autarquia é o órgão responsável para regular e, de maneira ampla, lidar com tais instrumentos em nosso mercado. Logo, não restarão espaços sem regulador designado e competente. Em segundo lugar, se durante algum tempo houve clara distinção entre valores mobiliários tradicionais e derivativos, com a estruturação desses últimos por meio de formas comumente vistas para aqueles, tal distinção deixou de ser evidente. Ademais, sociedades empresárias tradicionais emites derivativos na forma de *bonds*, mas não está claro se o fazem simplesmente para realocar risco ou para atrair investidores e obterem financiamento para suas respectivas atividades empresariais. Assim, a distinção entre alocação de risco e financiamento de atividades também se tornou pouco evidente.

Logo, a dualidade é meramente aparente.

117 Yazbek, *Regulação* cit., 128.

118 Daniel Krepel Goldberg, *A Lei 10.303 de 2001 e a inclusão dos derivativos no rol dos valores mobiliários*, 129 RDM (2003), 73-81, 81.

119 Yazbek, *Regulação* cit., 129.

120 Goldberg, *A Lei 10.303* cit., 81.

121 Yazbek, *Regulação* cit., 128.

1.4. A regulamentação dos derivativos no Brasil

Os derivativos, como alertado acima, são instrumentos complexos, sofisticados e que podem ter elevado risco. Por isso, são objeto de pesada carga regulatória, como se verá a seguir.

O CMN Br, o BACEN Br e a CVM Br, por exemplo, editaram os normativos abaixo descritos para regular as operações com derivativos, notadamente aquelas que involvem instituições financeiras.

1.4.1. Resolução CMN Br nº 3.505, de 26 de outubro de 2007 ("Resolução nº 3.505/07")

Nos termos do artigo 1º da Resolução nº 3.505/07, os bancos múltiplos, os bancos comerciais, as caixas econômicas, os bancos de investimento, os bancos de câmbio, as sociedades corretoras de títulos e valores mobiliários e as sociedades distribuidoras de títulos e valores mobiliários poderão efetuar, no mercado de balcão, em território nacional, em nome próprio ou por conta de terceiros, operações de *swap*, a termo e de opções, passíveis de registro em mercados de balcão organizado, em sistema administrado por bolsas de valores, bolsas de mercadoreias e futuros, ou em entidades de registro e de liquidação financeira de ativos devidadmente autorizados pelo BACEN Br ou pela CVM Br. O artigo 6º da Resolução nº 3.505/07 determina que as operações cursadas nos termos do artigo 1º deverão necessariamente ser registadas nos mercados também especificados no mesmo artigo.

Já as instituições financeiras e demais entes autorizados a funcionar em território nacional pelo BACEN Br que não tenham sido especificamente mencionados no artigo 1º da Resolução nº 3.505/07 poderão negociar tais derivativos, mas somente "por conta própria", ou seja, sem a possibilidade de registrá-los em bolsas e em entidades de registros autorizadas pelo BACEN Br e pela CVM Br.

Note-se que a Resolução nº 3.505/07 impõe algumas outras exigências. Primeiro, o artigo 3º determina que as operações cursadas nos termos do referido normativo deverão necessariamente ser negociadas com base em índices ou taxas referenciais oriundos de série regularmente calculada e que tenham sido objeto de divulgação pública. Além disso, os ativos subjacentes utilizados como referenciais devem (i) observar os preços divulgados por bolsas, mercados de balcão organizado ou por entidades de registro, negociação, custódia e liquidação financeira de ativos autorizadas pelo Bacen ou pela CVM Br, desde que disponíveis em tais ambientes; *ou* (ii) ser apurados com base em preços ou metodologias consistentes e passíveis de verificação, que levem em consideração a independência na coleta de dados em relação aos parâmetros praticados em suas mesas de operação.

O artigo 4º da Resolução nº 3.505/07 determina que os derivativos poderão ser referenciados em ativos subjacentes negociados no exterior, desde que tais ativos (i) tenham seus preços regularmente divulgados nos países em que praticados, e (ii) tenham seus preços apurados com base em valores ou metodologias consistentes e passíveis de verificação, que levem em consideração a independência na coleta de dados em relação aos parâmetros praticados em suas mesas de operação.

1.4.2. Resolução CMN Br nº 2.933, de 28 de fevereiro de 2002 ("Resolução nº 2.933/02"); e Circular BACEN Br nº 3.106, de 10 de abril de 2002 ("Circular nº 3.106/02")

Nos termos do artigo 1º da Resolução nº 2.933/02, as instituições financeiras e demais instituições autorizadas a funcionar pelo BACEN Br poderão realizar operações de derivativos de crédito. Entretanto, o parágrafo primeiro do mesmo artigo determina que somente os bancos múltiplos, a Caixa Econômica Federal, os bancos comerciais, os bancos de investimento, as sociedades de crédito imobiliário e as sociedades de arrendamento mercantil poderão assumir posição de *receptor* de risco de crédito. Ademais, o risco assumido pelas sociedades de arrendamento mercantil somente poderá referir-se a créditos oriundos de operações de arrendamento mercantil, nos termos do parágrafo segundo do referido artigo 1º.

Nos termos do artigo segundo da Resolução nº 2.933/02, o risco de crédito do ativo subjacente deve, necessariamente, ser detido pela parte transferidora do risco no momento da contratação, salvo quando se tratar de ativo subjacente regularmente negociado em mercados organizados e cuja formação de preço seja passível de verificação. Assim, o CMN Br impõe restrições às *naked sales* (vendas a descoberto), que naturalmente aumentam os riscos relacionados à especulação com ativos financeiros. Tal ideia se reforça com o disposto no parágrafo primeiro do mesmo artigo, que determina, em primeiro lugar, que o montante da transferência de risco está limitado ao valor do ativo subjacente e, em segundo lugar, ser vedada a cessão, alienação ou transferência, direta ou indireta, a qualquer título, do ativo subjacente, durante o prazo de vigência do contrato de derivativo de crédito a ele referenciado.

Para que se dê um pouco mais transparência e segurança a este mercado, o artigo 4º do referido normativo determina ser obrigatório o registro das operações em entidades registradoras de ativos devidamente autorizadas pelo BACEN Br.

Cumpre ressaltar que, nos termos da Circular nº 3.106/02, poderão ser celebrados contratos de *swap* de risco de crédito, mas as opções sobre tais contratos são vedadas. Por fim, também são vedadas operações com controladores, coligados e controladas, inclusive aqueles localizados no exterior, bem como aquelas cujos fluxos estejam em moeda ou indexador diferente ao do ativo subjacente.

1.4.3. Resolução CMN Br nº 4.662, de 25 de maio de 2018 ("Resolução nº 4.662/18") e Circular BACEN Br nº 3.902, de 30 de maio de 2018 ("Circular nº 3.902/18")

Nas operações de derivativos cursadas por instituições financeiras e demais instituições autorizadas a funcionar pelo Bacen *e* que não sejam liquidadas por meio de entidades que se interponham como contraparte central, a Resolução nº 4.662/18 traz requisitos de margem bilateral de garantia, no intuito de reduzir o risco de contraparte.

Nos termos do artigo 8º da Resolução nº 4.662/18, as instituições autorizadas a funcionar pelo BACEN Br que possuem, individualmente ou em conjunto com as demais entidades integrantes do grupo operacional ao qual pertençam, valor nocional agregado médio das operações de derivativos superior a vinte e cinco bilhões de reais, devem manter, permanentemente, margem de garantia referente às operações de derivativos realizadas. As margens de garantia deverão ser compostas de *margem inicial* (constituída com a finalidade de proteger as partes da exposição futura associada a mudanças no valor de mercado dos contratos de derivativos mantidos até o eventual encerramento ou a substituição da posição na ocasião de inadimplência de uma ou mais contrapartes) e *margem de variação* (constituída com a finalidade de proteger as partes da exposição corrente associada ao valor de mercado dos contratos de derivativos). A margem de garantia será constituída por meio de instrumentos financeiros definidos pelo BACEN Br.

Já o artigo 2º da Circular nº 3.902/18 determina que os acordos relacionados à margem deverão ser formalizados por meio instrumento contratual que seja válido e eficaz em todos as localidades em que possa produzir efeitos. Ademais, o artigo 7º da referida circular delimita quais instrumentos financeiros poderão ser aceitos para constituição da margem de garantia, a saber: (i) depósitos à vista e depósitos de poupança mantidos na instituição coberta receptora da garantia; (ii) títulos públicos federais aceitos pelo BACEN Br em operações de redesconto "intradia"; (iii) títulos e valores mobiliários emitidos pela União Europeia, pelo Banco Central Europeu, dentre outras entidades; (iv) títulos e valores mobiliários emitidos por governos centrais de jurisdições estrangeiras e respectivos bancos centrais, desde que a classificação externa de risco da emissão, conferida por agência de classificação de risco de crédito registrada ou reconhecida no Brasil pela CVM Br, seja igual ou superior a AA – ou classificação equivalente; (v) ações incluídas em índices relevantes de bolsa de valores reconhecida pela autoridade supervisora da jurisdição em que esteja localizada, ou títulos nelas conversíveis; (vi) ouro ativo financeiro; (vii) títulos de crédito emitidos por entidades não financeiras que possuam ações em índices relevantes de bolsa de valores sujeita a regulação e supervisão governamental e cuja classificação externa de risco da emissão, conferida por agência de classificação de risco de crédito registrada ou reconhecida no Brasil pela CVM Br, seja igual ou superior à classificação em escala nacional brAAA ou equivalente; ou (viii) determinadas cotas de fundos de investimento.

1.4.4. Lei nº 12.249, de 11 de junho de 2010 ("Lei nº 12.249/10"); e Resolução CMN nº 4.263, de 5 de setembro de 2013 ("Resolução nº 4.263/13")

No Brasil, as notas estruturadas foram inicialmente tratadas legalmente pela Lei nº 12.249/10. Nos termos do artigo 43º desta Lei, as instituições financeiras poderão emitir títulos com características de derivativos a serem chamados de "Certificados de Operações Estruturadas" ("COEs"). Tendo em vista que a referida lei não trouxe maiores detalhes acerca de tais títulos, o CMN Br editou a Resolução nº 4.263/13 para regulá-los.

Segundo os artigos 1º e 2º da Resolução nº 4.263/13, os bancos múltiplos, bancos comerciais, bancos de investimento, caixas econômicas e o Banco Nacional de Desenvolvimento Econômico e Social poderão emitir COEs, que são certificados representativos de um conjunto único e indivisível de direitos e obrigações, com estrutura de rentabilidades que apresente características de instrumentos financeiros derivativos. O investimento inicial deve ser significativamente superior aos resultados mais prováveis do certificado. Nos termos do artigo 3º da Resolução nº 4.263/13, os COEs deverão ser emitidos exclusivamente sob a forma escritural, mediante registro em sistema de registro e de liquidação financeira de ativos autorizados pelo BACEN Br ou pela CVM Br.

O registro dos COEs deverá conter uma série de informações, dentre as quais destaco: (i) a denominação "Certificado de Operações Estruturadas"; (ii) a identificação da instituição financeira emissora e do titular/investidor; (iii) o número de ordem, o local e a data de emissão; (iv) valor nominal; (v) as datas de início da remuneração do certificado, de vencimento, de liquidação antecipada ou as condições para sua ocorrência, quando for o caso; (vi) os ativos subjacentes utilizados como referenciais; (vii) as condições de remuneração do certificado; (viii) a especificação dos direitos e das obrigações do titular e do emissor que possam influenciar as condições de remuneração; e (ix) a modalidade.

Nos termos do artigo 6º, o COE pode ser referenciado em índices de preços, índices de títulos, índices de valores mobiliários, taxas de juros, taxas de câmbio, valores mobiliários e outros ativos subjacentes. Além disso, o COE, nos termos do artigo 7º, pode ser referenciado em ativos subjacentes divulgados ou negociados no exterior, observados os mesmos requisitos exigidos para os ativos no País, inclusive quanto às bolsas e aos mercados de balcão, que devem ser regulados pelas autoridades estrangeiras competentes. O artigo 8º, por sua vez, proíbe a emissão de COE referenciado em operações de crédito, títulos de crédito, instrumentos de securitização e derivativos de crédito.

1.4.5. Instrução CVM Br nº 475, de 17 de dezembro de 2008 ("Instrução nº 475/08")

Em decorrência das perdas elevadas com derivativos sofridas por companhias abertas brasileiras, a CVM Br editou a Instrução CVM Br nº 475/08, com vistas a dar maior transparência aos investidores em títulos de companhias abertas que utilizem instrumentos derivativos. Assim, nos termos do artigo 1º da Instrução nº 475/08, as companhias abertas devem divulgar, em notas explicativas específicas, informações qualitativas e quantitativas sobre todos os seus instrumentos financeiros, reconhecidos ou não como ativo ou passivo em seu balanço patrimonial. Claramente, os instrumentos derivativos deverão integrar a nota explicativa, que deverá ser sempre verdadeira, completa e consistente.

Ademais, nos termos do parágrafo 3º do referido artigo primeiro, as notas explicativas devem permitir aos usuários avaliarem a relevância dos instrumentos financeiros, especialmente os instrumentos financeiros derivativos para a posição financeira e os resultados da companhia, bem como a natureza e extensão dos riscos associados a tais instrumentos.

2. Operações compromissadas

Operação compromissada, chamada de *repurchase agreement* ou simplesmente *repo* no mercado internacional, é um contrato de venda de ativos financeiros (normalmente valores mobiliários) atrelados a um outro para recompra dos mesmos ativos financeiros, por preço e em data pré-determinados[122].

Alguns autores entendem que os *repos* são, na verdade, uma forma de derivativo. Assim, por exemplo, Chorafas afirma que "[r]epurchase agreements (repos) are a popular derivative at which regulators look with great care"[123], enquanto Faure, explica que "[n]o textbooks regard the repurchase agreement (repo) as a derivative instrument. This article argues that the repo is derived from an existing financial instrument (the underlying instrument) and takes its value from another segment

[122] Segundo Tobias Adrian/Brian Begalle et. al., *Repo and securities lending* (24-dez.-2011). Acessível em SSRN: https://www.ssrn.com/abstract=1976327 (consultado a 27 de julho de 2018), 2, "[a] repurchase agreement is the sale of securities coupled with an agreement to repurchase the securities, at a specified price, at a later date". Os autores continuam: "[r]epo [...] trades are conducted in over-the-counter markets that intermediate between borrowers and lenders facilitating the exchange of securities and cash. Given that these are collateralized money markets, each transaction features a collateral provider and a cash lender. The motivation behind a specific repo [...] transaction can be either cash or security driven. A cash-driven transaction is one where the collateral provider is seeking to borrow cash, while a security-driven transaction is one where the cash lender is seeking to borrow securities".

[123] Chorafas, *Introduction* cit., 35.

in the financial market. As such, is should be regarded as a derivative instrument"[124].

Já Mishikin entende que tais operações possuem outra natureza. Com efeito, para tal autor, "[r]epurchase agreements, or *repos*, are effectively short-term loans (usually with a maturity of less than two weeks) in which Treasury bills serve as *collateral*, an asset that the lender receives if the borrower does not pay back the loan"[125].

Está claro que existe grande controvérsia acerca da natureza de tais contratos. Note-se, contudo, que as autoridades financeiras brasileiras regulam as operações compromissadas separadamente dos derivativos, mesmo que possam, sob determinado ponto de vista, serem bastante próximos. É até bastante curioso que a regulamentação brasileira não considere tais operações como derivativos propriamente ditos, mas, em alguns casos, deixa claro que podem assumir a forma de compra e venda a termo. Passarei, assim, a tratar da regulamentação de tais operações.

2.1. A regulamentação das operações compromissadas

A regulamentação das operações compromissadas foi, em boa parte, consolidada em um único regulamento, que passarei a analisar.

2.1.1. Resolução CMN Br nº 3.339, de 26 de janeiro de 2006 ("Resolução nº 3.339/06")

Nos termos do artigo 1º da Resolução nº 3.339/06, as seguintes operações com títulos de renda fixa subordinan-se a tal regulamento: (i) operações com compromisso de recompra com vencimento em data futura, anterior ou igual à do vencimento dos títulos objeto da operação; (ii) operações com compromisso de revenda com vencimento em data futura, anterior ou igual à do vencimento dos títulos objeto da operação; (iii) operações de venda de títulos com compromisso de recompra assumido pelo vendedor, conjugadamente com compromisso de revenda assumido pelo comprador, para liquidação no mesmo dia; (iv) operações de compra de títulos com compromisso de revenda assumido pelo comprador, conjugadamente com compromisso de recompra assumido pelo

124 Alexandre Pierre Faure, *Is the repo a derivative?*, 2/2 African Rev. of Econ. and Fin. (2011), 194-203, 194.

125 Mishikin, *The economics* cit., 3.

vendedor, para liquidação no mesmo dia; (v) operações de compra ou de venda a termo, tendo o vendedor, por ocasião da contratação da operação, a propriedade do título negociado ou a certeza dessa propriedade até a data da liquidação da venda a termo, nesse caso com base em compromisso efetivo de recompra ou em operação de compra a termo que tenha data de liquidação igual ou anterior ao da venda a termo; e (vi) operações de compra ou de venda a termo, sem que o vendedor tenha, por ocasião da contratação da operação, a propriedade do título negociado ou a certeza dessa propriedade até a data da liquidação da venda a termo.

Nos termos o parágrafo segundo do referido artigo 1º, as operações compromissadas devem ser registradas e liquidadas no Sistema Especial de Liquidação e de Custódia (também conhecido como "SELIC"), ou em sistema de custódia e liquidação ou de compensação e liquidação de operações com títulos e valores mobiliários autorizado pelo BACEN Br ou pela CVM Br. O parágrafo terceiro determina que as operações compromissadas devem ser realizadas com rentabilidade definida ou com parâmetro de remuneração estabelecido.

O CMN Br preocupou-se em reduzir o risco de tais operações ao aproximá-las, em certa medida, às de renda fixa. Assim, o §4º do artigo primeiro veda que operações compromissadas sejam cursadas com cláusula de reajuste de valor com base em variação de cotação de moeda estrangeira, exceto quando se tratar de operações de compra ou de venda a termo, tendo por objeto títulos cujo valor nominal seja atualizado por esse parâmetro de remuneração.

O artigo segundo traz lista dos instrumentos que poderão ser negociados por meio de operações compromissadas, dentre os quais destaco: (i) títulos de emissão do Tesouro Nacional ou do Banco Central do Brasil; (ii) créditos securitizados pelo Tesouro Nacional; (iii) títulos estaduais e municipais; (iv) certificados de depósito bancário; (v) cédulas de crédito bancário e certificados de cédulas de crédito bancário; (vi) letras de câmbio de aceite de instituições financeiras e letras hipotecárias; (vii) letras e cédulas de crédito imobiliário, e (ix) cédulas de debêntures e notas comerciais.

Um aspecto bastante importante da regulamentação é a restrição trazida pelo artigo 6º da Resolução nº 3.339/06. Segundo tal dispositivo, ao menos uma das partes contratantes deve ser banco múltiplo, banco comercial, banco de investimento, banco de desenvolvimento, sociedade de crédito, financiamento e investimento, sociedade corretora de títulos e valores mobiliários, sociedade distribuidora de títulos e valores mobiliários ou a Caixa Econômica Federal, habilitado para a realização dessas operações. Assim, o BACEN Br poderá exercer maior controle sobre tais operações.

Bibliografia

Tobias Adrian/Brian Begalle et. al., *Repo and securities lending* (24-dez.-2011). Acessível em SSRN: https://www.ssrn.com/abstract=1976327 (consultado a 27 de julho de 2018).

Linda Allen/Anthorny Saunders, *Risk management in banking* em *The Oxford Handbook of Banking*, coord. Allen Berger/Philip Molyneux et. al., Oxford University Press: Oxford (2010), 90-111.

J. Carr Bettis/Michael L. Lemmon et. al., *Insider trading in derivative securities: an empirical examination of the use of zero-cost collars and equity swaps by corporate insiders* (31-mai.-1999). Acessível em SSRN: https://www.ssrn.com/abstract=167189 (consultado a 07 de setembro de 2018).

Andréa Fernandes Andrezo/Iran Lima, *Mercado financeiro – aspectos conceituais e históricos*, 3ª ed., Atlas: São Paulo (2007).

José Engrácia Antunes, *Os instrumentos financeiros*, 3ª ed., Almedina: Coimbra (2017).

Maria Clara Calheiros, *O contrato de swap*, Coimbra Editora: Coimbra (2000).

Gunther Capelle-Blancard, *Are derivatives dangerous? A literature survey*, 123 Int. Economics (2010), 67-90.

Jing Cheng, *Derivatives securities: what they tell us*, 3/5 Quantitative Finance (2003), C92-C96.

Andrew M. Chisholm, *Derivatives demystified: a step-by-step guide to forwards, futures, swaps & options*, John Wiley & Sons: (2004).

Dimitris N. Chorafas, *Introduction to derivative financial instruments – options, futures, forwards, swaps, and hedging*, McGraw-Hill: New York (2008).

Alexandre Pierre Faure, *Is the repo a derivative?*, 2/2 African Rev. of Econ. and Fin. (2011), 194-203.

Richard Flavell, *Swaps and other derivatives*, Wiley: West Sussex (2002).

Rasiah Gengatharen, *Derivatives law and regulation*, Kluwer Law International: London (2001).

Global Derivatives Study Group, *Derivatives: practices and principles (Group of Thirty Report)*, Group of Thirty: Washington, DC (1993).

Daniel Krepel Goldberg, *A Lei 10.303 de 2001 e a inclusão dos derivativos no rol dos valores mobiliários*, 129 RDM (2003), 73-81.

Paul C. Harding, *Mastering the ISDA master agreement: a practical guide for negotiators*, Pearson Education: London (2002).

Augusto Jorge Hirata, *Derivativos – o impacto do direito no desempenho da função econômica*, Quartier Latin: São Paulo (2012).

John C. Hull, *Opções, futuros e outros derivativos*, 9ª ed., trad. Francisco Araújo da Costa, Bookman: Porto Alegre (2016).

Jerry W. Markham, *A financial history of the United States: From the age of derivatives into the new millenium (1970-2001)*, III, .M. E. Sharpe: Amonk (2002).

A. Barreto Menezes Cordeiro, *Manual de Direito dos Valores Mobiliários*, Almedina: Coimbra (2017).

Frederic S. Mishikin, *The economics of money, banking, and financial markets*, 7ª ed., Peason: Boston, San Francisco e New York (2004).

NASDQ, *Derivative security* (sem data). Acessível em NASDAQ: https://www.nasdaq.com/investing/glossary/d/derivative-security (consultado a 21 de novembro de 2018).

Sunil Parameswaran, *An introduction to stocks, bonds, foreign exchange, and derivatives*, John Wiley & Sons (Asia): Singapore (2011).

Frank Partnoy, *F.I.A.S.C.O. – blood in the water on Wall Street*, Norton: New York (2009).

Geoffrey Poitras, *Risk, management, speculation, and derivative securities*, Academic Press: Cambridge, MA (2002).

Eduardo Salomão Neto, *Direito bancário*, 2ª ed., Atlas: São Paulo: Atlas (2014).

Myron S. Scholes, *Global financial markets, derivative securities, and systemic risks*. 12/2 Journal of Risk and Uncertainty (1996), 271-286.

Lígia Paula Pires Pinto Sica, *Os valores mobiliários e a oferta publica destes no Brasil*, em *Regulação brasileira do mercado de capiais*, coord. Danilo Borges dos Santos Gomes de Araújo, Saraiva: São Paulo (2015), 43-102.

Edward J. Swan, *Building the global market: a 4000 year history derivatives*, Kluwer Law International: London (1999).

Ernst Juerg Weber. (2009), *A Short History of Derivative Security Markets*, em *Vinzenz Bronzin's Option Pricing Models*, coord. Wolfgan Hafner/Heinz Zimmermann, Springer: Berlin (2009), 431-466.

Philip R. Wood, *Title finance, derivatives, securitizations, set-off and netting*, Sweet & Maxwell: London (1995).

Otávio Yazbek, *Regulação no mercado financeiro e de capitais*, Elsevier: Rio de Janeiro (2007).

Os títulos do tesouro do mercado financeiro angolano

Sofia Vale
Leonildo Manuel

Resumo: *Neste escrito procura-se fazer um ponto de situação sobre o estado do mercado de títulos do tesouro em Angola e, para o efeito, analisa-se o seu regime jurídico e apresenta-se o quadro evolutivo das operações realizadas, designadamente, a recente transferência da gestão do mercado primário para a Bolsa de Dívida e Valores Mobiliários de Angola – BODIVA SGMR e a criação do Portal do Investidor, factos que vêm dinamizar e, consequentemente, conferir profundidade ao mercado financeiro angolano.*

1. Nota introdutória

A Comissão do Mercado de Capitais[1], por meio da sua Estratégia de Actuação 2012 – 2017, lançou a "nova pedra" para a construção do mercado de valores mobiliários em Angola e, para o efeito, elegeu como ponto de partida a institucionalização dos mercados de dívida pública, nos quais se inserem os segmentos dos títulos do tesouro emitidos e adquiridos no mercado primário e os negociados em mercado secundário, nomeadamente os bilhetes do tesouro e as obrigações do tesouro.

[1] Criada pelo Decreto nº 9/05, de 18 de Março, entretanto revogado pelo Decreto Presidencial nº 54/13, de 6 de junho, DR I Série (nº 106), que aprovou o novo Estatuto Orgânico da Comissão de Mercado de Capitais.

Neste trabalho procuraremos analisar o desenvolvimento que o mercado de títulos do tesouro em Angola tem conhecido. Para esse efeito, propomo-nos caracterizar a figura dos títulos do tesouro (nomeadamente, os bilhetes e as obrigações do tesouro), por um lado, enquanto instrumentos de financiamento do *deficit* orçamental do Estado e meio para a rentabilização do aforro das famílias e das empresas, e, por outro lado, como instrumento do mercado monetário. Apresentaremos também o regime jurídico dos títulos do tesouro e os procedimentos para a sua emissão e negociação. Por último, iremos analisar o volume de negociação dos títulos do tesouro, de modo a podermos apresentar perspetivas de evolução do mercado dos referidos títulos em Angola.

2. Caracterização dos Títulos do Tesouro

2.1. Enquadramento

No âmbito da sua atividade de satisfação das necessidades coletivas e tendo em vista a captação de recursos destinados a financiar as atividades do Executivo (para o desenvolvimento da economia, cobertura do *déficit* orçamental e refinanciamento da dívida pública), cabe ao Estado, por intermédio do Tesouro Nacional, emitir títulos do tesouro.

De acordo com o nº 1 do artigo 4º da Lei-Quadro da Dívida Pública[2], o processo de emissão de títulos do tesouro está diretamente relacionado com o financiamento do Estado e com a gestão da dívida pública, pois, por via desta operação de vendas nos mercados primário e secundário, o Estado assegura o recebimento de recursos financeiros importantes e necessários à execução orçamental e ao financiamento de projetos públicos[3].

Os títulos do tesouro são definidos como documentos emitidos no mercado financeiro para a obtenção de recursos financeiros. Eles assentam num contrato através do qual o Estado, como contrapartida da emissão do título, recebe o dinheiro e garante o pagamento integral do capital e dos juros ao comprador do mesmo, num prazo previamente estabelecido.

[2] Lei nº 16/02, de 5 de Dezembro, DR I Série (nº 97).

[3] Manuel José Alves Rocha/Vera Daves/Albertina Delgado, *Finanças Públicas*, CEIC-Univ. Católica de Angola, Texto Editores: Luanda (2013), 229.

Os títulos do tesouro caracterizam-se como ativos de renda fixa emitidos pelo Tesouro Nacional e destinados ao financiamento da dívida pública nacional, possuindo grande previsibilidade de retorno, liquidez diária, baixo custo, baixíssimo risco de crédito, associados à solidez da instituição de referência que os emite.

Na verdade, os títulos do tesouro são produtos financeiros de elevada segurança e garantia de excelente rentabilidade, vencendo juros antecipados cujo reembolso não depende da forma como decorre o exercício económico do Estado.

Os títulos do tesouro consubstanciam-se também numa opção de investimento para o cidadão e para a economia em geral, pois, em Angola, conferem uma remuneração mais atrativa do que determinados produtos do sector bancário, como, por exemplo, os depósitos a prazo e os depósitos estruturados, conhecidos por oferecem uma taxa de juro pouco atrativa.

Os títulos podem ser ainda utilizados como garantia de créditos bancários, no pagamento de obrigações fiscais e de responsabilidades financeiras em processos de privatização ou outros. Estes títulos, quando negociados em mercado primário, dispensam intermediação financeira de outros operadores, o que permite aos investidores e aforradores gerirem diretamente os seus portfólios, adequando os prazos e indexadores dos títulos aos seus interesses, e, desta forma, gerir os seus investimentos escolhendo títulos de curto, médio ou longo prazo[4].

De uma forma geral, o investimento em títulos do tesouro permite a aplicação de recursos com rentabilidade e segurança elevadas, comparativamente aos restantes produtos financeiros. Isto porque a dívida do Estado assegura liquidez garantida nos reembolsos de capital, proporcionando uma melhor rentabilidade entre os investimentos de baixo risco.

De acordo com a alínea *a)* do nº 1 do artigo 9º da Lei-Quadro da Dívida Pública, do artigo 12º do Regime Jurídico de Emissão e Gestão da Dívida Pública Direta e Indireta[5] e o artigo 4º do Aviso nº 5/04[6], os

[4] Carlos Francisco, *Mercado de Capitais em Angola*, Fabizana: Luanda (2011), 25.

[5] Lei nº 1/14 (Regime Jurídico de Emissão e Gestão da Dívida Pública Direta e Indireta) de 06 de Fevereiro de 2014, com a redação dada pela Lei nº 21/16 (Alteração da Lei do Regime Jurídico da Emissão e Gestão da Dívida Pública), DR I Série (nº 25).

[6] Aviso do Banco Nacional de Angola nº 5/04, de 27 de Setembro, DR I Série (nº 83).

títulos do tesouro possuem as seguintes características: **(1)** – Gozam de garantia do pagamento integral do capital e dos juros; **(2)** – Não são passíveis de confisco ou qualquer outro ato de intervenção da administração do Estado; **(3)** – Podem ser subscritos por qualquer pessoa singular ou coletiva no país ou no estrangeiro; **(4)** – Podem ser utilizados como garantia de crédito bancário, no pagamento de obrigações; **(5)** – Podem ser objeto de resgate antecipado, nas condições que vierem a ser determinadas pelo Ministério das Finanças; **(6)** – São emitidos exclusivamente sob a forma escritural, com registo em sistema eletrónico de custódia e liquidação financeira de operações, gerido pelo BN Ao; **(7)** – São nominativos, o que consiste em colocar o nome do adquirente no respetivo título; **(8)** – São transmissíveis e livremente negociáveis; **(9)** – A sua transmissão representa a transferência dos direitos neles contidos; **(10)** – Têm a indicação da respetiva data de vencimento; **(11)** – Determinabilidade do valor facial; e, **(12)** – Quantidade negocial múltipla.

O valor nominal (também conhecido como valor principal) representa a quantia que o adquirente (titular) receberá assim que a obrigação alcançar o seu prazo.

Ocorre muitas vezes que os títulos recém-emitidos sejam vendidos pelo seu valor nominal. De facto, o título do tesouro tem um dado valor nominal, mas poderá ser negociado a um valor (preço) superior; ou seja, existe uma diferença entre o valor nominal e o preço do título. E isto porque o preço de um título flutua ao longo do tempo em função de uma série de variáveis. Assim, quando um título é negociado a um preço superior ao seu valor nominal, diz-se que que é vendido com prémio (prémio de emissão); já quando um título é vendido a um preço inferior ao valor nominal, diz-se que é vendido com desconto (desconto de emissão).

De acordo com o artigo 3º da Lei-Quadro da Dívida Pública, em Angola, os títulos do tesouro são também classificados em função da maturidade definida na emissão, isto é, classificam-se como dívida pública flutuante (contraída para ser totalmente amortizada até ao final do exercício orçamental em que foi criada) ou como dívida pública fundada (contraída para ser amortizada em exercício orçamental futuro àquele em que foi criada)[7].

[7] Sobre os conceitos *vide* António de Sousa Franco, *Finanças Públicas e Direito Financeiro*, 4ª ed., Almedina: Coimbra (2008), 88.

2.2. Tipos de títulos do tesouro

Os títulos do tesouro podem ser de dois tipos, nomeadamente os bilhetes do tesouro e as obrigações do tesouro. Estes dois instrumentos financeiros diferem entre si pelo seu prazo. Os bilhetes do tesouro (usualmente designados por "BT's"), são caracterizados por serem títulos do tesouro de curto prazo, e as obrigações do tesouro (designadas por "OT's") como sendo títulos do tesouro de médio e longo prazo[8]. Qualquer um destes títulos goza da garantia do pagamento integral do capital e de juros.

A emissão das OT's e dos BT's é feita por meio da colocação no mercado primário – ou da sua entrega aos beneficiários, no caso de emissão especial de OT's por conversão de outras dívidas – sem emissão física. O montante aplicado pode ser resgatado antecipadamente (antes de vencer o prazo), nas condições que vierem a ser determinadas, para cada emissão, pelo Ministro das Finanças.

Qualquer pessoa física ou coletiva pode investir nos títulos do tesouro cuja aquisição pode ser feita no mercado primário (via *online*, no portal da Unidade de Gestão da Dívida Pública, sob gestão da BODIVA Ao[9]) ou no mercado secundário, junto de qualquer intermediário financeiro, mediante registo de alteração de titularidade.

Os intermediários financeiros são as instituições bancárias que operam na bolsa e, neste âmbito, têm a tarefa de proporcionar o encontro de intenções, ou seja, criar condições para que as ordens de compra e de venda dos investidores no mercado se cruzem e sejam satisfeitas, nas sessões de bolsa. As instituições bancárias são ainda responsáveis pela guarda e pela gestão da carteira de valores mobiliários de terceiros, bem como pela intermediação de operações em mercado secundário.

3. Regime jurídico dos títulos do tesouro em Angola

A disciplina dos títulos do tesouro vem definida essencialmente na Lei-Quadro da Dívida Pública, no Regime Jurídico de Emissão e Gestão da Dívida Pública Direta e Indireta e no Aviso nº 5/04 do BN Ao. Estes

[8] Franco, *Finanças* cit., 96.

[9] Criada pelo Decreto Presidencial nº 97/14 de 7 de Maio, DR I Série (nº 85), que autorizou a sua criação, sob a forma de sociedade anónima de capitais exclusivamente públicos (empresa de domínio público).

diplomas apresentam as premissas da dívida pública titulada, na qual se integram os títulos do tesouro que, por sua vez, se segmentam em BT's e OT's, apresentando os elementos que os caracterizam.

O Regime Jurídico de Emissão e Gestão da Dívida Pública Direta e Indireta vem concretizado no Regulamento da Emissão e Gestão da Dívida Pública Direta e Indireta[10] que, nos seus artigos 10º a 33º, estabelece os procedimentos e condições para a emissão dos títulos do tesouro.

De acordo com o artigo 10º do Regulamento da Emissão e Gestão da Dívida Pública Direta e Indireta, a emissão de OT's está dependente de autorização a ser concedida pelo Presidente da República, enquanto Titular do Poder Executivo.

Nas operações de emissão de OT's têm acesso, enquanto operadores, as instituições financeiras e os investidores institucionais (artigo 13º). A colocação das OT's no mercado primário é efetuada sem emissão física de títulos através de sistema informático pela entidade gestora do mercado primário que, desde Maio de 2018, passou a ser a BODIVA Ao. As OT's podem ser vendidas mediante leilão de preços ou leilão de quantidades, através de consórcios de instituições financeiras, de oferta de subscrição limitada e diretamente junto do público (artigo 16º).

No mercado secundário, as OT's são transacionadas de acordo com as regras do mercado regulamentado (mercado de bolsa e de balcão organizado). A movimentação das OT's efetua-se de forma meramente escritural entre contas-títulos, e o registo, bem como a liquidação das operações relacionadas com as OT's, realiza-se em sistemas centralizados de liquidação e compensação de valores mobiliários, reconhecidos pelo Ministério das Finanças (artigo 18º).

Como já se fez referência, os BT's gozam de garantias de resgate integral e pagamento na data de vencimento que são efetuados pelas instituições onde se encontrem abertas as contas-títulos.

Relativamente aos BT's, estes observam os mesmos critérios de acesso, de venda e movimentação e de garantias nos mercados primário e secundário que já indicámos para as OT's.

[10] Regulamento da Lei nº 1/14, de 6 de Fevereiro (Regime Jurídico de Emissão e Gestão da Dívida Pública Direta e Indireta), DR I Série (nº 100).

4. O mercado de títulos do tesouro em Angola

Os títulos do tesouro, enquanto instrumentos financeiros, são negociados no mercado financeiro que, em Angola, é classificado em duas categorias, isto é, em mercado primário e em mercado secundário.

4.1. Mercado primário

O mercado primário é aquele onde os títulos do tesouro são criados, isto é, aquele em que os títulos são emitidos pela primeira vez por meio de um processo de admissão. Por sua vez, o mercado secundário é aquele onde se negoceiam e se transmitem os títulos do tesouro já emitidos (no mercado primário) entre os terceiros adquirentes.

O mercado primário é o mercado para as novas emissões através do qual o emitente (Tesouro Nacional de Angola) procede à emissão e onde os resultados obtidos com as vendas revertem para o seu financiamento. Participam neste mercado as instituições bancárias que adquirem os títulos para entre si e/ou com os seus clientes realizarem operações de compra e venda no mercado secundário.

No mercado primário, os títulos do tesouro são vendidos com remuneração definida por desconto sobre o seu valor facial (valor pelo qual é resgatado na data do seu vencimento) com ou sem compromisso de recompra/revenda.

Até ao dia 21 de Maio de 2018, o mercado primário era administrado pelo BN Ao (concretamente pela sua Direção de Emissão e Crédito) que tinha a tarefa de proceder à venda dos títulos do tesouro em nome do Estado. Para realizar esta operação, o BN Ao comunicava às instituições financeiras e ao público a disponibilidade dos títulos e fazia as propostas de venda, recebidas as contrapropostas das instituições financeiras e/ou dos particulares interessados na aquisição dos títulos, a Direção de Mercado de Ativos procedia à venda conforme a contraproposta que oferecesse melhores perspetivas e se adequasse aos objetivos de política monetária gizados[11].

No caso de a quantidade de títulos oferecida ser inferior à demanda, o BN Ao vendia a quantidade de títulos disponível, tendo em conta a realização da venda a preço variável ou a preço fixo. A venda a preço

[11] Manuel Camati, *Os Títulos do Banco Central de Angola*, 1ª ed., Mayamba: Luanda (2012), 91-92.

variável de títulos era realizada de acordo com o melhor preço apresentado.

A partir de Maio de 2018, como já se indicou, o processo de colocação dos títulos do tesouro no mercado primário passou a ser da responsabilidade da BODIVA Ao, cabendo ao BN Ao apenas a tarefa de liquidação física e financeira dos títulos.

Assim, os títulos podem ser adquiridos diretamente no mercado primário, administrado pela BODIVA Ao, ou no portal da Unidade de Gestão de Dívida (também designada por "Portal do Investidor") que, disponível desde Junho de 2018, permite captar e rentabilizar a poupança de investidores de retalho que anteriormente tinham alguma dificuldade em efetuar a compra de títulos do tesouro.

Para a aquisição de títulos do tesouro *online*, via Portal do Investidor, é necessário que o investidor possua: (i) conta bancária num dos Bancos membros da BODIVA Ao; (ii) Número de Identificação Fiscal (NIF); (iii) conta de títulos (Conta de Custódia) num dos Bancos membros da BODIVA Ao; e (iv) e-mail pessoal válido. O pagamento é efetuado via ATM (multicaixa) através de uma referência gerada pela plataforma.

4.2. Mercado secundário

Relativamente ao mercado secundário, as primeiras negociações de títulos do tesouro na BODIVA Ao registaram-se no dia 20 de Maio de 2015, o que deu início à abertura do segmento de Mercado de Registo de Títulos do Tesouro. Esta primeira transação foi registada pelo intermediário financeiro BF Ao.

Nestas primeiras negociações, foram transacionadas 1600 obrigações, representativas de dívida do Estado angolano, a cem por cento do valor nominal, isto é, ao par. Estas obrigações, denominadas em dólares norte-americanos, foram emitidas em 2008 e têm como data de maturidade o final de 2018.

Durante o ano de 2016, foi inaugurado o Mercado de Bolsa de Títulos do Tesouro, ambiente multilateral através do qual os intermediários inserem ordens de compra e de venda de títulos públicos.

A diferença entre o Mercado de Bolsa de Títulos do Tesouro e o Mercado de Registo de Títulos do Tesouro reside no ambiente de realização da operação: no segundo, os intermediários efectuam a operação fora da bolsa e posteriormente registavam a transação; diferentemente, no primeiro, as transações são todas efetuadas num ambiente multilateral, ou seja, através das infraestruturas tecnológicas colocadas sob a égide da BODIVA Ao (mediante as quais os intermediários colocam ordens de compra e de venda de títulos do tesouro, quer em nome próprio quer em nome dos seus clientes).

O Mercado de Registo de Títulos do Tesouro tem como objetivo permitir aos investidores particulares e institucionais o registo em mercado regulamentado de operações de compra e venda de títulos do tesouro, que até agora eram efetuadas sem o conhecimento dos restantes participantes do mercado de dívida pública titulada e do público em geral. O registo das transações no Mercado de Registo de Títulos do Tesouro, ao dar a conhecer a todo o mercado os termos dos negócios (preço e quantidade) efetuados, tem concorrido para o aumento da transparência e da confiança dos investidores, bem como para a formação de uma curva de preços para os ativos nele registados, que serve de referência para futuras transações.

5. Perspetivas do mercado de títulos de tesouro

Angola vive, desde finais de 2014, uma crise financeira e económica cujos efeitos ainda se refletem no Orçamento Geral do Estado de 2018 que, aprovado pela Lei nº 3/18, de 1 de Março (Lei do Orçamento Geral do Estado)[12], registava receitas no valor de 9.658 550.810.758,00 de AKZ (48.300 milhões de euros).

Dentre as receitas a arrecadar, o Plano Anual de Endividamento de 2018 prevê um endividamento líquido do Estado de aproximadamente Kz 1.353,26 mil milhões, que decorrerá do aumento do *stock* da dívida interna na ordem de Kz 788,37 mil milhões e de um acréscimo do *stock* de dívida externa de cerca de Kz 564,89 mil milhões.

O Plano Anual de Endividamento de 2018 prevê que, até ao final de 2018, o volume de dívida pública (excetuando-se a das empresas públicas) atingirá, aproximadamente, o valor de 14,302 mil milhões de AKZ (54.500 milhões de euros). Ainda de acordo com o Plano Anual de Endividamento de 2018, existe um aumento da emissão das '*eurobonds*' – títulos de dívida pública em moeda estrangeira – de aproximadamente 437,4 mil milhões de AKZ, o equivalente a 1.660 milhões de euros, à taxa de câmbio atual.

[12] Lei nº 3/18, de 1 de Março de 2018, DR I Série (nº 29).

No âmbito da dívida interna, o Plano Anual de Endividamento de 2018 prevê uma emissão de obrigações de 2,448 Mil Milhões de AKZ (9.300 milhões de euros) em 2018, equivalente a 51,42% do total, seguida da emissão dos bilhetes de tesouro, com 2,219 Mil Milhões de AKZ (8.400 milhões de euros), representando um peso de 46,61%, entre outros instrumentos.

Assim, confira-se a tabela sobre a Emissão de Dívida Interna por instrumento (*infra*)[13]:

Modalidade	Emissão	Percentagem
Bilhetes do Tesouro	2 219,57	46,61%
Obrigações do Tesouro	2 2448,49	51,42%
Contratos de Mútuo	93,97	1,97%
Total	**4 762,02**	**100%**

6. Volume de negociações de títulos do tesouro na BODIVA Ao[14]

No mercado secundário, em 2017, o volume de negócios na BODIVA Ao foi de 527.209.803.314,62 AKZ, equivalente a USD 3.193.314.294. Relativamente ao volume de negociação registado durante o primeiro trimestre de 2018, foi transacionado no mercado secundário de dívida pública um total de 143,207,747,990 AKZ, equivalente a USD 668,899,151.142, o que representa um aumento de 205,57% face ao período homólogo[15].

De acordo com o Relatório Trimestral dos Mercados BODIVA Ao referente ao II Trimestre de 2018[16], de Janeiro a Junho, a emissão de dívida interna, obtida com a emissão de títulos do tesouro, foi de 794,8 mil milhões AKZ, o que representa uma diminuição de 12,9% em relação ao período homólogo do ano anterior. Deste total emitido, 249,4 mil

[13] Dados extraídos do *Plano Anual de Endividamento de 2018*, 15.

[14] As informações aqui apresentadas resultam do Relatório da BODIVA Ao, cf. BODIVA Ao, *Relatório Trimestral dos Mercados BODIVA* (2018). Acessível em BODIVA Ao: http://www.bodiva.ao/files/relatorio-trimestral/relatoriotrimestral201801.pdf (consultado a 12 de novembro de 2018).

[15] Idem, ibidem.

[16] Banco Angolano de Investimentos, *Relatório Trimestral dos Mercados BODIVA referente ao II Trimestre de 2018*. Acessível em BAI: https://www.bancobai.ao/content/files/relatrio_de_conjuntura_economica_-_agosto_2018__2.pdf (consultado a 12 de novembro de 2018), 12 ss..

milhões AKZ correspondem à emissão de bilhetes do tesouro e os restantes 545,4 mil milhões AKZ dizem respeito a obrigações do tesouro.

De notar que a dinâmica do mercado primário neste semestre contrasta com a do período homólogo do ano anterior, onde a emissão de dívida interna estava mais orientada para o curto prazo (85% em BT's).

Se compararmos as emissões realizadas e a previsão constante do Plano Anual de Endividamento de 2018, notamos uma diferença substancial. O Executivo esperava emitir 883,5 mil milhões AKZ em BT's durante o semestre, mas acabou por emitir apenas 28% deste montante. Quanto às OT's, foram emitidas 50% menos do que o valor inicialmente previsto no Plano Anual de Endividamento de 2018, que ascendia a 1.093,9 mil milhões AKZ.

Quanto à amortização da dívida do Estado, foram resgatados 912,3 mil milhões AKZ em BT's, um aumento de 26,1% (execução de 82% do Plano Anual de Endividamento de 2018), enquanto os resgates das OT's subiram apenas 2% e se cifraram em 495,1 mil milhões AKZ (o que representa uma execução do Plano Anual de Endividamento de 2018 em 77,4%). Com isto nota-se que a gestão da dívida interna titulada se concentrou no reequilíbrio dos compromissos de curto prazo, visando reduzir a pressão sobre a tesouraria do Estado nos próximos dois anos.

Deste modo, no final do primeiro semestre, as taxas de juro dos BT's, com maturidades de 91, 182 e 364 dias situaram-se em 12%, 16% e 17,90%, respetivamente, representando quedas de 4,2 pontos percentuais, 4,2 pontos percentuais e 6 pontos percentuais, em relação ao final do ano anterior. Relativamente às OT's, as obrigações indexadas à taxa de câmbio só foram emitidas com maturidades acima de cinco anos, sendo que a sua taxa de cupão desceu em 2,5 pontos percentuais nas maturidades de 5, 6 e 7 anos para 5%, 5,25% e 5,5%, respetivamente.

Confira-se o gráfico (sobre as taxas de juro BT, em percentagem) e a tabela (sobre o Mercado primário de Dívida) *infra*:

Gráfico 10. Taxas de juro BT (%)

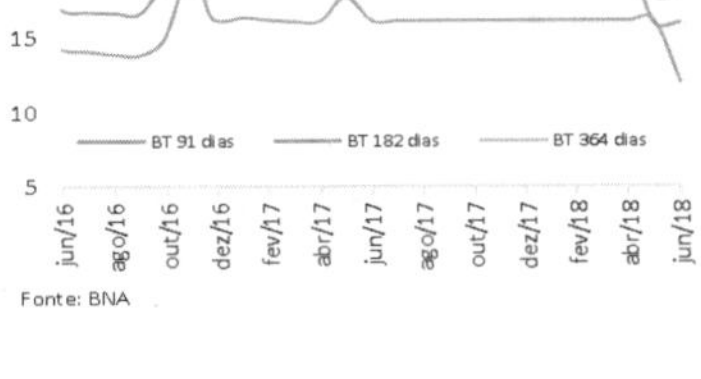

Fonte: BNA

Tabela 5. Mercado Primário de Dívida

mM Kz	2017 Jan-Jun	2018 Jan-Jun	Execução[1]	Var.% (YoY)
Oferta BT	998	571		-43%
Emissão BT	780	249	28%	-68%
Resgate BT	644	812	82%	26%
C. Líquida BT	136	-563		
Oferta OT	263	889		
Emissão OT[2]	133	545	50%	311%
Resgate OT	485	495	77%	2%
C. Líquida OT	-352	50		- 114%

Fonte: BNA/SIGMA

1/ Compara o valor da emissão e dos resgates efectivos em relação ao Plano Anual de Endividamento de 2018;

2/ inclui 357 mM Kz em OTNR e 10 mM Kz em OTiBT

6.1. Mercado de Dívida durante o primeiro Semestre de 2018

De acordo com o Relatório de Conjuntura Económica de Agosto de 2018[17], no primeiro semestre de 2018, foram realizados cerca de 1.733 negócios na BODIVA Ao, tendo atingido o montante total de 358,4 mil milhões AKZ, por comparação com os 130,6 mil milhões AKZ do período homólogo do ano anterior. A quantidade de títulos negociados também aumentou (65%), para cerca de 21,3 mil milhões.

Confira-se, o gráfico (sobre transações na BODIVA Ao, em Mm Kz), *infra*:

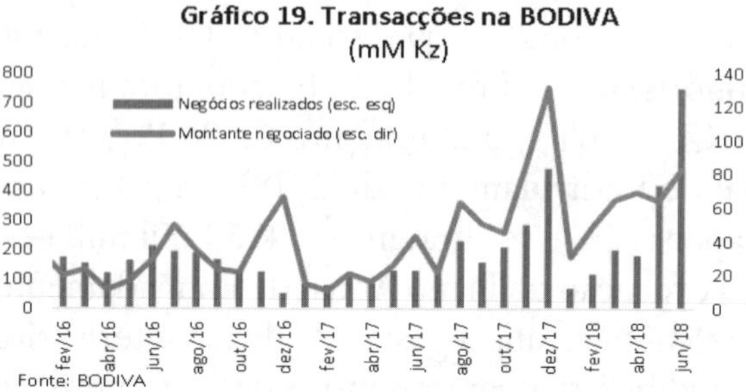

Os títulos transacionados na BODIVA Ao, no período em análise, indicam uma tendência de crescimento positiva, sendo que a maior parte destes foram negociados em OT's indexadas à taxa de câmbio. A maior apetência dos investidores para este tipo de títulos é explicada pela contínua depreciação da moeda nacional, sendo as OT's consideradas como a forma mais rentável de aplicar AKZ e de combater a sua desvalorização.

Confira-se a tabela (sobre os maiores membros negociadores na BODIVA Ao, em M Kz) *infra*:

[17] Publicado pelo Banco Angolano de Investimentos (Gabinete de Estudos Económicos e Financeiros). Acessível em BAI: https://www.bancobai.ao/content/files/relatrio_de_conjuntura_econmica_-_agosto_2018__2.pdf (consultado a 12 de Novembro de 2018).

Tabela 14. Maiores membros negociadores na BODIVA

Ranking	Membro de negociação	Montante negociado	Quota de mercado
	I Semestre 2017 (M Kz)		
Ranking	**Membro de negociação**	**Montante negociado**	**Quota de mercado**
1	Standard Bank Angola	99 474,3	38,1%
2	Banco de Fomento Angola	77 299,9	29,6%
3	Banco Angolano de Investimentos	39 355,4	15,1%
4	Banco BIC SA	25 950,4	9,9%
5	Banco Millennium Atlântico	10 656,0	4,1%
6	Outros	8 670,2	3,3%
	Total	**261 406,1**	**100%**
	I Semestre 2018 (M Kz)		
Ranking	**Membro de negociação**	**Montante negociado**	**Quota de mercado**
1	Banco de Fomento Angola	366 910,6	51,2%
2	Standard Bank Angola	148 743,7	20,7%
4	Banco Angolano de Investimentos	82 273,0	11,5%
3	Banco BIC SA	56 435,4	7,9%
5	Banco Millennium Atlântico	26 540,1	3,7%
6	Outros	36 331,5	5,1%
	Total	**717 234,3**	**100,0%**

Fonte: BODIVA

Relativamente às negociações realizadas pelos membros da BODIVA Ao, importa referir que o Banco de Fomento Angola, no primeiro semestre deste ano, deteve a maior quota de mercado com cerca de 51,2%, seguido do Standard Bank Angola (20,7%) e do Banco Angolano de Investimentos (11,5%). O montante negociado, no período em análise, foi de 717,2 mil milhões AKZ, o que corresponde a um aumento de 174% face ao mesmo período do ano transato.

7. Fatores para migração de constrangimentos

O pleno funcionamento do mercado de títulos está intrinsecamente ligado à existência de uma base alargada de investidores, podendo estes ser investidores institucionais ou não institucionais[18], nacionais ou

[18] O CVM Ao, aprovado pela Lei nº 22/15 de 31 de Agosto, DR I Série (nº 124), define no seu artigo 13º todas as instituições que são consideradas investidores institucionais, nomeadamente instituições financeiras bancárias e não bancárias ligadas ao mercado de capitais e ao investimento, instituições ligadas à moeda e ao crédito, instituições financeiras não bancárias ligadas à atividade seguradora e previdência social, as instituições financeiras autorizadas ou reguladas no estrangeiro que estejam sujeitas a um regime análogo ao estabelecido para as instituições antes referidas. Para maiores desenvolvimentos, cf. Leonildo Manuel, *Mecanismos de Protecção do Investidor*, Where Angola: Luanda (2018), 22.

estrangeiros. Concomitantemente, a aprovação da proposta de Regulamento, que irá revogar o Decreto Presidencial nº 259/10, instrumento que regula a Dívida Pública Direta, prevê a participação de mais investidores no mercado primário, como é o caso dos investidores institucionais, ao contrário do que está previsto nos artigos 4º e 15º do atual Regulamento[19], facto que permitiria alargar o número de participantes no mercado primário.

Concomitantemente, permitiria ao Estado emitir a taxas mais atrativas e menos onerosas para si, observando a lógica de procura e oferta, visto que aumento de participantes no mercado primário reduziria a concentração da dívida nos bancos comerciais, assim como o risco de refinanciamento para Estado.

Por seu turno, os bancos comerciais concederiam menos crédito ao Estado e teriam de direcionar a sua liquidez para o sector produtivo.

Por fim, seria pertinente melhorar o quadro regulamentar de modo a permitir a entrada de investidores não residentes cambiais ou simplesmente investidores internacionais. Pois que esta tipologia de investidores influencia positivamente a imagem internacional do país, assim como propicia a entrada de divisas.

8. Considerações finais

Aqui chegados, em guisa de conclusão, somos a reafirmar que, em Angola, as emissões de títulos do tesouro decorrem da necessidade de financiamento do Estado a curto, médio e longo prazo. E cabe à Unidade de Gestão da Dívida Pública estruturar as emissões e os moldes dos leilões ao longo do exercício económico (execução do Orçamento Geral do Estado).

Assim, o mercado primário de títulos do tesouro é gerido pela Unidade de Gestão da Dívida Pública, sendo a BODIVA Ao a operadora. À BODIVA Ao cabe a realização dos leilões em mercado primário e também a gestão do mercado secundário de títulos do tesouro, garantindo

[19] O Decreto Presidencial nº 259/10 não permite o alargamento da base de investidores porquanto apenas autoriza o acesso aos leilões as instituições de crédito e outras instituições financeiras autorizadas pelo BN Ao, colocando à margem as instituições financeiras que operam sob supervisão da Comissão de Mercado de Capitais e da Agência Angolana de Regulação e Supervisão de Seguros.

assim a circulação/transação dos títulos públicos emitidos no mercado primário, entre os intermediários financeiros por si registados e autorizados.

O mercado de títulos do tesouro em Angola tem ganho, nos últimos anos, maior destaque e dimensão. Entre 2012 e 2015, por exemplo, o mercado primário registou um aumento sem precedentes no volume de emissão dos títulos do tesouro, com a emissão dos Bilhetes de Tesouro a registarem um crescimento de 376% e das Obrigações do Tesouro a evoluírem em torno de 287%. O mercado secundário de dívida pública, apesar de ser ainda pouco profundo e com reduzidas operações, conheceu uma nova dinâmica impulsionada pela entrada em funcionamento da BODIVA Ao, em Dezembro de 2014.

Atualmente os BT's estão com taxas fixas de 16,15% para data de vencimento de 91 dias, 20,25% para vencimento em 182 dias e 23,90% em 364 dias. E as BT's estão com taxas fixas de 7% para data de vencimento de dois anos, 7,25% para três anos, 7,50% para quatro anos e 7,75% para cinco anos.

Bibliografia

António de Sousa Franco, *Finanças Públicas e Direito Financeiro*, 4ª ed., Almedina: Coimbra (2008).

Carlos Francisco, *Mercado de Capitais em Angola*, Fabizana: Luanda (2011).

Leonildo Manuel, *Mecanismos de Protecção do Investidor*, Where Angola: Luanda (2018).

Manuel Camati, *Os Títulos do Banco Central de Angola*, 1ª ed., Mayamba: Luanda (2012), 91-92.

Manuel José Alves Rocha/Vera Daves/Albertina Delgado, *Finanças Públicas*, CEIC-Univ. Católica de Angola, Texto Editores: Luanda (2013).

O empréstimo de valores mobiliários: particularidades do regime regulatório brasileiro

Andre Grunspun Pitta

Resumo: *O empréstimo de valores mobiliários desempenha múltiplas funções de relevo no mercado de valores mobiliários. As operações de empréstimo incrementam a liquidez dos mercados, bem como auxiliam na formação de preço dos ativos negociados. Isso porque tais operações aumentam a quantidade de valores mobiliários disponíveis (e que, de outra forma, não circulariam) e, assim, viabilizam a execução de determinadas estratégias negociais e facilitam a liquidação das operações realizadas. Em razão de sua relevância, o empréstimo de valores mobiliários é tradicionalmente objeto de regulação específica, seja sob a perspectiva das condições e das proteções necessárias à sua realização por parte dos investidores, seja sob a ótica da disciplina dos intermediários que atuam na facilitação de tais operações. O presente artigo objetiva apresentar algumas particularidades inerentes ao regime regulatório aplicável às operações de empréstimo de valores mobiliários no Brasil, cuja principal particularidade é a centralização dessas operações em sistemas administrados por entidades autorizadas a funcionar, simultaneamente, como câmara de compensação e liquidação e depositário central de valores mobiliários.*

1. Natureza jurídica do empréstimo de valores mobiliários

O empréstimo de valores mobiliários é a operação por meio da qual o mutuante transfere transitoriamente a titularidade de uma determinada quantidade de valores mobiliários ao mutuário, recebendo, em contrapartida, uma remuneração pré-definida, mediante o compromisso, do mutuário, de restituir valores mobiliários em mesma quantidade e da mesma espécie ao mutuante após determinado período de tempo.

Não obstante tal operação seja recorrentemente referida, no Brasil, como "aluguel" de valores mobiliários, trata-se, na realidade, de um mútuo.

Isso porque os valores mobiliários objeto de tais operações são qualificados como coisas fungíveis[1], ou seja, coisas homogêneas e equivalentes que, por isso, são plenamente substituíveis umas pelas outras[2].

Evidente que a fungibilidade depende, em essência, das características de cada valor mobiliário, de modo que serão fungíveis aqueles que dispõem dos mesmos atributos e conferem aos seus titulares os mesmos direitos[3].

Aliás, a fungibilidade é fundamental à circulação dos valores mobiliários em mercado,[4] uma vez que essencial a um regime dinâmico de transmissão da propriedade desses ativos[5] e, consequentemente, ao funcionamento do mercado de valores mobiliários.

O empréstimo oneroso de coisas fungíveis qualifica-se como mútuo, por meio do qual uma das partes empresta a outra determinada coisa fungível, que, por sua vez, fica obrigada a restituir coisa do mesmo gênero, qualidade e quantidade[6].

A principal consequência prática da qualificação das operações de empréstimo de valores mobiliários como mútuo reside no fato de que a propriedade dos valores mobiliários objeto de tais operações é efetiva-

[1] Conforme disciplina o art. 85º do CC Br: *"São fungíveis os móveis que podem substituir-se por outros da mesma espécie, qualidade e quantidade."*

[2] Cf. Silvio Rodrigues, *Direito Civil – Parte Geral*, 33ª ed., Saraiva: São Paulo (2003), 128.

[3] O art. 204º/2 do CVM Pt contém, inclusive, uma definição própria de fungibilidade para os valores mobiliários: *"São fungíveis, para efeitos de negociação organizada, os valores mobiliários que pertençam à mesma categoria, obedeçam à mesma forma de representação, estejam objetivamente sujeitos ao mesmo regime fiscal e dos quais não tenham sido destacados direitos diferenciados."*

[4] O art. 204º/1 do CVM Pt estabelece, inclusive, a fungibilidade como uma condição para a negociação organizada de valores mobiliários.

[5] A esse respeito, Amadeu José Ferreira afirma: *"A fungibilidade dos valores mobiliários, em geral, é uma das principais preocupações do legislador, tendo em conta a resolução dos problemas colocados pela liquidação física das operações de bolsa."*, cf. Amadeu José Ferreira, *Valores Mobiliários Escriturais: Um novo modo de representação e circulação de direitos,* Almedina: Coimbra (1997), 165.

[6] Cf. art. 586º do CC Br.

mente transferida ao mutuário, que torna-se seu efetivo titular durante o prazo do empréstimo[7].

Na condição de proprietário, o mutuário está autorizado, portanto, a consumir ou a dispor da coisa mutuada, restando, ao final, a obrigação de restituição acima mencionada. E a natureza transitória dessa transferência de propriedade,[8] inerente ao mútuo, em nada altera a condição do mutuário, que se torna pleno titular dos valores mobiliários emprestados durante o período do empréstimo, para todos os efeitos legais.

Evidente que o maior risco ao qual o mutuante está sujeito diz respeito ao inadimplemento da obrigação de restituição dos valores mobiliários. Assim, o risco oriundo da transferência transitória da titularidade dos valores mobiliários emprestados é, via de regra, mitigado pela apresentação de garantias pelo mutuário (em dinheiro, títulos ou mesmo outros valores mobiliários), inclusive, em alguns casos, por imposição regulatória, como requisito para a realização de tais operações por determinados tipos de investidores, conforme será adiante explorado.

2. As funções do empréstimo de valores mobiliários

O empréstimo de valores mobiliários, especialmente de ações, desempenha, há tempos, múltiplas funções de relevo no mercado de valores mobiliários. Por essa razão, essa operação é tradicionalmente objeto de alguma regulação própria, seja sob a perspectiva das condições e das proteções necessárias à sua realização por parte dos investidores, seja sob a ótica da disciplina dos intermediários que atuam na facilitação de tais operações.

[7] Conforme ensina Orlando Gomes: "*O mútuo é o contrato pelo qual uma das partes empresta a outra coisa fungível, tendo a outra a obrigação de restituir igual quantidade de bens do mesmo gênero e qualidade. A característica fundamental do mútuo é a transferência da propriedade da coisa emprestada, que sucede necessariamente devido à impossibilidade de ser restituída na sua individualidade. Daí se dizer que é contrato translativo. A propriedade da coisa se transmite com a tradição.*", cf. Orlando Gomes, *Contratos*, 26ª ed. (atualizada), Editora Forense: Rio de Janeiro (2007), 389.

[8] Conforme assevera Alexandre Brandão da Veiga: "*São temporárias as transmissões que pelo seu próprio conteúdo impõem uma nova transmissão. São definitivas quando não impõem.*", cf. Alexandre Brandão da Veiga, *Transmissão de Valores Mobiliários*, Almedina: Coimbra (2010), 189. Nesse sentido, o autor classifica a transferência ocorrida no mútuo de valores mobiliários como *reflexiva*, em que o novo titular está obrigado a transmitir novamente a propriedade ao alienante, cf. Veiga, *Transmissão* cit., 189-190.

Em linhas gerais, costuma-se afirmar que as operações de empréstimo de valores mobiliários incrementam a liquidez dos mercados de valores mobiliários[9], bem como auxiliam na formação de preço dos ativos negociados[10]. Isso porque tais operações aumentam a quantidade de valores mobiliários disponíveis (e que, de outra forma, não circulariam) e, assim, viabilizam a execução de determinadas estratégias negociais e facilitam a liquidação das operações realizadas.

Passemos, portanto, a avaliar brevemente as principais funções desempenhadas pelas operações de empréstimo no âmbito do mercado de valores mobiliários, sob a ótica do mutuante – aquele que empresta seus valores mobiliários – sob a ótica dos mutuários – que tomam emprestados os valores mobiliários – bem como sob a ótica das entidades de compensação e liquidação, que se beneficiam dessas operações quando realizadas com o objetivo de permitir o adimplemento de operações sob sua responsabilidade, na condição de contraparte central garantidora.

2.1. Utilidade para o mutuante

Na perspectiva dos mutuantes, as operações de empréstimo de valores mobiliários possibilitam uma remuneração adicional do investimento realizado naqueles ativos.

Dessa forma, investidores de longo prazo, que não pretendem se desfazer definitivamente dos valores mobiliários de sua titularidade dentro de um determinado horizonte temporal, podem obter recursos adicionais emprestando aqueles ativos para outros investidores, mediante o recebimento de uma remuneração.

[9] State Street, *Securities Lending, Liquidity and Capital Market-Based Finance* (dez.-2001). Acessível em Kantakji: https://www.kantakji.com/media/174775/file2337.pdf (consultado a 5 de outubro de 2018), 13.

[10] Nesse sentido, Geert T.M.J. Raaijmakers afirma: "*As stated previously, it is generally accepted that securities lending fulfils a useful function in providing liquidity in the financial markets. By using borrowed shares, demand can even be met in the event of a shortfall in the supply of deliverable securities. Moreover, securities lending contributes to efficient pricing, by accommodating long/short strategies. These strategies enable information to be priced into the value of shares more efficiently.*", cf. Geert T.M.J. Raaijmakers, *Securities Lending and Corporate Governance* (2005). Acessível em SSRN: http://www.ssrn.com/abstract=928312 (consultado a 5 de outubro de 2018), 6.

É o caso, por exemplo, de determinados tipos de investidores institucionais de longo prazo, como os fundos de pensão, fundos mútuos, fundos soberanos, companhias seguradoras, etc., que ao emprestar parte dos valores mobiliários de sua titularidade acabam por incrementar o retorno total de sua carteira.

A possibilidade de obtenção desse retorno adicional induvidosamente torna o investimento em valores mobiliários mais atrativo, garantindo um fluxo adicional de receitas proveniente daquela parcela do patrimônio investida nesse tipo de ativo[11].

Durante certo período, tornou-se também comum a realização de operações de empréstimo motivadas, sob a ótica dos mutuantes, por razões tributárias.

Como visto, o empréstimo de valores mobiliários pressupõe a transferência da titularidade do ativo para o mutuário. Assim, na hipótese de distribuição de proventos (dividendos, juros sobre capital próprio, rendimentos, etc.) durante a vigência do empréstimo, os respectivos valores serão pagos pelo emissor ao mutuário (que constará como titular dos valores mobiliários em seus registros, caso não os aliene em mercado) e, posteriormente, reembolsados ao mutuante (nos termos do contrato de empréstimo celebrado).

Dessa forma, na hipótese de o mutuário estar sujeito a um regime tributário mais favorável em relação aos proventos recebidos (como ocorre, no Brasil, por exemplo, com os fundos de investimento), o mutuante poderá receber, a título de reembolso dos proventos distribuídos durante a vigência do empréstimo, um valor superior àquele que receberia caso mantivesse a titularidade dos valores mobiliários.

Essa possibilidade, por si só, passou a motivar a realização de determinadas operações de empréstimo que, no Brasil, foram apelidadas de "barriga de aluguel". Todavia, transações dessa natureza passaram, com o tempo, a ser coibidas pela legislação[12], como ocorreu, no Brasil, a partir

[11] Cf. Marcelo Fernandez Trindade, *Mútuo de Ações e Insider Trading*, em *Direito Empresarial e Outros Estudos de Direito em Homenagem ao Professor José Alexandre Tavares Guerreiro*, coord. Rodrigo R. Monteiro de Castro/Walfrido Jorge Warde Júnior/Carolina Dias Tavares Guerreiro, Quartier Latin: São Paulo (2013), 519-535, 519.

[12] Cf. Raaijmakers, *Securities* cit., 5.

da edição da Medida Provisória nº 651/14, posteriormente convertida na Lei nº 13.043/14[13].

2.2. Utilidade para o mutuário

Sob a ótica do mutuário, o empréstimo de valores mobiliários viabiliza primordialmente a execução de determinadas estratégias negociais em mercado. A mais conhecida delas é a chamada venda a descoberto.

A venda a descoberto de valores mobiliários – referida pela expressão em inglês *short-selling* – é, em síntese, a venda de valores mobiliários que não são de propriedade do vendedor no momento em que a operação é executada[14].

Tais operações são possíveis, a princípio, em função do diferimento entre o momento em que as operações são executadas no ambiente bursátil (o chamado *matching*) e o momento de sua liquidação, em que o pagamento do respectivo preço e a entrega dos valores mobiliários é efetivada no ambiente das câmaras de compensação e liquidação[15].

As operações de venda a descoberto possuem fundamento econômico na expectativa de queda do preço dos valores mobiliários vendidos no período compreendido entre a realização da operação de venda e a entrega das ações vendidas.

Caso a expectativa se confirme, o vendedor que aliena valores mobiliários que não são de sua propriedade no momento da venda conseguirá adquirir tais ativos em mercado por preço inferior ao preço de venda, antes do momento em que sua entrega é devida ao comprador original, apropriando-se dessa diferença de preço.

As operações de venda a descoberto são empregadas em diversas estratégias de negociação no mercado de valores mobiliários, como, por exemplo, no âmbito das chamadas estratégias *long and short*, em operações de arbitragem, *hedge*, bem como no contexto da atuação dos chamados formadores de mercado (*market makers*).

[13] Cf. art. 8º da Lei nº 13.043/14.

[14] Cf. Paula Costa e Silva, *As Operações de Venda a Descoberto*, Coimbra Editora: Coimbra (2009), 27.

[15] Cf. Paulo Câmara, *Manual de Direito dos Valores Mobiliários*, 3ª ed., Almedina: Coimbra (2016), 506.

A princípio, o vendedor teria o prazo compreendido entre esses dois eventos – que, no Brasil, atualmente é de dois dias úteis – para obter os valores mobiliários a serem entregues.

Mas a possibilidade de tomar emprestados os valores mobiliários para efetivar tal entrega possibilita justamente o alargamento temporal dessa exposição à variação negativa do preço daquele ativo. Ou seja, o vendedor de valores mobiliários a descoberto pode contratar uma operação de empréstimo dos ativos a serem entregues, cumprindo, portanto, com sua obrigação de liquidar a operação realizada, permanecendo, contudo, exposto à variação do preço do respectivo valor mobiliário pelo prazo da operação de empréstimo, após o qual deverá restituir aqueles ativos ao mutuante.

Assim, costuma-se distinguir as operações de venda a descoberto entre as chamadas *naked short sale* e as *covered short sales*. A diferença está justamente na existência (no caso da *covered short sale*) ou não (no caso da *naked short sale*) de uma operação de empréstimo que garanta àquele que aliena valores mobiliários em mercado a titularidade desse ativo no momento em que a sua entrega é devida[16].

Mas o empréstimo pode, também, sob a perspectiva do mutuário, justificar-se em função do interesse no exercício dos direitos políticos inerentes aos valores mobiliários emprestados.

O mutuário, na condição de titular efetivo dos valores mobiliários durante o prazo da operação, estará juridicamente autorizado a exercer os direitos políticos inerentes àquele ativo. No caso de um empréstimo de ações, por exemplo, o mutuário figurará efetivamente como acionista durante aquele período, podendo perfeitamente exercer os direitos de voto daquela ação caso seja realizada alguma assembleia geral de acionistas.

Ao contrário do que ocorre nas estratégias de *short-selling* estruturadas por meio do empréstimo de valores mobiliários, aqui o mutuário não

[16] Cf. Câmara, *Manual* cit., 506. A esse respeito, esclareceu a SEC quando submeteu à consulta pública a *Regulation SHO*, que disciplina o *short sale* no mercado norte-americano: *"Naked short selling is selling short without borrowing the necessary securities to make delivery, thus potentially resulting in a "fail to deliver" securities to the buyer."*, cf. *Securities and Exchange Commission, Release No. 34–48709 – File No. S7–23–03.* Acessível em SEC: https://www.sec.gov/rules/proposed/34-48709.pdf (consultado a 5 de outubro de 2018), 62975.

está interessado em dispor dos valores mobiliários vislumbrando ganho financeiro, mas sim em mantê-los sob sua titularidade para incrementar temporariamente sua influência política na esfera societária.

Tal prática – que ficou conhecida como *empty voting*[17] – passou a despertar preocupações sob a ótica da governança corporativa das companhias abertas, uma vez que incentiva estratégias políticas de curto prazo, a partir de direitos de voto exercidos por acionistas temporários e que não possuem recursos investidos naquela companhia na mesma proporção de sua influência[18].

2.3. Utilidade para as entidades de compensação e liquidação

As operações de empréstimo são, também, particularmente úteis ao funcionamento das entidades de compensação e liquidação que atuam como contraparte garantidora das operações com valores mobiliários.

As entidades de compensação e liquidação (amplamente conhecidas como *clearings* ou *clearing houses*) desempenham função essencial à estrutura e funcionamento do mercado de valores mobiliários, promovendo a liquidação das operações cursadas nos sistemas de negociação, especialmente no âmbito dos mercados de bolsa.

Tais entidades – que podem ou não pertencer à própria administradora do mercado de bolsa – são responsáveis, via de regra, pelo processamento da entrega dos valores mobiliários transacionados aos

[17] A respeito desse fenômeno, Henry Hu e Bernard Black afirmam: "*Beyond this instrumental role of voting, shareholder voting is a core ideological basis for managerial authority, legitimating managers' exercise of authority over property the mangers do not own. Yet the derivatives revolution in finance, especially the growth in equity swaps and other privately negotiated ("over-the-counter" or "OTC") equity derivatives, and related growth in the share lending market, are making easier and cheaper to decouple economic ownership of shares from voting power. Hedge funds and company insiders are taking advantage of this new opportunity. Sometimes they hold more votes than shares – a pattern we call empty voting because the votes have been emptied of an accompanying economic stake. In an extreme case, an investor can vote despite of having negative economic ownership, which gives the investor an incentive to vote in ways that reduce the company's share price*", cf. Henry Hu/Bernard Black, *The New Vote Buying: Empty Voting and Hidden (Morphable) Ownership* (2006). Acessível em SSRN: http://www.ssrn.com/abstract=887183 (consultado a 8 de outubro de 2018), 815.

[18] Cf. Trindade, *Mútuo* cit., 520.

compradores e do respectivo pagamento dos montantes devidos aos vendedores.

Mas para além da responsabilidade pelo processamento da liquidação das operações, tais entidades assumem, especialmente no mercado de bolsa, a função de contraparte central garantidora de todas as operações realizadas. Significa dizer que, nesse caso, a entidade, ao aceitar a liquidação das operações realizadas, interpõe-se entre os compradores e vendedores originários, assumindo, por novação, a posição de comprador de todos os vendedores e de vendedor de todos os compradores.

Atuando como contraparte central garantidora, as entidades de compensação e liquidação tornam-se, portanto, diretamente responsáveis pela efetivação da entrega dos valores mobiliários vendidos e pelo pagamento do respectivo preço de compra, inclusive na hipótese de inadimplemento dos compradores e vendedores originários.

Em virtude do risco de crédito assumido, as entidades de compensação e liquidação estabelecem uma estrutura de salvaguardas, destinada a garantir a liquidação das operações sob sua responsabilidade.

Para tanto, tais entidades estabelecem, por meio de seus regulamentos (i) limites específicos de exposição a risco para cada investidor e intermediário; (ii) exigências de depósito de garantias por parte dos investidores e dos intermediários, a serem utilizadas em caso de inadimplemento; e (iii) uma cadeia de responsabilidades entre investidores e intermediários pelo adimplemento das obrigações assumidas[19].

Diante da estrutura acima descrita, resta clara a utilidade das operações de empréstimo de valores mobiliários para as entidades de compensação e liquidação, uma vez que viabilizam a mitigação das chamadas falhas de entrega (ou seja, do inadimplemento da obrigação do vendedor de entregar os ativos alienados que, em última instância, recairia sobre a própria entidade), ao permitir que o vendedor obtenha, por meio da contratação de uma operação de empréstimo, os valores mobiliários a serem entregues.

[19] Via de regra, tal cadeia de responsabilidades prevê que, diante do inadimplemento do investidor, as obrigações por ele assumidas deverão ser arcadas por sua corretora. Na hipótese de inadimplemento também da corretora, as obrigações deverão ser adimplidas pelo respectivo membro de compensação (*clearing member*). E, por fim, na hipótese de inadimplemento do membro de compensação, compete à própria entidade de compensação e liquidação adimplir com as obrigações assumidas pelo investidor inadimplente.

No caso brasileiro, inclusive, essa utilidade das operações de empréstimo possui um aspecto bastante particular. Isso porque a câmara de compensação e liquidação responsável pelas operações cursadas no mercado de bolsa brasileiro, administrada pela própria bolsa (denominada B3 S.A. – Brasil, Bolsa, Balcão), estabeleceu, em seus regulamentos, como um de seus mecanismos de salvaguarda, a prerrogativa de a própria entidade contratar compulsoriamente uma operação de empréstimo em nome do investidor que não entregar os valores mobiliários vendidos no mercado de bolsa dentro do prazo estipulado[20].

Tal investidor, que inadimpliu sua obrigação de entrega, arcará, nessa hipótese, com todos os custos associados à operação de empréstimo contratada compulsoriamente em seu nome, inclusive decorrentes da eventual diferença de preço do valor mobiliário emprestado no momento em que a restituição daquele ativo ao mutuante for devida.

Tal prerrogativa, cuja viabilidade está associada ao fato de, no Brasil, a entidade administradora do mercado de bolsa e da *clearing* ser também responsável pelo sistema de empréstimo de valores mobiliários (conforme será adiante explorado) constitui uma camada adicional de segurança para a entidade de compensação e liquidação e, em última instância, para a higidez do próprio mercado, ao, na prática, garantir aos compradores a entrega dos valores mobiliários transacionados sempre que existir um potencial mutante interessado em emprestar aqueles valores mobiliários por meio do sistema de empréstimo.

3. A regulamentação do empréstimo de valores mobiliários no Brasil

3.1. Evolução

As particularidades inerentes às operações de empréstimo de valores mobiliários despertaram, desde logo, no Brasil, determinadas preocupações regulatórias que motivaram o estabelecimento de uma disciplina específica para tais operações.

As regras específicas aplicáveis ao empréstimo de valores mobiliários tradicionalmente tratam de estabelecer determinadas condições mínimas a serem observadas na contratação e execução daquelas operações,

[20] Cf. Item 8.1.5.2.1 do Manual de Procedimentos Operacionais da Câmara de Compensação e Liquidação da BM&FBOVESPA.

bem como os requisitos para que determinados tipos de agentes atuem como facilitadores de tais operações.

O regramento aplicável ao empréstimo de valores mobiliários no Brasil orientou-se, desde o princípio, por esses dois eixos principais.

A primeira regra que tratou expressamente dessas operações foi a Resolução nº 1.133/86 do Conselho Monetário Nacional (Resolução 1.133), que disciplinou a concessão de financiamento pelos intermediários (corretoras e distribuidoras de valores mobiliários) aos seus clientes, desde que destinados à compra de valores mobiliários, bem como autorizou o empréstimo de ações, desde que destinadas à venda em bolsa[21].

A regulamentação tratou, desde logo, de impor requisitos associados às garantias a serem prestadas pelos mutuários (e recebidas pelos mutantes) no contexto dessas operações, estabelecendo que o montante relativo à venda das ações emprestadas deveria ficar caucionado junto à corretora, cujo valor, acrescido de outras garantias prestadas, deveria representar pelo menos 140% do respectivo preço[22]. Tais garantias seriam, portanto, utilizadas na hipótese de inadimplemento da obrigação de restituição das ações ao mutante pelo mutuário.

A Resolução 1.133 estabeleceu, ainda, que os intermediários poderiam emprestar tanto as ações de sua titularidade, como aquelas custodiadas junto ao intermediário (ou a outros custodiantes) cujos titulares tenham autorizado expressamente sua utilização em operações de empréstimo[23].

A norma atribuiu, ainda, à CVM Br, competência para regulamentar as operações de empréstimo, inclusive para (em conjunto com o BACEN Br), alterar os montantes de garantias exigidas no contexto de tais operações.

A primeira regulamentação a respeito da matéria editada pela CVM Br foi a Instrução CVM Br nº 51/86 (ICVM 51), que regulamentava (i) a concessão de financiamento pelos intermediários aos seus clientes, exclusivamente para a compra de ações; e (ii) o empréstimo de ações, desde que para venda em bolsa[24].

[21] Cf. Inciso I da Resolução 1.133.

[22] Cf. Inciso I (b) da Resolução 1.133.

[23] Cf. Inciso IV da Resolução 1.133.

[24] Cf. art. 1º e 22º da ICVM 51.

A ICVM 51 tratou de estabelecer o conteúdo mínimo dos contratos de empréstimo de ações[25], bem como determinadas regras relativa à gestão, pela corretora, das garantias apresentadas pelo mutuário[26]. Em relação ao conteúdo mínimo do contrato, a norma desde logo tratou de estabelecer a necessidade de o mesmo prever o tratamento a ser conferido aos direitos inerentes às ações emprestadas[27], sem, contudo, estabelecer requisitos mínimos a esse respeito.

Adicionalmente, a norma continha também regras relativas ao controle, pelos intermediários, de tais operações, exigindo (i) a utilização de contas específicas para o registro das operações de empréstimo[28]; (ii) a manutenção de um sistema especifico para o controle das operações de empréstimo, permitindo a identificação pormenorizada de todas as operações realizadas e das garantias prestadas[29], bem como a identificação das operações de venda em bolsa das ações emprestadas[30].

Em relação aos proprietários das ações emprestadas, a ICVM 51 trazia também uma disciplina bastante particular, prevendo a responsabilidade dos intermediários pela reposição das ações aos mutuantes, sem o estabelecimento, portanto, de um vínculo direto entre aqueles e os mutuários[31].

Tal requisito aproximava, na prática, a atuação dos intermediários das operações de empréstimo àquela típica das entidades de compensação e liquidação, que, como dito, tradicionalmente atuam como contraparte central das operações envolvendo valores mobiliários negociados em bolsa. E foi nesse sentido, inclusive, a evolução do regramento das operações de empréstimo de valores mobiliários no âmbito do mercado brasileiro.

A disciplina específica do empréstimo de ações foi amplamente reformulada com o advento da Resolução nº 2.268/96 do Conselho Monetário Nacional (Resolução 2.268).

[25] Cf. art. 22º da ICVM 51.

[26] Cf. arts. 22º a 25º da ICVM 51.

[27] Cf. art. 35º (IV) da ICVM 51.

[28] Cf. arts. 26º a 28º da ICVM 51.

[29] Cf. art. 29º da ICVM 51.

[30] Cf. art. 30º da ICVM 51.

[31] Cf. art. 34º da ICVM 51.

A principal inovação introduzida foi a exclusividade concedida em relação à prestação de "serviço de empréstimo de ações de emissão de companhia aberta", às entidades prestadoras de serviços de liquidação, registro e custódia devidamente autorizadas[32].

Ou seja, a partir de então, os intermediários (corretoras e distribuidoras de valores mobiliários) não mais estavam autorizados a administrar sistemas independentes de empréstimo de ações, atividade que passou a ser restrita às entidades acima citadas, remanescendo as corretoras e distribuidoras responsáveis apenas pela intermediação das operações de empréstimo junto às entidades autorizadas.

A Resolução 2.268 tratou, ainda, de reduzir o montante mínimo das garantias a serem exigidas – agora, pelas entidades prestadoras de serviços de liquidação, registro e custódia – para 100% do preço das ações emprestadas, acrescido de percentual variável estabelecido por aquelas entidades em função da volatilidade das ações, que deveria ser capaz de compensar a oscilação de preço por pelo menos dois pregões consecutivos.[33]

Após a edição da Resolução 2.268, a CVM Br tratou, por meio da edição da Instrução CVM Br nº 249/96, de adaptar a regulamentação do empréstimo do ações, destinada, agora, a disciplinar a atuação das entidades de liquidação, registro e custódia autorizadas a prestar serviços de empréstimo de ações.

O regime foi atualizado pela edição da Resolução 3.278/05 do Conselho Monetário Nacional, posteriormente substituída pela Resolução 3.539/08 (Resolução 3.539), atualmente em vigor e regulamentada pela Instrução CVM Br nº 441/06 (ICVM 441), que disciplina o empréstimo de todos os tipos de valores mobiliários (e não apenas de ações, como as suas antecessoras).

3.2. O regime do empréstimo de valores mobiliários no Brasil

A Resolução 3.539 estabelece atualmente as diretrizes gerais aplicáveis à prestação de serviços de empréstimo de valores mobiliários, cuja disciplina é regulamentada pela ICVM 441.

Em linhas gerais, a Resolução 3.539 preserva o cerne do regime instituído pela Resolução 2.268, restringindo a prestação de serviços de

[32] Cf. art. 1º da Resolução 2.268.

[33] Cf. art. 2º da Resolução 2.268.

empréstimo de valores mobiliários às câmaras e aos prestadores de serviços de compensação e de liquidação e estabelecendo[34], no bojo dessas operações, a obrigatoriedade de intermediação por uma corretora ou distribuidora de valores mobiliários[35].

Cumpre destacar que tal requisito não veda indistintamente a celebração, no Brasil, de contratos privados de empréstimo de valores mobiliários diretamente entre mutuantes e mutuários.

A restrição recai exclusivamente em relação à prestação de serviços de empréstimo (ou seja, ao estabelecimento de um sistema ou programa destinado a fomentar ou facilitar tais operações, ou à oferta sistemática de tais serviços a terceiros), que é privativa daquelas entidades. Na prática, o requisito regulamentar impõe, no Brasil, uma dinâmica distinta para esses serviços, que em outras jurisdições são prestados e administrados pelos próprios intermediários (como é o caso, por exemplo, dos chamados *agent lenders* no mercado norte-americano), sem a interveniência obrigatória de entidades de compensação e liquidação.

Nos termos da Resolução 3.539, inclusive, a prestação de serviços de empréstimo por parte das câmaras de compensação e liquidação é objeto de uma autorização específica, mediante a aprovação do regulamento de tais serviços pela CVM Br[36].

A Resolução 3.539 estabelece, ainda, regras mais principiológicas em relação às garantias a serem apresentadas em operações de empréstimo, determinando que os mutuários devem oferecer, para tanto, ativos aceitos pela câmara de compensação e liquidação em valor suficiente para assegurar a certeza da liquidação de suas operações, conforme fixado por tais entidades e nos termos da regulamentação específica aplicável às suas atividades[37].

Os demais requisitos aplicáveis à prestação de tais serviços constam da ICVM 441, que disciplina os serviços de empréstimo de valores mobiliários prestados por entidades de compensação e liquidação.

[34] Cf. art. 1º da Resolução 3.539.

[35] Cf. art. 1º, §1º da Resolução 3.539.

[36] Cf. art. 1º, §3º da Resolução 3.539.

[37] Constantes, atualmente, da Lei nº 10.214/01, da Resolução 2.882/01 do Conselho Monetário Nacional e da Circular 3.057/01 do BACEN Br.

A ICVM 441, em linha com o estabelecido pela Resolução 3.539, estabelece que somente as entidades de compensação e liquidação de operações com valores mobiliários poderão manter serviço de empréstimo de valores mobiliários[38].

Todavia, a norma estabelece ainda um requisito adicional para a prestação de tais serviços, qual seja, a entidade estar também autorizada como depositário central de valores mobiliários perante a CVM Br[39]. Atualmente, tais serviços são prestados no Brasil pela B3, que atua, simultaneamente, como bolsa, entidade de compensação e liquidação e depositário central de valores mobiliários.

A ICVM 441 estabelece, ainda, também em linha com o disposto na Resolução 3.539, que as operações de empréstimo de valores mobiliários deverão ser intermediadas por sociedades corretoras e as sociedades distribuidoras de títulos e valores mobiliários habilitadas perante a entidade prestadora do serviço de empréstimo,[40] que poderão realizar operações de empréstimo por conta própria ou por conta de seus clientes.[41]

A ICVM 441 prevê que a prestação do serviço de empréstimo de valores mobiliários pelas entidades acima descritas deverá ser objeto de

[38] Cf. art. 2º da ICVM 441.

[39] Cf. art. 2º da ICVM 441. Literalmente, a ICVM 441 menciona a necessidade de autorização para "prestar serviço de custódia", em alusão à nomenclatura utilizada à época de sua edição. Com o advento das Instruções CVM Br nº 541 e nº 542/13, a regulação passou a distinguir expressamente os serviços de depósito centralizado (antigamente referidos como custódia centralizada), prestados pelos depositários centrais (que mantém a titularidade fiduciária dos valores mobiliários recebidos em depósito), dos serviços prestados pelos custodiantes, que atuam como participantes dos depositários centrais, responsáveis pela manutenção das contadas mantidas pelos seus clientes junto ao depositário central. É fundamental ressaltar, inclusive, que no Brasil os depositários centrais mantêm a segregação dos valores mobiliários depositados em contas nominais de cada beneficiário final, competindo aos custodiantes a administração de tais contas. Assim, com o advento das Instruções CVM Br nº 541 e nº 542/13, resta inequívoco que a expressão "serviço de custódia" constante do art. 2º da ICVM 441 deve ser entendida como referência ao serviço atualmente denominado de "depósito centralizado", que compreende a guarda centralizada dos valores mobiliários, sob titularidade fiduciária do depositário central. Tal entendimento é reforçado pelo teor do art. 2º, §4º da ICVM 441, segundo o qual *"[s]omente serão admitidas operações de empréstimo que tenham por objeto valores mobiliários depositados em custódia nas entidades mencionadas no caput deste artigo, livres de ônus ou gravames que impeçam sua circulação."*

[40] Cf. art. 3º, §1º da ICVM 441.

[41] Cf. art. 3º, §2º da ICVM 441.

uma autorização específica concedida pela CVM Br[42] e disciplinada por regulamento editado pelas entidades autorizada a prestar tais serviços[43].

A norma prescreve, ainda, o conteúdo mínimo desse regramento, que deverá contemplar: (i) o compromisso de o mutuário liquidar o empréstimo mediante a entrega de valores mobiliários da mesma espécie e qualidade do valor mobiliário emprestado; (ii) o tratamento a ser conferido aos direitos inerentes aos valores mobiliários utilizados na operação de empréstimo; (iii) a obrigatoriedade de o tomador prestar garantias à entidade prestadora do serviço, em conformidade com a regulamentação aplicável às câmara de compensação e liquidação; (iv) a faculdade de a entidade prestadora do serviço de empréstimo exigir a entrega de garantias adicionais, a qualquer momento e segundo os critérios estabelecidos em seu regulamento; (v) a descrição do método de cálculo e de atualização do valor das garantias a serem apresentadas pelo mutuário; (vi) a faculdade de a entidade prestadora do serviço de empréstimo executar as garantias, independentemente de notificação judicial ou extrajudicial, quando o mutuário deixar de cumprir as obrigações decorrentes da operação, nos termos da regulamentação aplicável às câmara de compensação e liquidação; e (vii) a forma de remuneração do empréstimo e da cobrança de taxas e encargos incidentes[44].

A ICVM 441 determina, ainda, que as entidades prestadoras do serviço de empréstimo de valores mobiliários mantenham sistema específico para registro e controle dessas operações, que deverá permitir a identificação (i) dos mutuantes e mutuários; (ii) dos intermediários das operações; (iii) das características, quantidades e valor de mercado atualizado dos valores mobiliários objeto das operações de empréstimo; e (iv) das características, quantidade e valor de mercado atualizado das garantias apresentadas pelos mutuários.[45]

A norma determina, ainda, que, ressalvadas as disposições do contrato de empréstimo, as entidades prestadoras do serviço de empréstimo

[42] Cf. art. 4º, §1º da ICVM 441.

[43] Cf. art. 2º, §1º da ICVM 441.

[44] Cf. art. 4º, §1º da ICVM 441. O regramento aplicável a tais operações consta dos itens 4.1, 6.5, 6.6 e 6.8 do Manual de Procedimentos Operacionais da Câmara de Compensação e Liquidação da B3.

[45] Cf. art. 9º da ICVM 441.

deverão atuar como contraparte central garantidora de tais operações, sendo responsáveis, perante os titulares dos valores mobiliários emprestados, pela sua reposição e a dos eventuais direitos a estes atribuídos no período de empréstimo, não se estabelecendo qualquer vínculo direto entre os mutuantes e os tomadores de empréstimo[46].

A ICVM 441 estabelece, ainda, que os intermediários de operações de empréstimo de valores mobiliários incorrem nas mesmas responsabilidades a eles atribuídas na intermediação de operações com valores mobiliários[47], o que, na prática, os torna corresponsáveis pelo adimplemento das obrigações assumida por seus clientes.

A atuação da entidade prestadora de serviços de empréstimo como contraparte central garantidora agrega eficiência não apenas ao processo de restituição dos valores mobiliários emprestados, mas especialmente em relação à restituição dos proventos inerentes aos valores mobiliários emprestados que sejam distribuídos durante a vigência do empréstimo.

Nesse caso, tais proventos, que não serão distribuídos originariamente aos mutuantes – que, como visto, deixam de figurar como titulares dos valores mobiliários emprestados perante os respectivos emissores – devem ser restituídos pelos mutuários, independentemente destes permanecerem ou não titulares dos valores mobiliários emprestados. E em caso de inadimplemento de tal obrigação, as entidades prestadoras do serviço de empréstimo deverão garantir a restituição daqueles proventos, nos termos de seus regulamentos.

Assim, garante-se ao mutuante, sob uma perspectiva econômica, a preservação dos direitos inerentes à condição de titular dos valores mobiliários emprestados, considerando que, não obstante a perda transitória do *status* de proprietário, o mutante não possui o intuito de desfazer-se definitivamente dos ativos dados em empréstimo, nem tampouco, consequentemente, da exposição econômica que deles deriva.

Cumpre ressaltar, todavia, que a restituição desses proventos estará sempre limitada à natureza dos direitos e a determinados aspectos operacionais inerentes ao funcionamento do mercado de valores mobiliários, sendo, portanto, por definição imperfeita. Ademais, tal tratamento

[46] Cf. art. 10º da ICVM 441.

[47] Cf. art. 10º, §único da ICVM 441.

não recai sobre o direito de voto, inerente à condição de titular dos valores mobiliários perante os respectivos emissores, e que, portanto, não serão exercidos pelos mutuantes durante a vigência do empréstimo.

4. Consequências do regime regulatório do empréstimo de valores mobiliários no Brasil

4.1. Segurança sistêmica

A regulação da prestação de serviços de empréstimo de valores mobiliários no Brasil, como visto, impõe requisitos bastante particulares, especialmente no que diz respeito à obrigatoriedade de que tais serviços sejam prestados por uma entidade de compensação e liquidação que atue como contraparte central garantidora dessas operações, simultaneamente autorizada a atuar como depositário central de valores mobiliários.

Evidente que a opção regulatória acima descrita agrega bastante segurança a tais operações, derivada da aplicação da mesma sistemática que rege a compensação e liquidação das operações cursadas nos mercados bursáteis.

E a esse regime associado à prestação dos serviços de empréstimo, soma-se aquele imposto a determinados tipos de investidores institucionais, que estão obrigados, por força da regulamentação a eles aplicável, a utilizar tais serviços para a realização de operações de empréstimo envolvendo valores mobiliários que compõem suas carteiras de investimento (vedando, portanto, a realização de operações de empréstimo puramente privadas por esses tipos de investidores).

Nesse sentido, por exemplo, a Instrução CVM Br nº 555/14, que disciplina os fundos de investimento no Brasil, estabelece que esses veículos poderão emprestar e tomar emprestados ativos apenas quando tais operações de empréstimo forem cursadas por meio de "serviço autorizado pelo Banco Central do Brasil ou pela CVM"[48].

Da mesma forma, a Resolução 4.661/18 do Conselho Monetário Nacional, que disciplina as entidades fechadas de previdência complementar no Brasil (os chamados "fundos de pensão"), estabelece que tais

[48] Cf. art. 89º, §único da Instrução CVM Br nº 555/14.

entidades podem emprestar ativos de sua carteira desde que "observadas as regras sobre o empréstimo de valores mobiliários por câmaras e prestadores de serviços de compensação e liquidação estabelecidas pelo Conselho Monetário Nacional, bem como as medidas regulamentares adotadas pela Comissão de Valores Mobiliários"[49].

Cumpre ressaltar, a esse respeito, que com o advento da crise financeira de 2008, a regulação do mercado financeiro e de valores mobiliários passou a deliberadamente incentivar – e, em alguns casos, exigir – a utilização de contrapartes centrais para a liquidação das operações envolvendo valores mobiliários contratadas fora dos típicos mercados de bolsa (especialmente em relação aos chamados derivativos de balcão), justamente para permitir uma administração mais eficiente do risco associados a tais operações, bem como uma maior transparência[50].

Nesse sentido, a realização de operações de empréstimo de valores mobiliários por meio da utilização de contrapartes centrais induvidosamente demonstra-se uma alternativa que privilegia a segurança sistêmica em relação à execução e à liquidação dessas transações, que tanta relevância ganhou nos debates regulatórios ao longo dos últimos anos.

4.2. Restrições ao empréstimo por investidores institucionais estrangeiros

É inegável que a centralização das operações de empréstimo de valores mobiliários nas câmaras de compensação e liquidação, que atuam como contraparte garantidora dessas transações, agrega importante segurança sistêmica, trazendo eficiência à gestão das garantias prestadas e mitigando substancialmente o risco de inadimplemento.

[49] Cf. art. 29º da Resolução 4.661/18 do Conselho Monetário Nacional.

[50] A esse respeito, ressalta Otavio Yazbek: "*[o]s inadimplementos ocorridos nas relações interbancárias – em especial no mercado de derivativos de crédito – foram uma das principais fontes de instabilidade em um dado momento da crise financeira recente. Assim, é compreensível que exista, hoje, uma grande pressão para que a liquidação das operações realizadas em mercado de balcão seja feita por sistemas centralizados de compensação e de liquidação de operações – as "clearinghouses" ou simplesmente "clearings", que, no Brasil, a Lei n. 10.214/2001 chama de "sistemas de registro, compensação e liquidação de operações.*"", cf. Otavio Yazbek, *Crise, inovação e regulação no mercado financeiro – considerações sobre a regulamentação do mercado de derivativos de balcão* em *Mercado de Capitais,* coord. Francisco Satiro de Souza Júnior, Saraiva: São Paulo (2013).

Todavia, as particularidades do regime regulatório brasileiro acabam também por trazer alguns impactos relevantes no tocante à participação de determinados tipos de investidores institucionais estrangeiros.

A regulação dos investidores institucionais – tais quais fundos de investimento – tradicionalmente impõe aos agentes de mercado responsáveis pela administração desses veículos determinadas limitações em relação aos investimentos que estão autorizados a realizar, estabelecendo limites específicos ou mesmo vedações para determinadas modalidades de ativos ou operações – que variam, evidentemente, em função da natureza da entidade e do grau de sofisticação de seus beneficiários.

Essas limitações têm por objetivo, em última instância, tutelar aqueles que disponibilizam seus recursos para aplicação por esses agentes de mercado especializados, modulando a tomada de certos riscos.

Nesse sentido, as operações de empréstimo são tradicionalmente objeto desse tipo de limitação – especialmente no tocante à assunção da posição de mutuante nessas operações –, uma vez que envolvem a transferência de titularidade dos ativos do fundo e, consequentemente, o risco de perda desses ativos (na hipótese de inadimplemento da obrigação de restituição pelo mutuário).

Como visto, a regulação desse tipo de investidor no Brasil adaptou-se à sistemática local aplicável às operações de empréstimo, estabelecendo que os fundos estão autorizados a emprestar os valores mobiliários que compõem seu patrimônio apenas por meio dos sistemas de empréstimo administrados pelas câmaras de compensação e liquidação.

A regulação estrangeira – especialmente no âmbito do mercado norte-americano e europeu – também trata de estabelecer restrições à realização de operações de empréstimo de valores mobiliários por alguns desses investidores, com o objetivo a mitigar o risco de perda dos ativos emprestados. Todavia, o faz levando em consideração a sistemática tradicionalmente utilizada para as operações de empréstimo de valores mobiliários.

Diferentemente do que ocorre no Brasil, onde, por força da regulamentação local, tais operações concentram-se nas câmara de compensação e liquidação (que nelas intervém atuando como contraparte central), as operações de empréstimo são, em outras jurisdições, concentradas exclusivamente nos intermediários e demais agentes que atuam no mercado de valores mobiliários, tais quais corretoras e custodiantes.

Essa dinâmica descentralizada das operações de empréstimo, somada à ausência de qualquer obrigação de utilização de uma contraparte central garantidora, fez surgir a figura dos chamados *agent lenders*, instituições financeiras que atuam na facilitação dessas operações, inclusive no que diz respeito à administração de suas garantias.

Nesse contexto, a regulação aplicável aos fundos de investimento tradicionalmente preocupa-se em disciplinar as condições necessárias a atuação desses investidores como mutuantes dos valores mobiliários que compõem suas carteiras, sobretudo no que diz respeito ao montante e à natureza das garantias recebidas em contrapartida.

Nos Estados Unidos, por exemplo, as *investment companies* sujeitas ao *Investment Company Act of 1940* submetem-se a rigorosas regras relativas à custódia dos ativos que compõem suas carteiras, segundo as quais tais ativos devem ser mantidos, a todo tempo, custodiados junto a uma instituição habilitada à prestação de tais serviços[51]. Esse requisito, que a princípio inviabilizaria a realização de operações de empréstimo por *investment companies*, foi objeto de uma série de *no-action letters* editadas pela *Securities and Exchange Commission*[52] com o intuito de viabilizar tais operações, impondo, em contrapartida, determinados requisitos.

Nesse sentido, a *Securities and Exchange Commission* exige que uma *investment company* mutuante de valores mobiliários receba garantias em valor equivalente à totalidade dos valores mobiliários emprestados (que devem ser diariamente marcados a mercado, com o respectivo aumento do valor das garantias, caso aplicável) e que deverão ser mantidas sob a

[51] Cf. Section 17(f) do Investment Companies Act de 1940.

[52] Sobre a natureza das *no-action letters* editadas pela *Securities and Exchange Commission*, Jonh Coffee e Hillary Sale esclarecem: "*The Commission staff also has developed a unique system of lawmaking by responding to inquiries from the bar about how it interprets (or will enforce) various provisions of the federal securities laws. If the staff agrees with an interpretation proposed by an attorney with respect to a specific set off acts, it will state in its response that it will not recommend any enforcement action to the Commission if the attorney's client proceeds along the lines indicated in the letter (and the factual statements in the letter are accurate and complete). These "no-action" letters are made publicly available by the Commission and afford an important source of guidance for the bar.*", cf. Jonh Coffee Jr/ Hillary Sale, *Securities regulation: cases and materials*, 12ª ed., Foundation Press: New York (2012), 64.

titularidade da *investment company*. Ademais, são elegíveis como garantias para tais operações apenas dinheiro, títulos públicos norte-americanos ou fianças bancárias emitidas por instituições sujeitas à regulação bancária norte-americana.

No âmbito da União Europeia, o tratamento regulatório aplicável ao empréstimo de valores mobiliários pelos fundos de investimento, denominados *organismos de investimento coletivo em valores mobiliários* (OICVM) é similar.

Conforme estabelecido na Directiva nº 2009/65/EC (Directiva OICVM) e na Directiva nº 2007/16/CE da Comissão, os OICVM podem utilizar instrumentos voltados à "gestão eficaz da carteira" (*efficient portfolio management*), destinados essencialmente à redução dos riscos, à redução dos custos ou ao aumento dos rendimentos associados à carteira, desde que com um nível de risco coerente aos propósitos do fundo[53]. O empréstimo de valores mobiliários é, portanto, para esses fim, considerado um instrumento de gestão eficaz da carteira.

Tal qual ocorre na regulação norte-americana, a utilização de um instrumento de gestão eficaz da carteira pressupõe o recebimento direto de garantias pelo OICVM, conforme esclarecido por meio da *Guidelines for competent authorities and UCITS management companies* editada pela *European Securities Market Association – ESMA*[54].

Os *Guideliness* também contêm critérios de elegibilidade aplicáveis às garantias recebidas pelos OICVM no âmbito dessas operações, associados à sua liquidez, avaliação, qualidade de crédito do emissor do ativo dado em garantia, independência do emissor em relação ao OICVM, diversificação, custódia e possibilidade de execução direta pelo OICVM[55]. Os *Guideliness* impõem, ainda, requisitos associados à divulgação de informações, pelo OICVM, relacionadas às garantias recebidas[56].

É inegável que o modelo brasileiro, que impõe a utilização de uma câmara de compensação e liquidação que atue como contraparte central garantidora, confere às operações de empréstimo de valores mobi-

[53] Cf. art. 51º (2) da Directiva UCITS e art. 11º da Directiva 2007/16/CE.

[54] Cf. §41º da ESMA, *Guidelines for competent authorities and UCITS management companies.*

[55] Cf. §43º da ESMA, *Guidelines* cit., ibid.

[56] Cf. §40º da ESMA, *Guidelines* cit., ibid.

liários um grau de segurança no mínimo equivalente (se não superior) àquele pretendido pela regulação norte-americana e europeia, ao disciplinar detalhadamente os critérios de elegibilidade das garantais recebidas nessas operações.

Todavia, a sistemática aplicável a tais operações quando cursadas na forma como disciplinadas pela ICVM 411 acaba por, na prática, dificultar o atendimento daqueles requisitos impostos para que *investement companies* e OICVM possam emprestar valores mobiliários no Brasil.

Isso porque, no Brasil, compete à câmara de compensação e liquidação, na condição de contraparte central das operações de empréstimo de valores mobiliários, receber, administrar e, se for o caso, executar as garantias prestadas pelos mutuários em favor dos mutuantes, que são, inclusive, mantidas sob a titularidade dos próprios mutuários ou da própria câmara (a depender da natureza da garantia recebida). Ou seja, na hipótese de *investement companies* e OICVM atuarem como mutuantes em operações de empréstimo de valores mobiliários no Brasil, tais entidades não receberão garantias em seu nome executáveis diretamente em caso de inadimplemento, dependendo, para tanto, da atuação da câmara de compensação e liquidação.

Ademais, as garantias aceitas no contexto de tais operações são aquelas que atendam aos critérios gerais de elegibilidade fixados pela câmara de compensação e liquidação para todas as operações em que atuam como contraparte central, e que guardam diferenças em relação aos critérios de elegibilidade das garantias impostos às *investment companies* e OICVM, para que possam emprestar valores mobiliários que compõem sua carteira de investimento.

Essa relativa discrepância entre os requisitos impostos a tais investidores instrucionais estrangeiros para a realização de operações de empréstimo de valores mobiliários e a disciplina brasileira aplicável a tais operações acaba, portanto, por dificultar o engajamento desses investidores – que possuem uma participação bastante significativa no mercado de valores mobiliários brasileiro – nessas operações, com potenciais reflexos negativos ao crescimento e desenvolvimento do mercado de empréstimo de valores mobiliários no Brasil.

Bibliografia

Paulo Câmara, *Manual de Direito dos Valores Mobiliários*, 3ª ed., Almedina: Coimbra (2016).

Jonh Coffee Jr/ Hillary Sale, *Securities regulation: cases and materials*, 12ª ed., Foundation Press: New York (2012).

Amadeu José Ferreira, *Valores Mobiliários Escriturais: Um novo modo de representação e circulação de direitos*, Almedina: Coimbra (1997).

Orlando Gomes, *Contratos*, 26ª ed. (atualizada), Antônio Junqueira de Azevedo/Francisco Paulo de Crescenzo Marino, Editora Forense: Rio de Janeiro (2007).

Henry Hu/Bernard Black, *The New Vote Buying: Empty Voting and Hidden (Morphable) Ownership* (2006). Acessível em SSRN: http://www.ssrn.com/abstract=887183 (consultado a 8 de outubro de 2018).

Geert T.M.J. Raaijmakers, *Securities Lending and Corporate Governance* (2005). Acessível em SSRN: http://www.ssrn.com/abstract=928312 (consultado a 5 de outubro de 2018).

Silvio Rodrigues, *Direito Civil – Parte Geral*, 33ª ed., Saraiva: São Paulo (2003).

Paula Costa e Silva, *As Operações de Venda a Descoberto*, Coimbra Editora: Coimbra (2009).

State Street, *Securities Lending, Liquidity and Capital Market-Based Finance* (dez.-2001). Acessível em Kantakji: https://www.kantakji.com/media/174775/file2337.pdf (consultado a 5 de outubro de 2018).

Marcelo Fernandez Trindade, *Mútuo de Ações e Insider Trading* em *Direito Empresarial e Outros Estudos de Direito em Homenagem ao Professor José Alexandre Tavares Guerreiro*, coord. Rodrigo R. Monteiro de Castro/Walfrido Jorge Warde Júnior/Carolina Dias Tavares Guerreiro, Quartier Latin: São Paulo (2013), 519-535.

Alexandre Brandão da Veiga, *Transmissão de Valores Mobiliários*, Almedina: Coimbra (2010).

Otavio Yazbek, Otavio Yazbek, *Crise, inovação e regulação no mercado financeiro – considerações sobre a regulamentação do mercado de derivativos de balcão*, em *Mercado de Capitais*, coord. Francisco Satiro de Souza Júnior, Saraiva: São Paulo (2013).

Capítulo III

Ofertas Públicas

Ofertas públicas

Paula Costa e Silva

Resumo: *As ofertas públicas são procedimentos ou atos complexos através dos quais se distribuem ou adquirem valores mobiliários – não instrumentos financeiros – junto de uma pluralidade de sujeitos indiferenciados. O presente texto visa sublinhar os principais vetores e valorações dos regimes dispostos quer pelo legislador supranacional, quer por lei interna.*

1. Introdução

Numa aproximação ao conceito de oferta pública desligada das regras, poder-se-ia descrevê-la como uma proposta dirigida a uma generalidade de pessoas ou, dito de outro modo, como uma proposta dirigida a quantos possa interessar. Esta primeira aproximação ao conceito de oferta pública poderia transmitir a ideia de que é pública – mas que apenas é pública – a oferta dirigida a pessoas indeterminadas: esta a mais inequívoca aproximação ao conceito de público. A indeterminação permitiria justificar, para este tipo de proposta, um regime distinto daquele que se aplica às propostas dirigidas a sujeitos determinados. A primeira aproximação ao conceito de oferta pública encontra consagração no art. 109º CVM Pt. Lê-se no seu nº 1 que se considera pública a oferta dirigida a destinatários indeterminados. A noção de público ganha um significado específico: a indeterminação daqueles a quem a oferta se dirige e que a lei qualifica como destinatários. Mas a lei vai mais longe: o facto de o oferente se dirigir a destinatários individualmente identificados através de múltiplas comunicações padronizadas.

A qualificação de uma oferta como pública não cede ainda que ela só parcialmente seja dirigida a destinatários indeterminados (cf. o mesmo art. 109º, nº 1 CVM Pt). Se, numa oferta unitária, o oferente se dirigir a destinatários determinados e a destinatários indeterminados, aplicar-se-á a esta oferta o regime da oferta pública. Para contornar as implicações desta qualificação – submissão de todos os destinatários da oferta ao princípio da igualdade, expressamente previsto no art. 112º CVM Pt, com impacto em dois aspetos essenciais, a igualdade de preço e a sujeição a rateio –, vem sendo prática no mercado o lançamento de duas ofertas, uma apenas dirigida a sujeitos determinados, tipicamente investidores institucionais, outra, ao público. Aquela oferta é particular, esta, pública. Nos casos em que o oferente lança mão de duas ofertas para satisfação do seu interesse, interligando-as entre si, a oferta é considerada como combinada. Sob esta qualificação – afinal, poder-se-ia considerar estarem em causa duas ofertas totalmente autónomas entre si –, o oferente adquire uma faculdade adicional: é-lhe possível deslocar as percentagens de valores mobiliários oferecidos em cada uma das ofertas para a outra. Estas deslocações (*claw back* e *claw forward*) permitem que o oferente aloque a aceitações ocorridas na oferta pública percentagens de valores mobiliários não subscritos, vendidos ou comprados na oferta particular, bem como que aloque a aceitações ocorridas na oferta particular valores mobiliários originariamente destinados a serem subscritos, vendidos ou adquiridos na oferta pública.

A nitidez de um conceito de oferta pública ancorado na indeterminação dos destinatários é desfocada pelas nomas de qualificação constantes dos nºs 2 e 3 do art. 109º CVM Pt. Serão, porém, estas regras que, pela deslocação do epicentro da noção de oferta pública do critério da indeterminação de destinatário, nos permitirão compreender que o conceito legal de oferta pública constante do CVM Pt é substancialmente valorativo, estando ordenado à tutela daqueles que, por manipulação do modo de fazer a oferta, poderiam ver frustradas as garantias que a manifestação das respetivas vontades em oferta pública lhes confere. Como se disse acima, estas entroncam, essencialmente e em termos transversalmente aplicáveis a todos os tipos de ofertas públicas, no princípio da igualdade de tratamento dos investidores. De acordo com o art. 109º, n°s 2 e 3 são qualificadas como públicas: **1)** – Ofertas dirigidas a destinatários determinados através de múltiplas comunicações padronizadas; **2)** – Ofertas dirigidas à generalidade dos acionistas de sociedade aberta (quanto aos critérios de qualificação de uma sociedade como sociedade aberta, cf. art 13º CVM Pt); **3)** – Ofertas precedidas ou acompanhadas de prospeção ou de recolha de intenções de investimento junto de destinatário indeterminados ou de promoção publicitária; **4)** –Ofertas dirigidas a, pelo menos, 150 pessoas (destinatários?) que não sejam investidores qualificados (quanto aos critérios de qualificação dos investidores, cf. art. 30º CVM Pt).

Que razão ou razões podem justificar tantas cautelas da lei na qualificação – ainda que contraintuitiva – de uma oferta como pública? Por que se considera pública a oferta que, afinal, é dirigida a sujeitos individualmente identificados? Neste caso, perde-se o traço do anonimato do destinatário e da sua indiferenciação (pelo menos, num plano de aparência prima facie). Que razão justifica que uma oferta, dirigida a um pequeno universo de pessoas, seja qualificada como pública, com quanto esta qualificação implica, quer em termos procedimentais, quer em termos financeiros, para o oferente? Supomos que a resposta só pode ser encontrada se se pensar no regime que a lei convoca quando a oferta é qualificada como pública: o processo que levará à satisfação do interesse primário do oferente é informado por um conjunto de garantias ordenadas a proteger os destinatários.

Mas nem todos os destinatários merecem a mesma tutela: por isto é que a lei desqualifica a oferta como pública quando esta é dirigida apenas a investidores qualificados. Neste caso, porque não há uma evidente ou pressuposta assimetria informativa entre oferente e destinatários, não se justificaria impor ao oferente os custos de tempo e financeiros associados aos casos em que, por necessidade de tutela dos investidores, tais custos se justificam. A oferta, se lançada aos pares, dispensa cautelas, exatamente porque apenas pode ser aceita por pares. Ao invés, a oferta, porque e quando pública, se dirige àqueles que não têm proficiência idêntica à do oferente e, assim, requerem especial proteção, implica imposição ao oferente de um denso conjunto de obrigações, com todos os custos que lhe são inerentes, e que se cumprem através da prática de um conjunto de atos, dos quais está dispensado o oferente de uma oferta particular (cf., quanto às ofertas particulares, o disposto no art. 110º, nº 2 CVM Pt, que apenas devem ser comunicadas à CMVM Pt porque esta comunicação tem relevância estritamente estatística). A título exemplificativo, refiram-se a publicação, por regra, de um prospeto, destinado a suprir, na medida do possível, a assimetria informativa verificada, no momento do lançamento da oferta, entre oferente e destinatários, a realização de registo prévio das ofertas públicas de aquisição junto da autoridade de supervisão , destinado a verificar a legalidade desse tipo de ofertas (não a respetiva oportunidade já que a decisão última de investimento compete ao investidor, razão pela qual a publicação de um prospeto e o controlo de legalidade são tão relevantes; cf. art. 118º, nºs 5 e 7 CVM Pt quanto à natureza do controlo realizado pela autoridade de supervisão), a necessidade de intermediação (quanto aos serviços mínimos a prestar pelo intermediário financeiro, cf. art. 113º, nº 1 CVM Pt; quanto à dispensa de prestação de serviços de intermediação por intermediário diverso do oferente quando este seja, ele mesmo, um intermediário financeiro, cf. art. 113º, nº 2 CVM Pt), a dependência da atribuição, ao oferente, das faculdades de modificação (cf. art. 129º. CVM Pt) e de revogação (cf. art. 130º CVM Pt) da verificação de uma alteração imprevisível e substancial das circunstâncias que, de modo cognoscível pelos destinatários, hajam fundado a decisão de lançamento da oferta, excedendo os riscos a esta inerente (cf. art. 128º CVM Pt). Estas – e muitas outras – regras, submetem a oferta, porque pública, logo, porque dirigida a destinatários indeterminados que, não sendo investidores qualificados, requerem especial proteção, porque pública, logo, impulsionadora de disrupções e perturbações no mercado e, em certas modalidades, porque pública, indutora de um conjunto de restrições de atuação da sociedade por ela visada, comprimem a liberdade de quem a lança.

Numa síntese, tão insensível quanto possível ao tipo de oferta, poderá dizer-se que o conceito de oferta pública, porque ordenado a proteger um certo tipo de destinatários (os investidores não qualificados), o mercado e a sociedade visada, se parece sofrer entorses na descrição dos índices de qualificação, é valorativamente correto. Em todos os casos em que as garantias conferidas pela natureza pública de uma oferta pudessem ser frustradas pela manipulação do critério da indeterminação dos destinatários, a lei impede-a, qualificando a oferta como pública.

A vastidão da matéria das ofertas públicas impôs um corte nos regimes que podem ser subsequentemente analisados. Já depois de uma breve análise histórica deste instituto, serão, por uma vez, fixadas algumas noções de base para, em seguida, se apresentarem zonas do sistema que nos surgem como especialmente relevantes ou problemáticas. Porém, serão mais as áreas de estudo que ficarão necessariamente de fora deste texto (em larga medida, exceções e extensões de regimes que só nos seus traços principais se podem descrever; a título meramente exemplificativo, quanto à qualificação das ofertas como públicas, os arts. 110º-A e 110º-B CVM Pt, quanto à desqualificação de ofertas como públicas, art. 111º, quanto aos diversos elementos dos documentos que integram os atos do procedimento, arts. 114º e ss. e arts. 134º e ss. relativos ao prospeto, respetiva adaptação a casos especiais, ao prospeto simplificado e à responsabilidade por danos causados por desconformidades do prospeto) do que aquelas que aqui podem ser tratadas.

2. Evolução histórica

As ofertas públicas de aquisição são uma figura muito recente no direito nacional. Previstas na ordem jurídica portuguesa, pela primeira vez, em 1986, no CSC Pt (arts. 306º a 315º, posteriormente alterado pelo Decreto-Lei nº 229-B/88, de 4 de julho), foram reguladas sem que, até então, alguma oferta obrigatória de aquisição houvesse sido lançada. O regime não surge, porém, do nada. Sendo provavelmente uma das áreas do direito financeiro que, há décadas atrás, mais dividia os Estados Membros das, então, Comunidades Europeias – enquanto que, no direito inglês, o domínio, fundado no conceito de *acting in concert*, ductilmente interpretado pela autoridade de supervisão inglesa, despertava, já, a atenção do direito financeiro, no direito alemão, hostil à compra de capital social em empresas tipicamente familiares, não obstante o seu gigantismo económico, o controlo e o domínio eram concebidos com problemas estritamente societários, aos quais se poderia reagir através de figuras gerais como a da administração de facto – o direito europeu das ofertas obrigatórias de aquisição foi negociado no plano institucional também durante décadas. Basta recordar que o primeiro documento relevante nesta sede data de 1974 (Relatório Pennington, onde se sugeria uma regulamentação europeia relativa à reorganização societária e na aquisição de controlo, inspirado nas práticas do Panel on Takeovers and

Mergers e no City Code) e que apenas em 2004 foi possível aprovar um texto – a Diretiva 2004/25/CE, de 21 de abril – que deixa uma tão ampla margem de conformação dos regimes nacional na sequência da sua transposição que se costuma afirmar ser a Diretiva do possível (Diretiva de conteúdo mínimo; cf. art. 3º, nº 2, al. *b)* da Diretiva 2004/25/CE), não a do desejável. Consequentemente, quando o CSC Pt consagra a oferta de aquisição, ainda que não houvesse experiência nacional pretérita, havia intensa experiência – e casuística relevante na concretização do conceito de domínio e nas formas de lhe reagir em homenagem à tutela dos sócios minoritários – em outros espaços europeus. Não obstante ser o regime do CSC Pt bastante lacunar – recorde-se, tudo se previa entre os arts. 306º e 315º –, é também correto dizer-se que, com a adequada regulamentação – não legislação – o regime dava ao aplicador as coordenadas verdadeiramente relevantes.

Em 1991 entrava em vigor o CodMVM/91 Pt. Com uma técnica legislativa densa, este diploma legislava sobre e regulava a matéria das ofertas de aquisição entre os arts. 523º e 584º. Sendo, ainda assim, concretizado através de uma série de Regulamentos da autoridade de supervisão, o CodMVM/91 Pt criava uma enorme dificuldade, da qual o legislador não pode ter deixado de se aperceber: nas regras revogatórias, o CodMVM/91 Pt não revogava o regime das ofertas públicas de aquisição previsto no CSC Pt. Sendo tais regras revogadas apenas em 1995 (Decreto-Lei nº 261/95, de 3 de outubro), durante um longo período de quatro anos alguns foram os casos que, por sobreposição não total de previsões, geraram grandes problemas. Se pensarmos nas consequências acopladas à instalação de posições de domínio, mal se compreende a posição do legislador.

Com a entrada em vigor do CodMVM/91 Pt, as ofertas públicas de aquisição foram espartilhadas em ofertas voluntárias e obrigatórias, em ofertas prévias e ofertas subsequentes. Houve, porém, um aspeto que, por ausência de previsão expressa no CodMVM/91 Pt, suscitou grande convulsão, determinando, mesmo, um conflito entre poder executivo e autoridade de supervisão: referimo-nos à submissão das sociedades em processo de privatização ao regime das ofertas publicas obrigatórias de aquisição. Não podendo perder-se de foco o enquadramento histórico, recorde-se que, nos processos de privatização iniciados após a fase anterior de nacionalizações, ficou clara, até através da distribuição de blocos de controlo, a tentativa do poder executivo de adjudicar este controlo a certos empresários por si identificados. Se, até aqui, o objetivo era legítimo, tudo começava a adquirir uma cromática menos brilhante quando se verificava que estes empresários não estavam dispostos a comprar a integralidade do capital social das empresas em privatização, empresas que, muitas vezes, já haviam sido suas. O que realmente lhes interessava, como a qualquer investidor, era ter o maior ganho com o menor investimento, o que vinha a traduzir-se na aquisição de domínio ao mais baixo custo. Ora, este objetivo só se conseguia se, ao lado da atribuição do bloco de controlo àqueles a quem o Estado os pretendia atribuir, fosse captada para a compra do restante capital a alienar pelo Estado a poupança existente na sociedade. Neste contexto, vinha a verificar-se que, mesmo depois da abertura das sociedades em processo de privatização ao investimento público nas primeiras fases de privatização, se pretendia ver constituídas posições de controlo em momentos subsequentes. E a questão surgia como evidente: não deviam, então, ser lançadas ofertas públicas para a aquisição do capital que havia sido previamente disperso pelo público? A letra e os objetivos da lei apontavam uma resposta; a necessidade de cumprir acordos e o desígnio nacional ditaram solução diversa. Aparentemente, tudo seria fácil se o Estado tivesse emitido uma regra que clarificasse a regra do jogo: o Estado, apesar de agir como sujeito de direito privado ao realizar operações de mercado de capitais, estaria isento de, nas sociedades em processo de privatização, fazer cumprir as regras sobre as ofertas. Quem entrasse em sociedades em processo de privatização, saberia, já, o que poderia suceder: ainda que se viesse a instalar uma posição de domínio, não havia direito de saída ao melhor preço. Provavelmente, os alinhamentos políticos que implicavam ajustes parlamentares, bem como a revelação daquilo que deveria suceder num ambiente relativamente recatado, terão feito recuar aqueles que, num primeiro momento, haviam compreendido ser o problema real e carecer de tomada de posição expressa pelo legislador. E tanto assim era que, em 2000, com a entrada em vigor do CVM Pt, o presente parecia dar razão àqueles que, no passado, não podiam vislumbrar na lei o que o próprio legislador, em diploma que supostamente a interpretava de forma autêntica, afirmava lá ter escrito. À confusa sopa de letras em que se pretendia transformar as regras sobre ofertas públicas de aquisição – o aplicador sabe que, ao operar uma restrição, o legislador lhe dá indicação de cortes valorativos –, somava-se um muito débil manejo da metodologia jurídica. Assim, em 2001, foi superado outro dos maiores problemas que o regime das ofertas públicas de aquisição suscitou durante a vigência do CVM Pt (cf. art. 5º do Decreto Preambular, o Decreto-Lei nº 486/99, de 13 de novembro).

Com a publicação do Decreto-Lei nº 486/99, de 13 de novembro, é aprovado o CVM Pt, diploma que visava simplificar e aprimorar sistematicamente, de modo radical, o anterior regime. Ainda que, de algum modo, este desiderato tenha sido conseguido, porque há matérias comuns a todas as ofertas – v.g., a matéria dos prospetos –, depois de previstas numa parte geral, reguladora de todas as ofertas publicas, as ofertas públicas de aquisição vêm a merecer tratamento autónomo nos arts. 173º e ss.. O diploma foi redenominado: de *Código do Mercado dos Valores Mobiliários* passou a *Código dos Valores Mobiliários*. Apesar da agitação que algumas ofertas foram gerando, a anemia que se foi instalando nas sociedades comerciais – basta pensar-se quantas são as que continuam admitidas à negociação em mercado de bolsa, integrando o PSI-20, que já desde há muito não tem 20 –, acrescida dos problemas que, nesta área do Direito, passaram claramente para outros cenários – os mercados e a negociação – talvez permita afirmar que se tem assistido a uma certa acalmia na aplicação destes regimes.

3. Os tipos de ofertas

As ofertas públicas podem ser destinadas à emissão de valores mobiliários, à sua venda, troca ou aquisição. Naquele primeiro caso a oferta é uma operação de mercado primário – mercado de emissão de valores mobiliários –, nos casos restantes a oferta é uma operação de mercado secundário, mercado em que são transacionados valores mobiliários já emitidos.

Numa outra classificação legal, as ofertas podem ser qualificadas como ofertas públicas de distribuição – aquelas que determinam a dispersão de valores mobiliários, em percentagens significativas, pelo público, e às quais se reconduzem as ofertas públicas para emissão de valores mobiliários e as ofertas públicas de venda de valores mobiliários – ou como ofertas públicas de aquisição. Estas últimas atraem para o seu regime as ofertas públicas de troca: nestas, a contrapartida é constituída por valores mobiliários emitidos ou a emitir. Se a contrapartida da aquisição de valores mobiliários for constituída, simultaneamente, por dinheiro e por valores mobiliários, a oferta é considerada mista.

Por outro lado, as ofertas públicas de aquisição, aquelas em que o universo de problemas decorrentes de bens jurídicos em colisão potencial é maior, são as que determinam maiores diversidades de regimes aplicáveis, com isso determinando um maior espectro de classificações.

Em primeiro lugar, as ofertas públicas de aquisição podem ser facultativas ou obrigatórias. No primeiro caso, o lançamento da oferta funda-se numa liberdade do oferente. No segundo, o lançamento da oferta é-lhe imposto, atendendo à verificação de estados de que a lei faz depender a constituição daquela obrigação. Sendo uma oferta facultativa, a margem de liberdade de conformação do oferente é grande: ele pode determinar os valores mobiliários que serão objeto de aquisição (tipicamente ações ou outros valores mobiliários que deem direito à sua subscrição), a quantidade de valores que adquirirá (sendo as aceitações em número superior à percentagem que o oferente se propôs adquirir, proceder-se-á a rateio, nos termos do já referido art. 112º, nº 2 CVM Pt), o preço de aquisição ou valor da contrapartida, bem como o modo da sua composição, a sujeição do sucesso da oferta a condições que possam ser justificadas por interesses relevantes e desde que não consubstanciem condições potestativas impróprias ou arbitrárias. Se a oferta se destinar à aquisição de todos os valores mobiliários de idêntica natureza, a oferta é geral; se o oferente somente se propuser adquirir uma certa percentagem de valores mobiliários pertencentes a uma mesma categoria, a oferta pública de aquisição é parcial.

As ofertas públicas de aquisição facultativas podem, ainda, ser classificadas em ofertas hostis e ofertas amigáveis. Lançadas ao abrigo da liberdade negocial geral, estas ofertas podem ser consideradas como benévolas ou como hostis pela administração da sociedade visada. As ofertas são consideradas como hostis quando a administração não está alinhada com o oferente; inversamente, serão amigáveis se a oferta não for entendida como desfavorável aos interesses dos sócios e da sociedade pela administração. A configuração bicéfala da administração não altera este resultado, apesar de o art. 182º-A, nº 7 permitir a dúvida. Com efeito, esta regra, relativa às limitações aos poderes de administração, dispõe que estas tanto valem para o conselho executivo quanto para o conselho geral e de supervisão. Fica a pergunta: e sendo a estrutura bicéfala, quem elabora o relatório previsto no art. 181º, nº 1 CVM Pt? Onde se lê órgão de administração deve ler-se apenas conselho executivo ou, antes conselho executivo e conselho geral e de supervisão? No art. 181º não encontramos regra de clarificação equivalente à que está no art. 182º, nº 7. O facto de ser o conselho executivo quem, por exercer funcionalmente a gestão diária da sociedade, melhor a conhece, parece apontar para que seja este órgão a elaborar o relatório. Atendendo, porém, ao dever de informação entre conselho executivo e conselho geral e de supervisão, ditará a prudência que, na elaboração deste relatório, o conselho executivo, nomeadamente porquanto aí se deverá pronunciar acerca da oportunidade da oferta considerando os planos estratégicos do oferente para a sociedade visada, possa ser internamente coadjuvado pelo conselho geral e de supervisão.

Ao invés, se a oferta for obrigatória, a liberdade do oferente fica tolhida: ele não vê, apenas, suprimida a sua liberdade de celebração dos negócios aquisitivos – o oferente está obrigado a lançar a oferta, ainda que esta não venha a ser aceita por nenhum acionista da sociedade visada –, como vê comprimida a sua liberdade de estipulação. Porque a oferta obrigatória visa proteger um certo conjunto de sujeitos – os acionistas minoritários –, o oferente não só não pode delimitar a percentagem de valores mobiliários que se disporá a adquirir – o que vem a significar que a oferta pública obrigatória é geral –, como não tem liberdade para fixar a contrapartida da oferta, nem apor a esta operação cláusulas de sucesso.

Com a revogação do CMVM/91 Pt e a entrada em vigor do CVM Pt, foi suprimido o dever de lançamento de oferta pública de aquisição para a aquisição de certas percentagens de direitos de voto. Atualmente, o dever de lançamento de oferta pública de aquisição constitui-se somente após a aquisição de uma percentagem de direitos de voto correspondente aos valores fixados na lei (cf. art. 187º, nº 1; quanto à dispensa, pela CMVM/91 Pt, de lançamento de oferta pública de aquisição quando o potencial oferente tenha adquirido percentagem superior a um terço de direitos de voto correspondentes ao capital social, mas demonstre não ter o domínio da sociedade visada nem estar com esta em relação de grupo, cf. art. 187º, nº 2 CVM Pt; quanto aos casos de dispensa os mesmos verificam-se quando a aquisição das percentagens relevantes de direitos de voto haja sido conseguida através do lançamento de oferta pública de aquisição facultativa e geral e a um preço superior ao que seria exigível para uma OPA obrigatória, quando decorra da execução de um plano de saneamento financeiro numa das modalidades previstas na lei ou quando resulte de uma fusão em que a assembleia geral do emitente tenha aprovado expressamente a não realização de tal oferta na sequência da fusão – cf. art. 189º CVM Pt; quanto à suspensão do dever de lançamento da oferta, art. 190º CVM Pt).

4. O objeto da oferta

As ofertas públicas têm como objeto valores mobiliários. Esta asserção resulta confirmada logo no art. 2º, nº 1, al. *a)* CVM Pt, onde se dispõe que o CVM Pt regula os valores mobiliários e as ofertas públicas a estes respeitantes. Conclusão idêntica resulta do art. 173º, nº 3, que, sendo relativo às ofertas públicas de aquisição, prevê que estas possam ter por objeto valores mobiliários que não sejam ações ou outros que deem direito à sua subscrição ou aquisição (cf., quanto ao objeto das ofertas públicas obrigatórias de aquisição, o art. 187º, nº 1 CVM Pt).

Dizer que o objeto das ofertas públicas podem ser valores mobiliários cria um consenso linguístico aparente. Na verdade, por detrás da simplicidade da afirmação esconde-se um problema maior que, por estar fora do nosso objeto específico, ficará aqui somente enunciado, merecendo uma resposta também muito breve: o que são valores mobiliários? Numa tentativa de resposta que obviamente careceria de demonstração, diremos que são valores mobiliários as posições jurídicas que, atendendo à sua destinação – circulação de riqueza – são emitidas em massa e com características de homogeneidade categorial. De fora deste conceito ficarão os instrumentos financeiros que pressupõem, na sua negociação, a celebração de contratos. O facto de assentarmos a distinção nesta linha resultou da conclusão que, há muito, alcançamos: a causa eficiente de transmissão específica de valores mobiliários em mercado regulamentado não é o contrato, mas a sobreposição de negócios unilaterais. O contrato – obviamente que por quanto esta qualificação implica – adapta-se mal aos negócios celebrados em mercado.

5. A oferta enquanto procedimento

O primeiro traço característico evidente das ofertas públicas é o de que estas constituem procedimentos, quer isto dizer, atos complexos, integrados por uma pluralidade de outros atos, todos eles coordenados e ordenados entre si e tendentes à produção de um resultado final[1]. Em termos muito gerais (proceder de outro modo implicaria operar plúrimas subdistinções, ancoradas no tipo de oferta), dir-se-á que qualquer oferta (mesmo que particular) se inicia com a divulgação da intenção de adquirir ou distribuir valores mobiliários, terminando com o apuramento dos resultados e operações de liquidação.

Outra característica das ofertas é que são procedimentos que requerem a intervenção de uma pluralidade de sujeitos, cada um legitimado a praticar os atos para os quais a lei, quer atendendo aos objetivos da oferta, quer atendendo às cautelas de que a operação deve ser rodeada, lhe atribui. A oferta, se pública, implicará a intervenção necessária de oferente, destinatário, autoridade de supervisão e intermediário financeiro. Em certos casos, a oferta importará, ainda, a intervenção procedimental da sociedade visada. A intervenção desta última será analisada mais adiante (cf. § relativo às ofertas públicas facultativas de aquisição).

Se as competências de oferente e destinatário são intuitivas – um apresenta uma declaração negocial a que o outro sujeito adere ou não –, as competências da autoridade de supervisão e do intermediário financeiro requerem alguma explicitação. Quanto à autoridade de supervisão, incumbe-lhe controlar a legalidade de toda a operação, não a respetiva oportunidade (cf. art. 118º, nºs 5 a 7 CVM Pt). Sobre esta deverão tomar posição os destinatários, formando – ou sendo-lhes criadas condições para que formem, fórmula que melhor reflete o irracionalismo de certos comportamentos – uma opinião que se permite seja fundada porque pode resultar da análise da informação que, sendo a relevante para a tomada da decisão de (des)investir, é – ou deve ser – completa e correta (cf. art. 7º, nº 1 CVM Pt, com muito mais qualidades da informação). Enquanto órgão de supervisão e entidade competente para a aprovação de todos os elementos através dos quais seja veiculada informação relacionada com a oferta, o oferente, a sociedade visada, os intermediários financeiros intervenientes na operação, os valores mobiliários objeto da

[1] Para uma descrição dos atos do procedimento de oferta pública de aquisição, previstos no CVM Pt, cf., por último, e de entre a bibliografia citada a final, Alexandre Soveral Martins, *Títulos de Crédito e Valores mobiliários*, II/I, Almedina: Coimbra (2018), 179 ss..

oferta e para a realização de registos, a Comissão do Mercado de Valores Mobiliários (CMVM Pt) tem competências muito alargadas. Se, algumas delas, dependem da intervenção de regras cuja finalidade se capta com facilidade, outras, porque assentes em cláusulas gerais ou em conceitos extremamente vagos, dificultam a intervenção da autoridade de supervisão. Dois exemplos bastam para se compreender, atendendo ao impacto que a decisão da autoridade competente terá na oferta, a dificuldade a que nos referimos. Quando a lei dispõe, a propósito das ofertas concorrentes, que a oferta concorrente "não pode conter condições que a tornem menos favorável" do que a oferta antecedente, como se faz esta verificação? Deve olhar-se condição a condição ou estas devem ser sopesadas e comparadas com as condições da oferta inicial de modo holístico? Dificuldades equivalentes podem suscitar-se a propósito da regra que determina que a oferta concorrente não pode incidir sobre quantidade de valores mobiliários inferior àquela que é objeto da oferta inicial: como podem suscitar-se dúvidas quando tudo parece resumir-se à determinação de uma percentagem, indicada em termos unívocos na oferta inicial? Porém, o segundo exemplo que gostaríamos de enunciar respeita ao exercício da competência prevista no art. 131º CVM Pt, respeitante à retirada – porque mais perturbadora do que a proibição já que, naquele caso, a oferta, enquanto procedimento ou ato complexo, já teve início – da oferta. Apesar da a lei determinar que a CMVM Pt deve ordenar a retirada da oferta quando esta enfermar de alguma ilegalidade, o que pareceria remeter-nos para regras seguras na sua aplicação – aquelas que delimitam a legalidade da ilegalidade – o que é facto é que estas regras de referência não são, na sua enunciação, de tal modo inequívocas que criem terreno seguro para todos os intervenientes na operação. Neste caso, o exercício da competência pela autoridade de supervisão, atendendo aos custos que toda a operação já implicou e à provável perturbação que provocou no mercado, é uma decisão crítica.

Por fim uma palavra quanto à intermediação. Estes terão intervenção obrigatória em todas as ofertas de valores mobiliários em que seja exigível a publicação de prospeto (cf. art. 134º CVM Pt), aí exercendo, pelo menos, as funções de assistência e colocação nas ofertas públicas de subscrição e venda e de venda e de assistência e de receção das declarações de aceitação nas ofertas públicas de aquisição (cf. art. 113º, nº 1).

Nas ofertas públicas de distribuição, aceitarão as ordens dos destinatários da oferta (cf. art. 126º, nº 1 CVM Pt) e apuram e publicam os resultados da oferta (cfr. art. 127º, nº 1, al. *a)* CVM Pt). Se é verdade que a intervenção de intermediário financeiro determina a incorrência em custos normalmente elevados, é também verdade que esta intervenção visa disciplinar e garantir o regular decurso de toda uma operação que é complexa.

Uma vez que a oferta pública é um processo que envolve elevados custos financeiros, cria condições relativamente anómalas na negociação dos valores mobiliários que dela são alvo, constrange a atuação das sociedades visadas, a lei rodeia a sua realização de um conjunto de garantias que visam impedir problemas na execução. Neste contexto, veja-se que a lei determina o bloqueio dos valores mobiliários objeto de oferta pública de venda (cf. art. 170º CVM Pt). Estas razões nunca podem perder-se de vista quando se interpretam regras ou conjuntos de regras respeitantes aos diferentes tipos de ofertas.

6. As ofertas públicas de aquisição em especial

De entre os diversos tipos de ofertas, são as ofertas públicas de aquisição as que maiores tensões provocam, especialmente quando hostis. E, no regime para estas disposto – ou, talvez dito de forma mais adequada porque diacrónica, que vai sendo estabelecido por lei –, percebe-se a repercussão que os problemas suscitados pelos diversos casos ocorridos no mercado nacional tiveram. Com muita clareza assim sucede, especialmente, na evolução das regras relativas à limitação dos poderes do órgão de administração da sociedade visada e nas que respeitam à suspensão voluntária quer das cláusulas que limitam a transmissão de ações, quer das que fixam tectos percentuais de direitos de voto que podem ser exercidos pelos acionistas.

Se recordarmos que são hostis as ofertas rejeitadas pela administração da sociedade – sendo esta refletida na posição que seja veiculada por este órgão social sobre a oportunidade e as condições da oferta; cf. art. 181º, nº 1 CVM Pt –, compreendemos que, nestes casos, a tensão entre aquele que quer adquirir o domínio da sociedade – com isso conseguindo adquirir os direitos de voto necessários para destituir a própria administração que lhe seja hostil; quanto à destituição, cf. art. 403º CSC Pt – e a administração atinge o seu ponto mais crítico.

Por esta razão, a lei impõem restrições à atuação da administração da sociedade visada – uma vez lançada a oferta, a administração fica proibida de praticar os atos que alterem de modo relevante o património da sociedade (cf. art. 182º, nº 2, al. *b)* CVM Pt) e que afetem, de modo significativo, os interesses do oferente – e submete a sua atuação, a um especial dever de boa fé, designadamente quanto à correção das informações que presta e quanto à lealdade do seu comportamento (cfr. art. 181º, nº 5, al. *b)* CVM Pt). Apesar da hostilidade dos acontecimentos – a administração pode representar a sua destituição caso a oferta tenha sucesso –, a administração deve atuar em termos que não prejudiquem, de forma direta, o oferente e, afinal das contas, aqueles que são os titulares do interesse primário, a saber, os acionistas. Um dos exemplos claros em que este dever de boa fé é particularmente relevante respeita ao relatório que deve ser elaborado pela administração da sociedade visada sobre a oferta, no qual esta se pronuncia sobre a oportunidade e as condições da oferta. Não ignorando que, por pulsão natural, a administração, integrada por pessoas, que veem ser lançada uma oferta que pode determinar a respetiva destituição da gestão da sociedade, tenderá a ser parcial, a lei impõe que este relatório contenha um parecer autónomo e fundamentado (art. 181º, nº 2 CVM Pt), sobre um conjunto de matérias, entre elas, a posição da administração da sociedade visada acerca do plano estratégico do oferente e a respetiva repercussão nos interesses dos trabalhadores. Mas, ao determinar que a informação fornecida após a publicação do anúncio preliminar seja correta, a lei submete a fundamentação do parecer elaborado pela administração, no qual esta se pronuncia sobre a respetiva oportunidade e bondade, a um especial dever de verdade. Ainda que o juízo final possa ser desfavorável aos interesses do oferente, a informação em que este é baseada terá de corresponder aos padrões de correção ditados pela boa fé.

A oferta envolve, porém, um interesse primordial que nunca pode ser perdido de vista em todo este contexto e que é o interesse dos acionistas da sociedade. Estes são os destinatários da oferta, não podendo ser prejudicados pela hostilidade da administração. Afinal, deverão ser os acionistas – e não a administração da sociedade – a determinar, através da decisão de aceitação ou de não aceitação da oferta, o sucesso ou insucesso desta. Este interesse dos acionistas, tal como vimos suceder com o interesse do oferente, é também protegido pelos especiais deveres ancorados na boa fé e que se repercutem num dever de divulgar informação correta e de agir lealmente.

Para além do interesse dos acionistas, há, ainda, que tutelar o interesse da sociedade visada e o interesse geral do mercado. A tutela da sociedade é obtida por uma tripla via: por um lado, impede-se, por regra, que o órgão de administração da sociedade visada pratique atos que possam alterar, de modo relevante, a situação patrimonial da sociedade em termos que possam afetar, de modo significativo, os objetivos anunciados pelo oferente (cf. art. 182º CVM Pt). Se a tutela prevista na regra parece estar, em primeira linha, ordenada a proteger o oferente – a natureza crítica dos atos a praticar não é, só por si, fundamento da limitação dos poderes do órgão de administração da sociedade visada – a prática de atos críticos pode determinar uma degradação da situação patrimonial da sociedade. Se o oferente tiver feito depender a sua oferta da manutenção do estado patrimonial da sociedade, quer por enunciação de uma cláusula geral, quer através da enunciação de tipos de atos que não podem ser praticados na pendência da oferta, a oferta não terá sucesso. Neste caso, e por atuação de uma administração que visa criar condições hostis ao oferente, cria-se, afinal, uma situação diretamente danosa para a sociedade – cujo património é degradado – e, um estado danoso para os acionistas, que, ao verem degradado o valor da sociedade visada, veem degradado o valor das suas participações sociais (dano de empresa). Podem, porém, os acionistas autorizar a prática de atos práticos: basta que votem favoravelmente a respetiva prática em assembleia geral convocada especialmente para esse efeito. Neste caso, serão os sócios, os destinatários do interesse que direta ou indiretamente deve ser protegido na oferta (neste segundo caso, através da tutela da sociedade, cuja vontade juridicamente relevante determinarão em assembleia geral convocada para autorizar a prática de atos críticos), a decidir a sorte da oferta ainda antes da respetiva conclusão (art. 182º, nº 3, al. *a)* CVM Pt).

A segunda via de tutela da sociedade decorre da imposição, ao oferente que haja lançado uma oferta com o objetivo principal de colocar a sociedade visada na situação descrita no art. 182º, nº 1 CVM Pt. Porque esta vê comprimidos os poderes de gestão, não pode desenvolver, de forma plena, a sua atividade. Se, com o lançamento da oferta, o oferente visar primordialmente este efeito – nos conjuntos de casos mais significativos, para restringir a liberdade negocial de um concorrente, antes de eventualmente o liquidar, no caso de a oferta ter sucesso – será responsável pelos danos que haja provocado com o lançamento da oferta. Estes estarão tipicamente associados à perda de oportunidades de negócio pela sociedade visada se tais negócios puderem ser qualificados como atos críticos de gestão (cf. art. 182º, nº 5 CVM Pt).

A terceira via de tutela da sociedade alvo de oferta pública de aquisição atua depois de apurado o resultado desta operação, visando criar condições de normalidade no desenvolvimento das suas atividades. Sabendo-se que a oferta pública é um procedimento longo e moroso, que o lançamento de uma oferta provoca convulsão no mercado – alterações relativamente súbitas das cotações – e que, na pendência da oferta, existe, em muitos casos, uma limitação dos poderes do órgão de administração da sociedade visada, impede a lei que nos doze meses seguintes ao apuramento do resultado da oferta seja lançada pelo mesmo oferente ou por terceiro que atue por conta dele nova oferta sobre os valores mobiliários que foram objeto da primeira oferta (cf. art. 186º CVM Pt, relativo às ofertas sucessivas; cf. art. 169º CVM Pt, relativo às ofertas sucessivas de subscrição em que a dissuasão de condutar emulativas do oferente é obstaculizada pelos encargos financeiros que o respetivo lançamento implica). Esta tutela, sendo subjetivamente delimitada, não impede que seja lançada por terceiro, que não atue por conta do pretérito oferente, nova oferta sobre os valores mobiliários que foram objeto da já encerrada. Fica aberta a possibilidade de frustração dos objetivos que a regra quer proteger; sendo, ainda, concebível que o terceiro, aceitando correr o risco de perder a oportunidade de adquirir uma posição de domínio, aguarde pelo fecho da oferta inicial para lançar a sua, assim frustrando as garantias conferidas aos acionistas pelo regime das ofertas concorrentes.

Voltemo-nos para a tutela do mercado. A oferta pública de aquisição, uma vez tornada conhecida, provoca tipicamente alterações na cotação dos valores mobiliários que dela são objeto. A fim de evitar disrupções no mercado, a lei impõe que seja guardado segredo sobre a preparação de uma oferta pública de aquisição por todos aqueles que, atendendo às posições que ocupam, podem tomar conhecimento da sua preparação até à publicação do anúncio preliminar (cf. art. 174º CVM Pt). A publicação do anúncio preliminar, que deve ocorrer logo que o oferente tome a decisão de lançar a oferta (art. 175º, nº 1 CVM Pt) – decisão que será, normalmente, antecedida por uma fase de preparação – é determinante já que, depois desta publicação, o oferente não só é obrigado a lançar a oferta, como a deve lançar em termos não menos favoráveis para os respetivos destinatários do que aqueles que constam do anúncio (art. 175º, nº 2, al. *a)* CVM). Se se tiver em consideração que deste anúncio preliminar constam, necessariamente, informações quanto ao objeto da oferta e ao valor da contrapartida, bem como a enunciação da política do oferente para a sociedade visada e as condições de que depende o sucesso da oferta, compreende-se que da publicação decorre uma diminuição drástica da autonomia contratual do oferente (art. 176º CVM Pt).

Mas a publicação do anúncio preliminar tem, ainda, uma outra consequência da maior relevância: uma vez efetuada, qualquer outra oferta pública de aquisição que venha a ser lançada sobre valores mobiliários pertencentes à mesma categoria daqueles que o oferente inicial se dispôs a adquirir, é qualificada como uma oferta concorrente, ficando submetida ao regime dos arts. 185º e ss. CVM Pt. Deste resulta uma compressão da autonomia privada do oferente concorrente, nomeadamente quanto à determinação do objeto da oferta (não pode a oferta concorrente ser lançada para percentagem de valores mobiliários inferior à que é objeto da oferta inicial; cf. art. 185º, nº 4 CVM Pt, salvo se verificada a situação prevista no art. 185º, nº 5 CVM Pt), ao preço oferecido (a contrapartida tem de ser superior à da oferta inicial; cf. art. 185º, nº 5 CVM Pt), as condições ou cláusulas de sucesso que lhe podem ser apostas não a podem tornar menos favorável do que a oferta inicial (aferição analítica ou holística? art. 185º, nº 5 CVM Pt). O lançamento de oferta concorrente conferirá ao oferente inicial o direito de rever a sua oferta ou de a retirar (cf. art. 185º-B, nºs 1 e 4 CVM Pt, com uma estranha remissão, quanto à retirada, para o art. 128º CVM Pt, que, como visto, confere ao oferente o direito de retirada por alteração imprevisível e substancial das circunstâncias, quando é certo que o lançamento de oferta concorrente dificilmente se pode qualificar como uma circunstância imprevisível). A tutela dos acionistas que hajam aceitado a oferta inicial obtém-se através da atribuição do direito à revogação das aceitações. Este direito surge como anómalo uma vez que a oferta já foi livre e conscientemente aceite pelos destinatários: a revogação de um ato de autodeterminação não é a regra no nosso sistema; aliás, a regra geral é exatamente a inversa, a da vinculação dos sujeitos aos atos de autonomia privada por eles praticados. Porém, a lei toma uma opção, fazendo prevalecer a tutela dos destinatários da oferta inicial que a hajam aceitado sobre a tutela do oferente que manifestou a sua vontade de aquisição dos valores mobiliários, enunciando as condições de que depende aquela aquisição: uma vez que as condições da oferta concorrente são necessariamente melhores do que as da oferta inicial, confere-se aos seus destinatários o direito de revogarem as suas declarações de aceitação; afinal, o mercado permite-lhes venderem os seus valores mobiliários em condições melhores do que aquelas que eles declararam, através da aceitação, estar dispostos a aceitar.

7. Os efeitos da aquisição de valores mobiliários através de oferta pública de aquisição: direitos potestativos de aquisição e de alienação e a perda da qualidade de sociedade aberta

Do lançamento de oferta geral de aquisição de ações, na sequência da qual o oferente adquirir uma percentagem de mais de 90% dos direitos de voto, a que terá de acrescer a concentração de 90% dos valores mobiliários que foram objeto da oferta, ocorre um duplo efeito. Por um lado, constituem-se duas situações jurídicas, uma na esfera do oferente, outra, na dos destinatários da oferta que, porém, a não aceitaram: o oferente adquire o direito à aquisição das ações remanescentes, o titular das ações remanescentes adquire o direito de as alienar. Em segundo lugar, em face da concentração de participações sociais, pode a sociedade visada pela oferta perder a qualidade de sociedade aberta. Analisemos, com um pouco de mais detalhe, cada um destes efeitos.

Segundo o art. 194º, nº 1 CVM Pt aquele que, através de oferta pública haja adquirido uma percentagem de mais de 90% dos direitos de voto, a que terá de acrescer a concentração de 90% dos valores mobiliários que foram objeto da oferta, tem o direito de adquirir as ações remanescentes, nos três meses subsequentes ao apuramento dos resultados da oferta, mediante o pagamento de uma contrapartida em dinheiro. Esta será considerada justa se, em resultado da oferta, o oferente tiver adquirido pelo menos 90% das ações representativas de capital social com direito de voto. Nos demais casos (aqueles em que o oferente adquire 90% dos direitos de voto calculados sobre a percentagem que constituiu o objeto da oferta, mas não 90% dos direitos de voto em oferta), não obstante poder exercer o direito de aquisição, o oferente verá aplicada à determinação da contrapartida o regime do art. 188º CVM Pt. A atribuição deste direito potestativo de aquisição (com esta expressão, cf. art. 194º, nº 3 CVM Pt), já previsto desde a sua publicação no CSC Pt (art. 490º), encontra a sua justificação económica no segundo efeito que a concentração das participações permite: o encetamento de um procedimento que poderá culminar com a perda da qualidade pela sociedade que foi objeto da oferta (cf. art. 27º, nº 1, al. *a)* CVM Pt) e a consequente exclusão de negociação dos valores mobiliários em mercado regulamentado. Com efeito, o estatuto de sociedade aberta com valores mobiliários admitidos à negociação em mercado regulamentado implica o cumprimento de uma série de obrigações pela própria sociedade (cf. a título meramente exemplificativo, os deveres de comunicação de participações qualificadas, previsto no art. 16º, nº 2, al. *a)*, e os deveres de informação de sociedades com valores mobiliários admitidos à negociação, concretizados a partir do art. 244º), cuja imposição apenas se justifica para acautelar a transparência e o acesso do mercado às informações relevantes a tomadas conscientes da decisão de (des)investir numa sociedade. Ora, para as cumprir, a sociedade contratará terceiros aos quais pagará por esta prestação valores que, de outro modo, podem ser alocados ao lucro distribuível: o sócio dominante ver-se-á, assim e indiretamente privado de valores que pretende lhe sejam adjudicados. O sócio dominante que, recorde-se, adquiriu mais de 90% dos valores mobiliários objeto de oferta através da oferta, tem interesses dignos de tutela que, quando colidentes com os de acionistas minoritários (os que não aceitaram vender em OPA), se lhes sobrepõem em termos que o Tribunal Constitucional português e para conjuntos de hipóteses similares considerou, já, conformes à Constituição[2]. Fará publicar de imediato anúncio preliminar (art. 194º, nº 3 CVM Pt), momento a partir do qual a aquisição se torna eficaz (cf. art. 195º, nº 1 CVM Pt, de cujo regime decorre a potestatividade da aquisição) e que determina, em termos imediatos (cf. art. 195º, nº 4 CVM Pt), a perda da qualidade de socie-

[2] Ac. Tribunal Constitucional (Portugal) nº 491/2002 (processo nº 310/99), de 26 de novembro de 2002 (Paulo Mota Pinto).

dade aberta da sociedade e a exclusão da negociação em mercado regulamentado das ações da sociedade e dos valores mobiliários que a elas dão direito.

Em simetria com o direito potestativo de aquisição que a lei atribui ao oferente (mas que este pode optar por não exercer), a lei atribui um direito potestativo de alienação das ações sobejantes aos acionistas que as não hajam vendido na oferta (para a qualificação da situação jurídica enquanto potestativa, cf. art. 196º, nº 3, qualificação não perturbada pela natureza da certidão comprovativa da notificação enquanto título executivo, estritamente necessário, não à produção do efeito típico da venda mas à execução coerciva das obrigações ancoradas no contrato, nomeadamente, a de pagamento do preço). Pode estranhar-se a concessão deste direito a quem, tendo podido vender as ações remanescentes na OPA, optou por o não fazer. No final das contas não se vislumbram interesses dos acionistas titulares das ações remanescentes dignos de tutela já que o oferente lhe tinha conferido, como a todos os acionistas, a possibilidade de alienarem as suas participações. Se a OPA teve sucesso, ainda que tenham restado até 10% de ações por alienar que valor justifica a atribuição de um direito de alienação sequencial a quem pôde vender na oferta? Poder-se-ia pensar que seria necessária a atribuição ao sócio remanescente do direito potestativo de alienação na medida em que o oferente pudesse, no processo de aquisição tendente ao domínio total, escolher os sócios remanescentes a quem adquiriria ações. De fora ficariam os hostis que se veriam confrontados com a perda quase absoluta de valor das suas ações e com a impossibilidade prática evidente de as não conseguirem vender a terceiro. Mas este perigo foi acautelado na lei: o art. 197º impõe ao oferente que trate todos os sócios remanescentes com igualdade. O que pode, então, justificar a concessão aos sócios remanescentes do direito a imporem a venda daquilo que podiam e não quiseram vender na oferta? Provavelmente e numa perspetiva híper protecionista dos acionistas minoritários, atalhar a imprevisão quanto aos resultados da oferta (o acionista minoritário nunca acreditou que se instalasse uma posição de domínio sobre mais de 90% dos direitos de voto) ou, ainda, a desatenção ou inépcia do pequeno acionista que nem se deu conta da pendência de uma oferta (se a participação remanescente estiver concentrada na esfera de um só acionista pode perguntar-se se um acionista titular de uma participação social no montante de perto de 10% numa sociedade aberta com valores admitidos à negociação em mercado regulamentado poderá ou deverá ser tratado com paternalismo).

Passemos ao segundo plano de efeitos decorrentes da aquisição de direitos de voto através de OPA. Uma vez adquirida, na sequência de oferta pública, uma percentagem de mais de 90% dos direitos de voto, a que terá de acrescer a concentração de 90% dos valores mobiliários que foram objeto da oferta (cf. art. 194º, nº 1 CVM Pt), pode a sociedade, no termo de um de procedimento que tem início com a apresentação de requerimento à CMVM Pt, perder a qualidade de sociedade aberta (art. 27º, nº 1, al. *a)* CVM Pt). A regra procede a uma ponderação entre os interesses da sociedade, do sócio maioritário e dos demais acionistas. Estes últimos, que passam a ser acionistas minoritários de uma sociedade fechada, são tipicamente confrontados com uma desvantagem imediata: a perda de valor das respetivas participações, quer porque estas deixam de poder ser negociados em determinado mercado (cf. art. 29º, nº 2 CVM Pt), perdendo liquidez, quer porque, tendo sido criado um bloco de controlo quase total, as respetivas participações perdem valor porque, ainda que se encontrassem concentradas num único acionista (um único minoritário livre), em nada permitem influenciar os destinos da sociedade ainda que este acionista se possa converter em acionista torpedo atendendo aos direitos que lhe são atribuídos (cf., a título meramente exemplificativo, os arts. 59º, nº 1, que lhe confere legitimidade para requerer a anulação de deliberações sociais, 288º, nº 1, referente ao direito à informação, 375º, nº 2, quanto ao direito a provocar a convocação da assembleia geral, e 378º, nº 1, quanto ao direito à inclusão de assuntos na ordem do dia, todos do CSC Pt).

A tutela conferida aos sócios livres, que veem a sociedade ser fechada, com a consequente exclusão de negociação em mercado regulamentado, foi aquela que a lei, podendo ponderar diversas opções, escolheu. Entre aquelas soluções, poderia a lei ter imposto ao acionista maioritário que adquirisse as ações sobejantes – ainda assim, ações a que sejam inerentes quase 10% dos direitos de voto – através de oferta pública de aquisição. Mas julga-se não ter não sido esta a sua escolha: os pressupostos em que pode ser requerida a perda da qualidade de sociedade aberta estão enunciados no art. 27º, nº 1, al. *a)* CVM Pt, merecendo os acionistas minoritários/livres da proteção que o legislador entendeu suficiente e adequada. Se têm direito a alienar as respetivas participações (cf. art. 196º CVM Pt), não podem impor ao oferente que essa aquisição ocorra por aceitação de uma oferta pública de aquisição subsequente.

8. As ofertas públicas de aquisição obrigatórias, domínio, imputação de direitos de voto e violação do dever

Sustentando-se que a instalação de posições de domínio tem um forte impacto na vida da sociedade e nas participações dos sócios não dominantes, entende-se que o sócio que adquiriu esse domínio – ou, em sistemas de oferta publica de aquisição obrigatória prévia, que visa adquiri-lo – está obrigado a lançar uma oferta, destinada a comprar todos os valores mobiliários que lhe pretendam vender (esta uma das diferenças evidentes entre a OPA obrigatória e a OPA facultativa já que esta, não estando ordenada a satisfazer interesses exógenos aos do oferente, pode ser lançada para percentagens de direitos de voto determinadas por este). A garantia maior dos acionistas que veem instalar-se uma posição de domínio na sociedade traduz-se na concessão do direito de saída da sociedade ao melhor preço, quer isto dizer, na concessão aos acionistas do direito a alienarem as respetivas participações sociais a um preço que não é livremente fixado pelo oferente mas que obedece, na sua determinação, a regras que visam garantir que os acionistas venderão as suas participações pelo preço mais elevado que tenha sido pago pelo oferente por valores mobiliários da mesma categoria nos seis meses anteriores à instalação da posição de domínio ou pelo preço que, numa média ponderada, tais valores mobiliários hajam sido transacionados, durante o mesmo período de seis meses, no mercado em que estão admitidos à negociação (cf. art. 188º, nº 1 CVM Pt).

Se as ofertas públicas obrigatórias de aquisição são destinadas a anular os efeitos desvantajosos que a instalação de posições dominantes em sociedades abertas arrasta para os acionistas que com elas se vêm confrontados – a provável perda de valor das respetivas participações que, uma vez instalado o domínio, poderão deixar de ter interesse estratégico para outros investidores, já que estes ficam na impossibilidade de influenciar a vida da sociedade, ainda que façam alianças estratégicas com outros acionistas minoritários – dir-se-ia que a constituição do dever de lançar este tipo de oferta depende da constituição de uma posição de domínio. O domínio atribui a quem o detém a possibilidade de dominar a sociedade, significando *dominar, preponderar sobre; ter influência sobre*. Consequentemente, haverá domínio de uma sociedade aberta sempre que esta puder ser influenciada por alguém ou sempre que alguém possa ter uma posição preponderante na sociedade aberta. Pode dominar uma sociedade aberta aquele que disponha de meios que lhe permitam exercer uma influência decisiva na vida de uma sociedade aberta, isto é, na formação da vontade juridicamente relevante dessa sociedade. Sendo esta vontade formada através dos competentes órgãos sociais, dominará a sociedade quem dominar esses órgãos. E, em última instância e, pelo menos num plano formal, dominarão os órgãos sociais os titulares de valores mobiliários que conferem direitos de voto. Isto porque se bem que a direção/administração tenha competências deliberativas próprias, os titulares deste órgão são nomeados pelos detentores de valores mobiliários que conferem direitos de voto, podendo, aqueles, ser destituídos. Se assim é, dir-se-á que domina a sociedade aberta quem dominar o exercício dos direitos de voto conducentes à formação da vontade juridicamente relevante dessa sociedade. E como se pode dominar o exercício dos direitos de voto? Existem, segundo pensamos, duas formas principais de domínio desses direitos. Por um lado, domina-se o exercício de direitos de voto se se for titular desses direitos, podendo, estes, ser exercidos de modo discricionário. Por outro, domina-se o exercício de direitos de voto inerentes a ações de que se não é titular se se puder determinar o modo como os respetivos titulares os devem exercer.

A simplicidade destas afirmações – a de que a constituição do dever de lançamento de oferta pública de aquisição, se esta é ordenada a anular os efeitos desvantajosos que a instalação de posições de domínio pode desencadear na esfera dos acionistas não dominantes – acaba por consubstanciar uma das matérias mais debatidas na doutrina. Esta respeita exatamente à determinação dos pressupostos de que depende a constituição do dever de lançamento de oferta pública de aquisição. Se a letra do art. 187º, nº 1 parece fazer depender a constituição deste dever da mera ultrapassagem de certas percentagens de direitos de voto (um terço ou metade), sendo estas percentagens calculadas por aplicação do art. 20º, defendemos desde sempre que este dever apenas se constitui se os direitos de voto imputados ao oferente, lhe atribuírem o domínio efetivo desses direitos de voto. Esta posição não apenas decorre do art. 187º, nº 2, que permite a suspensão do dever de lançar a oferta sempre que o oferente demonstre não puder, não obstante serem-lhe imputados mais de um terço e menos de metade dos direitos de voto correspondentes ao capital social, dominar a sociedade, como ainda da natureza do art. 20º CVM Pt. Apesar de haver uma única regra aplicável sempre que é necessário calcular percentagens de direitos de voto, o monismo da fonte não conduzirá necessariamente um monismo de resultados interpretativo-aplicativos. Com efeito, é sempre em razão do escopo aplicativo da norma que o intérprete-aplicador determina o critério do seu preenchimento. De outra sorte, estar-se-ia a ignorar que o Direito é jurisprudência problemática e que as classificações conceptuais – se necessárias para conferir sistematicidade ao conhecimento – não podem redundar em conceptualismos aprioristas. O resultado aplicativo do art. 20º é um, quando o intérprete-aplicador se move no âmbito do escopo da diretriz da transparência; e outro, quando o escopo da imputação diz respeito à obrigação de lançamento de uma OPA (dupla funcionalidade dos critérios de imputação). Ora o art. 20º não é uma regra plena; é, antes, uma regra de que decorrem normas, normas indiciárias de situações de determinação quanto ao modo de exercício do direito de voto. A plurifuncionalidade da imputação aponta para a configuração do art. 20º CVM Pt como uma norma de enquadramento, que impõe a chamada à colação apenas e somente dos critérios de imputação que, em face das regras que visam complementar ou concretizar, se mostrem relevantes. Consequentemente, e porque é uma regra não autónoma, do art. 20º não resultam efeitos diretos ou imediatos. O que vem a significar que o preenchimento de qualquer uma das suas previsões não determina, imediatamente, a produção de um qualquer efeito. Tudo vai depender do jogo entre esta regra e aquela outra que a ela recorre para determinar a percentagem de direitos de voto que devem ser imputados a alguém para que seja desencadeado pela regra de referência. Isto vem a significar que, para efeitos de constituição do dever de lançamento de oferta pública de aquisição, é essencial, não apenas que seja preenchida uma qualquer das alíneas do art. 20º, nº 1, mas, ainda, que esse preenchimento seja acompanhado por um domínio efetivo do direito de voto. E, como dissemos em outro lugar, domina o voto aquele que pode dar instruções vinculantes ao titular dos valores mobiliários ao qual ele é inerente, não o dominando aquele que não pode exercer, livre e discricionariamente, os direitos de voto que lhe sejam imputados, quer porque inerentes às ações de que é titular, quer porque lhe sejam imputados. Tudo se altera se estiver em causa a constituição do dever de comunicação, ancorado na superação ou redução dos direitos de voto: neste conjunto de casos, porque ao investidor interessa saber, tão logo quanto possível, para que possa tomar as suas decisões de (des)investimento, como podem vir a alterar-se os equilíbrios na sociedade visada, o dever constitui-se ainda que não haja domínio dos votos a imputar; basta que estes possam vir a ser, um dia, dominados.

O incumprimento do dever de lançamento de oferta pública de aquisição não é, na enunciação da lei, inconsequente. De acordo com o art. 192º, nº 1 CVM Pt, o lesante fica inibido de exercer os direitos de voto e de receber os dividendos inerentes às ações que excedam o limite a partir do qual o lançamento seja devido. A regra, estatuidora de pesadas consequências, acaba, porém, por se revelar inconsequente salvo se se aceitar que os votos inibidos não têm repercussão sobre a base de incidência – o valor total de direitos de voto da sociedade, valor que se considerará fixo e não variável não obstante haver votos inibidos – ou se aceita que os direitos de voto e a quinhoar nos lucros daquele que violou a obrigação de lançar uma oferta de aquisição podem tender para zero. Isto porque, na medida em que se vão inibindo direitos de voto, vai-se alterando a base de cálculo das percentagens que traduzam a ultrapassagem dos limites estabelecidos pelo art. 187º CVM Pt. Se, por hipótese, o lesante puder exercer discricionariamente 58% de direitos de voto, numa aplicação direta do art. 192º dir-se-ia que teriam de ser inibidos os direitos de voto que excedem o limite a partir do qual o lançamento da oferta seria devido. Inibir-se-ão 8% de direitos de voto. Mas esta inibição será totalmente inconsequente já que o lesante continuará a exercer direitos de voto de modo discricionário em termos que lhe permitem, por referência ao capital social votante, exercer mais de 50% dos votos. Isto porque, com a inibição, o capital votante desceu de 100% – desatendendo a todos os casos em que, por outras razões, os direitos de voto não podem ser exercidos, como ocorre com as ações próprias – para 92%. Se o lesante vir inibidos apenas 8% dos seus direitos de voto, exercer, discricionariamente, 50% de direitos de voto num universo total de 92% de direitos de voto. A fasquia dos 50% estará novamente superada, continuando o lesante a exercer votos que lhe permitem o que a lei não quer: exercer o domínio sobre a sociedade.

Por outro lado, o infrator é responsável pelos danos que haja causado aos titulares dos valores mobiliários sobre os quais deveria ter incidido uma oferta pública de aquisição (cf. art. 193º CVM Pt). A satisfação do interesse dos acionistas lesados, por expressa disposição da lei, através da obrigação de indemnizar aponta no sentido de não poder ser imposta ao oferente, quer por decisão administrativa, quer por decisão judicial, a aquisição dos valores mobiliários que deveriam ter sido adquiridos através do lançamento da oferta.

Bibliografia

José A. Engrácia Antunes, *Participações qualificadas e domínio conjunto. A propósito do caso "António Champalimaud – Banco Santander"*, Universidade Católica Portuguesa: Porto (2000).

Daniela Farto Baptista, *A Atuação Concertada como Fundamento de Imputação de Direitos de Voto no Mercado de Capitais*, Universidade Católica Portuguesa: Porto (2016).

Paulo Câmara, *Manual de Direito dos Valores Mobiliários*, 3ª ed., Almedina: Coimbra (2016).

Carlos Osório de Castro, *Os casos de obrigatoriedade de lançamento de oferta pública de aquisição*, em *Problemas Societários e Fiscais do Mercado de Valores Mobiliários*, coord. J. G. Xavier de Basto/J.J. Vieira Peres/Carlos Osório de Castro/António Lobo Xavier, Fisco: Lisboa (1992), 7-77;

– *A imputação de direitos de voto no Código dos Valores Mobiliários*, 7 CadMVM (2000), 162-192.

A. Barreto Menezes Cordeiro, *Manual de Direito dos Valores Mobiliários*, 2ª ed. (atualizada), Almedina: Coimbra (2018).

António Menezes Cordeiro, *Tratado de Direito Civil*, II (*Parte Geral. Negócio Jurídico*), 4ª ed., Almedina: Coimbra (2014).

Manuel Requicha Ferreira, *Acordos de Aceitação e de Não-Aceitação de OPA*, Almedina: Coimbra (2015).

José Ferreira Gomes/Diogo da Costa Gonçalves, *Manual de Sociedades Abertas e de Sociedades Cotadas*, I, AAFDL: Lisboa (2018).

Orlando Vogler Guiné, *Da Conduta (Defensiva) da Administração "Opada"*, Almedina: Coimbra (2009).

Alexandre Soveral Martins, *Títulos de Crédito e Valores mobiliários*, II (*Valores mobiliários*) / I (*As ações*), Almedina: Coimbra (2018).

Jorge Brito Pereira, *A OPA obrigatória*, Almedina: Coimbra (1998).

João Mattamouros Resende, *A imputação de direitos de voto no Mercado de capitais*, Universidade Católica Editora: Lisboa (2010).

Hugo Moredo Santos, *Ofertas concorrentes*, Coimbra Editora: Coimbra (2008).

– *Transparência, OPA obrigatória e imputação de direitos de voto*, Coimbra Editora: Coimbra (2011).

João Calvão da Silva, *Pacto Parassocial, OPA Concorrente e Defesas Anti-OPA*, em *Estudos de Direito Comercial. (Pareceres)*, Almedina: Coimbra (1996), 235-246.

João Soares da Silva, Algumas Observações em Torno da Tripla Funcionalidade da Técnica de Imputação de Votos no Código dos Valores Mobiliários, 26 CadMVM (2007), 47-58.

Paula Costa e Silva, *Compra, venda e troca de valores mobiliários*, Separata de *Direito dos Valores Mobiliários*, coord. Instituto dos Valores Mobiliários, Lex: Lisboa (1997), 243-266;

– *Ofertas públicas e alteração das circunstâncias*, em *Direito dos Valores Mobiliários*, coord. Instituto dos Valores Mobiliários, IV, Coimbra Editora: Coimbra (2003), 127-146;

– *O conceito de accionista e o sistema de* record date, em *Direito dos Valores Mobiliários*, coord. Instituto dos Valores Mobiliários, VIII, Coimbra Editora: Coimbra (2008), 447-460;

– *Sociedade aberta, domínio e influência dominante*, em *Direito dos Valores Mobiliários*, coord. Instituto dos Valores Mobiliários, VIII, Coimbra Editora: Coimbra (2008), 541-571.

João Cunha Vaz, *As OPA na União Europeia face ao novo Código dos Valores Mobiliários*, Almedina: Coimbra (2000).

Ofertas públicas no mercado de valores mobiliários brasileiro

Erik Frederico Oioli

Resumo: *O conceito de oferta pública é fundamental para a regulação do mercado de valores mobiliários brasileiro. O presente artigo discute tal conceito e os principais aspectos das ofertas de venda e de aquisição de valores mobiliários.*

1. Introdução

A oferta pública ou o apelo ao público para aquisição ou venda de valores mobiliários é uma atividade que embute um conceito chave e operacional para a regulação brasileira do mercado de capitais. Ela se presta tanto à definição de um determinado bem ou direito como valor mobiliário[1] e, por conseguinte, à delimitação do mercado de valores mobiliários, quanto, e sobretudo, a servir como fundamento para atuação do órgão regulador e fiscalizador do mercado de capitais brasileiro, a CVM Br. Isto porque o apelo à poupança pública justifica a intervenção do

[1] Nos termos da Lei nº 6.385, de 7 de dezembro de 1976 (Lei da Comissão de Valores Mobiliários, a CVM Br), são considerados valores mobiliários: "quando ofertados publicamente, *quaisquer outros títulos ou contratos de investimento coletivo, que gerem direito de participação, de parceria ou de remuneração, inclusive resultante de prestação de serviços, cujos rendimentos advêm do esforço do empreendedor ou de terceiros*" (art. 2º, IX). Determinar o que seja um valor mobiliário, por sua vez, significa dimensionar os limites do seu mercado, o que inclui definir os limites daqueles que nele atuam, como emissores, investidores ou prestadores de serviço, bem como, e não menos importante, os limites daqueles responsáveis por sua regulamentação, fiscalização e desenvolvimento, dentre os quais se destacam o CMN Br e a CVM Br.

Estado, a fim de evitar emissões irregulares de valores mobiliários, coibir atos ilegais de administradores e acionistas controladores das companhias abertas, ou de administradores de carteira de valores mobiliários, o uso de informação relevante não divulgada no mercado de valores mobiliários, evitar ou coibir modalidades de fraude ou manipulação destinadas a criar condições artificiais de demanda, oferta ou preço dos valores mobiliários negociados no mercado bem como assegurar o acesso do público a informações sobre os valores mobiliários negociados e as companhias que os tenham emitido, de forma equitativa e sempre evitando manipulações de mercado[2].

Importante destacar que, no mercado de valores mobiliários, o apelo ao público pode se dar com dois propósitos distintos, o de *vender* ou o de *adquirir* valores mobiliários. Se é certo que em ambos os casos a transparência (*full disclosure*) e o tratamento equitativo são essenciais para uma tomada de decisão consciente e bem informada por parte de um investidor para adquirir ou vender valores mobiliários, cada modalidade de oferta recebe, no direito brasileiro, tratamento regulatório específico. Trataremos, nos tópicos subsequentes, de cada uma delas.

2. A oferta pública de venda ou para subscrição de valores mobiliários

Conceito de difícil precisão, genérica e vagamente delimitado pela legislação e doutrina, compreender as dimensões de uma oferta pública é fundamental tanto para a construção, como visto acima, do conceito geral de valor mobiliário e a consequente delimitação do sistema jurídico do mercado de capitais[3], quanto por suas consequências práticas: nos termos do artigo 19º da Lei nº 6.385/76, as ofertas públicas de valores mobiliários devem ser registradas perante a CVM Br, processo rigoroso e custoso aos emissores. E mais: as ofertas públicas não registradas ou irregulares constituem delito penal, sujeito à pena de reclusão e multa[4].

[2] Conforme artigo 4º da Lei nº 6.385/76.

[3] V., por exemplo, que as companhias abertas ou fechadas são definidas pela Lei das S.A. Br como tal *"conforme os valores mobiliários de sua emissão estejam ou não admitidos à negociação no mercado de valores mobiliários"* (grifo nosso).

[4] Cf. artigo 7º da Lei nº 7.492, de 16 de junho de 1986.

2.1. Oferta pública: delimitação semântica

Na complexa dinâmica de relações e operações cursadas no mercado de capitais, não é incomum existir dúvida sobre operações que se equilibram sobre a tênue linha que separa a oferta pública e a chamada "oferta privada". A dificuldade em definir o que seja "oferta pública", longe de representar abstração e esvaziamento semântico, é decorrência não só da amplitude do seu campo de significância, mas, sobretudo, fruto da errônea percepção, não raras vezes idealizada, de que é possível encontrar uma noção fixa e imutável para a definição dos termos. Conforme ensina Wittgenstein, a definição ostensiva não é necessariamente algo imediatamente compreensível. É preciso toda uma compreensão linguística prévia, para que se entenda a que característica do objeto analisado[5]. O critério de significação de um conceito ou palavra deve ser buscado na maneira como esta palavra é usada no interior do jogo de linguagem, ao qual ela pertence. Isto não implica dizer que o conceito de oferta pública não detenha um núcleo mínimo de compreensão, sendo que sua conotação e denotação deverão ser extraídas das normas dos princípios informadores do ordenamento. Seu sentido deve ser analisado à luz do instituto que se examina e do próprio sistema.

Por isso, por exemplo, o uso do termo oferta privada para designar todo ato de distribuição de um valor mobiliário que não configure uma oferta pública com o sentido de "oferta entre particulares" não é adequada. Primeiramente, o sentido não cabe perfeitamente na clássica noção de público e privado proposta por Hannah Arendt. Com origem na Grécia antiga, a esfera privada é a esfera da casa (*oikos*), da família e daquilo que é próprio (*idion*) ao homem. Baseia-se em relações de parentesco como a *phratria* (irmandade) e a *phyle* (amizade). Fora deste núcleo, onde os homens se relacionam, está o público. A oferta envolve propor algo a terceiro e, nesse sentido, está na esfera do público[6]. Também obviamente não serve a distinção entre oferta pública e privada para designar a participação do Estado na oferta, a não ser pela definição do regramento aplicável à oferta quando ela é pública. A oferta de valores mobiliários é, em regra, seja ela pública ou privada, formulada entre

[5] Rafael Britto, *O Público e o Privado em Wittgenstein. Da Definição Ostensiva aos Jogos de Linguagem*, I/1 Polymathea (2005), 79-98.

[6] Hannah Arendt, *A Condição Humana*, 8ª ed., Forense Universitária: Rio de Janeiro (1997).

particulares e rege-se pelas normas do Direito Privado[7]. Não obstante, quanto a este aspecto, a oferta pública distingue-se por estar sujeita a regramento suplementar imposto pelo Estado, por meio da CVM Br. O que diferencia as ofertas e motiva a mobilização de todo o aparelho estatal para a regulação e fiscalização daquelas chamadas ofertas públicas são sem dúvida seus destinatários. Isto significa dizer que a oferta pública é aquela formulada *ao público.*

Mas esta conclusão por si só é insuficiente para nossos propósitos, demandando investigação mais profunda do que seja o público para este fim. Para tanto, recorremos à análise do Direito Comparado, para então nos debruçarmos sobre o regramento nacional.

2.2. A oferta pública no Direito Comparado

Reconhecidos pelo desenvolvimento do seu mercado de capitais, os Estados Unidos foram um dos primeiros países a positivar o termo oferta pública (*public offering*) em seu ordenamento. Assim o fizeram em diversas passagens do *Securities Act of 1933* ("*Securities Act*"), sem, contudo, definir o que seja uma oferta pública. Tal tarefa coube à jurisprudência e à *Securities and Exchange Comission* (SEC).

De acordo com a secção 4 (2) do *Securities Act,* são isentas de registro perante a SEC emissões de valores mobiliários que não envolvam qualquer oferta pública ("*transactions by an issuer not involving any public offering*"). No processo *SEC v. Ralston Purina Co.*, a Suprema Corte julgou se uma oferta de ações formulada pela companhia para seus "empregados-chave" seria caracterizada como oferta pública[8]. Em sua decisão, a

[7] O CC Br de 2002, inclusive e diferentemente do CC Br de 1916, disciplina expressamente a oferta ao público (artigo 429º).

[8] Ralston Purina era uma companhia fornecedora de produtos cereais para os Estados Unidos e Canadá. À época, a companhia empregava cerca de 7.000 empregados e tinha como política incentivar seus funcionários a adquirir ações de emissão da companhia. Entre 1947 e 1951, Ralston Purina vendeu cerca de US$2 milhões em ações para seus funcionários, sem submeter a oferta à SEC. Para promover a venda de ações, a companhia enviava memorandos aos seus gerentes de filiais e lojas informando que as ações estariam disponíveis somente aos funcionários "que tivessem a iniciativa e interesse em comprar ações a preço de mercado", sem que isso caracterizasse uma "solicitação da companhia para que adquirissem suas ações". Entre aqueles que responderam ao memorando estavam funcionários com a ocupação de operador de fornos, chefes de carregadores, escriturários, eletricistas e veterinários. Os registros mostram que em 1947, 243 empregados comparam ações, 20 em

Suprema Corte distinguiu quatro elementos importantes para definição do caráter público da oferta: ***(i)*** a operação não envolvendo qualquer oferta pública, para os fins da seção 4 (2)[9] do *Securities Act*, é aquela cujos destinatários não precisam da proteção do *Securities Act*; ***(ii)*** o número de destinatários não é determinante para a caracterização da oferta como "pública"; ***(iii)*** a identificação dos indivíduos (enquanto, no caso, classe de empregados) não priva os destinatários da proteção do *Securities Act*; e ***(iv)*** necessidade do emissor comprovar que os destinatários da oferta possuem acesso às informações a que os destinatários teriam acesso caso a oferta fosse registrada sob o *Securities Act*.

Nota-se, aqui, que a preocupação do julgador está relacionada menos à caracterização ou *natureza* da oferta pública do que com a necessidade do registro da operação e a consequente aplicação da proteção legal do *Securities Act*. Isto é, ainda que a oferta seja dirigida essencialmente *ao público*, a discussão está em torno da necessidade do seu registro na SEC.

Nesse sentido, a SEC editou a *Rule* 146 para disciplinar as hipóteses de *dispensa* de registro de oferta pública. Ora, somente dispensa-se a aplicação de uma regra se o objeto originalmente esta sujeito a ela. Se uma oferta fosse *privada* sequer haveria necessidade de dispensar seu registro na SEC, já que este somente é necessário para as ofertas públicas. A *Rule* 146 foi posteriormente substituída pela *Regulation D*, que dispõe sobre três hipóteses de isenção para o registro de oferta pública, quais sejam, ofertas: ***(i)*** envolvendo valores inferiores a determinado limite; ***(ii)*** realizadas perante um número limitado de destinatários; e ***(iii)*** dirigidas apenas a investidores qualificados. Diretrizes similares são adotadas também na *Rule 144-A* ao tratar como venda privada de valores mobiliários aquelas realizadas para investidores qualificados sob certas circunstâncias.

O sistema jurídico norte-americano, assim, não acolhe o caráter instrumental do conceito de oferta pública (como elemento designador de uma categoria sujeita a determinado regramento jurídico), não se ocupando de defini-lo, mas sim de determinar as circunstâncias diante das

1948, 414 em 1949 e 411 em 1950. O menor salário daqueles que compraram ações era, em 1950, US$2.453,00.

[9] originalmente, secção 4 (1).

quais uma operação deve ou não ser levada a registro, onde a publicidade da oferta é apenas uma dessas circunstâncias.

Outros ordenamentos jurídicos se ocupam também ao menos da *noção* de oferta pública. Assim, no Reino Unido, a *Public Offers of Securities Regulation* de 14 de junho de 1995 (POSR) procura definir o que é uma oferta ao público no Reino Unido como "*uma oferta feita a qualquer setor do público, ainda que membros ou debenturistas de uma companhia, ou clientes do ofertante (...)*" (cf. §6º). Não obstante a vaga definição, o §7º do POSR traz extensa lista de exceções, ou seja, de hipóteses que não configuram oferta pública, dentre as quais: ***(i)*** se os valores mobiliários são ofertados a pessoas cujas atividades ordinárias envolvam, ou razoavelmente espera-se que envolvam, profissionalmente, adquirir, manter, administrar ou alienar investimentos; ***(ii)*** oferta a menos de 50 investidores; ***(iii)*** oferta realizada a membros de clube ou associação com interesse comum; ***(iv)*** oferta realizada a círculo restrito de pessoas em relação às quais o ofertante razoavelmente acredita ter conhecimentos suficientes para compreender os riscos envolvidos na oferta[10]; ***(v)*** os valores mobiliários são ofertados por companhia fechada aos seus membros ou empregados ou familiares desses[11]; ***(vi)*** oferta realizada para o Estado ou autoridades públicas; ***(vii)*** valor da oferta (baixo) ou da subscrição da oferta (elevado); ***(viii)*** oferta realizada a investidores qualificados; ou ***(ix)*** oferta de valores mobiliários não negociáveis.

A solução britânica, ainda que não seja a mais adequada, é interessante por, apesar de não precisar tecnicamente o que é uma oferta pública, se esmerar em detalhar *o que não é* oferta pública. Claro que o sistema é falível, dada a reconhecida incapacidade do legislador de contemplar positivamente o dinamismo da atividade humana, sendo impossível reconhecer sistematicamente todas as hipóteses em que uma oferta *não é pública*. Ao menos o sistema tem o mérito de reduzir a insegurança jurídica quanto a situações-limite que se enquadrem entre as exceções previstas no §7º do POSR. Por outro lado, buscando elementos de cone-

[10] Considerando a hipótese prevista no item (ii) retro, é razoável entender que este círculo restrito pode compreender mais de 50 pessoas; caso contrário, não haveria razão para esta hipótese específica.

[11] previsão, portanto, distinta da solução norte-americana analisada no caso *sec v. ralston purina*.

xão do sistema regulatório norte-americano e britânico, nota-se que este também se funda em elementos como a quantidade e características dos destinatários para determinar se uma oferta é pública ou deve ser levada a registro perante as autoridades competentes.

Este mesmo racional foi seguido pela Diretiva (CE) 89/298, posteriormente revogada pela Diretiva (CE) 2003/71/CE do Parlamento Europeu e Conselho, de 4 de novembro de 2003 (em diante: "Diretiva 2003/71"), que trata do uso de prospecto para as ofertas públicas realizadas no âmbito da União Europeia. A Diretiva 2003/71, no entanto, limitou a definir oferta pública como "*uma comunicação ao público, independentemente da forma e dos meios por ela assumidos, que apresente informações suficientes sobre as condições da oferta e os valores mobiliários em questão, a fim de permitir a um investidor decidir sobre a aquisição ou subscrição desses valores mobiliários*". A definição é infeliz ao confundir causa e efeito, pois a qualificação "*informações suficientes sobre as condições da oferta e valores mobiliários em questão*" é absolutamente dispensável à definição de oferta pública. Não obstante, ela também recorre aos seus destinatários para configurar sua natureza, ao afirmar que são ofertas públicas aqueles decorrentes de comunicação *ao público*.

A redação da Diretiva 2003/71 foi acolhida na íntegra, por exemplo, na França, por meio da *Ordonnance* nº 2009-80, de 22 de janeiro de 2009, relativa ao apelo público à poupança (*appel public à l'épargne*). O artigo 411º-1 define oferta pública de títulos financeiros como uma das seguintes operações: ***(i)*** comunicação endereçada ao público por qualquer meio ou qualquer forma, que apresente informações suficientes sobre as condições da oferta e dos títulos ofertados, de forma a permitir ao investidor decidir sobre a aquisição ou subscrição dos títulos financeiros; e ***(ii)*** colocação de títulos financeiros por meio de intermediários financeiros. Por outro lado, de acordo com a lei francesa, não constituem oferta pública para os fins da referida lei aquelas ***(i)*** cujo valor total ou valor de subscrição esteja fora dos parâmetros determinados pela autoridade dos mercados financeiros na França; ***(ii)*** destinadas exclusivamente a ***(a)*** aplicação de recursos próprios de gestores de carteira; ou, ***(b)*** investidores qualificados ou círculo restrito de investidores em número inferior ao limite definido pela autoridade francesa.

Na Espanha, a Lei nº 24, de 28 de julho de 1988, por meio do artigo 30 *bis* (com a redação dada pelo Real Decreto-lei nº 5, de 11 de março de 2005) repete a definição da Diretiva 2003/71. Não obstante, referida regra excepciona, do regime das ofertas públicas, as ofertas: *(i)* dirigidas exclusivamente a investidores qualificados; *(ii)* dirigidas a menos de 100 pessoas físicas ou jurídicas por Estado-membro, sem considerar investidores qualificados; *(iii)* dirigidas a investidores que adquiram títulos pelo valor mínimo de 50.000,00 euros por investidor; *(iv)* cujo valor nominal unitário seja superior a 50.000.00 euros; e, *(v)* no montante total inferior a 2.500.000,00 euros. Não obstante tais ofertas não serem tratadas como públicas, a lei exige que seja contratada uma instituição intermediária quando forem dirigidas ao público em geral. Resta claro, portanto, que as exceções acima listadas não são consideradas ofertas privadas, mas apenas são tratadas como tal por escolha da política legislativa espanhola.

A Itália, por meio do artigo 2º do Decreto Legislativo nº 51, de 28 de março de 2007, que regulamenta a utilização de prospecto para as ofertas públicas de produtos financeiros, também reproduz a definição da Diretiva 2003/71. A propósito, desde a edição da Lei nº 216, de 7 de junho de 1974, conforme alterada, relativa ao mercado de valores mobiliários e tratamento fiscal dos títulos acionários, a noção de oferta pública está diretamente ligada à proteção da poupança popular (*pubblico risparmio*). Antes da entrada em vigor do *Testo Unico della Finanza* (Decreto Legislativo nº 58, de 24 de fevereiro de 1998, conforme aditado, o t.u.f.), seu artigo 18º definia como "solicitação à poupança popular", todo anúncio público de emissão, toda aquisição ou venda mediante oferta pública ou toda oferta pública de subscrição ou permuta de valores mobiliários, ou ainda a colocação de valores mobiliários de "porta-a-porta" ou por meios de comunicação em massa.

Sem prejuízo das disposições legais, os tribunais italianos e a *Commissione Nazionale per le Societá e la Borsa* (CONSOB) já se posicionaram sobre o conceito de oferta pública. Segundo a consolidada jurisprudência italiana, uma oferta é pública quando é caracterizada por termos e condições padronizados e é efetuada *ad incertam personam*. Todavia, não é necessariamente correto afirmar que as ofertas endereçadas a pessoas específicas são ofertas privadas. Segundo a orientação objetiva, uma oferta é pública quando é dirigida a mais de 200 pessoas. Por outro lado, segundo a orientação subjetiva, uma oferta pode ser qualificada como publica se dirigida *ad incertam personam*, com a consequente conclusão de que uma oferta a mais de 200 pessoas não seria uma oferta pública e não constituiria uma solicitação de investimento ao público quando os destinatários são determinados[12]. Neste mesmo sentido, a Consob se manifestou a fim de afirmar que *"la nozione di pubblico, invece, è configurabile anche quando una attività finanziaria è indirizzata ad una pluralità di persone che sono individuabili soltanto per effetto della loro mera appartenenza ad una determinata categoria di soggetti"*[13].

Por fim, tais posicionamentos ecoam na doutrina italiana, segundo a qual o caráter público das operações se manifesta quando é dirigida a uma pluralidade de sujeitos, que não são exatamente individualizados *ex ante*[14].

Similar é o tratamento conferido pelo legislador português. De acordo com o artigo 109º do CVM Pt, *"considera-se pública a oferta relativa a valores mobiliários dirigida, no todo ou em parte, a destinatários indeterminados"*. Ainda, dispõe referido artigo que *"a indeterminação dos destinatários não é prejudicada pelas circunstâncias de a oferta se realizar através de múltiplas comunicações padronizadas, ainda que endereçadas a destinatários individualmente identificados"*. Por fim, considera-se ainda como oferta pública: *"(a) a oferta dirigida à generalidade dos acionistas de sociedade aberta, ainda que o respectivo capital social esteja representado por ações nominativas; (b) a oferta que, no todo ou em parte, seja precedida ou acompanhada de prospecção ou de recolha de intenções de investimento junto de destinatários indeterminados ou promoção publicitária; e (c) a oferta dirigida a mais de 200 pessoas"*.

O CVM Pt também especifica casos em que, ainda que presentes elementos caracterizadores de uma oferta pública, devem se tratadas como ofertas particulares: (i) as ofertas relativas a valores mobiliários dirigidas apenas a investidores institucionais atuando por conta própria; e (ii) as ofertas de subscrição dirigidas por sociedades com o capital fechado ao investimento público à generalidade dos seus acionistas. Tais ofertas estão dispensadas de registro na CMVM Pt e devem apenas ser comunicadas para fins estatísticos.

[12] Tribunale Milano, Sentenza n. 3575/2006 del 20 Marzo 2006 (Carla Romana Raineri).

[13] Comunicazione CONSOB nº DIN/1055860, de 19 de julho de 2001.

[14] Filippo Annunziata, *La disciplina del mercato mobiliare*, G. Giappichelli Editore: Torino (2004), 295.

Diante do exposto, a análise do Direito Comparado nos permite concluir que não há unidade conceitual a respeito da oferta pública nos ordenamentos analisados. Embora, no âmbito da União Europeia, ela exista em virtude da Diretiva 2003/71, tal homogeneização é frágil, em decorrência da imprecisão técnica na definição atribuída ao instituto pela diretiva. Assim, o tratamento dado por cada país é diverso, especialmente no que tange ao tratamento das exceções ao regime a que estão sujeitas as ofertas públicas, ora tratando tais casos devidamente como exceções ao regime, ora tratando as ofertas públicas excepcionadas como ofertas privadas. Não obstante, as exceções em si parecem convergir, em grande medida, quanto à efetiva desnecessidade de mover o aparelho estatal para proteção de número restrito de investidores ou de investidores que possuam capacidade econômica ou técnica suficiente para suportar os riscos relacionados à oferta e aos títulos ofertados. Em todo caso, pode-se afirmar que divergência na caracterização do regime de exceções evidencia uma perda relativa da importância instrumental do conceito de oferta pública. Importante mesmo, nestes casos, é definir as situações em que, como dito, deve ser acionada a proteção estatal.

2.3. A Oferta Pública no Brasil: função e conceito

Essa relativização do conceito de oferta pública não ocorre no Brasil, haja vista que o legislador pátrio, ao que nos parece acertadamente, não trabalha com o conceito de oferta privada. Coube ao legislador brasileiro apenas definir o regime aplicável às ofertas consideradas públicas, definindo-se, por exclusão, o que seriam as ofertas ditas "privadas". Atribui ainda, à CVM Br, competência para definir outras situações que configurem emissão pública, para fins de registro, assim como os casos em que este poderá ser dispensado, tendo em vista o interesse do público investidor (artigo 19º, §5º, da Lei nº 6.385/76)[15].

É assim, por exemplo, que a Instrução CVM Br nº 400, de 29 de dezembro de 2003, permite que ofertas públicas destinadas a investidores qualificados sejam dispensadas de registro perante a CVM Br. Isto não significa que ofertas a investidores qualificados sejam privadas, mas

[15] Aqui, parece-nos que a redação mais adequada seria o interesse público e não do interesse do público investidor, embora nos pareça ter sido esta a intenção do legislador.

apenas que não merecem maior proteção estatal devido à possibilidade de tais investidores se defenderem ou analisarem riscos por conta própria. Essa presunção, inclusive, é relativa, dado que a CVM Br pode não dispensar o registro ou apenas dispensar requisitos para o registro da oferta[16-17].

Tendo em vista que a oferta privada é definida por exclusão, é mister, portanto, definir com precisão o que seja a oferta pública.

Segundo o artigo 19º da Lei nº 6.385/76, nenhuma emissão pública de valores mobiliários será distribuída no mercado sem prévio registro na CVM Br, exceto, como visto acima, quando ela dispensar. O registro, na CVM Br, é disciplinado pela Instrução CVM Br nº 400/03, que dispõe sobre o regramento aplicável a tais ofertas públicas em geral, e por instruções específicas para determinados valores mobiliários (como a Instrução CVM Br nº 566/15 para as notas promissórias ofertadas publicamente (notas comerciais), a Instrução CVM Br nº 414/04 para os Certificados de Recebíveis Imobiliários e a Instrução CVM Br nº 600/18 para os Certificados de Recebíveis do Agronegócio) ou regimes especiais de distribuição (como a Instrução CVM Br nº 476/09, que disciplina as ofertas públicas com esforços restritos de distribuição[18]).

[16] De acordo com o artigo 4º: *"considerando as características da oferta pública de distribuição de valores mobiliários, a* CVM *poderá, a seu critério e sempre observados o interesse público, a adequada informação e a proteção ao investidor, dispensar o registro ou alguns dos requisitos, inclusive publicações, prazos e procedimentos previstos nesta Instrução. § 1º Na dispensa mencionada no "caput", a CVM considerará, cumulativa ou isoladamente, as seguintes condições especiais da operação pretendida: (...) VII – ser dirigida exclusivamente a investidores qualificados"* (grifo nosso).

[17] Há casos, ainda, em que a CVM Br exige o registro da oferta não obstante o valor mobiliário seja destinado exclusivamente a investidores qualificados, por conta da complexidade e dos riscos atrelados ao investimento. É o caso, por exemplo, das cotas de fundos de investimento em direitos creditórios (FIDC) e de fundos de investimento em participações (FIP). Nestes casos, embora o registro na CVM Br seja necessário, seu trâmite é simplificado e, em regra, o registro é concedido automaticamente (exceto quando solicitada a dispensa de requisitos para registro, de FIDC não padronizados (Instrução CVM Br nº 444/06) ou das hipóteses de que tratam os artigos 8º/§6º e 40º/§8º, da Instrução CVM Br nº 356/01).

[18] São aquelas destinadas a não mais que 50 investidores qualificados, dentre os quais apenas 20 poderão subscrever ou adquirir os valores mobiliários ofertados. De acordo com este regime, não é permitida a busca de investidores através de lojas, escritórios ou estabelecimentos abertos ao público, ou com a utilização de serviços públicos de comunicação, como

São atos de distribuição, tratados indistintamente pela doutrina como "oferta", a venda, promessa de venda, oferta à venda ou subscrição, assim como a aceitação de pedido de venda ou subscrição de valores mobiliários, quando os pratiquem a companhia emissora, seus fundadores ou as pessoas a ela equiparadas[19]. Por sua vez, de acordo com o §3º do artigo 19º da Lei nº 6.385/76, caracterizam a emissão pública: *"I – a utilização de listas ou boletins de venda ou subscrição, folhetos, prospectos ou anúncios destinados ao público; II – a procura de subscritores ou adquirentes para os títulos por meio de empregados, agentes ou corretores; III – a negociação feita em loja, escritório ou estabelecimento aberto ao público, ou com a utilização dos serviços públicos de comunicação"*.

A lista acima, claramente exemplificativa, é sustentada por dois pilares, um de natureza subjetiva e outro de natureza objetiva. O caráter subjetivo refere-se à recorrência da oferta ao público e o caráter objetivo refere-se ao meio utilizado para atingir-se tal público. Na prática, costuma-se traduzir os atos de distribuição em uma emissão pública como "esforço de venda", ou seja, uma oferta pública subsume-se a qualquer esforço realizado para conseguir interessados em adquirir um valor mobiliário. A noção, apesar de rudimentar, é útil para traduzir a busca

a imprensa, o rádio, a televisão e páginas abertas ao público na rede mundial de computadores. Não obstante, isto não faz deste tipo de oferta uma colocação privada de títulos. Por isso, corretamente a CVM Br dispõe, no artigo 1º da Instrução, que ela rege a oferta pública de valores mobiliários distribuídos com esforços restritos. Tendo em vista a qualificação dos destinatários (que devem inclusive devem subscrever ou adquirir no âmbito dessa oferta valores mobiliários no valor mínimo de R$1 milhão, quando se tratar de investidores qualificados pessoas físicas ou jurídicas não financeiras) e o universo restrito de investidores que podem ser contatados no âmbito da oferta, a CVM Br optou por dispensar automaticamente o registro dessa oferta pública. Nesse sentido, o relatório da Superintendência de Desenvolvimento de Mercado da CVM Br para a audiência pública nº 5/08, que colocou em discussão o texto da minuta da Instrução CVM Br nº 476/09, concluiu que: *"[a Instrução] não tem a intenção de definir o que seja oferta pública ou privada, atendo-se a dispensar o registro das ofertas públicas que atendam aos requisitos ali estabelecidos. Sem prejuízo desse entendimento, para afastar quaisquer dúvidas que ainda poderiam persistir sobre o ponto, a SDM propõe que seja incluído um parágrafo no art. 1º da Minuta [da Instrução], explicitando que a instrução não se aplica às ofertas privadas de valores mobiliários"*. Tal conclusão não poderia ser diferente, dado que a CVM Br não tem competência para regular ofertas privadas.

[19] A partir da inclusão dos contratos de investimento coletivo no regime dos valores mobiliários, equiparam-se à companhia emissora os emissores organizados sob formas diversas, incluindo sociedades limitadas e fundos de investimento.

de investidores indeterminados, independentemente do meio empregado[20].

Isto significa, em verdade, que o meio empregado, a que parece se apegar o §3º do artigo 19º da Lei nº 6.385/76, é irrelevante para definição de oferta pública. Ele simplesmente estabelece uma presunção de que o meio empregado caracteriza uma oferta pública, pois é adequado para atingir o público em geral. A divulgação de uma oferta por meio de anúncio em meios de comunicação em massa, como jornais, televisão ou internet, evidentemente denota o esforço do emissor em atingir uma quantidade indeterminada de investidores. Mas o mesmo não se pode dizer necessariamente de uma negociação de títulos sacramentada entre cliente e gerente em uma agência bancária, estabelecimento aberto ao público. Ou de anúncio em jornal feito por acionistas de determinada companhia oferecendo suas ações para determinada empresa concorrente. Esta oferta certamente seria pública, mas não *ao público*. Podemos, ainda, pensar em exemplos nos quais não se utilizam os meios descritos na referida norma, mas que ainda assim seriam ofertas públicas. Ezirik cita o exemplo norte-americano, que considera incompatível com uma operação privada a realização de reuniões ou seminários relacionados à oferta abertos à participação de quaisquer interessados[21]. Em uma situação mais extremada, seria pública também a oferta de determinado contrato de investimento coletivo por alguém a seus vizinhos de condomínio, ainda que procurados um a um[22].

Assim, a caracterização da oferta como pública depende essencialmente da qualificação dos destinatários da oferta. Ou seja, depende de precisar, para este fim, o que seja público.

[20] Por outro lado, a noção de esforço de venda é muito limitada, pois, a rigor, quando se oferta algo a um comprador, seja pública ou privadamente, se está fazendo algum tipo esforço, já que o ato de ofertar depende da iniciativa do ofertante, o que levaria ao extremo e ao absurdo de concluir que não haveria assim oferta privada. Ao rejeitar esse raciocínio extremado, restaria ao interprete a árdua discussão sobre a intensidade do esforço de venda caracterizador da oferta pública, tornando quase impossível estabelecer um critério preciso para definição do que seja oferta pública.

[21] Nelson Eizirik/Ariádna Gaal/Flávia Parente/Marcus de Freitas Henriques, *Mercado de Capitais. Regime Jurídico*, 2ª ed., Renovar: Rio de Janeiro (2007), 145.

[22] Como visto no tópico anterior, na Itália, por exemplo, o artigo 18º da Lei nº 216, de 7 de junho de 1974.

O termo público esta longe de ser unívoco. Sua conceituação nos remete novamente à civilização grega, na qual o espaço público da *polis* era a esfera do cidadão, espaço que compete por condições de homogeneidade moral e política e de ausência de anonimato, em que existe a perseguição da excelência entre os iguais. Por oposição, o espaço privado era onde se davam as relações entre os que não são cidadãos, os comerciantes, as mulheres, os escravos, em suma, os desiguais. Pode-se perceber que na sua origem o termo público remete à esfera da coletividade e ao exercício do poder, à sociedade *dos iguais*.

Conforme ensina Arendt, o termo "público" designa dois fenômenos distintos, embora correlacionados[23]. Em primeiro lugar, "público" centra-se na ideia de acessibilidade: tudo o que vem a público está acessível a todos, pode ser visto e ouvido por todos. Por exemplo, quando divulgamos um pensamento ou um sentimento através de uma estória, bem como quando divulgamos experiências artísticas individuais, o privado torna-se de acesso público. Em segundo lugar, o termo "público" centra-se na ideia de comum. A realidade do mundo tem um bem comum ou interesse comum sobre o produto da ação humana, na medida em que é partilhado por indivíduos que se relacionam entre si. Nesta medida, a concepção de público aproxima-se da noção de coletivo. Inclusive a palavra "público", derivada do latim *publicus*, etimologicamente significa *"relativo, pertencente ou destinado ao povo, à coletividade"*[24]. A oferta pública de valores mobiliários carrega consigo as duas acepções para o termo público, que podemos sintetizar como sendo a oferta acessível à coletividade. Impossível, aqui, não traçar um paralelo com o *interesse público*. Os destinatários da oferta pública não poderiam ser outros que não a coletividade, pois não haveria interesse público, enquanto aquele, na lição de Bandeira de Mello, resultante do conjunto de interesses que os indivíduos pessoalmente têm, quando considerados em sua qualidade de membros da sociedade e pelos simples fato de o serem[25], em regular e fiscalizar uma oferta pública. Por outro lado, coletividade

[23] Arendt, *A Condição* cit., 8.

[24] Antônio Geraldo Da Cunha, *Dicionário Etimológico da Língua Portuguesa*, 3ª ed., Lexikon: Rio de Janeiro (2007), 646.

[25] Celso Antonio Bandeira de Mello, *Conteúdo jurídico do princípio da igualdade*, 3ª ed., Malheiros: São Paulo (1999).

e interesse público, aqui, não se confundem. Isto porque em uma oferta pública, dirigida a uma coletividade, pode não haver interesse público em submetê-la ao registro na CVM Br. É o caso, por exemplo, das ofertas de lote único e indivisível de valores mobiliários. Uma oferta desta natureza, não obstante possa ser dirigida a um número indeterminado de pessoas, implica a subscrição ou aquisição de todos os valores mobiliários por uma única pessoa. Entende, assim, a CVM Br, que não há interesse público na fiscalização de tais ofertas para proteção de um único investidor que, além de tudo, supõe-se que deva ao menos possuir capacidade financeira suficiente para suportar os riscos da oferta, uma vez que possuirá recursos suficientes para adquirir todos os valores mobiliários ofertados[26].

Caberia, então, qualificar a coletividade destinatária da oferta a fim de caracterizá-la como pública, tal como visto em diversos ordenamentos no estudo do Direito Comparado? Ou seja, características como número de investidores, qualificação ou outras particularidades relativas aos investidores seriam relevantes? A resposta para esta questão é, a princípio, não. Importa aqui esclarecer que esta resposta está relacionada à caracterização da oferta pública e não ao interesse público em requerer seu registro na CVM Br e fiscalizá-la.

A conclusão é absolutamente coerente com o sistema jurídico brasileiro. É assim que o artigo 4º da Instrução CVM Br nº 400/03 permite que a CVM Br, *considerando as características da oferta pública de distribuição de valores mobiliários*, poderá, a seu critério e sempre observados o interesse público, a adequada informação e a proteção ao investidor, dispensar o registro ou alguns dos requisitos, inclusive publicações, prazos e procedimentos previstos naquela Instrução. Ora, como já visto acima, somente se dispensa algo que está sujeito à regra, que no caso é aquela que determina que toda oferta pública deve ser registrada na CVM Br. Se esta pode dispensar o registro é porque a oferta é pública; se não o

[26] Neste sentido, o artigo 5º da Instrução CVM Br nº 400/03 dispõe que: *"sem prejuízo de outras hipóteses que serão apreciadas especificamente pela CVM, será automaticamente dispensada de registro, sem a necessidade de formulação do pedido previsto no art. 4º, a oferta pública de distribuição: (...) II – de lote único e indivisível de valores mobiliários"*.

fosse, sequer cogitar-se-ia a dispensa, pois a matéria sequer estaria ao alcance das competências da CVM Br[27].

E, para conceder as dispensas referidas acima, a CVM Br, de acordo com o §1º do artigo 4º da Instrução CVM Br nº 400/03, *"considerará, cumulativa ou isoladamente, as seguintes condições especiais da operação pretendida: (i) a categoria do registro de companhia aberta (art. 4º, §3º, da Lei nº 6.404, de 15 de dezembro de 1976); (ii) o valor unitário dos valores mobiliários ofertados ou o valor total da oferta; (iii) o plano de distribuição dos valores mobiliários (art. 33º, §3º); (iv) a distribuição se realizar em mais de uma jurisdição, de forma a compatibilizar os diferentes procedimentos envolvidos, desde que assegurada, no mínimo, a igualdade de condições com os investidores locais; (v) características da oferta de permuta; (vi) o público destinatário da oferta, inclusive quanto à sua localidade geográfica ou quantidade; ou (vii) ser dirigida exclusivamente a investidores qualificados"*.

Nota-se que as circunstâncias relativas aos destinatários da oferta estão previstas expressamente nos incisos VI e VII da regra que trata da *dispensa* do registro ou requisitos para registro da oferta pública. Ou seja, não são determinantes para a qualificação da oferta como pública.

Ainda consoante a Instrução CVM Br nº 400/03, a única característica relevante quanto à caracterização do público destinatário é ser ele indeterminado. É o que denota o artigo 3º da Instrução, que regulamenta o artigo 19º, §3º, da Lei nº 6.385/76, conforme segue:

> *São atos de distribuição pública a venda, promessa de venda, oferta à venda ou subscrição, assim como a aceitação de pedido de venda ou subscrição de valores mobiliários, de que conste qualquer um dos seguintes elementos:*

[27] A CVM Br inclusive, já se posicionou a respeito do assunto no proc. RJ2005/2345 (21-jun.-2006). Com base no voto do relator Marcelo Trindade, o colegiado entendeu que o registro de fundos de investimento perante a CVM Br somente se justifica quando se tratar de fundos distribuídos publicamente, tendo em conta que nos demais casos se estará diante de um condomínio não regulado pela CVM Br, segundo a legislação em vigor. Diante disto, não é possível, do ponto de vista legal, que a CVM Br conceda registro a qualquer fundo de investimento não destinado à distribuição pública. Somente a edição de uma lei que atribuísse competência à CVM Br para criar um registro de fundos, independentemente de sua distribuição pública, daria poderes à autarquia para tanto. Por estas razões, embora nada impeça que o administrador deixe de realizar esforço de venda de cotas de fundo registrado na CVM Br, o registro deve ser examinado e concedido como se tal esforço fosse realizado.

(i) a utilização de listas ou boletins de venda ou subscrição, folhetos, prospectos ou anúncios, destinados ao público, por qualquer meio ou forma;

(ii) a procura, no todo ou em parte, de subscritores ou adquirentes indeterminados para os valores mobiliários, mesmo que realizada através de comunicações padronizadas endereçadas a destinatários individualmente identificados, por meio de empregados, representantes, agentes ou quaisquer pessoas naturais ou jurídicas, integrantes ou não do sistema de distribuição de valores mobiliários, ou, ainda, se em desconformidade com o previsto nesta Instrução, a consulta sobre a viabilidade da oferta ou a coleta de intenções de investimento junto a subscritores ou adquirentes indeterminados;

(iii) a negociação feita em loja, escritório ou estabelecimento aberto ao público destinada, no todo ou em parte, a subscritores ou adquirentes indeterminados; ou

(iv) a utilização de publicidade, oral ou escrita, cartas, anúncios, avisos, especialmente através de meios de comunicação de massa ou eletrônicos (páginas ou documentos na rede mundial ou outras redes abertas de computadores e correio eletrônico), entendendo-se como tal qualquer forma de comunicação dirigida ao público em geral com o fim de promover, diretamente ou através de terceiros que atuem por conta do ofertante ou da emissora, a subscrição ou alienação de valores mobiliários (grifo nosso).

Referido artigo detalha os incisos do §3º do artigo 19º da Lei nº 6.385, esforçando-se claramente para qualificar os destinatários da oferta, que na Lei somente aparece expressamente no primeiro inciso (utilização de listas ou boletins de venda ou subscrição, folhetos, prospectos ou anúncios *destinados ao público*). Assim, em todos os incisos da Instrução, aparece a qualificação dos destinatários da oferta como "o público" ou os "subscritores ou adquirentes indeterminados". Interessante notar que a própria Instrução considera como "público em geral", uma "*classe, categoria ou grupos de pessoas, ainda que individualizadas nesta qualidade, ressalvados os casos que tenham prévia relação comercial, creditícia, societária ou trabalhista, estreita e habitual, com a emissora*" (artigo 3º, §1º).

Pode-se inferir a partir da regulamentação descrita acima, aproximando-se dos sistemas italiano e português, que a coletividade a que serve o conceito de oferta pública é aquela composta por uma generalidade de indivíduos, ainda que individualizados ou pertencentes a um grupo determinado. Obviamente, uma oferta de ações, dirigida "aos advogados regularmente inscritos na OAB", é pública, ainda que o grupo ou as pessoas que integram este grupo sejam identificáveis ou mesmo identificados durante a oferta (por exemplo, em cartas dirigidas pessoalmente ao advogado informando sobre a oferta). Também pode ser uma oferta pública a proposta de venda de valores mobiliários feita de forma padronizada a um determinado gestor de fundos de investimento, por exemplo. A oferta é padronizada porque, se o gestor não aceitar, a mesma oferta pode ser feita a outro investidor e assim sucessivamente. Ainda que todos os investidores sejam conhecidos e procurados um por vez, está-se diante de uma oferta pública, porque o público investidor é indeterminado[28]. O que está em jogo, aqui, é a exposição de uma coletividade aos riscos da oferta e do valor mobiliário ofertado, demandando a proteção estatal.

Como boa técnica de interpretação, não se pode olvidar que as normas não contêm palavras desnecessárias. Não podemos nos furtar, portanto, de analisar a exceção contida no §1º do artigo 3º da Instrução CVM Br nº 400/03, que não considera como público em geral os grupos de pessoas que tenham *prévia relação comercial, creditícia, societária ou trabalhista, estreita e habitual, com a emissora*. Não se trata, aqui, de um caso de *determinação* dos destinatários da oferta enquanto grupo, pois dentro desses grupos os destinatários continuam sendo indeterminados.

O que diferencia os grupos de pessoas com prévia relação comercial, creditícia, societária ou trabalhista dos demais grupos de pessoas indeterminadas é o acesso à informação. Daí a referência ao relacionamento estreito e habitual entre trais grupos e a emissora. A partir deste relacionamento, estabelece-se a presunção de que o destinatário da oferta já possui acesso às informações que seriam apresentadas por ocasião do registro[29]. É o que ocorreria no exercício do direito de preferência para subscrição de aumento de capital pelos acionistas de companhia aberta ou na oferta de ações para os membros da administração da companhia emissora. A existência de poder de barganha em decorrência de relações creditícias ou comerciais também pode ser meio para obtenção de infor-

[28] Ainda que o investimento seja destinado a um único investidor.

[29] Tal raciocínio, inclusive, é consistente com a Exposição de Motivos da Lei nº 6.385/76. Segundo seu texto: "*apenas a emissão pública (isto é, a emissão oferecida publicamente) é sujeita ao registro. Não se aplica essa norma à emissão particular, como é o caso da emissão negociada com um grupo reduzido de investidores, que já tenham acesso ao tipo de informação que o registro visa divulgar*" (grifo nosso).

mações que permitam avaliar adequadamente o investimento proposto, assim como a participação efetiva do investidor na estruturação do valor mobiliário ofertado. Esta última hipótese, inclusive, é bastante comum no mercado de renda de fixa e de securitização de ativos. A jurisprudência italiana já se posicionou a respeito do assunto, afastando do regime de solicitação ao investimento aquelas ofertas não padronizadas, nas quais o investidor realiza exigências sobre as condições do título para realização do investimento[30]. E neste caso, pode-se sustentar não apenas a existência de relacionamento prévio como, nos casos em que ele não exista, que a oferta passa ser destinada a um individuo ou grupo de indivíduos determinados, pois estes têm participação efetiva na estruturação da própria oferta.

Contudo, tal presunção é relativa. A esse respeito, inclusive, o colegiado da CVM Br já decidiu que a relação entre bancos e seus clientes, por ser, em regra, uma relação massificada, não consubstancia a "prévia relação comercial" prevista no §1º do artigo 3º da Instrução CVM Br nº 400/03 e, portanto, não está isenta do regime aplicável às ofertas públicas[31]. A experiência do caso *SEC v. Ralston* se aplica também nesse raciocínio. Uma oferta aos empregados da companhia emissora não deveria ser considerada uma oferta privada caso tais empregados não possuam acesso a informações suficientes e de qualidade para avaliação dos riscos inerentes ao investimento.

Diante do exposto acima, pode-se concluir que, à luz do sistema normativo brasileiro, a oferta pública de valores mobiliários consiste na prática de um ou de um conjunto de atos de distribuição (tal como definidos em lei) com o propósito de alienar valores mobiliários a destina-

[30] Assim, Tribunal de Piacenza (30-nov.-2010): "*Sollecitazione all'investimento – Nozione e caratteristiche – Differenze con la negoziazione individuale – Conseguenze in tema di inapplicabilità dell'obbligo di consegna del prospetto informativo. La distinzione tra sollecitazione all'investimento e semplice negoziazione (quest'ultima non soggetta all'obbligo di prospetto informativo) si pone essenzialmente sul piano dei destinatari dell'offerta, che, nel primo caso (sollecitazione) è una collettività indeterminata di persone, cui l'acquisto è proposto a condizioni standard uguali per tutti, mentre, nel secondo caso è il singolo cliente (o anche una pluralità di soggetti, purché determinati), cui i titoli vengono offerti di volta in volta, alle condizioni determinate dalle esigenze dell'acquirente e dal momento in cui l'operazione è eseguita. Solo nel caso di sollecitazione all'investimento è previsto dalla legge l'obbligo di predisporre e pubblicare il prospetto informativo (art. 94 D.L.vo 58/98)*".

[31] Eizirik/Gaal/Parente/Henriques, *Mercado* cit., 150.

tários indeterminados, ainda que individualizados ou determináveis e independente do seu número, que não possuam prévio relacionamento com o emissor ou o ofertante, estreito e habitual, de forma a permitir-lhes amplo acesso as informações necessárias para avaliação do investimento.

O disposto acima, naturalmente, não dispensa a análise dos casos concretos, mas transforma-se em importante balizador para compreensão do instituto, de inegável caráter instrumental para o mercado de capitais.

3. As Ofertas Públicas de Aquisição de Ações

A oferta pública de aquisição de ações (OPA) é a forma pela qual uma pessoa natural ou jurídica, fundo ou universalidade de direitos, propõe, utilizando-se de qualquer meio de publicidade ou esforço de aquisição, aos acionistas de uma companhia ou aos acionistas de determinada classe ou espécie de ações, a aquisição das respectivas ações em montante estabelecido de acordo com a finalidade da oferta[32].

São quatro as modalidades de OPA previstas na Lei das Sociedades Anônimas (Lei das S.A. Br): ***(i)*** OPA para cancelamento do registro de companhia para negociação de ações no mercado (ou para "fechamento do capital") (artigo 4º, §4º, da Lei das S.A. Br); ***(ii)*** OPA por aumento de participação (artigo 4º, §6º, da Lei das S.A. Br); ***(iii)*** OPA por alienação onerosa do controle (artigo 254º-A da Lei das S.A. Br); e, ***(iv)*** OPA para aquisição do controle (artigo 257º da Lei das S.A. Br). Todas as hipóteses acima têm por objeto, nos termos da lei, ações de companhia aberta[33].

[32] Sobre o tema, cf.: Luiz Leonardo Cantidiano, *Alienação e aquisição de controle,* 59 RDM (1985), 56-67; Maria Lúcia Borges de Araújo Cintra, *Oferta pública de compra de ações,* 130 RDM (1974), 141-146; Letícia de Faria Lima Coutinho, *Aquisição de Controle de Companhia de Capital Pulverizado,* Almedina: São Paulo (2013); Jorge Lobo, *Interpretação realista da alienação de controle de companhia aberta,* 4/15 Rev. EMERJ (2001), 95-119; Erik Frederico Oioli, *Oferta Pública de Aquisição do Controle de Companhia Aberta,* Quartier Latin: São Paulo (2010); Erik Frederico Oioli, *Obrigatoriedade de Tag Along na Aquisição de Controle Diluído,* em *Temas de Direito Societário e Empresarial Contemporâneos – Liber Amicorum Prof. Dr. Erasmo Valladão Azevedo e Novaes França,* coord. Marcelo Vieira von Adamek, Malheiros: São Paulo (2011); Roberta Nioac Prado, *Oferta Pública de Ações Obrigatória nas S.A. – Tag Along,* Quartier Latin: São Paulo (2005).

[33] De modo que toda referência à OPA, neste capítulo, será àquelas que tenham por objeto ações de companhia aberta. Não serão discutidas em detalhe, neste capítulo, as ofertas

Tratam-se as três primeiras de modalidades obrigatórias de OPA, em que a lei determina a realização de oferta pública para aquisição de ações na ocorrência das hipóteses acima. Correspondem a medidas compensatórias, verdadeiras oportunidades de "saída" para todos ou determinados acionistas não controladores em virtude da ocorrência de eventos que possam a vir, direta ou indiretamente, afetar tais acionistas, como a diminuição de direitos (no caso de cancelamento do registro de companhia aberta), restrição de liquidez (em caso de aumento de participação do acionista controlador) ou a mudança de orientação nos negócios da companhia (em caso de transferência de controle)[34]. Já a última é modalidade de OPA voluntária, feita aos acionistas com direito a voto com o objetivo de adquirir o controle da companhia de capital disperso[35]. Embora seus fundamentos e, em certa medida, sua própria

públicas para aquisição de companhias fechadas. Tais ofertas são, em tese, possíveis e, todas elas, voluntárias, não sujeitas ao regramento específico da Lei das S.A. Br e da CVMBr. Neste caso, todavia, aplicam-se as regras gerais de formação dos contratos, dada a natureza da oferta, como se discutirá adiante.

[34] Trata-se, em certa medida, de reconhecimento da capacidade de o acionista controlador extrair benefícios particulares em virtude do poder que a lei lhe confere. Tais mecanismos de "saída" da companhia são coerentes com o sistema jurídico societário brasileiro instaurado pela Lei das S.A. Br que, com o objetivo de estimular a formação da grande empresa nacional, institucionalizou e reforçou o poder de controle e, em contrapartida, sem prejuízo das responsabilidades inerentes a referido poder, criou direitos compensatórios aos acionistas minoritários – reconhecidamente importantes para financiar a grande empresa por meio do mercado de capitais – notoriamente por meio de certos direitos de participação e o direito de sair do quadro de acionistas em determinadas circunstâncias; cf., sobre o tema, Erik Frederico Oioli, *Regime Jurídico do Capital Disperso na Lei das Sociedades Anônimas*, Almedina: São Paulo (2014); e Calixto Salomão Filho, *O Novo Direito Societário*, 2ª ed., Malheiros: São Paulo (2002), 36-37.

[35] Tem sido bastante comum o uso indiscriminado, pelos meios de comunicação, por agentes do mercado de capitais e até mesmo por alguns juristas, da expressão "companhias de capital disperso" ou, ainda de forma mais frequente, "companhias de capital pulverizado", sempre com o objetivo de se referir às companhias cujas ações representativas do capital estão distribuídas entre dezenas, centenas ou quiçá milhares de acionistas. Entende-se que tal conceito carece de maior precisão jurídica. Neste trabalho, é a partir da configuração do poder de controle que se pretende definir o que é uma companhia de capital disperso. Assim, serão sempre consideradas companhias de capital disperso aquelas cujo controle interno seja diluído ou gerencial. Trata-se, inclusive, de critério de mais fácil verificação do que a contagem de determinado número de acionistas, critério este desprovido de qualquer tecnicidade. Sobre a definição de capital disperso, v. Oioli, *Regime* cit., 32 ss..

lógica sejam distintos, todas as modalidades de OPA acima são reguladas pela CVM Br por meio da Instrução CVM Br nº 361, de 5 de março de 2002, conforme alterada.

3.1. Modalidades

Além da sua finalidade, as OPA podem ser classificadas de acordo com **(3.1.1.)** sua obrigatoriedade; **(3.1.2.)** forma de pagamento; **(3.1.3.)** quantidade de ações visadas; e, **(3.1.4.)** existência de oferta previamente lançada com o mesmo objeto:

3.1.1. Obrigatoriedade

As OPA podem ser obrigatórias, quando são realizadas em virtude de determinação legal, ou voluntárias, que são as ofertas que visam à aquisição de ações de emissão de companhia aberta, mas que não devem se realizar segundo os procedimentos específicos determinados pela Instrução CVM Br nº 361/02 para as OPA obrigatórias.

A principal consequência de uma OPA ser obrigatória é a necessidade do seu prévio registro perante a CVM Br. São consideradas ofertas obrigatórias aquelas para cancelamento de registro (artigo 4º, §4º, da Lei das S.A. Br), por aumento de participação (artigo 4º, §6º, da Lei das S.A. Br) e por alienação de controle (artigo 254º-A, §§ 2º e 3º, da Lei das S.A. Br).

Já as demais OPA são as voluntárias, entre as quais se destacam as OPA para aquisição do controle, que independem de registro na CVM Br, exceto se for uma OPA de permuta, como se verá abaixo. Todavia, também podem ser lançadas ofertas voluntárias que visem quantidades inferiores às necessárias para aquisição do controle ou, ainda, em decorrência de disposição estatutária. No Brasil, tem sido comum a adoção, nos estatutos sociais de companhias abertas, de cláusulas obrigando a realização de OPA em determinadas hipóteses, entre as quais a aquisição de determinado percentual do capital social com direito a voto. Embora contratualmente obrigatórias, tais ofertas são consideradas voluntárias para os fins de regulamentação das OPA.

3.1.2. Forma de pagamento

O pagamento das ações adquiridas na oferta pode ocorrer por meio de dois instrumentos: (i) dinheiro; ou (ii) valores mobiliários. Nos termos da regulamentação em vigor, não há a possibilidade de outro meio de pagamento, exceto se autorizado pela CVM Br, na hipótese de OPA por alienação de controle em que o preço pago pelo adquirente envolva bens ou valores mobiliários não admitidos à negociação e em circunstâncias especiais[36].

A OPA, conforme a forma de pagamento, pode ser classificada como: (i) de compra, quando o pagamento proposto deva ser realizado em moeda corrente; (ii) de permuta, quando o pagamento proposto deva ser realizado em valores mobiliários, os quais devem ser de emissão de companhia aberta, admitidos à negociação no mercado de valores mobiliários; e (iii) mista, quando o pagamento proposto deva ser realizado parte em dinheiro e parte em valores mobiliários referidos no item anterior. Ainda há a possibilidade de realização de uma OPA alternativa, na qual cabe aos destinatários da oferta escolher a forma da sua liquidação, seja ela em moeda corrente ou em valores mobiliários.

Merecem especial atenção as OPA de permuta, pois, independentemente da sua finalidade, devem ser previamente registradas na CVM Br.

Com a introdução de valores mobiliários como forma de pagamento da OPA, esta se aproxima de uma oferta pública de tais valores[37]. Assim, justifica-se o registro na CVM Br devido à preocupação adicional com a proteção do mercado em geral e dos acionistas da companhia cujos valores mobiliários são ofertados. Ainda, preocupa-se a CVM Br com o nível de *disclosure* oferecido sobre tais valores mobiliários e sobre a companhia emissora, de forma a permitir adequada avaliação da oferta pelos seus destinatários.

3.1.3. Quantidade de ações visadas

Em função da quantidade de ações visadas, a OPA pode ser classificada como (i) integral, quando tem por objetivo a aquisição da totalidade das ações da companhia objeto[38], ou (ii) parcial, quando o ofertante pre-

[36] Cf. artigo 33º, §1º (I), da Instrução CVM Br nº 361/02.

[37] Que, como visto, nos termos do artigo 19º da Lei nº 6.385/76, também depende de prévio registro na CVM Br.

[38] Por companhia objeto, nos termos do artigo 3º (I), da Instrução CVM Br nº 361/02, entende-se a companhia emissora das ações visadas na OPA.

tende adquirir apenas parte das ações em circulação de uma mesma classe ou espécie.

Considerando que as ofertas obrigatórias devem ser feitas sempre para a totalidade das ações da companhia ou de determinada classe ou espécie de ações, as OPA parciais são possíveis somente nas OPA voluntárias. Isto é relevante em virtude de uma particularidade das OPA: a pressão sobre os acionistas destinatários que pode levá-los a tomarem decisões distorcidas, como se verá mais adiante em detalhes. Como os acionistas, via de regra, sofrem da falta de ação coletiva e coordenada, podem ser impelidos a aceitar uma oferta, mesmo que não a considerem vantajosa, sob o receio dos demais acionistas aceitarem a oferta e ele, recusando, se tornar refém de uma companhia fechada, ilíquida e/ou com um novo acionista controlador.

Sabendo da possibilidade de a oferta ser parcial, ou seja, nem todos os acionistas poderão vender todas as suas ações, esse efeito distorcido da oferta pode ser ainda mais potencializado. Para combater esse efeito, a regulação determina o tratamento equitativo entre os destinatários da oferta e o rateio entre os seus aceitantes em caso de excesso de aceitações, de forma a mitigar o problema de distorção da decisão dos acionistas.

3.1.4. Existência de oferta previamente lançada com o mesmo objeto (OPA concorrente)

É lícito a um terceiro formular OPA que tenha por objeto ações abrangidas por OPA não sujeita a registro que esteja em curso ou OPA já apresentada a registro perante a CVM Br[39]. Essa oferta denomina-se OPA concorrente. A ela aplicam-se os mesmos requisitos e procedimentos estabelecidos para a OPA com que concorrer, inclusive quanto ao registro, se for o caso, embora possa ser de modalidade diversa da com quem concorrer[40].

A regulamentação determina que OPA concorrente deve ser lançada por preço mínimo 5% superior ao da OPA com que concorrer, assim

[39] Artigo 262º da Lei das S.A. Br e artigo 13º da Instrução CVM Br nº 361/02.

[40] Artigo 13º da Instrução CVM Br nº 361/02.

como torna sem efeito as manifestações que já tinham sido firmadas em relação à OPA anterior com que concorrer[41].

Uma vez lançada a nova OPA, tanto o ofertante inicial quanto o ofertante concorrente podem aumentar o preço de suas ofertas tantas vezes quanto julgarem conveniente, desde que tal aumento seja informado publicamente, com o mesmo destaque da oferta[42]. Interessante notar que a norma da CVM Br não determina percentual mínimo para a melhora do preço da oferta.

A regra que determina que o preço inicial da oferta concorrente seja no mínimo 5% superior à oferta original merece críticas. A Lei das S.A. Br é silente a respeito. Anteriormente à Instrução da CVM Br, entendia a doutrina que não necessariamente a melhora da oferta dever-se-ia dar em relação ao preço[43]. Poderiam ser melhoradas outras condições, inclusive a forma de pagamento, ou mesmo poderia ser proposta oferta idêntica à primeira. A situação anterior à regulação da CVM Br, nesse ponto, parecia adequada. Preocupou-se o regulador apenas com os acionistas destinatários da oferta, buscando maximizar o preço oferecido, ao mesmo tempo em que dificultou a criação de concorrência na disputa pelo controle acionário. Contudo, até mesmo uma oferta concorrente com as mesmas condições da primeira poderia ser interessante, especialmente se o concorrente estiver mais alinhado aos interesses da companhia que o primeiro ofertante.

3.2. Natureza jurídica da oferta

O CC Br introduziu expressamente as ofertas públicas no âmbito dos contratos. De acordo com o artigo 429º, a oferta ao público equivale à proposta quando encerra os requisitos essenciais ao contrato, salvo se

[41] Nos termos do artigo 262º, §§ 1º e 2º, da Lei das S.A. Br, a publicação de uma oferta concorrente torna *nulas* as ordens de venda que já tenham sido firmadas em aceitação da primeira oferta, sendo facultado ao primeiro ofertante prorrogar o prazo de sua oferta até fazê-lo coincidir com o da oferta concorrente. Recebe críticas a redação desse dispositivo (v. Oioli, *Oferta* cit., 146).

[42] Artigo 13º, §3º da Instrução CVM Br nº 361/02.

[43] Modesto Carvalhosa, *Comentários à Lei de Sociedades Anônimas*, IV, 3ª ed., Saraiva: São Paulo (2002), 226; e Fran Martins, *Comentários à Lei das Sociedades Anônimas*, 3ª ed., Forense: Rio de Janeiro (1989), 417.

o contrário resultar das circunstâncias ou dos usos[44]. Assim, a oferta obriga o ofertante e a aceitação da oferta resulta na formação do contrato.

A acolhida da oferta pública entre os contratos é de extrema relevância. A existência de um vínculo bilateral ressalta a importância do equilíbrio contratual. Ainda, importantes regras de interpretação dos contratos, tais como as previstas nos artigos 423º e 424º do CC Br, passam a incidir sobre as OPA[45].

É importante, entretanto, ter em mente as particularidades da oferta pública de aquisição do controle. Seu objeto não é a simples aquisição de ações, mas sim a aquisição de ações em número suficiente para a obtenção do poder de controle pelo ofertante. Este é o objeto imediato do proponente.

Portanto, o contrato apenas resultará formado quando um número suficiente de adesões à oferta permitir ao ofertante a aquisição do poder de controle da companhia. Assim, a simples adesão de um acionista à oferta não significa a "aceitação" da proposta e consequente formação do contrato. Isto porque a declaração de vontade do ofertante – a aquisição do poder de controle da companhia – não encontra identidade na manifestação de vontade isolada do acionista – alienação de suas próprias ações. Logo, não há diversos contratos de compra e venda de ações da companhia ou de permuta de valores mobiliários, mas na verdade um só contrato tendo por objeto a aquisição do poder de controle[46].

O contrato resultante da OPA seria, portanto, um contrato individual ou grupal (no caso da OPA para aquisição do controle), bilateral[47], con-

[44] Tal artigo do CC Br inspira-se no artigo 1336º do CC It que, em sua primeira parte, preceitua que: "a oferta ao público, quando contém os requisitos essenciais do contrato a cuja realização visa, vale como proposta, salvo se o contrário resultar das circunstâncias ou dos usos".

[45] Cf. Fábio Konder Comparato/Calixto Salomão Filho, *O Poder de Controle na Sociedade Anônima*, 4ª ed., Forense: Rio de Janeiro (2005), 257-258.

[46] Cf. Carvalhosa, *Comentários* cit., 211.

[47] Questão interessante é sobre a possibilidade de realização de uma oferta conjunta por duas ou mais pessoas (*joint bid*) como já ocorreu nos EUA e hipótese interessante especialmente quando os ofertantes não dispõem isoladamente de recursos suficientes para adquirirem o controle da companhia visada – cf. Martin Lipton/Erica H. Steinberger, *Takeovers and Freezeouts*, Law Journal Press: New York (2005), 1-91. Apesar de não haver disposição expressa nesse sentido, parece não haver restrição para tanto na lei brasileira, permitindo,

sensual e oneroso, formado por adesão de um mesmo centro de interesses[48]. Para Comparato, no caso da OPA para aquisição do controle, pode-se interpretar o feixe de adesões individuais dos acionistas à oferta como um ato jurídico coletivo[49]. Diferencia-se, contudo, de outra categoria de atos coletivos – as deliberações assembleares ou atos colegiais – na medida em que a aceitação da OPA apenas vincula os acionistas destinatários que se manifestarem favoravelmente à alienação de ações, enquanto nas deliberações todos os acionistas se vinculam, ainda que dissidentes ou ausentes[50].

O não-pagamento do preço pela aquisição das ações alienadas na oferta ou o descumprimento de obrigações previstas no instrumento da oferta constituirá inadimplemento contratual, gerando direito, portanto, de exigir o cumprimento da prestação, bem como, se for o caso, de reparação.

Alguns autores apontam que tal direito não se restringiria a acionistas, podendo abranger a companhia e terceiros caso eventual descumprimento de obrigação gere danos não somente de natureza patrimonial como também moral[51]. Contudo, deve-se nesse caso separar as declarações dirigidas exclusivamente aos acionistas[52], que se ligam diretamente ao objeto do contrato a ser formado, das demais declarações, que serão chamadas de incidentais, porque não dizem respeito diretamente ao objeto do contrato. Com relação àquelas primeiras declarações, difícil

portanto, a realização de oferta nesses termos. Convém notar que não haverá obrigatoriamente solidariedade entre ofertantes, haja vista que a lei não previu tal hipótese (artigo 265º do CC Br) e que, havendo sucesso na realização da oferta, os ofertantes serão titulares das ações da companhia visada em condomínio (v. o artigo 28º, §único, da Lei das S.A. Br).

[48] Como ensina Orlando Gomes, o contrato resultante da aceitação da OPA em número suficiente é *por* adesão e não *de* adesão. Nestes, constitui pressuposto do contrato o monopólio de fato ou de direito que uma das partes detém e a necessidade de contratar da outra parte. Se tal situação não se configura, o contrato é *por* adesão. Cf. *Contratos*, 25ª ed., Forense: Rio de Janeiro (2002), 133 e ss..

[49] Os atos jurídicos coletivos (*gesammtakt*) são formados pela união de vontades, sendo em síntese ato pluripessoal, sem o intercâmbio de declarações recíprocas correspondentes a diferentes partes, mas, sim, declarações paralelas.

[50] Cf. Erasmo Valladão Azevedo e Novaes França, *Invalidade das Deliberações de Assembléia das S/A*, Malheiros: São Paulo (1999), 41.

[51] França, ib..

[52] Tais como quantidade de ações a serem adquiridas e o preço a ser pago.

sustentar a existência de culpa contratual do adquirente perante a companhia e terceiros, mesmo perante acionistas destinatários da oferta que remanesceram na companhia por terem recusado a oferta, haja vista que deixaram, portanto, de integrar o contrato de compra e venda ou de permuta, conforme o caso[53].

Diverso é o caso em que o ofertante faz declarações no instrumento da oferta de interesse de terceiros que não os próprios destinatários. É o caso de declarações do ofertante acerca de seus planos para os negócios e empregados da companhia visada, exigência comum no Direito Comparado. Ao acionista destinatário importará mais obter um bom preço por suas ações que receber informações sobre o destino da companhia visada, exceto nas ofertas parciais, nas quais poderá permanecer na companhia. Ressalvada essa hipótese, é inegável que tais declarações destinam-se a produzir efeitos perante terceiros, em especial aos administradores ou outros acionistas não abrangidos pela oferta, de forma a influenciá-los a não adotar medidas defensivas. Tais declarações também devem se equiparar a propostas e, se aceitas, ainda que tacitamente, geram vínculo obrigacional do proponente. Do contrário, a declaração poderia gerar prejuízo aos interessados que dela tomaram conhecimento e, com base nela, praticaram ou deixaram de praticar atos jurídicos. A existência do dever de reparar com base nesse vínculo, obviamente, não exclui eventual responsabilidade decorrente do descumprimento da lei societária, por exemplo.

Bibliografia

Filippo Annunziata, *La disciplina del mercato mobiliare*, G. Giappichelli Editore: Torino (2004).

Hannah Arendt, *A Condição Humana*, 8ª ed., Forense Universitária: Rio de Janeiro (1997).

Rafael Britto, *O Público e o Privado em Wittgenstein. Da Definição Ostensiva aos Jogos de Linguagem*, I/1 Polymathea (2005), 79-98.

Luiz Leonardo Cantidiano, *Alienação e aquisição de controle*, 59 RDM (1985), 56-67.

[53] Tendo em vista a ausência de disposição legal, não há que se falar também aqui de responsabilidade objetiva (artigo 927º, §único, do CC Br).

Modesto Carvalhosa, *Comentários à Lei de Sociedades Anônimas*, IV, 3ª ed., Saraiva: São Paulo (2002).

Maria Lúcia Borges de Araújo Cintra, Oferta pública de compra de ações, 130 RDM (1974), 141-146.

Fabio Konder Comparato/Calixto Salomão Filho, *O Poder de Controle na Sociedade Anônima*, 4ª ed., Forense: Rio de Janeiro (2005).

Letícia de Faria Lima Coutinho, *Aquisição de Controle de Companhia de Capital Pulverizado*, Almedina: São Paulo (2013).

Antônio Geraldo da Cunha, *Dicionário Etimológico da Língua Portuguesa*, 3ª ed. (2ª reimp.), Lexikon: Rio de Janeiro (2007).

Nelson Eizirik/Ariádna Gaal/Flávia Parente/Marcus de Freitas Henriques, *Mercado de Capitais – Regime Jurídico*, 2ª ed., Renovar: Rio de Janeiro (2007).

Fran Martins, *Comentários à Lei das Sociedades Anônimas*, 3ª ed., Forense: Rio de Janeiro (1989).

Erasmo Valladão Azevedo e Novaes França, *Invalidade das Deliberações de Assembléia das S/A*, Malheiros: São Paulo (1999).

Orlando Gomes, *Contratos*, 25ª ed., Forense: Rio de Janeiro (2002).

Martin Lipton/Erica H. Steinberger, Takeovers and Freezeouts, Law Journal Press: New York (2005).

Jorge Lobo, Interpretação realista da alienação de controle de companhia aberta, 4/15 Rev. EMERJ (2001), 95-119.

Celso Antonio Bandeira de Mello, *Conteúdo jurídico do princípio da igualdade*, 3ª ed., Malheiros: São Paulo (1999).

Erik Frederico Oioli, *Oferta Pública de Aquisição do Controle de Companhia Aberta*, Quartier Latin: São Paulo (2010);

– *Obrigatoriedade de Tag Along na Aquisição de Controle Diluído*, em *Temas de Direito Societário e Empresarial Contemporâneos – Liber Amicorum Prof. Dr. Erasmo Valladão Azevedo e Novaes França*, coord. Marcelo Vieira von Adamek, Malheiros: São Paulo (2011);

– *Regime Jurídico do Capital Disperso na Lei das S.A.*, Almedina: São Paulo (2014).

Roberta Nioac Prado, *Oferta Pública de Ações Obrigatória nas S.A. – Tag Along*, Quartier Latin: São Paulo (2005).

Calixto Salomão Filho, *O Novo Direito Societário*, 2ª ed., Malheiros: São Paulo (2002).

A oferta pública como instrumento de proteção dos investidores

Ana Perestrelo de Oliveira

Resumo: *A oferta pública constitui um momento decisivo em termos de tutela do investidor, independentemente do tipo de oferta concretamente considerada. No caso da oferta pública de aquisição obrigatória, a própria OPA constitui, em si mesma, um meio de tutela do investidor, propiciando-lhe a saída da sociedade num cenário em que não é razoável exigir-lhe a permanência nela, ao mesmo tempo que permite a partilha do "prémio do controlo".*

1. Introdução

Se a oferta pública constitui um momento crítico na proteção dos investidores, quer se trate de uma oferta pública de subscrição – atentos os custos associados à entrada em bolsa[1] – quer se trate de oferta pública de aquisição – em virtude dos perigos da tomada de controlo[2] –, a verdade é que esta é chamada a desempenhar, ela própria, um papel nuclear na defesa dos investidores quando confrontados com mudanças na estrutura acionista suscetíveis de prejudicar gravemente a sua posição na sociedade. Concentramo-nos, aqui, nesta última situação: está em causa

[1] Sobre as ofertas públicas de distribuição, incluindo de subscrição, cf., *v.g.*, Paulo Câmara, *Manual de direito dos valores mobiliários*, 3ª ed., Almedina: Coimbra (2016), 587 ss..

[2] Cf. Ana Perestrelo de Oliveira, *Deveres de lealdade e grupos de sociedades. Por um critério unitário de solução do "conflito do grupo"*, Almedina: Coimbra (2011), 25 ss.. Sobre as OPAs, cf., por todos, Paulo Câmara, *Manual* cit., 591 ss..

a oferta pública como *instrumento de proteção dos investidores,* i.e., as situações em que o sistema jurídico impõe a um ente controlador uma obrigação de lançamento de oferta pública de aquisição como meio de permitir a saída da sociedade, nos casos em que tal se justifique. Em jogo encontra-se o instituto da OPA obrigatória, que, apesar de não ser sempre pacificamente aceite, indiscutivelmente representa instrumento central de tutela do investidor no direito português e europeu.

A obrigatoriedade de lançar uma oferta pública de aquisição está prevista, no direito português, no artigo 187º do CVM Pt, nos termos do qual "aquele cuja participação em sociedade aberta ultrapasse, diretamente ou nos termos do nº 1 do artigo 20º, um terço ou metade dos direitos de voto correspondentes ao capital social tem o dever de lançar oferta pública de aquisição sobre a totalidade das ações e de outros valores mobiliários emitidos por essa sociedade que confiram direito à sua subscrição ou aquisição"[3].

Quebra-se manifestamente o princípio da liberdade da OPA, ainda que em nome da defesa do sócio minoritário. A derrogação tem a sua origem no *City Code on Takeovers and Mergers*, que veio a inspirar a Diretiva das OPA (Diretiva nº 2004/25/CE, de 21 de abril), que obriga os Estados-Membros a preverem mecanismos de proteção dos sócios minoritários em casos como os descritos[4].

A ineficiência da obrigação de lançamento de oferta pública, tal como configurada nos ordenamentos europeus em transposição da Diretiva, tem sido apontada: segundo alguns, uma opção regulatória assente na imposição de deveres fiduciários, por exemplo, teria sido preferível[5].

[3] Para uma análise mais detalhada da norma, cf. Ana Perestrelo de Oliveira, *OPA obrigatória e controlo indireto,* 3/IV RDS (2012), 593-661.

[4] Como pode ler-se, no considerando 9: *"Os Estados-Membros deverão tomar as medidas necessárias para proteger os titulares de valores mobiliários e, em especial, os detentores de participações minoritárias, após uma mudança do controlo das sociedades. Os Estados-Membros deverão assegurar essa proteção mediante a imposição ao adquirente que assumiu o controlo de uma sociedade do dever de lançar uma oferta a todos os titulares de valores mobiliários dessa sociedade, tendo em vista a aquisição da totalidade das respectivas participações a um preço equitativo que deve ser objecto de uma definição comum (...)".*

[5] Assim, Simone M. Sepe, *Private sale of corporate control: why the European mandatory bid rule is inefficient* (13-ago.-2010). Acessível em SSRN: https://ssrn.com/abstract=1086321 (consultado a 23 de março de 2019).

O instituto coloca-se na fronteira entre o direito dos valores mobiliários e o direito societário (e, dentro deste, em particular, do direito dos grupos de sociedades), convocando, pois, a interpretação do artigo 187º do CVM Pt, princípios e valores próprios de ambos os setores do ordenamento. A análise da *ratio* da norma comprovará que, apesar da localização sistemática e das preocupações próprias de tutela do mercado, são razões tipicamente jus-societárias de tutela dos sócios minoritários, num plano patrimonial e extrapatrimonial, que estão em causa no artigo 187º[6]. Tal não é de estranhar, muito menos num contexto em que se tem apontado a tendência para uma (re)aproximação do direito mobiliário do direito societário[7-8] e, consequentemente, dos instrumentos próprios deste domínio normativo. Daí que, apesar do seu atual desenvolvimento, não seja possível entender a regulamentação do mercado de capitais como dotada de caráter conclusivo e fechado a considerações jus-societárias de tipo geral, não obstante a natureza acentuadamente formal e a rigidez que, sem eliminar o relevo da realidade substantiva subjacente, caracterizam este ramo do direito.

2. A igualdade de oportunidades entre os sócios

O artigo 187º visa, antes de mais, assegurar a igualdade entre os sócios nas chamadas *transações do controlo*, permitindo aos minoritários partilha-

[6] Sem prejuízo do simultâneo fim de proteção dos investidores, bem como de garantia da funcionalidade do mercado de capitais. Cf., Timo Bernau, *Die Befreiung vom Pflichtangebot nach § 37 WpÜG*, 17 WM (2004), 809-818, 809.

[7] A distinção primária entre o direito dos valores mobiliários e o direito das sociedades comerciais localiza-se, fundamentalmente, ao nível da perspetiva da regulação: enquanto este último ordena as relações societárias do ponto de vista tradicional do sócio e da participação social, o direito dos valores mobiliários visa a proteção dos investidores do mercado e do próprio mercado. Cf. Amadeu José Ferreira, *Direito dos valores mobiliários*, Lex: Lisboa (1997), 47; Eberhard Schwark, *Gesellschaftsrecht und Kapitalmarktrecht, em FS für Walter Stimpel zum 68. Geburtstag*, W. de Gruyter: Berlin, New York (1985), 1087-1111, 1087-1111. Todavia, certo é que o atual direito societário deve ser construído e interpretado em função do mercado de capitais (*kapitalmarktorientierte Auslegung*). Naturalmente que a diferença de perspetiva apontada é decorrência do diverso objeto dos dois ramos do direito. Cf., sinteticamente, Katja Langenbucher, *Aktien- und Kapitalmarktrecht*, 2ª ed., C. H. Beck: München (2011), 1 ss..

[8] Cf., sobre a natureza do direito mobiliário, A. Barreto Menezes Cordeiro, *Manual de Direito dos Valores Mobiliários*, 2ª ed. (atualizada), Almedina: Coimbra (2018), 59 ss..

rem o "prémio do controlo". Este mais não representa do que a contrapartida, em caso de as ações conferirem o controlo, do poder de gestão da sociedade, acrescendo ao valor patrimonial das ações, o que se justifica pelo facto de o investidor poder exercer a direção da sociedade e gerir diretamente o seu investimento, conservando o domínio sobre o mesmo, ao contrário do que sucede com os acionistas minoritários, desprovidos de qualquer influência sobre as decisões empresariais.

Se o prémio de controlo remunera as funções próprias do sócio de controlo e se reflete a contraprestação económica do poder de gestão social, poderia esperar-se que dele apenas beneficiassem aqueles que têm esse poder, consubstanciando uma parte antecipada do aumento do valor da participação adquirida que o controlador espera obter através da mudança do controlo e de um aproveitamento mais rentável dos recursos da sociedade adquirida[9]. Trata-se do jogo normal da oferta e da procura, que determina ou se traduz na emergência de um mercado do controlo societário (ou de um mercado das participações de controlo), situado ao lado do mercado acionista geral (no qual se negoceiam as "pequenas" participações sociais), seguindo os dois mercados diferentes critérios de formação de preços[10].

Em certas hipóteses, tem-se entendido, porém, que os benefícios do controlo devem ser partilhados com os sócios minoritários, como acon-

[9] Assim, por todos, João Paulo Menezes Falcão, *A OPA obrigatória*, em *Direito dos valores mobiliários*, III, Almedina: Coimbra (2001), 179-228, 193.

[10] Há amplo acordo na literatura financeira sobre a suscetibilidade de o valor do controlo ser explicado, em boa medida, através dos benefícios privados cuja extração fica ao alcance daquele que exerce o controlo. Cf., por todos, Mario Massari/Vittorio Monge/Laura Zanetti, *Control premium in legally-constrained markets for corporate control: the Italian case (1993-2003)* (mar.-2005). Acessível em SSRN: https://papers.ssrn.com/sol3/papers.cfm?abstract_id=962353 (consultado a 5 de novembro de 2018). Cf. a interessante análise dos autores sobre os fatores que influenciam a magnitude dos benefícios privados que podem ser extraídos do controlo e, consequentemente, a medida do valor do controlo. Para dados internacionais sobre o prémio do controlo, cf., Paul E. Hanouna/Atulya Sarin/Alan C. Shapiro, *Value of corporate control: some internacional evidence* (2001). Acessível em SSRN: https://papers.ssrn.com/sol3/papers.cfm?abstract_id=286787 (consultado a 5 de novembro de 2018).

tece no caso do artigo 187º do CVM Pt, o que é comprovado pela forma de cálculo da contrapartida estabelecida pelo artigo 188º[11].

Repare-se que a importância deste fundamento é tal que, mesmo fora do campo das ofertas públicas legalmente impostas, tem-se discutido, noutros ordenamentos, o dever de o acionista maioritário partilhar com os minoritários os benefícios da venda do controlo, que não devem assim permanecer como puros "benefícios privados". A hipótese – fora do quadro do artigo 187º – deve, porém, ser rejeitada entre nós.

É um dado do sistema societário que as transações do controlo (as *corporate control transactions*) provocam transferências de riqueza: nas palavras de Easterbrook/Fischel, as "transações do controlo enriquecem alguns investidores, não atingem outros e empobrecem alguns"[12]. Em rigor, está em causa o funcionamento do mercado: uma regra que permita uma divisão não equitativa dos ganhos obtidos com a transferência do controlo, sujeita à condição de que nenhum investidor fique em pior situação como resultado da transação, maximiza a riqueza dos investidores, o que – como escrevem aqueles autores – mais não é do que uma aplicação do princípio de Pareto relativo à economia do bem-estar[13].

Porém, na venda do controlo, o prémio recebido pelo alienante representa, sem dúvida, uma distribuição não equitativa dos ganhos da transação, sendo razoável, por isso, questionar a necessidade de estes serem partilhados com os restantes acionistas. Para mais, segundo Berle/Means[14], o controlo seria um bem da sociedade (*corporate asset theory of control*), pelo que os prémios deveriam ingressar no património social, assim beneficiando todos os acionistas[15]. Sob perspetiva próxima, o

[11] Questões como a da titularidade ou distribuição do prémio do controlo têm gerado mais controvérsia do que qualquer outro tema da *corporate law*, se pensarmos na sua importância material. Cf. Yedida Z. Stern, *The private sale of corporate control: a myth dethroned*, 15 J. Corp. L. (2000), 511-552, 512.

[12] Frank H. Easterbrook/Daniel R. Fischel, *The Economic Structure of Corporate Law*, Harvard University Press: Cambridge/Massachusetts/London (1991), 109. Cf., id., *Corporate control transactions*, 91 Yale L.J. (1982), 698-737.

[13] Cf. Easterbrook/Fischel, *The Economic* cit., 126.

[14] Adolf A. Berle/Gardiner C. Means, *The Modern Corporation and Private Property*, Transaction Publishers: New York (1932), 207 ss..

[15] O prémio do controlo resultaria da capacidade de controlar a propriedade que, em termos de capital, pertence aos outros acionistas.

modelo da *equal opportunity*, concebido por William D. Andrews[16], obrigaria a que as ofertas de aquisição do controlo fossem abertas, numa base *pro rata*, a todos os acionistas, de tal maneira que quem pretendesse adquirir, por exemplo, 51% do capital não poderia apenas comprar a participação de 51%, oferecendo um prémio ao seu titular; antes se exigiria que adquirisse também 51% das ações de cada acionista. Procura-se, desta forma, estabelecer os incentivos económicos de modo a garantir que o controlo é adquirido por aquele que maior lucro pode gerar para a sociedade: se for objetivo do acionista explorar a posição de controlo para obter um benefício desproporcionado, o atual acionista controlador não estará disposto a vender, a menos que o adquirente compre a totalidade da sua participação. Simplesmente, de acordo com a regra da igualdade de oportunidades, o adquirente teria, neste caso, de se oferecer para comprar a totalidade das ações dos outros acionistas, de tal maneira que não poderia beneficiar à custa destes. Já se um acionista tiver em vista o acréscimo dos lucros da sociedade (*maxime*, através das suas maiores capacidades de gestão) e só assim aumentar os seus ganhos individuais, estará disposto a comprar as ações dos outros acionistas para evitar partilhar os lucros e, caso não disponha de meios para o fazer, será, em princípio, capaz de convencer o acionista maioritário a não insistir na venda da totalidade da participação ou os minoritários a permanecerem na sociedade. Na base desta regra de igualdade de oportunidades estará, antes de mais, um problema económico de criação de incentivos.

No direito português, o princípio da igualdade de tratamento, embora não imponha, em geral, um dever de partilhar o prémio do controlo, estabelece-o, todavia, no caso do dever de lançamento de OPA[17],

[16] William D. Andrews, *The stockholder's right to equal opportunity in the sale of shares*, 78 Harv. L. Rev. (1965), 505-563.

[17] Cf. artigos 187º ss. do CVM Pt. A aproximação da inspiração da OPA obrigatória à *equal opportunity rule* é notada, *v.g.*, por Massari/Monge/Zanetti, *Control* cit., 3. Referindo o objetivo de garantir a igualdade a respeito da OPA em geral, cf. João Calvão da Silva, *Oferta pública de aquisição (OPA): objecto*, em *Estudos de Direito Comercial (Pareceres)*, Almedina: Coimbra (1996), 199-734, 209; e id., *Pacto parassocial, defesas anti-OPA e OPA concorrente*, em *Estudos de Direito Comercial (Pareceres)*, Almedina: Coimbra (1996), 235-246, 238. Cf., ainda, José Engrácia Antunes, *A igualdade de tratamento dos accionistas na OPA*, III/2 DSR (2010), 87-111. A explicação última da figura reconduzi-la-á, contudo, à exoneração. Cf. Pedro Pais de Vas-

que permite aos acionistas minoritários venderem as suas ações por um preço igual ao obtido pelos transmitentes da posição de controlo, o que inclui o prémio do controlo: o fundamento da OPA obrigatória nas transmissões de controlo societário será, neste sentido, desde logo, a necessidade de repartição do prémio do controlo entre todos os acionistas sem discriminações resultantes da medida da participação de cada um[18].

A realização da igualdade entre os acionistas é, pois, seguramente, um dos vetores subjacentes à imposição da obrigatoriedade de lançamento de oferta pública. O que não pode é, a partir desta regra, afirmar-se um princípio geral de igualdade de tratamento ou, como dissemos, aplicar-se tal regra de igualdade a casos não previstos, conforme, aliás, no âmbito europeu, o Tribunal de Justiça da União Europeia esclareceu na decisão "Audiolux", proferida em dezembro de 2010[19].

3. A tutela dos acionistas minoritários: direito de saída da sociedade perante os perigos do controlo e/ou modificação objetiva do perfil de risco do investimento

É conhecido o perigo, potencial ou real, que resulta da suscetibilidade ou até efetividade da situação de controlo permitir à sociedade dominante impor *de facto* uma direção unitária e assim colocar em crise a autonomia económico-patrimonial e organizativa da sociedade dominada, afetando a consistência dos direitos patrimoniais e participativos dos respetivos sócios livres, quebrando a igualdade entre estes e os sócios internos ou controladores e esvaziando, do mesmo passo, a garantia patrimonial dos credores. Cobertas pelo artigo 187º do CVM Pt estão tanto a constituição *ex novo* de uma situação de controlo sobre sociedade previamente dependente, como a mudança no controlo preexistente. Ambas as situações são 'suscetíveis' de produzir impacto de tal ordem relevante na posição dos sócios da sociedade controlada que poderá justificar-se o seu direito de saída da sociedade.

concelos, *Concertação de accionistas: exoneração e OPA obrigatória em sociedades abertas*, III/2 DSR (2010), 11-48, 22, sublinhando o caráter limitado do princípio da igualdade na fundamentação da obrigatoriedade de lançamento da oferta pública.

[18] Cf., *v.g.*, Menezes Falcão, *A OPA* cit., 192 ss.

[19] Ac. TJUE 12-out.-2019, proc. C-101/08 (*Audiolux*).

Não deve estranhar-se que a lei faculte a saída da sociedade independentemente da demonstração de um dano ou sequer do exercício efetivo da direção económica unitária: embora a direção unitária implique um *quid pluris* relativamente ao simples controlo (ou influência dominante), este legitima *de facto* – senão também *de jure* – um poder de direção unitária das sociedades coligadas. Ora, as fasquias de direitos de voto referidas no artigo 187º permitem o exercício do controlo em sentido forte (ou pelo menos assim se presume), dando origem à unidade de direção económica e, portanto, à deslocação para o ente controlador do poder de dirigir a gestão e definir as políticas da controlada. Tal envolve riscos acrescidos para a sociedade controlada e os seus sócios.

No mínimo, independentemente dos efeitos negativos que a constituição de uma situação de controlo possa provocar, seguramente que o perfil do investimento se altera no caso de aquisição do controlo, fáctico ou jurídico, por outra sociedade: a sociedade outrora independente passa a ser gerida por outrem (ou mesmo em função de outrem), tornando-se, assim, bem diversas as características do investimento realizado na sociedade agora controlada.

O mesmo pode suceder em casos não já de constituição *ex novo* de uma situação de controlo, mas de mudança de controlo (*change in control*), que também se submetem ao regime do artigo 187º e à obrigatoriedade de lançamento de oferta pública de aquisição. Tal não é de estranhar, considerando que o controlo não é sempre qualitativamente idêntico. Ainda que a sociedade se encontrasse previamente numa situação de controlo, pode a transferência deste provocar acentuados efeitos negativos na posição do acionista da sociedade controlada. Basta pensar no caso extremo em que a transmissão determina a passagem de uma situação de controlo simples (em que o acionista controlador não tem interesses noutras sociedades) para uma situação de controlo interempresarial (em que o acionista controla outras empresas): a sociedade controlada por "empresa" ou por pessoa singular envolvida empresarialmente de modo direto ou indireto encontra-se exposta a mais riscos de intervenções lesivas do que a sociedade que não é empresarialmente controlada, o que gera particulares necessidades de tutela. Quando o sócio controlador prossegue interesses económicos autónomos, exteriores à sociedade (controlo interempresarial), os riscos de conflitos de interesses são naturalmente mais elevados. Contudo, em todo e qualquer caso, o controlo – sem prejuízo de poder proporcionar também vantagens para a gestão societária – tem sempre perigos que lhe são inerentes e, desde logo, o perigo de apropriação de benefícios privados pelo acionista controlador.

A presença de um acionista controlador traz potencialmente, é certo, tanto custos como benefícios para a sociedade. Muitos dos benefícios associados ao controlo pertencem à sociedade como um todo, sendo partilhados, proporcionalmente às participações, por todos os acionistas, dizendo-se, por isso, "benefícios partilhados" (*shared benefits*). Diferentemente, outros benefícios são atribuídos apenas ao acionista controlador, e, por isso, qualificados como "benefícios privados" (*private benefits*). O mesmo acontece quanto aos custos: o controlo gera "custos privados" para o controlador – que, *v.g.*, abdica dos benefícios da diversificação do investimento e suporta despesas com a monitorização da administração –, mas também "custos partilhados" por todos os acionistas, a começar por aqueles que resultam diretamente dos benefícios privados extraídos pelo controlador, como sucede, *v.g.*, na aquisição de bens à sociedade abaixo do seu valor de mercado. Estes benefícios privados obtidos à custa dos minoritários podem ser designados *extracted private benefits* e opõem-se aos *independently created private benefits*, que não envolvem custos para os restantes acionistas[20]. O problema dos benefícios privados do controlo é particularmente relevante, pois, do ponto de vista de uma análise de incentivos, a sociedade tende a ser controlada pela pessoa ou empresa para quem o controlo é mais valioso, já que esta estará disposta a pagar um prémio mais elevado para adquirir o controlo. Em princípio, será, justificadamente, o acionista com mais aptidão para extrair benefícios privados. Também por este motivo se compreendem bem, portanto, as preocupações de tutela nesta área.

Deve, todavia, notar-se que a lei nem sequer exige a demonstração de que a mudança afeta negativamente os interesses dos sócios. Do artigo 187º resulta claramente que a simples aquisição da titularidade de uma posição de controlo origina a constituição da obrigação de lançamento pelo controlador da oferta pública de aquisição. O regime legal baseia-se na ideia de inexigibilidade de permanência na sociedade, que constitui,

[20] Cf. Jens Dammann, *Corporate ostracism: freezing out controlling shareholders*, 33 J. Corp. L. (2008), 681-744, 689.

afinal, o fundamento último do instituto, sem requerer que se verifique prejuízo para o sócio. Traduz-se, antes, na existência de justa causa para a cessação da relação social, seja ela objetiva ou subjetiva. É também a liberdade de (des)investimento e a própria liberdade de associação na sua vertente negativa que estão em causa na OPA obrigatória, conforme aliás tem sido sublinhado[21]. Trata-se, afinal, de um direito de saída da sociedade, mediante pagamento de contrapartida adequada. Negar o direito de saída da sociedade em casos em que se torna manifestamente desrazoável exigir do acionista a permanência nela significaria violentar a sua liberdade de associação, na sua vertente negativa (artigo 46º da CR Pt), e mesmo o direito de propriedade privada e a liberdade de iniciativa económica privada (artigos 62º e 61º da CR Pt), que engloba o direito de desinvestimento. A conexão do instituto com a própria garantia da propriedade privada tem sido assinalada em ordenamentos estrangeiros e encontra amparo em algumas decisões jurisprudenciais.

Deparamos, assim, com importante forma de proteção *ex ante* perante situações de controlo. A saída do sócio de determinada sociedade pode, em geral, ser alcançada por diferentes vias, designadamente pela imposição ao acionista que adquire o controlo da obrigação de comprar as ações dos sócios remanescentes, associada a regulações de preço mínimo, como precisamente sucede no regime da oferta pública obrigatória, cujo fim, além de ser a proteção face aos perigos da possível formação de um grupo, é, como dissemos, realizar a igualdade de tratamento dos acionistas e permitir que os acionistas externos participem no prémio do controlo.

A situação encontra paralelo em normas do direito societário que preveem o direito do sócio livre à alienação potestativa da sua participação, como é o caso do artigo 494º (celebração de contrato de subordinação)[22] e do artigo 490º/5, ambos do CSC Pt. Este último consagra, recorde-se, o direito de alienação potestativa da participação pelo sócio minoritário quando o acionista dominante concentre 90%

[21] Cf., *v.g.*, Pedro Pais de Vasconcelos, *A participação nas sociedades comerciais*, 2ª ed., Almedina: Coimbra (2006), 238 ss..

[22] A transformação estrutural, organizativa e patrimonial da sociedade, que advém do poder de direção de que é titular a sociedade-mãe, justifica a atribuição ao sócio do direito de abandonar a sociedade contra o pagamento de uma compensação, nos termos do artigo 494º.

do capital social, tendo em vista finalidade de tutela idêntica à referida. A obrigação de lançamento de oferta pública prescrita pelo artigo 187º do CVM Pt inscreve-se, pois, entre os raros casos em que o ordenamento jurídico tutela expressamente o interesse do acionista na não permanência na sociedade.

Embora nos situemos no campo do direito dos valores mobiliários, a norma em análise pertence, funcionalmente, ao direito dos grupos de sociedades, na sua vertente de "direito de proteção". Este ramo do direito (ou, se se preferir, esta área do direito societário) apresenta uma fisionomia dupla, funcionando, em simultâneo, como "direito de organização" (*Organisationsrecht*) e como "direito de tutela" (*Schutzrecht*)[23]: as suas regras têm como objetivo primário, a proteção das sociedades dependentes, dos seus sócios e credores sociais face aos perigos que o domínio envolve ao nível da formação da vontade social e à tendência para o interesse da dependente ser postergado a favor da prossecução de interesses que lhe são estranhos. De resto, esta integração material do instituto da oferta pública obrigatória na área do direito dos grupos de sociedades tem sido notada no direito alemão: está em causa a proteção dos acionistas externos face à entrada no grupo (*Konzerneingangsschutz*) ou, pelo menos, face a mudanças ocorridas no grupo que implicam uma alteração do controlo, encontrando-se implícito o reconhecimento de que os mecanismos legais de tutela perante as relações de domínio são insuficientes para se alcançar esse resultado[24].

[23] Karsten Schmidt, *Gesellschaftsrecht*, 4ª ed., Carl Heymanns: Köln/Berlin/Bonn/München (2002), 491 ss..

[24] Cf., por todos, Kai Hasselbach, *§ 35 AktG*, em *Kölner Kommentar zum WpÜG*, 2ª ed., Carl Heymanns: Köln/Berlin/Bonn/München (2010), 1264. Sobre as resistências iniciais à previsão do instituto, em virtude precisamente de existirem de regras de proteção próprias do direito dos grupos, cf., por todos, Andreas H. Meyer, *§ 35 AktG*, em *WpÜG: Kommentar zum Wertpapiererwerbs- und Übernahmegesetz*, coord. Angerer/Geibel/Süßmann, 2ª ed., C. H. Beck: München (2008), 634, com mais referências. Mesmo antes da entrada em vigor da WpÜG, sublinhava-se a importância da obrigatoriedade de lançamento de OPA em face da incapacidade do direito dos grupos para oferecer uma tutela completa (assim, *v.g.*, Eike Houben, *Die Gestaltung des Pflichtangebots unter dem Aspekt des Minderheitschutzes und der effizienten Allokation der Unternehmenskontrolle*, WM 38/2000, 1873-1920). A necessidade de proteção verifica-se por maioria de razão no direito português, onde a regulação, em muitos casos, falha quase totalmente (em particular nas relações de domínio), como veremos.

4. A irrelevância da fonte da aquisição e do instrumento do controlo

A obrigação de lançamento de oferta pública de aquisição nasce sempre que uma sociedade se torna titular de um terço ou de metade dos direitos de voto correspondentes ao capital social. Tais fasquias de votos permitem presumir o domínio sobre a sociedade, presunção (justificadamente) ilidível no primeiro caso (artigo 187º/2), mas não no segundo[25].

É irrelevante, para efeitos da constituição do dever, a fonte ou o instrumento que fundamenta a titularidade ou imputação dos votos. Designadamente, não se exige que o poder de voto resulte da titularidade de participação social: a referência, no artigo 187º, à "participação em sociedade aberta" não surge, naturalmente, em sentido técnico. Na origem do controlo pode estar um conjunto muito vasto de instrumentos, de tipo fáctico ou contratual, todos eles relevantes para efeitos de constituição da obrigação de lançamento de OPA. Essencial é apenas que o sócio controle a percentagem de direitos de voto legalmente definida, seja diretamente ou nos termos das regras de imputação definidas no artigo 20º. É indiferente também, consequentemente, o título da aquisição (*lato sensu*) dos direitos de voto, ou a vontade de adquirir o controlo[26]. Do mesmo modo, tal como não importa se o poder de voto provém da titularidade de participação social ou de outra fonte, é indiferente igualmente se tem ou não fonte contratual, se ocorreu a título gratuito ou oneroso ou mesmo se a aquisição teve lugar *inter vivos* ou *mortis causa*. Bem se entende que assim seja: em todos estes casos, as finalidades garantísticas do instituto assumem-se de pleno.

Existe, pois, uma máxima intenção garantística do instituto da OPA obrigatória. Esta amplitude é particularmente digna de nota se se tiver em conta que a solução maximizadora adotada não só não era a única possível como não é sequer seguida em todos os ordenamentos jurídi-

[25] *V.g.*, se houver outro acionista, dele independente, que detenha participação mais elevada na sociedade (prova negativa do domínio). Esta exceção é genericamente admitida nas diversas ordens jurídicas. Cf., *v.g.*, na Alemanha, o § 9, II, 1 *WpÜG-Angebotsordnung* (regulamento da WpÜG).

[26] Sobre a aquisição passiva do controlo, cf., por todos, Raphael Koch, *Passiver Kontrollerwerb und Pflichtangebot*, 28 ZIP (2008), 1260-1264, na qual inclui as situações de imputação dos votos (*v.g.*, imputação das ações adquiridas pela sociedade-filha à sociedade-mãe). Trata-se, porém, de hipóteses diversas daquelas que temos em mente no texto.

cos. Por exemplo, em Itália, o artigo 106, comma 5, lett. *c)*, do t.u.f. prevê uma exceção à obrigação de lançamento de OPA obrigatória na hipótese de superação das percentagens legalmente previstas em virtude de "causa independente da vontade do adquirente".

Bem diverso é o sistema português, que optou pela solução mais ampla, assente pura e simplesmente na titularidade dos votos, com indiferença no que toca à sua origem. Assim se vê, portanto, que a opção do nosso legislador não é neutra e revela o propósito objetivo de alargar o âmbito do instituto, tendo em vista a tutela dos acionistas minoritários.

5. Relevância simultânea do controlo direto e indireto. O princípio da "dupla contabilização" ou não absorção do controlo indireto

Atendendo à finalidade do instituto, para que a obrigação de lançamento da oferta pública se constitua é também indiferente que o poder de voto seja detido direta ou indiretamente. Isto significa que tanto está obrigado a lançar a oferta pública aquele que é diretamente titular da percentagem de votos qualificada pelo artigo 187º, como aquele que apenas indiretamente controla tais votos. Valem aqui as regras gerais de imputação de votos do artigo 20º do CVM Pt. Tudo o que se reclama é, pois, a imputação dos votos, em termos diretos ou indiretos. Lembre-se, na verdade, que o artigo 20º – à semelhança do § 22 da Wertpapierhandelsgesetz (WpHG) e do § 30 da Wertpapierübernahmegesetz (WpÜG) (o primeiro relevante para efeitos do regime de transparência e o segundo para efeitos de ofertas públicas[27]) – contém regras de imputação caracterizadas pela sua "dupla funcionalidade", servindo de base à definição tanto dos deveres de informação e transparência no mercado de capitais, como do dever de lançamento de oferta pública[28]. Nestes termos, para se apurar qual a "mudança de controlo" que

[27] O § 30 completa a definição legal do conceito de controlo constante do § 29 II, clarificando que também são relevantes para o efeito os direitos de votos relativos a ações que permitem ao sujeito exercer uma "influência de facto ou provável".

[28] O artigo 20º do CVM Pt veio, como é sabido, transpor para a ordem jurídica portuguesa, a Diretiva Transparência (Diretiva nº 88/627/CEE), que estabelecia no artigo 7º regras de equiparação dos direitos de voto no contexto dos deveres de informação e transparência, que o legislador português aproveitou também para efeitos diversos. Cf. João Soares da Silva, *Algumas Observações em Torno da Tripla Funcionalidade da Técnica de Imputação de Votos no Código dos Valores Mobiliários*, 26 CadMVM (2007), 47-58, 49, apontando outros exemplos de

importa para a aplicação do artigo 187º, haverá que atender ao artigo 22º e, no caso, em especial à al. *b)* do nº 1, bem como, consequentemente, ao disposto no artigo 21º, que define os conceitos de relações de domínio e de grupo para efeitos do CVM Pt.

É inequívoco que o titular meramente indireto está obrigado ao lançamento da oferta pública e não apenas o titular direto. Tal acontece, designadamente, no âmbito das estruturas acionistas piramidais, em que tanto a cúpula como as eventuais sociedades intermédias estão obrigadas ao lançamento de oferta pública sobre a sociedade controlada, precisamente enquanto mecanismo destinado a evitar pirâmides abusivas, como veremos. Bem pode por isso dizer-se que a aplicação conjugada e múltipla dos critérios de imputação dos direitos de voto resulta da própria *ratio* da regulamentação legal e não necessitaria sequer de estar prevista, ainda que o legislador nacional tenha sido cauteloso e optado por contemplar expressamente a sua possibilidade[29]. Esta simultânea relevância é, pois, expressão de um "princípio de dupla contabilização" (*principle of double counting*)[30].

6. Responsabilidade civil por incumprimento do dever de lançar a OPA. Execução específica do dever legal de contratar

Apurada a existência de um dever de lançar oferta pública de aquisição, a sua violação, entre outras consequências legalmente previstas (ao nível societário e contraordenacional[31]), gera obrigação de indemnizar nos termos gerais. A conclusão, entre nós, não suscita dúvidas, não obstante as hesitações conhecidas noutros ordenamentos jurídicos e, em espe-

relevância dos critérios do artigo 20º, para além dos que resultam dos artigos 16º e 187º do CVM Pt.

[29] Cf. João Mattamouros Resende, *A Imputação de Direitos de Voto no Mercado de Capitais*, 26 CadMVM (2007), 59-69, 67.

[30] Cf. Uwe H. Schneider, *The computation of qualified participations according to the EU-Transparency Directive*, em Direito dos Valores Mobiliários, VI, Almedina: Coimbra (2006), 399 ss.. Questão diferente é a de existirem diversos fundamentos de imputação a um mesmo sujeito em relação às mesmas ações ("Imputação paralela" – *Parallele Zurechnung*). Nessa hipótese, os votos são imputáveis apenas uma vez: uma dupla imputação ao mesmo sujeito das mesmas ações não é admissível. Cf., por todos, Von Bülow, *Kölner Kommentar* cit., § 30, 943.

[31] Cf. artigo 192º do CVM Pt (inibição de direitos) e, do mesmo diploma, artigo 393º, nº 2, al. *h)* (contraordenação).

cial, no alemão, onde se tem considerado que a via do ressarcimento dos danos ficaria excluída, por a lei regular os efeitos do incumprimento sem prever a responsabilidade civil. O artigo 193º do CVM Pt elimina qualquer dificuldade análoga.

Existe direito subjetivo de aquisição do acionista minoritário, ao qual corresponde um dever específico, ainda que de fonte legal. O que escrevemos tem implícita a suscetibilidade de recurso à *fattispecie* da responsabilidade obrigacional (ainda que sem excluir o concurso com a responsabilidade delitual). Se é indiscutível a existência de responsabilidade civil, já a sua concreta configuração poderá, com efeito, suscitar dificuldades[32].

A via da configuração do artigo 187º como norma de proteção e, portanto, como fonte de responsabilidade delitual, nos termos do artigo 483º/1, 2ª parte, do CC Pt tem sido seguida tanto entre nós como noutros direitos (*v.g.*, italiano): por um lado, é claro que a regra impositiva do dever visa tutelar os acionistas minoritários; por outro lado, esta segunda modalidade de ilicitude situada no campo delitual permite indiscutivelmente obter o ressarcimento dos danos económicos puros (tal como sucede em sede obrigacional).

É, porém, possível ir mais longe e fundamentar o pedido de indemnização na violação de um direito subjetivo nos termos do artigo 798º do CC Pt. Sem entrar no problema das relações entre responsabilidade obrigacional e delitual, é admissível, aqui, o apelo aos artigos 798º ss.[33] por em causa estar um dever específico *ex lege* que integra a relação jurídica complexa entre sócio controlador e sócios minoritários, configurada como *relação especial* (*Sonderverbindung*). Está hoje assente a presença de vínculos (*inclusive* de lealdade) não só da sociedade perante os seus sócios e destes para com aquela, mas também dos próprios sócios entre si. A conclusão encontra-se consolidada mesmo nas sociedades

[32] No direito italiano, o problema é análogo, não obstante a diferente conceção global do instituto da OPA obrigatória.

[33] Sobre a questão do concurso entre responsabilidade delitual e responsabilidade contratual, cf., em especial, Miguel Teixeira de Sousa, *Concurso de títulos de aquisição de prestação – Estudo sobre a dogmática da pretensão e do concurso de pretensões*, Almedina: Coimbra (1988), 136 ss. e 313 ss., seguido por António Menezes Cordeiro, Tratado de Direito Civil português, II/3, Almedina: Coimbra (2010), 399.

anónimas[34]. Essa relação especial não se baseia naturalmente em qualquer situação de confiança (que não existe ou, pelo menos, pode não existir), mas antes no poder de influência na esfera jurídica alheia, justificando um agravamento dos deveres do controlador em relação ao *neminem laedere* geral[35]. No caso da empresa plurissocietária, pode identificar-se até uma "conexão do grupo"[36] que funda a multidirecionalidade dos deveres das várias sociedades agrupadas, independentemente do nível do controlo e do sentido (ascendente, descente ou horizontal – *upstream, downstream, sidestream*) em que a relação considerada é encarada. Trata-se de tópico que não carece de ser aqui desenvolvido. Para o efeito que ora nos ocupa, retenha-se, tão-somente, a natureza jurídica obrigacional da relação entre acionistas, com a consequência de a violação do direito subjetivo que resulta do artigo 187º do CVM Pt poder ser enquadrada em sede obrigacional, sem prejuízo da sua simultânea subsunção ao artigo 483º do CC Pt, nos termos que referimos

Havendo uma "ligação especial", no sentido apontado, "rompe-se com o arquétipo isolacionista do lesado em relação ao autor do prejuízo que inspira o universo delitual"[37] e a situação é transportada para a órbitra do artigo 798º, com inerentes efeitos: *maxime,* no que toca à presunção de culpa e, eventualmente, de ilicitude e de causalidade[38]. O dano

[34] Aliás, chega a ponderar-se se não se deveria impor ao acionista controlador, mesmo fora do âmbito do artigo 187º do CVM Pt (*maxime,* em sociedades não cotadas), a compra das ações dos sócios minoritários em caso de aquisição ou mudança do controlo. Deve, contudo, rejeitar-se a hipótese (cf. Perestrelo de Oliveira, *Grupos de sociedades* cit., 378).

[35] As dúvidas que no passado existiram – e que não importa aqui retomar – encontram-se ultrapassadas, admitindo-se, hoje, deveres de lealdade tanto do acionista controlador como dos acionistas minoritários mesmo nas sociedades anónimas. Remetemos, a este propósito, para o que escrevemos em *Grupos de sociedades* cit., 264.

[36] Cf. Perestrelo de Oliveira, *Grupos de sociedades* cit., 236 ss..

[37] Manuel A. Carneiro da Frada, *Teoria da confiança e responsabilidade civil,* Almedina: Coimbra (2007), 287.

[38] Cf. António Menezes Cordeiro, *Da responsabilidade civil dos administradores das sociedades comerciais*, Lex: Lisboa (1997), 464 ss., vendo no artigo 799º CC Pt o modelo da *faute* francesa, que compreenderia uma presunção de ilicitude, culpa e nexo de causalidade. Cf. também, embora sem apelo à *faute,* Carneiro da Frada, *Contrato e deveres de protecção,* Universidade de Coimbra: Coimbra (1994), 191: o âmbito da presunção de culpa estende-se também à existência de um comportamento faltoso do devedor ou dos seus auxiliares e à causalidade entre esse comportamento e a falta de cumprimento ou o cumprimento defeituoso

tem, por seu turno, de ser provado nos termos gerais, sem que surjam aqui dificuldades particulares. Os prejuízos sofridos são indemnizáveis na sua totalidade – não se identificando qualquer restrição decorrente da respetiva natureza puramente patrimonial – e correspondem ao valor que os acionistas minoritários deixaram de obter em virtude do incumprimento da obrigação e da consequente insusceptibilidade de alienação das ações, devida à supressão da respetiva liquidez (artigo 562º do CC Pt). O montante indemnizável é, pois, apurado tendo em conta o valor que teria sido pago pelas ações em caso de lançamento de oferta pública de aquisição, nos termos do CVM Pt.

Está, pois, ao alcance do acionista minoritário a proposição de ação de responsabilidade civil para obter o ressarcimento dos danos sofridos em virtude do incumprimento da obrigação de lançamento de oferta pública de aquisição, nos termos apontados. Tal opção não exclui outras formas de reação permitidas pela ordem jurídica. Além das consequências nos planos societário e contraordenacional, acima mencionadas, tem cabimento, em especial, o pedido de execução específica da obrigação *ex lege* de contratar, nos termos do artigo 830º do CC Pt. Há muito que se vem reconhecendo a aplicabilidade desta norma a situações análogas à obrigação de contratar voluntariamente assumida através de contrato-promessa[39]. É claro, na verdade, que não se justifica conferir ao credor uma proteção inferior no caso de obrigação de emissão de declaração de vontade resultante da lei e não do contrato: não havendo uma diferença de natureza entre a obrigação contratual e a obrigação legal, não existe qualquer incompatibilidade da obrigação *ex lege* com a exequibilidade forçada[40]. Por outro lado, o enquadramento em sede mobiliária

(*haftungsbegründende Kausalität*). Cf., a este último respeito, Gottfried Baumgärtel, *§ 823 BGB*, em Gottfried Baumgärtel/Hans-Willi Laumen/Hanns Prütting, *Handbuch der Beweislast im Privatrecht*, coord. Gottfried Baumgärtel, II (§§ 2 812-2385 BGB), 2ª ed., Carl Heymanns: Köln/Berlin/Bonn/München (1991), § 823, 1309, sublinhando que o lesante tem de provar que o dano se teria produzido mesmo que se tivesse comportado em conformidade com o dever, *i.e.*, deve impor-se o ónus da prova do curso hipotético de eventos com cumprimento alternativo do dever ao lesante, nos quadros da *haftungsbegründende Kausalität*.

[39] Cf., por todos, Manuel Januário da Costa Gomes, *Em tema de revogação do mandato civil*, Almedina: Coimbra (1989), 133 ss..

[40] A respeito da obrigação legal de contratar e a aplicabilidade do artigo 830º do CC Pt, cf. *v.g.*, Ana Prata, *O contrato-promessa e o seu regime civil*, Almedina: Coimbra (1994), 904 ss..

também não acarreta qualquer desarmonia no recurso à execução específica, tanto mais que já vimos que o instituto da OPA obrigatória pertence funcionalmente ao direito dos grupos na sua vertente de "direito de proteção". A execução específica não exclui, nos termos gerais, o pedido de indemnização, apenas variando o montante do dano indemnizável.

Bibliografia

William D. Andrews, *The stockholder's right to equal opportunity in the sale of shares*, 78 Harv. L. Rev. (1965), 505-563.

José Engrácia Antunes, *A igualdade de tratamento dos accionistas na OPA*, III/2 DSR (2010), 87-111.

Gottfried Baumgärtel, *§ 823 BGB*, em Gottfried Baumgärtel/Hans-Willi Laumen/Hanns Prütting, *Handbuch der Beweislast im Privatrecht,* coord. Gottfried Baumgärtel, II (§§ 2 812-2385 BGB), 2ª ed., Carl Heymanns: Köln/Berlin/Bonn/München (1991).

Adolf A. Berle/Gardiner C. Means, *The Modern Corporation and Private Property*, Transaction Publishers: New York (1932).

Timo Bernau, *Die Befreiung vom Pflichtangebot nach § 37 WpÜG*, WM 17/2004, 809-818.

Paulo Câmara, *Manual de direito dos valores mobiliários*, 3ª ed., Almedina: Coimbra (2016).

António Menezes Cordeiro, *Da responsabilidade civil dos administradores das sociedades comerciais*, Lex: Lisboa (1997);

– *Tratado de Direito Civil português*, II/3, Almedina: Coimbra (2010).

A. Barreto Menezes Cordeiro, Manual de Direito dos Valores Mobiliários, 2ª ed. (atualizada), Almedina: Coimbra (2018).

Jens Dammann, *Corporate ostracism: freezing out controlling shareholders*, 33 J. Corp. L. (2008), 681-744.

Frank H. Easterbrook/Daniel R. Fischel, *The Economic Structure of Corporate Law*, Harvard University Press: Cambridge, Massachusetts, London (1991);

– *Corporate control transactions*, 91 Yale L.J. (1982), 698-737.

João Paulo Menezes Falcão, *A OPA obrigatória*, em *Direito dos valores mobiliários*, III, Almedina: Coimbra (2001), 179-228.

Amadeu José Ferreira, *Direito dos valores mobiliários*, Lex: Lisboa (1997).

Manuel A. Carneiro da Frada, *Contrato e deveres de protecção*, Universidade de Coimbra: Coimbra (1994);

– *Teoria da confiança e responsabilidade civil*, Almedina: Coimbra (2007).

Manuel Januário da Costa Gomes, *Em tema de revogação do mandato civil*, Almedina: Coimbra (1989).

Paul E. Hanouna/Atulya Sarin/Alan C. Shapiro, *Value of corporate control: some internacional evidence* (12-out.-2001). Acessível em SSRN: http://ssrn.com/abstract=286787 (consultado em 5 de novembro de 2018).

Kai Hasselbach, *§ 35 AktG*, em *Kölner Kommentar zum WpÜG*, 2ª ed., Carl Heymanns: Köln/Berlin/Bonn/München (2010).

Eike Houben, *Die Gestaltung des Pflichtangebots unter dem Aspekt des Minderheitschutzes und der effizienten Allokation der Unternehmenskontrolle*, WM 38/2000, 1873-1920.

Raphael Koch, *Passiver Kontrollerwerb und Pflichtangebot*, ZIP 28/2008, 1260-1264.

Katja Langenbucher, *Aktien- und Kapitalmarktrecht*, 2ª ed., C. H. Beck: München (2011).

Mario Massari/Vittorio Monge/Laura Zanetti, *Control premium in legally-constrained markets for corporate control: the Italian case (1993-2003)* (mar.-2005). Acessível em SSRN: http://ssrn.com/abstract=962353 (consultado em 5 de novembro de 2018).

Andreas H. Meyer, *§ 35 AktG*, em WpÜG: Kommentar zum *Wertpapiererwerbs- und Übernahmegesetz*, coord. Angerer/Geibel/Süßmann, 2ª ed., C. H. Beck: München (2008).

Ana Perestrelo de Oliveira, *Deveres de lealdade e grupos de sociedades. Por um critério unitário de solução do "conflito do grupo"*, Almedina: Coimbra (2011);
– *OPA obrigatória e controlo indireto*, 3/IV RDS (2012), 593-661.

Ana Prata, *O contrato-promessa e o seu regime civil*, Almedina: Coimbra (1994).

João Mattamouros Resende, *A Imputação de Direitos de Voto no Mercado de Capitais*, 26 CadMVM (2007), 59-69.

Karsten Schmidt, *Gesellschaftsrecht*, 4ª ed., Carl Heymanns: Köln/Berlin/Bonn/München (2002).

Uwe H. Schneider, *The computation of qualified participations according to the EU--Transparency Directive*, em *Direito dos Valores Mobiliários*, VI, Almedina: Coimbra (2006).

Eberhard Schwark, *Gesellschaftsrecht und Kapitalmarktrecht*, em *FS für Walter Stimpel zum 68. Geburtstag*, W. de Gruyter: Berlin/New York (1985), 1087-1111.

João Calvão da Silva, *Oferta pública de aquisição (OPA): objecto*, em *Estudos de Direito Comercial (Pareceres)*, Almedina: Coimbra (1996), 199-734.
– *Pacto parassocial, defesas anti-OPA e OPA concorrente*, em *Estudos de direito comercial (Pareceres)*, Coimbra (1996), 235-246.

João Soares da Silva, *Algumas Observações em Torno da Tripla Funcionalidade da Técnica de Imputação de Votos no Código dos Valores Mobiliários*, 26 CadMVM (2007), 47-58.

Simone M. Sepe, *Private sale of corporate control: why the European mandatory bid rule is inefficient* (13-ago.-2010). Acessível em SSRN: https://ssrn.com/abstract=1086321 (consultado a 23 de março de 2019).

Miguel Teixeira de Sousa, *Concurso de títulos de aquisição de prestação – Estudo sobre a dogmática da pretensão e do concurso de pretensões*, Almedina: Coimbra (1988).

Yedida Z. Stern, *The private sale of corporate control: a myth dethroned*, 15 J. Corp. L. (2000), 511-552.

Pedro Pais de Vasconcelos, *A participação nas sociedades comerciais*, 2ª ed., Almedina: Coimbra (2006);

– *Concertação de accionistas: exoneração e OPA obrigatória em sociedades abertas*, III/2 DSR (2010), 11-48.

Oferta pública por alienação indireta de controle de companhia aberta: fixação do preço da OPA

NELSON EIZIRIK
MARCUS DE FREITAS HENRIQUES

Resumo: *Desde sua inserção em nosso sistema jurídico a Oferta Pública de Aquisição de Ações decorrente da alienação de controle da companhia aberta, hoje regulada no artigo 254º-A da Lei das S.A. Br (Lei nº 6.404 de 15-dez.-1976), vem causando intensas discussões. Uma delas, bastante complexa, refere-se ao caso em que uma companhia que controla outra companhia aberta tem seu controle acionário alienado. Trata-se da situação que se convencionou denominar de "alienação indireta" do controle da companhia aberta. A questão adquire maior complexidade quando a companhia controladora cujo controle é alienado tem outros ativos relevantes, além das ações de emissão da companhia aberta objeto da "alienação indireta". Como se calcula o preço a ser pago na OPA aos acionistas da companhia cujo controle indireto foi adquirido? Qual o papel da Comissão de Valores Mobiliários do Brasil – CVM Br – enquanto órgão regulador do mercado? O que se espera dos administradores para atenderem ao dever de diligência? Estas constituem as principais questões que serão discutidas no presente artigo. Por tanto analisaremos os seguintes tópicos: (i) Oferta Pública por Alienação de Controle de Companhia Aberta; (ii) Finalidades da Realização da OPA por Alienação de Controle; (iii) Atuação da CVM Br em OPA por Alienação de Controle; (iv) Deveres dos Administradores da Companhia "Alvo"; (v) Conclusões.*

1. Oferta Pública por Alienação de Controle de Companhia Aberta

A alienação de controle é uma operação de caráter privado decorrente de uma prévia negociação entre o acionista controlador alienante e o adquirente do controle acionário, na qual, entre outras condições, são estabelecidos contratualmente a quantidade de ações objeto de alienação e o preço que deverá ser pago por esse bloco de ações.

Tal operação de alienação de controle de companhia aberta acarreta, em diversos ordenamentos jurídicos, a obrigatoriedade de o adquirente do controle promover a OPA dirigida aos acionistas minoritários, assegurando-lhes o direito de venderem as ações de sua propriedade em conjunto com o antigo controlador.

Em nosso ordenamento jurídico, a realização de oferta pública por ocasião da alienação de controle de companhia aberta passou a ser exigida a partir do advento da Lei nº 6.404/1976, que impôs ao adquirente do controle acionário a obrigação de estender aos acionistas minoritários o mesmo preço que havia sido pago ao alienante do bloco de ações que lhe assegurava o poder de controle.

Para conferir efetividade a tal direito, o artigo 254º da Lei nº 6.404/1976, em sua redação original, condicionou a alienação do controle acionário de companhia aberta à prévia aprovação da CVM Br, enquanto que o §1º do mesmo artigo dispôs que a CVM Br deveria zelar para que fosse atribuído tratamento **igualitário** aos acionistas minoritários, mediante a apresentação de simultânea oferta pública para aquisição das ações de sua propriedade.

Contudo, a Lei nº 9.457/1997, em seu artigo 6º, revogou expressamente o artigo 254º e os §§ 1º e 2º do artigo 255º da Lei das S.A. Br, eliminando, dessa forma, de nosso sistema jurídico, a oferta pública obrigatória de aquisição de ações de propriedade dos acionistas minoritários, decorrente da alienação do controle acionário de companhia aberta.

Posteriormente, a Lei nº 10.303/2001 restaurou, sob novas condições, a obrigatoriedade de realização de oferta pública aos acionistas minoritários, ao introduzir na Lei das S.A. Br o artigo 254º-A.

A Lei nº 10.303/2001 conferiu uma acepção ampla à expressão "alienação do controle acionário", a qual abrange não apenas a venda direta do conjunto das ações que compõem o bloco de controle, mas também sua alienação **indireta** – que ocorre mediante a transferência do controle acionário de sociedade controladora de companhia aberta – e a alienação por etapas – aquela implementada por meio de uma sequência encadeada de operações ao longo de um período de tempo determinado.

O objetivo do legislador, ao definir de forma abrangente as hipóteses de alienação de controle, foi assegurar a obrigatoriedade da realização da oferta pública sempre que determinada operação resultar na efetiva transferência do poder de comandar as atividades da companhia.

Com relação ao preço a ser pago no âmbito da OPA, a Lei nº 10.303/2001, ao invés de obrigar o adquirente do controle a estender aos minoritários as mesmas condições contratadas com o antigo controlador, determinou que ele ofereça preço, no mínimo, igual a 80% (oitenta por cento) do valor pago por ação integrante do bloco de controle.

Dessa forma, o artigo 254º-A não restaurou o princípio do tratamento igualitário contido, originalmente, no artigo 254º da Lei nº 6.404/1976, mas, ao contrário, consagrou a atribuição de um valor econômico ao bloco de controle da companhia aberta, que justificaria que as ações que o integram recebam um preço superior ao dos acionistas minoritários, por ocasião de sua alienação.

Posteriormente, a então Bolsa de Valores de São Paulo – Bovespa – atualmente denominada B3 S.A. – Brasil, Bolsa, Balcão ("B3") – implantou segmentos especiais de listagem, cuja adesão ficava condicionada ao compromisso das companhias de adotarem melhores práticas de governança corporativa e seguirem regras mais rigorosas do que aquelas previstas na Lei das S.A. Br .

O mais importante desses segmentos é o denominado Novo Mercado, cuja principal inovação consistiu na obrigação de o capital social da companhia aderente ser composto somente por ações ordinárias. Em relação à OPA prevista no artigo 254º-A da Lei das S.A. Br, foi exigido, para as companhias que tenham aderido a tal seguimento, a extensão para todos os acionistas das **mesmas condições** obtidas pelos controladores quando da venda do controle da companhia (artigo 37º do Regulamento do Novo Mercado, atualmente em vigor).

Assim, para as companhias listadas no Novo Mercado, prevalece o princípio do **tratamento igualitário** a todos os acionistas por ocasião da alienação, direta ou indireta, do controle acionário, estando o adquirente do controle obrigado a promover a OPA exatamente pelo mesmo preço pago ao acionista controlador alienante e de acordo com as mesmas condições a ele oferecidas.

2. Finalidades da Realização da OPA por Alienação de Controle

A disciplina legal das ofertas públicas por alienação de controle decorre da constatação de que o poder de controle constitui um bem, ao qual é atribuído um valor próprio, que não se confunde com o valor individual das ações que garantem o exercício de tal poder.

Em vista disso, nas operações de transferência de controle, são atribuídos às ações componentes do bloco de controle, em regra, preços mais elevados do que aqueles pelos quais as demais ações são normalmente negociadas no mercado secundário. Esta diferença entre o valor conferido às ações que integram o bloco de controle e àquelas pertencentes aos acionistas minoritários é usualmente denominada como "ágio" ou "prêmio de controle".

A propósito, entende-se que tal ágio deve ser compartilhado com os acionistas minoritários, no momento da alienação de controle de companhia aberta, evitando que o controlador se aproprie de todo o sobre-preço decorrente da venda das ações integrantes do bloco de controle.

Diversas razões fundamentam a obrigatoriedade de compartilhamento do ágio decorrente da venda do controle, como, por exemplo, o fato dele refletir a valorização patrimonial da companhia, para a qual também contribuíram os acionistas minoritários[1]. Ademais, o valor de venda do controle inclui não apenas o poder de dirigir a companhia, mas os intangíveis e outros ativos que também pertencem aos acionistas minoritários, justificando-se, assim, que estes recebam ao menos parte do ágio apurado na operação de transferência de controle[2].

Em síntese, a regra prevista no artigo 254º-A da Lei das S.A. Br tem por objetivo estender aos acionistas minoritários – detentores de ações

[1] Modesto Carvalhosa, *Oferta pública de aquisição de ações,* IBMEC: Rio de Janeiro (1979), 142-143. Waldírio Bulgarelli, *Regime jurídico da proteção às minorias nas S/A,* Renovar: Rio de Janeiro (1998), 158.

[2] Roberta Nioac Prado, *Da obrigatoriedade por parte do adquirente do controle de sociedade por ações de capital aberto de fazer simultânea oferta pública, em iguais condições, aos acionistas minoritários – art. 254 da Lei 6.404/76 e Resolução CMN 401/76 – É efetivo mecanismo de proteção aos minoritários?,* 106 RDB, (1997), 83 ss.; Jorge Lobo, *Interpretação realista da alienação de controle de companhia aberta,* 123 RDB, (2001), 7 ss..

com direito a voto – a oportunidade de sair da companhia, aproveitando-se, ao menos parcialmente, do **sobre-preço** decorrente da alienação de controle.

Além disso, a CVM Br vincula a regra prevista no artigo 254º-A da lei societária à quebra da estabilidade da companhia decorrente da mudança da titularidade do poder controle acionário, como consta de voto proferido pelo ex-Diretor Pedro Oliva Marcílio[3]:

> *"Já o art. 254º-A tem finalidade muito diferente.* ***Ele pretende conferir a possibilidade de uma 'compensação' à quebra da estabilidade do quadro acionário,*** *permitindo que os acionistas minoritários alienem as suas ações por um preço determinado em lei (que pode ser aumentado pelo estatuto social),* ***quando esta estabilidade for perturbada****"* (destaques nossos).

Portanto, a obrigatoriedade da realização de oferta pública decorrente de alienação de controle justifica-se, fundamentalmente, pois ao acionista minoritário deve ser assegurado o direito de ***(i)*** participar no ágio ou prêmio pago pelo adquirente do controle; e ***(ii)*** desvincular-se da sociedade se houver alteração da figura do controlador da companhia no qual ele havia depositado sua confiança.

3. Atuação da CVM Br em OPA por Alienação de Controle

Os poderes de regulação e fiscalização da CVM Br estão contemplados no artigo 254º-A da Lei das S.A. Br, o qual confere à autarquia duas atribuições específicas: ***(i)*** regulamentar, em caráter geral, a OPA por alienação de controle; e ***(ii)*** autorizar a alienação de controle em cada caso concreto.

A primeira atribuição está prevista no artigo 254º-A, §3º, da Lei das S.A. Br, segundo o qual cabe à CVM Br "*estabelecer as normas a serem observadas na oferta pública de que trata o caput*". Desse modo, a função regulatória da CVM Br consiste em estabelecer regras em complementação às normas legais, com o objetivo de especificar os mandamentos da lei ou torná-los executáveis. Tal atribuição foi exercida por meio da edição da Instrução CVM Br nº 361/2002, a qual disciplina não somente a OPA

[3] Voto proferido no Proc. Sanc. CVM Br nº RJ 2005/4069 (Rel. Pedro Oliva Marcilio de Sousa), 11-abr.-2006.

por alienação de controle, mas todas as demais ofertas públicas de aquisição de ações relacionadas às companhias abertas.

A segunda atribuição da CVM Br está prevista no §2º do artigo 254º-A da Lei das S.A. Br , de acordo com o qual a Comissão "*autorizará a alienação de controle de que trata o caput, **desde que verificado que as condições da oferta atendem aos requisitos legais***" (destaques nossos). Esta autorização é concedida a partir da concessão do registro da oferta pela CVM Br, nos termos do artigo 29º, §3º, da Instrução CVM Br nº 361/2002[4].

O poder da CVM Br é vinculado, não lhe competindo examinar a oportunidade ou a conveniência da alienação de controle, mas sim se foram cumpridos os requisitos legais e regulamentares para a realização da oferta pública.

Assim, por força de disposição expressa da Lei das S.A. Br (artigo 254º-A, §2º), cabe à CVM Br verificar, previamente, se a oferta pública a ser lançada pelo adquirente do controle atende às exigências legais e aos requisitos da Instrução CVM Br nº 361/2002.

Ao analisar a oferta, a CVM Br ainda deverá verificar a sua adequação em relação às regras **estatutárias** aplicáveis à companhia objeto. A propósito, a CVM Br já reconheceu expressamente a sua competência para analisar o cumprimento de disposições estatutárias no âmbito da OPA, conforme trecho reproduzido abaixo[5]:

> *"Assim, seja por força das matérias previstas na Lei nº 6.404/76, seja por força do disposto na Lei nº 6.385/76, **a CVM tem competência legal para exercer suas atribuições à luz de cláusulas estatutárias**. O que foi escrito no estatuto tem que ser respeitado na prática, sem o que não há relacionamento possível entre acionistas, nem mercado de capitais.*
>
> *Parece-me que a **competência da CVM para se manifestar sobre a correta interpretação do Estatuto tem tríplice origem**: (i) cabe à CVM registrar qualquer Oferta Pública de Aquisição de Ações ('OPA') de que trata o art. 254º-A da Lei 6.404/76 ('Lei das S.A. Br '), e a OPA que seria supostamente devida no caso concreto é uma OPA do art. 254º-A da Lei das S.A. Br , apenas determinada por con-*

[4] *"Art.29º (...) §3º. O registro da OPA pela CVM implica na autorização da alienação do controle, sob a condição de que a oferta pública venha a ser efetivada nos termos aprovados e prazos regulamentares."*

[5] Proc. Sanc. CVM Br nº RJ2006/6209 (Rel. Wladimir Castelo Branco Castro), 25-set.-2006.

dição estabelecida no Estatuto; (ii) o direito à realização da OPA, estabelecido no Estatuto, integra o status dos acionistas da companhia aberta (...), isto é, o status de investidores cuja proteção constitui uma das finalidades legais de atuação da CVM; e (iii) de qualquer modo, ainda que assim não fosse, a CVM teria o poder-dever de manifestar seu entendimento sobre a questão, pois a discussão sobre a obrigatoriedade, ou não, de realização de uma OPA no mercado de valores mobiliários brasileiro é matéria sob jurisdição da CVM" (destaques nossos).

A atuação da CVM Br, portanto, dá-se tanto em relação à verificação do cumprimento de requisitos previstos na Lei das S.A. Br e na Instrução CVM Br nº 361/2002, quanto nas regras estabelecidas no estatuto social da companhia objeto, **não** podendo ser concedido o registro de oferta que não atenda a todas essas disposições.

Um dos aspectos mais relevantes a serem considerados pela CVM Br na análise da OPA consiste em verificar se esta cumpre com as regras legais, regulamentares e estatutárias quanto à fixação do **preço** das ações que deve ser praticado na oferta e, especialmente, se está sendo assegurado aos acionistas minoritários o tratamento equitativo previsto no artigo 254º-A da Lei das S.A. Br [6].

Caso o estatuto social da companhia objeto assegure o pagamento de preço maior que 80% (oitenta por cento) do valor pago ao acionista controlador (como ocorre no caso das companhias listadas no Novo Mercado), a CVM Br deverá verificar se tal exigência está sendo observada na oferta, uma vez que a autarquia também tem competência legal para exercer suas atribuições à luz de cláusulas estatutárias, conforme mencionado acima.

Nos casos de alienação direta de controle, em que o novo controlador adquire ações de emissão da companhia aberta pertencentes ao antigo detentor do controle acionário, a análise, por parte da CVM Br, da adequação dos critérios utilizados na oferta para fixação do preço das ações é feita pela simples comparação entre o valor pago ao alienante, revelado no contrato celebrado entre as partes, e aquele que está sendo oferecido aos acionistas minoritários.

[6] Nelson Eizirik/Ariádna Gaal/Flávia Parente/Marcus de Freitas Henriques, *Mercado de Capitais – regime jurídico*, 3ª ed., Renovar: Rio de Janeiro (2011), 618.

No entanto, na hipótese de alienação indireta de controle, especialmente nos casos em que a sociedade alienada possui outros ativos, além do controle da companhia aberta objeto da OPA, torna-se mais difícil determinar o valor que assegure o tratamento equitativo aos acionistas minoritários, conforme previsto na Lei das S.A. Br ou em normas estatutárias.

Nestas situações, cumpre à CVM Br determinar qual é a parcela do preço pago ao controlador indireto, no qual estão refletidos os diversos ativos por ele possuídos, correspondente às ações que asseguram o poder de controle da companhia aberta objeto da oferta.

Visando a subsidiar a análise da CVM Br quanto à adequação dos critérios utilizados na oferta para fixação do preço das ações, o artigo 29º, §6º, da Instrução CVM Br nº 361/2002 determina que, no caso de alienação indireta do controle acionário, "*o ofertante deverá submeter à CVM, juntamente com o pedido de registro, a demonstração justificada da forma de cálculo do preço devido por força do art. 254º-A da Lei nº 6.404, de 1976, correspondente à alienação do controle da companhia objeto*".

Ademais, o referido dispositivo regulamentar ainda permite que a CVM Br, com o objetivo de auxiliá-la na análise da demonstração justificativa de preço, determine ao ofertante que apresente laudo de avaliação da companhia objeto da OPA, o qual deve ser elaborado por empresa independente.

O ofertante deve ser capaz de demonstrar à CVM Br, com justificativa fundamentada e aceitável, que a parcela do preço correspondente à companhia aberta controlada – e devida nos termos do artigo 254º-A da Lei das S.A. Br ou de eventual norma estatutária – é aquela proposta por ele aos acionistas minoritários por meio da OPA[7].

Por sua vez, a CVM Br tem a **obrigação** de avaliar, como condição para concessão do registro da OPA, se o preço praticado na oferta é justificado pela demonstração da forma de cálculo apresentada conforme o disposto na Instrução CVM Br nº 361/2002. Ou seja, cabe à CVM Br analisar a razoabilidade da demonstração justificativa do preço apresentada pelo acionista controlador adquirente (e do laudo de avaliação comple-

[7] Nesse sentido, ver o voto proferido pelo então Presidente da CVM Br, o Diretor Marcelo Fernandez Trindade, no âmbito do Proc. Sanc. CVM Br nº RJ2007/1996 (Rel. Maria Helena dos Santos Fernandes de Santana), 21-mar.-2007.

mentar, se solicitado pela Autarquia), conforme entendimento manifestado pelo Presidente da CVM Br Marcelo Barbosa, nos seguintes termos:

> *"26. E a possibilidade de a CVM requerer a apresentação de laudo de avaliação me parece claro indicativo de que* ***a análise da demonstração justificada de preço deve ser considerada como mais que um requisito formal a ser atendido pela ofertante*** *e que, portanto, a análise das informações constantes na DJP terá o grau de profundidade necessário para que a área técnica (e mesmo o Colegiado, se for o caso) possa formar sua convicção quanto à razoabilidade daquilo que o documento pretende demonstrar: a parcela do preço de compra correspondente à companhia cujo controle se transfere indiretamente, a reboque de operação de compra e venda de controle de sua controladora.*
>
> *27. Me parece induvidoso que, se cabe à CVM, no âmbito de sua análise do pedido de registro da OPA, avaliar uma demonstração justificada de preço correspondente à companhia controlada,* ***a autarquia deverá atuar conforme julgue necessário e suficiente para determinar, ao final, se o documento (a DJP) serve como justificativa razoável para o preço que a ofertante pretende apresentar na OPA.*** *O exame do conteúdo da justificativa deve ser criterioso e* ***permitir à CVM que confirme que o ofertante se desincumbiu de comprovar a plausibilidade daquilo que pretendia, ou seja, que a parcela do preço global correspondente à controlada corresponderia a montante que poderia resultar da aplicação de parâmetros de avaliação minimamente respaldados pela prática adotada pelas instituições avaliadoras.***
>
> *28. Uma verificação meramente superficial da DJP daria margem a consequências graves, sendo a primeira delas o risco de a CVM expedir a autorização de que trata o art. 254º-A §2º sem elementos de convicção suficientes"* (destaques nossos)[8].

Além disso, também cabe à CVM Br certificar-se, para que possa conceder o registro para a OPA por alienação indireta do controle, que o preço oferecido assegura o tratamento que deve ser conferido aos acionistas minoritários por força da Lei das S.A. Br ou da norma estatutária, tal como reconhecido na seguinte decisão do Colegiado:

> *"2. A Instrução CVM nº 361/02 estabelece, em seu art. 29º, §6º, o dever do ofertante de apresentar à CVM a demonstração justificada da forma de cálculo do preço devido na oferta, nos casos de alienação indireta do controle.* ***Isso confere à CVM,***

[8] Proc. Sanc. CVM Br nº 19957.001656/2017-25, 02-mai.-2018.

segundo entendo, não o direito, mas a obrigação de avaliar, como condição para a concessão do registro da OPA, primeiramente, se foi efetivamente apresentada uma demonstração e, em seguida, se essa demonstração pode ser considerada justificada. *(...)*

4. Em razão disso, entendo que, além de examinar o instrumento de OPA para garantir a observância de normas de caráter procedimental e informacional, ***a CVM deve sem dúvida avaliar a demonstração justificada que for apresentada, com o objetivo final de fazer respeitar o disposto em relação ao preço da oferta seja no art. 254º-A da Lei das SAs*** *(80% do preço),* ***seja no estatuto social*** *(neste caso, em relação ao direito ao tratamento igualitário a ser conferido aos acionistas da Arcelor Brasil)"* (destaques nossos)[9].

Portanto, não há dúvidas que a CVM Br tem o **dever legal** de se manifestar sobre o preço da oferta, já que é sua atribuição assegurar o fiel cumprimento dos direitos assegurados aos acionistas minoritários pelas normas legais, regulamentares e estatutárias aplicáveis.

A CVM Br somente cumprirá seu dever legal de verificar se a OPA por alienação de controle está sendo realizada em conformidade com os *"requisitos legais"* caso analise se o **preço** objeto da oferta efetivamente corresponde a 80% (oitenta por cento) do valor pago ao antigo controlador ou, nas companhias cujos estatutos contenham tal previsão, assegura tratamento igualitário aos demais acionistas.

Nas hipóteses de alienação indireta de controle, em que a controladora direta detenha diversos outros ativos além do controle da companhia aberta, a tarefa imposta à CVM Br pelo artigo 254º-A da Lei das S.A. Br é, realmente, complexa e desafiadora, visto que, em regra, o preço acordado e livremente negociado entre o antigo e o novo controlador refere-se ao conjunto de ativos detidos pela companhia cujas ações serão transferidas, não especificamente às ações objeto da OPA submetida à análise da CVM Br.

Porém, a complexidade da matéria não exime a CVM Br de cumprir sua atribuição legal, efetivamente verificando se o preço da OPA por

[9] Proc. Sanc. CVM Br nº RJ2007/1996 (Rel. Maria Helena dos Santos Fernandes de Santana), 21-mar.-2007. Tal entendimento foi, posteriormente, reforçado no voto da então Presidente, Diretora Maria Helena dos Santos Fernandes de Santana, no âmbito do Proc. Sanc. CVM Br nº RJ2008/252 (Rel. Durval Soledade), 04-mar.-2008.

alienação indireta de controle confere o tratamento igualitário assegurado aos acionistas da companhia objeto.

Portanto, a CVM Br simplesmente não tem como se desincumbir da competência que lhe foi imposta pelo artigo 254º-A da Lei das S.A. Br sem analisar o preço oferecido aos acionistas da companhia cujo controle foi alienado e, nos casos em que concluir que este não garante tratamento igualitário, condicionar o registro da OPA ao oferecimento de preço que atenda os *"requisitos legais"*[10].

Nesta análise, **não** pode a CVM Br aceitar qualquer justificativa apresentada unilateralmente pelo ofertante para a determinação do preço da oferta, conforme já decidiu a própria Autarquia:

> *"10. A alternativa a essa postura ativa da CVM seria a de que ela considerasse qualquer demonstração do preço implicitamente ajustado pelas partes, feita pelo ofertante.* ***A CVM aceitaria pura e simplesmente uma declaração unilateral posterior, do ofertante, quanto à parcela do preço da aquisição da controladora que, segundo ele, correspondera às ações da controlada, desacompanhada de prova. Essa alternativa teria a vantagem de afastar a incerteza sobre o processo, mas muito provavelmente seria considerada como violadora de algumas regras legais****, como a do §2º do art. 254º da Lei das S.A. Br (segundo o qual a CVM 'autorizará a alienação do controle...desde que verificado que as condições da oferta pública atendem aos requisitos legais') e as de alguns dos incisos do art. 4º da Lei nº 6.385/76, que estabelece a finalidade da atuação da CVM"* (destaques nossos)[11].

Ou seja, cabe à CVM Br não apenas avaliar se a demonstração do cálculo do preço está devidamente justificada, mas também se o preço apresentado atende ao requisito do tratamento equitativo, de acordo com o disposto na lei e, se for o caso, no estatuto social.

Caso os instrumentos celebrados entre o adquirente e o alienante do controle indireto contenham expressamente a informação sobre a par-

[10] A única alternativa à determinação do preço que assegure tratamento igualitário aos acionistas destinatários da OPA seria a CVM Br simplesmente não autorizar a alienação do controle já contratada, o que, em tese, implicaria na necessidade de "desfazimento" da operação, com a devolução das ações objeto do bloco de controle ao antigo controlador.

[11] Voto proferido pelo então Presidente da CVM Br, o Diretor Marcelo Fernandez Trindade, no âmbito do Proc. Sanc. CVM Br nº RJ2007/1996 (Rel. Maria Helena dos Santos Fernandes de Santana), 21-mar.-2007.

cela do preço total atribuída às ações de emissão da companhia aberta em relação à qual deve ser realizada a OPA, a CVM Br poderá presumir que tal preço corresponde às ações da companhia indiretamente controlada[12].

Tal presunção, no entanto, **não** é absoluta. Isto porque, nos casos de alienação indireta de controle, não há, como regra geral, incentivos para que o adquirente e o alienante do controle efetivamente negociem o valor das ações da controlada indireta. Com efeito, o alienante tem por interesse maximizar o valor a ser pago pelas ações de sua propriedade, isto é, aquelas emitidas pela sociedade controladora. O novo controlador, por sua vez, tem interesse em minimizar o montante total a ser despendido com a operação, de modo que, quanto menor for o valor da controlada indireta, mais ele será beneficiado.

Como se verifica, os acionistas da controlada indireta, ao contrário do que ocorre com os minoritários da controladora, **não** tem seus interesses naturalmente protegidos por nenhuma das partes envolvidas na negociação para a alienação de controle, embora a Lei das S.A. Br , o Regulamento do Novo Mercado e o estatuto social também lhes assegurem o direito ao tratamento igualitário.

Por esta razão, o valor eventualmente estabelecido no contrato de alienação de controle para as ações da controlada indireta somente deve ser considerado como parâmetro relevante para a determinação do valor da OPA prevista no artigo 254º-A nos casos em que houver evidências de que ele foi efetivamente negociado entre o antigo e o novo controlador.

Nos casos em que o preço das ações de emissão da controlada indireta, embora formalmente constando do contrato celebrado com o antigo controlador, não tenha resultado de negociações entre partes independentes, não se justifica a sua aplicação irrestrita para fundamentar o preço da OPA por alienação indireta de controle.

Assim, cabe à Autarquia, ao analisar determinado caso concreto, averiguar se o preço informado pelas partes no contrato de alienação efetivamente corresponde ao valor da companhia indiretamente alienada

[12] Nesse sentido, ver o voto proferido pelo então Presidente da CVM Br, o Diretor Marcelo Fernandez Trindade, no âmbito do Proc. Sanc. CVM Br nº RJ2007/1996 (Rel. Maria Helena dos Santos Fernandes de Santana), 21-mar.-2007.

e se confere o tratamento devido aos acionistas minoritários por força das regras legais ou estatutárias, conforme entendimento já manifestado pelo Colegiado da CVM Br:

> "*2.6 É claro que, como ressaltou o ex-presidente da CVM Marcelo Trindade em seu voto no Proc. RJ 2007/1996, julgado em 21 de março de 2007, a área técnica da CVM deve dar sempre a devida atenção para o disposto no contrato de compra e venda das ações do controlador, que pode eventualmente discriminar o valor de cada ativo alienado por via indireta.*
>
> *2.7* ***Todavia, não é sempre que o contrato discrimina esses valores e, mesmo quando o faz, não lhe podemos conferir importância nem credibilidade excessivas. Em muitos casos, os valores que constam do contrato não são objeto de uma real negociação entre o adquirente e o alienante, já que, para este último, a distribuição do preço entre os ativos indiretamente alienados pode ter pouca ou nenhuma relevância.***
>
> *2.8 Em tais situações, o laudo de avaliação e também outras proxies, como o valor de mercado da companhia, podem ser utilizados com meios auxiliares na determinação do preço devido na oferta, ao lado dos instrumentos contratuais e outros documentos relativos à negociação havida entre o adquirente e o alienante do controle*" (grifamos)[13].
>
> *20. (...) sendo o contrato de compra e venda de ações negociado entre alienante e adquirente, não se pode vislumbrar especial interesse de parte do alienante na discussão dos termos de um dispositivo que serve apenas para mencionar a parcela do preço global correspondente à controlada cujo controle se transfere indiretamente.*
>
> *21. Tipicamente, o alienante se preocupará em definir o preço global a lhe ser pago, a forma de pagamento e, se for o caso, os fatores que poderão afetar o valor ou a forma de pagamento. Diversa é a posição do adquirente, que estará obrigado a realizar a OPA em termos econômicos que resultarão diretamente do valor atribuído à controlada indireta. (...)*
>
> ***Não vejo, portanto, como atribuir papel determinante à menção contratual do preço correspondente à companhia controlada indireta*** *– neste caso, a CPFL-R. Trata-se, sem dúvida, de um* ***elemento que deve ser levado em conta pela área técnica da CVM em seu trabalho de análise do processo de registro da OPA. Porém, isso deve necessariamente ser feito em conjunto com a demonstração justificada de preço requerida pela ICVM 361/02, a qual***

[13] Nesse sentido, ver o voto proferido pelo Diretor Marcos Barbosa Pinto no âmbito do Proc. Sanc. CVM Br nº RJ2007/11573, 04-out.-2007.

representa o principal elemento de formação da convicção da área técnica e, quando for o caso, do Colegiado, sendo secundários tanto a menção em instrumento contratual quanto o laudo de avaliação" (destaques nossos)[14].

Caso a CVM Br entenda que a demonstração da forma de cálculo do preço não foi corretamente justificada ou que o preço não assegura tratamento equitativo aos acionistas minoritários, poderá indeferir o registro da oferta[15] ou condicioná-lo à adoção da metodologia de cálculo do preço que ela entenda ser adequada.

Além disso, a CVM Br pode estabelecer, como condição ao registro da oferta, que sejam corrigidos erros formais constantes da demonstração justificada da forma de cálculo do preço oferecido[16].

Portanto, a CVM Br deve analisar se a oferta pública por alienação de controle atende aos requisitos legais, regulamentares e estatutários aplicáveis, especialmente no que se refere às regras que estabelecem os critérios para fixação do preço das ações e que asseguram o tratamento equitativo aos acionistas minoritários na OPA. Não sendo atendidos tais requisitos, a Autarquia deverá **negar** o registro da oferta ou condicioná-lo à adequação dos termos da OPA às regras que lhe são aplicáveis.

Para fins de determinação do preço de OPA por alienação de controle, **não** basta que a metodologia de cálculo adotada seja adequada, em termos teóricos, para a avaliação de empresas, sendo indispensável

[14] Voto do Presidente Marcelo Barbosa no Proc. Sanc. CVM Br nº 19957.001656/2017-25, 02-mai.-2018.

[15] Nesse sentido, ao analisar um recurso apresentado contra decisão da área técnica da CVM Br que havia indeferido um pedido de registro de OPA por alienação de controle, o Colegiado da Autarquia manifestou seu entendimento de que a CVM Br não pode autorizar o registro de OPA em que não tenha sido apresentada demonstração devidamente justificada do cálculo do preço adotado na oferta: *"4. De fato, o que ensejou o indeferimento da OPA neste caso foi a impossibilidade de considerar a demonstração de preço apresentada pelo ofertante como justificada para fins do artigo 29, § 6º, da Instrução nº 361/02, e, assim, entendo que a CVM agiu em consonância com seus deveres legais ao indeferir o pedido de registro da OPA em tela. (...) 24. Não tendo qualquer evidência capaz de comprovar a correlação entre o preço proposto para a OPA e o preço do negócio de alienação de controle que ensejou a necessidade de realização da OPA,* ***não restou outra alternativa à SRE senão indeferir o registro da OPA."*** (destaques nossos), cf. Proc. Sanc. CVM Br nº RJ2008/252 (Rel. Durval Soledade), 04-mar.-2008.

[16] Proc. Sanc. CVM Br nº RJ2007/1996 (Rel. Maria Helena dos Santos Fernandes de Santana), 21-mar.-2007.

que ela assegure aos acionistas minoritários da companhia alienada o tratamento equitativo (ou igualitário) previsto nas normas legais e estatutárias aplicáveis. A respeito, vale transcrever o voto proferido pelo Presidente da CVM Br Marcelo Barbosa:

> *"10. Desse modo, a identificação da parte do preço global pago ao alienante do controle que corresponde à companhia controlada – aquela que teve seu controle indiretamente alienado – é medida necessária para aferição do tratamento igualitário. Tal parcela corresponderá ao montante recebido pelo alienante por aquele componente do negócio adquirido, e determinará o valor a ser praticado na OPA por alienação indireta.*
>
> *11.* ***Não é aceitável, portanto, que se procure definir o preço dessa OPA de forma desvinculada do negócio original de compra e venda de controle, até porque o preço a ser praticado na OPA deverá refletir igualdade de tratamento em relação ao alienante das ações do controle.*** *Desta forma, qualquer oposição ao preço oferecido na OPA puramente com base em percepções distintas do valor justo da companhia controlada poderá até ser considerada, mas não terá, necessariamente, função relevante na avaliação que realmente importa neste caso, que é a de determinação do valor de uma companhia (controlada) em relação ao de outra (controladora), a partir dos termos observados na contratação da compra e venda do controle"* (destaques nossos)[17].

Neste sentido, vale notar que, em diversos dispositivos, a Lei das S.A. Br faz referência expressa aos diferentes critérios de avaliação que, para as finalidades específicas ali tratadas, podem ser considerados adequados para fixar o valor das companhias, como é o caso, por exemplo, dos artigos 4º, §4º (oferta pública para cancelamento de registro de companhia aberta), 170º (aumento de capital por subscrição de ações), 256º (aquisição de controle de sociedade mercantil) e 264º (incorporação de companhia controlada).

Porém, no artigo 254º-A, a Lei das S.A. Br **não** menciona nenhum critério de avaliação, confirmando que não há um parâmetro que possa ser aplicado, genericamente, a toda e qualquer OPA por alienação de controle e que o fato de determinado método ser adequado para outras

[17] Proc. Sanc. CVM Br nº 19957.001656/2017-25, 02-mai.-2018.

finalidades não é suficiente para que ela possa ser utilizado no contexto desta modalidade de OPA.

A propósito, a CVM Br já considerou, em hipótese de alienação indireta de controle, que o laudo de avaliação apresentado com base em valor econômico não deveria ser considerado demonstração suficientemente justificada do preço de OPA simplesmente por se apoiar em critério frequentemente utilizado no mercado para avaliação de empresas[18]:

> *"Quanto ao laudo de avaliação com base no valor econômico elaborado pela Ernst & Young, por ser baseado em um critério tão frequentemente utilizado para a avaliação de empresas, seria possível pensar que deveria ser aceito pela CVM para demonstração justificada do valor atribuído à parcela da empresa brasileira no negócio vendido. Ocorre que, não sendo disponível a eventual avaliação a valor econômico de toda a companhia vendida, não é possível realizar qualquer teste de consistência, para verificar se o preço que se propõe agora para os minoritários corresponde a 80% do que seria a participação proporcional da Companhia no valor econômico daquela que teve o controle alienado".*

Como se verifica, na alienação indireta de controle, a metodologia de cálculo utilizada para fixar o preço da OPA deve garantir tratamento equitativo (ou igualitário) aos acionistas minoritários, conforme determina a Lei das S.A. Br , não podendo ser determinada a partir de um critério de avaliação genericamente estabelecido

A observância do tratamento equitativo ou igualitário aos acionistas da controlada indireta exige que, na medida do possível, o preço a ser oferecido pelas ações de sua emissão seja fixado com base nos mesmos critérios e parâmetros utilizados para a determinação do valor da sociedade controladora no negócio de alienação de controle.

Com efeito, tratando-se de alienação indireta de controle em que a *holding* controladora detenha outros ativos, esta é a única forma possível para se assegurar o tratamento equitativo aos acionistas da controlada indireta.

Neste sentido, no julgamento do Processo Administrativo RJ nº 2007/ /1996, a CVM Br entendeu que *"a utilização do mesmo critério para com-*

[18] Voto da então Presidente, Diretora Maria Helena dos Santos Fernandes de Santana, no âmbito do Proc. Sanc. CVM Br nº RJ2008/252 (Rel. Durval Soledade), 04-mar.-2008.

panhia controlada e companhia controladora assegura esse tratamento" igualitário[19]. Tal entendimento foi confirmado em voto proferido pelo Presidente da CVM Br Marcelo Barbosa a respeito do tema:

> "*(iii)* ***o tratamento igualitário se comprova****, via de regra e conforme precedente firmado no Caso Arcelor,* ***mediante a utilização da mesma metodologia para fins de avaliação da companhia controladora alienada diretamente e da companhia controlada alienada indiretamente****. Em não sendo possível tal prática, deverá o ofertante valer-se de metodologia que guarde a necessária correspondência com os critérios utilizados para precificação da companhia controladora de forma a explicitar a igualdade de tratamento prevista no art. 254º-A da Lei 6.404/76*" (destaques nossos)[20].

Portanto, na alienação indireta de controle, a metodologia a ser empregada, a fim de se garantir o tratamento equitativo ou igualitário assegurado aos acionistas minoritários, deve ser, preferencialmente, a mesma utilizada para o cálculo do preço global pago para aquisição do controle direto.

4. Deveres dos administradores da companhia "alvo"

4.1. Deveres dos Administradores de Sociedade Anônima

O artigo 153º da Lei nº 6.404/1976 disciplina o dever de diligência do administrador de sociedade anônima, estabelecendo que ele deve adotar, no exercício de suas funções, o cuidado e a diligência que todo homem ativo e probo costuma empregar na administração dos seus próprios negócios.

Em cumprimento ao seu dever de diligência, os administradores de sociedades anônimas devem obter todas as informações necessárias para o desenvolvimento de suas atividades e para fundamentar as decisões por eles tomadas, isto é, devem atender ao **dever se informar**.

A propósito, a CVM Br consignou que, para o atendimento do dever de diligência, o administrador deve tomar uma "***decisão informada***", ou

[19] Proc. Sanc. CVM Br nº RJ2007/1996 (Rel. Maria Helena dos Santos Fernandes de Santana), 21-mar.-2007.

[20] Proc. Sanc. CVM Br nº 19957.001656/2017-25, 02-mai.-2018.

seja, aquela na qual "*os administradores basearam-se nas informações razoavelmente* ***necessárias para tomá-la***"[21].

Para cumprir com seu dever de se informar, os administradores devem requerer, e ter acesso, às informações constantes dos livros da sociedade, das atas de reuniões dos diferentes órgãos societários e dos documentos pertinentes aos assuntos nelas discutidos. Além disso, os administradores também podem se valer, para fundamentar seu processo de tomada de decisão, de relatórios elaborados por profissionais que integram o corpo de funcionários da companhia ou por auditores e consultores externos. A respeito, a CVM Br já reconheceu que os administradores podem utilizar, como informações para basear suas decisões, "*análises e memorandos dos diretores e outros funcionários, bem como de terceiros contratados*"[22].

O dever de se informar também pressupõe que os administradores façam uma análise crítica a respeito das informações constantes dos documentos que lhes forem fornecidos, examinando se existem possíveis erros e quais os impactos que elas podem causar sobre a companhia[23]. Nesse sentido, a própria CVM Br já ressaltou que "*o administrador tem o dever de se informar e* ***não pode confiar de forma irrestrita*** *nos relatórios que recebe*", sendo que "*a omissão na busca de informações configura erro, caracterizando falta de diligência, sendo, portanto, passível de punição*"[24].

Portanto, em cumprimento ao dever de se informar, os administradores devem estar munidos de informações suficientes para o desempenho do seu cargo e analisá-las de forma crítica antes de tomarem quaisquer decisões relativas aos negócios da companhia.

Além do dever de diligência, também são relevantes para o exame da matéria objeto do presente Artigo os deveres impostos aos administradores de sociedades anônimas pelos artigos 154º, 155º e 157º da Lei das S.A. Br , quais sejam: o dever de atuar segundo suas atribuições e sem

[21] Proc. Sanc. CVM Br nº RJ 2005/1443 (Rel. Pedro Oliva Marcilio de Sousa), 10-mai.-2006.

[22] Proc. Sanc. CVM Br nº RJ 2005/1443 (Rel. Pedro Oliva Marcilio de Sousa), 10-mai.-2006.

[23] Flávia Parente, *O dever de diligência dos administradores de sociedades anônimas,* Renovar: Rio de Janeiro (2005), 116.

[24] Proc. Sanc. CVM Br nº RJ 18/08 (Rel. Eli Loria), 14-dez.-2010.

desvio de finalidade (artigo 154º); o dever de lealdade (artigo 155º); e o dever de informar (artigo 157º).

Nos termos do artigo 154º da Lei das S.A. Br , *"o administrador deve exercer as atribuições que a lei e o estatuto lhe conferem para lograr os fins e no interesse da companhia, satisfeitas as exigências do bem público e da função social da empresa"*. Assim, o administrador deve atuar tendo em vista o interesse da companhia e visando à consecução do objeto social.

Esse dispositivo legal, em verdade, encerra um dos princípios fundamentais em matéria societária – o da **prevalência do interesse social**. Com efeito, para proteger o interesse social, a Lei das S.A. Br , em diversos dispositivos, procura impedir que os poderes ou direitos por ela outorgados sejam direcionados para o atendimento de interesses particulares dos administradores e acionistas, sejam eles minoritários ou controladores.

O §1º do artigo 154º da lei societária estabelece outro princípio extremamente relevante: o administrador eleito por determinado grupo ou classe de acionistas tem os **mesmos** deveres que os demais, **não** podendo sacrificar os interesses da companhia para beneficiar os interesses de seus eleitores.

Na realidade, os administradores, ao serem eleitos para tal função, tornam-se órgãos da companhia, assumindo, em consequência, uma série de deveres e responsabilidades para com ela, os quais não podem deixar de ser observados, mesmo que isto signifique contrariar os eventuais interesses dos acionistas que os elegeram.

O artigo 155º da Lei das S.A. Br , por sua vez, estabelece o dever de lealdade, segundo o qual o administrador, na condução dos negócios sociais, deve exercer seus poderes de boa-fé, tendo em vista os interesses da sociedade e não os seus próprios interesses ou os interesses de outras pessoas.

O dever de lealdade compreende um padrão de comportamento de um administrador honesto, cujas ações devem ser pautadas pela boa-fé e pelo cuidado ou diligência, sempre buscando o melhor interesse para a companhia, sendo-lhe vedado utilizar informações, bens ou recursos da companhia em proveito próprio ou de terceiros[25].

[25] American Bar Association, *Corporate director's guidebook,* 4ª ed., The Business Lawyer: Chicago, 59/3 (2004), 1070.

Também como decorrência do dever de lealdade, o administrador está obrigado a guardar sigilo sobre as informações referentes à companhia de que venha a tomar conhecimento no exercício de seu cargo, não as repassando a terceiros, inclusive aos acionistas que o elegeram, nem utilizando-as em proveito próprio.

Em relação aos administradores de companhias abertas, também é especialmente relevante o dever de informar, previsto no artigo 157º, §4º, da Lei das S.A. Br e no artigo 2º da Instrução CVM Br nº 358/2002. Trata-se da consagração do princípio fundamental do *"full disclosure"*, segundo o qual deve ser conferida ampla transparência às informações relativas aos negócios e atividades das companhias abertas[26]. Dessa forma, impõe-se a pronta e imediata divulgação das informações relevantes sobre os negócios das companhias abertas.

Além disso, as informações devem ser prestadas de maneira precisa e objetiva, de modo que os investidores tenham condições de avaliá-las adequadamente. É o que determina o §5º do artigo 3º da Instrução CVM Br nº 358/2002, segundo o qual *"a divulgação e a comunicação de ato ou fato relevante (...) devem ser feitas de modo claro e preciso, em linguagem acessível ao público investidor"*.

Portanto, a lei societária e a regulamentação editada pela CVM Br demandam dos administradores de companhias abertas a ampla e imediata disseminação de todas as informações que possam interferir de modo relevante nas decisões de investimento com os valores mobiliários de emissão de tais companhias, em obediência ao princípio do *full disclosure*, que norteia o funcionamento do mercado de capitais.

4.2. Atuação do Conselho de Administração no âmbito da OPA

Nas companhias com ações negociadas no Novo Mercado, cabe especificamente ao Conselho de Administração emitir parecer fundamentado a respeito da OPA, no prazo de até 15 (quinze) dias da publicação do edital da oferta.

Com efeito, o artigo 21º do atual Regulamento do Novo Mercado estabelece que o Conselho de Administração da Companhia deve "*elaborar e divulgar parecer fundamentado sobre qualquer OPA que tenha por objeto as ações de emissão da Companhia*".

[26] Nelson Eizirik, *A Lei das S/A comentada*, III, 2ª ed., Quartier Latin: São Paulo (2015), 157.

Ainda de acordo com o Regulamento do Novo Mercado, no aludido parecer o Conselho de Administração deverá se manifestar, ao menos "*(i) sobre a conveniência e oportunidade da OPA quanto ao interesse da companhia e do conjunto de seus acionistas, inclusive em relação ao preço e aos potenciais impactos para a liquidez das ações; (ii) quanto aos planos estratégicos divulgados pelo ofertante em relação à companhia; e (iii) a respeito de alternativas à aceitação da OPA disponíveis no mercado*".

Tal regra foi claramente inspirada no artigo 9º da Diretiva (CE) 2004/25/CE[27], que impôs a sua adoção nos países da União Europeia, e parte da ideia de que a opinião do Conselho de Administração constitui elemento de informação essencial para a decisão dos investidores sobre a conveniência de aceitar ou não a OPA, visto que os conselheiros têm acesso a informações internas da companhia, não disponíveis aos acionistas minoritários, e, ao mesmo tempo, têm a obrigação legal de atuar em defesa de seu interesse.

Nesse sentido, a CVM Br já afirmou que "*o administrador tem uma **posição única para opinar sobre a oferta**, por estar dentro da companhia objeto e **sujeito aos deveres previstos na Lei 6.404/76***"[28] (destaques nossos).

Ao emitir parecer sobre a OPA, os membros do Conselho de Administração têm a obrigação de recomendar a aceitação da oferta ou, em caso contrário, alertar os acionistas destinatários sobre suas eventuais deficiências, bem como sua falta de oportunidade ou conveniência, a fim de não somente dotar os acionistas de todos os elementos necessá-

[27] *"Artigo 9º. Deveres do órgão de administração da sociedade visada. (...) 5. O órgão de administração da sociedade visada deve elaborar e tornar público um documento de que conste o seu parecer fundamentado sobre a oferta, nomeadamente quanto às repercussões da aplicação da oferta sobre os interesses da sociedade no seu conjunto, incluindo o emprego, e quanto aos planos estratégicos do oferente para a sociedade visada e as suas eventuais repercussões a nível do emprego e dos locais em que a sociedade exerça actividade enunciados no documento de oferta, em conformidade com a alínea i) do n.o 3 do artigo 6.o O órgão de administração da sociedade visada deve apresentar simultaneamente este parecer aos representantes dos trabalhadores da sociedade ou, na sua falta, aos próprios trabalhadores. Se o órgão de administração da sociedade visada receber em tempo oportuno um parecer distinto dos representantes dos trabalhadores quanto às repercussões a nível do emprego, este será apenso ao referido documento."*

[28] Relatório da Audiência Pública SDM 02/2010 (processo nº RJ-2007-14749).

rios para decidirem alienar ou manter suas ações, como, especialmente, defender os interesses da companhia[29].

Qualquer que seja a opinião do Conselho de Administração, ela deverá ser fundamentada e emitida no interesse da companhia, em cumprimento aos deveres fiduciários impostos aos administradores pela Lei das S.A. Br .

Assim, em atendimento ao dever de diligência, os membros do Conselho de Administração devem, no momento da elaboração do parecer, estar bem informados sobre todas as questões relevantes envolvendo a oferta, para que possam deliberar de forma adequada e, assim, emitir uma opinião fundamentada.

Em vista disso, a doutrina recomenda que, para a elaboração diligente do parecer sobre a OPA, o Conselho de Administração se utilize de opiniões técnicas, legais e financeiras, para verificar os impactos da oferta sobre a companhia e a suficiência e qualidade das informações fornecidas aos acionistas destinatários[30]. Aliás, em algumas jurisdições, como é o caso do Reino Unido, os membros do Conselho de Administração são obrigados a obter assessoria independente e especializada em sua manifestação sobre a oferta, devendo as recomendações de tal assessor ser divulgadas a todos os acionistas[31].

Ademais, a doutrina ressalta que tal opinião deve se referir aos diversos elementos da oferta com profundidade e detalhe, não cabendo aos administradores adotar uma postura genérica com relação à OPA, nem apenas reproduzir os argumentos contidos em seu edital[32].

[29] Erik Frederico Oioli, *Oferta pública de aquisição do controle de companhias abertas*, I, Quartier Latin: São Paulo (2010), 182.

[30] Oioli, *Oferta* cit., 211-212.

[31] Paul L. Davies, *Principles of Modern Company Law*, 7ª ed., Sweet & Maxwell: Londres (2003), 716.

[32] *"Para que el informe del consejo de administración cumpla su función (supra 1) es preciso, además, que se refiera a los diversos elementos de la oferta con profundidad y detalle. A este respecto tienen especial trascendencia las referencias que el informe ha de incluir a los aspectos positivos y negativos de la oferta, pues ello no debe ocultar o diluir la posición clara y nítida de los administradores. Em definitiva, no cabe que los administradores mantengan una postura general sobre la OPA que luego, em la práctica, pudiera verse desmentida por los argumentos que se incluyen em el propio informe. Y tampoco es suficiente que el consejo se limite a reproducir, de forma más o menos glosada, las indicaciones del folleto. En este sentido, el primer inciso del art. 24.1 exige que el informe este 'detallado' y 'motivado', incluyendo un juicio argumentado sobre las razones que han llevado a los administradores a emitir su*

Em cumprimento aos deveres impostos nos artigos 154º e 155º da Lei das S.A. Br , os membros do Conselho de Administração devem apresentar seu parecer tendo em vista os fins e interesses da companhia, não podendo utilizar o parecer para obter qualquer tipo de benefício em nome próprio ou de terceiros.

Logo, a atuação do Conselho de Administração no âmbito de OPAs deve ser pautada na defesa dos interesses da companhia e do conjunto de seus acionistas.

Além disso, em atendimento ao dever de informar, o parecer prévio do Conselho de Administração deve conter informações claras e precisas que abordem todos os aspectos relevantes para a tomada de decisão pelos acionistas destinatários, bem como deve ser amplamente divulgado, permitindo que acionistas tenham pleno acesso ao seu conteúdo.

A respeito, a doutrina enfatiza que "*o papel mais importante dos administradores no atual momento das companhias brasileiras é o de prestar informações e prover os acionistas da maior quantidade de dados possível para a tomada de sua decisão*"[33].

Diante do exposto, conclui-se que os membros do Conselho de Administração de companhia listada no Novo Mercado são responsáveis por prestar informações claras e diretas sobre a OPA, apresentando parecer fundamentado e elaborado após deliberação informada e tomada no melhor interesse da companhia e do conjunto de seus acionistas, de modo a possibilitar que estes tomem decisões embasadas sobre a aceitação ou não da oferta[34].

Para que possam cumprir adequadamente a sua obrigação, os membros do Conselho de Administração devem se informar a respeito de

opinión en el sentido em el que se expresa. De ello se deriva, por lo demás (aunque la norma no lo diga expresamente), que el informe debe redactarse en términos claros y nítidos, con los que los accionistas puedan extraer un elemento valorativo claro acerca de la aceptación o no la oferta." (destaques nossos), cf. Andrés Recalde Castells/Luis Miguel de Dios, *El informe del órgano de administración de la sociedad afectada por la OPA*, em *Derecho de OPAS*, coord. Javier Juste Mencía/Andrés Recalde Castells, Tirant Lo Blanch: Valencia (2010), 432.

[33] Eduardo Secchi Munhoz, *Aquisição de Controle na Sociedade Anônima*, Saraiva: São Paulo (2013), 369.

[34] Plínio José Lopes Shiguematsu, *Mecanismos de Proteção e Estratégias de Defesa em Tomadas Hostis de Controle*, em *Direito Societário – Desafios Atuais*, coord. Rodrigo R. Monteiro de Castro/Leandro Santos de Aragão, Quartier Latin: São Paulo (2009), 394.

todos os aspectos a serem abordados no âmbito do parecer exigido pelo Regulamento do Novo Mercado.

Para tanto, é **indispensável** a análise do critério adotado para o cálculo do preço oferecido. Com efeito, constituindo o preço ofertado, inequivocamente, um dos aspectos mais relevantes da OPA, não há dúvida de que o Conselho de Administração deve se manifestar especificamente sobre ele, devendo analisar se ele é justo e se atende às exigências legais ou estatutárias aplicáveis à OPA em questão, inclusive no que se refere ao tratamento equitativo ou igualitário que deve ser dispensado aos acionistas minoritários por força do disposto no artigo 254º-A da Lei das S.A. Br e no artigo 37º do Regulamento do Novo Mercado.

A propósito, a CVM Br já reconheceu que o preço contido na oferta – e, portanto, o critério utilizado para o seu cálculo – constitui um aspecto relevante para a tomada de decisão do acionista, devendo ser analisado na manifestação do Conselho de Administração sobre a oferta. Nesse sentido, o artigo 32º-D na Instrução CVM Br nº 361/2002, introduzido pela Instrução CVM Br nº 487/2010, estabelece que, caso o Conselho de Administração decida se manifestar sobre a OPA para aquisição de controle, "*a manifestação deverá abordar* ***todos os aspectos relevantes para a decisão do investidor, sobretudo o preço oferecido na OPA***".

Da mesma forma, o item 1.7.2.1 do Código de Boas Práticas do Instituto Brasileiro de Governança Corporativa – IBGC também recomenda que o parecer do Conselho de Administração contenha, entre outras informações relevantes, a opinião da administração a respeito do **preço** de negociação das ações no âmbito da oferta pública de aquisição, conforme reproduzido a seguir: "*o conselho de administração deve dar seu parecer, o qual deverá conter, entre outras informações relevantes: i. opinião da administração sobre eventual aceitação da OPA e sobre o valor econômico da companhia; ii.* ***o preço de negociação das ações;*** *iii. o impacto estimado da transação sobre as partes interessadas e sobre a estratégia de longo prazo da companhia; iv. o histórico do ofertante da OPA, bem como seu eventual alinhamento com os interesses da companhia*" (grifamos).

A importância de o Conselho de Administração avaliar o preço praticado na oferta em sua manifestação para os acionistas também é reconhecida no Direito Comparado. Nesse sentido, ao comentar o papel do administrador nas ofertas públicas, a doutrina portuguesa afirma que, caso decida apresentar seu parecer, a administração da companhia deve proceder a uma análise cuidadosa da operação proposta pelo ofertante, tendo em conta os interesses da sociedade e do conjunto dos seus acionistas, manifestando-se, entre outros assuntos, sobre o valor oferecido na OPA[35].

Da mesma forma, a doutrina espanhola sustenta que, como os acionistas recebem uma oferta de aquisição de suas ações, é de singular importância a avaliação dos administradores sobre a contraprestação oferecida na OPA[36].

A necessidade de a manifestação do Conselho de Administração analisar se o preço oferecido na OPA assegura tratamento igualitário aos acionistas minoritários é ainda corroborada pelo fato de o Regulamento do Novo Mercado expressamente determinar que tal manifestação deve abranger a análise sobre a *"conveniência e a oportunidade da OPA (...), inclusive em relação ao preço"*.

O critério de cálculo do preço da oferta e o atendimento à exigência estatutária do tratamento igualitário são os dois elementos **principais** da oferta. Nesse sentido, são eles que permitem verificar se a OPA está cumprindo com a sua finalidade de conferir ao acionista minoritário a possibilidade de se retirar da companhia em razão da quebra de estabilidade do quadro acionário e, como forma de *"compensação"*, receber o prêmio de controle pago aos acionistas controladores[37].

Desse modo, é inquestionável a pertinência do exame, no parecer a ser elaborado pelo Conselho de Administração, a respeito do critério de fixação do preço da oferta, uma vez que somente dessa forma os conse-

[35] *"Se resolver apresentar o relatório, o que deverá fazer dentro do prazo máximo de oito dias, o órgão de administração deve, por um lado, proceder a uma avaliação cuidada da operação proposta pelo oferente, tendo em conta os interesses da sociedade e do conjunto dos seus acionistas, credores e empregados, e por outro, fornecer todas as informações e elementos de que disponha para os habilitar a tomarem uma decisão esclarecida. Assim, deve pronunciar-se sobre os objectivos e intenções do oferente, sobre os termos e implicações da operação e sobre o valor da contrapartida proposta (...)."* (destaques nossos), cf. Augusto Teixeira Garcia, *OPA – Da Oferta Pública de Aquisição e seu Regime Jurídico*, Coimbra Editora: Coimbra (1995), 206.

[36] *"Naturalmente, dado que a los accionistas se les está formulando uma oferta de compra de sus acciones, es de singular importância la valoración que los administradores puedan realizar de la contraprestación ofrecida, especialmente si es no dineraria."* (destaques nossos), cf. Castells/Dios, *El informe* cit., 432.

[37] Proc. Sanc. CVM Br nº RJ 2009/1956 (Rel. Eliseu Martins), 15-jul.-2009.

lheiros poderão verificar se a oferta pública está cumprindo com o seu objetivo final.

Além disso, um dos deveres básicos dos administradores, ao analisar qualquer operação, é verificar se ela está de acordo com as exigências legais, regulamentares e estatutárias a que a companhia está sujeita. Por esse motivo, os membros do Conselho de Administração têm o dever de verificar se a OPA por alienação indireta de controle confere tratamento igualitário aos acionistas da Companhia, uma vez que este decorre de exigência expressa do Regulamento do Novo Mercado.

Caso conclua que o critério adotado para o cálculo do preço praticado na OPA por alienação indireta de controle não é adequado, deixando de assegurar o tratamento igualitário exigido no Estatuto Social, o Conselho de Administração terá obrigação de comunicar essa inadequação aos acionistas por meio de seu parecer, recomendando a rejeição da oferta, uma vez que ela não atende o interesse conjunto dos acionistas e viola o disposto no Estatuto Social.

5. Conclusões

Diante da análise aqui desenvolvida, podemos concluir que nos casos de oferta pública por alienação indireta de controle:

a) a CVM Br tem o **dever legal** de se manifestar sobre o preço da oferta, já que é sua atribuição assegurar o fiel cumprimento dos direitos assegurados aos acionistas minoritários pelas normas legais, regulamentares e estatutárias aplicáveis, somente podendo se desincumbir de tal dever se confirmar que o **preço** objeto da oferta efetivamente corresponde a 80% (oitenta por cento) do valor pago ao antigo controlador ou, nas companhias cujos estatutos contenham tal previsão, assegura tratamento igualitário aos demais acionistas;

b) o preço da OPA deve ser fixado, sempre que possível, com base nos mesmos critérios adotados para determinação do valor das ações de emissão de companhia controladora;

c) os administradores da companhia aberta indiretamente alienada devem seguir rigorosamente os seus deveres legais, particularmente o de diligência, ao analisar se a oferta atende aos interesses da companhia e do conjunto de seus acionistas; e

d) ao elaborar seu parecer sobre OPA, o Conselho de Administração deve analisar se o critério adotado para o cálculo do preço oferecido aos acionistas minoritários assegura o tratamento igualitário previsto no Regulamento do Novo Mercado, devendo recomendar a rejeição da oferta caso entenda que em sentido contrário.

Bibliografia

American Bar Association, *Corporate director's guidebook,* 4ª ed., The Business Lawyer: Chicago, 59/3 (2004).

Waldírio Bulgarelli, *Regime jurídico da proteção às minorias nas S/A,* Renovar: Rio de Janeiro (1998).

Modesto Carvalhosa, *Oferta pública de aquisição de ações,* IBMEC: Rio de Janeiro (1979).

Andrés Recalde Castells/Luis Miguel de Dios, *El informe del órgano de administración de la sociedad afectada por la OPA,* em *Derecho de OPAS,* coord. Javier Juste Mencía/Andrés Recalde Castells, Tirant Lo Blanch: Valencia (2010).

Paul L. Davies, *Principles of Modern Company Law,* 7ª ed., Sweet & Maxwell: Londres (2003).

Nelson Eizirik/Ariádna Gaal/Flávia Parente/Marcus de Freitas Henriques, *Mercado de Capitais – regime jurídico,* 3ª ed., Renovar: Rio de Janeiro (2011).

Nelson Eizirik, *A Lei das S/A comentada,* III, 2ª ed., Quartier Latin: São Paulo (2015).

Augusto Teixeira Garcia, *OPA – Da Oferta Pública de Aquisição e seu Regime Jurídico,* Coimbra Editora: Coimbra (1995).

Jorge Lobo, *Interpretação realista da alienação de controle de companhia aberta,* 123 RDB (2001), 7-22.

Eduardo Secchi Munhoz, *Aquisição de Controle na Sociedade Anônima,* Saraiva: São Paulo (2013).

Erik Frederico Oioli, *Oferta pública de aquisição do controle de companhias abertas,* I, Quartier Latin: São Paulo (2010).

Flávia Parente, *O dever de diligência dos administradores de sociedades anônimas,* Renovar: Rio de Janeiro (2005).

Roberta Nioac Prado, *Da obrigatoriedade por parte do adquirente do controle de sociedade por ações de capital aberto de fazer simultânea oferta pública, em iguais condições, aos acionistas minoritários – art. 254 da Lei 6.404/76 e Resolução CMN 401/76 – É efetivo mecanismo de proteção aos minoritários?,* 106 RDB (1997), 83-106.

Plínio José Lopes Shiguematsu, *Mecanismos de Proteção e Estratégias de Defesa em Tomadas Hostis de Controle,* em *Direito Societário – Desafios Atuais,* coord. Rodrigo R. Monteiro de Castro e Leandro Santos de Aragão, Quartier Latin: São Paulo (2009).

As privatizações das empresas estatais angolanas

Helena Prata Garrido Ferreira

***Resumo**: A retoma do processo de privatizações em Angola faz parte de um conjunto de medidas que visam uma reforma equilibrada da economia, com vista a corrigir os desequilíbrios externos e internos e a aumentar o potencial de crescimento económico do país. A estratégia do programa consiste na adoção de reformas estruturais que permitam melhorar o nível competitivo das empresas e assegurar um sistema financeiro estável e dinâmico.*

1. Introdução

O presente trabalho tem como objetivo descrever e analisar a experiência de privatização em Angola, por um lado, e proceder a uma análise crítica das propostas de privatização que se pretendem ver implementadas nos próximos anos, por outro.

O tema volta a ganhar relevância desde logo porque o Estado parece pretender adoptar a privatização como "política sistemática devolução aos mercados de funções de afectação de recursos públicos"[1], tendo sido recentemente aprovado com a Lei nº 10/19, de 14 de Maio o novo regime jurídico das Privatizações contendo o conjunto de regras e pro-

[1] Fernando Borges Araújo, *Introdução à Economia*, 3ª edição, Almedina, 2005, p. 607. Cf. ainda William L. Megginson, "The financial and operating performance of newly privatized firms: an international empirical analysis. *The Journal of Finance*, v. 49, nº 2, 1994, pp. 403-451.

cedimentos que deverão regular o processo de privatização, com o *objectivo de actualizar o respectivo regime, adaptá-lo ao contexto socioeconómico do país e conformá-lo à Constituição actualmente em vigor*.

O *novo* programa de *desestatização* visa *a redução do peso do Estado na Economia* por meio, não só, da alienação dos seus ativos, mas também da liberalização da atividade empresarial, tendo como principais objetivos "aumentar a dinâmica económica, a competitividade e a diversificação das exportações".

Pensamos, no entanto, que a aplicação deste programa se apresenta particularmente problemática num contexto, como o angolano, em que convivem várias formas de assimetria – informação, participação e modernização da administração – embora o discurso político frequentemente faça uma simplificação – em nosso entender irrealista – do problema.

Com efeito, não é a primeira vez que o Estado Angolano se propõe reformular a sua posição estratégica na economia. Desde 1987 conheceram-se vários programas de *desestatização*, todos eles com o objetivo de promover a profissionalização da gestão das empresas com adopção de mecanismos de mercado, por um lado, e dotar o sector público de uma *elevada competência de forma a aumentar a transparência na gestão pública, reduzir os desperdícios e melhorar o nível de responsabilização/transparência, aumentando a qualidade da informação financeira e económica*[2], por outro.

O processo de privatização em Angola teve início com a aprovação em 1987 do Programa de Saneamento Económico e Financeiro (PSEF), a partir do qual se deram os primeiros passos no sentido da abertura à iniciativa privada de investimentos em sectores anteriormente reservados à atuação do Estado tendo-se possibilitado, nalguns casos, a transformação das empresas públicas nacionalizadas em sociedades de capitais públicos ou de capital maioritariamente público, e a transformação em sociedades de direito privado, noutros.

Foi, então, criado o enquadramento legal para a *devolução* ao sector privado das empresas nacionalizadas, com a promulgação dos seguintes diplomas legais: *(i)* o Dec. 32/89, de 15 de julho, que definia os princípios fundamentais, regras, critérios e etapas do processo, bem como o papel e atribuições dos diferentes órgãos de Administração Central e Local do Estado na preparação, decisão e execução de todo o processo

[2] *Cfr.* Preâmbulo da e artigo 2º da Lei nº 10/94, de 31 de Agosto, e ainda Decretos-Lei nºs 32/89, de 15 de Julho e 8-F/91, de 16 de Março.

de privatização; ***(ii)*** o Dec. 34/89 de 15 de julho que estabelecia as regras e procedimentos relativos à privatização de pequenas unidades económicas; e ***(iii)*** o Dec. 36/89 de 22 de julho que criou e delimitou as funções do Gabinete de Redimensionamento Empresarial (GARE) como um órgão dependente do Ministério do Plano. Este processo foi seguido pela promulgação de legislação respeitante quer ao investimento estrangeiro (Lei nº 13/88 de 16 de julho e Dec. 1/90 de 8 de janeiro) quer à política de privatização, tendo sido ainda aprovadas a Lei nº 10/88 (Lei das Atividades Económicas) e os Decretos 9/91, de 20 de abril e 8-F/91, de 16 de março, cuja finalidade era *adequar e reajustar* as Unidades Económicas Estatais (UnEE)[3].

No entanto, não se pode dizer que o completar do enquadramento regulamentar básico possibilitaria a privatização integral das empresas do Estado, sendo possível identificar-se uma postura de resistência à mudança e uma conduta do Estado no sentido de manter o *status quo* em face da pressão externa para modificá-lo. A aprovação, no âmbito do processo de redimensionamento, da Lei nº 18/88 (Lei da Planificação) parece ser uma constatação do que se afirma[4].

Seria apenas após a revisão constitucional de 1992 (que marcou o fim do modelo de economia centralmente planificada) que o processo ganharia novo impulso apesar de, ao mesmo tempo, se ter consagrado no artigo 13º o princípio da *irreversibilidade das nacionalizações*[5].

[3] Designação que até então recebiam as empresas públicas. Cf. José Armando Morais Guerra, *Direito da Economia Angolana*, Escher: Lisboa (1994).

[4] Sobre o assunto, cf. Manuel Ennes Ferreira, *O processo de privatização em Angola*, 10/I (1994-1995). Acessível em IPRIS: http://www.ipris.org/files/10/10_O_processo_de_privatizacao_em_Angola.pdf (consultado a 13 de abril de 2019).

[5] De acordo com o referido artigo: *"são considerados válidos e irreversíveis os actos de nacionalização e confisco praticados ao abrigo da lei competente, sem prejuízo do disposto em legislação específica sobre reprivatizações"*. Entendemos que a consagração deste princípio tem um efeito desintegrador na interpretação dos princípios da organização económica, na medida em que contém em si uma fórmula que encerra a ideia de que as *realizações* do Estado socialista, apoiadas que estavam no correspondente princípio constitucional, estariam constitucionalmente protegidas contra eventuais *retrocessos* que as afetassem no seu conteúdo essencial, gerando uma proibição genérica ao Estado de desnacionalizar. E tendo-se optado, constitucionalmente pela recusa de *desnacionalização*, o legislador ordinário estaria, em princípio, impedido de legislar em sentido contrário. Contudo, e apesar de todas as dificuldades interpretativas, inexplicavelmente, o legislador constituinte manteve o referido princípio

2. Evolução do quadro jurídico-constitucional e do sector empresarial do Estado Angolano

Para se perceber as especificidades do processo de privatização em Angola, parece-nos necessária uma breve incursão à evolução da constituição económica angolana, por um lado, e do sector empresarial do Estado, por outro, uma vez que este processo está, em nosso entender, intimamente ligado ao modo como foram constitucionalmente definidos os sistemas político e económico, e à forma como foram concebidas as empresas públicas e o respetivo regime jurídico.

2.1. Evolução do quadro jurídico – constitucional angolano

Aprovado na sequência da proclamação da independência a 11 de novembro de 1975, o texto originário da Lei Constitucional angolana (LC/75 Ao) caracterizava-se, em matéria de organização económica, por garantir as transformações revolucionárias que tinham como objetivos fundamentais: ***(i)*** *o desmantelamento da organização corporativa da economia,* ***(ii)*** *a eliminação dos monopólios privados e dos latifúndios,* e ***(iii)*** *o reconhecimento dos direitos económicos sociais dos trabalhadores.*

Apesar de não resultar do seu elemento literal, a LC/75 Ao parecia pretender implementar um projeto de "*transição para o socialismo, mediante a apropriação colectiva dos principais meios de produção*". É que, não obstante, reconhecer expressamente os princípios do mercado (propriedade e iniciativa privadas no seu artigo 10º), e de aparentemente propor a instituição de uma economia mista (falando expressamente em promoção da participação social e favorecimento da democratização), a verdade é que quer a propriedade quer a iniciativa privadas estavam relegadas para um segundo plano, desempenhando um papel instrumental na medida em que eram concebidos como instrumentos destinados a alcançar os objetivos preconizados para a economia nacional[6].

no artigo 97º da CR Ao, atualmente em vigor, aprovada pela Assembleia Constituinte em 27 de janeiro de 2010. Cf. Helena Prata Ferreira, *Do princípio da irreversibilidade das nacionalizações ao princípio das (re)privatizações – o Artigo 13º da Lei Constitucional Angolana de 1992*, 2/II RAoD (2009), 43-74.

[6] É o que parece poder retirar-se da interpretação do artigo 10º da LC Ao de 1975, segundo a qual "a República Popular de Angola reconhece, protege e garante as atividades e a propriedade privadas, mesmo de estrangeiros, *desde que úteis à economia do país e aos interesses do Povo Angolano*".

Questões quanto ao *quê, como* e *para quem* produzir eram decididas a nível central pela administração do Estado que passou a deter a propriedade dos principais fatores de produção adotando o plano como principal instrumento de regulação económica. Por outro lado, o seu quadro *doutrinário-ideológico* caracterizava-se por uma explicitação de afirmações e uso de expressões extrajurídicas puramente (ou dominantemente) ideológicas, que podem ser entendidas como estabelecendo *uma proposta finalista ou teleológica relativamente ao Estado,* afirmando, ainda que não de forma expressa, que está empenhada na transformação em uma sociedade sem classes[7].

Apesar de na primeira parte do artigo 1º se fazer referência à *construção de um país próspero e democrático,* o modo como foi definido o sistema político e económico que lhe está subjacente revela, entretanto, um sistema fechado tanto no domínio político quanto económico, atribuindo ao Estado a função de *operador* da constituição económica, apontando entre as suas tarefas fundamentais a *planificação e orientação da economia nacional visando o desenvolvimento sistemático e harmonioso de todos os recursos naturais e humanos do país* (artigo 8º).

Sublinhe-se que a acentuação destas características corresponde a uma forma de Estado resultante do processo de transformação que se seguiu à independência fazendo referência expressa à revolução do sistema sociopolítico que tenderia a tornar-se elemento prevalente sobre a vontade popular.

Foi ao nível infraconstitucional que, todavia, se verificaram as transformações mais relevantes, e que servem para constatar a opção pela via socialista do desenvolvimento, a conformação do sistema económico à *vontade popular* – transição para o socialismo – mediante a criação de condições para o exercício do poder pelas *massas populares.*

Foi neste contexto que foi aprovada a Lei nº 3/76 de 3 de março que nos seus artigos 1º e 2º conferia poderes ao Conselho da Revolução:

> *"para determinar a nacionalização da totalidade ou parte das empresas (....) que venham a ser consideradas importantes para a economia de resistência; e de bens das empresas que tenham sido objecto de apoio financeiro por parte do Estado e que não*

[7] É o que se pode inferir da locução da parte final do artigo 18º quando estabelece que *"a lei punirá severamente todos os actos que visem prejudicar a harmonia social ou criar discriminações e privilégios com base nesses factores"* – expressão com conotações óbvias com a ideologia marxista. Cf. António L. Sousa Franco, *A Revisão da Constituição Económica*, Sep. III/42 ROA (1982).

tenham aplicado esses financiamentos em operações de interesse da respectiva empresa e para a economia nacional".

Inserido na ideologia marxista da época – característica dos países que ascenderam às suas independências nas décadas de 1960 e 1970 –, o processo de nacionalização em Angola denota uma evidente aversão ao sistema de mercado e ao sector privado, arreigado à filosofia de que só o Estado e a estatização permitiriam o desenvolvimento do país, por um lado, e à convicção de que a existência de um sector privado era prejudicial à afirmação do país enquanto nação soberana, por outro.

Com a publicação desta Lei, estabeleceu-se então o que se denominou por *economia de resistência* caracterizada[8]:

"(*a*) pela *resposta firme* ao bloqueio económico e à *destruição sistemática do aparelho produtivo nacional* ...; (*b*) pela criação da base material e técnica que exigia o alargamento da cooperativização e do desenvolvimento de um sector estatal que efetivasse o controlo das indústrias estratégicas; (*c*) pela maximização do aproveitamento dos recursos existentes, muitos deles abandonados e momentaneamente improdutivos; (*d*) pelo encorajamento e apoio por parte do Estado ao sector privado, *desde que respeitasse as linhas gerais das políticas económica e laboral definidas pelo Governo.*".

Nos anos de 1976 e 1977, o Estado angolano não só clarificou as suas grandes opções económicas e políticas, trançando as linhas gerais de uma política económica com clara intenção de eliminar da economia os elementos de mercado, como efetuou uma definitiva opção pela via socialista do desenvolvimento e por uma economia centralmente planificada[9].

Estes primeiros anos de independência foram, portanto, significativos na definição do sistema de economia centralmente planificada, situação que só se alterou com a aprovação da Lei Constitucional de 1992 (LC/92 Ao) que optou por um sistema de economia mista, tendo introduzido os conceitos de *democracia participativa, democracia económica e social,* demonstrando uma preocupação com questões relacionadas com a qualidade de vida, ambiente e defesa dos consumidores, defesa dos

[8] Preâmbulo da Lei nº 3/76 de 3 de março.

[9] Manuel Ennes Ferreira, *Nacionalização e confisco do capital português na indústria transformadora de Angola (1975-1990)*, 162/XXXVII AnSoc (2002), 47-90. E, José Armando Morais Guerra, *Direito da Economia Angolana*, Escher: Lisboa (1994).

direitos dos trabalhadores, atribuindo-se um papel relevante aos princípios da iniciativa e propriedade privadas na *definição e organização* das atividades económicas.

Entretanto, entre 1978 e 1992, a parte económica da LC/92 Ao sofreu consideráveis alterações sendo de destacar a revisão constitucional de 1978, por representar a receção expressa da opção pela via socialista de desenvolvimento. Esta revisão constitucional caracterizou-se essencialmente por colocar o Estado no centro do sector produtivo, pela coletivização dos meios de produção, centralização no Estado de toda a iniciativa económica e substituição do mercado pela planificação. A ideia da propriedade pública, além de estar de acordo com a *intuição moral* da época, passou a ser vista como a solução justa para os problemas sociais e a base do *bem-estar social*[10]. Caracterizou-se ainda por clarificar os *eixos estruturantes* da economia nacional, que a partir daquela data passariam a ser: **(*a*)** o desenvolvimento económico e social assente na propriedade socialista; **(*b*)** um sistema de direção planificada da economia; e **(*c*)** a construção de uma sociedade socialista[11].

Contudo, este sistema cedo se revelou inadequado às pretensões de desenvolvimento económico e de bem-estar social, desde logo pela excessiva burocratização imposta ao processo económico, desarticulação entre as escolhas e as aspirações sociais, dificuldades de reconhecer e corrigir externalidades negativas, perda progressiva da eficiência produtiva, comprometendo, assim, o objectivo de justiça distributiva, no longo prazo. Por outro lado, a orientação das empresas públicas (UEEs) à prossecução dos fins do Estado relegando para segundo plano o objectivo tradicional da maximização de receitas e o compromisso de responsabilidade social, "as ineficiências congénitas na actuação estadual (i. rigidez e complexidade aos procedimentos; ii. problemas de *soft budget constraints*, etc.)"[12], associadas a sucessão de *crises* entretanto verificadas em finais da década de 1980, colocou em causa a sua sustentabilidade e viabilidade económica[13].

[10] Carlo Rosselli, *Liberal Socialism*, coord. Nadia Urbinati, trad. William McCuaig, Princeton University Press: Princeton/New Jersey (1994).

[11] Ferreira, *Nacionalização* cit., 47-90; Guerra, *Direito* cit., passim.

[12] Cf. Fernando Borges Araújo, *Introdução à Economia*, 3ª edição, Almedina, 2005, p. 628.

[13] Caracterizada pela incapacidade crónica de gerar os benefícios económicos e sociais que se esperavam com seu funcionamento.

Por outro lado, a orientação das empresas públicas (UnEEs) à prossecução dos fins do Estado relegando para segundo plano o objetivo tradicional da maximização de receitas e o compromisso de responsabilidade social, associada a sucessão de *crises* entretanto verificadas em finais da década de 1980, colocou em causa a sua sustentabilidade e viabilidade económica[14].

A este conjunto de fatores associaram-se o colapso do socialismo[15], a crise da dívida externa e crise fiscal que comprometeram a capacidade de investimento do Estado, de tal modo que se afigurava necessário readequar o seu papel na economia, procurando um outro modelo de desenvolvimento. Privatizar as empresas estatais foi a solução encontrada. A adesão às organizações económicas internacionais serviu aliás de *mote* para as modificações globais e sectoriais que, posteriormente, se seguiram e que se traduziram na elaboração de diversos programas económicos reformadores como o Programa de Saneamento Económico e Financeiro (PSEF), de 1987, o Programa de Recuperação Económica (PRE), aprovado em 1989, e o Programa de Ação do Governo (PAG), aprovado em 1990[16], de que falaremos mais adiante.

No entanto, foi apenas com a revisão constitucional efetuada em 1992 que se permitiram alterações significantes na ordem económica, através da eliminação do princípio das nacionalizações como princípio ordenador da economia, da diminuição do papel do planeamento, da supressão do objetivo do desenvolvimento da propriedade socialista, por um lado, e pelo alargamento das possibilidades de combinação de formas de apropriação e de regulação, e sobretudo pelo reforço dos princípios de mercado – livre iniciativa económica, propriedade privada e livre concorrência – aumentando o seu espaço de atuação, possibilitando reprivatizações, e reduzindo o papel do plano, por outro lado.

Podemos dizer que a LC/92 Ao, apesar de conservar ainda um pendor bastante *socializante,* delineou de forma clara o papel e os limites da atuação económica do Estado, atribuindo-lhe a função *fundamental* de garantir os direitos e liberdades fundamentais e o respeito pelos princípios do Estado de Direito Democrático.

[14] Caracterizada pela incapacidade crónica de gerar os benefícios económicos e sociais que se esperavam com seu funcionamento.

[15] Que com o lançamento em 1986 da *Perestroika* procurava diminuir a interferência do Estado nas relações comerciais e estimular adopção de políticas mais liberais.

[16] Cf. Ferreira, *Nacionalização* cit., 47-90; e, id., *O processo* cit., passim.

Esta Lei vigorou sensivelmente por 18 anos, tendo sido alterada pela Constituição da República de Angola de 2010 (CR Ao), sendo que foi durante a sua vigência que se verificou a segunda fase do processo de privatização.

O modelo económico consagrado pela CR Ao não difere muito, em nossa opinião, do modelo consagrado pela LC/92 Ao[17], apesar de apresentar em relação àquele, algumas particularidades dignas de destaque. Não sendo aqui o lugar próprio para o tratamento destas questões, vamos apenas destacar aqueles aspetos da Constituição da República de Angola (CR Ao) que se nos afiguram relevantes no tratamento do tema que nos ocupa agora.

A CR Ao de 2010 estabelece como princípios gerais da organização económica, os princípios de intervenção e de mercado (artigo 89º, als. *a), b), c),* e *d),* o princípio do planeamento (artigo 91º), estabelecendo ainda a favor do Estado áreas de reserva absoluta e relativa (artigo 93º).

Além de expandir consideravelmente os direitos e liberdades individuais, a CR Ao de 2010 estabeleceu uma ordem económica fundada na valorização do trabalho e na livre iniciativa privada, fazendo o delineamento de um Estado intervencionista *preocupado* com o bem-estar social, combinando os princípios da livre iniciativa económica e da concorrência com a actuação do Estado, seja como agente regulador da atividade económica, seja como agente económico.

A estruturação na CR Ao de 2010 de um sistema económico descentralizado parece ser evidente quando declara que a ordem económica é fundada na valorização de trabalho e na livre iniciativa, mas não deixa de ter importância a actuação do Estado (a forma como influencia o com-

[17] Que em nossa opinião consagra um modelo de economia mista. Entretanto, Francisco Queirós (Professor de Direito Económico da FDUAN) apresenta uma visão diferente – seguindo de perto o entendimento de Elival da Silva Ramos sobre o modelo económico consagrado na Constituição Brasileira – considerando que o modelo económico consagrado na CR Ao é um modelo de economia de tipo *capitalista* na medida em que *"consagração simultânea de princípios constitucionais de carácter liberal e princípios de uma economia centralizada não significa a adopção de outro sistema económico que não o capitalista, posto que a ordem económica está apoiada inteiramente na apropriação privada dos meios de produção e na iniciativa privada (artigo 89º), que caracterizam o modo de produção capitalista, que não deixa de ser assim qualificado pela eventual ingerência do Estado na economia nem por circunstancial exploração directa de actividade económica pelo Estado e possível monopolização de alguma área económica, porque essa actuação estatal ainda se insere no princípio básico do capitalismo que é a apropriação exclusiva por uma classe dos meios de produção, e, como é essa mesma classe que domina o aparelho estatal, a participação deste na economia atende a interesses da classe dominante".*

portamento dos outros sujeitos económicos), desde logo pelo significado *descolectivizador* que assumem as tarefas que lhe são atribuídas.

Neste *novo* modelo as atividades económicas deverão ser exercidas preferencialmente por operadores privados respeitando as regras de mercado. A função do Estado é essencialmente reguladora, apesar de essa função poder ser desempenhada conjuntamente com a função produtiva (artigos 89º e 92º da CR Ao).

A liberalização preconizada pela atual CR Ao aponta assim para um modelo que, se por um lado não se mostra contrário à manutenção da propriedade pública, defende o abandono progressivo pelo Estado do papel de agente produtivo a favor dos agentes económicos privados e que situações Estado-empresário sejam cada vez mais residuais, por outro.

Destaca-se do atual texto constitucional como princípios fundamentais em matéria económica, o princípio da coexistência do sector público, do sector privado e do sector cooperativo e social de propriedade dos meios de produção (artigo 92º da CR Ao) e o princípio da economia de mercado (artigo 89º, alínea *c)* da CR Ao). O princípio da coexistência de sectores desempenha um papel central, não só na definição do modelo económico, mas também *revela uma atitude positiva (e não de mera tolerância) perante os três grandes tipos de iniciativa e de propriedade*"[18].

2.2. Evolução do quadro legislativo aplicável ao sector empresarial do Estado

O quadro jurídico-constitucional desenvolvido entre 1975-1988[19] permitiu um agigantamento do setor empresarial do Estado que nacionalizou a generalidade das empresas do sector bancário e dos seguros, da indústria, do comércio, dos transportes, da comunicação social, etc., tornando-se delas proprietário, e potenciou um modelo de gestão burocrá-

[18] Jorge Miranda, *Manual de Direito Constitucional*, IV, 3ª ed., Coimbra Editora: Coimbra (2000).

[19] Apesar de ser questionável a caracterização do conjunto de leis que implementaram o programa de saneamento económico e financeiro como leis de revisão constitucional, consideramos o ano de 1988 como ponto de viragem por ter sido a partir deste ano que teve início o *processo de desideologização* do sistema económico, operando uma verdadeira metamorfose do sentido primitivo do texto constitucional de 1978.

tico predominante nestas organizações, cujas consequências ainda hoje se fazem sentir.

O regime jurídico específico das Empresas Públicas (EPs) foi consagrado pela primeira vez na Lei nº 17/77 de 15 de setembro que estabelecia os princípios organizacionais e operacionais das empresas estatais, então denominadas unidades económicas estatais (UnEE), e no Estatuto dos Órgãos de Planificação, promulgado a 14 de julho de 1977 que definia os princípios gerais da organização da Comissão Nacional do Plano (CNP), considerando o objetivo de *criar as bases objetivas para a planificação da economia.*

De acordo com o quadro legislativo traçado, a propriedade e gestão das empresas passou a ser responsabilidade do Estado, a quem competia, entre outras tarefas, a nomeação dos seus administradores. A lei previa ainda a constituição de empresas mistas, designadas Unidades Económicas Mistas (UnEM), caracterizadas por serem formas de associação entre Estado e *interesses privados*, onde era reservada ao Estado uma participação maioritária.

É possível notar na Lei nº 17/77 a consagração de um modelo de gestão excessivamente administrativo e burocrático, apoiado num sistema de forte controlo governamental que atribuía ao governo não apenas os poderes de definição dos objetivos e do enquadramento geral da atividade das empresas, mas ainda poderes que permitiam a sua instrumentalização, colocando-as ao serviço do planeamento económico nacional.

A tutela exercida pelo órgão competente era extremamente ampla, incluindo o poder de dar diretivas e instruções genéricas aos administradores das empresas, no âmbito da política geral de desenvolvimento do sector[20], estando dependentes de autorização do Governo, a política de fixação de preços ou de tarifas (tratando-se de empresas de prestação de serviços públicos) e o "estatuto do pessoal" em particular no que respeitava à fixação de remunerações. De acordo com o quadro descrito, "o próprio Estado assumia o papel de agente produtivo, não só criando as empresas públicas ou atuando através delas, mas também intervindo nos respetivos circuitos de comercialização (...)"[21].

[20] Lei nº 17/77 de 15 de setembro e Estatuto dos Órgãos de Planificação.

[21] Luís Cabral de Moncada, *Direito Económico*, 2ª ed., Coimbra Editora: Coimbra (1998).

Tendo surgido numa fase de *transição para o socialismo*[22], destaca-se a sujeição do estatuto das EPs à competência do Conselho de Ministros, atribuindo-se àquele órgão a incumbência de *zelar pela eficiência do sector público*, nele se incluindo o sector empresarial, sendo visível a intensidade da intervenção dos poderes públicos na gestão daquelas empresas.

Este quadro foi ligeiramente alterado onze anos depois com a promulgação da Lei nº 11/88, de 9 de julho, aprovada no âmbito do programa de saneamento económico e financeiro. Esta nova lei procedeu a uma *atenuação* do nível de intervenção do órgão de tutela na gestão das empresas públicas, procurando conferir maior autonomia aos órgãos de gestão, mantendo, no entanto, a *lógica socialista*, na medida em que se mantinha inalterado o objetivo de *construção das bases material e técnica do socialismo* (artigo 1º), estabelecendo-se a possibilidade de *aplicação de regras especiais* na composição dos referidos órgãos de gestão, podendo ainda sujeitar-se as empresas que desenvolvessem *atividades de interesse público* a *regras especiais de carácter administrativo* (artigo 5º).

Apenas com a aprovação da Lei nº 9/95 de 15 de setembro se eliminaram as referências à ideologia socialista e se procedeu verdadeiramente a uma *reforma* do quadro regulatório do sector empresarial do Estado. O regime jurídico aprovado procurava estabelecer as bases gerais do *novo* estatuto das empresas públicas de forma a adaptá-lo ao modelo constitucional consagrado pela LC/92 Ao, até então essencialmente moldado segundo um modelo de economia centralmente planificada.

Mantinham-se, entretanto, alguns resquícios do período anterior sendo visíveis algumas restrições à *liberdade económica da empresa,* na medida em que apesar de "menos fechado" conservava-se ainda um grande poder de interferência do governo, nomeadamente no que se refere às relações de trabalho, às movimentações de capital e ao comércio[23].

A Lei nº 9/95 veio a ser mais tarde revogada pela Lei nº 11/13, de 3 de setembro, que aprova as bases do sector empresarial público, esta visi-

[22] Veja-se o artigo 1º da referida lei que consagra expressamente como finalidade da empresa *"a construção das bases materiais e técnicas do socialismo devendo exercer a sua atividade por delegação do Estado socialista ( )"*.

[23] Cf. Eduardo Paz Ferreira/Ana Perestrelo de Oliveira/Miguel Sousa Ferro, *O sector empresarial do Estado após a crise: reflexões sobre o Decreto-Lei 133/2003*, 3/V RDS (2013), 465-486.

velmente mais preocupada com o aspeto *empresarial* da empresa pública procurando adotar uma *nova cultura* no modo de *pensar* a empresa. Esta nova lei estabeleceu princípios de gestão capazes de promover reformas estruturais designadamente os princípios da eficiência e eficácia (operacional e financeira), sustentando-a com os princípios da competência, idoneidade e competência técnica, conservando, entretanto, os poderes de monitorização/fiscalização – ainda que flexibilizados – *herdados* do quadro jurídico anterior, mantendo, nomeadamente, a possibilidade de, em *circunstâncias excecionais*, as empresas poderem ser sujeitas a um regime especial de gestão, por tempo determinado, em condições a fixar por decreto presidencial (artigo 54.º)[24].

Contudo, este novo quadro legal não foi acompanhado da mudança de paradigma necessária à eficácia e eficiência na gestão das empresas públicas. Nota-se que apesar de a regulamentação propor um regime mais aproximado ao das diretrizes da OCDE sobre boas práticas de *corporate governance*[25], manteve-se a *cultura* dos regimes anteriores, designadamente ausência de transparência, falta ou deficiente prestação de contas, ausência de responsabilização dos administradores por falhas recorrentes e gestão ruinosa, desadequação das normas contabilísticas face às normas internacionais de contabilidade, etc.[26].

3. O processo de privatização em Angola

O processo de privatização pós independência, que teve início, como se referiu acima, com a aprovação entre 1987 – 1990 dos programas de Saneamento Económico e Financeiro (PSEF), de Recuperação Económica (PRE) e de Ação do Governo (PAG), revelou-se uma tentativa desastrosa de reformulação do sistema económico, visto que procurava introduzir nas estruturas de uma economia planificada, *pensadas* para o desenvolvimento de uma economia de tipo *socialista,* instrumentos de uma economia de mercado. Refira-se a este propósito que as leis aprovadas na sequência repousavam ainda nos princípios da propriedade

[24] Sobre o tema, cf. Ferreira/Oliveira/Ferro, *O sector* cit., passim.

[25] OCDE, *Diretrizes da OCDE sobre Governança Corporativa de Empresas Estatais*, OCDE Publishing: Paris (2015).

[26] Cf. Leonildo João Lourenço Manuel, *Privatização de empresa via mercado de acções: que desafios?*, 2018-05-10 RDCom (2018), 771-798.

socialista apesar das restrições impostas pelo princípio do redimensionamento[27].

Apesar das preocupações do Governo com uma gestão mais eficiente, verifica-se uma clara dissociação entre os objetivos preconizados e o quadro legal e institucional, entretanto aprovado com o intuito de prosseguir aquele objetivo.

A aplicação do programa de saneamento económico e financeiro que se concretizou com a promulgação entre 1988 e 1990 ***(i)*** da Lei das Atividades Económicas, ***(ii)*** da Lei de Bases Gerais das Empresas Estatais, ***(iii)*** da Lei da Planificação, ***(iv)*** dos Decretos referentes ao processo de privatização, demonstra claramente a intenção de continuar a deixar sob o controlo do Estado uma grande e importante parte da actividade económica[28], invertendo a lógica do processo já que o que se pretendia com a aprovação daquele pacote legislativo era sobretudo a redução da intervenção do Estado na economia.

Acresce que a implementação de um processo de privatização num contexto de inexistência ou pelo menos de incipiente iniciativa privada e ausência total de concorrência, aliada à incapacidade de investimento dos agentes económicos privados e à ausência de monitorização e controlo dos processos que, entretanto, se seguiram, que fornecesse aos *contribuintes* uma informação tempestiva e sistemática sobre a forma como foi salvaguardado o interesse público no domínio da condução e do resultado obtido com aquelas operações[29], contribuiu para aquilo que consideramos ser um fracasso da primeira fase do processo de privatização.

Foi apenas no contexto da revisão constitucional de 1992 que se deu início ao processo de transformação da economia e se procurou privatizar as empresas públicas com o objetivo de, pelo menos formalmente, reduzir efetivamente o peso do Estado na economia, o peso da dívida pública, modernizar e aumentar a competitividade e dinamizar o mercado.

[27] Cf. Ferreira, *O processo* cit., passim.

[28] Veja a título de exemplo o leque de atividades *reservadas* ao Estado pela Lei nº 10/88 de 2 de julho. Refira-se ainda a este propósito o tratamento reservado ao sector privado exigindo-se-lhe que contribuísse para *"o aumento da capacidade produtiva nacional (...)"* – constante do documento que aprovou as bases gerais para o condicionamento empresarial a 3 de dezembro de 1987.

[29] A que se somam o desrespeito pelos princípios elementares da concorrência e transparência.

Assim, em 1994, foi aprovado um novo quadro legislativo que procurou implementar um programa mais vasto de *desintervenção*, procurando abranger não só a privatização em sentido estrito e as formas de *desoneração* do Estado de tarefas no âmbito da atividade económica e dos serviços públicos, mas também a abertura à iniciativa privada de atividades inicialmente desenvolvidas em exclusivo pelo sector público e a eliminação do controlo público sobre as atividades privadas[30].

A Lei nº 10/94, de 31 de agosto, mais tarde parcialmente alterada pela Lei nº 8/03 de 18 de abril (por via da qual se procedeu à segunda alteração do regime aplicável à matéria das privatizações), veio estabelecer o quadro geral a que se sujeita o processo de privatização de empresas, participações e outros patrimónios do Estado que não estivessem abrangidos pela reserva absoluta do sector público, com o objetivo de proceder a uma reestruturação sectorial e empresarial.

De notar que o referido diploma se refere indistintamente a privatizações, não distinguindo entre os casos de *regresso* ao domínio privado de bens ou direitos aí anteriormente integrados e que foram, entretanto, nacionalizados, das privatizações de empresas *originariamente* públicas.

De acordo com o disposto no seu artigo 7º os processos de privatização das empresas "deverão realizar-se, alternativa ou cumulativamente, por meio de: *(i)* alienação de ativos, *(ii)* alienação de participações sociais, ou aumento do capital social, via de regra por concurso público, podendo em *casos absolutamente excecionais,* aplicar-se o concurso limitado ou o ajuste direto.

Cada processo de privatização, nos termos do quadro legal aprovado, rege-se ainda por um conjunto de diplomas regulamentares complementares, cuja finalidade é a transformação das empresas a privatizar em sociedades comerciais, nos termos da legislação comercial, e a aprovação do figurino, modalidades, limites e restrições a aplicar aos respetivos processos (Decretos-lei do Conselho de Ministros, Decretos dos Ministros das Finanças e do órgão de tutela e despachos – cf. artigo 5º).

Além de relacionar os objetivos pretendidos com a privatização, fixando-lhe as formas de realização, estabeleceu a obrigação de realiza-

[30] Maria Manuel Leitão Marques/Vital Moreira, *Desintervenção do Estado e regulação dos serviços públicos*, texto revisto da comunicação apresentada na *Conferência "Serviço público, gestão privada e regulação"*, Instituto Nacional de Administração (INA): Lisboa (1999).

ção de duas operações distintas: *(i)* os ajustes internos (rotinas administrativas e ajustes societários) e a qualificação dos eventuais interessados (recolha de intenções de aquisição junto de potenciais investidores de referência, sem prejuízo da possibilidade de outros investidores de referência poderem manifestar o seu interesse em participar no processo de privatização), e *(ii)* efetivação do processo de desestatização (artigo 6º).

Contudo, não se pode dizer que tenha havido uma política consistente de privatização nesse período. Os programas de privatização entretanto implementados degeneraram em iniciativas desarticuladas de política económica. Não obstante a existência de um quadro legal favorável, vários fatores (resistência política, resistência de grupos contrários à privatização, complexidade das empresas, escolha de modelos de privatização inadequados à dimensão da empresa, desrespeito pelas regras de procedimento, etc.), contribuíram para que mais uma vez não se atingissem os objetivos preconizados com o processo de privatização[31].

A análise dos resultados[32] indica que a contribuição da privatização para a redução da dívida pública e o esforço de ajuste fiscal não foram tão significativos quanto se esperava, mesmo no curto prazo.

Apesar de não se poder negar que a privatização tenha substancialmente contribuído para a mudança do cenário político-económico, ao mesmo tempo não se pode dizer que o processo tenha correspondido a uma efetiva redução da intervenção do Estado no sector produtivo, antes pelo contrário. Com efeito, é ainda hoje bastante significativo o peso que o Estado exerce sobre a economia, nomeadamente nos sectores industrial, portuário, ferroviário, das telecomunicações, energia elétrica, etc.

Assim, novamente continuam por concretizar os objetivos de *(i)* maximização do encaixe financeiro resultante da alienação das ações representativas do capital das EPs; *(ii)* reforço da posição competitiva, do crescimento e da eficiência em benefício da economia nacional e dos consumidores, e *(iii)* minimização da exposição do Estado ao risco.

[31] Uma nota digna de realce é o facto de esta Lei não ter sido até ao momento regulamentada apesar da obrigação imposta pelo artigo 7º da Lei nº 8/03 de 18 de abril.

[32] Maria Luísa Abrantes, *A privatização do Sector empresarial do Estado em Angola*, Faculdade de Direito da Universidade Agostinho Neto: Luanda (2011).

Recentemente, e na sequência da publicação do Decreto Presidencial nº 258/17 de 27 de Outubro, que aprova o Plano Intercalar contendo medidas de política e acções para melhorar a situação económica e social do país, em consequência da crise entretanto verificada com a queda do preço do barril de petróleo – principal fonte de financiamento do Estado Angolano – foi aprovada a Lei nº 10/19, de 14 de Maio, que estabelece o novo Regime Jurídico das Privatizações e Reprivatizações com a finalidade de "dinamizar a economia nacional pela devolução da iniciativa empresarial e económica aos agentes económicos privados, cabendo ao Estado o papel de regulador e de coordenador do desenvolvimento económico".

A nova Lei de Bases das Privatizações volta a colocar em destaque o tema das privatizações estabelecendo-a como uma das medidas necessárias aos objectivos de estabilização e crescimento económico não dependente da receita petrolífera, definindo os objectivos a atingir, bem como as formas e os procedimentos necessários à sua realização.

Este diploma legal, implementa um novo regime jurídico a que se deverão sujeitar os processos de privatizações, preocupando-se em marcar de modo decisivo, presume-se, o recuo do papel do Estado nas empresas, bem como a introdução de novos procedimentos designadamente, através da dispersão do capital da empresa (total ou parcial) em bolsa, leilão em bolsa, bem como o concurso público e concurso limitado por prévia qualificação.

De acordo com a disciplina consagrada na referida Lei, o programa de privatizações[33] tem como objectivos: "a) promover a redução do peso do Estado na Economia; b) promover o fomento empresarial e o reforço da capacidade empresarial nacional; c) promover a concorrência, competitividade e eficiência da economia nacional; d) contribuir para uma melhor redistribuição do rendimento nacional e possibilitar uma ampla participação na titularidade do capital social das empresas através de uma adequada dispersão do capital social dando particular atenção aos trabalhadores das próprias empresas e aos pequenos subscritores; e) aumentar os recursos financeiros do Sector Empresarial Público pelo encaixe financeiro resultante da venda dos activos privatizados; f) con-

[33] Aprovado pelo Decreto Presidencial nº 250/19, de 5 de Agosto, PROPRIV – Programa de Privatizações

tribuir para o desenvolvimento do mercado de capitais; g) promover a redução do peso da dívida pública na economia" (artigo 5º da Lei de Bases das Privatizações).

O processo direcciona-se, assim, à *desestatização* de empresas (incluindo instituições financeiras), controladas, directa ou indirectamente, pelo Estado, podendo concretizar-se por meio de processos de: a) alienação das acções representativas do capital social; b) aumento do capital social aberto à subscrição de entidades privadas; c) alienação de activos; d) cessão do direito de exploração e gestão (artigo 14º).

Os processos serão realizados, apenas, através de concurso público, concurso limitado por prévia qualificação, ou oferta em bolsa de valores.

Ainda, nos termos da Lei de Bases das Privatizações, as empresas públicas a privatizar deverão ser transformadas em sociedades anónimas por acto da entidade competente para tomar a decisão de privatizar.

O diploma que operar a transformação deverá ainda aprovar os estatutos da sociedade, a qual passará a reger-se pela legislação comum das sociedades comerciais, sendo que a sociedade que vier a resultar da referida transformação mantém a personalidade jurídica da empresa transformada, bem como todos os seus direitos e obrigações legais e contratuais.

A Lei de Bases das Privatizações estabelece ainda a possibilidade de se reservar aos trabalhadores e pequenos subscritores, a aquisição de uma participação de até 20% do valor da alienação (nº 1, artigo 27º).

Um dos aspectos mais relevantes daquele diploma legal, quanto aos objectivos a alcançar, é que não apresenta grandes diferenças em relação aos objectivos traçados pelas políticas anteriores, designadamente, (i) redução da participação activa do Estado na Economia; (ii) aumento da eficiência e produtividade do sector empresarial Público; (iii) promoção e fomento da actividade empresarial privada; (iv) reforço da capacidade empresarial nacional; etc.

Da análise histórica do processo de privatização em Angola, em particular a partir de 1994, é possível perceber que um factor que se mantém inalterado, é o permanente desajustamento do regime regulatório face ao quadro institucional, que de forma sistemática tem prejudicado o sucesso da política de liberalização, com as consequências negativas daí decorrentes, e que aliada a outros factores como a falta de compromisso político, inflação, irregular crescimento e restrições à participação de potenciais investidores, tem contribuído para o insucesso das diversas políticas de privatização.

Com efeito, o movimento de privatização não foi acompanhado do necessário processo de mudança institucional e comportamental que, alicerçada numa abordagem integrada das várias políticas nacionais, criasse mecanismos capazes de atender às necessidades de mudança.

O que se verifica é que sempre que nos encontramos a meio de um processo de privatização, somos deparados com a introdução de nova regulação, oriunda de concepções diversas, sem que haja um mínimo esforço de uniformização de visões, objectivos e princípios.

Um exemplo do que acabamos de referir é a proposta de imposição da regra *concurso público/oferta pública inicial em mercados regulamentados* ínsita no nº 1 do artigo 15º). Não existem dúvidas sobre as vantagens da privatização via bolsa de valores, desde logo (i) pela possibilidade de acesso a capital novo, de longo prazo a baixo custo, que poderá ajudar a reforçar e optimizar a estrutura de capital da empresa e permitir a saída ou a redução da influência do accionista Estado; (ii) pela facilidade de acesso a capital (a baixo custo) via produtos e processos de que goza uma empresa cotada e exposta ao mercado de valores mobiliários, e (iii) pela eventual exposição e afirmação da empresa a nível internacional. A cotação na bolsa permite ainda integrar o índice de referência do mercado de capitais, servindo para dar visibilidade à empresa. Tem ainda a vantagem de captar capital de confiança e de proporcionar maior transparência nas contas. Os novos accionistas, por sua vez, passam a beneficiar da garantia de regulação da CMC, tendo a empresa o dever de publicar periodicamente as suas contas e informação relevante de acordo com os padrões definidos pelo Regulador.

No entanto, se o desenvolvimento do mercado bolsista tem um papel relevante na vida económica nacional, a privatização via bolsa, no estado em que atualmente se encontra o processo de *desestatização* e as empresas públicas – quase todas em situação deficitária, com processos produtivos obsoletos, mão-de-obra excedentária e redundante – parece não ser a melhor das opções, a menos que sejam devidamente ponderados alguns aspetos decisivos.

O primeiro prende-se com a necessidade de erradicar previamente as distorções de que enferma o mercado de capitais angolano.

Como se referiu acima, as privatizações foram sobretudo orientadas para a resolução de problemas financeiros crónicos do Estado. Porém este processo não foi acompanhado de reformas sérias na estrutura e funcionamento quer das empresas quer da administração pública, quer do próprio mercado, por um lado, a que se soma o facto de o Estado manter e exercer pretensões de controlo nas empresas privatizadas, impedindo o livre funcionamento e desenvolvimento do mercado, por outro.

Acresce que, estando as empresas, na sua grande maioria, em situação deficitária, colocam-se questões sobre a forma como deverão ser avaliadas de modo a atrair investidores, apesar da exploração altamente deficitária. O desafio será sem sombra de dúvida transformar essas empresas em veículos de captação de investimento.

O contexto atual conflitua também abertamente com os saudáveis princípios de *"corporate governance"*, que visam promover a difusão das boas práticas de governo societário como instrumento incontornável para a eficiência económica, o crescimento sustentável e a estabilidade financeira, princípios fundamentais na regulação dos mercados de capitais[34].

De facto, Angola está ainda longe de alcançar os padrões de equidade e transparência desejáveis. Apesar de em teoria pretender implementar-se uma reforma do aparelho administrativo, com a inclusão de valores como eficiência e participação do cidadão, a verdade é que o Estado continua *preso* ao método tradicional de governação, demasiado burocrático, tornando pouco provável a produção dos resultados eficientes, pelo menos no curto prazo, que se pretendem com a privatização em bolsa[35], uma vez que afeta não só o custo suportado pelas empresas no acesso ao capital, mas também a confiança dos investidores[36].

[34] OCDE, *Diretrizes da OCDE sobre Governança Corporativa de Empresas Estatais*, OCDE Publishing: Paris (2015). Recomendados e desenvolvidos com base no entendimento de que as políticas de governo das sociedades têm um papel importante a desempenhar na prossecução de objetivos económicos mais amplos relativamente à confiança dos investidores e formação e alocação de capital.

[35] Leonildo João Lourenço Manuel, *Privatização de empresa via mercado de acções: que desafios?*, 2018-05-10 RDCom (2018), 771-798.

[36] OCDE, *Princípios de Governo das Sociedades do G20 e da OCDE*, OECD Publishing: Paris (2016), 10 ss..

Ora, se, apesar de existir um corpo normativo, não existe um conjunto de práticas que assegure aos acionistas e aos demais *stakeholders* a proteção dos seus direitos, e possibilite a redução de custos de capital por parte das empresas, dificilmente se conseguirá a adesão ao processo, quer de investidores institucionais quer de pequenos subscritores. Daí que seja necessária a adoção não só de disposições *governativas* credíveis e conformes com os princípios internacionalmente aceites, mas também de um quadro institucional que permita a respetiva efetivação[37].

Outro aspeto não menos relevante a ter em conta é a influência que tem a situação financeira da empresa e o *estado da economia* no preço das ações. Com efeito, a empresa é o principal *influenciador* do valor dos seus títulos cotados em bolsa: a rentabilidade da sua atividade, o nível de endividamento, o seu potencial de crescimento, a sua diversificação geográfica, as demonstrações financeiras, os modelos de governação, de sustentabilidade, políticas de remuneração dos acionistas, etc., são elementos que influenciam o valor da *organização*. O estado da economia também é um fator a ter em conta já que, se a economia não cresce, ou pelo menos não a um ritmo desejável[38], este aspeto tende a refletir-se no comportamento da bolsa, pois torna ainda mais incerta a rentabilidade do investimento, ou distorce os incentivos à sua realização[39].

Acresce, ainda, que não se tem em conta as repercussões negativas que as restrições à livre circulação de capital têm no desenvolvimento do mercado de capitais nacional. Olhando por exemplo para a experiência portuguesa, é possível constatar que o sucesso da generalidade das operações de privatização via bolsa deveu-se em grande medida à resposta

[37] *"Mesmo que as empresas não dependam de fontes estrangeiras de capital, uma estrutura de governo das sociedades credível, apoiada por mecanismos de supervisão e aplicação eficazes, irá ajudar a melhorar a confiança dos investidores nacionais, reduzir o custo de capital, apoiar o bom funcionamento dos mercados financeiros e, finalmente, induzir fontes de financiamento mais estáveis"*, cf. OCDE, *Princípios* cit., passim.

[38] Alves da Rocha, *As Perspectivas de Crescimento Económico de Angola até 2020*, [WP nº 02] CEIC (2014). Acessível em CEIC-UCAN: http://www.ceic-ucan.org/wp-content/uploads/2014/12/AS-PERSPECTIVAS-DE-CRESCIMENTO-ECON%C3%93MICO-DE-ANGOLA-AT%C3%89-20202.pdf (consultado a 13 de abril de 2019).

[39] Uma economia com elevados níveis de endividamento, baixo crescimento, baixa taxa de poupança, elevado endividamento, restrições ao financiamento da economia, incerteza em relação à sustentabilidade da dívida pública é grande o desafio de aumentar o investimento e o produto potencial da economia. Cf. Rocha, *As Perspectivas* cit., passim.

adequada e inovadora do mercado, tanto a nível regulamentar como operacional, por um lado, e ao interesse revelado pelos investidores institucionais e pequenos subscritores, por outro, fatores que contribuíram sem sombra de dúvidas para a *transformação* da Bolsa de Valores de Lisboa numa verdadeira bolsa de ações[40].

Ora, não existindo em Angola, ainda, uma proposta de reforma da máquina Estado – apesar de existir uma ideia afirmada de substituição da administração pública burocrática e intervencionista por uma administração *gerencial*, não há ainda uma conceção explícita da natureza operacional da reforma que se pretende implementar nem do tipo de regulação que virá a concretizá-la – a opção de privatização preferencialmente *via bolsa* pode revelar-se um erro estratégico de grandes proporções.

A todo este conjunto de constrangimentos somam-se ***(i)*** os custos com a produção da informação para o mercado de acordo com os requisitos do CVM Ao, envolvendo encargos de consultoria jurídica e financeira, ***(ii)*** os custos de manutenção da empresa cotada em bolsa, nomeadamente as comissões da bolsa de valores, da equipa de gestão, de informação, relatórios e auditorias mais extensas e profundas (sujeitos a exigências de maior transparência) e, portanto, com maior custo, que podem implicar para o Estado mais inconvenientes do que benefícios e a não concretização dos objetivos preconizados com a privatização.

4. Considerações finais

Um dos objetivos do atual programa de privatizações é, como resulta dos documentos que lhe servem de suporte, a redução do ónus do Estado no financiamento do sector empresarial público; a redução da participação ativa do Estado na economia; o aumento da eficiência e produtividade do sector empresarial público, promoção e fomento da atividade empresarial privada; etc.

[40] Irene Carvalho, *Impacte das Privatizações no mercado de capitais 1996 – 1º semestre de 1999*, [WP nº 12] Direção-Geral de Estudos e Previsão (1999). Acessível em GPEARI-GOV: http://www.gpeari.gov.pt/investigacao/working-papers/w-papers-dgep/w-paper12.pdf (consultado a 13 de abril de 2019).

Contudo, não se deve pensar que a mera formulação legal por si só resolve os problemas de natureza estrutural ou que sinalize uma mudança na *postura* governativa. É necessário como se disse que estas propostas sejam acompanhadas de políticas de estímulo à competição e mecanismos de regulação eficazes e eficientes.

É verdade que a lei de bases das privatizações introduz alterações significativas ao regime anterior[41] permitindo a participação no processo de entidades estrangeiras no capital de sociedades a privatizar[42] e possibilitando a dispersão do capital da empresa em bolsa.

No entanto é preciso ter em conta os problemas sistemáticos que vem enfrentando o processo de privatização desde a sua implementação, de forma a que o quadro legislativo actual contribua efectivamente para alterar e superar as dificuldades interpretativas e integrativas herdadas do período anterior.

É necessário pois que sejam adequadamente consideradas as eventuais necessidades de reestruturação prévia dos sectores e do quadro regulatório e seja estabelecida uma *política global* – com a consequente regulamentação específica –, dedicando-se particular atenção às necessárias mudanças de performance quer por parte das empresas quer por parte da administração do Estado[43].

A semelhança do que acontece em outras partes do globo, o programa de privatização angolano também se insere na discussão mais ampla acerca do papel do Estado na economia, tendo como objetivos essenciais o aumento da eficiência, o ajuste fiscal de longo prazo e o resgate de sua função social. Assim, para além da regulamentação, ajustes estruturais credíveis são essenciais para assegurar que as reformas, que implicam a reestruturação ou privatização, assegurem uma melhoria do desempenho e contribuam para os objetivos de maximização da receita e redução da pobreza[44].

[41] Lei nº 10/94, de 31 de Agosto (Lei das Privatizações).

[42] É o que parece resultar da redacção do artigo 11º.

[43] OCDE, *Recomendação do Conselho sobre Política Regulatória e Governança*, OCDE Publishing: Paris (2012).

[44] Jorge Eduardo Bustamante, *Desregulación: entre el derecho y la economía*, Abeledo-Perrot: Buenos Aires (1993); Trevor MacMurray, Rethinking privatization, 1 McQ (1993), 35-46; OCDE, *Réforme réglementaire, privatisation et politique de la concurrence*, OCDE Publishing: Paris (1992).

Um problema constante no *movimento regulador* em Angola é a tendência para a reprodução sem grandes alterações de modelos já experimentados noutros países sem as correspondentes e necessárias mudanças estruturais.

A isto acresce a falta de recursos humanos qualificados em número suficiente para aplicar uma regulação que, em muitos casos, tem uma forte componente técnica. O mesmo se diga dos custos financeiros necessários para assegurar a independência do órgão regulador para evitar "captura" por parte do(s) regulado(s).

É, portanto, necessária uma efectiva mudança de paradigma "para que as reformas sejam realizadas de maneira acertada e comprometida com a *salvaguarda dos interesses, público e dos investidores*"[45], devendo assegurar-se "os princípios de um governo aberto, incluindo transparência e participação no processo regulatório"[46].

É necessário ainda que se apurem com algum rigor os custos e benefícios dos processos anteriores, que se adotem ferramentas como a *análise de impacto regulatório* (de forma a determinar os possíveis impactos das opções regulatórias disponíveis e a respetiva correspondência aos objetivos pretendidos)[47] e que se proceda a uma análise das diferentes medidas regulatórias de modo a reduzir incertezas e servir de suporte às futuras decisões políticas de forma informada, transparente, responsável e com um elevado grau de escrutínio público.

A criação de condições favoráveis à atração do capital privado, o aumento da transparência e responsabilização, a implementação de uma efetiva *governança pública,* a escolha correta dos procedimentos, a introdução de ferramentas para a execução regulatória e os ajustes necessários ao sistema, são os desafios que em nossa opinião enfrenta o programa de privatização que se pretende implementar.

[45] "Reformar as Infra-estruturas – Privatização, Regulação e Concorrência", in *http://econ.worldbank.org/prr/reforming_infrastructure*

[46] OECD (2012), *Recomendação do Conselho sobre política regulatória e governança,* OECD Publishing, Paris, https://doi.org/10.1787/9789264209084-pt

[47] Conforme recomendação do Conselho da OCDE sobre política regulatória e governança pública, cf. OCDE, *Recomendação* cit., passim.

Bibliografia

Maria Luísa Abrantes, A privatização do Sector empresarial do Estado em Angola, Faculdade de Direito da Universidade Agostinho Neto: Luanda (2011).

Jorge Eduardo Bustamante, *Desregulación: entre el derecho y la economía*, Abeledo--Perrot: Buenos Aires (1993).

Irene Carvalho, *Impacte das Privatizações no mercado de capitais 1996 – 1º semestre de 1999*, [WP nº 12] Direção-Geral de Estudos e Previsão (1999). Acessível em GPEARI-GOV: http://www.gpeari.gov.pt/investigacao/working-papers/w-papers-dgep/w-paper12.pdf (consultado a 13 de abril de 2019).

Eduardo Paz Ferreira/Ana Perestrelo de Oliveira/Miguel Sousa Ferro, *O sector empresarial do Estado após a crise: reflexões sobre o Decreto-Lei 133/2003*, 3/V RDS (2013), 465-486.

Eduardo Paz Ferreira, *A Constituição económica e a União Económica e Monetária: da Construção do Socialismo ao Credo Monetarista*, em *Em torno da revisão do Tratado da União Europeia*, Almedina: Coimbra (1997).

Helena Prata Ferreira, *Do princípio da irreversibilidade das nacionalizações ao princípio das (re)privatizações – o Artigo 13º da Lei Constitucional Angolana de 1992*, 2/II RAoD (2009), 43-74.

Manuel Ennes Ferreira, O processo de privatização em Angola, 10/I (1994-1995). Acessível em IPRIS: http://www.ipris.org/files/10/10_O_processo_de_privatizacao_em_Angola.pdf (consultado a 13 de abril de 2019).

– *Nacionalização e confisco do capital português na indústria transformadora de Angola (1975-1990)*, 162/XXXVII AnSoc (2002), 47-90.

António L. Sousa Franco, *A Revisão da Constituição Económica*, Sep. III/42 ROA (1982).

José Armando Morais Guerra, *Direito da Economia Angolana*, Escher: Lisboa (1994).

Trevor MacMurray, *Rethinking privatization*, 1 McQ (1993), 35-46.

Leonildo João Lourenço Manuel, *Privatização de empresa via mercado de acções: que desafios?*, 2018-05-10 RDCom (2018), 771-798.

Maria Manuel Leitão Marques/Vital Moreira, *Desintervenção do Estado e regulação dos serviços públicos*, texto revisto da comunicação apresentada na *Conferência "Serviço público, gestão privada e regulação"*, Instituto Nacional de Administração (INA): Lisboa (1999).

Jorge Miranda, *Manual de Direito Constitucional*, IV, 3ª ed., Coimbra Editora: Coimbra (2000).

Luís Cabral de Moncada, *Direito Económico*, 2ª ed., Coimbra Editora: Coimbra (1998).

OCDE – Organização para a Cooperação e Desenvolvimento Económico, *Réforme réglementaire, privatisation et politique de la concurrence*, OCDE Publishing: Paris (1992);
– *Recomendação do Conselho sobre Política Regulatória e Governança*, OCDE Publishing: Paris (2012);
– *Diretrizes da OCDE sobre Governança Corporativa de Empresas Estatais*, OCDE Publishing: Paris (2015);
– *Princípios de Governo das Sociedades do G20 e da OCDE*, OECD Publishing: Paris (2016).

Alves da Rocha, *As Perspectivas de Crescimento Económico de Angola até 2020*, [WP nº 02] CEIC (2014). Acessível em CEIC-UCAN: http://www.ceic-ucan.org/wp-content/uploads/2014/12/AS-PERSPECTIVAS-DE-CRESCIMENTO-ECON%C3%93MICO-DE-ANGOLA-AT%C3%89-20202.pdf (consultado a 13 de abril de 2019).

Carlo Rosselli, *Liberal Socialism*, ed. Nadia Urbinati, trad. William McCuaig, Princeton University Press: Princeton/New Jersey (1994).

Capítulo IV

Intermediação Financeira e Investidores

Os deveres dos intermediários financeiros: uma leitura luso-brasileira

Paulo Câmara[1]

Resumo: *O catálogo de deveres dos intermediários financeiros tem vindo a sofrer um alargamento sensível nas últimas décadas, seja no número de deveres, seja na densidade normativa subjacente a cada dever. O quadro atual a este propósito apresentado pelos sistemas jurídicos brasileiro e português revela diferenças formais na estrutura de fontes mas traduz simultaneamente uma relevante convergência funcional na conformação dos principais deveres jurídicos dos intermediários financeiros, tendo em vista a proteção dos investidores não profissionais e a integridade do mercado.*

1. Enquadramento

Os sistemas jurídicos do Brasil e de Portugal revelam diferenças significativas na regulação do mercado de capitais[2].

Três essenciais traços distintivos merecem ser retidos a este propósito. De um lado, em termos jurídico-culturais, ao passo que o direito brasileiro do mercado de capitais recebe influências culturais do direito

[1] Consigno aqui um agradecimento caloroso ao meu amigo e colega Professor Erik Oioli na amável colaboração prestada na recolha de elementos normativos e doutrinários sobre direito brasileiro.

[2] Para uma reconstituição dos traços de aproximação do direito lusófono dos valores mobiliários, v. nomeadamente Paulo Câmara, *Manual de Direito dos Valores Mobiliários*, 4ª ed., Almedina: Coimbra (2018), 984-989.

norte-americano, embora processadas com filtros e adaptações, o direito português dos valores mobiliários é diretamente sujeito às fontes do direito europeu, que integram a ordem jurídica portuguesa.

De outro lado, o direito português dos valores mobiliários implica a existência de um Código (o CVM Pt), o que não sucede no sistema jurídico brasileiro. Importa, no entanto, reconhecer que a codificação portuguesa tem vindo a perder alguma da sua centralidade, sobretudo por virtude da proliferação de regulamentos europeus e de legislação avulsa, designadamente sobre tipos de intermediários financeiros e sobre tipos de valores mobiliários[3].

Por fim, e em consequência do ponto anterior, o relevo da autoridade mobiliária na produção de regulamentação é mais importante no Brasil (através da Comissão dos Valores Mobiliários – CVM Br) do que em Portugal (através da Comissão do Mercado de Valores Mobiliários – CMVM Pt), dado que neste país a harmonização legislativa europeia reduz sensivelmente na prática o espaço conformador regulamentar.

Procura-se aqui proceder a uma ilustração destas ideias através de uma análise sucinta dos deveres dos intermediários financeiros. Para o efeito, começa-se por reconstituir o sistema de fontes **(2.)** e a tipologia institucional **(3.)**, após o que se percorre o catálogo dos principais deveres jurídicos dos intermediários financeiros **(4.-7.)**.

2. O sistema das fontes

No Brasil, o sistema de fontes sobre intermediação financeira é multifacetado[4]. De um lado, quanto à intermediação bancária em geral, rege a Lei nº 4.595/64, de 31 de dezembro de 1964, importando destacar o seu artigo 17º. Este preceito define instituições financeiras como as pessoas jurídicas públicas ou privadas, que tenham como atividade principal ou acessória a "*coleta, intermediação ou aplicação de recursos financeiros próprios*

[3] Câmara, *Manual* cit., 74-81; Frederico de Lacerda da Costa Pinto, *O novo regime europeu de abuso do mercado e a adaptação do sistema sancionatório nacional*, em *O Novo Direito dos Valores Mobiliários: I Congresso sobre Valores Mobiliários e Mercados Financeiros*, coord. Paulo Câmara, Almedina: Coimbra (2017), 33-42, 41.

[4] Para alguns dados infra-jurídicos sobre o desenvolvimento da intermediação financeira no Brasil, cf. André Xavier, *Desafios e tendências no setor de distribuição/intermediação no Brasil*, em *Desenvolvimento do Mercado de Capitais no Brasil*, coord. Amarilis Prado Sardenberg, Sociologia Política: São Paulo (2015), 305-335.

ou de terceiros, em moeda nacional ou estrangeira, e a custódia de valor de propriedade de terceiros".

Por seu turno, no que respeita especificamente à intermediação relativa a valores mobiliários, a principal fonte legislativa é a Lei nº 6.385/76, de 7 de dezembro de 1976[5].

O tema da intermediação financeira é regulamentado pela Comissão de Valores Mobiliários (CVM Br), importando anotar nomeadamente as seguintes Instruções: **(i)** – Instrução CVM Br nº 542, sobre custódia de valores mobiliários; **(ii)** – Instrução CVM Br nº 476/09, sobre ofertas públicas restritas; **(iii)** – Instrução CVM Br nº 400/2003, sobre ofertas públicas; e, **(iv)** – Instrução CVM Br nº 558/2015, sobre administração de carteiras.

Na Europa, a pedra angular do regime jurídico da intermediação financeira é representada pela Diretiva nº 2014/65/UE, de 15 de maio de 2014, designada abreviadamente por DMIF II.

Esta Diretiva constitui a atual peça legislativa de maior importância na regulação dos mercados financeiros na Europa. É usualmente designada DMIF II, porque sucedeu e revogou a primeira diretiva relativa aos mercados financeiros, a Diretiva nº 2004/39/CE, de 21 de abril de 2004 (DMIF I).

No âmbito da intermediação financeira, o processo de preparação da DMIF II decorreu do contexto de crise financeira internacional e do aprimoramento de soluções esboçadas na DMIF I. Este constitui o enquadramento que ditou a aprovação da DMIF II, a que subjazem os objetivos abaixo indicados.

A um tempo, o diploma visou uma maior coerência do regime mobiliário europeu no tocante à intermediação financeira, nomeadamente através do alargamento dos instrumentos financeiros abrangidos. Mais concretamente procurou-se a inclusão das licenças de emissão nos instrumentos financeiros regulados, de modo a pôr cobro a práticas fraudulentas detetadas que poderiam pôr em causa o mercado europeu de licenças de emissão[6].

[5] Desenvolvidamente, cf. Thiago Saddi Tannous, *anotação aos arts. 15º a 18º*, em *Comentários à Lei do Mercado de Capitais – Lei nº 6.385/76*, coord. Gabriela Codorniz/Laura Patella, 1ª ed., Quartier Latin: São Paulo (2015).

[6] Considerando 11 da Diretiva nº 2014/65/UE, de 15 de maio de 2014.

A revisão legislativa teve ainda como propósito o reforço da proteção dos investidores[7]. A este título, é patente o objetivo estruturante de uma prevenção de conflito de interesses na regulação dos serviços de intermediação financeira[8]. Trata-se de um ponto transversal, nomeadamente no novo regime estabelecido para os serviços de consultoria e na gestão de carteiras, para os benefícios (*inducements*), os deveres de informação, os deveres de adequação e os deveres de governação dos produtos financeiros. Tem-se em vista também o reforço dos poderes de supervisão e o alargamento do perímetro de atuação das autoridades de supervisão, nomeadamente em relação às empresas prestadoras de dados e ao tema de governação dos produtos financeiros. Este pacote legislativo procurou, por fim, promover o robustecimento das regras de governação dos intermediários financeiros (particularmente na área do sistema de controlo interno)[9] e a imposição de novas regras sobre governação dos produtos financeiros[10].

Esta Diretiva submete-se ao sistema europeu multi-estratificado de fontes, que deve ser apreciado em termos integrados[11]. Como fontes de nível 1, encontramos a Diretiva nº 2014/65/UE, de 15 de maio de 2014 (DMIF II) e o Regulamento (UE) nº 600/2014 do Parlamento Europeu e do Conselho, de 15 de maio de 2014 (comummente designado por RMIF ou MIFIR). A primeira foi transposta para Portugal através da Lei

[7] Martin Brenncke, *arts. 21º-30º MiFID II*, em *Commentary on MiFID II Conduct of Business Rules – Financial Services Law: A Commentary*, coord. Matthias Lehmann/Matthias Kumpan, Hart/Beck/Nomos: Munich/Oxford (2019), 149-209.

[8] Luca Enriques/Matteo Gargantini, *The overarching duty to act in the best interests of the client in MiFID II*, em *Regulation of the EU Financial Markets: MiFID II and MiFIR*, coord. Danny Busch/Guido Ferrarini , Hart Publishing: Oxford (2017), 85-122.

[9] Jens-Hinrich Binder, *Governance of investment firms under MiFID II*, em *Regulation of the EU Financial Markets: MiFID II and MiFIR*, coord. Danny Busch/Guido Ferrarini, Oxford University Press: Oxford (2016), 49-83.

[10] Tiago dos Santos Matias, Product intervention *na DMIF II: nótulas sobre o último poder (ou o poder último) conferido às autoridades de supervisão*, em *O Novo Direito dos Valores Mobiliários: I Congresso sobre Valores Mobiliários e Mercados Financeiros*, coord. Paulo Câmara, Almedina: Coimbra (2017), 257-278.

[11] O sítio Internet da Comissão Europeia mostra-se indispensável para aceder ao acervo integral de diplomas relacionados com a DMIF II.

nº 35/2018, de 20 de julho. Devemos ainda dar nota da aprovação, pela CMVM Pt, de regulamentos importantes neste âmbito[12].

À margem dos diplomas de natureza legislativa, importa ainda anotar o relevo dos documentos interpretativos como os Q&A e as Orientações da ESMA. Apesar de estes apenas determinarem, do lado dos intermediários financeiros, um dever de desenvolvimento dos melhores esforços no sentido do seu acolhimento[13], é de reter nomeadamente os seguintes documentos[14]: **a)** – ESMA, *Guidelines for the assessment of knowledge and competence*, (2017); **b)** – ESMA, *MiFID II guidelines on cross-selling practices* (2016); **c)** – ESMA, *Guidelines on Transaction reporting, order record keeping and clock synchronisation under MiFID II* (2016); **d)** – ESMA, *Guidelines on certain aspects of the MiFID II suitability requirements*, (2018); **e)** – ESMA, *Q&A on MiFID II and MiFIR investor protection and intermediation topics*, ESMA 35-43-349 (em atualização); **f)** – ESMA, *Q&A on MiFIR Data Reporting* (em atualização); **g)** – ESMA, *Guidelines on Product governance requirements* (2017).

3. A tipologia institucional

A determinação do perímetro de serviços e atividades de investimento reveste-se de importância matricial, atento o regime jurídico que lhes está associado, em termos de exigências de autorização e de deveres de conduta.

[12] É o exemplo do Regulamento da CMVM Pt nº 3/2018, que define os conteúdos mínimos a dominar pelos colaboradores de intermediários financeiros que prestam serviços de consultoria para investimento, de gestão de carteiras por conta de outrem ou dão informações a investidores sobre produtos financeiros e serviços de investimento, principais ou auxiliares, assim como pelos consultores autónomos, regulamentando também qualificações e aptidões profissionais destes.

[13] Cf. art. 16º, nº 3, do Regulamento (UE) 1095/2010, do Parlamento Europeu e do Conselho, de 25 de novembro de 2010.

[14] Quanto aos documentos por finalizar, cf. European Securities and Markets Authority, *Guidelines on certain aspects of the MiFID II suitability requirements* [Consultation Paper], ESMA (2017).
Acessível em ESMA: https://www.esma.europa.eu/sites/default/files/library/2017-esma35-43-748_-_cp_on_draft_guidelines_on_suitability.pdf (consultado a 14 de abril de 2019).

No Brasil, a Lei nº 6.385/76, de 7 de dezembro de 1976, veio nomeadamente delimitar o sistema de distribuição de valores mobiliários[15], aí incluindo as seguintes instituições:

> *"I – as instituições financeiras e demais sociedades que tenham por objeto distribuir emissão de valores mobiliários:*
>
> *a) como agentes da companhia emissora;*
>
> *b) por conta própria, subscrevendo ou comprando a emissão para a colocar no mercado;*
>
> *II – as sociedades que tenham por objeto a compra de valores mobiliários em circulação no mercado, para os revender por conta própria;*
>
> *III – as sociedades e os agentes autônomos que exerçam atividades de mediação na negociação de valores mobiliários, em bolsas de valores ou no mercado de balcão;*
>
> *IV – as bolsas de valores;*
>
> *V – entidades de mercado de balcão organizado;*
>
> *VI – as entidades de compensação e liquidação de operações com valores mobiliários;*
>
> *VI – as corretoras de mercadorias, os operadores especiais e as Bolsas de Mercadorias e Futuros; e*
>
> *VII – as entidades de compensação e liquidação de operações com valores mobiliários".*

A técnica utilizada em Portugal, sob influência europeia, envolve igualmente o recurso a uma tipologia taxativa. O art. 4º-A RGIC Pt qualifica como empresas de investimento as seguintes: **a)** – As sociedades financeiras de corretagem; **b)** – As sociedades corretoras; **c)** – As sociedades gestoras de patrimónios; **d)** – As sociedades mediadoras dos mercados monetário ou de câmbios; **e)** – As sociedades de consultoria para investimento; **f)** – As sociedades gestoras de sistemas de negociação multilateral ou organizados; **g)** – Outras empresas que, correspondendo à definição de empresas de investimento, como tal sejam qualificadas pela lei.

Por seu turno, as instituições de crédito também estão habilitadas a prestar serviços e atividades de investimento. Por isso, a terminologia mais comummente utilizada no CVM Pt refere-se aos intermediá-

[15] Cf. a propósito Otavio Yazbek, *Regulação do Mercado Financeiro e de Capitais*, 2ª ed., Campus: Rio de Janeiro (2009), 148-172.

rios financeiros – categoria que inclui quer as empresas de investimento quer as instituições de crédito[16].

4. Os deveres de informação

Um dos alicerces centrais do sistema mobiliário reside na função de apoio, assistência, aconselhamento e conselho que os intermediários financeiros desempenham em relação aos seus clientes. A dupla razão de ser da essencialidade do apoio informativo[17] reside na crescente sofisticação dos instrumentos financeiros e na tendencial assimetria informativa entre o intermediário financeiro e o seu cliente[18]. Procura-se, assim, através das prescrições informativas favorecer decisões de investimento (i.e. de aquisição, de alienação ou de manutenção de posições) livres e informadas.

No Brasil, esta matéria é também tratada em diversos atos regulamentares da CVM Br, de entre os quais a Instrução CVM Br nº 400/2003, sobre ofertas públicas, que obriga os intermediários financeiros, *a partir do momento em que a oferta se torne pública, a divulgar informação relacionada à emissora ou à oferta, a observar os princípios relativos à qualidade, transparência e igualdade de acesso à informação; e a esclarecer as suas ligações com a emissora ou o seu interesse na oferta, nas suas manifestações em assuntos que envolvam a oferta, a emissora ou os valores mobiliários* (art. 48º V). Além disso, a Instrução CVM Br nº 476/2009 sobre ofertas públicas restritas obriga o intermediário líder da oferta a *tomar todas as cautelas e agir com elevados padrões de diligência, respondendo pela falta de diligência ou omissão, para assegurar que as informações prestadas pelo ofertante sejam verdadeiras, consistentes, corretas e suficientes, permitindo aos investidores uma tomada de decisão fundamentada a respeito da oferta* (art. 11º I)[19].

[16] Umberto Belviso, *Gli "intermediari finanziari" (tra storia e nomenclatura)*, 2/27/I G.Comm. (2000), 165-185.

[17] Sobre a função dos deveres de informação, em geral, reenvia-se para Carlos Barbosa Mello/Rodrigo Azevedo Junqueira/Bruno Rodrigues Bercito, *A responsabilidade civil das instituições financeiras em ofertas públicas de valores mobiliários* – due diligence defense *na prática*, em *Temas de Direito Bancário e do Mercado de Capitais*, coord. Luiz Leonardo Cantidiano/Igor Muniz, Renovar: Rio de Janeiro (2014), 115-121.

[18] José Engrácia Antunes, *Deveres e Responsabilidade do Intermediário Financeiro – Alguns Aspetos*, 56 CadMVM (2017), 31-52, 37-38.

[19] Sobre a responsabilidade do intermediário financeiro por vícios informativos no âmbito de ofertas, cf.: Aline de Meneses Santos Aragão, *Responsabilidade administrativa e civil do ofer-*

Por seu turno, a Instrução CVM Br nº 558/2015, sobre administração de carteiras, frisou que *as informações divulgadas pelo administrador de carteiras de valores mobiliários devem ser verdadeiras, completas, consistentes e não induzir o investidor a erro; e escritas em linguagem simples, clara, objetiva e concisa*. A mesma Instrução acrescentou que *as informações relativas às carteiras de valores mobiliários sob sua administração não podem assegurar ou sugerir a existência de garantia de resultados futuros ou a isenção de risco para o investidor* (art. 11º).

Saliente-se ainda a Instrução CVM Br nº 542, sobre a custódia de valores mobiliários (arts. 13º e 14º), que obriga o custodiante a disponibilizar ou enviar aos investidores "*informações que permitam a identificação e a verificação dos eventos ocorridos com os valores mobiliários, contendo, no mínimo, a posição consolidada dos valores mobiliários, sua movimentação e os eventos que afetem a posição do investidor*".

Em Portugal, os intermediários devem pautar, em geral, o seu comportamento, no relacionamento que estabelecem com os intervenientes no mercado, por critérios de transparência (art. 304º, nº 1 CVM Pt)[20]. Mais concretamente, o intermediário deve prestar ao seu cliente, relativamente aos serviços que ofereça, que lhe sejam solicitados ou que efetivamente preste, todas as informações necessárias para uma tomada de decisão esclarecida e fundamentada (art. 312º, nº 1 CVM Pt).

O critério da densidade informativa a prestar ao cliente encontra-se fixado no nº 2 do art. 312º e é muito revelador de um traço profundo do direito dos valores mobiliários. Segundo este preceito, a extensão e a profundidade da informação a prestar devem ser tanto maiores quanto menor for o grau de conhecimento e de experiência que o cliente tiver.

A aplicação desta regra de proporcionalidade inversa entre a dose de informação a fornecer e o grau de conhecimento e experiência do cliente implica, necessariamente, um conhecimento por parte do inter-

tante e do intermediário pelo conteúdo do prospecto, em *Temas de Direito Societário e empresarial contemporâneos: Liber Amicorum Prof. Dr. Erasmo Valladão Azevedo e Novaes França*, coord. Marcelo Vieira Von Adamek, Malheiros: São Paulo (2011), 227-255; Patrícia Thomazelli, *Distribuição pública de valores mobiliários: responsabilidade da instituição financeira intermediária por danos sofridos pelos investidores*, em *Mercado Financeiro & De Capitais: Regulação e Tributação*, coord. Leonardo Freitas de Moraes e Castro, Quartier Latin: São Paulo (2015); Mello/Junqueira/Bercito, *A responsabilidade* cit., 123-124.

[20] A. Barreto Menezes Cordeiro, *Manual de Direito dos Valores Mobiliários*, 2ª ed. (atualizada), Almedina: Coimbra (2018), 256-257.

mediário financeiro quanto ao grau de conhecimento e de experiência do cliente.

O dever de recolha de um manancial de informação sobre conhecimentos e experiência do cliente em matéria de investimento no que respeita ao tipo específico de produto ou serviço oferecido ou solicitado ("*know your client rule*" ou "*know your costumer rule*") é, por seu turno, instrumental do dever do intermediário de adequação do produto ou do serviço de investimento ao concreto perfil do cliente (arts. 304º, nº 3, 314º, nº 1 e 314º-B CVM Pt).

Os deveres de informação dos intermediários financeiros visam, a título principal, apoiar os clientes para que estes possam tomar decisões de investimento esclarecidas e informadas. Por esse motivo, *o momento primordial de prestação da informação é o momento anterior à tomada da decisão de investimento*[21]. A disposição relevante é o Artigo 48º do Regulamento Delegado (UE) 2017/565, que sobre o momento da prestação de informação prescreve no seu nº 1 que *as empresas de investimento devem prestar aos clientes efetivos ou potenciais, com suficiente antecedência antes da prestação de serviços de investimento ou serviços auxiliares, uma descrição geral da natureza e dos riscos dos instrumentos financeiros, tendo em conta, em especial, a categorização do cliente como cliente não profissional, cliente profissional ou contraparte elegível.* Regime homólogo vale para os PRIIPS[22].

As preocupações da DMIF II, aliás, depõem no sentido de haver alguma antecedência entre a prestação de informação e a decisão de investimento[23].

[21] Em geral, cf. Paulo Câmara, *Deveres de informação e formação de preços no direito dos valores mobiliários*, 2 CadMVM (1998), 79-93, 82.

[22] Cf. art. 17º do Regulamento (UE) 2017/653, da Comissão, de 8 de março de 2017. Refira-se, a propósito, o Considerando 25, que, nomeadamente, clarifica que: *a noção de tempo suficiente para um investidor não profissional compreender e ter em conta as informações pode variar, dado que os diferentes investidores têm necessidades, experiências e conhecimentos diferentes.*

[23] Sublinhe-se, a propósito, o texto da DMIF II, segundo o qual: *ao determinar em que consiste a prestação de informações em tempo útil antes de uma data especificada na presente diretiva, uma empresa de investimento deverá ter em conta, atendendo à urgência da situação, a necessidade do cliente de dispor de tempo suficiente para ler e compreender essas informações antes de tomar uma decisão de investimento. Um cliente necessitará provavelmente de mais tempo para analisar informações prestadas sobre um produto ou serviço complexo ou com o qual não esteja familiarizado, ou em relação ao qual não tenha experiência, do que se estiver a analisar um produto ou serviço mais simples ou com o qual*

Sucede, porém, que em alguns casos a lei impõe igualmente deveres de informação posteriores à decisão de investimento[24]. Releva a propósito o nº 4 do art. 46º do Regulamento Delegado (UE) 2017/565, que acrescenta que o intermediário financeiro deve notificar o cliente *com a antecedência suficiente acerca de qualquer alteração significativa com incidência nas informações prestadas que seja importante para o serviço que a empresa presta a esse cliente.* Um caso particular de informação divulgada após a decisão de investimento respeita à informação sobre custos dos serviços. A este propósito, a Diretiva DMIF II impõe que essas informações sejam *transmitidas regularmente ao cliente, pelo menos uma vez por ano, durante o período do investimento*[25].

5. Os deveres de identificação, prevenção e gestão de conflito de interesses na intermediação financeira

É frequente a ocorrência de conflitos de interesses na prestação de serviços de investimento[26]. O fenómeno é, em alguma medida, *normal.* São numerosas, e diversas entre si, as causas para este risco elevado de conflito de interesses. Em termos estruturais, os contratos de intermediação financeira são em larga parte subtipos do contrato de mandato, em que desempenha relevância central o interesse do cliente[27]. Sucede que o intermediário financeiro é também portador de interesses, que podem conflituar com o daquele. Não pode negligenciar-se nomea-

esteja mais familiarizado, ou em relação ao qual já tenha uma experiência significativa, cf. Considerando 83 da Diretiva 2014/63/UE, de 15 de maio de 2014 (DMIF II).

[24] No caso da gestão de carteiras, atenta a sua natureza, a lei consagra diversos deveres de informação periódicos ou por perdas que acompanham o cumprimento do programa contratual: cf. os arts. 47º, nºs 2 e 3, 60º e 62º (neste último caso, informação por desvalorizações) do Regulamento Delegado (UE) 2017/565.

[25] Cf. art. 24º, nº 4 da Diretiva 2014/63/UE, de 15 de maio de 2014 (DMIF II).

[26] Sobre esta matéria, extensivamente, reenvia-se para AA.VV., *Conflito de Interesses no Direito Societário e Financeiro – Um Balanço a Partir da Crise Financeira*, coord. Paulo Câmara, Almedina: Coimbra (2010), 9-74, 315-624; Brenncke, *Commentary* cit., passim.; Maria do Mar Carmo, *Conflitos de Interesses na Intermediação Financeira: Uma abordagem à luz da DMIF II e tomando como paradigma o Banco como Intermediário Financeiro*, Universidade Católica Portuguesa: Lisboa (2018).

[27] Pedro Pais de Vasconcelos, *Mandato Bancário*, em *Estudos em Homenagem ao Professor Doutor Inocêncio Galvão Telles*, coord. António Menezes Cordeiro/Luís Menezes Leitão/Januário da Costa Gomes, II (Direito Bancário), Almedina: Coimbra (2002), 131-155, 149-153.

damente a estrutura de remuneração dos intermediários, que pode criar incentivos perversos à prestação de serviços em termos não coincidentes com os do cliente[28].

Avulta, de outro lado, a polifuncionalidade dos prestadores de serviços na área mobiliária[29] podendo alguns serviços apresentar um risco maior de conflito em relação a outros (ex: recomendações de investimento e colocação de valores mobiliários), o que é exponenciado num universo massificado de clientes. A isso soma-se uma rede de distribuição crescentemente complexa, no âmbito da qual podem despontar interesses autónomos dos colaboradores, dirigentes, agentes vinculados ou subcontratados que se revelam em concreto contrastantes com os do cliente.

A trivialização das fontes de conflito de interesses não torna o tema homogéneo. Haverá, com efeito, que proceder a múltiplas distinções, porquanto nem todos os conflitos de interesses apresentam o mesmo grau de danosidade.

Do mesmo modo, as respostas legislativas comportam uma natureza e uma densidade prescritiva muito variáveis[30]. Quanto ao momento temporal em que intervêm, contrapõem-se, de um lado, as normas dirigidas à prevenção e, de outro, as normas dirigidas à gestão do conflito.

Atendendo à sua natureza, cabe, em particular, distinguir: **a)** – normas que postulam deveres de informação (soluções informativas); **b)** – normas que postulam deveres de organização (soluções organizativas); **c)** – normas que estabelecem proibições (soluções proibicionistas), sejam estas proibições absolutas ou proibições cuja derrogação esteja na dependência de um terceiro.

A este propósito, a Instrução CVM Br nº 476/09 sobre ofertas públicas restritas obriga o intermediário líder da oferta a divulgar eventuais conflitos de interesse aos investidores (art. 11º II).

[28] Gabriela Figueiredo Dias entende que o risco é maior em cenário de taxas de juro baixas, cf. *As principais tendências de mudança*, em *O Novo Direito dos Valores Mobiliários: I Congresso sobre Valores Mobiliários e Mercados Financeiros*, coord. Paulo Câmara, Almedina: Coimbra (2017), 19-20.

[29] Tannous, *Anotação* cit., passim; Holger Fleischer, *Die Richtlinie über Märkte für Finanzinstrumente und das Finanzmarkt-RichtlinieUmsetzungsgesetz*, BKR (2006), 389-396, 395.

[30] Paulo Câmara, *Conflito de Interesses no Direito Financeiro e Societário: um retrato anatómico*, em *Conflito de Interesses no Direito Societário e Financeiro – Um Balanço a Partir da Crise Financeira*, coord. Paulo Câmara, Almedina: Coimbra (2010), 55-74.

Por seu turno, a Instrução CVM Br nº 461/2007 atribui às entidades administradoras de mercados organizados o dever de manter o equilíbrio "*entre seus interesses próprios e o interesse público a que deve atender, como responsável pela preservação e autorregulação dos mercados por ela administrados*".

Por fim, a Instrução CVM Br nº 558/2015, sobre administração de carteiras, obriga o gestor de carteiras a *identificar, administrar e eliminar eventuais conflitos de interesses que possam afetar a imparcialidade das pessoas que desempenhem funções ligadas à administração de carteiras de valores mobiliários* (art. 20º II).

Em Portugal, é imposto um dever de adoção, divulgação e execução de uma política em matéria de conflito de interesses. A regulação da matéria concentra-se nos artigos 309º-A CVM e 34º do Regulamento Delegado (UE) 2017/565 da Comissão, de 25 de abril de 2016.

Os mecanismos de mitigação dos conflitos de interesses podem envolver, entre outras, as seguintes medidas: **a)** – estabelecimento de separações informativas interdepartamentais (*chinese walls*)[31]; **b)** – estabelecimento de fiscalizações distintas de departamentos que podem representar interesses divergentes entre clientes ou com o interesse do intermediário; **c)** – estruturação da remuneração de modo a evitar ligações aos serviços potencialmente conflituantes (v.g. remunerações dos colaboradores na área de *research* não devem depender das receitas da área *corporate)* e de modo a evitar incentivos estruturados com risco de lesão dos interesses dos clientes (art. 305º-D, nº 1, al. *b)*/iii) e 309º-H)[32]; **d)** – desenho dos mecanismos de reporte hierárquico de modo a que uma pessoa não possa exercer influência indevida sobre outras no modo como são prestados serviços de investimento; **e)** – prevenção do envolvimento sequencial ou simultâneo de uma pessoa em diferentes atividades de intermediação financeira, quando tal possa entravar a gestão adequada dos conflitos de interesses.

[31] Harry McVea, *Financial Conglomerates and the Chinese Wall: Regulating Conflicts of Interest*, Clarendon Press: Oxford (1993), 122-137, 235-254; Nicole Ladouceur, *Le contrôle des conflits d'intérêts: mesures législatives et muraille de Chine*, Les Editions Yvon Blais: Cowansville (1993), passim..

[32] Sobre este desenvolvimento das políticas remuneratórias, v. Paulo Câmara, *Remuneração e Governo das Sociedades: Uma Nova Agenda*, em *A Emergência e o Futuro do Corporate Governance em Portugal*, II (Comemorativo do XV Aniversário do Instituto Português de Corporate Governance), Almedina: Coimbra (2018), 267-284.

As medidas atrás mencionadas devem ser incluídas *na medida do necessário para assegurar o grau de independência requerido*[33].

São, além disso, estabelecidos deveres instrumentais de recenseamento e de comunicação de conflito de interesses, a saber: o dever de identificar os conflitos de interesses; o dever de registo de atividades que originaram conflito de interesses com risco de afetação de interesses de cliente; e o dever de comunicação ao cliente do conflito no caso de não existir garantia de que os interesses dos clientes não saiam lesados (art. 312º, nº 1, al. *c)* CVM Pt).

6. Deveres de adequação

Cabe agora analisar os deveres de adequação, que são os deveres impostos aos intermediários financeiros com a finalidade de adequação entre o serviço a prestar e as características concretas do cliente[34].

Os deveres de adequação representam uma concretização do dever fundamental de lealdade. Como tal, os deveres de adequação integram-se num sistema de proteção do investidor composto por outros deveres que são complementares entre si – entre os quais os deveres de informação, os deveres de categorização dos clientes, o dever de conhecimento dos clientes, o dever de tratamento de reclamações, o dever de prevenção de conflito de interesses e dever de adoção de política de governação de produtos.

A origem destes deveres de adequação filia-se nas construções norte-americanas sobre dever de tratamento equitativo do cliente.

Nos EUA, o dever de adequação (*suitability rule)* tem consagração nas regras de organismos autorreguladores mobiliários (v.g. a FINRA –

[33] Cf. art. 34º, nº 3 do Regulamento Delegado (UE) 2017/565 da Comissão, de 25 de abril de 2016.

[34] A. Barreto Menezes Cordeiro, *Os Deveres de Adequação dos Intermediários Financeiros à luz da DMIF II* (2018). Acessível em Blook: https://www.blook.pt/publications/publication/2f2ff52a56cd/ (consultado a 14 de abril de 2019).

Para uma colocação geral do tema e o tratamento dos problemas de responsabilidade civil aqui associados, cf. Margarida Azevedo de Almeida, *A responsabilidade civil por prospecto no direito dos valores mobiliários: o bem jurídico protegido*, dissertação de doutoramento, [s.n.]: Coimbra (2014), 40-55; id., *A responsabilidade civil de intermediários financeiros por informação deficitária ou falta de adequação dos instrumentos financeiros*, em *O Novo Direito dos Valores Mobiliários*, coord. Paulo Câmara, Almedina: Coimbra (2017), 411-425.

Financial Industry Regulatory Authority –, sucessora da *National Association of Securities Dealers* – NASD – e a *Chicago Board Options Exchange*)[35], procurando originariamente servir de resposta às técnicas de comercialização agressiva de instrumentos financeiros. Segundo a sua consagração central, em causa está o dever, imposto na prestação de serviços atinentes à transmissão de *securities,* de recomendar apenas aqueles valores que, segundo a informação conhecida, são adequados ao cliente.

A origem deste dever jurídico[36] remonta às primeiras *Rules of Fair Practice* da NASD, de 1939[37]. O seu desenvolvimento foi mais tarde promovido por um estudo da SEC (*Securities and Exchange Commission*) realizado em 1963 que traçava um retrato muito preocupante sobre as práticas agressivas à altura empregues no tocante à distribuição de instrumentos financeiros e aos comportamentos, revelados em muitos investidores, similares aos detetados no jogo e aposta. O estudo concluía recomendando à NASD uma densificação e fiscalização redobrada do dever de adequação[38].

O fundamento da *suitability rule,* assim desenhada, estaria ligado ao investimento de confiança depositado pelo cliente na posição profissional do intermediário ou na relação contratual entre ambos firmada[39]. Apesar desta matriz autorreguladora na sua génese, o dever de avaliação de adequação para evitar erros de julgamento do lado dos clientes tam-

[35] Em causa estão a NASD Rule 2310 (*Recommendations to clients (Suitability))* – sobre a qual existe abundante material interpretativo (*vide,* entre outros, IM-2310-1, IM-2310-2 e IM-2310-3) – e a Rule 9.9.2 da CBOE.

[36] Há quem aponte que antes da sua juridificação, a adequação já valia, no contexto norte-americano, como imperativo ético: Norman S. Poser, *Liability of Broker-Dealers for Unsuitable Recommendations to Institutional Investors,* BYU L. Rev. (2001), 1496. Para uma reconstituição histórica: Barreto Menezes Cordeiro, *Os deveres* cit., passim.

[37] Arvid E. Roach II, *The Suitability Obligations of Brokers: Present Law and the Proposed Federal Securities Code,* 29 Hastings L.J. (1978), 1069-1216.

[38] Matthew J. Benson, *Online Investing and the Suitability Obligations of Brokers and Broker-Dealers,* 34 Suffolk U.L. Rev. (2001), 401.

[39] Para uma descrição das teorias baseadas na reputação e posição profissional do intermediário (*shingle theory)* e das teorias fiduciárias derivadas de certas relações contratuais (v.g. consultoria): David Lipton, *Broker Dealer Regulation,* II (15A), Deerfield/New York/Rochester (1996), § 5.01-§ 5.04; Robert N. Rapp, *Rethinking Risky Investments for that Little Old Lady: A Realistic Role for Modern Portfolio Theory in Assessing Suitability Obligations of Stockbrokers,* 24 Ohio N.U. L. Rev. (1998), 194-217; Roach II, *The Suitability* cit., 1069-1216.

bém mereceu desenvolvimento interpretativo por via judicial e administrativa[40-41].

Este legado foi aproveitado na Europa, seja através da influência dos padrões da IOSCO-OICV sobre intermediação financeira[42], que lhe asseguraram maior divulgação, seja ainda por mérito das regras vigentes no Reino Unido[43].

No Direito europeu, a Diretiva relativa aos Serviços Financeiros, datada de 1993, já exigia aos intermediários financeiros o dever de conhecimento da situação financeira, da experiência e dos objetivos de investimento do cliente[44]. Todavia, é a consagração, em termos amplos, do dever de adequação na Diretiva relativa aos Mercados de Instrumentos Financeiros e respetiva Diretiva de execução que representa o culminar da receção da figura no contexto europeu. O tema mereceu, por fim, um desenvolvimento definitivo no âmbito da DMIF II e no Regulamento Delegado[45], sendo objeto de diversas orientações da ESMA[46].

[40] Reenvia-se para a Rule 15b10-3 da SEC, que faz aplicar este dever a intermediários não filiados no NASD.

[41] Atenta a natureza auto-reguladora destas indicações, as pretensões movidas judicialmente por motivos de alegadas violações da *suitability rule* têm invariavelmente por base a *Rule 10b-5* emitida com base no *Securities Exchange Act* de 1934 – cf. Frederick Mark Gedicks, *Suitability Claims and Purchases of Unrecommended Securities: An Agency Theory of Broker-Dealer Liability*, summer Ariz. St. L.J. (2005), 11; Lawrence Cunningham, *Behavioral Finance and Investor Governance*, 59 Wash. & Lee L. Rev. (2002), 767 ss.; e, para os antecedentes: Richard W. Jennings/ Harold Marsh Jr./John Coffee Jr., *Securities Regulation – Cases and Materials7*, Westbury, N.Y. (1992), 639-642). Em Portugal, as referências pioneiras à doutrina da *unsuitability* encontram-se no importante ensaio de José António Veloso, *Churning: Alguns Apontamentos com uma Proposta Legislativa*, em *Direito dos Valores Mobiliários*, Lisboa, 349-453 (358, 380 ss.).

[42] IOSCO, *Report on International Conduct of Business Principles* (1990), onde se lê que a recolha de informação sobre o cliente *is a necessary element in enabling a firm to fulfil any suitability requirements*.

[43] No Reino Unido, as primeiras consagrações surgiram na Core Rule 16 do Securities Investment Board, no Capítulo II, 3.1 do IMRO e na Rule 5.31 do SFA – organismos antecessoras da atual Financial Conduct Authority, cfr. Jonathan Fischer/Jane Bewsey, *The Law of Investor Protection*, London (1997), 33-36.

[44] Artigo 11º, § 4º, *4ª alínea* da Diretiva nº 93/22/CEE.

[45] Artigos 54º-57º Regulamento Delegado (EU 2017/565 da Comissão, de 25 de abril de 2016.

[46] ESMA, *Consultation Paper on Draft Guidelines on Suitability Requirements* (2017); ESMA, *MiFID II guidelines on cross-selling practices* (2015); ESMA, *Q&A On MiFID II and MiFIR investor protection and intermediation topics*, ESMA 35-43-349 (2018, em constante atualização).

No Brasil, a Instrução CVM Br nº 476/09 sobre ofertas públicas restritas obriga o intermediário líder da oferta a certificar-se que os investidores têm conhecimento e experiência em finanças e negócios suficientes para avaliar a qualidade e os riscos dos valores mobiliários ofertados e que o investimento é adequado ao nível de sofisticação e ao perfil de risco dos investidores (art. 11º). a acrescer, a Instrução CVM Br nº 558 obriga o administrador de carteiras a desempenhar suas atribuições de modo a buscar atender aos objetivos de investimento de seus clientes e a evitar práticas que possam ferir a relação fiduciária mantida com os seus clientes (art. 16º).

Em Portugal, os deveres de adequação decompõem-se em plúrimos deveres distintos, que se interligam e são instrumentais ao mesmo fim: o dever de recolha de informação do cliente; o dever de avaliação de adequação; o dever de informação sobre a inadequação ou sobre a falta de informação obtida; o dever de abstenção de recomendações ou gestão de carteiras inadequadas; o dever de preparação de relatório de adequação (no caso de consultoria para investimento); e o dever de adoção de política de adequação.

Por obra das indicações europeias[47], o dever de recolha de informação respeitante ao cliente obedece a um regime dual. Convém, para o efeito, distinguir dois níveis diferentes de extensão deste dever: **a)** – o regime geral (*appropriateness tests*) obriga à recolha de informação sobre conhecimentos e experiência; **b)** – a prestação dos serviços de consultoria para investimento ou de gestão de carteiras (*suitability tests*) impõe adicionalmente a recolha de informação sobre situação financeira (incluindo a capacidade para suportar perdas) e sobre objetivos de investimento (incluindo a tolerância ao risco).

Em ambos os casos, o intermediário financeiro deve assegurar-se que as informações recolhidas são confiáveis, exatas e atualizadas[48]. A lei não

[47] No Direito norte-americano houve uma evolução apreciável na determinação do manancial de informação que deva ser obtida, cf. Gedicks, *Suitability* cit., 5-6; Hazen, *Securities* cit., 836. De uma posição inicialmente assumida pela NASD em 1964 no sentido da inexistência de um dever positivo de recolha de informação, mas logo contrariada pela SEC, evoluiu-se em 1991 para a consagração de um dever alargado de obtenção de informação junto de investidores. Só treze anos mais tarde é que semelhante avanço se produziu na Europa.

[48] Artigo 54º, nº 7, do Regulamento Delegado (UE) 2017/565 da Comissão de 25 de abril de 2016.

prescreve uma periodicidade para atualização da informação, que deve ser confiada ao critério do intermediário financeiro[49]. Apenas existe um dever de atualização da recolha de informação quando se mantenha uma relação em curso com o cliente[50].

O objetivo final da compreensão do risco do investimento proposto, tendo embora como referência imediata as pessoas singulares, também se deve aplicar às pessoas coletivas e às pessoas que atuem através de representante.

Nestes casos cabe distinguir: a recolha de informação quanto aos conhecimentos e experiência deve ser feita em relação ao representante relevante do cliente para efeitos do concreto investimento em causa[51]; por seu turno, a informação relativa à situação financeira ou aos objetivos de investimento deve ser a da pessoa coletiva ou singular representada[52]. Para o efeito, o intermediário financeiro deve estabelecer e aplicar uma política que determine quem deve ser sujeito à avaliação da adequação e o modo como esta avaliação será feita na prática, incluindo de quem serão recolhidas as informações sobre conhecimentos e experiência, situação financeira e objetivos de investimento[53].

O dever de conhecimento do cliente (KYC) anda par a par com o dever de conhecimento dos instrumentos financeiros sobre que incidem os serviços de intermediação financeira. Este dever de conhecimento dos instrumentos financeiros goza de implicações práticas e obriga nomeadamente a uma abordagem cautelosa, do ponto de vista da governação do produto, em relação à prestação de serviços financeiros

[49] *"In ESMA's view, it is firms' responsbaility to decide how frequently the update of client information should be conducted"*: ESMA, *Guidelines on certain aspects of the MiFID II Suitability* Requirements (2018), 20, 45-46.

[50] Artigo 54º nº 7 II Regulamento Delegado (UE) 2017/565 da Comissão de 25 de abril de 2016.

[51] Rob Price, *Conduct of Business Standards – Fair Dealing with Clients*, em *A Practitioner's Guide to MiFID*, coord. Matthew Elderfield, Sweet and Maxwell: London (2013), 162. Caso diverso é, naturalmente, o da responsabilidade da pessoa singular que, conhecendo o risco, aceita um investimento desajustado ao da pessoa coletiva que representa: cfr. sobre estes Poser, *Liability* cit., 1498.

[52] Artigo 54º, nº 6, II, do Regulamento Delegado (UE) 2017/565 da Comissão de 25 de abril de 2016.

[53] Artigo 54º, nº 6, do Regulamento Delegado (UE) 2017/565 da Comissão de 25 de abril de 2016.

relativamente a instrumentos financeiros não produzidos pelo próprio intermediário financeiro (art. 309º-K CVM Pt).

Importa chamar a atenção para os deveres acessórios à recolha de informação que se constituem na esfera jurídica dos intermediários financeiros: **a)** – o dever de informação sobre os objetivos subjacentes da recolha da informação[54]; **b)** – o dever de adoção de política que assegure a confiabilidade e a atualidade da informação[55]; e, **c)** – o dever de registo de informações recolhidas[56].

Em cada prestação de serviço de investimento, deve ser ajuizada a sua adequação ao concreto perfil do cliente. Esta avaliação de adequação é da responsabilidade do intermediário financeiro. Trata-se de uma responsabilidade indelegável: o intermediário não pode escudar-se numa autoavaliação do cliente nem pode substituir a sua avaliação por sistemas automatizados[57].

As consequências de uma avaliação negativa são diferentes em função do tipo de serviço envolvido.

Estando em causa o regime-regra (*apropriateness regime),* se o intermediário financeiro concluir que a operação considerada não é adequada ao cliente deve adverti-lo, por escrito, para esse facto, devendo o cliente confirmar por escrito que recebeu a advertência em causa (art. 314º, nº 2 CVM Pt). Esta dupla exigência de forma escrita configura uma adição doméstica ao regime europeu[58].

Na consultoria para investimento e gestão de carteiras, se o cliente não entende os riscos subjacentes em cada transação, o intermediário *não deve prestar o serviço.* A expressão legal encontrada no nº 10 do art. 54º Regulamento Delegado é a de que o intermediário financeiro *não deve*

[54] Artigo 54º, nº 1, Regulamento Delegado (UE) 2017/565 da Comissão de 25 de abril de 2016.

[55] Artigo 54º, nº 7, Regulamento Delegado (UE) 2017/565 da Comissão de 25 de abril de 2016.

[56] Artigos 56º, nº 3, e 72º, do Regulamento Delegado (UE) 2017/565 da Comissão de 25 de abril de 2016.

[57] Artigo 54º, nº 1, II, do Regulamento Delegado (UE) 2017/565 da Comissão de 25 de abril de 2016.

[58] Sobre o conceito de forma escrita para efeitos do Código tenha-se presente o art. 4º CVM Pt.

recomendar ou decidir negociar quando nenhum dos serviços ou instrumentos é adequado para o cliente[59].

7. Deveres de segredo

Os direitos brasileiro e português convergem no estabelecimento de deveres de segredo aos intermediários financeiros.

No sistema jurídico brasileiro, o principal diploma sobre sigilo na atividade financeira é a Lei Complementar nº 105, de 10 de janeiro de 2001. Além disso, a Instrução CVM Br nº 542, sobre a custódia de valores mobiliários, também obriga a "manter sigilo quanto às características e quantidades dos valores mobiliários na titularidade dos investidores" (art. 12º, §1º). Na mesma linha, a Instrução CVM Br nº 558 obriga o administrador de carteiras a *assegurar o controle de informações confidenciais a que tenham acesso seus administradores, empregados e colaboradores* (art. 21º).

Em Portugal, o CVM Pt não procede a um desenvolvimento do regime do dever de segredo, remetendo para o disposto no regime bancário (art. 304º, nº 4 CVM Pt). Na lei bancária portuguesa, o dever de segredo vincula as pessoas que atuam no sistema financeiro e proscreve a revelação e a utilização, em benefício próprio ou alheio, de informações a que têm acesso em virtude de tal atividade (arts. 78º e 79º RGIC Pt)[60].

Bibliografia

A. Barreto Menezes Cordeiro, *Manual de Direito dos Valores Mobiliários*, 2ª ed. (atualizada), Almedina: Coimbra (2018), 256-257;

– *Os Deveres de Adequação dos Intermediários Financeiros à luz da DMIF II* (2018). Acessível em Blook: https://www.blook.pt/publications/publication/2f2ff52a56cd/ (consultado a 14 de abril de 2019).

[59] Hanno Teuber, *Finanzmarkt-Richtlinie (MiFID) – Auswirkungen auf Anlageberatung und Vermögensverwaltung im Uberblick*, C.H. Beck: München (2006), 429-437, 431.

[60] António Menezes Cordeiro, Manual de Direito Bancário, Almedina: Coimbra (2014), 352-395; R. Capelo de Sousa, *O Segredo Bancário. Em especial, face às alterações fiscais da Lei nº 30-G/2000, de 29 de dezembro*, em *Estudos em Homenagem ao Professor Inocêncio Galvão Teles*, II, Almedina: Coimbra (2002), 157-223.

AA.VV., *Conflito de Interesses no Direito Societário e Financeiro – Um Balanço a Partir da Crise Financeira*, coord. Paulo Câmara, Almedina: Coimbra (2010), 9-74, 315-624

Aline de Meneses Santos Aragão, *Responsabilidade administrativa e civil do ofertante e do intermediário pelo conteúdo do prospecto*, em *Temas de Direito Societário e empresarial contemporâneos: Liber Amicorum Prof. Dr. Erasmo Valladão Azevedo e Novaes França*, coord. Marcelo Vieira Von Adamek, Malheiros: São Paulo (2011), 227-255.

André Xavier, *Desafios e tendências no setor de distribuição/intermediação no Brasil*, em *Desenvolvimento do Mercado de Capitais no Brasil*, coord. Amarilis Prado Sardenberg, Sociologia Política: São Paulo (2015), 305-335.

António Menezes Cordeiro, *Manual de Direito Bancário*, Almedina: Coimbra (2014).

Arvid E. Roach II, *The Suitability Obligations of Brokers: Present Law and the Proposed Federal Securities Code*, 29 Hastings L.J. (1978), 1069-1216.

Carlos Barbosa Mello/Rodrigo Azevedo Junqueira/Bruno Rodrigues Bercito, *A responsabilidade civil das instituições financeiras em ofertas públicas de valores mobiliários –* due diligence defense *na prática*, em *Temas de Direito Bancário e do Mercado de Capitais*, coord. Luiz Leonardo Cantidiano/Igor Muniz, Renovar: Rio de Janeiro (2014), 115-121.

David Lipton, *Broker Dealer Regulation*, II (15A), Deerfield/New York/Rochester (1996).

Frederick Mark Gedicks, *Suitability Claims and Purchases of Unrecommended Securities: An Agency Theory of Broker-Dealer Liability*, summer Ariz. St. L.J. (2005).

Frederico de Lacerda da Costa Pinto, *O novo regime europeu de abuso do mercado e a adaptação do sistema sancionatório nacional*, em *O Novo Direito dos Valores Mobiliários: I Congresso sobre Valores Mobiliários e Mercados Financeiros*, coord. Paulo Câmara, Almedina: Coimbra (2017), 33-42.

Gabriela Figueiredo Dias, *As principais tendências de mudança*, em *O Novo Direito dos Valores Mobiliários: I Congresso sobre Valores Mobiliários e Mercados Financeiros*, coord. Paulo Câmara, Almedina: Coimbra (2017), 19-20.

Hanno Teuber, *Finanzmarkt-Richtlinie (MiFID) – Auswirkungen auf Anlageberatung und Vermögensverwaltung im Uberblick*, C.H. Beck: München (2006).

Harry McVea, *Financial Conglomerates and the Chinese Wall: Regulating Conflicts of Interest*, Clarendon Press: Oxford (1993), 122-137.

Holger Fleischer, *Die Richtlinie über Märkte für Finanzinstrumente und das Finanzmarkt-RichtlinieUmsetzungsgesetz*, BKR (2006).

Jens-Hinrich Binder, *Governance of investment firms under MiFID II*, em *Regulation of the EU Financial Markets: MiFID II and MiFIR*, coord. Danny Busch/Guido Ferrarini, Oxford University Press: Oxford (2016), 49-83.

José António Veloso, *Churning: Alguns Apontamentos com uma Proposta Legislativa*, em *Direito dos Valores Mobiliários*, Lisboa, 349-453.

José Engrácia Antunes, *Deveres e Responsabilidade do Intermediário Financeiro – Alguns Aspetos*, 56 CadMVM (2017), 31-52.

Lawrence Cunningham, *Behavioral Finance and Investor Governance*, 59 Wash. & Lee L. Rev. (2002).

Luca Enriques/Matteo Gargantini, *The overarching duty to act in the best interests of the client in MiFID II*, em *Regulation of the EU Financial Markets: MiFID II and MiFIR*, coord. Danny Busch/Guido Ferrarini , Hart Publishing: Oxford (2017), 85-122.

Margarida Azevedo de Almeida, *A responsabilidade civil por prospecto no direito dos valores mobiliários: o bem jurídico protegido*, dissertação de doutoramento, [s.n.]: Coimbra (2014);

– *A responsabilidade civil de intermediários financeiros por informação deficitária ou falta de adequação dos instrumentos financeiros*, em *O Novo Direito dos Valores Mobiliários*, coord. Paulo Câmara, Almedina: Coimbra (2017), 411-425.

Maria do Mar Carmo, *Conflitos de Interesses na Intermediação Financeira: Uma abordagem à luz da DMIF II e tomando como paradigma o Banco como Intermediário Financeiro,* Universidade Católica Portuguesa: Lisboa (2018).

Martin Brenncke, *arts. 21º-30º MiFID II*, em *Commentary on MiFID II Conduct of Business Rules – Financial Services Law: A Commentary*, coord. Matthias Lehmann/Matthias Kumpan, Hart/Beck/Nomos: Munich/Oxford (2019), 149--209.

Matthew J. Benson, *Online Investing and the Suitability Obligations of Brokers and Broker-Dealers,* 34 Suffolk U.L. Rev. (2001).

Nicole Ladouceur, *Le contrôle des conflits d'intérêts: mesures législatives et muraille de Chine,* Les Editions Yvon Blais: Cowansville (1993).

Norman S. Poser, *Liability of Broker-Dealers for Unsuitable Recommendations to Institutional Investors,* BYU L. Rev. (2001).

Otavio Yazbek, *Regulação do Mercado Financeiro e de Capitais,* 2ª ed., Campus: Rio de Janeiro (2009).

Patrícia Thomazelli, *Distribuição pública de valores mobiliários: responsabilidade da instituição financeira intermediária por danos sofridos pelos investidores*, em *Mercado Financeiro & De Capitais: Regulação e Tributação*, coord. Leonardo Freitas de Moraes e Castro, Quartier Latin: São Paulo (2015).

Paulo Câmara, *Deveres de informação e formação de preços no direito dos valores mobiliários*, 2 CadMVM (1998), 79-93;

– *Conflito de Interesses no Direito Financeiro e Societário: um retrato anatómico*, em *Conflito de Interesses no Direito Societário e Financeiro – Um Balanço a Partir da Crise Financeira*, coord. Paulo Câmara, Almedina: Coimbra (2010), 55-74;

– *Manual de Direito dos Valores Mobiliários*, 4ª ed., Almedina: Coimbra (2018);

– *Remuneração e Governo das Sociedades: Uma Nova Agenda*, em *A Emergência e o Futuro do Corporate Governance em Portugal*, II (Comemorativo do XV Aniversário do Instituto Português de Corporate Governance), Almedina: Coimbra (2018), 267-284.

Pedro Pais de Vasconcelos, *Mandato Bancário*, em *Estudos em Homenagem ao Professor Doutor Inocêncio Galvão Telles*, coord. António Menezes Cordeiro/Luís Menezes Leitão/Januário da Costa Gomes, II (Direito Bancário), Almedina: Coimbra (2002), 131-155.

R. Capelo de Sousa, *O Segredo Bancário. Em especial, face às alterações fiscais da Lei nº 30-G/2000, de 29 de dezembro*, em *Estudos em Homenagem ao Professor Inocêncio Galvão Teles*, II, Almedina: Coimbra (2002), 157-223.

Richard W. Jennings/Harold Marsh Jr./John Coffee Jr., *Securities Regulation – Cases and Materials,* Westbury: New York (1992).

Rob Price, *Conduct of Business Standards – Fair Dealing with Clients*, em *A Practitioner's Guide to MiFID*, coord. Matthew Elderfield, Sweet and Maxwell: London (2013).

Robert N. Rapp, *Rethinking Risky Investments for that Little Old Lady: A Realistic Role for Modern Portfolio Theory in Assessing Suitability Obligations of Stockbrokers*, 24 Ohio N.U. L. Rev. (1998), 194-217.

Thiago Saddi Tannous, *anotação aos arts. 15º a 18º*, em *Comentários à Lei do Mercado de Capitais – Lei nº 6.385/76*, coord. Gabriela Codorniz/Laura Patella, 1ª ed., Quartier Latin: São Paulo (2015).

Tiago dos Santos Matias, Product intervention *na DMIF II: nótulas sobre o último poder (ou o poder último) conferido às autoridades de supervisão*, em *O Novo Direito dos Valores Mobiliários: I Congresso sobre Valores Mobiliários e Mercados Financeiros*, coord. Paulo Câmara, Almedina: Coimbra (2017), 257-278.

Umberto Belviso, *Gli "intermediari finanziari" (tra storia e nomenclatura)*, 2/27/I G.Comm. (2000), 165-185.

Investidor qualificado: funções e abrangência do conceito

João Pedro Barroso do Nascimento
Júlia Rodrigues Costa de Serpa Brandão
Luca Wanick

Resumo: *A regulação do mercado de capitais tem adotado mecanismos diversos tendentes a aumentar a proteção ao investidor em situações de desconhecimento do mercado. Neste sentido, recentemente estabeleceram-se, por exemplo, regras relacionadas ao dever de verificação da adequação do investimento* (suitability) *e de investimento mínimo. Como forma de flexibilização destas proteções, a CVM Br introduziu na regulação brasileira o conceito de "Investidor Qualificado", que reconhece a existência de uma categoria de investidores que, em razão da sua expertise e situação patrimonial, possui elementos suficientes para mitigar a necessidade da proteção regulatória. Este artigo tem como objetivo explorar o conceito de investidor qualificado, analisando sua evolução, abrangência e função no direito brasileiro. Além disso, serão brevemente analisados conceitos semelhantes em países como Estados Unidos, Reino Unido, Portugal e Angola.*

1. Introdução

Tradicionalmente, as intervenções regulatórias são realizadas com vistas à proteção do investidor, a fim de evitar fraudes e manipulações indevidas do mercado[1]. No entanto, o escopo de atuação do Estado no mer-

[1] Louis Loss, *O papel do governo na proteção dos investidores*, 26/2 Rev. AE (1986), 51-60.

cado de capitais não tem se limitado a estas questões. Nos últimos anos, a atenção da CVM Br tem se voltado para situações em que o próprio investidor, em virtude de seu desconhecimento do mercado, atua em prejuízo de seu patrimônio.

Por conta destas situações, entidades regulatórias em diversos países passaram a desenvolver mecanismos de caráter preventivo, de modo a evitar a aplicação inadequada de recursos por pessoas físicas e jurídicas em valores mobiliários incompatíveis com seus perfis de investimento ou patrimônios.

No Brasil, as regras de investimento mínimo[2] e do dever verificação, pelos agentes de mercado, da adequação dos produtos, serviços e operações ao perfil do cliente (*suitability*), são alguns exemplos claros de medidas adotadas pela CVM Br nesta direção.

O dever de verificação de *suitability*, conforme introduzido pela Instrução CVM Br nº 539, de 11 de novembro de 2013 ("ICVM 539"), é aplicável a todos os integrantes do sistema de distribuição de valores mobiliários e consiste em verificar: (i) se o produto, serviço ou operação são adequados aos objetivos de investimento do cliente; (ii) se a situação financeira do cliente é compatível com o produto, serviço ou operação; e (iii) se o cliente possui conhecimento necessário para compreender os riscos relacionados ao produto, serviço ou operação.

Como será abordado adiante, a necessidade de verificação de *suitability* acaba tendo sua aplicação mitigada em relação a uma categoria especial de investidores: os investidores qualificados. Devido ao seu perfil patrimonial e de investimento específico, a CVM Br entende que os integrantes desta categoria têm melhor capacidade de avaliação de riscos e de estruturas complexas de investimento, de modo que podem estar sujeitos a regras menos rígidas de proteção.

[2] Tais normas têm por objetivo principal restringir determinados valores mobiliários a um público mais sofisticado. Ainda, visavam a facilitar o *compliance* às normas que restringiam a negociação do ativo a investidores qualificados. Assim, buscava-se assegurar que, ao comprar um valor mobiliário, o investidor tivesse investimentos financeiros de, no mínimo, o mesmo valor. Exemplo de aplicação desta norma é o FIDC-NP, cujas cotas possuíam valor unitário mínimo era de R$ 1 milhão, de acordo com o Edital de Audiência Pública SDM nº 03/14 da CVM Br.

2. A evolução do Conceito de Investidor Qualificado

A Instrução CVM Br nº 409, de 18 de agosto de 2004 ("ICVM 409"), foi responsável pela introdução do conceito de investidor qualificado na regulação brasileira.

O art. 109º da ICVM 409[3], antes de sua revogação pela Instrução CVM Br nº 555, de 17 de dezembro de 2014 ("ICVM 555"), previa que seriam investidores qualificados, dentre outros, pessoas físicas ou jurídicas que possuíssem investimentos financeiros em valor superior a R$300.000,00 (trezentos mil reais). Tais investidores deveriam, ainda, assinar termo próprio, de forma a atestar a sua condição de investidor qualificado[4].

Paralelamente à definição de investidor qualificado prevista na ICVM 409, a Instrução CVM nº 461, de 23 de outubro de 2007 ("ICVM 461"), em seu art. 67º, §1º (IV), determinava que seriam classificadas como investidores qualificados as pessoas físicas ou jurídicas com investimentos financeiros superiores a R$1.000.000,00 (um milhão de reais). Além de estabelecer valor consideravelmente superior aos R$300.000,00 (trezentos mil reais) exigidos pela ICVM 409, a ICVM 461 também dispensava a exigência da declaração feita pelo investidor de sua condição de investidor qualificado, prevista na ICVM 409.

A definição de investidor qualificado estava delimitada, concomitantemente, na ICVM 409 e na ICVM 461, porém utilizando critérios dis-

[3] Dispunha o art. 109º da ICVM 409: "Para efeito do disposto no artigo anterior, são considerados investidores qualificados: I – instituições financeiras; II – companhias seguradoras e sociedades de capitalização; III – entidades abertas e fechadas de previdência complementar; IV – pessoas físicas ou jurídicas que possuam investimentos financeiros em valor superior a R$ 300.000,00 (trezentos mil reais) e que, adicionalmente, atestem por escrito sua condição de investidor qualificado mediante termo próprio, de acordo com o Anexo I; V – fundos de investimento destinados exclusivamente a investidores qualificados; e VI – administradores de carteira e consultores de valores mobiliários autorizados pela CVM Br, em relação a seus recursos próprios."

[4] Nos termos desta declaração e no mesmo sentido da norma atualmente vigente, investidores deveriam declar possuir conhecimento sobre o mercado financeiro suficiente para que não lhes fossem aplicáveis um conjunto de proteções legais e regulamentares conferidas aos investidores que não fossem qualificados. A determinação da assinatura desta declaração nada mais é do que uma política pública de alocação de riscos e, consequentemente, responsabilidades aos próprios investidores.

tintos para sua classificação. Tal diferenciação gerava dúvidas acerca da real abrangência do conceito.

De um lado, a ICVM 409 dispunha especificamente sobre a constituição, a administração, o funcionamento e a divulgação de informações dos fundos de investimento; enquanto, de outro lado, a ICVM 461 disciplinava o funcionamento dos mercados regulamentados de valores mobiliários, bem como a constituição, organização, funcionamento e extinção das bolsas de valores, bolsas de mercadorias e futuros e mercados de balcão organizado.

O conceito de investidor qualificado, estampado nos arts. 108º e 109º da ICVM 409, tinha como objetivo definir para quais agentes do mercado poderiam ser constituídos fundos de investimento exclusivos (*i.e.*, inacessíveis aos demais investidores). Já o conceito de investidor qualificado previsto no art. 67º, §1º, da ICVM 461 objetivava limitar os tipos de investidores que estariam aptos a negociar em bolsa estrangeira instalada no Brasil. Deste modo, embora trouxessem definições distintas para o mesmo conceito, a ICVM 409 e a ICVM 461 tratavam de investidores qualificados em contextos diferentes.

Algumas normas da CVM Br criaram regimes diferenciados e mais flexíveis para investidores que, no entendimento da Autarquia, teriam melhor capacidade de avaliação de riscos e de estruturas complexas de investimento. Diferentemente da ICVM 409 e da ICVM 461, tais normas não trazem seu próprio conceito de investidor qualificado. Ao utilizarem esta categoria de investidor, as mesmas se limitam a fazer referência à definição prevista "*na regulamentação específica da CVM*", sem estabelecer conceituação própria.

Desta forma, ainda que os conceitos de investidor qualificado estivessem estabelecidos em instruções da CVM Br específicas e em contextos claramente distintos, a pluralidade de definições gerava incertezas quanto a qual deveria ser aplicada quando esta categoria de investidor era mencionada em outras instruções da CVM Br.

Nesse contexto, foi editada a ICVM 554, que desde sua concepção inicial, tinha três propósitos principais: ***(i)*** uniformizar o conceito de investidor qualificado; ***(ii)*** criar a categoria de "investidores profissionais"; e, ***(iii)*** eliminar regras de investimento ou valor unitário mínimo para determinados valores mobiliários.

Sendo assim, são considerados investidores qualificados[5]: *(i)* investidores profissionais; *(ii)* pessoas naturais ou jurídicas que possuam investimentos financeiros em valor superior a R$1.000.000,00 (um milhão de reais) e que, adicionalmente, atestem por escrito sua condição de investidor qualificado mediante termo próprio; *(iii)* pessoas naturais que tenham sido aprovadas em exames de qualificação técnica ou possuam certificações aprovadas pela CVM Br como requisitos para o registro de agentes autônomos de investimento, administradores de carteira, analistas e consultores de valores mobiliários, em relação a seus recursos próprios; e *(iv)* clubes de investimento, desde que tenham a carteira gerida por um ou mais cotistas, que sejam investidores qualificados.

Entre as principais mudanças, destacam-se a inclusão dos investidores profissionais e a exclusão, dentre outros, de determinados agentes do mercado então previstos nas definições anteriores: *(i)* instituições financeiras; *(ii)* companhias seguradoras e sociedades de capitalização; *(iii)* entidades abertas e fechadas de previdência complementar; *(iv)* administradores de carteira e consultores de valores mobiliários autorizados pela CVM Br, em relação a seus recursos próprios – que passaram a constar da definição de investidores profissionais –; e, *(v)* os regimes próprios de previdência social instituídos pela União, pelos Estados, pelo Distrito Federal ou por Municípios, que passaram a ser objeto do art. 9º-C da ICVM 539[6].

Além disso, adotou-se o montante mínimo de R$1.000.000,00 (um milhão de reais) do valor dos investimentos financeiros para qualificação de pessoas físicas e jurídicas como investidores qualificados, tomando

[5] Conforme art. 9º-B da ICVM 539, que foi introduzido pela ICVM 554. A ICVM 409, por tratar de uma modalidade específica de investimento, tinha um escopo limitado, restringindo, portanto, a possibilidade da aplicação direta desta categoria à totalidade das formas de investimento. Assim, por meio da ICVM 554, a CVM optou por regulamentar e consolidar o conceito de investidor qualificado em uma instrução cujo objeto fosse mais amplo, como a ICVM 539, que dispõe sobre o dever de verificação da adequação dos produtos ao perfil do cliente.

[6] Os regimes próprios de previdência social dos entes da Federação, antes incluídos no rol dos investidores qualificados, passam a ser objeto do art. 9º-C, o qual dispõe: "Art. 9º-C. Os regimes próprios de previdência social instituídos pela União, pelos Estados, pelo Distrito Federal ou por Municípios são considerados investidores profissionais ou investidores qualificados apenas se reconhecidos como tais conforme regulamentação específica do Ministério da Previdência Social."

como parâmetro a ICVM 461, e adicionalmente, prevê-se a necessidade da assinatura por estas pessoas de termo para atestar tal condição, conforme exigia a ICVM 409[7].

3. O investidor profissional e regras de investimento mínimo

Conforme exposto, a ICVM 554 teve como um de seus principais objetivos evitar a proteção estatal excessiva sobre investidores que dela não necessitassem. Embora o conceito de investidor qualificado já cumprisse tal finalidade, certas pessoas físicas e jurídicas, em virtude de sua situação especial, poderiam ser dispensadas, em grau ainda maior, de proteção estatal.

Sendo assim, o art. 9º-A da ICVM 554[8] criou a categoria de investidores profissionais. A figura do investidor profissional já existia no Brasil, ainda que informalmente. Com efeito, os "investidores superqualificados", que os participantes do mercado assim convencionaram chamar em virtude de sua presumida experiência e, ainda maior, capacidade econômica, se distinguiam dos demais por possuir acesso a produtos ainda mais sofisticados do mercado de capitais. Não porque se encontrasse menção expressa a essa categoria nas instruções CVM Br, mas porque, por vezes, o investimento mínimo demandado por certos produtos era elevado ao ponto de importar em risco demasiado até para aqueles investidores já classificados como investidores qualificados.

O art. 9º-A da ICVM 554 estabelece que são investidores profissionais, dentre outros: ***(i)*** aqueles que detêm investimentos financeiros em valor superior a R$10.000.000,00 (dez milhões de reais); ***(ii)*** os fundos

[7] Vide, n. 7.

[8] "Art. 9º-A. São considerados investidores profissionais: I – instituições financeiras e demais instituições autorizadas a funcionar pelo Banco Central do Brasil; II – companhias seguradoras e sociedades de capitalização; III – entidades abertas e fechadas de previdência complementar; IV – pessoas naturais ou jurídicas que possuam investimentos financeiros em valor superior a R$ 10.000.000,00 (dez milhões de reais) e que, adicionalmente, atestem por escrito sua condição de investidor profissional mediante termo próprio, de acordo com o Anexo 9-A; V – fundos de investimento; VI – clubes de investimento, desde que tenham a carteira gerida por administrador de carteira de valores mobiliários autorizado pela CVM Br; VII – agentes autônomos de investimento, administradores de carteira, analistas e consultores de valores mobiliários autorizados pela CVM Br, em relação a seus recursos próprios; VIII – investidores não residentes."

de investimento – agora restritos apenas a esta categoria –; ***(iii)*** os clubes de investimento que tenham a carteira gerida por administrador de carteira de valores mobiliários autorizado pela CVM Br; e, ***(iv)*** os investidores não residentes.

Conforme visto, de acordo com a nova redação do art. 9º-B da ICVM 539, introduzido pela ICVM 554, os investidores profissionais constituem uma categoria de investidores qualificados. Desta forma, a categoria de investidores profissionais nada mais é do que uma subcategoria de investidores qualificados. Nesse sentido, o Edital de Audiência Pública SDM nº 03/14 expôs:

> *"Os 'investidores profissionais' são pessoas que atuam cotidianamente no mercado financeiro ou que, devido ao patrimônio elevado, podem contratar prestadores de serviço capazes de auxiliá-los em decisões de investimento envolvendo universo amplo de ativos. Os 'investidores qualificados', por sua vez, incluem os investidores profissionais e algumas outras pessoas que necessitam de tutela regulatória maior do que a dos investidores profissionais"* (grifo nosso)[9].

No que diz respeito a pessoas físicas ou jurídicas, para distinguir os investidores profissionais dos demais investidores qualificados, basta observar o critério patrimonial. Estabeleceu-se um valor mínimo com base em estimativas sobre: ***(i)*** o patrimônio a partir do qual é racional o investidor médio dedicar parte relevante do seu tempo à administração dos seus investimentos financeiros e, assim, passar a conhecer melhor o mercado de capitais; e ***(ii)*** o patrimônio mínimo que permite ao investidor ter acesso a prestadores de serviço que o auxiliem na administração de seus recursos[10]. Assim, quando possuíssem investimentos financeiros superiores a R$10.000.000,00 (dez milhões de reais), mais do que meramente investidores qualificados, estas pessoas seriam consideradas investidores profissionais.

Com a introdução da categoria de investidor profissional, dotado de maior potencial de investimento e maior capacidade para avaliação de riscos que os investidores qualificados, começam a surgir produtos do mercado de capitais voltados especificamente para estes investidores. Exemplo disso é a ICVM 555 que passou a prever a possibilidade de cria-

[9] Edital de Audiência Pública SDM nº 03/14.

[10] Edital de Audiência Pública SDM nº 03/14.

ção de fundos restritos a investidores profissionais e, portanto, sujeitos a menos regulação que aqueles destinados a investidores qualificados.

Outro exemplo é o da Instrução CVM Br nº 566, de 31 de julho de 2015 ("ICVM 566"), que dispõe sobre a oferta pública de distribuição de notas promissórias. A instrução, recentemente promulgada, dispensa a contratação de instituição intermediária por emissores com grande exposição ao mercado, sob a condição de que a oferta se destine exclusivamente a investidores profissionais.

Finalmente, a ICMV 554 também teve como objetivo a eliminação de determinadas regras de investimento ou valor unitário mínimo para aplicação nos valores mobiliários regulamentados pelas instruções da CVM Br. Tal modificação está intrinsecamente relacionada à edição da ICVM 539, que dispõe sobre o dever de verificação da adequação dos produtos ao perfil do cliente (*suitability*).

A lógica desta alteração seria de que o estabelecimento do dever de verificação de *suitability*, pelos agentes intermediários, já visa a proteger investidores de investimentos inadequados ao seu perfil, sendo desnecessária, portanto, a adoção de mecanismos de investimento mínimo.

Outras motivações também ensejaram a eliminação de regras de investimento mínimo. Argumentava-se, em primeiro lugar, que a medida facilitaria o controle dos intermediários sobre as negociações dos clientes que não fossem considerados qualificados ou profissionais. Além disso, tais regras não seriam uniformes, o que poderia levar a arbitragens regulatórias. Por fim, esperava-se, com a eliminação, promover tanto o aumento da liquidez no mercado secundário de valores mobiliários quanto a maior possibilidade de diversificação das carteiras de valores mobiliários.

Assim, a ICVM 554 promoveu diversas alterações em instruções CVM Br que previam regras de investimento mínimo. Como exemplo, a ICVM 554 alterou a Instrução CVM nº 356, de 17 de dezembro de 2001 ("ICVM 356"), responsável por regulamentar fundos de investimento em direitos creditórios e de fundos de investimento em cotas de fundos de investimento em direitos creditórios. Tal alteração excluiu a previsão de investimento mínimo de R$25 mil para aplicação nos fundos regulados pela ICVM 356, regra então prevista no seu art. 3º (IV)[11].

[11] Neste contexto, também foi excluída a regra que estabelecia a dispensa do arquivamento na CVM Br e da elaboração de demonstrações financeiras quando as cotas do fundo possuíssem valor unitário igual ou superior a R$1.000.000,00.

Outro exemplo de retirada de regra de investimento mínimo foi o do art. 5º da Instrução CVM Br nº 391, de 16 de julho de 2003 ("ICVM 391"), que previa a necessidade de subscrição de R$100.000,00 (cem mil reais) para investir em Fundos de Investimento em Participações ("FIP"). A nova redação do artigo mantém apenas o requisito de que os investidores em tais fundos sejam classificados como investidores qualificados[12].

4. Função e aplicação prática do conceito de investidor qualificado

A introdução de categorias de investidores como a de investidor qualificado e a de investidor profissional no direito brasileiro tem como objetivo a flexibilização de normas relacionadas ao conceito de *suitability*. Tal procedimento de verificação da adequação dos produtos, serviços e operações ao perfil do cliente se propõe a evitar que investidores, em razão do seu desconhecimento do mercado, se exponham a riscos incompatíveis com a sua situação patrimonial.

Em vez de limitar (ou até mesmo impedir) o acesso a todos os investidores a investimentos de maior complexidade e/ou cujo risco seria potencialmente desproporcional ao investidor médio, a CVM Br introduziu categorias de investidores distintos, para conferir-lhes tratamentos igualmente distintos, porém compatíveis com as suas respectivas *expertises* e realidades patrimoniais.

Com efeito, o que se vislumbra com a definição dos conceitos de investidores qualificados e investidores profissionais é o reconhecimento, pela CVM Br, de que estas pessoas, devido ao seu perfil patrimonial e de investimento específico, teriam melhor capacidade de avaliação de riscos e de estruturas complexas de investimento, de modo que poderiam estar sujeitos a regras menos rígidas de proteção patrimonial.

[12] Outros exemplos de exclusões de regras de investimentos mínimo promovidas pela ICVM 554 são a exclusão do art. 3º (IV) da Instrução CVM Br nº 399, de 21 de novembro de 2003, que impunha valor mínimo unitário de R$3 mil para investir em fundos de investimento em direitos creditórios no âmbito do Programa de Incentivo à Implementação de Projetos de Interesse Social – FIDC-PIPS e a exclusão da necessidade de investimento mínimo de R$300 mil para Certificados de Recebíveis Imobiliários (CRIs), os quais ficaram restritos à categoria de investidores qualificados, conforme o art. 7º, §2º da ICVM 554.

Como consequência, o art. 9º da ICVM 554[13] dispensou a verificação de *suitability* no caso de investidores classificados como investidores qualificados. Isto porque, pressupõe-se que tais investidores teriam condições de avaliar a estrutura e o risco inerente do investimento realizado, não sendo necessário que o agente intermediário faça nova avaliação a respeito da adequação do investimento.

Além disso, há no ordenamento jurídico brasileiro diversas normas que limitam determinados tipos de investimento a investidores qualificados ou que criam exceções ao cumprimento de determinados requisitos para esta categoria de investidores.

Nesse sentido, cumpre destacar que a Instrução CVM Br nº 400, de 29 de dezembro de 2003 ("ICVM 400"), em seu art. 4º, §1º (VII), estabelece que ofertas de valores mobiliários, sejam elas públicas ou privadas, se direcionadas exclusivamente a investidores qualificados, estão dispensadas de registro prévio perante a CVM Br. Os investidores deverão apresentar apenas termo específico à CVM Br declarando ter ciência da ausência de registro da oferta na CVM Br. Considera-se, nesses casos, que investidores qualificados não precisam tomar ciência das informações que seriam divulgadas a respeito da operação por meio do registro na CVM Br para avaliar a decisão de investimento[14].

A ICVM 356, que dispõe sobre a constituição e o funcionamento de fundos de investimento em direitos creditórios e de fundos de investimento em cotas de fundos de investimento em direitos creditórios, previa em seu art. 3º (II), que tais fundos somente poderiam receber aplicações, bem como ter cotas negociadas no mercado secundário, quando o subscritor ou o adquirente das cotas fosse investidor qualificado, evidenciando a maior complexidade deste tipo de investimento.

Previsão semelhante era a da Instrução CVM Br nº 444, de 8 de dezembro de 2006 ("ICVM 444"), a respeito do funcionamento de Fundos de Investimento em Direitos Creditórios Não-Padronizados. Dizia

[13] O Art. 9º da ICVM 554 dispõe: "A obrigatoriedade de verificar a adequação do produto, serviço ou operação não se aplica quando: I – o cliente for investidor qualificado, com exceção das pessoas naturais mencionadas no inciso IV do art. 9º-A e nos incisos II e III do art. 9º-B; II – o cliente for pessoa jurídica de direito público; ou III – o cliente tiver sua carteira de valores mobiliários administrada discricionariamente por administrador de carteira de valores mobiliários autorizado pela CVM."

[14] Nelson Eizirik et. al., *Mercado de Capitais Regime Jurídico,* Renovar: Rio de Janeiro (2011), 157.

o seu art. 4º (I), que os fundos regulados por esta instrução somente poderiam receber aplicações, bem como ter cotas negociadas em mercado secundário, quando o subscritor ou o adquirente das cotas fosse investidor qualificado.

Outro exemplo de menção a esta categoria no âmbito regulatório brasileiro é a Instrução CVM nº 476, de 16 de janeiro de 2009 ("ICVM 476"), responsável por dispor sobre ofertas públicas de valores mobiliários distribuídas com esforços restritos e a negociação desses valores mobiliários nos mercados regulamentados. Nos termos do art. 2º e do art. 3º da ICVM 476, ofertas públicas de valores mobiliários distribuídas com esforços restritos deveriam ser destinadas exclusivamente a investidores qualificados, sendo permitida a procura de, no máximo 75 investidores qualificados. Além disso, todos os valores mobiliários ofertados nesta Instrução só poderiam ser negociados entre investidores qualificados, conforme prevê o art. 15º da referida Instrução CVM Br.

Por fim, destaca-se a previsão do art. 2º, §3º, da Instrução CVM nº 480, de 7 de dezembro de 2009 ("ICVM 480"), que dispõe sobre o registro de emissores de valores mobiliários admitidos à negociação, no sentido de permitir a negociação de determinados valores mobiliários emitidos por companhias em fase pré-operacional apenas por investidores qualificados. Companhias em fase pré-operacional possuem riscos ao investimento consideravelmente mais elevados, uma vez que se soma o risco de a Companhia sequer chegar a implementar seu plano de negócio. Assim, reserva-se este tipo de investimento aos investidores qualificados.

5. Investidor qualificado no direito estrangeiro

Uma série de fatores influenciam a forma e a extensão de intervenções regulatórias no mercado de capitais. É certo que diferentes contextos históricos, culturais e, principalmente, econômicos exigem diferentes respostas regulatórias. Contudo, a experiência internacional, notadamente no que diz respeito aos resultados atingidos pela adoção de cada modelo regulatório, pode ser de grande valia para aqueles que buscam aprimorar suas instituições e normas. Neste sentido, buscamos compreender como determinados países definem e aplicam o conceito de investidor qualificado de modo a possibilitar uma análise crítica de tal instituto no Brasil.

5.1. Estados Unidos da América ("EUA")

O mercado de capitais norte-americano apresenta algumas peculiaridades fundamentais para o entendimento do tratamento conferido aos investidores que precisam de menos proteção estatal. Primeiro, o volume e os valores das movimentações financeiras tornam este um dos mercados financeiros mais desenvolvidos do mundo[15].

Em segundo lugar, as características típicas do federalismo americano e do sistema legal nos EUA atribuem competência aos estados da federação para disciplinar o mercado de valores mobiliários. Assim, nos EUA devem-se observar não apenas as leis federais e as regulamentações da *Securities Exchange Comission*, mas também as leis estaduais editadas com o propósito de proteger investidores de fraudes relacionadas a valores mobiliários, conhecidas como "*blue sky laws*". Estas normas impõem que os ofertantes forneçam detalhes de cada oferta, a fim de habilitar investidores a tomarem decisões prudentes.

Sob determinação do *Securities Act* de 1933 – lei de âmbito federal – ("*Securities Act*"), em regra, uma companhia ou fundo não pode ofertar ou vender valores ou títulos mobiliários a menos que a transação tenha sido registrada junto à SEC. A grande maioria das ofertas de valores mobiliários não registradas se valem da exceção da Regra 506(b) da Regulação D, a qual limita ofertas a "*accredited investors*". Equivalente ao investidor qualificado no Brasil, o conceito de *accredited investor* cumpre o propósito de identificar as pessoas que podem suportar o risco econômico de investir em valores mobiliários não registrados.

Em verdade, há três figuras que se assemelham à categoria de investidor qualificado brasileiro. São elas: o "*accredited investor*", o "*qualified client*" e o "*qualified purchaser*":

5.1.1. Accredited investor

Diferentemente do público geral, o *accredited investor* (ou investidor autorizado, em tradução literal livre), definido na Regra 501 do *Securities Act*, tem acesso a fundos multimercado, fundos de *venture capital*, *private equity deals*, entre outros. Eles podem tanto ser pessoas físicas quanto pessoas jurídicas – como bancos, companhias de seguros, corporações,

[15] Arnoldo Wald, *O investidor qualificado no direito comparado*, 139 RDM (2005), 7-28.

e até mesmo organizações sem fins lucrativos –, desde que preencham certos requisitos[16].

No caso da pessoa física, ela deve possuir patrimônio líquido em comunhão com seu cônjuge que exceda USD$1.000.000,00 (um milhão de dólares americanos), sendo excluído deste o valor de seu imóvel residencial; ou auferir renda individual superior a USD$200.000,00 (duzentos mil dólares americanos) nos últimos dois anos ou, considerando a de seu cônjuge, superior a USD$300.000,00 (trezentos mil dólares americanos) nos dois últimos anos, com expectativa razoável de receber a mesma renda no ano corrente. Já no caso da pessoa jurídica, esta deve ser de titularidade exclusiva de *accredited investors* ou não ter sido formada com o propósito específico de adquirir participação no fundo, possuindo bens no total de, ao menos, USD$5.000.000,00 (cinco milhões de dólares americanos).

A SEC também classifica como *accredited investor* os próprios sócios ou diretores executivos das companhias emissoras cujos valores mobiliários estão sendo negociados. Além disso, em 2016, o Congresso norte-americano modificou a definição de *accredited investor* para incluir corretores registrados e consultores financeiros. Por fim, pessoas com experiência profissional e educação suficientes que demonstrem conhecimento de valores e títulos mobiliários não registrados junto a SEC também são considerados *accredited investors*.

Nota-se que não há uma agência responsável por verificar a condição de *accredited investitors*. Com efeito, desde 2013, o ônus de confirmação da condição de *accredited investors* recai sobre os agentes de mercado que recebem o investimento, por determinação da Regra 506(c) do *Securities Act*.

Da mesma forma que a categoria de investidores qualificados, a de *accredited investors* foi criada especialmente para aqueles investidores com *expertise* e patrimônio capazes de suportar os riscos econômicos de investir em valor mobiliários não registrados. Isso porque a oferta de valores mobiliários não registrados implica na não divulgação de determinadas informações valiosas junto à SEC, o que pode mascarar riscos inerentes a estes

[16] Alexander J. Davie, *Accredited Investors vs. Qualified Clients vs. Qualified Purchasers: Understanding Investor Qualifications,* Strictly business (2017). Acessível em Strictly business law blog: https://www.strictlybusinesslawblog.com/2017/08/17/accredited-investors-vs-qualified-clients-vs-qualified-purchasers/ (consultado a 10 de junho de 2018).

investimentos. Diversas companhias ofertam valores mobiliários exclusivamente para *accredited investors*, de modo a evitar registro destes valores mobiliários junto a SEC por consistir em um processo dispendioso.

5.1.2. Qualified client

Outra categoria de investidor foi prevista por lei, desta vez pelo *Investment Advisers Act* de 1940. Estabelece a Regra 205-3 deste diploma legal que um indivíduo ou entidade é um *qualified client* (em tradução literal livre), quando: ***(i)*** tem ativos avaliados em USD$1.000.000,00 (um milhão de dólares americanos) ou mais sob supervisão de um consultor de investimento após o investimento no fundo; ***(ii)*** tem um patrimônio líquido de USD$2.100.000,00 (dois milhões e cem mil dólares americanos) anterior ao investimento no fundo, excluído o valor do imóvel residencial; ***(iii)*** é um *qualified purchaser*; ou ***(iv)*** é um dos diretores do fundo ou um empregado que participa nas atividades de investimento junto ao consultor financeiro por pelo menos 12 meses.

Esta categoria de investidor foi criada especificamente para disciplinar o pagamento de taxa de administração de fundos. Em geral, administradores de fundos são remunerados com base em uma porcentagem do valor dos ativos investidos e, ainda, com base no seu desempenho. Contudo, nos Estados Unidos, determinados administradores de fundos são proibidos de cobrar taxa de administração com base em desempenho de investidores que não são classificados como *qualified client*, nos termos da Regra 205-3 do *Investment Advisers Act*.

5.1.3. Qualified purchaser

A última categoria de investidor está prevista no *Investment Company Act* de 1940. Diversos emissores de valores mobiliários seriam, em tese, classificados como empresas de investimento, conforme definido na Seção 3(a)(1) deste diploma normativo. Este enquadramento implicaria no registro desses emissores perante a SEC na categoria de empresa de investimento. Contudo, este registro é dispensado quando estes são detidos exclusivamente por investidores classificados como *qualified purchasers*.

De acordo com a Seção (51)(A) do *Investment Company Act* de 1940, são classificados como *qualified purchasers*: ***(i)*** indivíduos ou negócios familiares que tenham USD$5 milhões ou mais em investimentos, desde que não tenham sido formados para o propósito específico de adquirir participações no fundo; ***(ii)*** *trusts* que sejam patrocinados e controlados por *qualified purchasers*, desde que não tenham sido formados para formado para o propósito específico de adquirir participações no fundo; ***(iii)*** indivíduos ou entidades – ou quem esteja agindo em nome destas pessoas – que detenham e invistam pelo menos USD$25.000,00 (vinte e cinco mil dólares americanos), desde que não tenha sido formado para o propósito específico de adquirir participações no fundo; ou ***(iv)*** entidades das quais todos os titulares sejam *qualified purchasers*.

5.2. Reino Unido

A categoria norte-americana de *accredited investor* encontra equivalente no Reino Unido sob a nomenclatura de *certified high net worth investor*. Detalhada na *Financial Services and Markets Act* (FSMA) 2000 *Promotion of Collective Investment Schemes Order* 2001 ("FSMA 2000"), a classe, que se vale de critérios patrimonial e de renda, se aplica àqueles que tenham: ***(i)*** assinado declaração de patrimônio elevado[17] e ***(ii)*** mantido, no ano financeiro imediatamente anterior à assinatura do certificado de patrimônio elevado, bens em valor igual ou superior a £250.000,00 (duzentas e cinquenta mil libras esterlinas) ou auferido, no mesmo período acima descrito, renda igual ou superior a £100.000,00 (cem mil libras esterlinas)[18].

[17] *High net worth*. Tradução livre.

[18] The Financial Services and Markets Act 2000 (Promotion of Collective Investment Schemes) Order 2001. *In verbis*: "21. (...) (2) "Certified high net-worth individual" means any individual– (a) who has a current certificate of high net worth; and (b) who has signed, within the period of twelve months ending with the day on which the communication is made, a statement in the following terms: "I make this statement so that I am able to receive promotions of units in unregulated collective investment schemes where such promotions are exempt from the restriction in section 238 of the Financial Services and Markets Act 2000. The exemption relates to certified high net worth individuals and I declare that I qualify as such. I accept that the schemes to which the promotions will relate are not authorised or recognised for the purposes of that Act. I am aware that it is open to me to seek advice from an authorised person who specialises in advising on this kind of investment". (3) For the purposes of paragraph (2)(a) a certificate of high net worth – (a) must be in writing or other legible form; (b) is current if it is signed and dated within the period of twelve months ending with the day on which the communication is made; (c) must state that in the opinion of the person signing the certificate, the person to whom the certificate relates either – (i) had, during the financial year immediately preceding the date on which the certificate is signed, an annual income of not less than £100,000; or (ii)

Tratamento legal idêntico é conferido às companhias que preenchem os requisitos do art. 22º (2) do FSMA 2000, reconhecidas como *certified high net worth companies*. Entre outras hipóteses[19], estas devem possuir capital social ou patrimônio líquido: ***(i)*** igual ou superior a £5.000.000,00 (cinco milhões de libras esterlinas), ou ***(ii)*** não inferior a £500.000,00 (quinhentas mil libras esterlinas) – caso de sociedades com mais de 20 sócios.

Figura que também dispensa maior proteção no sistema jurídico britânico é a do *certified sophisticated investor*. Nos termos do art. 23º (1), FSMA 2000, este é o investidor que apresenta certificado atual e por escrito assinado por pessoa autorizada que ateste seu conhecimento acerca do mercado, o qual deve ser grande o suficiente para entender os riscos associados à participação em investimentos não regulados e que assina declaração de autorreconhecimento como *certified sophisticated investor*.

5.3. Portugal

Em Portugal, o art. 30º do CVM Pt[20] é responsável pela definição de investidor qualificado, categoria que recebe o mesmo nome no Brasil. Den-

held, throughout the financial year immediately preceding the date on which the certificate is signed, net assets to the value of not less than £250,000; (d) must be signed by the recipient's accountant or by the recipient's employer."

[19] The Financial Services and Markets Act 2000 (Promotion of Collective Investment Schemes) Order 2001. *In verbis*: "22. (...) (2) This paragraph applies to – (a) (a) any body corporate which has a called-up share capital or net assets of – (i) in the case of a body corporate which has more than 20 members or which is a subsidiary undertaking of a parent undertaking which has more than 20 members, not less than £500,000; (ii) in the case of any other body corporate, not less than £5 million; (b) any unincorporated association or partnership which has net assets of not less than £5 million; (c) the trustee of a high value trust; (d) any person ("A") whilst acting in the capacity of director, officer or employee of a person ("B") falling within any of sub-paragraphs (a) to (c), where A's responsibilities, when acting in that capacity, involve him in B's participation in unregulated schemes; (e) any person to whom the communication might otherwise lawfully be made."

[20] O art. 30º do CVM Pt dispõe: "Sem prejuízo do disposto nos artigos 317º e 317º-A, consideram-se investidores qualificados as seguintes entidades: a) Instituições de crédito; b) Empresas de investimento; c) Empresas de seguros; d) Instituições de investimento colectivo e respectivas sociedades gestoras; e) Fundos de pensões e respectivas sociedades gestoras; f) Outras instituições financeiras autorizadas ou reguladas, designadamente fundos de titularização de créditos, respectivas sociedades gestoras e demais sociedades financeiras previstas na lei, sociedades de titularização de créditos, sociedades de capital de risco,

tre as pessoas previstas nesse dispositivo, encontram-se: *(i)* empresas de investimento; *(ii)* instituições financeiras autorizadas ou reguladas; e, *(iii)* pessoas jurídicas que possuam dois dos seguintes requisitos: *(a)* capital social de €2.000.000,00 (dois milhões de euros); *(b)* ativo total no valor de €20.000.000,00 (vinte milhões de euros); e/ou, *(c)* volume de negócios líquido de €40.000.000,00 (quarenta milhões de euros).

Para além disso, o CVM Pt também regulamenta as categorias de investidores, estabelecem os requisitos e procedimentos para as solicitações de tratamento como investidores qualificados, dispõe sobre a responsabilidade do cliente e intermediário financeiro e a adequação da qualificação, bem como as contrapartes elegíveis.

Ainda no que concerne a Portugal, cumpre notar que DMIF II, Diretiva europeia que diz respeito ao mercado de instrumentos financeiros e que entrou em vigor em janeiro de 2018, estabelece que os termos "investidor qualificado" e "investidor não qualificado" serão substituídos por "investidor profissional" e "investidor não profissional". Além disso, a categoria de instrumentos financeiros "não complexos" deverá ser reduzida.

De acordo com a nova diretiva, também será obrigatório avaliar a adequação de produtos financeiros complexos ao investidor, através de um processo de verificação de *suitability* mais rigoroso se comparada com DMIF I. Tal processo inclui: *(i)* a elaboração de um relatório de *suitability* para conhecimento do investidor; *(ii)* a análise, considerando de custo e complexidade, de outros tipos de investimentos para o investidor; *(iii)* a realização de uma análise de custo e benefício entre tipos de investimento para o investidor; e, *(iv)* uma análise mais rigorosa da tolerância ao risco e capacidade de incorrer de perdas de cada investidor.

fundos de capital de risco e respectivas sociedades gestoras; g) Instituições financeiras de Estados que não sejam membros da União Europeia que exerçam actividades semelhantes às referidas nas alíneas anteriores; h) Entidades que negoceiem em instrumentos financeiros sobre mercadorias; i) Governos de âmbito nacional e regional, bancos centrais e organismos públicos que administram a dívida pública, instituições supranacionais ou internacionais, designadamente o Banco Central Europeu, o Banco Europeu de Investimento, o Fundo Monetário Internacional e o Banco Mundial; j) Pessoas referidas na alínea f) do nº 3 do artigo 289º; k) Pessoas coletivas cuja dimensão, de acordo com as suas últimas contas individuais, satisfaça dois dos seguintes critérios: i) Capital próprio de dois milhões de euros; ii) Ativo total de 20 milhões de euros; iii) Volume de negócios líquido de 40 milhões de euros. l) Pessoas a quem tenha sido conferido esse tratamento, nos termos do artigo 317º-B."

No entanto, Portugal ainda não adotou a diretiva, pois o projeto de diploma que transpõe a DMIF II está em processo legislativo.

Nota-se que a experiência internacional, guardadas as devidas proporções, não destoa excessivamente da figura de investidor qualificado adotada no Brasil. Em mercados mais desenvolvidos e aquecidos, como os dos Estados Unidos e no Reino Unido, verifica-se a adoção de critérios patrimoniais mais elevados para a caracterização de investidores qualificados. Não nos parece que esta distinção torna esses mecanismos incompatíveis com os adotados no direito brasileiro, se considerando as diferenças econômicas, culturais e históricas entre estes países.

6. Conclusão

A avaliação da regulação introduzida pela CVM Br no que diz respeito à abrangência e função do conceito de investidor qualificado, sob um ponto de vista mais aprofundado e teórico requer a exposição, ainda que breve, sobre o objetivo e justificativa da regulação.

Nesse sentido, tem-se que regulação é a utilização de mecanismos legais para implementação de políticas públicas visando a promoção de determinados objetivos sócio-econômicos[21]. Há diversas teorias que visam a justificar a existência de determinados tipos de regulação governamental no mercado, das quais destacam-se a teoria da "captura" e a teoria do interesse público[22].

Como o próprio nome sugere, a teoria do interesse público justifica a existência de regulação como resultado de uma demanda pública por

[21] Embora reconhecesse a inexistência de uma definição única e pré-estabelecida do termo "regulação" na literatura jurídica e econômica, Johan den Hertog estabeleceu que: "*regulation will be taken to mean the employment of legal instruments for the implementation of social-economic policy objectives. A characteristic of legal instruments is that individuals or organizations can be compelled by government to comply with prescribed behavior under penalty of sanctions.*", cf. Johan den Hertog, *General Theories of Regulation*, em *Encyclopedia of Law and Economics* (1999), 223. Em complemento a este conceito de regulação, cumpre ressaltar a posição de Vincenzo Florenzano a respeito da ideia de justiça social: "a ideia-força que nos move é que o ordenamento jurídico será tanto mais perfeito quanto mais a estrutura de incentivos que dele decorre for apta a promover pleno emprego e justiça social.", cf. Vincenzo D Florenzano, *Sistema Financeiro e Responsabilidade Social: uma proposta de regulação fundada na teoria da justiça e na análise econômica do direito*, Textonovo: São Paulo (2004).

[22] Richard A Posner, *Theories of Economic Regulation*, 5/2 The Bell Journ. EMS (1974), 335-358.

correções de práticas ineficientes ou inequitativas de mercado[23]. Ou seja, a regulação existente decorreria de esforços para promoção de políticas eficientes que visam a atender ao interesse público por um mercado com práticas equitativas.

Sob um ponto de vista mais cético, a teoria da captura justifica a existência de regulação como o resultado de pressão formada por determinados grupos de interesses. De acordo com esta teoria, a regulação seria elaborada e implementada com o objetivo central de beneficiar tais grupos de interesse que exercem pressão sobre os agentes reguladores[24].

Tendo em vista tais teorias, indaga-se: o que teria justificado a introdução da regulação vigente sobre o conceito de investidor qualificado?

Por um lado, seria possível argumentar que tal regulação seria decorrente de pressão exercida pelos próprios investidores que se inserem neste conceito. Há essencialmente duas razões que justificariam este argumento. Primeiro, conforme explorado ao longo do presente artigo, investidores qualificados têm acesso a determinados tipos de investimentos indisponíveis aos demais investidores. Assim, os investidores classificados como investidores qualificados teriam interesse na criação desta categoria especial, pois essa regulação serviria como uma forma de barreira à entrada (*i.e.*, limitaria o acesso de demais investidores aos investimentos que atualmente são restritos aos investidores qualificados).

Outra razão que poderia levar à conclusão de que esta regulação se justificaria pela teoria da captura seria de que os investidores qualificados, notadamente investidores institucionais, são os investidores que efetivamente tem mais acesso aos agentes reguladores do mercado de valores mobiliários, de modo que são mais suscetíveis a exercer pressão sobre tais agentes para a criação de regulação que os beneficiem.

[23] Richard Posner define a teoria do interesse público da seguinte forma: "*This theory holds that regulation is supplied in response to the demand of the public for the correction of ineficiente or inequitable market practices*", CF. Posner, *Theories* cit., 335.

[24] George Stigler explica a teoria da captura da seguinte forma: "*as a rule, regulation is acquired by the industry and is designed and operated primarily for its benefit*", CF. George J. Stiegler, *The theory of economic regulation,* 2/1 The Bell Journ. EMS (1971), 3-21, 3. No mesmo sentido, expõe Richard Posner: "*this theory holds that regulation is supplied in response to the demand of interest groups struggling among themselves to maximize the income of their members*", cf. Posner, *Theories* cit., 336.

Não obstante estas ponderações, nos parece que a regulação do conceito de investidor qualificado foi introduzida pela CVM Br com o objetivo de garantir um mercado de valores mobiliários mais equilibrado e justo e não por pressão política de determinados grupos de interesses.

Com efeito, a intervenção regulatória da CVM Br é fundamental para a higidez e bom funcionamento do mercado de capitais brasileiro. Para que tal regulação seja eficaz e adequada, é necessário considerar, em certa medida, as particularidades e a pluralidade dos agentes envolvidos neste mercado. Com efeito, o conceito de *one size fits all* não deve nortear a regulação do mercado de capitais, sob a pena de aplicação de regras e limitações desproporcionais e ineficientes àqueles que não carecem de tal tratamento.

A implementação e o aprimoramento de conceito como o de investidor qualificado surgem como alternativas louváveis para flexibilização de regras de proteção a investidores. Conforme exposto acima, ao invés de limitar – ou até mesmo impedir – o acesso a todos os investidores a investimentos de maior complexidade e/ou cujo risco seria potencialmente desproporcional ao investidor médio, a CVM Br introduziu categorias de investidores distintos, para conferir-lhes tratamentos igualmente distintos, porém compatíveis com a suas respectivas *expertises* e realidades patrimoniais.

Assim, entende-se que a intervenção da CVM Br no sentido de classificar e regular a atuação de investidores qualificados visa a melhorar a alocação de riscos de determinados tipos de investimento, em atendimento ao interesse público por um mercado de valores mobiliários equilibrado.

Por fim, sob um ponto de vista mais prático – e com o objetivo de aprimoramento contínuo da norma – propõe-se a analise de dois aspectos da regulação atualmente vigente sobre investidores qualificados: ***(i)*** a utilização de critérios exclusivamente patrimoniais para a classificação desta categoria de investidores; e ***(ii)*** os efeitos práticos da classificação de investidores qualificados no contexto da proteção conferida pela CVM Br.

Primeiro, deve-se avaliar a conveniência da utilização de critérios patrimoniais isolados para a caracterização de investidores qualificados, e, consequentemente a determinação do grupo de investidores que mereceriam menor proteção estatal. Embora um dos critérios utilizados para a classificação de investidores qualificados seja a aprovação em exames de qualificação técnica ou determinadas certificações aprovadas pela CVM Br, este critério não é cumulativo com o critério patrimonial. Assim sendo, atualmente, é possível que determinado investidor seja classificado como investidor qualificado apenas em decorrência da sua situação patrimonial, ainda que não possua conhecimento técnico necessário para real conhecimento dos riscos envolvidos em alguns tipos de investimento.

Reconhece-se a necessidade de proteção de investidores com pouco conhecimento técnico, no sentido de limitar a sua participação em investimentos menos regulados – e, conforme o caso, mais arriscados. Contudo, nos parece questionável que essa capacidade técnica seja mensurada pela riqueza. A experiência já mostra que mesmo pessoas ricas realizam investimentos infelizes. Nesse sentido, cumpre lembrar do caso envolvendo economistas ganhadores do prêmio Nobel e investidores de Wall Street, cuja firma de administração de fundos multimercado (Long-Term Capital Management) entrou em colapso em 1998, por pouco não acarretando uma crise financeira global[25].

Desta forma, deve-se considerar a utilização de critérios patrimoniais cumulativamente a critérios de conhecimento técnico ou, alternativamente, à comprovação da contratação de agentes que possuam tais conhecimentos para a classificação de investidores qualificados.

O segundo aspecto da norma que requer especial atenção são os efeitos da classificação de investidores qualificados para fins da proteção conferida pela CVM Br a estes investidores. Conforme exposto, a atuação regulatória e sancionadora da CVM Br é essencial para o bom funcionamento do mercado de valores mobiliários. Esta atuação pode se dar de ofício ou por meio de questionamentos e reclamações de investidores e agentes de mercado em geral.

Tendo como premissa que a regulação sobre o conceito de investidor qualificado tem como objetivo principal conferir maior flexibilidade aos investidores que, em tese, têm maior *expertise* e capacidade de avaliar riscos e/ou estruturas mais complexas de investimento, questiona-se: qual é nível de proteção que este investidor poderá exigir da CVM Br?

Na declaração de condição de investidor qualificado, exigida pela ICVM 554, o investidor deverá declarar que possui conhecimento sobre o mercado financeiro suficiente para que não lhe seja aplicável um con-

[25] Selena Maranjian, *Are you a qualified investor?,* The Motley Fool. Acessível em Fool: https://www.fool.com/investing/general/2014/11/24/are-you-a-qualified-investor.aspx (consultado a 10 de junho de 2018).

junto de proteções legais e regulamentares conferidas aos investidores que não sejam qualificados. Contudo, não há, na norma, referência explícita a quais seriam tais limitações à proteção deste tipo de investidor.

Em determinados casos esta limitação é intrínseca ao investimento envolvendo investidores qualificados. Por exemplo, tem-se as ofertas direcionadas exclusivamente a investidores qualificados, que estão dispensadas de registro prévio perante a CVM Br de acordo com o art. 4º, §1º (VII) da ICVM 400. Nesses casos, considera-se que os investidores qualificados poderiam dispensar as informações que seriam divulgadas por ocasião do registro da oferta perante a CVM Br. Assim, uma forma de limitação de proteção da CVM Br está contida na própria modalidade de investimento – embora ainda não seja possível determinar qual o nível de proteção da CVM Br que este investidor estaria sujeito em relação a outros aspectos da oferta.

Em outros casos, a própria norma não prevê a limitação de proteção da CVM Br. Por exemplo, o art. 2º, §3º da ICVM 480 estabelece que determinados valores mobiliários emitidos por companhias em fase pré-operacional somente poderão ser negociados por investidores qualificados. Embora este dispositivo limite o investimento a investidores qualificados, não há, a princípio, uma limitação à proteção conferida pela CVM Br. Desta forma, deve-se avaliar em que medida o investidor qualificado será sujeito aos mecanismos de proteção existentes.

Bibliografia

Alexander J Davie, *Accredited Investors vs. Qualified Clients vs. Qualified Purchasers: Understanding Investor Qualifications*, Strictly business (2017). Acessível em Strictly business law blog: https://www.strictlybusinesslawblog.com/2017/08/17/accredited-investors-vs-qualified-clients-vs-qualified-purchasers/ (consultado a 10 de junho de 2018).

Nelson Eizirik et. al., *Mercado de Capitais Regime Jurídico*, Renovar: Rio de Janeiro (2011).

Vincenzo D. Florenzano, *Sistema Financeiro e Responsabilidade Social: uma proposta de regulação fundada na teoria da justiça e na análise econômica do direito*, Textonovo: São Paulo (2004).

Johan den Hertog, *General Theories of Regulation*, em *Encyclopedia of Law and Economics* (1999).

Louis Loss, *O papel do governo na proteção dos investidores*. 26 Rev. AE (1986), 50-61.

Selena Maranjian, *Are you a qualified investor?*, The Motley Fool. Acessível em Fool: https://www.fool.com/investing/general/2014/11/24/are-you-a-qualified-investor.aspx (consultado a 10 de junho de 2018).

Richard A. Posner, *Theories of Economic Regulation*, 5/2 The Bell Journ. EMS (1974), 335-358.

George J. Stiegler, *The theory of economic regulation*, 2/1 The Bell Journ. EMS (1971), 3-21.

Arnoldo Wald, *O investidor qualificado no direito comparado*, 139 RDM (2005), 7-28.

Capítulo V

Supervisão dos Mercados

Modelos de supervisão financeira – qual a melhor arquitetura institucional da supervisão dez anos após a crise

Luís Silva Morais[1]

Resumo: *Na sequência da crise internacional de 2007-2009, bem como das reformas da regulação e supervisão do setor financeiro daí resultantes, ganhou relevância acrescida, no plano internacional, na UE e em Portugal, a discussão sobre os melhores modelos institucionais para o exercício dessa supervisão. O presente estudo procede a uma análise crítica, extremamente sucinta, destes modelos alternativos de supervisão financeira, compreendendo o chamado modelo setorial, o modelo de supervisor único, o modelo Twin Peaks e ainda modelos híbridos crescentemente desenvolvidos, equacionando, por um lado, as suas vantagens relativas e, por outro lado, elementos menos positivos de cada um desses modelos, observando uma perspetiva comparada e considerando as evoluções mais recentes no quadro da UE. Tomando como base essa análise comparada conclui-se com uma brevíssima apreciação de perspetivas 'de iure condendo' de reforma da arquitetura de supervisão financeira em Portugal.*

[1] A presente análise é estritamente produzida no quadro da atividade científica do autor e em nada vincula, seja a que titulo for, quaisquer entidades com as quais o autor mantém afiliações institucionais. *A análise desenvolvida no presente artigo tomou em consideração desenvolvimentos relevantes até 02 de fevereiro de 2019.*

1. Perspetiva geral sobre modelos de supervisão financeira

1.1. Aspetos preliminares e de enquadramento das questões relativas aos modelos de supervisão financeira

Equacionar o modelo ou a arquitetura institucional da supervisão financeira nacional corresponde a convocar uma discussão várias vezes repetida em Portugal ao longo dos últimos anos, praticamente desde a transição do século passado para este século, e, desse modo, ao longo pelo menos dos últimos vinte anos[2].

Em contrapartida, impõe-se reconhecer que na sequência da crise internacional de 2007-2009 bem como das reformas da regulação e supervisão do setor financeiro daí resultantes, os modelos institucionais de supervisão deste setor se encontram presentemente sujeitos a profundas mutações. Estamos a considerar aqui o que se pode designar latamente como *arquitetura da supervisão financeira*[3], compreendendo a *organização institucional* das autoridades públicas que exercem funções de regulação e supervisão do sistema financeiro e pressupondo, nos sistemas mais desenvolvidos, o exercício desse tipo de funções por parte de entidades públicas distintas da administração pública direta (e suas correspondentes estruturas de governo).

Trata-se, no quadro de reformas e de profundas transformações das estruturas de regulação económica verificadas na Europa ocidental, de *autoridades de regulação autónomas*, ou com um grau reforçado de autonomia, designadas frequentemente em vários Estados-membros da União Europeia como *autoridades administrativas independentes*[4], embora

[2] Para uma análise *'ex professo'* e em profundidade dessa discussão cfr. o nosso estudo *Modelos de Supervisão em Portugal e no Contexto da União Europeia*, Banco de Portugal: Lisboa (2016), que seguiremos de perto em vários aspetos essenciais.

[3] Sobre este conceito de arquitetura de supervisão financeira, e com uma análise comparada sistematizada muito recente, para a qual contribuímos, cfr., por todos, Daniel Calvo/Juan Carlos Cristanto/Stefan Hohl/Oscar Pascual Gutiérrez, *Financial supervisory architecture: what has changed after the crisis?* (abr.-2018), Financial Stability Institute – FSI Insights on Policy Implementation, nº 8, Bank for International Settlements: Basel. Acessível em BIS: https://www.bis.org/fsi/publ/insights8.pdf (consultado a 01 de fevereiro de 2019).

[4] Cfr. Luís Silva Morais, *A Função Reguladora e as Estruturas de Regulação na UE*, em *A Europa e os Desafios do Século XXI*, coord. Paulo de Pitta e Cunha/Luís Silva Morais, Almedina: Coimbra (2008).

essa qualificação nos mereça reservas por não refletir suficientemente o escrutínio ou '*accountability*' a que essas entidades devem estar sujeitas por parte de órgãos do poder político democraticamente eleitos, para além do escrutínio jurisdicional (o qual deve ser compatibilizado com o regime mais intenso de autonomia de tais entidades). Temos, pois, preconizado a caracterização global de tais entidades como autoridades reguladoras ou de supervisão com autonomia reforçada[5].

Está aqui também em causa a configuração e o tipo de poderes públicos atribuídos a essas autoridades, os quais podem ser estruturados segundo matrizes muito diversas, embora uma análise comparada permita identificar um conjunto de modelos mais ou menos paradigmáticos para essa estruturação.

1.2. Delimitação do objeto da análise dos modelos de supervisão financeira – Em Portugal no contexto da sua inserção na UE e numa perspetiva comparada

Neste contexto, o propósito da presente análise, com caráter extremamente sucinto, é proceder a ***(i)*** uma análise crítica destes modelos de organização institucional de regulação e supervisão do sistema financeiro em Portugal, discutindo em paralelo esses modelos, seja ***(ii)*** numa perspetiva comparada[6], seja ***(iii)*** no quadro da UE em função da necessária *perspetiva supranacional* que tem de ser observada neste domínio à luz da importante transferência de poderes de regulação e supervisão do setor financeiro para a esfera da UE. Reportamo-nos aqui a uma transferência de poderes desencadeada, no essencial, com a construção do mercado único de serviços financeiros desde a década de oitenta do século passado, mas entretanto evoluindo para um novo patamar qualitativo na sequência da crise financeira internacional mediante as reformas

[5] Cfr. a esse propósito Luís Silva Morais, *Lei-Quadro das Autoridades Reguladoras – Algumas Questões Essenciais e Justificação do Perímetro do Regime face às Especificidades da Supervisão Financeira*, 17 C&R 2014, 99 ss..

[6] Para um fundamental contributo de análise comparada sistematizada das arquiteturas de supervisão financeira (no plano internacional) e da sua evolução no período subsequente à crise financeira internacional, cfr., uma vez mais, Calvo/Crisanto/Hohl/Gutiérrez, *Financial* cit., ibid..

emergentes do denominado *Relatório Larosière*, de 2009,[7] e conhecendo, depois, uma nova e grande aceleração no subsetor bancário com o lançamento do processo da *União Bancária Europeia* que teve uma etapa crucial com a criação em 2014 do Mecanismo único de Supervisão Bancária[8].

Em paralelo, se aqui vamos colocar o acento tónico na análise da arquitetura da supervisão financeira em Portugal, num quadro de necessária interação com a *arquitetura transnacional de supervisão financeira em formação da UE*, propomo-nos também, ainda que em termos muito esquemáticos, proceder a uma *análise comparada* das diferentes opções contempladas neste domínio nos sistemas financeiros mais avançados em termos internacionais, tendo presente a discussão doutrinária que se vem desenvolvendo à escala mundial e nos principais *fora* internacionais sobre esta matéria.

1.3. Evolução de modelos de supervisão financeira – Perspetiva *de iure condendo* e razão de ordem

Para além disso, esta análise dos modelos de organização institucional de regulação e supervisão do sistema financeiro – a que nos referiremos doravante de modo simplificado como 'modelos de supervisão financeira' – é feita numa perspetiva dinâmica e '*de iure condendo*', admitindo, no quadro das significativas mutações em curso neste domínio, seja na UE, seja em termos internacionais, possíveis e desejáveis evoluções da organização das funções de supervisão financeira em Portugal, à luz das vicissitudes que o sistema financeiro nacional vem conhecendo e das perspetivas de evolução desta matéria na UE (as quais, em nosso enten-

[7] Reportamo-nos aqui ao The High Level Group on Financial Supervision in the EU, Chaired by Jacques de Larosière, *Report* (25-fev.-2009). Acessível em EC Europa: http://ec.europa.eu/economy_finance/publications/pages/publication14527_en.pdf (consultado a 01 de fevereiro de 2019). Sobre as transformações induzidas pelo Relatório Larosière, colocando-as em perspetiva num contexto mais amplo, cfr., *inter alia*, Eilís Ferran, *Crisis-Driven Regulatory Reform: Where the World is the EU Going?*, em *The Regulatory Aftermath of the Global Financial Crisis*, coord. Eilís Ferran/Niamh Moloney/Jennifer Hill/John Coffee JR., Cambridge University Press: Cambridge (2012), 48 ss..

[8] Em geral sobre a União Bancária Europeia, cfr. Binder, *The European Banking Union: Rationale and Key Policy Issues*, em *Banking Union: A Compendium*, coord. Binder/Gortsos, Nomos: Oxford (2016).

der, condicionam profundamente quaisquer reformas em Portugal, não apenas em virtude das soluções normativas já consagradas ao nível Europeu e que vinculam o ordenamento nacional, mas também e, sobretudo, pela necessidade de conservar um grau de flexibilidade que permita acomodar da melhor forma, sem indesejáveis ruturas ou sobressaltos, próximas etapas ainda em aberto no processo de consolidação da regulação e supervisão transnacional europeias).

Assim, procedemos em primeiro lugar a um breve enquadramento dos principais modelos de supervisão do sistema financeiro que se vieram desenvolvendo no plano internacional, discutindo se podemos identificar algum modelo ou tendências prevalecentes neste domínio. Passamos daí para uma discussão de vantagens e desvantagens desses modelos, projetando depois essa análise para o contexto do modelo nacional de supervisão tal como vem evoluindo nas duas últimas décadas e, finalmente, projetando essa discussão para possíveis reformas – a breve trecho – deste nosso modelo de supervisão, aqui tendo em conta que o XXI Governo Constitucional realizou muito recentemente uma *Consulta Pública* sobre essa reforma[9], dando conta de uma intenção política de principio tendente à sua realização mediante a apresentação de um *projeto global de reforma do modelo de supervisão* (implicando alterações apreciáveis, caso concretizado, na arquitetura nacional de supervisão *lato sensu*, compreendendo o exercício de funções de resolução, que serão especialmente visadas, bem como, em particular, as funções de supervisão macro prudencial)[10].

[9] Reportamo-nos aqui à Consulta Pública realizada no último trimestre de 2017, com base no *Relatório do Grupo de Trabalho para a Reforma do Sistema de Supervisão Financeira* (constituído através do Despacho nº 1041-B/2017 do Ministro das Finanças, publicado em Suplemento do DR II Série (nº 19), de 26 de janeiro de 2017).

[10] Estando desse modo em perspetiva uma ampla reforma legislativa, a concretizar ainda eventualmente, pelo menos nas suas etapas iniciais, na presente legislatura ou reformas a desenvolver faseadamente, sendo caso disso, ao longo da próxima legislatura. Em qualquer caso, a ser lançada tal reforma nesta ou na próxima legislatura, a complexidade do processo envolverá necessariamente um quadro faseado de alterações legislativas (que se prolongará por um período apreciável).

2. Modelos de supervisão financeira e aprofundamento dogmático dos conceitos de regulação financeira e supervisão financeira

2.1. Apresentação concetual dos termos dessa distinção

Justifica-se iniciar esta breve incursão na análise dos *modelos institucionais de supervisão financeira* por uma questão conceptual prévia. Assim, em termos concetuais e com vista a uma análise rigorosa destes modelos impõe-se à partida, no quadro da *regulação* e *supervisão* deste setor – caracterizadas pela necessidade de assegurar *em permanência* quer determinados níveis de equilíbrio financeiro, numa perspetiva prudencial, quer determinados comportamentos no mercado, sob pena de se comprometer seriamente o funcionamento do sector financeiro devido às características únicas de interligação sistémica que este apresenta – *distinguir analiticamente entre os dois planos conceptuais correspondentes à regulação e supervisão financeira, reconhecendo o papel fundamental do segundo desses planos. (a supervisão).*

Nos termos claros e afirmativos em que esta clarificação conceptual é formulada por especialistas de referência neste domínio como Rosa Lastra e Luis Garicano – e que aqui acompanhamos – "***the terms supervision and regulation are conceptually different***, *even though many commentators use them interchageably*" (ênfase acrescentada)[11]. Idêntica distinção concetual é também afirmada, justamente, no denominado *Relatório Larosière* que desencadeou uma primeira reforma de fundo da arquitetura europeia de regulação e supervisão do setor financeiro na sequência da crise internacional e foi assim refletida nessa arquitetura institucional *supranacional* progressivamente construída na UE para enquadrar setores financeiros cada vez mais integrados dos Estados-membros (embora sujeitos mais recentemente a novos riscos de *fragmentação*, invertendo 'de facto' o processo anterior de *integração*, devido à espiral perversa da combinação da crise bancária com a crise das dívidas públicas soberanas).

Na verdade, a *supervisão financeira, cuja análise aqui vamos privilegiar na perspetiva das estruturas e modelos institucionais que lhe dão corpo*, reporta-se

[11] Cfr. a esse propósito, Rosa Lastra/Luis Garicano, *Towards a New Architecture for Financial Stability; Seven Principles*, em *International Law in Financial Regulation and Monetary Affairs*, coord. Thomas Cottier/John H. Jackson/Rosa M. Lastra, Oxford University Press: Oxford (2012), 73.

à fiscalização e escrutínio numa base permanente de instituições financeiras e à verificação em concreto da efetiva observância (*enforcement*) de regras de enquadramento do exercício das suas atividades, em função de parâmetros pré-estabelecidos em ordem, entre outros aspetos, a assegurar – também numa base continuada, essencial para manter certos níveis mínimos de confiança em que assenta todo o funcionamento do sector financeiro – garantias de equilíbrio financeiro dessas instituições. De resto, a determinados níveis, alguns desses parâmetros técnicos podem ser ajustados em função dos indicadores recolhidos com base naquele escrutínio permanente das instituições financeiras.

A *regulação financeira*, por seu turno, reporta-se, no essencial, à elaboração daquelas regras de enquadramento (o chamado *rulemaking*) e em muitos espaços económicos, como no espaço de integração da UE, vem-se observando ao longo dos últimos anos uma fundamental disparidade entre os *graus de integração* verificados, por um lado, no plano dessa *regulação financeira* e, por outro lado, no plano da *supervisão financeira* (o que evidencia igualmente, como acima se aflora, a distinção conceptual entre estas duas realidades, com múltiplos corolários ao nível da organização institucional de funções de regulação e supervisão do sector financeiro).

Na realidade, e como vimos sustentando[12], na sequência da crise internacional do sector financeiro e das reações regulatórias aos verdadeiros movimentos tectónicos desencadeados por essa crise, registaram-se avanços quase federais na harmonização da *regulação* do setor financeiro não verdadeiramente acompanhados no plano da *supervisão* (ou que só mais recentemente vieram a ser acompanhados, e em termos mais limitados, nesse plano, no que respeita ao subsector bancário do sistema financeiro, no quadro do projeto da denominada *União Bancária Europeia* lançado no final do primeiro semestre de 2012). Deste modo, o objeto essencial deste breve artigo será fundamentalmente a análise de modelos institucionais em que a vertente de *supervisão* financeira é a dominante, sendo a componente de *regulação* algo secundária).

2.2. Os principais objetivos da supervisão financeira

Paralelamente, para analisar modelos institucionais de supervisão importa também ter uma perspetiva geral dos objetivos da supervisão

[12] Cfr. Morais, *Lei-Quadro* cit., passim..

financeira. Não podemos naturalmente percorrê-los aqui em extensão – *antes e depois da crise internacional 2007-2009* – mas podemos ensaiar uma sua caraterização muito genérica a partir dos "*Princípios Supervisão Bancária Basileia 2012*" (projetando-os com as devidas adaptações para outros subsetores do sistema financeiro)[13]. A partir desses Princípios Basileia 2012, podemos identificar *quatro objetivos essenciais, estruturantes da regulação e supervisão financeira*: **(1)** – Solidez e sustentabilidade financeira das instituições ('*financial soundness*'); **(2)** – prevenção e atenuação de riscos sistémicos no sector financeiro; **(3)** – salvaguarda de parâmetros de lealdade e correção nas transações e de eficiência dos mercados; **(4)** – proteção de clientes de serviços e instituições financeiros.

Poderemos ainda considerar uma ligação essencial entre os dois primeiros objetivos [**(1)** e **(2)**] – de algum modo compreendidos no primeiro princípio nuclear dos "*Princípios Supervisão Basileia 2012*", *supra* referenciado[14]. Assim, a *promoção ou salvaguarda da solidez e sustentabilidade das instituições financeiras*, constituindo inegavelmente um *bem jurídico* a tutelar pela supervisão financeira, encontra-se intrinsecamente ligado à *salvaguarda do sistema financeiro como um todo* numa ótica transversal de controlo de risco sistémico. A garantia de sustentabilidade financeira de cada instituição deve nortear a atuação dos supervisores financeiros (num plano de atuação microprudencial), mas sem perder de vista os riscos que se façam sentir sobre a estabilidade do sistema financeiro como um todo (num plano, conexo, de atuação macroprudencial)[15].

Paralelamente, os dois últimos objetivos [**(3)** e **(4)**, *supra*] tendem a apresentar-se estreitamente ligados entre si e a configurar, nesse seu enlace, uma dimensão qualitativa distinta da supervisão do setor financeiro (orientada para o *escrutínio dos comportamentos comerciais das instituições financeiras*, o que leva à sua qualificação corrente ou abreviada

[13] Considerando também em paralelo os "*Objectives and Principles of Securities Regulation*", da IOSCO, de junho de 2010; e, os Princípios Essenciais de Supervisão de Seguros ("*Insurance Core Principles*") da IAIS, inicialmente adotados em outubro de 2011 e atualizados em novembro 2015.

[14] Seguimos aqui de perto Morais, *Modelos* cit., I, 1.4., 14 ss..

[15] Para uma caracterização e análise da supervisão macro prudencial que não temos aqui espaço para desenvolver, cfr., *inter alia*, Donato Masciandaro/Alessio Volpicella, *Central Banking, Macroprudential Supervision and Insurance*, Baffi Center Research Paper nº 2014-150 (2014).

como *supervisão comportamental*, e não para a solidez e sustentabilidade financeiras dessas entidades). De qualquer modo, podemos associar ao terceiro objetivo *supra* referenciado (salvaguarda de parâmetros de lealdade e correção nas transações e de eficiência dos mercados) sobretudo aspetos de transparência e fornecimento de informações completas sobre produtos financeiros, e ao quarto objetivo *supramencionado* (proteção de clientes de serviços e instituições financeiros) associaremos essencialmente vários deveres de conduta das instituições financeiras.

Esta matriz essencial de *quatro objetivos estruturantes da supervisão do setor financeiro*, compreendendo um agrupamento dos dois primeiros e dos dois últimos respetivamente numa *dimensão predominantemente prudencial* e numa *dimensão predominantemente comportamental*, não impede, bem entendido, a ponderação de outros objetivos complementares e até conexos dos modelos de regulação e supervisão financeira, como, *v.g.*, a integridade do mercado, a prevenção de fraudes (com especial relevo, por exemplo, no domínio segurador) ou até considerações de '*fair competition*'.

3. Objetivos da supervisão financeira e a resposta dos modelos de supervisão à recente crise internacional

3.1. Uma perspetiva comparada esquemática sobre a resposta dos modelos de supervisão à crise – Razão de ordem

Tendo presentes os objetivos nucleares da supervisão financeira *ora sumariamente* caracterizados, a experiência da recente crise financeira internacional parece evidenciar que o *modelo ou a arquitetura institucional da supervisão* não seriam em si mesmo decisivos para impedir falhas regulatórias ou de supervisão graves na prossecução de tais objetivos e assim prevenir crises do setor financeiro (propósitos de prevenção de crises que não podem ser confundido linearmente com um escopo de evitar '*tout court*' falências de instituições financeiras[16]). Na realidade – sem

[16] A esse respeito cfr. Comité de Basileia de Supervisão Bancária, *Core Principles for Effective Banking Supervision* (2012) – "*Foreword to the Review – General Approach*, §16º": "*It should not be an objective of banking supervision to prevent bank failures. However, supervision should aim to reduce the probability and impact of a bank failure, including by working with resolution authorities, so that when failure occurs, it is in an orderly manner*" (ênfase acrescentada).

podermos de todo aprofundar aqui uma caraterização desenvolvida e *ex professo* dos principais modelos institucionais alternativos de supervisão financeira e das variantes (híbridas) que os mesmos podem comportar – cremos que nenhum desses modelos parece ter tido um desempenho ótimo ou sem falhas. Nenhuma das alternativas disponíveis em termos de arquitetura institucional de supervisão financeira parece, com efeito, ter impedido ou sequer mitigado significativamente os abalos sofridos pelos sistemas financeiros dos Estados mais desenvolvidos.

3.2. O desempenho recente dos diversos modelos de supervisão financeira

Essa constatação negativa tende a aplicar-se a propósito do **(1)** *modelo denominado de supervisor único*, envolvendo o estabelecimento de uma única autoridade que congrega todas as funções de supervisão financeira, como ilustrado pelo caso paradigmático da *Financial Services Authority* (FSA), do Reino Unido, com os problemas aí verificados (*v.g. Northern Rock* e outros, como o do HBOS, plc., versado em recente Relatório do Banco de Inglaterra onde se procura um diagnóstico das falhas de supervisão ocorridas, "*The failure of HBOS plc (HBOS) – A report by the Financial Conduct Authority (FCA) and the Prudential Regulation Authority (PRA)*").

A mesma constatação aplica-se também a **(2)** *modelos muito fragmentados de supervisão*, como ilustrado no caso dos EUA, com múltiplos problemas aí ocorridos, *v.g.* nos casos *American International Group* (AIG), *Lehman* e em múltiplos outros casos, conduzindo à adoção do Programa TARP – "*Troubled Asset Relief Program*"[17].

Idêntica constatação pode aplicar-se igualmente quanto ao funcionamento de **(3)** *modelos qualificáveis como Twin Peaks*, envolvendo a contraposição entre *pilares* de *supervisão prudencial* e *supervisão comportamental*, orientada para o escrutínio de *comportamento comercial visando a proteção dos consumidores* (pilares que distinguimos sucintamente *infra*, **2.2.**). Tal é ilustrado, designadamente, com os problemas verificados na Holanda, cujo sistema de supervisão é normalmente apontado como uma das

[17] Sobre este programa TARP – "*Troubled Asset Relief Program*", cfr. *inter alia*, Nicolas Véron, *Precautionary recapitalization – Time for a Review*, Bruegel Policy Contribution (23-jul.-2018). Acessível em Bruegel: http://bruegel.org/2017/07/precautionary-recapitalisation-time-for--a-review/ (consultado a 01 de fevereiro de 2019).

concretizações paradigmáticas do modelo *Twin Peaks* em termos internacionais, *v.g.* nos casos *ABN Amro Holding, ING Groep*, e já mais recentemente, *SNS Reaal*.

Paralelamente, embora o sistema Australiano, pioneiro na adoção deste modelo *Twin Peaks* – e muitas vezes apontado como paradigma de referência de tal modelo – pareça ter atravessado com menos turbulência a recente crise financeira internacional, o mesmo não foi isento de problemas, como se verificou, *v.g.*, nas situações relativas a problemas de proteção de consumidores e '*market misconduct*', com casos de '*falhas*' *de supervisão* visados negativamente no muito recente Relatório Final da *Royal Commission into Misconduct in the Banking, Superannuation and Financial Services Industry*, apresentado em 1 de fevereiro de 2019.[18] Curiosamente, num contexto em que o *modelo Twin Peaks* é muitas vezes apontado como um potencial paradigma dominante no quadro das reformas em curso após a grande crise financeira internacional, este Relatório de Fevereiro de 2019 identifica insuficiências graves desse modelo e preconiza a criação de um *organismo de escrutínio transversal* ("*new oversight authority*") dos dois principais supervisores financeiros (i.é., os dois pilares do *modelo Twin Peaks*), dotado de um secretariado permanente, e reportando com periodicidade bienal sobre a eficiência da atuação daqueles supervisores.[19] Enfatiza-se assim uma *função transversal de coordenação e salvaguarda da eficácia da interligação entre autoridades de supervisão financeira*, que tende a configurar-se como essencial, independentemente do modelo de supervisão existente (e mesmo no *modelo Twin Peaks*).

Do mesmo modo, experiências recentes problemáticas em sede de supervisão financeira podem ser associadas aos chamados **(4)** *modelos setoriais de supervisão*,[20] *segmentados* por principais subsectores financeiros (banca, seguros, mercados de capitais). Quanto a este tipo de mode-

[18] Sobre este Relatório profundamente crítico para o Modelo *Twin Peaks* Australiano, cfr., por todos, Andrew Schmulow/Karen Fairweather/John Tarrant, *Restoring Confidence in Consumer Financial Protection Regulation in Australia: A Sisyphean Task?*, XX(X) Federal Law Review (2019), 1 ss..

[19] Cfr. Report Final da *Royal Commission into Misconduct in the Banking, Superannuation and Financial Services Industry* cit., *Recommendation 6.14 – A new oversight authority*.

[20] Correspondentes a um quarto modelo de supervisão financeira no elenco que aqui traçamos esquematicamente.

los podemos naturalmente trazer à colação o caso Português – em larga medida objeto da nossa atenção neste breve excurso pelas arquiteturas de supervisão financeira – com os casos problemáticos do Banco Privado Português (BPP), Banco Português de Negócios (BPN) ou Banco Espírito Santo (BES) (curiosamente todos casos envolvendo conglomerados mistos, compreendendo uma parte financeira e uma parte não financeira)[21].

Em contrapartida, foi também possível observar que (5) modelos apresentando uma arquitetura institucional tida como longe de constituir uma referência ou com níveis de organização abaixo de padrões ótimos de referência em termos de meios disponíveis, como, a título exemplificativo, a *variante do modelo unitário de supervisão financeira seguida em Singapura* (assente na "*Monetary Authority of Singapore*"), teoricamente com níveis e meios organizativos inferiores ao modelo unitário da *Financial Service Authority* (FSA) do Reino Unido durante a crise de 2007-2009, acabaram por apresentar desempenhos muito positivos durante esta crise.

4. A relevância da arquitetura da supervisão para a eficácia da supervisão financeira

4.1. Os termos gerais da questão

Face a esta experiência recente, é legítima a interrogação sobre o real alcance da arquitetura normativa e institucional dos modelos de supervisão financeira para a eficácia na prossecução dos principais objetivos desta supervisão. *Poderemos efetivamente questionar se esta arquitetura constitui, afinal, um fator menos relevante para o bom funcionamento da supervisão do que se tenderia a pensar prima facie.*

Não sendo de modo algum unívoca a resposta a esta interrogação fundamental, cremos que, como muitas vezes sucede, tal resposta deverá situar-se num plano intermédio. Nenhum modelo de supervisão assegura em absoluto a estabilidade do sistema financeiro e impede a

[21] Sobre as particularidades dos conglomerados mistos cfr., *inter alia*, Frank Dierick, *The Supervision of Mixed Financial Services Groups in Europe* (ago.-2004), ECB Occasional Paper nº 20. Acessível em ECB: https://www.ecb.europa.eu/pub/pdf/scpops/ecbocp20.pdf?71287118924af9689de477ab7e77e111 (consultado a 01 de fevereiro de 2019).

eclosão de crises localizadas de determinadas instituições financeiras. Contudo, e em contrapartida, o desenho dessa arquitetura não é irrelevante para o funcionamento e escrutínio eficaz do sistema financeiro e tende a oferecer contributos muito importantes neste domínio: ***(i)*** seja para o estabelecimento de um enquadramento mais eficaz da supervisão financeira, prevenindo, na medida do possível, crises no setor financeiro ou, no mínimo e em especial, atenuando os efeitos dessas crises quando estas venham a eclodir e contribuindo para limitar potenciais falhas de supervisão; ***(ii)*** seja para a resolução e gestão de crises, quando se verifica a sua eclosão.

Considerando essa relevância apreciável dos *modelos ou arquiteturas institucionais de supervisão*, estes devem ser ponderadas à luz de uma *avaliação a cada momento de objetivos prevalecentes de supervisão financeira* (em tese geral e à luz da situação concreta do setor financeiro em determinado Estado ou em determinados espaços alargados de integração económica, como sucede com a UE), bem como à luz de determinado contexto histórico de evolução dos modelos de supervisão em cada jurisdição (sendo este um dado essencial muitas vezes esquecido em Portugal e especialmente valorizado, de modo sintomático, pelo autor que concebeu originariamente o *modelo Twin Peaks*, Michael Taylor)[22].

Em contrapartida, estes modelos institucionais de supervisão não têm um valor absoluto '*a se*' como elemento decisivo de reforma qualitativa da supervisão do setor financeiro independentemente dos fatores acima considerados. Essa *relativização*, dentro de certos limites, do contributo dos modelos institucionais de supervisão para uma maior exigência e melhor desempenho global da supervisão – *que não pode ser confundida de todo com uma desconsideração do papel importante desses modelos neste domínio* – implica uma nota de prevenção importante contra a tentação de reformas demasiado amplas ou, sobretudo, demasiado abruptas do modo de organização institucional dos processos de supervisão e dos poderes públicos envolvidos (com os custos de *instabilidade regulatória* inerentes).

[22] Posição assumida *v.g.* em recente análise de Michael Taylor, *The Three Episodes of Twin Peaks* (ainda inédito e a figurar em capítulo de obra coletiva a publicar em 2019, gentilmente cedido pelo autor).

4.2. Modelos de supervisão financeira numa perspetiva de *law in context*

Na verdade, como salientam justamente especialistas de referência neste plano, incluindo entre outros Charles Goodhart[23] e – nos moldes *supra* referidos – o próprio teórico do *modelo de supervisão Twin Peaks*, Michael Taylor – em termos que pela nossa parte acompanhamos, as melhores opções neste domínio podem ser largamente influenciadas pela *dimensão histórica da evolução recente registada em cada Estado* conduzindo a *modelos distintos* que traduzam um *ponto de chegada dessa evolução* e num quadro em que a introdução de ruturas significativas nesse histórico de evolução institucional gera custos organizativos e regulatórios significativos, que devem ser evitados.

Daí decorre a importância de avaliar cada modelo de supervisão financeira no contexto concreto de cada jurisdição, tomando-o como ponto de chegada de uma evolução complexa, sem prejuízo de aspetos ou exigências que resultem da inserção desse(s) modelo(s) em enquadramentos transnacionais (UE) e da ponderação de tendências regulatórias internacionais

Em relação à situação atual de Portugal, acrescentaremos ainda que, para além da necessária flexibilidade na avaliação e ponderação dos diversos modelos institucionais de supervisão financeira, no contexto de cada jurisdição e como produto de evoluções históricas próprias, impondo as necessárias prevenções, na extrapolação dessas experiências para outros contextos distintos, importa ter presente outro dado que vem avultando nos últimos anos e que pode ser apreendido através de uma análise comparada mais ampla dos modelos adotados em várias jurisdições.

Reportamo-nos aqui à adoção num número crescente de jurisdições de arquiteturas institucionais de supervisão financeira *híbridas* – ou com elementos híbridos – combinando elementos de vários modelos com vista a configurações que melhor se adaptem às condições concretas dessas jurisdições e dos respetivos sistemas financeiros supervisionados[24].

[23] Cfr. Charles Goodhart, *How Should We Regulate the Financial Sector?*, em *The Future of Finance / The LSE Report* (2010).

[24] Para uma perspetiva comparada, em 2018, mais atualizada das tendências mais recentes de evolução de arquiteturas de supervisão financeira em várias jurisdições cfr., uma vez mais, Calvo/Crisanto/Hohl/Gutiérrez, *Financial* cit., ibid..

Por outro lado, no quadro de arquiteturas institucionais crescentemente híbridas ou compósitas vem também ganhando importância, independentemente dos contornos prevalecentes dos modelos adotados – *v.g.* passíveis de serem reconduzidos a modelos institucionais tripartidos ou modelos *Twin Peaks* – as funções e elementos de *coordenação* entre diferentes pólos organizativos e institucionais desses modelos.

No limite, embora essa necessidade se faça sentir com mais acuidade nos modelos institucionais tripartidos e nos modelos *Twin Peaks*, importa reconhecer que até o próprio governo de modelos de supervisor único suscita também a necessidade de processos eficazes de *coordenação* entre diferentes funções integradas dentro de uma mesma instituição, mas que não deixam de ter expressão diferenciada e exigir articulação equilibrada entre essas funções. Para além disso, mesmo nesses modelos de supervisor único a relevância atual crescente das funções de controlo macroprudencial e garantia da estabilidade financeira, *com frequência desenvolvidas fora do âmbito do supervisor único em algumas jurisdições que adotam esse sistema*, tornam necessário o desenvolvimento de mecanismos de *coordenação* entre as funções gerais de tal supervisor único e as funções dirigidas à estabilidade financeira.

5. Grandes tendências evolutivas dos modelos de supervisão financeira

5.1. Aspetos gerais

Assim, se procurarmos uma visão de médio prazo, em termos internacionais, das arquiteturas institucionais de supervisão financeira, englobando os primeiros quinze anos deste século (2000-2015) e compreendendo o período da crise financeira internacional e das suas sequelas, podemos, em nosso entender, identificar algumas grandes tendências evolutivas ainda por estabilizar.

Na realidade, como resulta quer de análises desenvolvidas ao nível do Banco Mundial[25] quer de análises doutrinais neste domínio (*v.g.* por autores como Masciandaro, Quintyn ou D. Llewellyn[26]), é possível verificar

[25] Cfr. *Bank Regulation and Supervision around the World: A Crisis Update*, World Bank Policy Research Working Papers (dez.) (2012).

[26] Cfr. Donato Masciandaro/R. Pansini R/M. Quintyn, *The Economic Crisis: Did Supervision Architecture and Governance Matter?*, 9/4 Journal of Financial Stability (2013), 578 ss.;

que num número apreciável de jurisdições, incluindo alguns dos sistemas financeiros mais desenvolvidos na Europa, nos EUA e na Ásia, ocorreram alterações na arquitetura de supervisão financeira com uma ênfase significativa no papel ou envolvimento dos bancos centrais nessa supervisão.

Neste contexto, uma tendência evolutiva para a emergência de modelos de supervisor financeiro único parece ter sido originada no Norte da Europa, mais particularmente nos países Escandinavos (Noruega, Dinamarca, Suécia). De qualquer modo, um marco de referência nessa evolução foi a criação do *Financial Service Authority* (FSA) como supervisor único no Reino Unido, em 1997, sendo então a função de supervisão prudencial dos bancos comerciais retirada ao Banco de Inglaterra – para aí regressar em larga medida em 2013, embora num novo figurino institucional e de governo, que corresponde, a uma concretização original de uma variante do modelo *Twin Peaks*.

Uma outra tendência identificável corresponde a uma relativa perda de peso do modelo dito institucional ou setorial, em algumas das amostragens selecionadas de modelos de supervisão no contexto internacional, pelo menos na sua configuração mais tradicional, e a um *alargamento progressivo, a partir do caso pioneiro da Austrália, das jurisdições a adotar o modelo Twin Peaks*. De acordo com essas amostragens, o termo da primeira década deste século (2011) parece ter representado um marco charneira em termos internacionais de ultrapassagem do modelo setorial tripartido de supervisão financeira, pelo modelo de supervisor único, o modelo *Twin Peaks* e modelos híbridos[27].

5.2. Tendências evolutivas mais recentes

Apesar de estarmos aqui confrontados com um processo em fluxo, poderemos, em nosso entender, à luz de uma observação crítica e sistematizada dos dados disponíveis, identificar uma terceira tendência evolutiva, porventura ainda em embrião – e logo menos visível ou menos comentada.

Llewellyn, *Institutional Structure of Financial Regulation and Supervision: The Basic Issues* – World Bank Seminar – *Aligning Supervisory Structures with Country Needs* (2006).

[27] Cfr. a este respeito Morais, *Modelos* cit., II, 3.3. 67 ss..

Esta corresponderá *(i)* a par da tendência para adoção de modelos de supervisor único e *Twin Peaks*, *(ii)* e da tendência para a perda relativa de peso internacional do modelo setorial nas suas configurações mais tradicionais, *(iii)* a uma tendência para o progressivo desenvolvimento de **modelos híbridos**, que melhor possam ajustar-se às particularidades de cada sistema financeiro e com elementos de flexibilidade com vista a uma adaptação continuada à dinâmica de mudança desses sistemas financeiros e da sua crescente interligação transnacional.

Nesse número crescente de jurisdições adotando variantes diversas de arquiteturas *híbridas* de supervisão financeira, vem avultando como dimensão verdadeiramente crucial de um processo de reforma continuada das arquiteturas de supervisão e de sua adaptação tempestiva a uma dinâmica de mudança cada vez mais acelerada dos sistemas financeiros, o **grau de *coordenação* entre diferentes elementos ou pilares da arquitetura de supervisão adotada**, tal como materializado em *mecanismos para assegurar essa coordenação bem como a cooperação e os processos de troca de informação entre os elementos participantes na arquitetura de supervisão.*

A necessidade dessa dimensão fulcral de **coordenação** não se esgota assim, contrariamente ao que se poderia pensar *prima facie*, apenas nos modelos tradicionais de supervisão setorial tripartida e tende a tornar-se numa verdadeira base estrutural de organização das novas arquiteturas de supervisão financeira. Essa é, na realidade, uma ideia fulcral que retirámos do estudo comparado, sistematizado destas matérias, a que procedemos em 2016[28], procurando, do mesmo passo, apreender como a arquitetura portuguesa de supervisão financeira pode ser reformada e melhorada qualitativamente sem sobressaltos indevidos e geradores de perdas de eficácia, a partir de uma nova lógica institucional e funcional de coordenação e cooperação reforçada entre as autoridades de supervisão existentes, aprofundando os aspetos **híbridos** do sistema e tomando em consideração uma análise crítica comparada das soluções adotadas em algumas das principais jurisdições.

[28] Cfr. a este respeito Morais, *Modelos* cit., I e II.

6. A reforma em projeto em Portugal – Perspetiva geral *de iure condendo*

6.1. A reforma em projeto – Razão de ordem

Como acima referido, o XXI Governo Constitucional vem projetando uma reforma do modelo de supervisão no quadro de um processo iniciado com a criação, em janeiro de 2017, de uma Comissão para a reforma do sistema nacional de supervisão financeira, justificando-se aqui, à luz das anteriores considerações, algumas brevíssimas notas esquemáticas sobre os potenciais desenvolvimentos *de iure condendo* em perspetiva (tendo presente os dados conhecidos à data da conclusão da presente análise e sem prejuízo de retornarmos ao tema[29]).

Neste contexto, e sempre à luz dos dados conhecidos, podemos antecipar pela nossa parte uma nota geral, transversal, de adesão ao sentido geral ou essencial da reforma em estudo, na parte em que a mesma corresponde a uma **opção de reforma gradualista**, acentuando traços ***híbridos ou compósitos*** do nosso modelo de supervisão, e permitindo também – pela sua *flexibilidade* – um melhor interface desse modelo com as evoluções na UE; evoluções que, em nosso entender, condicionam profundamente quaisquer reformas em Portugal.

Além disso, essa visão gradualista e flexível da reforma – *caso venha a prevalecer no quadro dos desenvolvimentos normativos em perspetiva* – será também a que melhor corresponde às tendências prevalecentes neste domínio em termos internacionais[30].

Referimo-nos aqui à visão da reforma ora em projeto largamente assente no reforço e institucionalização *proprio sensu* do Conselho Nacional de Supervisores Financeiros (CNSF), criado no nosso ordenamento em 2000[31] e na manutenção, a par do mesmo, das atuais três autoridades

[29] Tomando aqui em consideração os dados publicamente conhecidos à data da conclusão desta análise sobre a Proposta legislativa global que o XXI Governo Constitucional pretende apresentar formalmente no primeiro trimestre de 2019, representando já, aparentemente, uma evolução apreciável das propostas delineadas no *Relatório do Grupo de Trabalho para a Reforma do Sistema de Supervisão Financeira* cit., certamente resultante da Consulta Pública realizada no último trimestre de 2017 e das observações das autoridades de supervisão consultadas sobre a matéria.

[30] Cfr. Morais, *Modelos* cit., III e IV.

[31] O CNSF foi criado com base no Decreto-Lei nº 228/2000, de 23 de setembro, verificando-se desde então **três alterações** nesse regime, introduzidas sucessivamente pelo

Decreto-Lei nº 211-A/2008, de 3 de novembro, pelo Decreto-Lei nº 143/2013, de 18 de outubro e pela Lei nº 118/2015, de 31 de agosto. A **primeira alteração** (2008), inserida em diploma legal que visou então o reforço dos deveres de informação e de transparência no setor financeiro e em especial ao nível dos produtos financeiros complexos, alterou de modo significativo o conjunto de *competências do CNSF* [artigo 2º do regime do CNCF (Reg--Cnsf)], reforçando de algum modo essas competências em ordem a maior coordenação dos supervisores que o integram em domínios de relevância transversal, mas *sem ir ao ponto de tipificar áreas e matérias de intervenção obrigatória do CNSF (sendo as matérias e aspetos em causa recortados com grande generalidade e deixando consequentemente grande latitude de atuação às autoridades congregadas neste Conselho,* sem prejuízo da importância da previsão respeitante à suscetibilidade de realização conjunta de ações de supervisão presencial). A **segunda alteração** (2013) veio, na sequência das opções assumidas no ordenamento português no sentido de designar o Banco de Portugal como *autoridade nacional responsável pela política macro prudencial* (no quadro da execução de Recomendação de 22 de Dezembro de 2011 do Comité Europeu do Risco Sistémico sobre o mandato macro prudencial das autoridades nacionais dos Estados-membros da UE), conferir ao CNSF funções consultivas para com o Banco de Portugal no domínio da definição e execução da política macro prudencial para o sistema financeiro nacional. Daí resultou ainda o *único desenvolvimento até ao presente registado no sentido de uma maior densificação da estrutura orgânica do CNSF, largamente insuficiente,* passando esta entidade a reunir com *composição diferenciada* para as sessões micro e macro prudenciais (com a particularidade de, nestas últimas sessões, participarem como observadores sem direito de voto um representante do membro do governo responsável pelas Finanças e o membro do conselho de administração do Banco de Portugal com o pelouro macro prudencial). No essencial, as trocas de informações e análises desenvolvidas pelo CNSF neste plano macro prudencial materializam-se em "*pareceres não vinculativos dirigidos ao Banco de Portugal, enquanto autoridade macro prudencial nacional*" (nº 3 do artigo 7º com a redação introduzida nesta alteração de 2013), o que corresponde a uma intervenção muito limitada e a uma oportunidade perdida nesta reforma de 2013 para um necessário reforço do papel do CNSF neste plano essencial da estabilidade financeira (em termos formais esta reforma de 2013 previu também a introdução da figura de 'súmulas' das deliberações do CNSF a apresentar "*para informação*" aos órgãos de administração de cada uma das autoridades congregadas no Conselho, com a particularidade de as 'sumulas' relativas às sessões macro prudenciais serem também enviadas ao Ministro responsável pela área das Finanças). A **terceira alteração** (2015), para além de aspetos essencialmente formais, introduziu dois ajustamentos no Reg-Cnsf, em matéria de competências do CNSF, reforçando a sua intervenção em sede de pronúncia sobre a produção legiferante no domínio da regulação financeira e da coordenação de supervisores financeiros (consagrando formalmente o que era já uma *praxis* de atuação do Conselho nos últimos anos, mas sem dar ainda os passos necessários no sentido de uma maior tipificação de áreas obrigatórias de atuação ou intervenção do Conselho), e previu que a figura do relatório anual de atividades do CNSF, introduzida em 2008 e então determinando apenas o seu envio ao membro do governo responsável pelas Finanças, passasse a ser de envio obrigatório também à Assembleia da República).

de supervisão financeira congregadas nesse CNSF (aderindo, sendo esse o caso, à *perspetiva geral de reforma* que preconizámos no nosso estudo de 2016, várias vezes referenciado ao longo da presente análise)[32].

Na realidade, temos sustentado que o modelo nacional de supervisão financeira corresponde, pelo menos desde a criação do CNSF *(apesar das suas limitações ou insuficiências)* a um modelo tripartido *sui generis* ou parcialmente qualificado de supervisão que combina, numa configuração híbrida, uma estrutura tripartida de autoridades de supervisão financeira, de base setorial – considerando os três subsetores tradicionais, bancário, segurador e de fundos de pensões e mercado de capitais – com uma instância complementar que qualifica esse modelo e visa assegurar uma cooperação continuada e adequada articulação funcional entre as três autoridades setoriais (as quais, por seu turno, no presente já apresentam contornos que não são puramente setoriais face a algumas preocupações funcionais transversais aos vários subsetores do sistema financeiro).

Por razões de brevidade nesta fase de ponderação geral da reforma, a presente análise limita-se apenas – quanto a esses aspetos relacionados com um novo paradigma das arquiteturas de supervisão financeira – a equacionar em especial três matérias que se consideram especialmente importantes, fazendo-o também de modo intencionalmente muito sucinto. Estas compreendem, a saber: *em primeiro lugar* a resolução de instituições financeiras e a melhor forma de a integrar na arquitetura global de supervisão; *em segundo lugar*, a compatibilização entre reforço de coordenação e a desejável ausência de complexidade excessiva em sede de supervisão financeira; e, *em terceiro lugar*, a ponderação das diversas variantes e subvariantes de construção institucional e de criação de poderes públicos que permitam uma melhor e mais equilibrada conjugação com os poderes próprios das três autoridades nacionais de supervisão financeira [Banco de Portugal, Autoridade de Supervisão de Seguros e de Fundos de Pensões e Comissão do Mercado dos Valores Mobiliários] e, também, uma melhor conjugação com as estruturas europeias.

[32] Cfr. Morais, *Modelos* cit., III.

6.2. Reforma da Arquitetura de Supervisão e a Função de Resolução

6.2.1. Aspetos gerais e perspetiva comparada

Considerando aqui, em primeiro lugar, a emergência de uma *nova* função de resolução de instituições financeiras como 'terceira via' que se abriu face, por um lado, à inadequação do processo de insolvência e, por outro, à insustentabilidade de processos de recapitalização com recurso a fundos públicos (*bail out*) para lidar com situações de desequilíbrio financeiro grave e não transitório de instituições com relevância sistémica, importa contextualizar essa função e equacionar – esquematicamente – as bases de uma sua possível reorganização institucional parcial.

Esta função tal como desenvolvida na UE tem sido justamente caraterizada como tendo por base o desenvolvimento de *regimes de resolução de segunda geração*, mais complexos e mais densificados que os seus antecessores (mecanismos de *resolução de primeira geração*)[33], incorporando uma vertente *preventiva* e outra *executiva* precisamente porque a complexidade e gravidade das situações a que visava dar resposta – por não se encontrarem devidamente atendidas nos mecanismos de resolução de *primeira geração* – requeria ***(i)*** não apenas um leque mais diversificado de *instrumentos e poderes de resolução* para acorrer *ex post* (i.e., quando a instituição já enfrentasse sérias dificuldades financeiras e estas se mostrassem dificilmente reversíveis); ***(ii)*** mas também a previsão de mecanismos de intervenção *ex ante* (*maxime* os planos de resolução) para acautelar a ocorrência de efeitos sistémicos de correntes de situações de desequilíbrio financeiro.

Não existindo aqui espaço para equacionar *ex professo* esta realidade nova da resolução, tal como configurada pela Diretiva (UE) 2014/59/

[33] Esta distinção entre mecanismos de resolução de *primeira* e de *segunda geração* foi largamente cunhada por John Armour, *Making Banking Resolution Credible* (fev.-2014). Acessível em SSRN: https://ssrn.com/abstract=2393998 (consultado a 01 de fevereiro de 2019). Refere o autor: "*For expository purposes, we can divide resolution mechanisms into '**first-generation**' and '**second generation**', according to whether their conception pre-dates or post-dates the financial crisis. The first-generation mechanisms take as their model the US FDIC receivership regime, which has been in operation since the 1930s. During and immediately after the financial crisis, this model was rapidly adopted by a number of other countries*" (Armour, *Making* cit., 7; ênfase acrescentada).

UE (doravante 'BRRD')[34] importa equacionar diretamente os figurinos possíveis de organização institucional dessa função na UE e nos Estados-membros da UE.

6.2.1. Perspetiva comparada – os figurinos de organização institucional da função resolução na UE e nos Estados-Membros

Entrando diretamente nessa dimensão de organização institucional importa assinalar à partida que existem condicionantes normativas específicas do próprio processo gradual de integração europeia que determinaram o figurino institucional europeu de separação entre o Mecanismo Único de Supervisão Bancária e o Conselho Único de Resolução ('*Single Resolution Board*'/SRB), no âmbito do Mecanismo Único de Resolução e daí não decorrem de todo quaisquer corolários impondo como sistemas nacionais de organização de funções de supervisão bancária e resolução bancária mais consentâneos com esse modelo europeu os *sistemas de separação total entre polos institucionais distintos de supervisão e resolução.*

Aliás – mostrando bem que assim é – se analisarmos exaustivamente os modelos nacionais de organização de funções de resolução dos Estados membros, verificamos que se podem identificar 3 soluções alternativas básicas: **(1)** – Primeira solução, envolvendo a criação de uma autoridade nacional de resolução sedeada no banco central que atue também como supervisor bancário prudencial – ou sedeada em autoridade de supervisão financeira prudencial estabelecida fora do banco central – mas como verdadeiro ente subsidiário dentro desse supervisor e com nível muito reforçado de autonomia a vários níveis jurídicos e funcionais relevantes, traduzindo o que frequentemente se designa como uma '*agency within an agency*'; **(2)** – Segunda solução alternativa, correspondendo a soluções que envolvem igualmente uma concentração institucional de funções de supervisão e de resolução, permitida pela

[34] Diretiva (UE) 2014/59/UE do Parlamento Europeu e do Conselho, de 15 de maio de 2014, que estabelece um enquadramento para a recuperação e a resolução de instituições de crédito e de empresas de investimento e que altera a Diretiva (CEE) 82/891/CEE do Conselho, e as Diretivas (CE) 2001/24/CE, 2002/47/CE, (CE) 2004/25/CE, (CE) 2005/56/CE, (CE)2007/36/CE, (CE) 2011/35/CE, (UE) 2012/30/UE e (UE) 2013/36/UE e os Regulamentos (UE) nº 1093/2010 e (UE) nº 648/2012 do Parlamento Europeu e do Conselho de 15 de maio de 2014 – Diretiva recorrentemente referenciada na doutrina especializada nesta matéria como '*BRRD*' – ou *Banking Recovery and Resolution Directive.*

legislação europeia no quadro de soluções compromissórias de existência de "*medidas estruturais*" enquadrando os dois tipos de funções e separando-as, até certo ponto, para evitar conflitos de interesses, mas em que essas medidas de separação se revestem do nível de intensidade mínimo para assegurar a observância do princípio de independência operacional da área da resolução. Tal é, de alguma forma, a solução ora seguida em Portugal e que se identifica (*e bem*) na reforma em projeto como passível de ser melhorada; **(3)** – Terceira solução alternativa, correspondendo a soluções de estabelecimento das denominadas autoridades de resolução executivas, distintas das autoridades nacionais de supervisão prudencial bancária, estejam estas situadas ou não no banco central. Esse figurino institucional pressupõe institucionalmente uma separação entre funções de resolução preventivas a cargo do supervisor financeiro (seja este ou não o banco central), centradas na preparação e adoção de planos de resolução, nos termos do artigo 10º da BRRD – com tudo o que tal comporta em termos de programação *ex ante* e de avaliação da resolubilidade de uma instituição e poderes de resolução executivos, relativos à aplicação de medidas e instrumentos de resolução, designadamente os quatro instrumentos previstos nos artigos 39º a 43º da BRRD.

Ora, no contexto dos Estados-Membros da UE a primeira e a terceira alternativas que identificámos *supra* são largamente maioritárias, devendo salientar-se, uma vez mais, que a importância relativa dessa primeira alternativa neste exercício comparativo será ainda largamente reforçada com a sua previsível adoção na Alemanha (com uma integração da área de resolução bancária no BaFin/supervisor único, contemplando o seu estabelecimento como uma unidade operacionalmente independente dentro do BaFin de acordo como o modelo da '*agency within an agency*').

Impõe-se destacar aqui, também, a importância da terceira alternativa – *adotada em Espanha e na Dinamarca* – contemplando autoridades de resolução autónomas *executivas*, assim preservando uma adequada e absolutamente essencial interação entre a vertente preventiva da resolução bancária e a supervisão bancária, dada a profunda interligação entre as mesmas, *mantendo a vertente preventiva no quadro do supervisor bancário competente,* embora com garantias estruturais de autonomia reforçada.

Na verdade, dos parâmetros diretores de organização institucional das funções de resolução configurados na BRRD que importa tomar como referência neste domínio decorre, no essencial, uma *dupla exi-*

gência: ***(i)*** – por um lado de estreita *articulação e interação funcional* entre autoridades de supervisão e de resolução num quadro de adequado apetrechamento funcional destas últimas; ***(ii)*** – e, por outro lado, em contrapartida, de *independência operacional e prevenção de conflitos de interesses*, a assegurar através de "*medidas estruturais adequadas*" nos termos do artigo 3º, nº 3 da BRRD.

Ora, as exigências de independência operacional ou segregação das funções de resolução para prevenir conflitos de interesse são amiúde tomadas em consideração e valorizadas referenciadas, mas importa não subalternizar a *primeira exigência supra* considerada **(i)**. Impondo-se, a esse título, aprofundar a sua compreensão analítica, e com vista a ponderar a configuração institucional das entidades que exercem poderes de resolução em cada Estado-membro, tal exigência pode decompor-se em quatro aspetos destacados pelo artigo 3º da BRRD, compreendendo: ***a)*** – A garantia do intercâmbio de informações entre as autoridades em causa (artigo 3º, nº 3 da BRRD); ***b)*** – A obrigação de cooperação entre as mesmas entidades (artigo 3º, nºs 3 e 4 da BRRD); ***c)*** – A necessidade de as autoridades em causa atenderem, no exercício dos seus poderes, ao impacto potencial das suas decisões em todos os Estados-Membros em que a instituição ou o grupo objeto da decisão operam, e reduzir ao mínimo os efeitos negativos sobre a estabilidade financeira e os efeitos económicos e sociais adversos nesses Estados-Membros (artigo 3º, nº 6 da BRRD); ***d)*** – A necessidade de os Estados-Membros assegurarem que as autoridades de resolução disponham dos conhecimentos especializados, dos recursos e da capacidade operacional necessários para aplicar as medidas de resolução, e que possam de exercer os seus poderes com a rapidez e a flexibilidade necessárias para a consecução dos objetivos da resolução (artigo 3º, nº 8 da BRRD).

Este último aspeto mencionado no artigo 3º, nº 8 da BRRD é verdadeiramente central ao desempenho eficaz da função de resolução e já havia sido antecipado na versão de 2011 dos *Key Attributes of Effective Resolution Regimes for Financial Institutions*, ('KA') do Financial Stability Board ('FSB').

Sucede, pois, que estes requisitos assim discriminados constrangem de modo muito apreciável a separação institucional das funções de resolução e colocam um pesado ónus sobre os Estados-Membros que pretendam criar de raiz uma nova arquitetura institucional que passe, nomeadamente, pela atribuição em bloco da função de resolução (i.e., a sua vertente preventiva e executiva) a uma *nova* entidade ou a uma entidade menos preparada para passar a desempenhar tais funções. Tais requisitos convocam também uma intrínseca ligação essencial entre a vertente preventiva da resolução e a supervisão prudencial (sendo a primeira absolutamente *tributária dos conhecimento e informação gerados e geridos pela segunda*).

6.2.3. Alternativas de Reorganização da Função de Resolução em Portugal numa Perspetiva Comparada

6.2.3.1. Neste contexto, sendo em nosso entender, desejável evitar excessivos níveis de complexidade do sistema após a reforma ora em estudo, cremos, *sintetizando aqui em extremo os aspetos em causa,* que constituirão alternativas muito interessantes a considerar:

- **(a)** Seja a autonomização/segregação (muito reforçada) da área de resolução dentro do supervisor bancário (seguindo o modelo Francês, do Reino Unido e, no quadro de transformações em curso, na Alemanha);
- **(b)** seja o modelo Espanhol e Dinamarquês de criação de uma autoridade de resolução executiva (de pequena dimensão) interagindo com a vertente preventiva mantida no supervisor bancário. No fundo, adotando *mutatis mutandis* o modelo Espanhol com o FROB (*'fondo de reestructuración ordenada bancaria'*) como autoridade de resolução executiva e *organismo completamente autónomo não integrado noutra entidade.* Tal tenderá a resolver, também, no essencial, potenciais conflitos de interesses neste domínio que têm fundamentalmente expressão quanto à vertente *executiva* da resolução.
- **(c)** Poderão ainda ser consideradas terceiras soluções variantes (mais compósitas) que envolvam uma autoridade de resolução executiva de menor dimensão com uma *governance* que contemple níveis distintos – *maxime* um nível mais macro ou geral e um nível mais operacional – permitindo nesses níveis uma 'geometria' variável de representação de terceiras entidades, designadamente, com (*i*) maior intervenção do Ministério das Finanças e (*ii*) de outras autoridades de supervisão financeira no primeiro

nível acima referenciado, e com uma estrutura mais ligeira no segundo nível, operacional, e porventura maior presença, sem prejuízo da segregação institucional assim consagrada, (*iii*) de representantes da autoridade que mantivesse as funções de resolução na sua componente preventiva (a qual corresponderia por força da interligação que vimos sublinhado à autoridade nacional e supervisão bancária prudencial, podendo a mesma contribuir decisivamente para suportar em termos operacionais a atividade da autoridade de resolução, sempre sem prejuízo de uma adequada segregação institucional com o Banco de Portugal). *Em qualquer caso, este tipo de soluções compósitas deverá sempre evitar um excesso de complexidade que comprometa a sua operacionalidade.*

6.2.3.2. Note-se aqui, de passagem, que a *acuidade* das legítimas e compreensíveis preocupações com soluções de fraca segregação institucional *no plano nacional* entre as funções de resolução e supervisão – *que justificarão sempre algum grau de reforma da atual organização institucional das funções de resolução* – diminuiu muito consideravelmente no presente em virtude das evoluções concretizadas nos últimos três anos no plano na UE.

Na verdade, a dinâmica jurídica e institucional prevalecente que se pode observar neste domínio da resolução nos Estados-Membros da UE (*maxime* naqueles que se encontram no núcleo do processo de realização gradual da União Bancária Europeia) é uma dinâmica supranacional (vertical) de *transferência de um conjunto essencial de poderes de resolução para o Conselho Único de Resolução e o Fundo Único de Resolução, no quadro do Mecanismo Único de Resolução,* e de *aprimoramento da interação entre as unidades nacionais do Mecanismo Único de Resolução e o seu centro supranacional* e não uma dinâmica nacional de reforma horizontal da organização dos poderes de resolução *vis a vis* dos poderes de supervisão bancária prudencial, que replicasse nesta esfera nacional o figurino institucional SSM/SRB.

Acresce que, neste contexto, e contribuindo também para o panorama institucional hoje predominante nos Estados-membros, as questões potenciais de *conflitos de interesses supervisão-resolução,* com especial incidência na *fase executiva da resolução,* foram grandemente 'esvaziadas' com a severa limitação e o caráter muito residual da atual intervenção dos fundos de resolução nacionais, como meros compartimentos nacionais do Fundo Único de Resolução desde 2016[35].

Todos estes fatores conjugados entre si, bem como a decisiva constatação de que o figurino institucional da resolução adotado ao nível da UE tem *causas específicas*, daí não resultando qualquer necessidade ou sequer conveniência de réplica do mesmo pelos Estados-membros, militam, a nosso ver, a favor de uma reforma *mitigada* do modelo institucional de resolução a partir do enquadramento já existente (no fundo, transpondo para a área da resolução o que é também a linha diretora do programa de reforma global ora em causa, de *reforma mitigada* partindo de estruturas existentes e limitando *custos de transição*).

Nessa conformidade, um balanço crítico de vantagens e desvantagens relativas dos três modelos essenciais de organização institucional das funções de resolução que identificámos no que respeita aos Estados-membros da UE e os condicionalismos concretos verificados no caso Português recomendam possíveis cenários de reforma em Portugal orientados ***(i)*** ou para a adoção da primeira alternativa de figurino institucional de resolução, corporizado de modo paradigmático nos modelos Francês, do Reino Unido (ainda que fora da Zona Euro) e, no quadro de reformas em curso, da Alemanha; ***(ii)*** ou, para a adoção da terceira alternativa de figurino institucional de resolução, corporizado de modo paradigmático nos modelos Espanhol e Dinamarquês; ***(iii)*** ou ainda para possíveis subvariantes (algo compósitas) dessa alternativa centrada no estabelecimento de *autoridades nacionais de resolução executivas de pequena dimensão vis a vis* de autoridades nacionais de resolução preventivas integradas nos supervisores financeiros, *maxime* bancários, conquanto devidamente segregadas (e possivelmente suportadas, em termos operacionais, na estrutura desse supervisor bancário e autoridade de resolução preventiva).

[35] Num contexto posterior a janeiro de 2016 em que a intervenção própria das autoridades de resolução nacionais (ARNs) se mostra residual, porquanto limitada a instituições de crédito não significativas e apenas desde que não tenham atividade transfronteiriça, pois nos restantes casos as ARNs atuam no quadro do Mecanismo Único de Resolução sob coordenação do Conselho Único de Resolução.

6.3. A Desejável Compatibilização entre o Reforço da Coordenação de Funções de Supervisão e a Ausência de Complexidade Excessiva no Sistema de Supervisão

6.3.1. Colocação Geral do Problema

Passando à segunda matéria ou área de problematização que identificámos *supra*, e na mesma linha de evitar excessiva complexidade institucional num *novo modelo hibrido/compósito a adotar*, justifica-se, em nosso entender, ponderar – em sede de *eventual* construção institucional alternativa – um CNSF transformado e institucionalmente reforçado, como nova pessoa coletiva pública (conquanto com estrutura ligeira e flexível) com duas vertentes de atuação: (1) – uma vertente para a pura coordenação de supervisão prudencial e comportamental entre os três supervisores; (2) – e outra para a vertente da estabilidade geral do sistema financeiro, e admitindo uma geometria variável de governo do novo CNSF (reforçado) consoante atue numa ou noutra vertente.

6.3.2. Desenvolvimento da Solução Institucional Alternativa Proposta

A vertente de estabilidade geral do sistema financeiro, poderia ser integrada (a) por representantes das áreas executiva e preventiva da resolução bem como (b) por outros elementos/membros para enquadrar a gestão global da área macro prudencial, incluindo a nível cimeiro do Ministério das Finanças.

Tal enquadramento e governo desta vertente de estabilidade geral do sistema financeiro – *comportando, importa sublinhá-lo, vários figurinos ou subvariantes possíveis no que diz respeito ao específico papel de um novo CNSF e à qualificação das suas funções neste domínio* – deverá ainda, em qualquer caso, ter em conta que, não obstante a partilha de responsabilidades no plano da UE entre o Banco Central Europeu (BCE) e o Comité Europeu do Risco Sistémico (CERS), na matéria da política macro prudencial, em relação à Zona Euro especificamente considerada, o núcleo funcional da condução e coordenação da política macro prudencial tenderá cada vez mais a encontrar-se no BCE. E nessa conformidade, em relação aos Estados integrantes desta Zona Euro como Portugal, deverão ser privilegiadas opções institucionais internas de organização das funções macro prudenciais que não enfraqueçam apreciavelmente a *capacidade desses Estados para intervir diretamente no Sistema Europeu de Bancos Centrais (SEBC) e no BCE quanto a tais responsabilidades macro prudenciais.*

Na verdade, tomando em consideração para uma reforma da arquitetura nacional de supervisão financeira – como se impõe – o que vimos designando como *novas dinâmicas verticais de integração europeia das arquiteturas de supervisão*, há que atentar no papel fulcral nesse domínio macro prudencial do BCE, incluindo na parte em que este apoia o CERS, pelo que o envolvimento intenso da autoridade de cada Estado-membro integrada no SEBC nessa componente macro prudencial se mostra da maior importância para uma interação ativa do mesmo Estado neste domínio macro prudencial no plano da arquitetura europeia. Ainda a propósito dessa fundamental *dinâmica supranacional* impõe-se acentuar que a *arquitetura europeia de regulação e supervisão financeira* se encontra presentemente em fluxo, seja na sequência da *Consulta da Comissão sobre a possível reforma do enquadramento europeu de política macro prudencial* (2016), seja na sequência da *Consulta da Comissão sobre as operações das autoridades europeias de supervisão financeira* – EBA, ESMA e EIOPA – (2017), pelo que poderão, a esse título, a revelar-se *prematuras* reformas institucionais muito drásticas da *organização das funções de supervisão macro prudencial no plano nacional* sem que se encontrem delineados ajustamentos institucionais em perspetiva neste domínio no plano europeu[36].

De qualquer modo, já no presente a par do papel atribuído na arquitetura europeia de supervisão (ainda em formação) ao CERS, na Zona Euro em que Portugal se integra o Regulamento do Mecanismo Único de Supervisão Bancária (MUS UE) atribui responsabilidades essenciais no domínio da supervisão macro prudencial ao BCE e confere-lhe também importantes instrumentos de atuação, que este vem densificando nos seus primeiros anos de atividade como supervisor. Nessa densificação inclui-se numa perspetiva de *governance*, a criação de estruturas dedicadas à supervisão macroprudencial, como *v.g.* o *Grupo de Coordenação Macro prudencial* e o *Fórum Macro prudencial*, este integrando o conselho

[36] Justifica-se, ainda, considerar desenvolvimentos muito recentes que importa apreender em toda a sua extensão, em especial: European Commission, *Communication on Reinforcing Integrated Supervision to Strengthen Capital Markets Union and Financial Integration in a Changing Environment*, COM (2017), 542; European Commission, *Feedback statement on the public consultation on the operations of the European Supervisory Authorities having taken place from 21 March to 16 May 2017*, DG FISMA, Brussels.

de governadores do BCE e o conselho de supervisão do MUS UE para a discussão permanente de todas as matérias relacionadas com a estabilidade financeira e a política macro prudencial.

Neste quadro descrito nos pontos precedentes, assume, pois, importância estratégica essencial para a participação mais eficaz e acutilante de um Estado-membro na complexa arquitetura financeira europeia em formação que o seu banco central integrante do SEBC e participando, a esse título, nos trabalhos do BCE tenha – *sob diversas configurações jurídicas alternativas que aqui não temos espaço para aprofundar* – um *importante mandato macro prudencial (a nível nacional)*, sob pena de enfraquecer as condições da sua participação ou do seu envolvimento na política macro prudencial conduzida pelo BCE. Também esse aspeto deverá, pois, na linha do que se assinalou *supra*, ser ponderado em qualquer reforma da arquitetura de supervisão e regulação financeira em Portugal no que respeita ao *pilar de estabilidade financeira* dessa arquitetura.

6.3.3. Considerações conclusivas

Sintetizando aqui em extremo as considerações essenciais a este propósito, pensamos que a reforma de 2013 do CNSF, através do Decreto-Lei nº 143/2013, contemplando então meras *funções consultivas* do CNSF nas matérias do nº 3 do artigo 2º do respetivo regime face à autoridade macro prudencial nacional (BP Pt) se mostrou largamente insuficiente neste domínio. Tal reforma contemplou, na verdade, funções consultivas do CNSF para com o BP Pt no domínio da definição e execução da política macro prudencial para o sistema financeiro nacional. Daí resultou ainda o *único desenvolvimento até ao presente registado no sentido de uma maior densificação da estrutura orgânica do CNSF, largamente insuficiente*, passando esta entidade a reunir com *composição diferenciada* para as sessões micro e macro prudenciais (com a particularidade de, nestas últimas sessões, participarem como observadores sem direito de voto um representante do membro do governo responsável pelas Finanças e o membro do conselho de administração do Banco de Portugal com o pelouro macro prudencial). No essencial, as trocas de informações e análises desenvolvidas pelo CNSF neste plano macro prudencial materializam-se em "*pareceres não vinculativos dirigidos ao Banco de Portugal, enquanto autoridade macro prudencial nacional*" (nº 3 do artigo 7º com a redação introduzida nesta alteração de 2013), o que corresponde a uma intervenção muito limitada e a uma oportunidade perdida nesta reforma de 2013 para um necessário reforço do papel do CNSF neste plano essencial da estabilidade financeira.

Ora, a reforma ora em apreço poderá precisamente, em nosso entender, dar um decisivo passo qualitativo nesse sentido, no quadro do significativo reforço institucional proposto para o CNSF – *em linha com o que preconizámos no nosso estudo de 2016*[37] – e em termos que, ao mesmo tempo, salvaguardem, no âmbito da arquitetura europeia *supra* referenciada, o papel essencial do banco central integrante do SEBC nesse domínio macro prudencial (em ligação com o BCE). Tal poderá suceder num figurino em que, apesar de o BP Pt manter funções nucleares nesta matéria macro prudencial, o faça no âmbito de *responsabilidades partilhadas* com o que acima designámos como o pilar de estabilidade financeira de um novo e reforçado CNSF.

6.4. Ponderação de soluções variantes de *governance* da nova estrutura de coordenação e de criação de novos poderes públicos em matéria de supervisão

6.4.1. Cenários alternativos para a *governance* da estrutura reforçada de coordenação

Também na mesma linha de evitar excesso de complexidade do sistema de supervisão e, sobretudo, de ponderar os melhores equilíbrios entre, por um lado, poderes de um CNSF institucionalizado e reforçado e, por outro, poderes próprios dos três supervisores financeiros (cuja *governance* seja também repensada), poderá justificar-se ponderar uma estrutura técnica muito apetrechada do CNSF mas de reduzida dimensão com dois níveis de Governo – incluindo um Conselho Geral que funcionaria para as duas vertentes do CNSF que acabámos de referir (vertentes de pura coordenação e da área de estabilidade financeira), tendo esse Conselho Geral composição variável para a segunda vertente da estabilidade e assumindo esse Conselho Geral presença/intervenção mínima para a primeira vertente da coordenação. Nesta vertente de Coordenação, poderia avul-

[37] Reportamo-nos aqui ao nosso estudo *Modelos* cit., cuja ***proposta central de reforma parece***, em termos macro, acolhida na reforma ora em projeto (embora as subvariantes institucionais a definir e ainda em aberto, sejam de grande importância e alcance, no quadro da discussão que venha a desenvolver-se destas matérias e do Projeto que venha a ser apresentado pelo XXI Governo Constitucional (ou em ulteriores propostas legislativas, sendo caso disso).

tar uma Comissão Executiva com representantes dos três supervisores e eventual presidência rotativa (prevendo-se, quer para o Conselho Geral quer para a Comissão Executiva a presença de um *Secretário-Geral, Administrador Executivo Permanente ou Coordenador*, enquadrando a estrutura técnica permanente do novo CNSF). A Comissão executiva articularia com Subcomissões técnicas permanentes em que a respetiva coordenação poderia ser rotativa entre os supervisores ou ser à partida atribuída a um dado supervisor em função da matéria – tudo num quadro em que a lei tipificasse áreas materiais, obrigatórias, de intervenção do CNSF – enquadradas por tais subcomissões técnicas. Poderá, em tese, discutir-se quais deverão ser essas áreas, mas cremos que estas deveriam estar realmente tipificadas na lei, *sem prejuízo da sua revisão periódica*[38].

Em qualquer caso, uma matéria verdadeiramente nuclear a ser densificada nas atribuições e poderes do CNSF deveria corresponder – em

[38] Cf. Morais, *Modelos* cit., III, 3.3., onde propusemos como **sete áreas de intervenção obrigatória** de um CNSF transformado e institucionalmente reforçado as seguintes: **(1)** acompanhamento em geral da supervisão de conglomerados financeiros e de grupos empresariais presentes em mais do que um subsetor financeiro, mesmo que não estritamente subsumíveis na categoria emergente do direito da UE de "*conglomerado*"; **(2)** o acompanhamento numa ótica comportamental de *produtos financeiros complexos* e, mais latamente, de *produtos de investimento de retalho* (no sentido em que os mesmos são previstos, também, como matéria especifica de intervenção do Comité Conjunto das Autoridades Europeias de Supervisão); **(3)** o estabelecimento e revisão periódica de requisitos de "*senior management regime – accountability*" – requisitos comuns aos níveis de topo da gestão de instituições financeiras nos vários sub-setores do sistema financeiro (em moldes a tipificar); **(4)** a supervisão de entidades externas de fiscalização de instituições financeiras, em especial auditores, mas compreendendo também, *v.g.*, atuários (no domínio segurador); **(5)** a programação e articulação conjunta de ações de supervisão presencial junto de instituições financeiras supervisionadas e de planos de atuação nesse domínio (com especiais cuidados aqui); **(6)** as medidas de combate ao branqueamento de capitais; **(7)** o desenvolvimento e enquadramento de um sistema integrado de informação regulatória e de supervisão, conquanto se trate de matéria que exigirá ainda passos consideráveis para uma verdadeira abordagem integrada. Aqui se incluiriam, designadamente, procedimentos tendentes à definição de obrigações mínimas de troca de informação ao nível do CNSF por parte das três autoridades setoriais aí representadas, com previsão de revisão periódica desses tipos de obrigações mínimas de partilha de informação (por forma a acompanhar a evolução do mercado) e previsão específica de obrigações particulares de troca de informação em caso de crise ou problemas de certas instituições financeiras, delimitados mediante a verificação de certos indicadores de alerta nesse sentido, a definir para o efeito.

termos transversais – ao desenvolvimento e enquadramento de um *verdadeiro sistema integrado de informação regulatória e de supervisão financeira* passível de circulação entre os supervisores através do CNSF, mas supondo igualmente limitações estatuárias destes quanto à reserva dessa informação em função de exigências de salvaguarda da estabilidade financeira (a serem precisadas para o efeito e a prevalecerem, para esse efeito, sobre outros objetivos e exigências de supervisão financeira).

6.4.2. Articulação entre os Poderes de um CNSF reforçado ou outra estrutura de coordenação a criar e os poderes dos supervisores

Finalmente, neste quadro, e considerando que um novo CNSF, tal como o vimos equacionando (*com possíveis variantes*), seria, apesar do seu grande reforço institucional em causa justamente contemplado nos aspetos até ao presente conhecidos da projetada reforma (face ao anterior CNSF e ao seu 'défice de institucionalização'), uma entidade largamente subsidiária das três autoridades de supervisão, afigura-se-nos adequado que os poderes juridicamente vinculativos que lhe sejam atribuídos se mostrem até certo ponto limitados, até para evitar sobreposições ou novo tipo de tensões no sistema.

Nesse contexto, as iniciativas estabelecidas por força da intervenção do novo CNSF poderiam ser preferencialmente materializadas através do exercício dos poderes próprios das três autoridades congregadas no mesmo, sem prejuízo de se admitir que, a titulo excecional, se tal se mostrasse necessário em certo tipo de intervenções no setor financeiro (à luz de princípios de necessidade e proporcionalidade), o CNSF pudesse dispor de alguns poderes próprios quanto a certas injunções a instituições financeiros ou poderes de solicitação de informações a certas entidades.[39] O caso em França do '*Haut Conseil de Stabilité Financière*', desde 2013,[40] pode fornecer algumas pistas interessantes quanto a esse tipo de poderes, que suscitam questões de *enorme delicadeza jurídica* (que não temos de todo tempo para aflorar aqui) para uma não sobreposição

[39] Outra alternativa, mas a ponderar com as maiores cautelas, será o recurso a formas específicas de *delegação de poderes* para o CNSF poder intervir em *certas matérias muito circunscritas*, nos termos *mutatis mutandis* em que estas são contempladas em certas esferas da arquitetura institucional de supervisão financeira na UE.

[40] Sobre esse caso do '*Haut Conseil de Stabilité Financière*', desde 2013, cfr. Morais, *Modelos* cit., III, 3.4.

com os poderes próprias das três autoridades de supervisão e não sobreposição em matéria de supervisão bancária com os poderes do MUS UE.

Bibliografia

John Armour, *Making Banking Resolution Credible* (fev.-2014). Acessível em SSRN: https://ssrn.com/abstract=2393998 (consultado a 01 de fevereiro de 2019).

Binder, *The European Banking Union: Rationale and Key Policy Issues*, em *Banking Union: A Compendium*, coord. Binder/Gortsos, Nomos: Oxford (2016).

Daniel Calvo/Juan Carlos Cristanto/Stefan Hohl/Oscar Pascual Gutiérrez, *Financial supervisory architecture: what has changed after the crisis?* (abr.-2018). Acessível em BIS: https://www.bis.org/fsi/publ/insights8.pdf (consultado a 01 de fevereiro de 2019).

Frank Dierick, *The Supervision of Mixed Financial Services Groups in Europe* (ago.-2004), ECB Occasional Paper nº 20. Acessível em ECB: https://www.ecb.europa.eu/pub/pdf/scpops/ecbocp20.pdf?71287118924af9689de477ab7e77e111 (consultado a 01 de fevereiro de 2019).

Eilís Ferran, *Crisis-Driven Regulatory Reform: Where the World is the EU Going?*, em *The Regulatory Aftermath of the Global Financial Crisis*, coord. Eilís Ferran/Niamh Moloney/Jennifer Hill/John Coffee JR., Cambridge University Press: Cambridge (2012).

Charles Goodhart, *How Should We Regulate the Financial Sector?*, em *The Future of Finance / The LSE Report* (2010).

Rosa Lastra/Luis Garicano, *Towards a New Architecture for Financial Stability; Seven Principles*, em *International Law in Financial Regulation and Monetary Affairs*, coord. Thomas Cottier/John H. Jackson/Rosa M. Lastra, Oxford University Press: Oxford (2012).

Llewellyn, *Institutional Structure of Financial Regulation and Supervision: The Basic Issues* – World Bank Seminar – *Aligning Supervisory Structures with Country Needs* (2006).

Donato Masciandaro/R. Pansini R/M. Quintyn, *The Economic Crisis: Did Supervision Architecture and Governance Matter?*, 9/4 Journal of Financial Stability (2013).

Donato Masciandaro/Alessio Volpicella, *Central Banking, Macroprudential Supervision and Insurance*, Baffi Center Research Paper nº 2014-150 (2014).

Luís Silva Morais, *A Função Reguladora e as Estruturas de Regulação na UE*, em *A Europa e os Desafios do Século XXI*, coord. Paulo de Pitta e Cunha/Luís Silva Morais, Almedina: Coimbra (2008);

– *Lei-Quadro das Autoridades Reguladoras – Algumas Questões Essenciais e Justificação do Perímetro do Regime face às Especificidades da Supervisão Financeira*, 17 C&R (2014), 99-137;

– *Modelos de Supervisão em Portugal e no Contexto da União Europeia*, Banco de Portugal: Lisboa (2016).

Andrew Schmulow/Karen Fairweather/John Tarrant, *Restoring Confidence in Consumer Financial Protection Regulation in Australia: A Sisyphean Task?*, XX(X) Federal Law Review (2019).

Eficiência, incentivos à cooperação e o acordo de supervisão no âmbito dos processos administrativos sancionadores na comissão de valores mobiliários do Brasil

Thiago Bottino
Renata Maccacchero Victer

Resumo: *Este artigo tem por objetivo analisar se a ausência de efeitos penais do Acordo Administrativo em Processo de Supervisão celebrado no âmbito dos processos administrativos sancionadores da Comissão de Valores Mobiliários do Brasil, instituído pela Lei nº 13.506/2017, constitui um desincentivo para a sua celebração. O Acordo de Supervisão possui as mesmas características do Acordo de Leniência e tem como condição necessária para a sua celebração a confissão do colaborador quanto à prática do ilícito administrativo. Ocorre que, no âmbito do mercado de capitais, os ilícitos administrativos são muito semelhantes aos ilícitos penais, podendo não haver incentivo para a confissão do colaborador, em razão das repercussões que essa confissão poderá ter na esfera criminal.*

1. Introdução

O desenvolvimento do presente trabalho iniciou-se ainda na vigência da Medida Provisória nº 784, de 07 de junho de 2017, que dispunha sobre o processo administrativo sancionador nas esferas de atuação do BACEN Br e da CVM Br. Entre outras providências, esse diploma legal inovou ao instituir a possibilidade da celebração de acordo de leniência no âmbito dos processos administrativos sancionadores conduzidos por esses dois entes.

A referida Medida Provisória deixou de produzir efeitos em 19 de outubro de 2017, pela sua não conversão em lei dentro do prazo fixado pelo artigo 62º da CRF Br[1]. Não obstante, o Congresso Nacional aprovou requerimento de urgência para a tramitação do Projeto de Lei nº 8.843/2017 (com as mesmas características que a Medida Provisória nº 784/2017), aprovado no Senado como Projeto de Lei da Câmara nº 129/2017 em 25-out.-2017 e sancionado pelo Presidente da República como a Lei nº 13.506, de 13-nov.-2017.

Na Lei nº 13.506/2017, o acordo de leniência passou a ser denominado Acordo Administrativo em Processo de Supervisão ("Acordo de Supervisão"), mantendo as mesmas características do acordo de leniência previsto na Medida Provisória nº 784/2017. O Acordo de Supervisão tem como condição necessária para a sua celebração a confissão do colaborador quanto à prática do ilícito administrativo e implica na extinção da ação de natureza administrativa punitiva ou na redução de um terço a dois terços da penalidade administrativa aplicável. Porém, não prevê a extinção da punibilidade na esfera penal.

O objetivo do presente trabalho é analisar se a ausência de efeitos penais do Acordo de Supervisão, celebrado no âmbito dos processos administrativos sancionadores da CVM Br Br, constitui um desincentivo para a sua celebração.

Para tanto, o presente artigo será desenvolvido em quatro partes: na primeira, serão descritos os diferentes instrumentos de solução consensual de processos administrativos previstos no ordenamento jurídico pátrio, com ênfase nos eventuais efeitos penais decorrentes da celebração desses acordos.

Na segunda parte serão examinadas as infrações administrativas abrangidas no Acordo de Supervisão com a CVM Br e os tipos penais correspondentes, com a finalidade de demonstrar a identidade de condutas, de modo que o reconhecimento da prática da infração administrativa equivaleria ao reconhecimento da prática de crime contra o mercado de capitais.

A terceira parte tratará dos incentivos e desincentivos para a celebração de acordos no âmbito administrativo, considerando a existência

[1] Art. 62º §3º CRF Br: "As medidas provisórias, ressalvado o disposto nos §§ 11º e 12º perderão eficácia, desde a edição, se não forem convertidas em lei no prazo de sessenta dias, prorrogável, nos termos do §7º, uma vez por igual período, devendo o Congresso Nacional disciplinar, por decreto legislativo, as relações jurídicas delas decorrentes".

ou ausência de efeitos penais decorrentes desses acordos. Será objeto de análise, para fins comparativos, o acordo de leniência firmado com o Conselho Administrativo de Defesa Econômica (CADE).

Por fim, a quarta e última parte tratará da necessidade de padronização dos efeitos penais dos mecanismos de solução consensual a fim de conferir maior eficiência ao mecanismo do Acordo de Supervisão previsto na Lei nº 13.506/2017.

Ao final, a conclusão indicará que a existência de um arranjo de incentivos para a celebração dos acordos no âmbito administrativo é necessária e deve ser reconhecida pelo Poder Judiciário a fim de permitir que as escolhas do Poder Legislativo de conceder maior liberdade regulatória possam ser implantadas de forma eficaz pelos órgãos do Poder Executivo responsáveis pela condução das políticas públicas de apuração de crimes praticados no mercado de capitais.

2. Soluções consensuais para ilícitos administrativos e seus efeitos no Direito Penal

O primeiro e mais conhecido exemplo de mecanismo de solução consensual no âmbito administrativo com reflexos penais ocorre no direito penal tributário, com a extinção da punibilidade dos crimes praticados contra a ordem tributária quando o agente promove o pagamento do tributo ou da contribuição social.

A Lei nº 8.137/1990, que definiu os crimes contra a ordem tributária, trouxe, em seu artigo 14, a extinção da punibilidade desses crimes no caso de pagamento integral do tributo suprimido (inclusive com acessórios), desde que realizado antes do início do processo penal[2]. Esse dispositivo foi revogado pela Lei nº 8.383/1991 e posteriormente restabelecido pela Lei nº 9.249/1995.

Atualmente, a Lei nº 10.684/2003 prevê esse mesmo efeito de extinção da punibilidade se realizado o pagamento do tributo a qualquer tempo, levando ao extremo a vinculação do processo criminal à solução do litígio no âmbito administrativo.

[2] "Art. 14º. Extingue-se a punibilidade dos crimes definidos nos arts. 1º a 3º quando o agente promover o pagamento do tributo ou contribuição social, inclusive acessórios, antes do recebimento da denúncia".

Seguindo uma ordem cronológica de positivação no ordenamento jurídico, cumpre indicar como precursores da atuação administrativa consensual os acordos substitutivos[3] previstos no âmbito das atribuições sancionatórias do CADE e da CVM Br, introduzidos por leis promulgadas em 1994[4] e 1997[5] e denominados, respetivamente, Termo de Compromisso de Cessação (TCC) e Termo de Compromisso (TC).

No TCC de prática de cartel, o investigado compromete-se a cessar a atividade apontada como abusiva e a pagar contribuição pecuniária ao Fundo de Defesa de Direitos Difusos, em troca do arquivamento do processo administrativo no CADE.

Originalmente, a Lei nº 8.884/1994 previa expressamente que a celebração do TCC não implicava em confissão da matéria de fato e nem reconhecimento da ilicitude da conduta analisada[6], tal como na Lei nº 6.385/76.

Contudo, a Lei nº 12.529/2011, que revogou a Lei nº 8.884/1994, foi silente sobre se o TCC implica ou não em reconhecimento de culpa, deixando ao CADE definir, em Resolução, normas complementares sobre o Termo de Compromisso de Cessação[7]. De acordo com o texto atual do Regimento Interno do CADE (RICADE), o reconhecimento de culpa é necessário nas investigações de acordo, combinação, manipulação ou ajuste entre concorrentes[8]. Por conseguinte, fica a critério do Tribunal

[3] "Os acordos substitutivos caracterizam-se pelo efeito terminativo do processo administrativo no qual são celebrados. Quando firmados, estes acordos substituem a decisão unilateral e imperativa da Administração Pública ou findam o processo instaurado para conformação do provimento administrativo", cf. Juliana Bonacorsi de Palma, *Sanção e Acordo na Administração Pública*, Malheiros: São Paulo (2015), 252.

[4] Lei nº 8.884/1994, que reestruturou o Sistema Brasileiro de Concorrência.

[5] Introduzido pela Lei nº 9.457/1997, que acrescentou os §§ 5º a 8º ao art. 11º, da Lei nº 6.385/1976.

[6] "Art. 53º. Em qualquer fase do processo administrativo poderá ser celebrado, pelo CADE ou pela SDE ad referendum do CADE, compromisso de cessação de prática sob investigação, que não importará confissão quanto à matéria de fato, nem reconhecimento de ilicitude da conduta analisada".

[7] Art. 85º, §14º, da Lei nº 12.529/2011: "O CADE definirá, em resolução, normas complementares sobre o termo de compromisso de cessação".

[8] Art. 225º do RICADE: "Tratando-se de investigação de acordo, combinação, manipulação ou ajuste entre concorrentes, o compromisso de cessação deverá, necessariamente, conter reconhecimento de participação na conduta investigada por parte do compromissário".

Administrativo se a celebração do TCC implicará ou não em reconhecimento da conduta investigada em apurações de outras condutas anticoncorrenciais[9], como, por exemplo, limitar, falsear ou de qualquer forma prejudicar a livre concorrência ou a livre iniciativa, aumentar arbitrariamente os lucros ou exercer de forma abusiva posição dominante.

Porém, caso se trate de investigação de "acordo, combinação, manipulação ou ajuste entre concorrentes", de acordo com os artigos 224º e 225º do RICADE, o compromisso de cessação necessariamente deverá conter reconhecimento da participação na conduta investigada e contar com previsão de colaboração do compromissário. Já a propositura do TCC pelo particular[10], ou sua manifestação de interesse em celebrar um TCC[11], não configuram reconhecimento de culpa.

A crítica que se faz é que a obrigatoriedade do reconhecimento da participação na conduta investigada, para a celebração do TCC, pode ser um estímulo negativo à sua celebração[12].

Por sua vez, a celebração de TC com a CVM Br impede o prosseguimento na apuração das condutas ilícitas no âmbito administrativo e, em contrapartida, o regulado obriga-se a cessar a prática investigada e apontada como irregular, bem como a corrigir as eventuais irregularidades, inclusive com indenização dos prejuízos.

Note-se que a celebração do TC não implica em confissão da matéria de fato, nem reconhecimento da ilicitude da conduta analisada (art. 11º, § 6, da Lei nº 6.385/76) e, por conseguinte, também não possui efeitos na esfera criminal.

O TC consagrado no sistema de regulação do mercado de valores mobiliários brasileiro foi inspirado na figura do *Consent Decree* norte-ame-

[9] Palma, *Sanção* cit., 204.

[10] Art. 219º, §5º, do RICADE: "O protocolo do requerimento de termo de compromisso não implica confissão quanto à matéria de fato nem reconhecimento da ilicitude da conduta objeto do processo administrativo, do inquérito administrativo ou do procedimento preparatório de inquérito administrativo".

[11] Art. 230º, §7º, do RICADE: "A manifestação do interesse dos representados em celebrar termo de compromisso de cessação não implica confissão quanto à matéria de fato nem reconhecimento da ilicitude da conduta objeto do processo administrativo, do inquérito administrativo ou do procedimento preparatório de inquérito administrativo".

[12] Palma, *Sanção* cit., 204.

ricano, que, por sua vez, também serviu de inspiração para a instituição, na legislação antitruste, do Termo de Compromisso de Cessação[13].

A tendência de positivação da consensualidade avançou com o advento da Lei nº 9.605/1998, que dispõe sobre sanções penais e administrativas derivadas de condutas e atividades lesivas ao meio ambiente. Essa lei estabeleceu, como instrumento de solução consensual de conflitos, o Termo de Ajustamento de Conduta ("TAC").

O TAC está previsto no art. 79º-A da Lei nº 9.605/1998 e sua celebração permite a redução da penalidade administrativa[14]. De forma semelhante ao mecanismo de solução consensual em matéria de crimes tributários, o TCC com o CADE e o TC com a CVM Br, o TAC não prevê a colaboração no sentido de identificar outros envolvidos, nem a confissão dos acusados de crime ambiental, como condição para a sua celebração. O objetivo de sua celebração é a cessação ou correção da conduta e a reparação do dano ambiental, se for o caso.

O TAC é celebrado em âmbito administrativo com os órgãos ambientais competentes e a Lei não prevê efeitos penais na sua celebração[15].

Não obstante, alguns julgados atribuíram tais efeitos ao argumento de que a vocação da política de proteção ao meio ambiente é a prevenção e a reparação ao meio ambiente e, portanto, uma vez firmado o

[13] Nelson Eizirik *et al.*, *Mercado de capitais: regime jurídico,* Renovar: Rio de Janeiro (2008).

[14] Art. 79º-A, Lei nº 9.605/98: "Para o cumprimento do disposto nesta Lei, os órgãos ambientais integrantes do SISNAMA, responsáveis pela execução de programas e projetos e pelo controle e fiscalização dos estabelecimentos e das atividades suscetíveis de degradarem a qualidade ambiental, ficam autorizados a celebrar, com força de título executivo extrajudicial, termo de compromisso com pessoas físicas ou jurídicas responsáveis pela construção, instalação, ampliação e funcionamento de estabelecimentos e atividades utilizadores de recursos ambientais, considerados efetiva ou potencialmente poluidores", aplicada em conjunto com o art. 42º, Decreto nº 99.274/90, que regulamentou a Lei nº 9.605/98. "As multas poderão ter sua exigibilidade suspensa quando o infrator, por termo de compromisso aprovado pela autoridade ambiental que aplicou a penalidade, se obrigar à adoção de medidas específicas para cessar e corrigir a degradação ambiental. Parágrafo único. Cumpridas as obrigações assumidas pelo infrator, a multa será reduzida em até noventa por cento".

[15] Art. 3º, da Lei nº 9.605/1998: "As pessoas jurídicas serão responsabilizadas administrativa, civil e penalmente conforme o disposto nesta Lei, nos casos em que a infração seja cometida por decisão de seu representante legal ou contratual, ou de seu órgão colegiado, no interesse ou benefício da sua entidade".

termo de compromisso, restaria prejudicada a causa que justifica a persecução penal[16].

Em crítica sobre a indefinição doutrinária e jurisprudencial quanto à existência de efeitos penais na celebração do TAC, Marcio da Costa Barandier assinala que a eficiência do TAC resta comprometida: "*O fato é que doutrina e jurisprudência ainda não assumiram posições suficientemente firmes sobre o efeito penal do Termo de Ajustamento de Conduta Ambiental. Os pronunciamentos são pontuais, tímidos, hesitantes até*"[17].

Pouco tempo depois do advento do TAC, o acordo de leniência foi introduzido no Direito brasileiro por meio da Lei nº 10.149/2000, que alterou e acrescentou dispositivos à Lei nº 8.884/1994, reestruturando o Sistema de Brasileiro de Defesa da Concorrência.

O acordo de leniência instituído pela Lei nº 10.149/2000 não substituiu o TCC anteriormente descrito, mas caracterizou-se como um novo meio de solução administrativa de condutas ilícitas. O acordo de leniência consiste em pacto firmado entre o membro do cartel ou seus dirigentes e funcionários e o Estado, no qual fica consignado que, caso o proponente traga elementos de convicção suficientes para o desmantelamento do respectivo cartel, terá ele garantia de imunidade penal[18] e administrativa.

[16] Tribunal de Justiça de Minas Gerais, Mandado de Segurança nº 1.0000.03.400377-2/000 (Jane Silva), 25-jun.-2004; Tribunal de Justiça de Minas Gerais, Habeas Corpus nº 1.0000.04.410063-4/000 (Antonio Carlos Cruvinel), 24-ago.-2004. Em sentido contrário, o Superior Tribunal de Justiça tem decidido que o TAC firmado na esfera administrativa não impede a instauração de ação penal, em razão da independência das instancias penal e administrativa: Superior Tribunal de Justiça, Agravo em recurso especial nº 984.920–BA (Sebastião Reis Júnior), 31-ago.-2017; Superior Tribunal de Justiça, Resposta nº 1.154.405–MG (Rogerio Schietti Cruz), 25-ago.-2017; Superior Tribunal de Justiça, Habeas Corpus nº. 24.499/SP (Maria Thereza de Assis Moura), 03-out.-2001; Superior Tribunal de Justiça, Resposta nº 1.294.980/MG (Alderita Ramos de Oliveira), 18-dez.-2012.

[17] Marcio da Costa Barandier, *Efeitos penais do termo de ajustamento de conduta ambiental*, em *Direito Penal e Economia*, org. Thiago Bottino/Diogo Malan, Elsevier: Rio de Janeiro (2012), 136.

[18] Art. 35º-C, Lei nº 10.149/2000: "Nos crimes contra a ordem econômica, tipificados na Lei nº 8.137, de 27 de novembro de 1990, a celebração de acordo de leniência, nos termos desta Lei, determina a suspensão do curso do prazo prescricional e impede o oferecimento da denúncia. Parágrafo único. Cumprido o acordo de leniência pelo agente, extingue-se automaticamente a punibilidade dos crimes a que se refere o *caput* deste artigo".

Trata-se de um acordo administrativo onde o Estado busca informações e os membros do Cartel buscam o abrandamento de suas penas[19].

Conforme assevera Gabriela Monteiro, para a celebração do acordo de leniência, o CADE, por intermédio de sua Superintendência-Geral, deverá assegurar que as seguintes condicionantes sejam observadas, no que tange a pessoa autora da infração:

> *"(i) Seja a primeira a se qualificar com respeito a essa infração, caso em que receberá um marker (senha comprobatória dessa posição na fila pra a negociação do acordo); (ii) colabore efetivamente com as investigações e o processo administrativo e dessa colaboração resulte a identificação dos demais envolvidos na infração e a obtenção de informações e documentos que comprovem a infração noticiada ou sob investigação; (iii) cesse completamente seu envolvimento na conduta a partir da data de propositura do acordo; (iv) confesse sua participação no ilícito; e (v) coopere com as investigações e o processo administrativo, comparecendo, sob suas expensas, sempre que solicitada, a todos os atos processuais, até seu encerramento. Além disso, a Lei de Defesa da Concorrência também exige que (v) a SG-CADE ainda não disponha de provas suficientes para assegurar a condenação da empresa ou pessoa física envolvida na conduta por ocasião da propositura do acordo"*[20].

Esse instrumento é considerado como pilar fundamental da Política Nacional de Proteção da Ordem Econômica e se tornou carro-chefe no combate aos cartéis. Considerado um crime de difícil comprovação, por meio do acordo, é possível o oferecimento de informações e provas necessárias para o desmantelamento do cartel, com celeridade, simplicidade e economia desejados[21]. Com efeito, de acordo com Relatório da Organização para a Cooperação e Desenvolvimento Econômico (OCDE), a necessidade do fornecimento de provas robustas para a cele-

[19] Ministério Público Federal (MPF), Estudo Técnico nº 01/2017 – 5ª Câmara de Coordenação e Revisão (CCR) – Combate à corrupção (Grupo de Trabalho "Leniência e Colaboração Premiada"), Ministério Público Federal: Brasília (2017), 45.

[20] Gabriela Reis Paiva Monteiro, *A participação do Ministério Público no acordo de leniência firmado com o CADE*, em *Reflexos Penais da Regulação*, coord. Thiago Bottino, Juruá: Curitiba (2016), 171-172.

[21] Maíra Beauchamp Salomi, *O acordo de leniência e seus reflexos penais*, dissertação de Mestrado (Direito), Faculdade de Direito da Universidade de São Paulo: São Paulo (2012), 262-263.

bração de acordo de leniência perante o CADE fez com que houvesse um aumento na quantidade de TCCs celebrados[22].

A vantagem na celebração do acordo de leniência para a Administração Pública, vai além da obtenção de provas que dificilmente seriam alcançadas sem a cooperação de um dos praticantes da infração. A medida torna o procedimento administrativo mais célere, menos custoso e mais eficaz[23]. Pela ótica do beneficiário, existe a expectativa de redução ou extinção da pena administrativa e, uma vez cumprido o acordo, há a extinção da punibilidade penal[24].

A extinção da punibilidade penal mostra-se relevante, uma vez que a via de repressão a ilícitos concorrenciais é dúplice – uma penal, outra administrativa – e que há exemplos suficientes das semelhanças e diferenças entre os tipos infracionais da Lei Antitruste (Lei nº 12.529/2011) e os tipos da lei penal, como assinalam João Grandino Rodas e Gesner Oliveira[25]:

Conforme mencionado anteriormente, para o ingresso no Programa de Leniência do CADE, é preciso, entre outras condições, que a pessoa confesse a sua participação no ilícito. Trata-se, portanto, de um elemento autoincriminatório, sem o qual o acordo de leniência não pode ser celebrado. Em razão da independência entre as esferas penal e admi-

[22] "The robustness of the cases can be easily noticed by the number of TCCs proposed right after a Leniency Agreement is signed. In 2015, for instance, 90% of the Leniency Agreement signed had at least one company applying for a TCC in CADE", cf. Amanda Athayde Linhares Martins/Andressa Lin Fidelis, *Leniency Programme In Brazil – Recent Experiences and Lessons Learned. Contribution from Brazil,* Latin American and Caribbean Competition Forum – Session II: Leniency Programmes in Latin America and the Caribbean (2016), Organisation for Economic Co-Operation and Development (Directorate for Financial and Enterprise Affairs): México, 7.

[23] "De fato, a maior previsão de instrumentos consensuais, deve-se em muito a uma necessidade pragmática de superar certos impasses burocráticos, mais notadamente a demora da tramitação do processo administrativo ou a baixa execução de medidas aplicadas pela autoridade administrativa", cf. Palma, *Sanção* cit., 127.

[24] A Lei nº 12.529/2011, que revogou a Lei nº 10.149/2000, manteve o acordo de leniência como mecanismo consensual para a redução ou extinção da pena administrativa a ser aplicada pelo CADE e de extinção da punibilidade na esfera criminal.

[25] "(...) sendo, todavia, relevante notar que as condutas têm descrições típicas semelhantes e visam à proteção do mesmo bem jurídico – a livre concorrência – contra impedimentos ou prejuízos ao seu correto desenrolar, reprimindo-se, igualmente, na defesa da livre concorrência, o domínio de mercado relevante e o abuso de posição dominante", Gerner Oliveira/João Grandino Rodas, *Direito e economia da concorrência,* 2ª ed., RT: São Paulo (2013), 326.

nistrativa, esse ato autoincriminatório seria, por si só, suficiente para desincentivar o suposto infrator a ingressar no programa de leniência do CADE. Isto porque, uma vez munido dos elementos relativos à confissão do proponente do acordo de leniência, seria muito provável a utilização desses elementos pelo Ministério Público para a propositura de uma ação penal, com uma maior probabilidade de condenação[26].

Desta forma, pode-se dizer que o art. 35º-C, da Lei nº 10.149/2000 trouxe segurança jurídica ao proponente do acordo de leniência, ao estabelecer que a celebração do acordo impede o oferecimento de denúncia em relação ao beneficiário e o seu cumprimento determina a extinção da punibilidade penal.

Posteriormente, com a revogação das Leis nº 8.884/94 e nº 10.149/ /2000 pela Lei nº 12.529/2011, a previsão de extinção da punibilidade do crime de cartel na celebração do acordo de leniência foi não apenas mantida, como ampliada. De acordo com o art. 87º, da Lei nº 12.529/2011[27], além do crime de cartel, a celebração do acordo de leniência tem como efeito a extinção da punibilidade dos crimes tributários, contra as licitações e de associação criminosa, relacionados à prática do cartel.

Tratou-se de medida necessária para garantir maior eficácia ao instituto e corrigir os incentivos à celebração do acordo de leniência. Com efeito, de nada adiantava realizar o acordo na esfera administrativa e

[26] "É que, racionalmente, mas também sob a ótica jurídica comum, a múltipla incidência de esferas autônomas de responsabilização pode converter-se em um elemento de incerteza, a impedir a formalização de tais acordos, ou favorecer o uso oportunista dos resultados obtidos (o que se aproxima do chamado *free rider*), causando a violação da boa fé e da confiança, como princípios regentes da conduta estatal, e a ruptura dos pressupostos relacionais, lógicos, morais e sistêmicos do instituto.", cf. Ministério Público Federal (MPF), Estudo Técnico nº 01/2017 – 5ª Câmara de Coordenação e Revisão (CCR) – Combate à corrupção (Grupo de Trabalho "Leniência e Colaboração Premiada"), Ministério Público Federal: Brasília (2017), 46.

[27] Art. 87º. Nos crimes contra a ordem econômica, tipificados na Lei nº 8.137, de 27 de dezembro de 1990, e nos demais crimes diretamente relacionados à prática de cartel, tais como os tipificados na Lei nº 8.666, de 21 de junho de 1993, e os tipificados no art. 288º do Decreto-Lei nº 2.848, de 7 de dezembro de 1940 – CP Br, a celebração de acordo de leniência, nos termos desta Lei, determina a suspensão do curso do prazo prescricional e impede o oferecimento da denúncia com relação ao agente beneficiário da leniência. Parágrafo único. Cumprido o acordo de leniência pelo agente, extingue-se automaticamente a punibilidade dos crimes a que se refere o caput deste artigo.

extinguir o crime de cartel se os fatos revelados permitiam a criminalização por meio de outros tipos penais.

Em agosto de 2013 foi introduzido no ordenamento jurídico pátrio, pela Lei nº 12.846/2013 (conhecida como Lei Anticorrupção – LAC), mais um instrumento consensual para a solução de conflitos: o acordo de leniência[28].

Para a celebração do acordo de leniência no âmbito da LAC, a pessoa jurídica deve atender aos requisitos do § 1, do art. 16º: (i) ser a primeira a se manifestar; (ii) cessar completamente sua participação no ilícito e; (iii) admitir a sua participação e cooperar com as investigações[29]. No caso da LAC, os maiores benefícios a serem obtidos pela pessoa jurídica com a celebração do acordo de leniência são a possibilidade de continuar contratando com o poder público e a redução no valor das multas.

A empresa, porém, continuará obrigada à reparação integral do dano, assim como a Lei não prevê qualquer efeito na instância penal, pela celebração do acordo de leniência com a pessoa jurídica.

Por meio da Medida Provisória nº 703 de 2015, tentou-se estabelecer efeitos, na esfera cível, do acordo de leniência celebrado, conforme se verifica nos §§ 11º e 12º do referido diploma legal[30] e dos termos do item 10 da Exposição de Motivos:

[28] Art. 16º, Lei nº 12.846/2013: "A autoridade máxima de cada órgão ou entidade pública poderá celebrar acordo de leniência com as pessoas jurídicas responsáveis pela prática dos atos previstos nesta Lei que colaborem efetivamente com as investigações e o processo administrativo, sendo que dessa colaboração resulte: I – a identificação dos demais envolvidos na infração, quando couber; e II – a obtenção célere de informações e documentos que comprovem o ilícito sob apuração".

[29] §1º: O acordo de que trata o caput somente poderá ser celebrado se preenchidos, cumulativamente, os seguintes requisitos: I – a pessoa jurídica seja a primeira a se manifestar sobre seu interesse em cooperar para a apuração do ato ilícito; II – a pessoa jurídica cesse completamente seu envolvimento na infração investigada a partir da data de propositura do acordo; III – a pessoa jurídica admita sua participação no ilícito e coopere plena e permanentemente com as investigações e o processo administrativo, comparecendo, sob suas expensas, sempre que solicitada, a todos os atos processuais, até seu encerramento.

[30] §11º: O acordo de leniência celebrado com a participação das respectivas Advocacias Públicas impede que os entes celebrantes ajuízem ou prossigam com as ações de que tratam o art. 19º desta Lei e o art. 17º da Lei nº 8.429, de 2 de junho de 1992, ou de ações de natureza cível; §12º: O acordo de leniência celebrado com a participação da advocacia

> *"10. as inovações permitem em síntese que o acordo de leniência seja celebrado com a participação do Ministério Público e da Advocacia Pública, com o escopo de dar segurança jurídica as empresas celebrantes, tendo em vista os efeitos do acordo nas esferas administrativa e civil. Ou seja, o acordo de leniência celebrado com a participação de todos os atores impedirá o ajuizamento de ação por improbidade administrativa e de quaisquer outras ações cíveis contra a empresa pelo mesmo fato objeto do acordo".*[31]

Porém, a Medida Provisória nº 703 de 2015 não foi convertida em lei, perdendo a sua eficácia.

Referida alteração, em tese, poderia aumentar a segurança jurídica do proponente de um acordo de leniência, tanto no âmbito do CADE, quanto no âmbito da LAC, por possibilitar uma repercussão do termo de colaboração na esfera cível.

A Lei Anticorrupção trouxe a possibilidade de responsabilização objetiva, em âmbito administrativo e civil, de pessoas jurídicas pela prática de atos de seus funcionários ou dirigentes contra a administração pública, nacional ou estrangeira.

Apesar da responsabilidade da pessoa jurídica ser objetiva, os seus administradores só poderão ser penalizados na medida se sua culpabilidade (art. 3º da Lei nº 12.846/2013). Não obstante, na hipótese de celebração de acordo de leniência, as informações fornecidas pela pessoa jurídica e a necessária admissão de culpa muito provavelmente servirão de elementos de prova contra os administradores e funcionários que atuavam no seio da pessoa jurídica, em uma eventual persecução penal, na medida em que a maioria dos atos descritos no art. 5º da Lei (onde são descritos os atos lesivos à administração pública) constituem crime.

Com efeito, a extinção da punibilidade dos crimes que possuam a mesma redação típica dos ilícitos administrativos abrangidos pelos acordos é um importante (ou mesmo necessário) incentivo para que as soluções consensuais (finalidade buscada pelo legislador) sejam eficazes. Desde a modificação da Lei do CADE, que entrou em vigor em maio de

pública e em conjunto com o Ministério Público impede o ajuizamento ou o prosseguimento da ação já ajuizada por qualquer dos legitimados às ações mencionadas no §11º.

[31] Medida Provisória nº 703, de 18 de dezembro de 2015, EMI nº 00207/2015 MP AGU CGU MJ.

2012, e ampliou a extinção da punibilidade para os todos os crimes que normalmente estão associados à prática do cartel, a celebração de acordos de leniência cresceu, conforme demonstra o gráfico a seguir:[32]

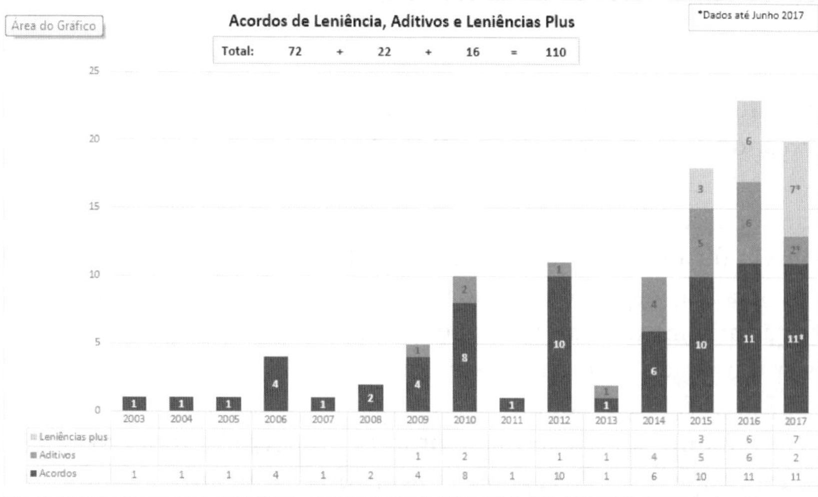

O crescimento do número de acordos de leniência celebrados pelo CADE parece estar correlacionado à ampliação dos seus efeitos penais[33], promovida pela Lei nº 12.529/2011. Sob a égide da Lei nº 8.884/1994, a extinção da punibilidade ficava restrita aos crimes contra a ordem econômica, previstos na Lei nº 8.137/90 e, após a alteração promovida pela Lei, passou a ser estendida a outros crimes diretamente relacionados à prática de cartel, como os previstos na Lei nº 8.666/93 e no artigo 288º do CP Br.

De outra parte, a Controladoria Geral da União ("CGU") celebrou, até o presente momento, apenas dois acordos de leniência com base na Lei Anticorrupção, que entrou em vigor em fevereiro de 2014. Esse fato

[32] Retirado de CADE: http://www.cade.gov.br/assuntos/programa-de-leniencia (em 08 de outubro de 2017). Atualmente não disponível online.

[33] "Since the introduction of the Leniency Programme in Brazil until 2015, 50 Leniency Agreements and 14 Addendums were signed. Specifically in the last 4 years (i.e., 2012-2015), 28 Leniency Agreements (56%) and 11 Addendums were signed (79%), wich represent a huge increase in the interest in this investigative tool", cf. Martins/Fidelis, *Leniency* cit., 7.

pode ser atribuído tanto à ausência de reflexos na esfera cível, permanecendo a empresa com a obrigação da reparação integral do dano, quanto à repercussão que o acordo de leniência pode ter para os administradores das companhias, em âmbito criminal.

3. Os ilícitos administrativos no mercado de capitais e os crimes correspondentes: identidade entre as condutas

No âmbito do mercado de capitais, alguns ilícitos administrativos possuem repercussão na esfera penal. Assim, o exercício de cargo, função, profissão ou atividade em que seja exigida a autorização previa do regulador ou a realização de emissão pública sem prévio registro, constituem infração administrativa[34] que repercutem na esfera penal e estão tipificadas criminalmente no art. 27º-E[35] da Lei nº 6.385/76 e no art. 7º, inciso II, da Lei nº 7.492/1986[36].

No entanto, a criação do Acordo de Supervisão tem por objetivo obter a cooperação dos agentes envolvidos em ilícitos administrativos praticados no âmbito do mercado secundário de valores mobiliários mais complexos, que geralmente envolvem mais de um agente e que são de difícil comprovação, justificando a concessão de benefícios para um dos envolvidos a fim de que se possa identificar e punir os demais.

Tais ilícitos administrativos também possuem seus equivalentes na esfera criminal e correspondem aos tipos penais de manipulação de mercado previsto no artigo 27º-C (Instrução CVM Br nº 08/1979) e o

[34] Artigo 16º, da Lei nº 6.385/76: "Depende de prévia autorização da Comissão de Valores Mobiliários o exercício das seguintes atividades: (...) III – mediação ou corretagem de operações com valores mobiliários".

[35] Nova redação dada pela Lei nº 13.506/2017: "Exercer, ainda que a título gratuito, no mercado de valores mobiliários, a atividade de administrador de carteira, agente autônomo de investimento, auditor independente, analista de valores mobiliários, agente fiduciário ou exercer cargo, profissão, atividade ou função, sem estar, para esse fim, autorizado ou registrado junto à autoridade administrativa competente, quando exigido por lei ou regulamento".

[36] Art. 7º, da Lei nº 7.492/1986: "Emitir, oferecer, ou negociar, de qualquer modo, títulos ou valores mobiliários: (...) II – sem registro prévio de emissão junto à autoridade competente, em condições divergentes das constantes do registro ou irregularmente registrados".

uso indevido de informação privilegiada previsto no artigo 27º-D (Instrução CVM Br nº 358/2002).

Ocorre, porém, que os ilícitos administrativos apontados acima, notadamente quanto ao uso de informação privilegiada, a criação de condições artificiais de demanda, oferta ou preço de valores mobiliários, a manipulação de preço, a realização de operações fraudulentas e o uso de práticas não equitativas, podem consistir em condutas típicas penais previstas nos artigos 27º-C, sobre manipulação de mercado[37] e 27º-D da Lei nº 6.385/76, sobre uso indevido de informação privilegiada[38], por serem muito semelhantes com os ilícitos penais, descritos na Lei.

Note-se que os mesmos bens jurídicos são protegidos na esfera penal e administrativa[39]. Trata-se de bem jurídico supra individual, que consiste fundamentalmente na proteção da confiança e da igualdade entre os investidores[40].

[37] "Art. 27º-C. Realizar operações simuladas ou executar outras manobras fraudulentas destinadas a elevar, manter ou baixar a cotação, o preço ou o volume negociado de um valor mobiliário, com o fim de obter vantagem indevida ou lucro, para si ou para outrem, ou causar dano a terceiros: Pena – reclusão, de 1 (um) a 8 (oito) anos, e multa de até 3 (três) vezes o montante da vantagem ilícita obtida em decorrência do crime".

[38] "Art. 27º-D. Utilizar informação relevante ainda não divulgada ao mercado, de que tenha conhecimento, que seja capaz de propiciar, para si ou para outrem, vantagem indevida, mediante negociação, em nome próprio ou de terceiro, com valores mobiliários: Pena – reclusão, de 1 (um) a 5 (cinco) anos, e multa de até 3 (três) vezes o montante da vantagem ilícita obtida em decorrência do crime. §1º: Incorre na mesma pena quem repassa informação sigilosa relativa a fato relevante a que tenha tido acesso em razão de cargo ou posição que ocupe em emissor de valores mobiliários ou em razão de relação comercial, profissional ou de confiança com o emissor. §2º: A pena é aumentada em 1/3 (um terço) se o agente comete o crime previsto no caput se valendo de informação relevante de que tenha conhecimento e da qual deva manter sigilo".

[39] "A identidade terminológica entre o tipo penal e a infração administrativa indica de forma precisa que a criação dos novos crimes contra o mercado de capitais consistiu no mero reforço de punição da mesma conduta já mencionada pelo direito administrativo, e não na proteção de um bem jurídico distinto.", cf. Thiago Bottino/Eduardo Oliveira, *A seletividade do sistema penal nos crimes contra o mercado de capitais*, em *Direito penal e economia*, org. Thiago Bottino/Diogo Malan, Elsevier: Rio de Janeiro (2012).

[40] José de Faria Costa/Maria Elisabete Ramos, *O crime de abuso de informação privilegiada* (insider trading): *a informação enquanto problema jurídico-penal*, Almedina: Coimbra (2006), 35. No mesmo sentido: João Carlos Castelar, Insider trading *e os novos crimes corporativos: uso*

É possível, porém, apontar algumas diferenças entre os tipos penais e administrativos em questão: no crime de manipulação de mercado, a amplitude quanto ao alcance de sujeitos ativos é maior: a Instrução CVM Br nº 08/1979 é aplicável especificamente aos administradores e acionistas de companhias abertas, aos intermediários e aos demais participantes do mercado de valores mobiliários. Ao contrário, o ilícito penal abrange um maior número de sujeitos ativos[41].

Além disso, para a configuração da conduta típica do crime de manipulação de mercado, é preciso uma conjugação entre os atos previstos na Instrução CVM Br nº 08/1979, de realização de operações simuladas ou fraudulentas, com a finalidade de alterar artificialmente o regular funcionamento do mercado de capitais. Ou seja, enquanto administrativamente cada uma das três condutas pode ser punida individualmente, de acordo com o tipo penal a fraude ou a simulação deve estar conjugada com a alteração artificial de demanda, oferta ou preço de valores mobiliários[42].

Podemos dizer que a afirmativa acima continua válida, mesmo com a alteração legislativa promovida pela Lei nº 13.506/2017, que suprimiu do tipo penal o elemento subjetivo relativo a "finalidade de alterar artificialmente o regular funcionamento dos mercados", substituindo-o por outro, pois há que se ter ainda a conjugação de condutas previstas na Instrução CVM Br nº 08/1979, para que se configure a prática do ato ilícito, em âmbito criminal[43].

De outra parte, o tipo penal de *insider trading* (art. 27º-D) era mais restritivo no que tange ao sujeito ativo, se comparado à infração administrativa, uma vez que enquanto esta última alberga a figura do *insider* secundário[44], o tipo penal abarcava apenas as pessoas que tem o dever

indevido de informação privilegiada, manipulação de mercado e exercício irregular de cargo, profissão atividade ou função, Lumen Juris: Rio de Janeiro (2008), 76.

[41] Bottino/Oliveira, *A seletividade* cit., 161.

[42] Bottino/Oliveira, *A seletividade* cit., 161.

[43] "Considera-se manipulação de preços no mercado de valores mobiliários, a utilização de qualquer processo ou artifício destinado, direta ou indiretamente, a elevar, manter ou baixar a cotação de um valor mobiliário, induzindo, terceiros à sua compra e venda", inciso II (b), da Instrução CVM Br 08/1979.

[44] A CVM Br trata como *insider* primário os acionistas, administradores e funcionários e, como *insider* secundário, profissionais externos companhia que em razão de suas atividades

de guardar sigilo (*insider* primário)[45]. Porém, com a alteração promovida pela Lei nº 13.506/2017, a conduta praticada pelo *insider secundário* passou a ser criminalizada, ampliando-se a interseção entre o ilícito praticado na esfera administrativa e criminal.

Não obstante as diferenças acima apontadas entre os ilícitos penais e administrativos, em razão da identidade entre as condutas, tende-se a acreditar que o Acordo de Supervisão não alcançará os efeitos desejados quanto à adesão dos sujeitos ativos dos ilícitos acima mencionados, uma vez que a confissão e o oferecimento de provas como condição necessária para a celebração do Acordo, implicarão em uma provável condenação na esfera penal.

Em pesquisa realizada por Prado, Rachman e Vilela[46], dos vários dados colacionados, alguns parecem ser relevantes para a orientação do presente estudo, no que tange especificamente aos casos de *insider trading*.

Entre 2002 a 2013 a CVM Br julgou 50 casos de *insider trading*: 223 pessoas foram indiciadas, 59 foram punidas e 164 absolvidas. Se comparados com o número de Processos Administrativos Sancionadores ("PAS") sobre *insider trading*, nos anos de 2012, 2013 e 2014 há mais Termos de Compromisso do que processos sancionadores julgados. De fato, em 2012 houve o julgamento de quatro PAS e a celebração de cinco Termos de Compromisso, já em 2013 foram três processos sancionadores julgados e quatro termos de compromisso celebrados[47].

Ainda de acordo com a pesquisa acima citada, são apenas três os casos em que o foro criminal foi acessado após a alteração legislativa de 2000, e mais uma denúncia que se encontra em fase inicial. Porém, existe apenas uma condenação[48].

Optou-se por não colacionar dados relativos à conduta de manipulação de mercado, uma vez que, como dito anteriormente, a infração admi-

tem acesso a informações privilegiadas. Cf. Viviane Muller Prado/Nora Rachman/Renato Vilela, Insider trading: *normas, instituições e mecanismos de combate no Brasil*. FGV Direito SP: São Paulo (2016), 35.

45 Bottino/Oliveira, *A seletividade* cit., 164.

46 Prado/Rachman/Vilela, *Insider* cit..

47 Prado/Rachman/Vilela, *Insider* cit., 69-70.

48 Superior Tribunal de Justiça, Recurso Especial nº 1.569.171-SP (2014/0106791-6) – caso Sadia – (Gurgel de Faria), 16-fev.-2016.

nistrativa é mais abrangente que o tipo penal, tendo em vista que o tipo penal exige a conjugação de condutas previstas na Instrução CVM Br 08//1979[49]. Desta forma, existe uma maior possibilidade que a infração administrativa não constitua crime em tese[50].

Diante dos dados acima, por meio dos quais se extrai que (i) a maioria dos casos de *insider trading* são resolvidos por meio da celebração de Termo de Compromisso com a CVM Br, os quais não implicam em admissão de culpa; e (ii) existe uma grande desproporção entre a prática do ilícito e a sua punição ou celebração de acordo em âmbito administrativo e o número de casos que são objeto de persecução criminal, pergunta-se: qual seria o incentivo para que um acusado da prática de *insider trading* celebrasse o Acordo de Supervisão, confessando a sua culpa e fornecendo provas robustas para a persecução penal se, como visto pelos dados colacionados acima, o custo do cometimento do crime é baixo pois a probabilidade de ser processado e condenado criminalmente é diminuta?[51]

4. Qual o melhor desenho: separação ou interdependência entre as instâncias administrativa e penal?

De acordo com o sistema legal brasileiro, uma determinada conduta pode, ao mesmo tempo, caracterizar um ilícito civil, administrativo e penal. Esse entendimento é pacífico na jurisprudência[52].

No entanto, o próprio ordenamento jurídico traz hipóteses em que decisões emanadas do Poder Judiciário impedem que outros órgãos do

[49] Alguns dados sobre o crime, em tese, de manipulação de mercado, constam de pesquisa realizada pelos Professores Thiago Bottino e Eduardo Oliveira, na obra citada. Cf. Bottino/Oliveira, *A seletividade* cit..

[50] No caso de manipulação de mercado o foro criminal foi acessado duas vezes, sem nenhuma condenação: Superior Tribunal de Justiça, Recurso em Habeas Corpus nº 46.315 (Sebastião Reis Júnior) e Juízo Federal da 3ª Vara Criminal do Rio de Janeiro, Ação Penal nº 0029174-94.2014.4.02.5101.

[51] Robert Cooter/Thomas Ulen, *Direito e Economia*, 5ª ed., Bookman: Porto Alegre (2010), 27.

[52] Superior Tribunal de Justiça, Habeas Corpus nº 42 305-RS (Félix Fisher), 05-set.-2005; Superior Tribunal de Justiça, Habeas Corpus nº 83.674-SP (Carlos Veloso), 16-mar.-2004; Superior Tribunal de Justiça, Recurso Especial n,º 1.154.405-MG (Rogerio Schietti Cruz), 25-ago.-2017.

Estado (seja do próprio Judiciário, seja do Executivo) decidam de forma diferente.

As decisões que possuem esse efeito vinculante entre as instâncias são o **reconhecimento da inexistência de autoria do fato** ou da **inocorrência material do próprio evento, assim reconhecidos em sentença penal** absolutória (art. 386º, incisos I e IV, do CPP Br) e seu inverso, ou seja, o reconhecimento por sentença penal condenatória da prática de um crime e de sua autoria.

Já a hipótese oposta, de decisão administrativa emanada de órgão do Poder Executivo vincular o Poder Judiciário é inexistente no direito positivo, eis que contrária à própria CRF Br: art. 5º, XXXV "a lei não excluirá da apreciação do Poder Judiciário lesão ou ameaça a direito".

Em que pese essa vedação constitucional, bem como o fato de que é unânime em sede jurisprudencial o princípio da separação das instancias penal e administrativa, é importante citar a existência de situações em que o Judiciário afirmou a repercussão da decisão administrativa na seara judicial.

Ao julgar o *Habeas Corpus* nº 81.324, a 2ª Turma do STF Br considerou que se uma ação penal foi instaurada com base em fatos apurados exclusivamente por órgão regulador, a absolvição em processo administrativo em razão da licitude da ação do paciente acarreta a ausência de justa causa para a persecução penal. Confira-se a ementa do julgamento:

> *"Habeas Corpus. Penal. Processo Penal. Crime contra o sistema financeiro nacional. Representação. Denúncia. Processo Administrativo. Arquivamento. Ação Penal. Falta de justa causa. Denúncia por crime contra o Sistema Financeiro Nacional oferecida com base exclusiva na representação do Banco Central. Posterior decisão do Banco determinando o arquivamento do processo administrativo, que motivou a representação. A instituição bancária constatou que a dívida, caracterizadora do ilícito, foi objeto de repactuação nos autos de execução judicial. O Conselho de Recursos do Sistema Financeiro Nacional referendou essa decisão. O Ministério Público, antes do oferecimento da denúncia, deveria ter promovido a adequada investigação criminal. Precisava, no mínimo, apurar a existência do nexo causal e do elemento subjetivo do tipo. E não basear-se apenas na representação do Banco Central. Com a decisão do Banco, ocorreu a falta de justa causa para prosseguir com a ação penal, por evidente*

atipicidade do fato. Não é, portanto, a independência das instâncias administrativa e penal que está em questão. Habeas deferido"[53].

Embora sem rejeitar a tese da independência das instâncias – na decisão afirma-se que não se cuida de qualquer vinculação – o STF Br decidiu pela impossibilidade de enquadramento penal da conduta uma vez que sua licitude fora reconhecida por órgão administrativo.

Situação semelhante ocorreu por ocasião do julgamento do *Habeas Corpus* nº 83.674. Aqui, apesar de ter ressalvado e reafirmado o princípio da independência entre as instâncias penal e administrativa, a 2ª Turma do STF Br reiterou o posicionamento de deferência à decisão administrativa. Tal decisão modificou decisão anterior do STJ Br, que negara provimento ao pedido, com fundamento na independência das esferas administrativa e penal[54].Confira-se a ementa do julgamento:

"Ementa: penal. Processual penal. Habeas corpus. Crime contra o sistema financeiro nacional. Representação. Denúncia. Processo administrativo. Arquivamento. Ação penal: trancamento: falta de justa causa.

I. – No caso, tendo a denúncia se fundado exclusivamente em representação do Banco Central, não há como dar curso à persecução criminal que acusa o paciente de realizar atividade privativa de instituição financeira, se a decisão proferida na esfera administrativa afirma que ele não pratica tal atividade. Inocorrência, portanto, de justa causa para o prosseguimento da ação penal contra o paciente.

II. – H.C. deferido"[55].

Por fim, um terceiro precedente merece ser citado. Até a edição da Súmula Vinculante nº 24 (SV-24), discutia-se a necessidade de se aguardar o término do processo administrativo fiscal antes de se dar início à ação penal por crime tributário. Prevalecia, até então, a tese da independência das instâncias administrativa e judicial. Portanto, a edição do enunciado foi precedida por um debate acerca da relação entre as instâncias administrativa e judiciária, no tocante aos crimes de sonegação fiscal e aos demais crimes contra a ordem tributária.

[53] Supremo Tribunal Federal, Habeas Corpus nº 81.324 (Nelson Jobim), 23-ago.-2002.

[54] Superior Tribunal de Justiça, Recurso de Habeas Corpus nº 10.453 (Edson Vidigal), 18-dez.-2000.

[55] Supremo Tribunal Federal, Habeas Corpus nº 83.674 (Carlos Velloso), 16-abr.-2004.

O *leading case* que decidiu a controvérsia (e serviu de base para a edição da SV-24) foi o *habeas corpus* nº 81.611, julgado pelo STF Br em 2003[56]. Na ocasião, discutiu-se se o crime previsto no art. 1º, I, da Lei nº 8.137/90[57] deveria ser caracterizado como crime material ou formal. O STF Br decidiu que se tratava de um crime material, ou seja, só haveria consumação do crime após a certeza da existência de lançamento definitivo no âmbito tributário que comprovasse uma efetiva lesão patrimonial ao erário (resultado material). Logo, para que a sonegação ocorresse deveria haver, necessariamente, tributo a ser pago.

Ora, no âmbito do direito tributário, sabe-se que o lançamento, ato administrativo vinculado, é responsável pela constituição do crédito tributário[58], por tornar o tributo exigível. A ausência dessa exigibilidade desconstituiria qualquer possibilidade de processamento penal.

O que ocorreria se, no âmbito administrativo, fosse decidido que não há valor devido? Poderia a instância judiciária se posicionar pela condenação do réu, mesmo na ausência de exigibilidade do tributo? Tal possibilidade seria, no mínimo, incoerente.

Por essas razões, o STF Br adotou o entendimento de que "*[n]ão se tipifica crime material contra a ordem tributária, previsto no art. 1º, incisos I a IV, da Lei nº 8.137/90, antes do lançamento definitivo do tributo*", tornando-o de observância obrigatória por todos os juízes e tribunais por meio da SV-24 e, por conseguinte, vinculando a atuação do Judiciário à decisão administrativa.

A possibilidade, já reconhecida pelo STF Br, de que as decisões administrativas repercutam de forma vinculante sobre a atuação do Judiciário é fulcral para os objetivos do presente artigo. Com efeito, como

[56] Supremo Tribunal Federal, Habeas Corpus nº 81.611 (Sepúlveda Pertence), 10-dez.-2003.

[57] Lei nº 8.137/90: "Art. 1º. Constitui crime contra a ordem tributária suprimir ou reduzir tributo, ou contribuição social e qualquer acessório, mediante as seguintes condutas: I – omitir informação, ou prestar declaração falsa às autoridades fazendárias".

[58] Consoante afirma Luciano Amaro, o lançamento tributário é o "ato jurídico, que se reflete num escrito formal (isto é, um documento escrito, na forma prevista em lei), do qual se deve dar ciência ao sujeito passivo, a fim de que este fique adstrito a, no prazo assinalado (no próprio documento ou na lei), satisfazer o direito do credor, sob pena de serem desencadeados os procedimentos tendentes à cobrança via constrição judicial. Antes da consecução desse ato, embora nascida a obrigação tributária, ela está desprovida de exigibilidade". Luciano Amaro, *Direito Tributário Brasileiro,* Saraiva: São Paulo (2010), 359-360.

se sustentará na parte seguinte, mesmo que a lei não preveja de forma automática que as soluções consensuais com órgãos da administração pública impeçam a iniciativa penal, é possível que o Poder Judiciário assim decida.

Afinal, o direito se organiza com um sistema, no qual decisões contraditórias emanadas pelo mesmo ente (Estado) geram insegurança jurídica e devem ser extirpadas para que o sistema funcione. Quando o ordenamento jurídico cria incentivos para que o litígio judicial seja substituído por uma solução consensual, é preciso que essa solução seja capaz de abranger todos os aspectos decorrentes dos atos que são objeto do acordo entre o particular e o Estado.

Corre-se o risco de que o Acordo de Supervisão criado pela Lei nº 13.506/2017 perca sua eficácia caso as condutas que sejam objeto do acordo não recebam um tratamento jurídico único.

É certo que os efeitos penais do Acordo de Supervisão não passaram despercebidos durante a discussão da lei. Por ocasião da edição da já extinta Medida Provisória nº 784, a CVM Br e o BACEN Br, em comunicado publicado no sítio eletrônico institucional deste último[59], noticiaram que:

> *"(...) a proposta enviada pelo BCB e pela CVM à relatora da MP nº 784, de 2017, Senadora Lídice da Mata, já por ela acolhida, abrangeu os seguintes aspectos, objeto de consenso com o MPF no curso das interlocuções mantidas:*
>
> *– deixar claro que o escopo do acordo de leniência celebrado pelo BCB e pela CVM está restrito a infrações administrativas;*
>
> *– prever, de forma igualmente explícita, que a celebração do acordo de leniência não desobriga o BCB e a CVM de efetuarem, imediatamente, a comunicação de indícios de crime decorrentes dos fatos objeto da leniência administrativa ou do termo de compromisso;*
>
> *– esclarecer que tanto o acordo de leniência quanto o termo de compromisso serão publicados após a assinatura, sendo mantido o sigilo da proposta nos dois casos, na esfera do BCB, e no primeiro caso, na esfera da CVM;*
>
> *– em decorrência da natureza administrativa do acordo de leniência celebrado pelo BCB e pela CVM, prever, de forma explícita, que a celebração de acordo de leniência*

[59] Banco Central do Brasil, *Notas à imprensa* (31-ago.-2017).

não afeta a órbita de atuação dos órgãos de persecução criminal ou de outros órgãos administrativos e de controle;

– prever expressamente, nos termos da Lei Complementar 105/2001, a possibilidade de acesso do MPF a informações e a bancos de dados do BCB e da CVM sobre acordos de leniência, regra essa que se aplica igualmente aos termos de compromisso celebrados pelas Autarquias;

– institucionalizar um fórum permanente de debates entre MPF, BCB e CVM, por meio de termo de cooperação, de forma a garantir as condições para a atuação dos órgãos envolvidos no caso do acordo de leniência".

Além disso, o Projeto de Lei de Conversão nº 29/2017 continha dispositivo que estipulava expressamente que o Acordo de Supervisão (então chamado acordo de leniência) celebrado pelo BACEN Br e pela CVM Br, atinente à prática de infração às normas legais ou regulamentares cujo cumprimento lhe caiba fiscalizar, não afetaria a atuação do Ministério Público e dos demais órgãos públicos no âmbito de suas correspondentes competências.

Esse dispositivo, conforme consignado no Parecer nº 1, elaborado pela Relatora do Projeto de Lei de Conversão em questão, foi inserido para reafirmar que o acordo de leniência celebrado no âmbito dos processos administrativos sancionadores da CVM Br ou do BACEN Br não teria qualquer repercussão na esfera cível ou criminal.

A Lei nº 13.506/2017, cujo intento foi o de substituir a Medida Provisória em questão, em razão da perda de seus efeitos, explicitou ainda mais a ausência dos efeitos penais do acordo celebrado em âmbito administrativo.

Primeiramente, note-se que foi alterada a denominação "acordo de leniência" para "acordo administrativo em processo de supervisão", em que pese ambos os institutos, o primeiro previsto na Medida Provisória nº 784 e o segundo previsto na Lei nº 13.506/2017, possuam idênticas características, próprias inclusive dos acordos de leniência previstos na Lei nº 12.529/2011 e na Lei nº 12.846/2013. Mormente, a confissão continua sendo um requisito para a sua celebração. Nessa linha, pode-se afirmar que a alteração na denominação do instrumento consensual não é capaz de produzir qualquer efeito em seu espectro jurídico.

Porém, indo além do que previu o Projeto de Lei de conversão da Medida Provisória nº 784, a Lei nº 13.506/2017 incluiu em suas disposições, condições que tornam mais gravosas a situação de um potencial colaborador[60].

Desta forma, além de não eliminar a insegurança jurídica atinente ao fato de não haver a extinção da punibilidade penal, outros elementos foram trazidos para a Lei que, ao que tudo indica, irão desincentivar potenciais colaboradores.

5. Lei nº 13.506/2017 – Necessidade de dar eficiência ao mecanismo do Acordo de Supervisão por meio da conjugação com efeitos penais

De outra parte, poderíamos imaginar que a significativa elevação do valor das multas que podem ser aplicadas pela CVM Br, conforme alteração promovida pela Lei nº 13.506/2017 no artigo 11º da Lei nº 6.385/76, serviria de incentivo para que as pessoas que praticassem ilícitos no âmbito do mercado secundário de valores mobiliários aderissem ao "programa de leniência".

Seguindo essa linha de raciocínio, e considerando que as pessoas jurídicas não são sujeitas à imputação penal quando se trata de crime de *insider trading* ou de manipulação de mercado, poderíamos concluir que a adesão ao programa ocorreria por pessoas jurídicas, por não estarem, como dito, sujeitas à esfera criminal.

[60] *"Art. 30º. (...) §6º O acordo administrativo em processo de supervisão celebrado pelo Banco Central do Brasil, atinente à prática de infração às normas legais ou regulamentares cujo cumprimento lhe caiba fiscalizar, não afeta a atuação do Ministério Público e dos demais órgãos públicos no âmbito de suas correspondentes competências. Art. 31º. (...) §1º Não importará em confissão quanto à matéria de fato, nem reconhecimento de ilicitude da conduta analisada, a proposta de acordo administrativo em processo de supervisão rejeitada, da qual não se fará qualquer divulgação. §2º O disposto no §1º do art. 30º não prejudica o dever legal de o Banco Central do Brasil realizar comunicação aos órgãos públicos competentes, nos termos do art. 9º da Lei Complementar nº 105, de 10 de janeiro de 2001, tão logo recebida a proposta de acordo administrativo em processo de supervisão. §3º O Ministério Público, com base nas competências que lhe são atribuídas em lei, poderá requisitar informações ou acesso a sistema informatizado do Banco Central do Brasil sobre os acordos administrativos em processo de supervisão celebrados pela Autarquia, não lhe sendo oponível sigilo, sem prejuízo do disposto no art. 9º da Lei Complementar nº 105, de 10 de janeiro de 2001. §4º O Banco Central do Brasil manterá fórum permanente de comunicação com o Ministério Público, inclusive por meio de acordo de cooperação técnica, para atender ao disposto neste artigo e no art. 9º da Lei Complementar nº 105, de 10 de janeiro de 2001".*

Nesse diapasão, para saber se a hipótese acima possui respaldo, é importante a obtenção de dados sobre a estrutura de controle das companhias brasileiras, como também sobre os sujeitos ativos da conduta típica que são condenados administrativamente em maior número.

De acordo com os dados da pesquisa anteriormente mencionada, entre o ano de 2002 e 2015, 45% das pessoas punidas pela CVM Br por *insider trading* são ou acionistas controladores ou administradores das companhias. Os outros 55% seriam *insiders* secundários, com destaque para os investidores e fundos ou pessoas ligadas à sua administração[61].

Já o estudo realizado por Silva, Leal e Valadares, constatou que não há uma separação entre propriedade (controladores) e controle (administradores) nas empresas brasileiras. Em uma amostra de 225 sociedades com base nas informações anuais de 1998, 155 (90%) tem um único acionista que possui mais de 50% do capital votante. Esse acionista possui uma média de 74% do capital votante. Entre as companhias em que o controle não está nas mãos de um único acionista, o maior acionista possui em média 31% do capital votante. Considerando a amostra pesquisada como um todo, o maior acionista, os três maiores e os cinco maiores possuem, em média, 61%, 79% e 84% do capital votante.

Outro estudo, de autoria de Aldrighi e Mazzer Neto[62], em amostra pesquisada nos anos de 1997 a 2002, atesta que a presença de um único acionista controlador foi encontrada em 77,6% das empresas. Os autores confirmam a predominância das famílias, as quais compunham 54% dos acionistas majoritários da amostra.

Em artigo que examina a concentração de controle de companhias listadas em âmbito mundial, La Porta, Lopez-de-Silanes, Shleifer e Vishny[63] reuniram dados das 10 companhias listadas em bolsa com maior *market cap*, de cada país da amostra pesquisada. Por meio dessa pesquisa os autores procuram demonstrar o índice de concentração de controle

[61] Prado/Rachman/Vilela, *Insider* cit., 52.

[62] Érica Gorga, *Direito Societário Atual*, Elsevier: Rio de Janeiro (2013), 44-45.

[63] "To evaluate this hypothesis, we have assembled data base of up to the 10 largest (by market capitalization) nonfinancial (i.e., no banks or insurance companies), domestic (i.e., no foreign multinationals), totally private (i.e. no government ownership), publicly traded (i.e., not 100 percent privately held) companies in each country in our sample", cf. Rafael La Porta/Florencio Lopez-de-Silanes/Andrei Shleifer/Robert W. Vishny, *Law and Finance*, 106/6 J. Pol. Eco. (1998), 1145.

das companhias abertas. O resultado obtido é que nos Estados Unidos a média do percentual de ações detidas pelos três maiores investidores de uma companhia é de 20%. Esse estudo também revela que a média de concentração entre os três maiores investidores só é inferior a 30% em países como Estados Unidos, Austrália, Reino Unido, Taiwan, Japão, Coreia e Suécia.

Em vista dos dados acima, no que tange ao índice de concentração de controle das companhias brasileiras, acredita-se que, mesmo no âmbito das pessoas jurídicas, o Acordo de Supervisão não atingiria o seu desiderato quanto a obtenção de colaborações sobre a prática de ilícitos, uma vez que não há no Brasil a separação entre propriedade (controladores) e controle (administradores), havendo um óbvio alinhamento de interesse entre as figuras do acionista controlador e do administrador[64].

Desta forma, não se aplica o princípio segundo o qual, realizando-se o acordo de leniência, preserva-se a companhia e demite-se os administradores envolvidos em atos ilícitos, pois esses administradores são, em realidade, os donos das companhias.

Por fim, uma outra questão relevante que se pode extrair da pesquisa realizada por Prado, Rachman e Vilela no que tange aos casos de *insider trading* que são investigados pela CVM Br, é que, em regra, existem vários indiciados em um mesmo processo administrativo sancionador. Por exemplo, no ano de 2014 foram cinco casos julgados e oito indiciados, enquanto que, no período antecedente, ano de 2007, em apenas dois casos, foram 24 indiciados e em 2008 foram 18 indiciados em 3 casos[65].

Considerando que a prática da infração envolve agentes distintos, podem ocorrer problemas relacionados ao oportunismo[66] e ao comportamento de *free-rider*[67], incluindo os problemas de informação assimé-

[64] W. Meckling/M. C. Jensen, *Teoria da firma: comportamento dos administradores, custos de agência e estrutura de propriedade*, 48/2 Rev.AE (2008), 87-123.

[65] Prado/Rachman/Vilela, *Insider* cit., 46.

[66] "O oportunismo consiste num esforço para obter ganhos individuais por meio de uma falta de franqueza ou honestidade nas transações.", cf. Oliver E. Williamson, *Markets and hierarchies: some elementary considerations*, 63/2 American E. Rev. (1973), 316-325, 317.

[67] " (...) representa o comportamento dos agentes econômicos, indivíduos ou empresas, que se beneficiam de determinado bem ou benefício enquanto esse lhes é gratuito", cf. Simone S. Thomazi Costa, *Introdução à economia do meio ambiente*. Acessível em PUCRS: http://www.

trica definidos na literatura econômica, tal como o *hold-up*[68]. Isso leva a conclusão de que o estabelecimento dos incentivos corretos pela legislação para a celebração de acordos de leniência, poderia acabar por desincentivar a prática criminosa do *insider trading*, na medida em que pode aumentar a incerteza[69] quanto ao comportamento dos participantes do esquema criminoso[70].

Essa conclusão se reforça com a alteração legislativa promovida pela Lei nº 13.506/2017, que aumentou a esfera de incidência da norma penal, no que tange ao sujeito ativo do crime de *insider trading*, ao criminalizar o *insider* secundário.

Além disso, caso haja incentivos suficientes, a adesão ao "programa de leniência" criará, para a própria CVM Br e o MPF, a oportunidade de obter elementos de prova em relação aos demais participantes do ilícito que não sejam beneficiários do acordo de colaboração, ampliando o número de processos e de julgamentos na esfera penal. Portanto, a extinção da punibilidade penal do colaborador poderia até incrementar o número de persecuções criminais, ao invés de inviabiliza-las, ou melhor, ao invés de continuarem praticamente inexistentes.

revistaseletronicas.pucrs.br/ojs/index.php/face/article/viewFile/276/225 (consultado a 15 de novembro de 2017).

68 "Quanto menor o valor de uso alternativo de um ativo, mais exposto estará seu proprietário ao oportunismo do outro contratante quando da necessidade de renegociação do contrato. Essa exposição é chamada de *hold-up*, decorrente do aprisionamento (*lock-in*) na situação contratual.", cf. Cassio Cavali, *Empresa, direito e economia*, Forense: Rio de Janeiro (2013), 187. Transplantando para o cenário do presente artigo, que trata de acordos de leniência, a nossa hipótese é que o "aprisionamento" ocorreria em razão da incerteza quanto ao comportamento de terceiros, consistente na delação do esquema criminoso em troca de benefícios individuais.

69 "(...) primary uncertainty is of a state-contingent-kind, secondary uncertainty arises from lack of communication, that is from one decision maker having no way of finding out the current decisions and plans made by others", cf. Oliver E. Williamson, *The mechanisms of governance*, Oxford University Press: New York (1996), 60.

70 "Não obstante toda a discussão jurídica, os programas de leniência visam alterar os incentivos das firmas e das pessoas envolvidas (ou que eventualmente possam se envolver) em uma atividade criminal organizada, geralmente os cartéis", cf. Lucas Campio Pinha/Marcelo José Braga/Glauco Avelino Sampaio Oliveira, A efetividade dos programas de leniência e o contexto brasileiro, 4/1 Rev. D.C. (2016), 133-152.

6. Conclusão

O Acordo de Supervisão possui as mesmas características que o acordo de leniência e tem como condição inafastável para a sua celebração, a confissão do colaborador quanto à prática do ilícito administrativo.

Porém, como visto, os ilícitos penais e administrativos no âmbito do mercado de valores mobiliários têm descrições típicas semelhantes. Desta forma, uma vez constatada a prática do ilícito administrativo, é possível que se configure a prática de crime em tese, especialmente no caso do delito de *insider trading*.

A elevação do valor das multas que poderão ser aplicadas pela CVM Br poderia ser vista como um incentivo à adesão ao Acordo de Supervisão, notadamente para as pessoas jurídicas, uma vez que o referido acordo resultaria em extinção ou redução da penalidade administrativa e tendo em vista que a prática dos crimes contra o mercado de capitais não é imputável a pessoas jurídicas.

Porém, em razão da estrutura de controle das companhias abertas brasileiras, onde não há separação entre controle (administração) e propriedade, acredita-se que mesmo para as pessoas jurídicas não há incentivo suficiente para a adesão ao Acordo de Supervisão. A colaboração sobre o injusto administrativo, ocorrido no seio da pessoa jurídica, trará reflexos penais para as pessoas físicas ocupantes dos cargos de administração.

Mormente pelo baixíssimo índice de persecução penal envolvendo os crimes contra o mercado de capitais, a confissão de um ato delituoso que possua repercussão na esfera criminal, parece não conter os mecanismos de incentivos necessários para que a celebração do Acordo de Supervisão ocorra.

Assim, o Acordo de Supervisão previsto na Lei nº 13.506/2017, por não conter previsão sobre a conjugação de efeitos entre as esferas penal e administrativa, induz a conclusão de que não haverá adesões ao "programa de leniência" da CVM Br.

A celebração de Termos de Compromisso, em que não há admissão de culpa, tem se mostrado eficaz como mecanismo consensual para a resolução de conflitos entre a CVM Br e os seus regulados. Resta saber se, por meio de sua atividade normativa, a CVM Br passará a restringir o uso dos Termos de Compromisso, a fim de direcionar a sua atuação na esfera consensual para a celebração do Acordo de Supervisão, passando o Termo de Compromisso a ser um instrumento periférico.

O que se receia, nesse caso, é que o mercado de valores mobiliários acabe sem nenhum mecanismo consensual para a solução de conflitos, uma vez que a nosso ver o Acordo de Supervisão tenderá a ser pouco utilizado.

Esse problema de incentivos insuficientes seria corrigido caso os efeitos do Acordo de Supervisão fossem estendidos para a responsabilidade penal, à semelhança do que já ocorre nos crimes tributários e contra a ordem econômica. Além disso, considerando que um caso de *insider trading*, em âmbito administrativo, indica o envolvimento de diversas pessoas, a celebração do Acordo de Supervisão, com a entrega de documentos comprobatórios do ato delituoso e a confissão do colaborador, oportunizaria ao Ministério Público elementos de prova de difícil obtenção e não eliminaria a possibilidade da persecução penal em relação aos demais infratores, ainda que em relação ao colaborador houvesse a extinção da punibilidade penal.

Por fim, ao longo de toda a pesquisa quanto a Medida Provisória nº 784/ /2017 e dos Projetos de Lei que deram origem à Lei nº 13.506/2017, não se encontrou qualquer fundamento para que o Acordo de Supervisão, em todas as suas características, idêntico ao acordo de leniência previsto na Lei Antitruste, não possua, de forma simétrica, o mesmo efeito no que tange a extinção da punibilidade penal.

Nessa linha, podemos afirmar que a Lei nº 13.506/2017 não se harmoniza com a interpretação sistemática do nosso ordenamento jurídico, uma vez que crimes contra a ordem econômica, cujo bem jurídico mediato tutelado é semelhante aos crimes contra o mercado de capitais,[71] terão tratamento diferenciado no que tange aos reflexos penais da celebração do acordo de leniência, podendo, em última análise, levantar dúvidas quanto a observância do princípio da isonomia.

Bibliografia

Marcio Barandier, *Efeitos Penais do Termo de Ajustamento de Conduta Ambiental*, em *Direito Penal e Economia*, coord. Thiago Bottino e Diogo Malan, Elsevier: Rio de Janeiro (2012).

[71] "Assim sendo, todos os novos delitos societários se podem incluir sob a esfera de tutela jurídica que visa dar proteção mediata a um bem jurídico, bem que é de natureza difusa e supra-individual e visam tutelar mediatamente a confiabilidade do mercado", cf. Castelar, *Insider* cit., 40.

Thiago Bottino/Eduardo Oliveira, *A seletividade do Sistema Penal nos Crimes Contra o Mercado de Capitais*, em *Direito Penal e Economia*, coord. Thiago Bottino e Diogo Malan, Elsevier: Rio de Janeiro (2012).

João Carlos Castellar, *Insider trading e os novos crimes corporativos: uso indevido de informação privilegiada, manipulação de mercado e exercício irregular de cargo, profissão atividade ou função*, Lumen Juris: Rio de Janeiro (2008).

Robert Cooter/Thomas Ulen, *Direito e Economia*, 5ª ed., Bookman: Porto Alegre (2010).

José de Faria Costa/Maria Elisabete Ramos, *O crime de abuso de informação privilegiada (insider trading): a informação enquanto problema jurídico-penal*, Almedina: Coimbra (2006).

Nelson Eizirik/Ariádna B. Gaal/Flávia Parente/Marcus de Freitas Henriques, *Mercado de capitais: regime jurídico*, Renovar: Rio de Janeiro (2008).

Érica Gorga, *Direito Societário Atual*, Elsevier: Rio de Janeiro (2013)

Rafael La Porta/Florencio Lopez-de-Silanes/Andrei Shleifer/Robert W. Vishny, *Law and Finance*, 106/6 J. Pol. Eco. (1998), 1113-1155.

Willliam H. Meckling/Michel C. Jensen, *Teoria da Firma: comportamento dos administradores, custos de agência e estrutura de propriedade*,. abr/jun 2008. RAE.

Gabriela Reis Paiva Monteiro, *A participação do Ministério Público no acordo de leniência firmado com o CADE*, em *Reflexos Penais da Regulação*, coord. Thiago Bottino, Juruá: Curitiba (2016).

Gesner Oliveira/João Grandino Rodas, *Direito e economia da concorrência*, 2ª ed., Revista dos Tribunais: São Paulo (2013).

Juliana Bonacorsi de Palma, *Sanção e acordo na administração pública*, Malheiros: São Paulo (2015).

Lucas Campio Pinha/Marcelo José Braga/Glauco Avelino Sampaio Oliveira, *A efetividade dos programas de leniência e o contexto brasileiro*, 4/1 Rev. D.C. (2016), 133-152.

Viviane Muller Prado/Nora Rachman/Renato Vilela, *Insider trading: normas, instituições e mecanismos de combate no Brasil*, FGV Direito SP: São Paulo (2016).

Maíra Beauchamp Salomi, *O acordo de leniência e seus reflexos penais*, dissertação de Mestrado, Faculdade de Direito da Universidade de São Paulo (2012). Acessível em USP: http://www.teses.usp.br/teses/disponiveis/2/2136/tde-11102012-085658/ (consultado a 21 de outubro de 2017).

Oliver E. Williamson, *Markets and hierarchies: some elementary considerations*, 63/2 American E. Rev. (1973), 316-325;

– *The mechanisms of governance*, Oxford University Press: New York (1996).

Simone S. Thomazi Costa, *Introdução à economia do meio ambiente*. Acessível em PUCRS: http://www.revistaseletronicas.pucrs.br/ojs/index.php/face/article/viewFile/276/225 (consultado a 15 de novembro de 2017).

O devir do procedimento de cooperação no sistema europeu de supervisão financeira

Luís Guilherme Catarino

Resumo: *O mercado de capitais tem sido uma das áreas com maior crescimento no Direito da União Europeia. A consciência de que a legiferação tem limites na senda da integração financeira, e que a estabilidade de mercados integrados e a prevenção de riscos sistémicos depende de uma supervisão integrada, tornou essencial o papel da nova estrutura institucional europeia de supervisão. As relações tradicionais de cooperação interestadual sofrem natural pressão face ao objetivo de convergência, e tornaram-se a base da pirâmide regulatória e de supervisão no sistema europeu. O objetivo político de criação de uma União do mercado de capitais paralela à União bancária torna irreversível o caminho federalizante ou a denominada "europeização" da supervisão. Veremos como os procedimentos e instrumentos jurídicos criados têm acompanhado a convergência para a supervisão única, mantendo o "diálogo regulatório" necessário para colmatar a lacuna constitucional de falta de habilitação para a criação de autoridades independentes dotadas de poderes discricionários. Apesar da omissão do Tratado de Lisboa, o caminho da centralização num regulador europeu da supervisão financeira está em curso, conforme descrevemos, com vantagens e debilidades que favorecem o experimentalismo e não um "Big Bang".*

1. Introdução

A regulação financeira na União Europeia foi uma das áreas com maior crescimento legislativo e normativo na última década. Após 2010-2014, em que a matéria bancária teve natural proeminência decorrente da Grande Recessão a que se assistiu após 2007-2008, vastas áreas do mercado de capitais têm sido objeto de regulamentação que vai a par do *empowerment* da supervisão por uma estrutura institucional europeia: o SESF (*infra*). Criado em 2010, o SESF enquadra-se no fenómeno denominado de "agencificação" da União, uma intervenção através de novos corpos administrativos europeus que ultrapassaram uma fase inicial de cooperação administrativa baseada na mera ***entreajuda*** ou ***colaboração*** e ***troca de informações***, bilateral ou multilateral, entre autoridades nacionais e internacionais (e alguns *fora* internacionais inorgânicos como o G20), por via da lei ou de contrato (*Memorandum of Understanding*/Memorando de Entendimento).

O caminho da integração económica europeia com subsidiariedade da sua intervenção implicou o aprofundamento da *cooperação* entre supervisores nacionais. A *liberdade de circulação*, de ***prestação*** de serviços e de *estabelecimento* aplicada *aos serviços e mercados financeiros* implicaram uma crescente harmonização legislativa que permitiu o princípio do *reconhecimento mútuo* (o *passaporte comunitário* para empresas e/ou serviços de investimento). A aprovação ou autorização por um Estado da constituição de empresas ou da prestação de serviços de investimento harmonizados (de origem) possibilita a prestação de serviços em qualquer outro Estado-membro (de acolhimento).

A *décalage* entre a realidade global que caracteriza os mercados financeiros e a falta de uma governação económica mundial tornou necessária a cooperação entre autoridades de supervisão de origem das empresas de investimento, que detinham a responsabilidade pela sua supervisão prudencial (*home-country control*) e as autoridades nacionais competentes dos Estados-membros de acolhimento das suas sucursais ou dos seus serviços, dotadas de algumas competências comportamentais (*host-country control*). Necessitando ambas de informação para a regulação e supervisão, esta desenvolveu-se através de uma cooperação "em linha" ou "em rede" (*networking*[1]) para evitar ou colmatar a ocorrência de "falhas regulatórias" (as falhas que podem decorrer do mercado ou das regulações

[1] O desenvolvimento desta noção não se restringe aos movimentos políticos; Rhodes, enfatiza como a utilização do conceito de rede ou *network* é utilizado na sociologia, psicologia social, antropologia e também na ciência política, e tanto a nível micro ou interpessoal, ou entre grupos de interesse do governo, ou macro, entre Estado e a Sociedade Civil, cf. R. Rhodes, *Understanding Governance – Policy Networks, Governance, Reflexibility and Accountabilit* (mai.-1997). Acessível em Open Univ. Press: https://www.researchgate.net/publica-

nacionais ou de soberania, designadas por *institutional* ou *governmental failures*). A pretensão de um campo regulatório harmonizado em toda a União (*level playing field*) ou uniformizado (*single rule-book*) é conatural à pretensão de evitar lacunas de supervisão, arbitragem regulatória e o consequente *fórum shopping* pelos intervenientes nos mercados[2]. A reação ao fenómeno de *regulatory emulation* e mesmo de *regulatory competition* tem determinado uma via de cooperação para a ***coordenação administrativa*** (estádio de "Estados-coordenados").

A cooperação numa rede de entidades de supervisão nacional e internacional, públicas ou privadas, implica prosseguir *atribuições* similares para serem *dialogantes* entre si, e poder exercer poderes ou competências comuns (*regulatory tool-box*) e para serem cooperantes (cfr. art. 69º da DMIF II). As repartições de competências face ao aprofundar das operações transfronteiras implicaram a evolução para um estádio de *coordenação operacional* que se estenderia pela participação das autoridades nacionais competentes em Comités intergovernamentais junto da Comissão Europeia.

Após 2007-2008 foi profusa a regulação material pela União de grandes áreas dos mercados de capitais. A concorrência entre o tradicional modelo bancário de financiamento da economia e o mercado de capitais implicam uma integração regional de que o projeto da União de Mercados de Capitais é uma peça (CMU, *Capital Markets Union* – *infra*). A atual fase de ***cooperação-concertação*** na supervisão entre autoridades nacionais competentes e as autoridades administrativas europeias baseia-se em mecanismos de "diálogo regulatório", mas tendem à convergência num supervisor europeu através da *substituição administrativa*[3]. Veremos que, quando uma autoridade nacional competente não acate um ato da

tion/233870082_Understanding_Governance_Policy_Networks_Governance_Reflexivity_and_Accountability (consultado a 10 de abril de 2019), 7.

[2] Para uma visão dos movimentos de "fórum shopping" e "fórum shifting", cf. Luís Catarino, *Regulação e Supervisão dos Mercados de Instrumentos Financeiros – Fundamento e Limites do Governo e Jurisdição das Autoridades Independentes*, Almedina: Coimbra (2009), 39.

[3] A substituição pressupõe que, a par do título de legitimação decorrente da norma que fixou o órgão primariamente competente, deve existir uma outra legitimação – a que permite a substituição. A noção de substituição administrativa não repousa na partilha, mas na sub-rogação de um órgão ao órgão naturalmente competente. Durante a substituição, "o substituto exerce poderes tendencialmente iguais aos que o substituído exerceria", com

Autoridade Europeia, seja uma Recomendação relativa ao cumprimento de legislação comunitária, uma decisão arbitral num dissídio entre autoridades nacionais competentes, um Parecer formal da Comissão ou decisão que lhe é dirigida, pode dirigir uma decisão individual preceptiva a intervenientes nos mercados financeiros, que prevalece sobre as decisões nacionais. A ***cooperação-convergência*** *necessária* é um movimento de centralização que se acentua.

2. A cooperação na rede institucional de supervisão financeira

A criação de redes regulatórias institucionais de coordenação (*policy regulation*) são um fenómeno também *nacional* fruto dos movimentos internos de privatização de vastos setores económicos e da criação de modelos paralelos de regulação – para o sistema financeiro, bancário, segurador, das telecomunicações, da energia, da concorrência...

A noção de sistema financeiro vertida na CR Pt (art. 101º) é usualmente utilizada de forma subjetiva ou orgânica, sendo comum a compreensão de que abarca os mercados financeiros (monetário, de valores mobiliários e de seguros), os agentes que neles operam (*i.e.*, instituições de crédito, sociedades financeiras, empresas de seguros e de resseguros) e as autoridades nacionais competentes que os supervisionam. Distinguem-se tradicionalmente dentro do sistema financeiro o subsector bancário, segurador, e dos valores mobiliários, tendo primazia histórica a atividade bancária, caracterizada pela receção pública de fundos reembolsáveis para aplicação por conta própria mediante concessão de crédito (o seu regulador é o único, no sistema financeiro, com assento constitucional, art. 102º CR Pt). A década de oitenta, com o fenómeno das privatizações, da liberalização de sectores económicos anteriormente públicos, a desregulamentação e desarmamento das fronteiras nacionais, conjugado com a inovação financeira, fizeram com que a concessão de crédito conjugada com o investimento em produtos financeiros levasse a um "boom" da indústria dos valores mobiliários[4].

"identidade de conteúdo e de objecto" – Paulo Otero, *O Poder de Substituição em Direito Administrativo – Enquadramento Dogmático-Constitucional*, II, Lex: Lisboa (1995), 403.

[4] Amadeu Ferreira, *Valores Mobiliários Escriturais – Um novo modo de representação e de circulação de direitos*, Almedina: Coimbra (1997), 24-30; António Menezes Cordeiro, *Valor Mobiliário: evolução e conceito*, VIII/2 RDS (2016), 309-342; Paulo Câmara, *Manual de Direito dos Valores Mobiliários*, 3ª ed., Almedina: Coimbra (2017), 93.

Atualmente a fronteira entre os setores financeiros foi transbordada (mesmo os não financeiros nos casos Enron e WorldCom), e as fronteiras materiais e institucionais tornaram-se difusas com a inovação financeira, a banca universal ou a *bancassurance*[5].

Num movimento paralelo, a Ciência da Administração Pública e as correntes políticas de Estado mínimo (*Minimal State*) e aplicação de métodos de gestão privada à administração pública (*New Public Management*) determinariam um vasto movimento de devolução de competências e privatização de atividades pelo Governo. Este movimento de *opting out* do Governo em vastos setores económicos foi acompanhado por mimetismo regulatório institucional (aliás, internacional). A par da administração direta (Direção-Geral do Tesouro), a descentralização veria nascer, em 1987, o Auditor-Geral do Mercado de Títulos[6], e na década de noventa proliferaram institutos públicos de regulação que agigantaram a administração estadual indireta (art. 199º, al. *d)* CR Pt e Lei nº 3/2004, de 15 de janeiro). No final do século XX existia uma constelação de institutos públicos de regime especial sem qualquer uniformidade ou harmonização legislativa, num trânsito caótico para a "administração independente" (art. 267º, nº 3 CR Pt[7]) que no setor económico foi harmonizada com a denominada Lei-Quadro das Entidades Reguladoras.

A **administração pública reguladora nacional** é vasta e encontramos à cabeça o Governo, que tem poderes políticos e de intervenção sobre o sistema financeiro[8]. A par da superintendência do mercado monetário, financeiro e cambial dentro do quadro (e nos limites) da

[5] Em Portugal, o nevoeiro que se abateu sobre o setor financeiro no domínio dos produtos financeiros complexos determinou a necessidade de realização de acordos de atribuição/aclaração de competências entre os supervisores, de que são exemplo os *Entendimento* firmados em 2008 e 2009 entre supervisores financeiros.

[6] Criado pelo Decreto-Lei nº 335/87, de 15 de outubro, detinha parcas competências na área do mercado de valores mobiliários, *i.e.* na área de ofertas de valores mobiliários.

[7] Sobre este "trânsito" e a necessidade de criação de uma regulamentação específica para as autoridades administrativas independentes, *v.g.* do sector económico, e o mimetismo institucional no mercado dos valores mobiliários, cfr. Catarino, *Regulação* cit., 149. Acerca da Administração Independente, por todos, Vital Moreira/Fernanda Maçãs, *Autoridades Reguladoras Independentes*, 4 ERP (2003), 9; Blanco de Morais, *As Autoridades Administrativas Independentes na Ordem Jurídica Portuguesa*, 61/1 ROA (2001), 101-154.

[8] Cfr. os arts. 22º a 24º da Lei Orgânica do Ministério das Finanças, aprovada pelo Decreto-Lei nº 117/2011, de 15 de dezembro.

União Bancária, e da coordenação da atividade dos agentes de mercado com a política económica e social do Governo[9], compete-lhe a definição da política (*politics*) relativa aos mercados de instrumentos financeiros, podendo *substituir-se* à CMVM Pt em casos de emergência que possam afetar a economia nacional *coordenando* a regulação e supervisão em matérias que compitam a mais de um regulador (art. 352º do CVM Pt) – atribuição que na área financeira parece ter sido objeto de devolução a favor do Conselho Nacional de Supervisores Financeiros.

No âmbito do mercado bancário e revestindo a natureza de autoridade administrativa independente, o BP Pt é pessoa coletiva de direito público dotada de independência e de autonomia (administrativa e financeira e património próprio[10]), regido por um estatuto legal híbrido, nacional (art. 64º da Lei Orgânica) e internacional (parte da sua atividade é regulada pelo TFUE e legislação derivada da União Europeia, quando respeita ao exercício de funções junto do Sistema Europeu de Bancos Centrais (art. 108º TFUE). Junto do Banco de Portugal funcionam outros entes públicos como o Fundo de Garantia de Depósitos[11], o Fundo de Resolução[12] e o Mediador de Crédito[13].

[9] Cfr. o art. 91º do RGIC Pt aprovado pelo Decreto-Lei nº 298/92 de 31 de dezembro.

[10] O seu estatuto encontra-se vertido no Decreto-Lei nº 337/90, de 30 de outubro, mas a sua natureza de instituto público de regime especial foi, entretanto, afastada.

[11] O Fundo encontra a sua previsão legal no Título IX, arts. 154º-173º do RGIC Pt, qualificado como uma pessoa coletiva de direito público, dotada de autonomia administrativa e financeira, e que tem por objeto garantir os depositantes das instituições de crédito até 100.000 Euros – "entende-se por depósito os saldos credores que, nas condições legais e contratuais aplicáveis, devam ser restituídos pela instituição de crédito e consistam em disponibilidades monetárias existentes numa conta ou que resultem de situações transitórias decorrentes de operações bancárias normais".

[12] O Fundo encontra a sua previsão legal no Título VIII-A do RGIC Pt, arts. 153º-B a 153º-U, sendo uma pessoa coletiva de direito público, dotada de autonomia administrativa e financeira e de património próprio. Cfr. Regulamento (UE) nº 800/2014, do Parlamento Europeu e do Conselho, de 15 de julho.

[13] O Decreto-Lei nº 144/2009, de 17 de junho, criou o Mediador de Crédito, junto do Banco de Portugal, dotando-o de importantes funções de informação ao mercado – difundir e fomentar o conhecimento das normas legais e regulamentares aplicáveis aos contratos de crédito – e de formação financeira, v.g. em matéria de concessão de crédito, e de coordenação da atividade de mediação entre clientes bancários e instituições de crédito.

No âmbito da atividade de regulação e supervisão dos seguros e de resseguros e fundos de pensões foi constituída a Autoridade de Supervisão de Seguros e Fundos de Pensões (ASF), pessoa coletiva de direito público também com natureza de entidade administrativa independente, dotada de autonomia administrativa, financeira e de gestão e de património próprio[14].

A CMVM Pt, pessoa coletiva de direito público, independente, com autonomia administrativa e financeira, dotada de património próprio, regula e supervisiona os mercados de instrumentos financeiros. Junto da Comissão funciona um Sistema de Indemnização aos Investidores (SII)[15].

A CMVM Pt (tal como o BP Pt e a ASF) integra o Conselho Nacional de Supervisores Financeiros (CNSF[16]), órgão que visa incrementar a cooperação administrativa através de troca de informação relevante, coordenação de atividades, prevenção de conflitos de competências ou de lacunas de regulamentação ou da múltipla utilização de recursos próprios. A CMVM Pt (o BP Pt e a ASF) integra o SESF, enquanto autoridade nacional competente para o respetivo sector e rege-se pelo "Direito da União Europeia" (cfr. arts. 1º, nº 3 e 2º, als. *a)*, *d)* e *e)* dos seus Estatutos). Encontra-se obrigada a estabelecer formas de cooperação e de associação com outras entidades nacionais e internacionais (arts. 2º e 4º dos Estatutos da CMVM Pt).

2.1. A cooperação mediante troca de informação, assistência e entreajuda na supervisão.

A existência de um feixe de competências uniforme foi desde o início considerada pela *International Organization of Securities Commissions*

[14] Cfr. arts. 6º e 7º do seu Estatuto aprovado pelo Decreto-Lei nº 1/2015, de 6 de janeiro.

[15] O SII é pessoa coletiva de direito público dotada de autonomia administrativa e financeira regulado pelo Decreto-Lei nº 222/99, de 22 de Junho (alterado pelo Decreto-Lei nº 162/2009, de 20 de julho), que transpõe para a ordem jurídica portuguesa a Diretiva (CE) 97/9/CE, do Parlamento Europeu e do Conselho, de 3 de março, garantindo a cobertura dos créditos de que seja sujeito passivo uma entidade participante em consequência de incapacidade financeira desta para, de acordo com as condições legais e contratuais aplicáveis, reembolsar ou restituir aos investidores os fundos que lhes sejam devidos ou que lhes pertençam, ou em caso de revogação de autorização pelo BP Pt, até 25.000 Euros.

[16] Não sendo uma autoridade de regulação, o CNSF rege-se pelo Decreto-Lei nº 228/2000, de 23 de setembro, alterado pelo Decreto-Lei nº 211-A/2008, de 3 de novembro, e tem funções de coordenação de matéria comum e de consulta.

(IOSCO) o meio que permite a cooperação entre as autoridades dos Estados-membros na supervisão transfronteira e consta dos seus *Core Principles* fixados em abril de 1997 para colmatar esta insuficiência das ordens jurídicas nacionais. Entre estas contam-se os poderes de troca de informação, de prestação de assistência e de harmonização legislativa que permita efetivar a assistência. À derrogação necessária do *core principle* do sigilo profissional corresponde uma "confidencialidade partilhada" que evite a arbitragem regulatória entre Estados. Os princípios europeus do reconhecimento mútuo, do tratamento nacional ou não discriminação, da igualdade ou reciprocidade, da repartição de competências de supervisão entre autoridade nacional competente *home* e *host*, tornaram essencial uma cooperação com comunicações entre reguladores e possibilidade de colaboradores da autoridade nacional competente de origem praticarem atos no território de acolhimento[17].

A CMVM Pt conformou a sua legislação, *v.g.* através da possibilidade de derrogação do seu dever de segredo profissional (art. 354º, nº 1 CVM Pt), possibilitando a partilha de informação com autoridades competentes, nacionais e congéneres, ou internacionais[18].

A cooperação decorre a mais das vezes do cumprimento de *deveres legais de informação* a outras entidades, *nacionais* ou *estrangeiras*, interessadas[19]. Com efeito, no âmbito da função de supervisão existem direitos e deveres de cooperação *funcionais*, para obtenção e prestação da informação *necessária* e *adequada* ao exercício das respetivas funções, e/ou para *o exercício* dos poderes de supervisão no âmbito de universos regulatórios coincidentes[20].

A cooperação através de *permuta* ou de *consulta mútua* com outras *autoridades nacionais* é relativa a entidades que estejam sujeitas a supervisão paralela, sempre para *fins* de supervisão e sob *condição de reciproci-*

[17] Cfr. arts. 5º, 34º, 35º e 69º da DMIF II.

[18] A cooperação e concertação administrativa encontram-se previstas desde logo no art. 4º da Lei-Quadro das Entidades Reguladoras, mas também nos estatutos dos demais supervisores do sistema financeiro como o BP Pt (cfr. arts. 78º-81º RGIC Pt e 16º da respetiva Lei Orgânica), da ASF (art. 7º dos Estatutos da ASF), e da CMVM Pt (art. 4º dos Estatutos).

[19] Cfr. arts. 355º-356º para o âmbito subjetivo e material e 373º-374º no âmbito funcional – todos do CVM Pt.

[20] Cfr. arts. 354º, nº 4 e 356º, nº 1, 358º e 375º CVM Pt.

dade[21]. A cooperação com autoridades nacionais pode ultrapassar a mera troca de informação e as consultas mútuas e traduzir-se no estabelecimento de *acordos* e de *procedimentos comuns* (prevê-se a realização de atos de supervisão conjunta que traduzem já o trânsito da *entreajuda* para um estádio de *cooperação-coordenação*, arts. 374º, nº 2 e 361º, nº 2, al. *c)* CVM Pt).

A posterior partilha da informação obtida depende de *autorização expressa* da autoridade que a disponibilizou, que mantém a sua titularidade (art. 356º, nº 2 CVM Pt). Este ato (e o seu conteúdo) são objeto de um dever de segredo que é legalmente cominado a todas as partes participantes na posterior relação de cooperação. O segredo derrogado renasce e acompanha a informação transmitida ou recebida, numa espécie de "segredo partilhado" ou "segredo em cadeia" (art. 356º, nº 3 CVM Pt).

O dever de cooperação administrativa estende-se a *autoridades estrangeiras*, sejam autoridades de supervisão *congéneres* da CMVM Pt dos Estados-membros da União Europeia, ou, com limitações, entidades de supervisão congéneres de Estados terceiros. Incluem-se as autoridades ou agências de supervisão da União (*v.g.* no âmbito do SESF)[22], em que a posterior partilha da informação recebida no âmbito do SESF se encontra sujeita aos requisitos de autorização e de extensão do dever de segredo referidos no parágrafo anterior[23].

No quadro da União Europeia prevê-se que a cooperação administrativa ultrapasse a mera troca de informação e as consultas mútuas,

[21] Cfr. arts. 355º, nº 1, 373º e 374º nº 2, als. *b)* e *c)* CVM Pt. A derrogação do dever de segredo relativamente a informação conhecida pela CMVM no âmbito e por causa das suas funções, abrange um universo vasto de entidades elencadas no nº 1 do art. 355º, mas se independe do dever de segredo, depende das funções concretas a desempenhar e da necessidade e adequação às mesmas. Por isso dizemos que a cooperação é *funcional* (art. 356º CVM Pt).

[22] Referimo-nos à Comissão Europeia, à ESMA, à EBA, à EIOPA, ao CERS e ainda ao BCE e ao SEBC (art. 355º, nº 2 CVM Pt).

[23] Cfr. arts. 355º, nºs 2 e 3 CVM Pt e 35º do Regulamento (UE) nº 1095/2010 do Parlamento Europeu e do Conselho, de 24 de novembro de 2010, que criou a Autoridade Europeia dos Valores Mobiliários e dos Mercados. Prevê a prestação de informações pela CMVM Pt, a pedido ou de forma periódica, bem como a possibilidade de a Autoridade prestar a mesma informação a autoridades congéneres da UE – mas a Autoridade, a informação e aqueles a quem ela seja retransmitida encontram-se obrigados a sigilo profissional (arts. 35º, nºs 2 e 3 e 70º, nº 3 do Regulamento).

mediante a entreajuda ou assistência a entidades congéneres através da participação de representantes daquelas entidades nas diligências que a CMVM Pt realize para obtenção da informação requerida (art. 377º, nº 5 CVM Pt[24]). A cooperação no quadro da União Europeia encontra algumas limitações em matéria de supervisão e de investigação ou inquérito de ilícitos contraordenacionais ou criminais[25], podendo ser recusada informação: ***i)*** quando for "suscetível de prejudicar a soberania, a segurança ou a ordem pública nacionais" (independentemente da sua *classificação* ao abrigo do Regime de Segredo de Estado); ***ii)*** quando possa prejudicar "a sua própria investigação, as atividades de fiscalização ou uma investigação penal"; ***iii)*** quando a mesma matéria (factos e pessoas) tiver sido objeto de caso julgado ou se encontrar sob apreciação judicial (art. 377º, nºs 3 e 4 CVM Pt)[26].

A prestação de informação pela CMVM Pt a *entidades congéneres de Estados terceiros à União* também tem *limitações* legais dependentes da verificação de determinadas condições. Assim: ***i)*** as autoridades devem exercer *funções equivalentes* às exercidas pelas entidades enunciadas no art. 355º, nº 1; ***ii)*** é *condição necessária* que tais entidades tenham um regime de sigilo equivalente ao nacional; ***iii)*** *é limitada* ao "necessário para a supervisão dos mercados financeiros e para supervisão, em base individual ou consolidada, de intermediários financeiros"[27].

A par da cooperação administrativa decorrente de dever legal, a lei prevê formas de *contratualização* inter administrativa[28] para troca de informação. Podem ser bilaterais ou multilaterais, celebradas com outros supervisores setoriais nacionais ou com instituições congéneres

[24] As supervisões conjuntas eram já previstas no art. 5º da Diretiva dos Prospetos, ou, mais recentemente, no art. 37º do denominado Regulamento *short-selling* ou de vendas a descoberto (Regulamento (UE) nº 236/2012 do P UE e C UE), e consta do art. 21º do Estatuto legal da Autoridade Europeia dos Valores Mobiliários e dos Mercados (Regulamento (UE) nº 1095/2010 – *infra*).

[25] A matéria de crimes de mercado tem na União Europeia um regime de cooperação especial (informação e "assistência" na investigação, art. 377º-C CVM Pt).

[26] Não podemos enunciar toda a informação objeto de comunicação, mas o leque dos deveres de prestação de informação a *autoridades europeias* é vastíssimo, desde a mera comunicação de atos de autorização de entidades e serviços ao seu indeferimento até decisões administrativas condenatórias, e tende a crescer (i.e. arts. 295º, nº 4 e 377º-B CVM Pt).

[27] Cfr. arts. 355º, nº 3 e 373º CVM Pt.

[28] Cfr. arts. 374º, nº 2, al. *e)*, 375º, nº 2 CVM Pt e 77º ss. do CPA Pt.

("ou equiparadas") de outros Estados, ou decorrer da participação da CMVM Pt em *foruns* internacionais, informais ou organizações internacionais[29]. As obrigações assumidas podem implicar a *entreajuda*, através da recolha de elementos relativos a infrações contra o mercado cometidas em outros Estados – se a investigação couber nas atribuições da CMVM Pt –, com a participação (subordinada) de representantes das congéneres (art. 376º, nº 3 CVM Pt).

Os contratos de troca de informação, bilaterais (*Tailor-Made Agreements*) ou multilaterais, usualmente designados por *Memorandum of Understanding* (Memorando de Entendimento) foram institucionalizados pela IOSCO ao estatuir os procedimentos para a sua negociação e celebração e também os princípios para uma boa e judiciosa aplicação, após a "Declaração do Rio" (Declaração considerada a antecessora dos Memorandos de Entendimento)[30].

2.2. A cooperação mediante integração em Comités de supervisão regionais – o processo *comitológico* na Comunidade.

No âmbito da atual União Europeia os planos de integração regional colocaram sob pressão a necessidade da cooperação na regulação e na supervisão. A pretensão da Comissão Europeia de tornar a União na maior economia mundial até 2010 andou a par com a realização de diversos planos de ação e criação de estruturas institucionais de cooperação e coordenação interna que afastasse a filosofia de "Estados-concorrentes". Destaca-se usualmente o *Financial Services Action Plan* (FSAP) de 1999[31], contendo uma série de medidas legislativas materiais e um calendário (*timetable*) para a sua concretização, que foi acompanhado do denominado Relatório Lamfalussy de 2001[32] denominado de *Final Report on the Regulation of the European Securities Markets*. Dando

[29] Cfr. art. 376º, nºs 1 e 2, als. *a)* a *c)*, e nºs 5 e 6 CVM Pt.

[30] Além de aí se prever o melhor procedimento de negociação de um Memorando de Entendimento, prevê-se igualmente o seu conteúdo mínimo bem como os dez princípios que constituem os denominados *IOSCO principles for Memorandum of Understanding*.

[31] Acerca do *Financial Services Action Plan* (FSAP), decorrente das pretensões da Comissão Europeia expressa na sua comunicação de 20-out.-1998, denominado de *Financial Services: Building a Framework for Action* e demais atos posteriores de implementação da CEE.

[32] Sobre a sua constituição e funcionamento, Eva Hüpkes/Marc Quintyn/Michael W. Taylor, *The Accountability of Financial Sector Supervisors: Principles and Practice* (mar.-2005),

sequência às pretensões políticas de crescimento económico e financeiro o Relatório continha propostas que visavam ultrapassar as críticas correntes contra o processo de decisão, o deficiente procedimento de reconhecimento mútuo e difusa relação de competências de supervisão entre autoridades *host/home*, a inexistência de um *level playing field* decorrente de normas abertas e ambíguas que obstaculizavam a harmonização ao permitir diferentes interpretações. A "nova arquitetura" apostou numa forma de cooperação assente ***i)*** num campo regulatório harmonizado, ***ii)*** no funcionamento em rede dos reguladores nacionais, ***iii)*** no apoio de *Comités* de apoio à Comissão compostos por representantes das autoridades nacionais reguladoras do sector, e ***iv)*** na produção, em cooperação, de medidas a implementar pelos Estados-membros.

Com a aplicação na área dos serviços financeiros do "processo comitológico"[33] o processo de cooperação regulatória passa a um estádio mais avançado pois convoca a *coordenação* nos casos em que são atribuídas à Comissão Europeia competências de execução de um ato legislativo: a sua implementação cabe aos Estados-membros através de Comités compostos por membros das autoridades nacionais competentes. Na sequência do Conselho Europeu de Estocolmo de março de 2001 foi criado um Comité de Valores Mobiliários[34] e um Comité indepen-

Acessível em IMF: https://www.imf.org/external/pubs/ft/wp/2005/wp0551.pdf (consultado a 5 de outubro de 2018), 19.

[33] O "procedimento comitológico" ou "comitologia", foram expressões que entraram em voga para significar um meio de exercício de poder pela Comissão no desenvolvimento dos atos legais comunitários, tendo tido assento legal com a "decisão Comitologia" *supra* referida, adotada pelo Conselho em 28 de junho de 1999 (Decisão nº 1999/486/CE) e alterada pela Decisão do Conselho de 2006/512/CE, de 17 de julho de 2006, que regularia o controlo dos poderes de execução da Comissão contidos no art. 202º do TFUE. Foi revogada pelo Regulamento (UE) nº 182/2011 do Parlamento Europeu e do Conselho, de 16 de fevereiro de 2011, que estabelece as regras e os princípios gerais relativos aos mecanismos de controlo pelos Estados-Membros do exercício das competências de execução pela Comissão, e o "Modelo de Regulamento Interno dos Comités (2011/C 206/06). Mantém-se a regra de que estes comités são compostos por representantes dos Estados-membros e a maioria das medidas de implementação pela Comissão são previamente submetidas a apreciação técnica e política por parte destes. Para uma exposição detalhada, Docters van Leeuwen/ Fabrice Demarigny, *Europe's securities regulators working together under the new EU regulatory framework*, 12/3 Jour. Fin. Reg. Comp. (2004), 206-215; Catarino, *Regulação* cit., 170, 187.

[34] Resolução do Conselho Europeu de Estocolmo, de 23 de março de 2001, e Decisão da Comissão 2001/528/CE, de 6 de junho de 2001.

dente que integrava os reguladores europeus[35]. Participante num procedimento de cooperação baseado em 4 níveis ou degraus de densificação normativa *top to bottom*[36], o CESR teve um papel fundamental de cooperação com e entre membros das autoridades nacionais competentes, permitindo a harmonização e coordenação regulatória pela *expertise*, pela sua composição intergovernamental e pela intervenção nos diversos níveis de concretização e de *enforcement* dos atos legislativos iniciais. O grau máximo de cooperação verificava-se num Nível 3 onde operava a uniformização e convergência através de atos quase-normativos (*soft law*[37]).

A estrutura regulatória Lamfalussy seria alargada para o mercado bancário e segurador[38] e, face aos bons resultados da aplicação das medidas preconizadas pelo FSAP, a Comissão avançou com um Livro Branco para os Serviços Financeiros 2005-2010 – Avançar com a convergência na supervisão em matérias transfronteiriças, aprofundar a regulação de algumas áreas, consolidar o *enforcement*.

O Livro Branco apoiou as suas propostas no Himalaya Report do CESR de 2004 sobre a evolução dos mercados e as propostas de unificação de poderes e instrumentos das autoridades nacionais competentes, espécie de "mini reguladores" da União, com uma cooperação "em rede". Entre os inúmeros Relatórios apresentados para aprofundamento da cooperação salientamos o denominado Francq Report de 2 de fevereiro de 2006 (*FSC's Report on Financial Supervision*), que entre métodos de máxima cooperação administrativa possível defendia já a cooperação "dedicada" ou "delegada", i.e., a possibilidade de delegação de funções ou tarefas entre autoridades nacionais competentes.

[35] O *Committee of European Securities Regulators* ou Comité das Autoridades de Regulação dos Mercados Europeus de Valores Mobiliários, foi constituído por Decisão da Comissão 2001/527/CE, de 6 de junho de 2001.

[36] Para uma visão do procedimento, cf. Catarino, *Regulação* cit., 187; Câmara, *Manual* cit., 36.

[37] Segundo o Autor a *soft law* traduz regras de conduta: "(...) *that are laid down in instruments which have not been attributed legally binding force as such, but nevertheless may have certain (indirect) legal effects, and that are aimed at and may produce practical effects*" – cfr. Linda Senden, *Soft Law in European Community Law*, Hart Publishing: Oxford (2004), 110-119.

[38] A estrutura regulatória Lamfalussy alargada em 2003 para a banca e seguros contava no Nível 2 com apoio técnico do *European Securities Committee* (ESC/CVM), do *European Banking Committee* (EBC) e do *European Insurance Committee* (EIC), e no Nível 3 do *Committee of European Banking Supervisors* (CEBS) e do *Committee of European Insurance and Occupational Pension Supervisors* (CEIOPS).

2.3. A "*agencificação*" como fase de cooperação-concertação administrativa entre supervisores. O Sistema Europeu de Supervisão Financeira (SESF).

A crise financeira espoletada em 2007-2008 nos EUA com o crédito hipotecário de alto risco (*sub-prime*), foi uma janela de oportunidade para dotar os Comités de poderes (próprios) de decisão. Antes do Relatório Larosière de 25 de fevereiro de 2009 existia já um mandato do ECOFIN de 2006 ao *Financial Services Committee* e *Economic and Financial Committee* que tinha em vista rever o processo regulatório[39]. Pugnava por medidas de *concentração* de poderes regulatórios normativos em "corpos" transnacionais, claro *upgrade* na cooperação mas um (difícil) equilíbrio entre a sua independência e o controlo perante a Comissão Europeia[40]. Maior uniformidade interpretativa e convergência da supervisão, criação de uma cultura comum, possibilidade de respostas concertadas nomeadamente em casos de emergência... o Relatório Larosière deve ser visto como mais do que uma resposta epidérmica à crise[41].

A Comissão Europeia estabeleceu um Plano de Ação em 4 de março de 2009[42] e em 27 de maio de 2009, numa Comunicação denominada "Supervisão financeira europeia", analisava as falhas de supervisão verificadas pré-crise de 2008[43]. Segundo a Comissão, o processo comitológico "atingiu os limites do que pode ser feito" embora afirmasse aquando do

[39] No âmbito do relatório *2007-2013 Financial Perspectives for the EU*, visava-se, além do aprofundamento da liberalização e eficiência do mercado, o fim da estrutura multinível de decisão, um predomínio da Comissão sobre os Estados-membros, e a substituição do estádio de "Estados concorrentes" pelo dos "Estados colaboradores". Cfr. da Comissão Europeia, *Proposal for a Regulation of the European Parliament and of the Council on Credit Rating Agencies, e o Impact Assessment in* COM(2008) 704 SEC(2008) 2745 e "ECOFIN Roadmap".

[40] Peter Lindseth, *Democratic Legitimacy and the Administrative Character of Supranationalism: The Example of the European Community*, 99 Columbia Law Review (1999), 655.

[41] Para uma visão aprofundada do "triálogo" Conselho/Comissão/Parlamento, medidas e decisões políticas de 2009/2010, cf. Niamh Moloney, *The European Securities Markets and Authority and Institutional Design for the EU Financial Market – A Tale of Two Competences: Part I Rule Making*, 12/1 EBO Law Rev. (2011), 41-86, 45; *idem*, *The European Securities Markets and Authority and Institutional Design for the EU Financial Market – A Tale of Two Competences: Part II Rules in Action*, 12/2 EBO Law Rev. (2011).

[42] Comunicação *Driving European Recovery* COM(2009) 114 final.

[43] Comunicação da Comissão sobre Supervisão financeira europeia (27-mai.-2009) COM (2009) 252 final.

Tratado de Lisboa a sua intenção de "continuar a consultar os peritos designados pelos Estados-Membros para a elaboração dos seus projetos de atos delegados no domínio dos serviços financeiros, de acordo com a prática estabelecida"[44]. A denominada "lisbonização do procedimento legislativo", com o sistema de delegações a favor da Comissão Europeia nos arts. 290º e 291º do TFUE, também pretendeu ultrapassar o procedimento comitológico[45]. O novo sistema europeu baseia-se em dois pilares fundamentais[46]: ***i)*** um órgão com funções de supervisão macro prudencial dada a assunção de que a supervisão falhou por algum alheamento ao risco sistémico por parte das autoridades nacionais competentes dos mercados de capitais; ***ii)*** um sistema de supervisão micro prudencial composto por uma rede de autoridades de supervisão, europeias e nacionais, especializadas em função da matéria (bancária, dos seguros, dos mercados de instrumentos financeiros), cooperando as autoridades nacionais competentes com funções prudenciais.

Na atual **estrutura institucional financeira da União**, destaca-se o Comité Europeu do Risco Sistémico *(European Systemic Risk Board* ou *CERS*[47]). Com uma função de monitorização e de avaliação macro prudencial do risco sistémico na União, emite alertas, formula recomendações corretivas e acompanha a sua implementação ou os fundamentos da sua recusa (no tradicional diálogo regulatório de *comply or explain*[48]). O BCE tem atribuições específicas no Comité, a que preside[49]. A estabi-

[44] Declaração nº 39, em anexo à Ata Final da Conferência Intergovernamental que aprovou o Tratado de Lisboa.

[45] Comunicação da Comissão ao Parlamento Europeu e ao Conselho sobre a Aplicação do artigo 290º do TFUE.

[46] Francesca Bignami, *The Democratic Deficit in European Community Rulemaking: A Call for Notice and Comment in Comitology*, 40 Harvard Int. Lar Rev. (1999), 451.

[47] Regulamento (UE) nº 1092/2010, do Parlamento Europeu e do Conselho (24-nov.-2010), relativo à supervisão macro prudencial do sistema financeiro na União Europeia e que cria o Comité Europeu do Risco Sistémico.

[48] Especificamente acerca do CERS, cfr. Elís Ferran e Kern Alexander, *Can Soft Law Bodies be Effective? Soft Systemic Risk Oversight Bodies and the Special Case of the European Systemic Risk Board* (jun.-2011). Acessível em SSRN: http://www.ssrn.com/abstract=1676140 (consultado a 17 de Outubro de 2018), 3 ss..

[49] Regulamento (UE) nº 1096/2010 (17-nov.-2010), que confere ao BCE atribuições específicas no que se refere ao funcionamento do Comité Europeu do Risco Sistémico.

lidade financeira e a prevenção do risco sistémico passaram a constituir uma atribuição de todas as autoridades nacionais competentes[50].

A nível micro prudencial o Sistema pressupõe competências partilhadas. Apesar da discussão entre modelos de supervisão e do esbatimento entre setores de atividade optou-se por manter a tripartição tradicional – banca, bolsa e mercado de instrumentos financeiros – em prol da especialização e *expertise* técnica. Foram publicados cinco Regulamentos que constituem o Estatuto ou "Regulamento de base" de cada autoridade europeia de supervisão[51]: ***i)*** uma Autoridade Bancária Europeia (*European Banking Authority* ou *EBA*); ***ii)*** uma Autoridade Europeia dos Seguros e Pensões Complementares de Reforma (*European Insurance and Occupational Pensions Authority* ou *EIOPA*[52]); ***iii)*** uma Autoridade Europeia dos Valores Mobiliários e dos Mercados (*European Securities and Markets Authority* ou *ESMA*[53]); ***iv)*** o Comité Conjunto das Autoridades Europeias de Supervisão para coordenação e cooperação intersectorial (*Joint Committee of the European Supervisory Authorities*)[54]; ***v)*** as autoridades nacionais competentes, que fazem a supervisão operacional e diária do respetivo sector ou ANC[55].

[50] Cfr. art. 15º do Regulamento (UE) nº 1092/2010. Para uma súmula do papel macro prudencial do CERS no SESF, cf. Natália de Almeida Moreno, *A Reforma Institucional da Regulação Financeira no Pós-Crise*, Bol. Cienc. Eco. FDUC (2014), 69.

[51] A arquitetura do sistema assenta fundamentalmente nos Regulamentos (UE) nº 1092 a nº 1096/2010 (15-dez.-2010), da Directiva *Omnibus* 2010/78/UE (24-nov.-2010) e das propostas de revisão pela *Omnibus II* – COM(2011) 8 final. No que respeita às autoridades de supervisão micro prudencial, os Regulamentos (UE) nº 1093, nº 1094 e nº 1095/2010 contêm uma estrutura e um conjunto de normas de atribuição e de competências e procedimentos similares.

[52] Regulamento (UE) nº 1094/2010 do Parlamento Europeu e do Conselho (24-nov.-2010), que cria uma Autoridade Europeia de Supervisão (Autoridade Europeia dos Seguros e Pensões Complementares de Reforma.

[53] Regulamento (UE) nº 1095/2010 do Parlamento e do Conselho (24-nov.-2010) cit..

[54] Sendo um órgão sectorialmente misto coordenará e representará as diversas agências criadas pela União (ESMA, EBA e EIOPA), tendo em vista a adoção de posições comuns e troca de informação e coordenação, v.g. em matéria de conglomerado, auditoria, contabilidade e matérias de regulação horizontal (produtos financeiros de retalho, combate ao branqueamento de capitais, troca de informação, análises micro prudenciais (arts. 54º-56º). Tem especiais competências para dirimir diferendos entre as diversas autoridades competentes (art. 20º).

[55] Eddy Wymeersch, *The Structure of Financial Supervision in Europe: About Single, Twin Peaks and Multiple Financial Supervisors*, 8 ELR (2007), 239-306, 237.

O figurino inicial assente na regulação pela União e supervisão pelas autoridades nacionais competentes ("*hub and spoke*") é substituído pelo movimento de devolução administrativa da *agencificação*[56], uma criação de entidades semiautónomas[57] (fora de relações de hierarquia, tutela ou superintendência), uma espécie de administração europeia reguladora "secundária" (porque fundada, em regra, em legislação comunitária derivada[58]).

3. A Autoridade Europeia dos Valores Mobiliários e dos Mercados: um paradigma da via da cooperação para a convergência da supervisão

No âmbito desta constelação regulatória europeia a ESMA tem ganho protagonismo, quer pelo impressionante *output* legislativo material quer pelo efetivo exercício dos poderes fortes (*hard*) de regulação e de supervisão[59]. Também tem sido objeto de algum experimentalismo sucessivo, em termos de concertação e convergência interpretativa e de práticas de supervisão[60], mas também de centralização da supervisão de algumas atividades[61] – num movimento federalizante e de aprofundamento a

[56] Acerca deste movimento, Luís Catarino, *A agencificação da regulação financeira da União Europeia: Novo meio de regulação?*, III/9 C&R (2012), 147-203.

[57] Não existe uniformidade das realidades institucionais criadas na UE como organismos, agências, autoridades, correspondendo esta noção à de Herwig Hofmann/Alessandro Morini, *Constitutional Aspects of the Pluralisation of the EU Executive through 'Agencification'"* (jan.-2010). Acessível em SSRN: https://www.papers.ssrn.com/sol3/papers.cfm?abstract_id=2031499 (consultado em 28 setembro 2018).

[58] Conforme informa Takis Tridimas, *Community Agencies, Competition Law, and ECSB Initiatives on Securities Clearing and Settlement* (2010). Acessível em Oxford Journals: http://www.oxfordjournals.org (consultado a 22 de Outubro de 2018), 216-306, 230; Herwig Hoffman, *Legislation, Delegation and Implementation under the Treaty of Lisbon: Typology Meets Reality*, 15 ELJ (2009), 482-505.

[59] Acerca da proeminência da ESMA face às demais congéneres, e sua relevância no âmbito internacional, Niamh Moloney, *International financial governance, the EU, and Brexit: the 'agencification' of EU financial governance and the implication* (2016). Acessível em E-prints: http://eprints.lse.ac.uk/67548/8/Moloney_International%20financial%20governance_published_2016_LSERO.pdf (consultado a 7 de Novembro de 2018), 451-480, 458.

[60] No seu programa colocou como um dos vetores estratégicos 2016-2020, a convergência regulatória, cf. ESMA, *Strategic Orientation 2016-2020*, ESMA/2015/935 (2015).

[61] Niamh Moloney, *Capital markets union: "ever closer union" for the EU financial system* (2016). Acessível em E-prints: http://eprints.lse.ac.uk/66192/1/Moloney_Capital_markets_union_ever_closer_union.pdf (consultado a 2 de Novembro de 2018), 307-337, 316.

que se opõem algumas autoridades nacionais competentes[62] e Estados-membros[63].

É dotada de personalidade jurídica e ampla capacidade jurídica e autonomia administrativa e financeira[64], responde perante o Parlamento Europeu e o Conselho (art. 3º do Regulamento (UE) nº 1095/2010, de ora em diante "Regulamento"). A *governance* é complexa pois se estatui a *independência*, face aos Estados e à União[65], os seus órgãos principais são de génese *intergovernamental*[66]: ***i)*** no Conselho de Supervisores (*Board of Supervisors*) têm assento os Presidentes das autoridades nacionais competentes – únicos com direito de voto –, a par de representantes da Comissão Europeia, do BCE, do CERS, da EBA e da EIOPA, e o Conselho de Administração (*Management* ou *administrative board*) agrega um Presidente e seis representantes dos Estados-membros eleitos pelo *BoS* e um representante da Comissão Europeia; ***ii)*** a sua *policy* repousa em *Standing Committees* e *Task Forces* compostas por colaboradores das autoridades

[62] Na resposta ao *Green Paper* da Comissão sobre a criação do CMU: "We believe that the powers of the ESAs to ensure consistent supervision are sufficient, and that no new measures are required". Acessível em Bank of England: https://www.bankofengland.co.uk/paper/2015/response-to-the-european-commission-green-paper-building-a-capital-markets-union (consultado a 28 setembro 2018).

[63] Assim, o House of Lords European Select Committee: "The Five Presidents' Report hints at the creation of a European Single Supervisor for capital markets, which would have ramifications for the UK and which we have previously opposed. However, the CMU Action Plan, presented by Commissioner Hill in 2015, did not mention this" –, cf. *13th Report of Session 2015-16, 'Whatever it takes': the Five Presidents' Report on completing Economic and Monetary Union*, 42-43.

[64] As receitas advêm do orçamento da União (40%) e do orçamento das autoridades nacionais (60%), sob controlo do Tribunal de Contas – arts. 1º, 10º, 15º e 42º do Regulamento.

[65] Sobre o mimetismo com o modelo norte-americano das independent agencies, cf. Xénophon Yatanagas, *Delegation of Regulatory Authority in the European Union: The Relevance of the American Model of Independent Agencies, Working Paper* do Jean Monnet Center (2001). Acessível em Centers: http://centers.law.nyu.edu/jeanmonnet/papers/01/010301-04.htmlp 10 (consultado a 28 setembro 2018).

[66] Benedict Kingsbury/Nico Krisch, *Introduction: Global Governance and Global Administrative Law in the International Legal Order*, 17/1 European Jour. Int. Law (2006); Mark Thatcher, *The Third Force? Independent Regulatory Agencies and Elected Politicians in Europe*, 18 Governance (2007), 347-366, 347.

nacionais competentes; iv) a autonomia depende de receitas do orçamento da União (40%) e dos Estados (60%)[67].

Na promoção das suas atribuições da ordem pública dos valores mobiliários[68] cabe-lhe o reforço da promoção e cooperação com as autoridades nacionais competentes, incluindo a recolha e tratamento de informação, a promoção da coerência regulatória e a coordenação internacional no domínio da supervisão. A detenção de informação mantém-se como uma das melhores "armas" da supervisão dos mercados, e por isso se assiste à detenção de vastos *poderes de obtenção e centralização de informação* (art. 8º, nº 2 do Regulamento). Pode ser obtida mediante pedido ou troca com autoridades nacionais, intervenientes no mercado ou terceiros ao exercício profissional da atividade regulada, mantendo-se os tradicionais *poderes de cooperação, v.g.* com autoridades de Estados terceiros à União e mesmo com organizações internacionais (*v.g.* através de Memorando de Entendimento de troca de informação, art. 35º).

Na Comunicação sobre Supervisão Financeira, de 27 de maio de 2009, a Comissão fora clara na intenção de conferir à ESMA uma *toolbox* regulatória bastante completa e assertiva na prossecução dos objetivos de integração do mercado interno dos serviços financeiros (Considerando 17 do Regulamento), de coerência de cultura e coerência de supervisão. Para tanto, detém poderes: ***i)*** de iniciativa normativa, elaborando projetos de "normas técnicas de regulamentação" e de "normas técnicas de execução", e Orientações e Recomendações dirigidas às autoridades nacionais competentes ou aos intervenientes no mercado (arts. 10º, 15º e 16º); ***ii)*** de avaliar o cumprimento da legislação da União pelas autoridades nacionais competentes (arts. 17º e 30º); ***iii)*** de exercer os poderes das autoridades nacionais competentes mediante "acordos

[67] Cada autoridade tem um órgão de consulta composto por *stakeholders* do respetivo sector – o Grupo de Interessados do Sector dos Valores Mobiliários e dos Mercados (SMSG, art. 37º do Regulamento), a par de um órgão misto independente e imparcial, denominado de Câmara de Recurso *(Board of Appeal)*, que decidirá de forma vinculativa os recursos de decisões das novas Autoridades, num processo contraditório e participado (art. 60º).

[68] A sua inserção em rede comina-lhe a prossecução de uma ordem pública similar às demais autoridades do sector bancário e segurador, arts. 1º, nº 5 e 8º, nº 1 dos Regulamentos (UE) nºs 1093 a 1095/2010. Acerca da ordem pública dos mercados de capitais, Luís Catarino, *Direito Administrativo dos Mercados de Valores Mobiliários*, em *Tratado de Direito Administrativo*, III, coord. Paulo Otero/Pedro Gonçalves, Almedina: Coimbra (2010), 387.

administrativos" de delegação de competências (*relação de representação*) ou responsabilidades (*verdadeira delegação*) –art. 28º; ***iv)*** de adotar recomendações ou proferir decisões dirigidas às autoridades nacionais relevantes para que adotem as medidas que considera necessárias e, em caso de inação ou recusa de acatamento, dirigir-se aos intervenientes nos mercados financeiros para adoção de determinadas medidas necessárias perante a violação ou não aplicação pelos Estados da legislação da União (art. 17º), o incumprimento de uma sua decisão arbitral (art. 19º), ou em situações *de emergência* (art. 18º)[69]; ***v)*** de mediar vinculativamente conflitos positivos ou negativos de competência entre autoridades nacionais competentes em situações transfronteiriças (art. 19º)[70]; ***vi)*** de proibir ou restringir temporariamente práticas ou atividades financeiras que ameacem o funcionamento ordenado, a integridade dos mercados ou a estabilidade de parte ou da totalidade do sistema financeiro da UE (art. 9º, nº 5).

Veremos como esta arquitetura funcional se tende a afastar da *concertação* entre atores e a aproximar-se da necessidade da sua *convergência* ou *subordinação* à ESMA.

3.1. Os procedimentos de cooperação para concertação na supervisão: os Colégios de Autoridades de Supervisão e as Avaliações entre Pares (*peer revue*)

Um mecanismo típico da *cooperação-concertação* entre participantes do SESF são os Colégios de Autoridades de Supervisão, estruturas permanentes e flexíveis de cooperação entre supervisores que visam promover e monitorizar a aplicação coerente da legislação da União e a convergência nas melhores práticas de supervisão. A estrutura visa a *concertação*

[69] Numa "situação de emergência", as medidas podem ser suscitadas junto do Conselho que, em consulta com a Comissão e o ESRB, determina se a ESMA dirige a injunção a uma ou mais entidades nacionais (art. 18º). Se os reguladores a não cumprirem, e dentro das *Framework directives* que regem os reguladores nacionais (art. 1º, nº 2), dirige aos intervenientes no mercado uma decisão individual para tomar as medidas *necessárias*.

[70] Após a fase de conciliação, em caso de omissão de conformação da autoridade nacional, a Autoridade toma uma decisão no sentido de a autoridade nacional agir ou deixar de agir (*with binding effects*), e poderá tomar decisões concretas dirigidas a participantes no mercado mas apenas *in areas of the Union law directly applicable to them*. O curto-circuito (*bypass*) às autoridades nacionais é ainda vedado quando existam poderes nacionais discricionários – nos conflitos entre autoridades sectoriais diversas decide o *Joint Committee* (arts. 20º-21º).

com a ESMA que assume um papel de liderança nas relações de cooperação entre e com as autoridades nacionais competentes, e o respetivo *staff* pode participar em inspeções *on site* conjuntas sendo dotados dos poderes da autoridade nacional competente (art. 21º do Regulamento). Mas os Colégios têm muitas outras finalidades onde a ESMA também assume o papel de iniciativa e incluem realizar (iniciar e coordenar) testes de esforço (*stress tests*), promover atividades de supervisão eficazes, e de controlo face às autoridades nacionais competentes. Este mecanismo de cooperação administrativa reforçada visa atividades com grande escala e risco sistémico ou grupos transnacionais, em que participam vários reguladores. Temos exemplos de Colégios no âmbito do Regulamento (UE) nº 648/2012, relativo aos derivados do mercado de balcão, às contrapartes centrais e aos repositórios de transações. Vulgarmente conhecido pelo acrónimo inglês "EMIR", de *European Market Infrastructure Regulation* (arts. 19º-21º[71]), prende-se com a supervisão das contrapartes centrais, uma atividade com claro risco sistémico[72], participando em todos os Colégios que são regulados por um Protocolo – o que nem sempre tem evitado algumas dificuldades de coordenação interna[73]. Em Portugal temos um Colégio que junta os supervisores do Grupo Euronext NV, mas que reveste a natureza de um acordo administrativo de cooperação-concertação, fora deste quadro ESMA e baseado num *Memorando de Entendimento* multilateral[74].

Um outro meio de *concertação* entre autoridades nacionais competentes e a ESMA são as denominadas Avaliações entre Pares (*peer review*) ou avaliações de autoridades nacionais competentes, que incidem sobre algu-

[71] Regulamento (UE) nº 648/2012 do Parlamento Europeu e do Conselho, de 4 de julho de 2012, relativo aos derivados do mercado de balcão, às contrapartes centrais e aos repositórios de transações.

[72] Comissão Europeia, *Roadmap, Framework for Resolution of non-bank Financial Institutions* (abr.) (2015).

[73] ESMA, *ESMA Review of CCP Colleges under EMIR*, ESMA/2015/20 (2015). Niamh Moloney, *Institutional governance and Capital Markets Union: Incrementalism or a "big bang?* (2016). Acessível em E-prints: http://eprints.lse.ac.uk/65178/7/Moloney_Institutional%20governance.pdf (consultado a 29 de outubro de 2018), 378-421, 376.

[74] A CMVM Pt integra com a belga ASFM, a britânica FCS, a francesa AMF, a holandesa AFM e o Banco Central da Irlanda (CBI), o Colégio de Reguladores do Grupo Euronext NV, sedeado na Holanda, mas que detém como filiais sociedades gestoras de mercados financeiros organizados, nos diversos Estados citados – em Lisboa, a Euronext Lisbon.

mas ou todas as suas atividades ou de algumas matérias. Visam igualmente objetivos comparativos, sendo muito bem aceites pelos Estados. Um dos fins é aferir a convergência já existente e a sua consistência e promovê-la (arts. 29º e 30º do Regulamento), mas também avaliar o cumprimento de regras e princípios normativos e para-normativos e das boas práticas, e a *governance* e recursos internos das autoridades nacionais competentes. Pode dar origem a Recomendações ou Orientações, sendo publicitados os resultados desde que exista consentimento da autoridade nacional competente visada (arts. 8º, nº 1, als. *b)* e *e)* e 30º do Regulamento).

Sendo decididas pelo *BoS* de forma "ad-hoc" ou segundo um Plano (denominado *Supervisory Convergence Work Programme*), pode compreender colaboradores de outros reguladores[75]. Existe um dever de cooperação no procedimento que é regido pela boa-fé e participação da autoridade nacional competente[76] – o Relatório final de avaliação é-lhe comunicado, a par de eventuais questões relativas à conformidade legal da sua atuação ou ao incumprimento de orientações ou das melhores práticas. A consideração das melhores práticas tem a ver com uma escolha *comparativa* e *concreta, vg* perante as adotadas por outros reguladores em circunstâncias, estruturas e mercados similares, embora não exista vinculatividade ou pretensão de unicidade. Estes Relatórios podem conter Recomendações ou Pareceres formais da Comissão Europeia[77].

[75] Seguem uma metodologia própria, aprovada em 2013 – *ESMA Peer Review Methodology*, ESMA/2013/1709 –, e substituída em 2018 – ESMA 42-111-4661, de 20 de julho de 2018. Existe um *Standing Committee*, o *Supervisory Convergence Standing Committee* que atua de acordo com os Protocolos e Metodologias das ESMA.

[76] No caso de visitas *on-site* as mesmas serão previamente anunciadas, a par do seu objeto e finalidades, com os tópicos de discussão e uma agenda – tal como sucede na preparação das inspeções, usualmente é solicitada informação e documentação prévia à visita. É expectável que as visitas *on-site* não durem mais de três dias, e que a autoridade nacional competente coopere na prestação de informação e envio dos documentos relevantes solicitados pela equipa da ESMA.

[77] Os relatórios são objeto de apreciação pelo *Supervisory Convergence Standing Committee*, antes de, com eventuais comentários ou recomendações deste último, ser apresentado ao *BoS*, e implicam *(i)* a verificação de cumprimento da legislação, sua violação ou não aplicação (*incorrect or insufficient application*) pelos Estados, num primeiro estádio de investigação, podendo concluir por uma "Orientação" ou uma "Recomendação" (após audição da autoridade), arts. 30º, nº 3 e 16º, nº 3. Se a recomendação não for acatada, *(ii)* nos termos gerais de incumprimento legal a Comissão pode emitir um *parecer formal* (*formal opinion*), sob orien-

3.2. Os procedimentos de cooperação para a convergência: o caso da inter normatividade global.

A ESMA manteve a tarefa administrativa de orientação e interpretação da legislação primária a União, típica da atividade do CESR no Nível 3 do processo comitológico. Para atingir a aplicação comum e convergência na supervisão existe um relacionamento com as autoridades nacionais competentes e os intervenientes nos mercados (de que o Parlamento Europeu, o Conselho e a Comissão não ficam à margem[78]) em que a Autoridade convida à adoção de uma conduta positiva ou negativa descrita em atos (não vinculativos) como *Orientações* e *Recomendações* (*soft law*, art. 16º). As autoridades nacionais competentes e os intervenientes de mercado têm o dever de desenvolver "todos os esforços para dar cumprimento a orientações e recomendações"; não se pede os *melhores esforços*, mas o cumprimento de um dever (art. 16º, nº 2). As autoridades nacionais competentes comunicam à Autoridade se tencionam (ou não) cumprir, e o incumprimento deve ser objeto de comunicação *fundamentada* à Autoridade (*comply or explain*) que procede à sanção *soft* da sua divulgação pública (*naming and shaming*)[79].

O processo de *concertação* transforma-se assim em quase-subordinação com a institucionalização deste dever[80], típico de um estádio que pretende

tação da ESMA, contendo as medidas consideradas necessárias para assegurar o cumprimento da regulação.

[78] As instituições constitucionais da União são informadas no Relatório anual da Autoridade de atividades dos instrumentos quase-normativos formulados com especificação das autoridades nacionais competentes que lhes não deram cumprimento ou sequência, art. 17º, nº 4 e 43º, nº 5.

[79] O dever de os Estados-membros cumprirem com as Orientações dos Comités, a menos que a autoridade reguladora nacional o *justificasse devidamente*, já vinha sendo firmado, e o instituto anglo-saxónico de *safe harbour* aproximado da auto vinculação administrativa também fora aceite pelo TJUE. Embora o artigo 288º, nº 5 do TFUE estatua a não vinculatividade das recomendações, a necessidade de justificação do seu não acatamento fora afirmada pelo Tribunal no acórdão *Salvatore Grimaldi* vs *Fonds des Maladies Professionnelles* (proc. C-322/88) – mas sem que daí resultem direitos para os particulares (proc. C-188/91, *Deutsche Shell AG* vs *Hauptzollamt Hamburg-Hargurg*).

[80] Thomas Möllers utiliza a expressão "hoft law", descrevendo como desde a origem até ao uso internacional europeu o conceito perdeu o significado original – cf. *Sources of Law in European Securities Regulation – Effective Regulation, Soft Law and Legal Taxonomy from Lamfalussy to the Larosière*, 11 EBO Law Rev. (2010), 379-407.

a *convergência* e que reflete a "explosão para-normativa" que acompanhou a ESMA. Com efeito, também as novas formas de regulamentação previstas nos arts. 10º-15º do Regulamento, assente na concatenação do procedimento legislativo comunitário de co-decisão e co-controlo com o sistema de delegação de poderes à Comissão (arts. 290º e 291º TFUE), ultrapassarão a convergência e reforçarão o caminho da "europeização" porque irão preterir a formulação das Recomendações e Orientações (da *soft law*).

A "europeização" decorre também das delegações de *execução* e de *implementação* de legislação comunitária à Comissão e desta às agências. Tem sido pouco referido estarmos aqui perante uma transferência vertical de poderes. Em rigor, num momento em que os Regulamentos têm sido o instrumento jurídico mais utilizado no campo financeiro (demasiadas vezes carentes de "implementação" nacional), a implementação ou execução da legislação da União é uma tarefa originariamente cominada aos Estados-membros. Esta função tem vindo, com forte apoio do Tratado de Lisboa, a ser paulatinamente centralizada na União e na nova administração pública europeia.

A tendência de "convergência" na ESMA da inter normatividade é completada com o regime vertido no art. 17º do Regulamento: ao velar pelo cumprimento da legislação da União inicia um processo de diálogo com a autoridade nacional competente que pode culminar numa Recomendação para adoção das medidas necessárias ao cumprimento da legislação. Não sendo cumprida (nem acatado o posterior Parecer da Comissão Europeia), a ESMA profere *decisões* individuais para os agentes de mercado, que *substituem* quaisquer decisões anteriores da autoridade nacional competente (art. 17º, nºs 6 a 8)[81]. A ESMA tem consciência de que este é um poder de forte pressão sobre os Estados pelo que a aplicação do artigo tem sido parcimoniosa. A Decisão ESMA/2012/BS/87[82] veio densificar os critérios do artigo dados os riscos jurídicos que acar-

[81] A própria ESMA reconhece em informação genérica (FAQ's, 5) que *"this procedure is intended to place the national competent authority under considerable pressure more quickly"*. O mecanismo poderá provocar acrimónia com os diversos Estados, como o demonstrou, de forma *soft*, o *Financial Law Committee* inglês, preocupado com a sua conformidade com os Tratados e a possibilidade de diminuir e minar o poder das autoridades nacionais – cfr. do *Financial Markets Law Committee*, 152, Relatório *European Financial Supervision: Legal Risks* (2010).

[82] *Decision of the Board of Supervisors. Rules of procedure on breach of Union law investigations.*

reta, e num caso concreto (envolvendo a EBA) a Câmara de Recurso considerou estarmos perante um poder discricionário e não vinculado[83].

As mesmas questões e risco jurídico se colocarão decerto com a *mediação vinculativa* de diferendos entre autoridades nacionais competentes em questões transfronteiriças – por isso são pouco utilizados. O procedimento de concertação ou "assistência" que se inicia entre autoridades nacionais competentes e ESMA a pedido transmuta-se, na falta de acordo, com a Autoridade a dirigir uma decisão individual a uma autoridade nacional competente. No caso de inação ou recusa, a ESMA substitui-se à autoridade nacional competente e dirige uma decisão individual aos intervenientes nos mercados financeiros para adoção de medidas (art. 19º). O futuro dirá como pode a ESMA impor a sua decisão quando se trate de uma decisão discricionária de uma autoridade nacional face à doutrina Meroni.

Relembremos que no *Case Study* Meroni[84] o Tribunal declararia a ilegalidade de um ato em que um organismo pretendia a cobrança de uma contribuição a uma empresa da indústria do aço, decorrente da invalidade da delegação de competências da Alta Autoridade (para o Carvão e o Aço) que o permitia. Os seus fundamentos ainda hoje balizam a criação das Autoridades por ato legislativo da União e a sua relação com as autoridades nacionais: inexistindo norma de habilitação nos Tratados que permita a delegação dos poderes que foram confiados às instituições da União, não é possível uma delegação de poderes que pela sua latitude de decisão (discricionariedade) permita decisões de política económica.

No Mecanismo Único de Resolução o alcance do art. 19º do Regulamento EBA, equivalente, foi expressamente alterado quando as

[83] Segundo a Câmara de Recurso (*Board of Appeal*), fora de casos graves existem muitos outros mecanismos prévios de coordenação para a autoridade nacional competente se conformar no cumprimento da legislação violada, inexistindo obrigatoriedade de a Autoridade iniciar um procedimento mesmo por queixa. Foi igualmente invocada a alegada impossibilidade de as autoridades procederem à fiscalização e investigação de todos os casos, dada a escassez de recursos da EBA (Decisão 2013-008, de 24 de junho de 2013).

[84] Procs. 9 e 10/56, *Meroni & Co, Industrie Metallurgiche SpA vs Alta Autoridade do Tratado CECA*, 1957-8, 133 JOC. O argumento da manutenção do equilíbrio de poderes (*balancing powers*) frente à discricionariedade conferida pela Decisão da Alta Autoridade foi decisivo para o TJCE. Mira Scholten/ Marloes van Rijsbergen, *The ESMA-Short Selling Case: Erecting a New Delegation Doctrine in the EU upon The Meroni-Romano Remnants* (2014). Acessível em DS Space: https://dspace.library.uu.nl/handle/1874/320874 (consultado a 7 de Novembro de 2018), 389-405.

autoridades nacionais competentes "exercerem poderes discricionários ou fizerem escolhas políticas" (art. 95º do Regulamento (UE) nº 806/2014)[85].

3.3. Os procedimentos de convergência para a supervisão direta: o regime de *short selling* e dos produtos financeiros complexos.

O caminho do reforço do papel da ESMA foi sendo alavancado, a propósito da crise de 2007-2008, com a ponderação política da eficiência e do perigo de vários instrumentos e atividades financeiras. No Regulamento conferiram-se à ESMA poderes preceptivos para tomada de medidas necessárias e supra partes para fazer face a situações de emergência, visando a manutenção da estabilidade, integridade e funcionamento ordenado dos mercados (arts. 9º e 18º).

Uma delas prende-se com as denominadas operações de *Short Selling* ou de vendas a descoberto e a sua influência sobre os preços de mercado[86]. Estas operações de venda caraterizam-se por o vendedor obter os instrumentos financeiros alienados por via de empréstimo ou por qualquer outro negócio jurídico que lhe atribua uma titularidade futura ou transitória desses instrumentos financeiros, que tem de restituir, apostando numa descida do preço dos instrumentos financeiros objeto da operação para ganhar com a diferença entre o preço da venda e o preço da recompra desses valores[87].

O Regulamento (UE) nº 1095/2010 prevê a possibilidade de a ESMA tomar decisões dirigidas às autoridades nacionais competentes ou agentes de um mercado (arts. 8º e 9º), entre os quais a de "proibir ou restringir temporariamente determinadas atividades financeiras que ameacem

[85] Regulamento (UE) nº 806/2014, do Parlamento Europeu e do Conselho, de 15 de julho de 2014, que estabelece regras e um procedimento uniformes para a resolução de instituições de crédito e de certas empresas de investimento no quadro de um Mecanismo Único de Resolução e de um Fundo Único de Resolução bancária e que altera o Regulamento (UE) nº 1093/2010.

[86] Acerca do *Short Selling* na Europa e nos EUA, cf. Elizabeth Howell, *Short Selling Restrictions in the EU and the US: A Comparative Analysis* (15-fev.2018). Acessível em SSRN: https://papers.ssrn.com/sol3/papers.cfm?abstract_id=2793812 (consultado a 30 de outubro de 2018), 333.

[87] Segundo o Glossário da CMVM (que também explica o *naked short selling*). Acessível em https://www.cmvm.pt/pt/AreadoInvestidor/InformaçãoInvestidor/Pages/Glossáriodetermosrelativosalnstrumentos Financeiros.aspx#s (consultado a 16 de outubro 2018).

o funcionamento ordenado e a integridade dos mercados financeiros ou a estabilidade da totalidade ou de parte do sistema financeiro da União", conforme as competências previstas nos atos legislativos do art. 1º, nº 2, ou em casos de urgência previstos no art. 18º, devendo tais decisões ser revistas pelo menos a intervalos de três meses (art. 9º, nº 5).

Na sequência da crise de 2008, o Regulamento (UE) nº 236/2012[88] veio estatuir no art. 28º que a ESMA tomaria medidas excecionais preceptivas ou proibitivas no âmbito do denominado *short-selling* relativamente a pessoas singulares e coletivas, sobre determinadas vendas a descoberto, em casos excecionais e mesmo superando eventuais medidas já tomadas pelos Estados-membros se as considerar inadequadas, quando esteja em causa ameaça para o correto funcionamento e a integridade dos mercados financeiros ou para a estabilidade da totalidade ou de parte do sistema financeiro da União e se o caso tiver implicações transfronteiriças. O Reino Unido pretendia a anulação da norma *inter alia* por alegada violação da doutrina Meroni e Romano[89] dado que a latitude dos poderes conferidos leva a decisões extremamente subjetivas, amplamente discricionárias, com implicações muito significativas em matéria de política económica e financeira – o TJUE discordou de tais alegações numa decisão de critérios muito difusos[90].

Existindo o dever de agir sobre o mercado e seus intervenientes quando estejam em causa ameaças para o correto funcionamento e a integridade dos mercados financeiros ou para a estabilidade da totalidade ou de parte do sistema financeiro da União, e o caso tiver implicações transfronteiriças, existe uma concertação necessária entre as autoridades nacionais competentes e a ESMA. Àquelas compete obter e prestar informação sobre posições curtas e tomar as medidas excecionais necessárias, em eventual concertação, podendo impor a proibição ou restrição a intervenientes no mercado em diálogo entre si e com a ESMA (arts. 18º a 23º do Regulamento (UE) nº 236/2012).

[88] Regulamento (UE) nº 263/2012, do Parlamento Europeu e do Conselho (14-mar.-2012).

[89] Phedon Nicolaides/Nadir Preziosi, *Discretion and Accountability: The ESMA Judgment and the Meroni Doctrine* (2014). Acessível em Europa College: https://www.coleurope.eu/paper--type/bruges-european-economic-research-papers-beer (consultado a 10 de abril de 2019).

[90] Ac. TJUE 22-jan.-2019, proc. C-270/12 (*Reino Unido vs. Parlamento Europeu e Conselho*). O Tribunal decidiria que a norma não contém qualquer poder discricionário de orientação política, sendo de execução técnica, objetiva e vinculada.

Na maioria dos casos a ESMA tem concordado (sucintamente) com as proibições dos Estados-membros[91]. Em janeiro de 2016 publicou uma opinião detalhada opondo-se à extensão de medidas de emergência do regulador grego, proibindo o *short selling* sobre as ações de uma instituição financeira grega (Attica Bank S.A.). O regulador grego não as aceitou[92]. Futuros casos concretos que venham a ser dirimidos pelo TJUE testarão a legitimidade destas medidas face à doutrina Meroni da impossibilidade de prática de atos discricionários e da delegação legislativa dos respetivos poderes[93].

O procedimento encontra paralelo em outros casos como na comercialização dos denominados produtos financeiros complexos. As graves consequências da criação e comercialização de produtos financeiros de elevada complexidade e de probabilidade de perdas absolutas para os investidores levou a que, com o Regulamento UE 600/2014 (MiFIR) de 15 de maio de 2014, os Estados-membros passassem a deter competências expressas para proibir a comercialização, a distribuição ou a venda de determinados instrumentos financeiros, ou outras atividades ou práticas financeiras [94]. Este poder foi igualmente conferido à ESMA (art. 40º MiFIR), que em maio de 2018 proibiu temporariamente a comercialização, distribuição e venda de CFDs e opções binárias a clientes não profissionais ("de retalho")[95].

[91] Cfr. o parecer sobre a proibição espanhola de 2012, *ESMA Opinion on emergency measure by Spanish CNMV under Section 1 of Chapter V of Regulation No. 236/2012 on short selling and certain aspects of credit default swaps,* na aplicação do art. 27º.

[92] Cfr. ESMA, *Opinion on Greek emergency measures* (ESMA/2016/28). Concordando, agora, com as autoridades gregas, cfr. a longa justificação da ESMA na sua *Opinion on emergency measure by the Greek HCMC under the Short Selling Regulation.*

[93] Os arts. 26º-27º do Regulamento (UE) nº 236/2012 preveem que as autoridades nacionais competentes têm de justificar a não adoção do parecer da ESMA perante medidas que pretendem tomar, podendo a ESMA tomar uma decisão superior com base no referido art. 28º.

[94] Com o MiFIR, os Estados-membros passaram a deter competências expressas para proibir a produção ou comercialização de produtos que revelavam estatisticamente uma predominância de perdas para os investidores (competências que trouxeram maior segurança face à possibilidade de atuação administrativa para defesa do interesse e ordem pública (eventualmente em estado de necessidade) – arts. 40º-42º.

[95] Com efeito, no âmbito da União também a autoridade de supervisão dos mercados (ESMA) utilizou o poder de proibição temporário previsto no art. 9º, nº 5 do seu estatuto legal (vertido no Regulamento (UE) nº 1095/2010, do Parlamento e do Conselho, de 24 de novembro de 2010), tendo procedido à proibição de *marketing,* distribuição ou venda

O exercício deste poder de supervisão também compete às autoridades nacionais competentes, mediante consulta da ESMA e das autoridades nacionais competentes de outros Estados-membros "suscetíveis de serem afetados de forma significativa pelas medidas (art. 42º MiFIR). Existe um diálogo regulatório similar ao previsto na legislação relativa ao *short-selling* tendo em vista a concertação de posições das autoridades face às medidas necessárias e adequadas. A tomada de decisão da ESMA em substituição da autoridade nacional competente resulta, *inter alia*, da ponderação de que não foram tomadas medidas para "responder à ameaça" ou não foram adequadas.

Fruto da doutrina Meroni sobre a proibição de atribuição de poderes discricionários, e decerto influenciado pelo referido caso *ESMA–Short-selling* de 2014 e discussão sobre a natureza vinculada ou discricionária dos poderes vertidos no art. 28º do Regulamento (UE) nº 236/2012, existe uma enumeração legal exaustiva de critérios e condições para que a ESMA possa praticar este ato (art. 40º MiFIR e atos delegados[96]).

Sem querer ser exaustivo, também o art. 57º da DMIF II relativo aos limites das posições e ao controlo de gestão de posições em derivados de mercadorias negociados em plataformas de negociação (ou em contratos de derivados OTC "economicamente equivalentes"), permite que a ESMA tome decisões individuais face a intervenientes nos mercados.

3.4. A centralização da supervisão nas autoridades europeias: o caso das Sociedades de Notação de Risco (*rating*) e os Repositórios de Transações.

No lento caminho da centralização de competências não poderíamos deixar de referir os casos em que a "europeização" é total. Referimo-nos à *centralização* de atribuições e competências de regulação e supervisão da atividade de *rating* e das sociedades de notação de risco (Regula-

de CFDs e opções binárias a clientes não profissionais ("de retalho") – Decisões (EU) nºs 2018/795 e 2018/796 (22-mai.-2018). Renovou a proibição relativa à comercialização, distribuição e venda de opções binárias por mais três meses após 02 de outubro de 2018, e o mesmo sucedeu para os CFDs para o retalho após 01 de novembro de 2018.

[96] É igualmente importante para o caso o disposto no Regulamento Delegado (UE) nº 918/201, do Parlamento Europeu e do Conselho, de 5 de julho de 2012, que o complementa, e os critérios aí vertidos.

mento (CE) nº 1060/2009)[97]. Tal deveu-se em grande parte à essencialidade do seu papel nos mercados, ao largo espectro de fidúcia relativa às suas avaliações sobre emissões de dívida pública e privada, de produtos e de emitentes, e ao papel que tiveram na crise de 2007-2008. Não menos importante foi a perceção do conflito de interesses inerente à atividade e a perceção comum de que houve pré-juízos e enviesamentos de avaliação e classificação de risco. O facto de estarmos perante um oligopólio (da *Standard & Poor's*, da *Moody's* e da *Fitch Ratings*) e de as maiores empresas serem norte-americanas pesou na tranquila transferência para a ESMA das competências de regulação e de supervisão. Apesar dos vastos poderes de supervisão, *enforcement* e sanção (a par das taxas de supervisão), a sua ação tem-se revelado muito limitada, quer no número de processos instaurados, quer nas sanções (e montantes) aplicadas quer no tempo de decisão, sobretudo em comparação com a ação similar da SEC nos EUA[98].

A atribuição "ad-hoc" de competências directas tem vindo a aumentar, estendendo-se também aos Repositórios de Transações e às pessoas nestes envolvidas – *Trade Repositories* ou TRs são pessoas coletivas que recolhem e conservam centralmente dados respeitantes a derivados[99]. Como consequência da falta de transparência havida nas transações de derivados em mercado de balcão (OTC), antes e durante a crise financeira, a coordenação da informação prestada pelas contrapartes financeiras e não financeiras no mercado de derivados seria objeto de

[97] Regulamento (CE) nº 1060/2009 do Parlamento e do Conselho (16-set.-2009), alterado pelo Regulamento (UE) nº 462/2013 do Parlamento e do Conselho (21-mai.-2013) e Regulamento (UE) nº 513/2011 do Parlamento Europeu e do Conselho (11-mai.-2011).

[98] Um quadro dos processos e seu objeto, tempo decorrido e sanções aplicadas, com uma nota sobre a falta de recursos humanos e técnicos da ESMA, cf. Elizabeth Howell, *The Evolution of ESMA and Direct Supervision: Are there Implications for EU Supervisory Governance?* (29-abr.-2018). Acessível em SSRN: https://papers.ssrn.com/sol3/papers.cfm?abstract_id=2970037 (consultado a 30 de outubro de 2018), 1027-1058, 1039.

[99] Cfr. Regulamento (UE) nº 648/2012 do Parlamento Europeu e do Conselho (04-jul.-2012), relativo aos derivados do mercado de balcão, às contrapartes centrais e aos repositórios de transações, e o Regulamento Delegado (UE) nº 667/2014 da Comissão (13-mar.-2014), que complementa o Regulamento (UE) nº 648/2012 do Parlamento Europeu e do Conselho, no que se refere às regras processuais aplicáveis às coimas impostas aos repositórios de transações pela Autoridade Europeia dos Valores Mobiliários e dos Mercados, incluindo as regras relativas ao direito de defesa e as disposições relativas à aplicação no tempo.

concentração através da criação da denominada *European Market Infrastructure Regulation.* Os repositórios de transações atuam como intermediários da ESMA, que os regista e sobre eles exerce funções de supervisão, *enforcement* e sanção, recebendo taxas de supervisão, e têm por função receber e agregar informação relativa a transações sobre derivados OTC que disponibilizam às autoridades nacionais competentes (*cfr.* Título VI do Regulamento (UE) nº 648/2012).

A inovação financeira e a construção do CMU (*Capital Markets Union*) trará muitos outros casos de centralização da supervisão[100].

4. Conclusões: rumo ao reforço da União Económica Monetária (UEM) com uma União do Mercado Capitais (UMC).

Após a grande consolidação do mercado financeiro havida pós-FSAP 1999, a reforma institucional pós-grande crise 2008-2014, e os avanços no domínio da União Bancária entre 2012-2014 (obrigatória para os membros da zona Euro e para aqueles que nela participam voluntariamente[101]), o lançamento do projeto de uma União dos mercados de capitais pode ser considerado um acelerador da integração dos mercados de capitais (conhecido pelo acrónimo inglês de *CMU*, de *Capital Markets Union*)[102].

Em termos macro pretende-se criar um vasto espaço de interconexão para investimento, mais estável, integrado e competitivo, fomentar o financiamento de PMEs e de *start ups* em momentos de constituição e de lançamento dos projetos (o denominado *funding escalator*). Ao contrário da União Bancária, preocupada com a mutualização dos riscos, a estabilidade e proteção do Euro, a *CMU* pretende a diversificação do risco e das fontes de financiamento globais.

Os objetivos são ambiciosos e, enunciando os principais, temos a pretensão de criação de novos modelos de negócio e novos modelos de

[100] Moloney, *Capital* cit., 316.

[101] Eilis Ferran, *European Banking Union: Imperfect, But It Can Work* (16-ago.2014). Acessível em SSRN: https://papers.ssrn.com/sol3/papers.cfm?abstract_id=2426247 (consultado a 18 de novembro de 2018).

[102] Acerca da criação da União do Mercado de Capitais, o Livro Verde da Comissão Europeia para a "Construção de uma União dos Mercados de Capitais" (18-fev.-2015), COM(2015)0063 e a Resolução do Parlamento Europeu (09-jul.-2015), sobre a construção de uma União dos Mercados de Capitais (2015/2634(RSP)).

financiamento para a economia (criação de um *market based finance* complementar ao bancário), assumindo que contribuir para aumentar as opções de investimento passa por eliminar barreiras geográficas, físicas e burocráticas e criar fontes de investimento transfronteiras, de longo prazo e sustentáveis, *v.g.* para infraestruturas europeias necessárias[103].

Em termos de *governance* colocam-se questões na estrutura institucional de supervisão atual e na relação entre as Autoridades[104]. Sobre esta matéria fora elaborado em 2015 um Relatório sobre o funcionamento das Autoridades e do SESF[105] que exortava a Comissão Europeia a completar até 2018 uma análise dos mercados de capitais, elencar os obstáculos e as propostas legislativas e não legislativas necessárias, alertando para o facto de a legislação não ser sempre a resposta adequada para os desafios existentes no mercado europeu[106]. Em 8 de junho de 2017 a Comissão apresentaria uma proposta de revisão do CMU atualizando e completando a Agenda inicial[107]. Sublinha medidas por realizar e outras a desenvolver, a par da preocupação da concorrência inerente à entrada no mercado de novos operadores com inovação tecnológica e menor custo, o relançamento das ofertas públicas iniciais, a saída do Reino Unido, a par do financiamento das mudanças necessárias para cumprir os objetivos da ONU – desenvolvimento sustentável na perspetiva económica, social e ambiental, e descarbonização da economia (*cfr.* o Acordo de Paris e Agenda 2030 e a Resolução da ONU A/RES/70/1).

[103] O Relatório com orientações do Parlamento Europeu sobre balanço e desafios da regulamentação da UE em matéria de serviços financeiros: impacto e a via a seguir rumo a um quadro mais eficiente e eficaz da UE para a regulamentação financeira e uma União dos Mercados de Capitais 2015/2106 (INI) de (09-dez.-2015) seria aprovado por Resolução do Parlamento Europeu de janeiro de 2016.

[104] Já em 08 de agosto de 2014, a Comissão Europeia tinha apresentado um Relatório sobre a avaliação do funcionamento das ESAs e do SESF, COM (2014) 509 final.

[105] Resolução do Parlamento Europeu de 09 de julho de 2015, sobre a construção de uma União dos Mercados de Capitais (2015/2634(RSP)).

[106] Sem prejuízo dos princípios da subsidiariedade e da proporcionalidade, o PE salientou a necessidade de que "qualquer legislação adicional, incluindo os atos delegados e de execução, seja objeto de uma avaliação de impacto e uma análise de custo benefício" (ponto 69. da Resolução de 9Jul2015).

[107] Comunicação da Comissão ao Parlamento Europeu, ao Conselho, ao Comité Económico e Social Europeu e ao Comité das Regiões, de 8Jun2017, COM(2017) 292 final.

O Conselho também convidou a Comissão a levar por diante o Plano de Ação para a União dos Mercados de Capitais até 2019, que em 20 de setembro de 2017 apresentou o programa "Reforçar a supervisão integrada para consolidar a União dos Mercados de Capitais e a integração financeira num ambiente em evolução"[108].

Quais são as principais linhas de força da proposta de revisão SESF da Comissão Europeia? O reforço da supervisão com maior integração e convergência de supervisão micro e macro prudencial (esta, a cargo do CERS), com atenção: ***i)*** ao equilíbrio de poderes entre autoridades nacionais competentes e o sistema europeu de supervisão assente no *princípio da subsidiariedade*; ***ii)*** com a consideração da existência de diferentes mercados, de pequenas empresas e pequenos operadores, segundo o *princípio da proporcionalidade*. Não escondendo que se pretende ultrapassar a supervisão local através da sua concentração na ESMA, a inovação financeira e a construção do CMU trarão muitos outros casos de *centralização* da supervisão[109]. Algumas matérias estão já em proposta de Regulamento como é o caso da atividade de financiamento colaborativo por empréstimo e de capital[110]. Outras estão a ser ponderadas no âmbito do projeto de uma União de Mercado de Capitais como as CCPs (*Central Clearing Counterparties* cuja localização gerou controvérsia com o Reino Unido fruto do conflito com o BCE entre participantes e não participantes na zona EURO[111]); a supervisão prudencial das maiores empresas de investimento; a aprova-

[108] Comunicação da Comissão ao Parlamento Europeu, ao Conselho, ao Comité Económico e Social Europeu e ao Comité das Regiões, "Reforçar a supervisão integrada para consolidar a União dos Mercados de Capitais e a integração financeira num ambiente em evolução" (20-set.-2017) COM(2017) 542 final.

[109] Moloney, *Capital* cit., 316.

[110] Existem já Propostas da Comissão Europeia nesta matéria, como a Proposta de Regulamento *On European Crowdfunding Service Providers (ECSP) for Business*, COM(2018) 113 final. Sobre o tema, Luís Catarino, *Crowdfunding e crowdinvestment e Propostas de Regulação Europeia: o regresso ao futuro?*, II DVM, Lisboa (2018).

[111] A posição do BCE de colocar as CCPs (*central clearing counterparties*) num Estado da zona Euro foi combatida com sucesso pelo Reino Unido no TJUE que decidiu de forma linear que "it must be concluded that the ECB does not have the competence necessary to regulate the activity of securities clearing systems, so that, in so far as the Policy Framework imposes on CCPs involved in the clearing of securities a requirement to be located within the euro area, it must be annulled for lack of competence", Case T-496/11, UK *vs* European Central Bank, 4 de maio de 2015.

ção de alguns prospetos padronizados relativos à colocação de dívida em vários Estados-membros ou prospetos de empresas de países terceiros; os fundos europeus, seja de capital de risco (EuVECA), de empreendedorismo social (EuSEF) ou de investimento a longo prazo (ELTIF); a matéria de *benchmarks* enquanto índices ou indicadores financeiros; a matéria de registo e supervisão de *data reporting services providers* e a receção direta de *transaction data* que permitirá à ESMA ser um *hub* de investigação direta de eventuais crimes de mercado com elementos de conexão transfronteiriços, e intervir na supervisão através de meios de coordenação e definição de prioridades[112].

Está implícito um paralelo com a integração da União Bancária e o MUS UE através do reforço da supervisão direta ESMA – "rumo a um supervisor único" também no campo financeiro[113]. A nível da *governance*, pretende-se a revisão dos Regulamentos de base das Autoridades e do CERS de modo a melhorar a governação das ESAs e reforçar a independência face à Comissão. A título de exemplo, pretende-se um reforço do papel do Presidente do Conselho de Supervisores; uma profissionalização e independência das Autoridades dotadas de órgãos com membros a tempo inteiro; o aumento da delegação de competências e de votação por maioria simples[114]; a participação e influência dos colaboradores das Autoridades em todas as instâncias preparatórias (grupos de trabalho, comités); a substituição do Conselho de Administração por um *Executive Board* com membros a tempo inteiro; a participação destes no Conselho de Supervisores; um modelo de financiamento baseado em taxas por supervisão direta e taxas regulatórias por supervisão "indireta".

112 Parecer [COM(2017) 536 final – 2017/0230 (COD)].

113 Este era já apontado no relatório dos cinco presidentes, de junho de 2015, o *Five Presidents' Completing Europe's Economic and Monetary Union*. É expressamente prosseguido no *Reflection Paper on the Deepening of the Economic and Monetary Union* da Comissão Europeia, COM(2017) 291, de 31 de maio de 2017.

114 Na sequência da criação do MUS UE, também o sistema de governação da EBA foi alterado existindo casos de dupla maioria simples do conselho de supervisores em casos concretos (uma dos seus membros representantes das autoridades nacionais competentes que participam na união bancária e uma dos seus membros representantes das que não participam) – cfr. Regulamento (UE) nº 1022/2013 do Parlamento Europeu e do Conselho, de 22 de outubro de 2013, que altera o Regulamento (UE) nº 1093/2010 que criou uma Autoridade Europeia de Supervisão.

Quais os principais obstáculos à centralização da supervisão? A maioria tem origem histórica, cultural, económica e jurídica e estão profundamente enraizados. A crise de 2007 aprofundou estes constrangimentos e diminuiu o grau de integração, tendo-se assistido a uma tomada de medidas esparsas e nacionais com os investidores, os bancos, as emissões de dívida pública e privada a retornar aos Estados da sede das empresas.

Existem obstáculos a um mercado transfronteiriço verdadeiramente integrado a que os investidores e as empresas possam aceder. As preferências históricas por empresas com certo tipo de financiamento, a colocação nacional de dívida privada e sua negociação, as características dos regimes de pensões, a aplicação das regras prudenciais, os regimes próprios de governo das sociedades (e o direito das sociedades), os sistemas fiscais, as estruturas e dimensão dos mercados... São obstáculos naturais ao reforçar da integração do mercado bancário e da centralização da supervisão que encontram apoio em debilidades constitucionais. Ao contrário do que é usualmente afirmado, o TJUE tem vindo a aceitar esta administração pública europeia de segundo nível com uma jurisprudência não revolucionária mas "evolucionária", mas a afirmação de um ordenamento jurídico sem lacunas não afasta o facto de o Tratado de Lisboa ter incorrido numa omissão constitucional importante. É necessário enquadrar no equilíbrio interinstitucional de poderes vertido do TFUE as novas Autoridades (sua criação e legitimidade, arts. 114º e 352º) e explicitar o alcance dos mecanismos de delegação de competências normativas e de execução (arts. 290º-291º). Criar mecanismos expressos de controlo e de escrutínio democrático é também essencial: não é a independência que leva as Autoridades a agir, mas o seu escrutínio e *accountability*.

Bibliografia

Francesca Bignami, *The Democratic Deficit in European Community Rulemaking: A Call for Notice and Comment in Comitology*, 40 Harvard Int. Lar Rev. (1999).

Paulo Câmara, *Manual de Direito dos Valores Mobiliários*, 3ª ed., Almedina: Coimbra (2017).

Luís Catarino, *Regulação e Supervisão dos Mercados de Instrumentos Financeiros – Fundamento e Limites do Governo e Jurisdição das Autoridades Independentes*, Almedina: Coimbra (2009);

– *Direito Administrativo dos Mercados de Valores Mobiliários*, em *Tratado de Direito Administrativo*, III, coord. Paulo Otero/Pedro Gonçalves, Almedina: Coimbra (2010), 373-525;

– *A agencificação da regulação financeira da União Europeia: Novo meio de regulação?*, III/9 C&R (2012), 147-203.

A. Barreto Menezes Cordeiro, *Valor Mobiliário: evolução e conceito*, VIII/2 RDS (2016), 309-342.

Eilis Ferran/Kern Alexander, *Can Soft Law Bodies be Effective? Soft Systemic Risk Oversight Bodies and the Special Case of the European Systemic Risk Board* (28-jun.-2011). Acessível em SSRN: https://www.papers.ssrn.com/sol3/papers.cfm?abstract_id=1676140 (consultado a 17 de outubro de 2018).

Eilis Ferran, *European Banking Union: Imperfect, But It Can Work* (16-ago.-2014). Acessível em SSRN: https://www.papers.ssrn.com/sol3/papers.cfm?abstract_id=2426247 (consultado a 18 de novembro de 2018).

Amadeu Ferreira, *Valores Mobiliários Escriturais – Um novo modo de representação e de circulação de direitos*, Almedina: Coimbra (1997).

Eva Hüpkes/Marc Quintyn/Michael W. Taylor, *The Accountability of Financial Sector Supervisors: Principles and Practice*, (mar.-2005). Acessível em IMF: https://www.imf.org/external/pubs/ft/wp/2005/wp0551.pdf (consultado a 5 de outubro de 2018).

Herwig Hofmann/Alessandro Morini, *Constitutional Aspects of the Pluralisation of the EU Executive through 'Agencification'"* (27-jan.-2014). Acessível em SSRN: https://www.papers.ssrn.com/sol3/papers.cfm?abstract_id=2031499 (consultado em 28 setembro 2018).

Herwig Hoffman, *Legislation, Delegation and Implementation under the Treaty of Lisbon: Typology Meets Reality*, 15 ELJ (2009), 482-505.

Elizabeth Howell, *Short Selling Restrictions in the EU and the US: A Comparative Analysis* (15-fev.-2018). Acessível em SSRN: https://www.papers.ssrn.com/sol3/papers.cfm?abstract_id=2793812 (consultado a 30 de outubro de 2018).

– *The Evolution of ESMA and Direct Supervision: Are there Implications for EU Supervisory Governance?* (29-abr.-2018). Acessível em SSRN: https://papers.ssrn.com/sol3/papers.cfm?abstract_id=2970037 (consultado a 30 de outubro de 2018).

Benedict Kingsbury/Nico Krisch, *Introduction: Global Governance and Global Administrative Law in the International Legal Order*, 17/1 European Jour. Int. Law (2006).

Docters van Leeuwen/Fabrice Demarigny, *Europe's securities regulators working together under the new EU regulatory framework*, 12/3 Jour. Fin. Reg. Comp. (2004), 206-215.

Peter Lindseth, *Democratic Legitimacy and the Administrative Character of Supranationalism: The Example of the European Community*, 99 Columbia Law Review (1999).

Thomas Möllers, *Sources of Law in European Securities Regulation – Effective Regulation, Soft Law and Legal Taxonomy from Lamfalussy to the Larosière*, 11 EBO Law Rev. (2010), 379-407.

Niamh Moloney, *The European Securities Markets and Authority and Institutional Design for the EU Financial Market – A Tale of Two Competences: Part I Rule Making*, 12/1 EBO Law Rev. (2011), 41-86;

– *The European Securities Markets and Authority and Institutional Design for the EU Financial Market – A Tale of Two Competences: Part II Rules in Action*, 12/2 EBO Law Rev. (2011);

– *International financial governance, the EU, and Brexit: the 'agencification' of EU financial governance and the implication* (2016). Acessível em E-prints: http://eprints.lse.ac.uk/67548/8/Moloney_International%20financial%20governance_published_2016_LSERO.pdf (consultado a 7 de Novembro de 2018), 451-480;

– *Capital markets union: "ever closer union" for the EU financial system* (2016). Acessível em E-prints: http://eprints.lse.ac.uk/66192/1/Moloney_Capital_markets_union_ever_closer_union.pdf (consultado a 2 de Novembro de 2018), 307-337.

Blanco de Morais, *As Autoridades Administrativas Independentes na Ordem Jurídica Portuguesa*, 61/1 ROA (2001), 101-154.

Vital Moreira/Fernanda Maçãs, *Autoridades Reguladoras Independentes*, 4 ERP (2003).

Natália de Almeida Moreno, *A Reforma Institucional da Regulação Financeira no Pós-Crise*, Bol. Cienc. Eco. FDUC (2014).

Phedon Nicolaides/Nadir Preziosi, *Discretion and Accountability: The ESMA Judgment and the Meroni Doctrine* (2014). Acessível em Europa College: https://www.coleurope.eu/paper-type/bruges-european-economic-research-papers-beer (consultado a 10 de abril de 2019).

Paulo Otero, *O Poder de Substituição em Direito Administrativo – Enquadramento Dogmático-Constitucional*, II, Lex: Lisboa (1995).

R. Rhodes, *Understanding Governance – Policy Networks, Governance, Reflexibility and Accountabilit* (mai.-1997). Acessível em Open Univ. Press: https://www.researchgate.net/publication/233870082_Understanding_Governance_Policy_Networks_Governance_Reflexivity_and_Accountability (consultado a 10 de abril de 2019).

Mira Scholten/ Marloes van Rijsbergen, *The ESMA-Short Selling Case: Erecting a New Delegation Doctrine in the EU upon The Meroni-Romano Remnants* (2014). Acessível em DS Space: https://dspace.library.uu.nl/handle/1874/320874 (consultado a 7 de Novembro de 2018).

Linda Senden, *Soft Law in European Community Law*, Hart Publishing: Oxford (2004), 110-119.

Mark Thatcher, *The Third Force? Independent Regulatory Agencies and Elected Politicians in Europe*, 18 Governance (2007), 347-366.

Takis Tridimas, *Community Agencies, Competition Law, and ECSB Initiatives on Securities Clearing and Settlement* (2010). Acessível em Oxford Journals: http://www.oxfordjournals.org (consultado a 22 de Outubro de 2018), 216-306.

Eddy Wymeersch, *The Structure of Financial Supervision in Europe: About Single, Twin Peaks and Multiple Financial Supervisors*, 8 ELR (2007), 239-306.

Xénophon Yatanagas, *Delegation of Regulatory Authority in the European Union: The Relevance of the American Model of Independent Agencies*, *Working Paper* do Jean Monnet Center (2001). Acessível em Centers: http://www.centers.law.nyu.edu/jeanmonnet/papers/01/010301-04.htmlp 10 (consultado a 28 setembro 2018).

A supervisão do sistema financeiro angolano: do presente ao futuro, que desafios?

LEONILDO MANUEL

Resumo: *Em 2015 entrou em vigor a Lei de Bases das Instituições Financeiras (LBIF) em Angola que, entre outras matérias, veio estabelecer o regime jurídico da supervisão do sistema financeiro. Em face do fenómeno da convergência financeira que conduz ao esbatimento das fronteiras convencionais que separavam os diferentes segmentos do mercado financeiro, neste escrito, o nosso exercício consiste em saber se o modelo de supervisão consagrado na LBIF responde aos desafios resultantes da convergência financeira que se regista no mercado financeiro angolano.*

1. Introdução

No presente escrito propusemo-nos a olhar para os desafios que se inscrevem no presente e futuro da supervisão do sistema financeiro angolano. Para o efeito, traçamos as premissas históricas do sistema financeiros para, depois, nos concentrarmos nas questões relativas aos potenciais conflitos de competências entre os organismos de supervisão derivados da dupla supervisão a que os bancos ou as seguradoras estão sujeitas quando atuam no mercado de valores mobiliários; e as questões da supervisão dos produtos financeiros complexos e da supervisão prudencial dos conglomerados financeiros.

2. Um breve olhar do passado

Se toda obra humana é filha de seu tempo e, por conseguinte, dotada de historicidade, por este facto assume sempre a roupagem e a circunstancialidade de sua época[1], a análise aos desafios que se inscrevem no presente e no futuro da supervisão do sistema financeiro angolano deve ser precedida de olhar para as profundezas das águas frias da história a fim de lhe compreender o sentido e, podermos assim, apreender as coordenadas básicas que a caracterizam.

Antes da independência de Angola, proclamada no dia 11 de setembro de 1975, três datas são apontadas como premissas para a construção do seu sistema financeiro. A primeira é referente ao ano de 1865, apontado como o ano da instituição do sistema financeiro em Angola, pelo facto de nessa altura ter surgido em território angolano a primeira sucursal do Banco Nacional Ultramarino, que deu início à actividade bancária em Angola[2]. A segunda data é o ano de 1926, ano da criação do Banco de Angola, que, ainda com sede em Lisboa, teve até 1957 o exercício exclusivo da actividade comercial bancária em Angola, tendo sido confiscado depois da independência[3]. E a terceira foi exactamente o ano de 1957, data da criação do Banco Comercial de Angola que, depois da independência, foi confiscado, por meio da Lei nº 70/76, passando a chamar-se Banco Popular de Angola. Este banco mantém-se em actividade até aos dias de hoje, actuando hodiernamente como Banco de Poupança e Crédito, sendo considerado o maior banco comercial de Angola.

Depois de 1957 foram criados quatro outros bancos, designadamente o Banco de Crédito Comercial e Indústria, o Banco Totta Standart, o Banco Pinto & Sotto Mayor e o Banco Inter Unido. Nesta altura foram também criadas quatro instituições de crédito, nomeadamente o Instituto de Crédito de Angola, o Banco de Fomento Nacional, a Caixa de Crédito Agro – Pecuária e o Montepio de Angola.

[1] No mesmo sentido, Luís Cabral de Moncada, *Filosofia do Direito e do Estado*, I/I, 2ª ed., Coimbra Editora: Coimbra (2006), 7-10.

[2] Cf. Jorge Leão Peres, *Contabilidade Bancária*, Universidade Lusíada de Angola, Edição do Autor: Luanda (2011), 33; Valter Filipe, *O Banco Nacional de Angola e a Crise Financeira*, 1ª ed., Mayamba Editora: Luanda (2012), 19; Manuel Camati, *Os Títulos do Banco Central de Angola*, 1ª ed., Mayamba Editora: Luanda, (2012), 67-70; Leonildo João Lourenço Manuel, *O Dever de Informação e a Responsabilidade do Emitente pelo Conteúdo do Prospecto – Aproximações à luz do Direito Angolano*, Dissertação de Mestrado apresentada à Faculdade de Direito da Universidade Agostinho Neto, policopiado, Luanda (2016), 20.

[3] Cf. Valter Filipe, *O Banco* cit., 20.

Na história da Angola independente, foi criado, no dia 10 de novembro de 1976, por meio da Lei nº 69/76, de 5 de novembro, o Banco Nacional de Angola (BN Ao) que, *supervisionado pelo Ministério das Finanças*, passou a ter a função de banco central, de banco emissor, de caixa do tesouro, de banco comercial e de banco de investimento. Foi também criado, com a Lei nº 70/76, de 5 de Novembro, o Banco Popular de Angola que, não exercendo a actividade de intermediação financeira, funcionou apenas como caixa de captação de poupança particular.

A partir de 1978, com a criação da Empresa Nacional de Seguros e Resseguros de Angola, a actividade seguradora passou a ser exercida exclusivamente pelo Estado e, em 1981, todas as empresas de seguro privadas foram liquidadas e o seu património foi transferido para aquela[4].

Em 1980, foi publicada a Lei nº 2/80, de 12 de fevereiro, sobre o sistema bancário, que consagrava a existência das instituições de crédito. Este diploma manteve o BN Ao como a única entidade de supervisão financeira. Em 1990, como medida enquadrada nas reformas monetárias e financeiras em curso desde o Programa de Saneamento Económico e Financeiro de 1988[5], começou a preparar-se um novo pacote de legislação financeira que teve na Lei nº 4/91, de 20 de abril (Lei Orgânica do Banco Nacional de Angola), e na Lei nº 5/91, de 20 de abril, (Lei das Instituições Financeiras) a sua maior expressão.

Estes diplomas introduziram um sistema bancário de dois níveis, pondo fim à exclusividade da actividade bancária por parte do Estado[6]. Com a Lei nº 4/91, de 20 de abril, o BN Ao, cessando a actividade de banco comercial, assumiu a função de banco central e emissor, órgão

[4] Domingas Miguel Nazaré, *A ENSA e a Reforma do Sector de Segurador em Angola*, Caxinde: Luanda (2008), 82-105.

[5] Sobre a desconformidade entre o pacote legislativo correspondente ao Programa de Saneamento Económico e Financeiro de 1988 e as normas constitucionais vigentes à época, veja-se Helena Prata Garrido Ferreira, *Lições de Direito Económico*, 2ª ed, Casa da Ideias: Luanda (2010), 45. No mesmo sentido, Manuel, *O Dever* cit., 8.

[6] O que permitiu o estabelecimento das sucursais do Banco Totta e Açores (BTA), do Banco de Fomento Exterior, e do Banco Português do Atlântico, bem como a criação – pelo Decreto – Lei nº 8-A/91, de 11 de Março – do Banco de Comercio e Indústria (BCI), e a conversão – pelo Decreto – Lei nº 47/91, de 16 de Agosto – do Banco Popular de Angola (BPA) para Banco de Poupança e Crédito (BPC), passando, assim, a exercer as funções de um banco universal. Cf. Manuel, *O Dever* cit., 21.

licenciador e supervisor do sistema financeiro. De ressaltar que a Lei nº 5/91, de 20 de abril (Lei das Instituições Financeiras), estruturou as instituições financeiras em dois grupos distintos, constituídos pelos bancos e pelas instituições especiais de crédito e as parabancárias.

Em 1997, implementou-se um conjunto de reformas que visaram a reorganização do sistema financeiro e, mediante a Lei nº 5/97, de 11 de junho (Lei Cambial) e a Lei nº 6/97, de 11 de junho (Lei Orgânica do BN Ao), definiu-se um novo quadro jurídico que apresentava diferenças e fronteiras entre os vários segmentos do mercado financeiro, isto é, entre mercado monetário e cambial.

A partir de 1998, com a criação do Instituto de Supervisão de Seguros pelo Decreto-Lei nº 4/98, de 30 de janeiro, como órgão de supervisão da actividade de seguros de fundos de pensão, consagrando assim um sistema financeiro com dois órgãos de supervisão, iniciou-se uma outra reforma estrutural do sistema financeiro nacional e definiu-se uma estratégia para a sua evolução que consistiu na actualização das regras aplicáveis aos mercados financeiros e aos agentes que neles operavam[7].

Em 2005, o sistema financeiro registou alterações profundas na sua estrutura, com o objetivo de o modernizar e de o adequar aos padrões internacionais, bem como dar resposta às exigências do dinamismo da economia internacional. Após a publicação da Lei nº 5/05, de 9 de julho (Lei do Sistema de Pagamentos), foi aprovada a Lei nº 13/05, de 30 de setembro (Lei das Instituições Financeiras), que estruturou o sistema financeiro nacional com três organismos de supervisão financeira e criou cinco segmentos do mercado financeiro.

Na verdade, a grande novidade foi a consagração da existência do mercado de valores mobiliários e derivados que mereceu um especial desenvolvimento na Lei nº 12/05, de 23 de setembro (Lei dos Valores Mobiliários). Esta lei, tal como a Lei das Instituições Financeiras, previa que o mercado de valores mobiliários fosse regulado e supervisionado pelo Organismo de Supervisão de Valores Mobiliários que, institucionalmente, foi criado pelo Decreto-Lei nº 9/05, de 18 de março, com a denominação de *Comissão de Mercado de Capitais* (CMC), como Instituto Público, dotado de personalidade jurídica, autonomia administrativa e financeira, que atua de forma independente na prossecução das suas atribuições.

[7] Peres, *Contabilidade* cit., 33.

A Lei dos Valores Mobiliários estabelecia o regime geral do mercado de valores mobiliários e de derivados que tinha por objeto a regulação dos atos e operações com valores mobiliários; a promoção, o desenvolvimento ordenado e a transparência do mercado de valores mobiliários; a proteção dos investidores; a regulação da oferta pública de valores mobiliários; dos emitentes; dos agentes de intermediação; dos mercados de bolsas de valores e de balcão organizado; das instituições de compensação e liquidação de valores; e dos fundos mútuos de investimentos.

A Lei das Instituições Financeiras foi revogada em 2015 pela Lei nº 12/15, de 17 de junho (Lei de Base das Instituições Financeiras, que se encontra atualmente em vigor), com o propósito de adequar o sistema financeiro às novas exigências e desafios do mercado financeiro internacional, bem como de dotar o sistema de regulação e supervisão dos instrumentos tecnicamente mais avançados e, assim, assegurar a estabilidade e robustez do sistema. Tudo em linha com as recomendações das organizações internacionais, entre as quais se destacam necessariamente os princípios do Comité de Basileia de Supervisão Bancária de 2012 e os princípios da IOSCO[8].

3. O presente do sistema de supervisão em Angola

Hoje, o sistema financeiro angolano está alicerçado sobre um conjunto de instrumentos legais que constituem a sua estrutura e, deste modo, criam as premissas para a sua estabilidade. Assim, para além da Constituição da República de Angola (CR Ao) que, nos seus artigos 99º e 100º, consagra a Constituição financeira, o regime jurídico do sistema financeiro angolano conhece ainda a existência da Lei de Base das Instituições Financeiras, que estabelece os procedimentos e regras que disciplinam o funcionamento das Instituições Financeiras na sua generalidade.

Apesar da crítica que lhe é dirigida, em Angola, adotou-se, nos termos do artigo 7º da Lei de Base das Instituições Financeiras, o sistema de supervisão funcional que separa cada supervisor por segmento de mercado, pois permite maior especialidade e profundidade no processo de supervisão, bem como concorre para maior estabilidade do sistema financeiro.

[8] Cf. Manuel, *O Dever* cit., 24.

O triângulo de supervisão adoptado é constituído pelo BN Ao[9], pela Agência de Regulação e Supervisão de Seguros (ARSEG)[10] e pela CMC[11]. Estas autoridades, nos termos do artigo 103º da Lei de Base das Instituições Financeiras, cooperam entre si para a manutenção da estabilidade e desenvolvimento do mercado financeiro nacional, exercendo as suas acções com vista à mitigação do risco sistémico, à preservação da eficiência do mercado e à protecção dos investidores. Para tal, promovem a troca de informações necessárias ao exercício das respectivas funções de supervisão ou de regulação, realizam consultas sobre problemas suscitados pelas respectivas atribuições e auxiliam-se na recolha de elementos relativos às infracções contra o mercado ou de outras cuja investigação caiba no âmbito das suas atribuições.

O regime jurídico sobre a supervisão do sistema financeiro angolano, numa primeira instância, está previsto na Lei de Base das Instituições Financeiras que, distinguindo as instituições financeiras em bancárias e não bancárias, remete, nos termos dos artigos 64º a 66º da Lei de Base das Instituições Financeiras, a supervisão (de base individual e consolidada) das instituições do mercado de crédito, do mercado cambial e do mercado monetário para a supervisão do BN Ao; enquanto que as instituições financeiras não bancárias ligadas ao mercado de valores mobiliários e ao investimento (por exemplo, as sociedades correctoras,

[9] O seu regime jurídico vem definido na Lei de Base das Instituições Financeiras e na Lei nº 16/10, de 15 de julho, Lei do Banco Nacional de Angola, que dispõem que estão sujeitas à sua jurisdição as IF's bancárias (bancos em geral) e IFNB do mercado monetário e creditício, tais como: as casas de câmbio, as sociedades cooperativas de crédito, as sociedades de cessão financeira, as sociedades de locação financeira, as sociedades mediadoras dos mercados monetário ou de câmbios, as sociedades de microcrédito, as sociedades prestadoras de serviço de pagamento, as e sociedades operadoras de sistemas de pagamentos, compensação ou câmara de compensação, nos termos da Lei do Sistema de Pagamentos de Angola.

[10] Tem o seu regime jurídico definido na Lei de Base das Instituições Financeiras e no seu Estatuto Orgânico, aprovado através do Decreto Presidencial nº 141/13, de 27 de setembro e à luz do nº 2 do artigo 7º da Lei de Base das Instituições Financeiras, estão sob sua jurisdição as IFNB ligadas à actividade seguradora e previdência social, nomeadamente: sociedades seguradoras e resseguradoras, fundos de pensões e suas sociedades gestoras, bem como outras sociedades que sejam como tal qualificadas por lei.

[11] Tem o seu regime jurídico aprovado por Decreto Presidencial nº 54/13, de 6 de junho, pelo CVM Ao e, subsidiariamente, pelo regime jurídico e financeiro do sector empresarial público.

distribuidoras de valores mobiliários, as sociedades gestoras de património, os organismos de investimentos colectivos e respectivas sociedades gestoras, etc.) estão sob a supervisão da CMC Ao; e, por sua vez, as instituições financeiras não bancárias ligadas ao mercado de seguros e de fundos de pensão estão sob a supervisão da ARSEG Ao.

Ao BN Ao cabe a supervisão comportamental das instituições financeiras sob a sua jurisdição e, neste âmbito, segundo o artigo 87º da Lei de Base das Instituições Financeiras, impõem a estas instituições o dever de proceder com a diligência e de agir sempre tendo em conta o interesse dos depositantes, dos investidores e dos demais *stakeholders*. E, neste sentido, estão adstritas a deveres especiais de prestação de informação e de assistência, neutralidade, lealdade, discrição e respeito, conscienciosos dos interesses que lhes são confiados pelos clientes (vide artigo 71º da Lei de Base das Instituições Financeiras).

Relativamente à supervisão prudencial, o BN Ao impõe que, nos termos do artigo 87º da Lei de Base das Instituições Financeiras, as instituições financeiras bancárias devem aplicar os fundos de que dispõem de modo a assegurar sempre níveis adequados de liquidez e solvabilidade. E, à luz do artigo 88º, cabe-lhe ainda o dever de fixar os elementos que podem integrar os fundos próprios das instituições financeiras sob a sua supervisão.

Com as devidas adaptações resultantes das características dos mercados que supervisionam e das entidades que nelas operam, a CMC Ao e a ARSEG Ao detêm poderes de supervisão similares aos atribuídos ao BN Ao. E no desempenho das suas funções, compete-lhes, nos termos do artigo 94º da Lei de Base das Instituições Financeiras, as seguintes tarefas: **(1)** – Acompanhar a actividade das instituições financeiras sob a sua supervisão e promover a avaliação dos riscos e seu controlo, bem como da suficiência dos fundos próprios para suportar estes riscos; **(2)** – Zelar pela observância das normas que disciplinam a actividade das instituições financeiras; **(3)** – Emitir recomendações e directivas para que sejam sanadas as irregularidades, deficiências de controlo e gestão e insuficiência de capital detectadas; **(4)** – Tomar providências destinadas a preservar ou restabelecer a situação financeira de uma instituição financeira, susceptíveis de afectar direitos preexistentes de terceiros, incluindo as de suspensão de pagamentos, de suspensão de processos de execução ou de redução de créditos; **(5)** – Sancionar as infracções.

Dentre estas actividades de supervisão, destacam-se as providências de saneamento, tendo o legislador consagrado para os organismos de supervisão a faculdade de intervirem nas Instituições financeiras sob a sua jurisdição com o objectivo de assegurar a continuidade da prestação de serviços financeiros essenciais; acautelar o risco sistémico; salvaguardar os interesses dos contribuintes e do Estado, bem como a confiança dos investidores.

Estas medidas de intervenção correctiva, nos termos do artigo 124º da Lei de Base das Instituições Financeiras, materializam-se sobretudo na obrigação imposta pelo supervisor às instituições financeiras de apresentação de um plano de recuperação quando verifique a existência de situações susceptíveis de colocar em sério risco o equilíbrio financeiro ou a solvabilidade da instituição ou de constituir uma ameaça para a estabilidade do sistema financeiro. Esta acção pode ser substituída pela medida de resolução, prevista no artigo 134º da Lei de Base das Instituições Financeiras, podendo o supervisor proceder à alienação parcial ou total da actividade a outra instituição autorizada a desenvolver a actividade em causa e proceder à transferência total ou parcial da actividade de uma ou mais instituições financeiras.

3.1. A Supervisão do mercado de valores mobiliários, em especial

No âmbito do mercado de valores mobiliários, a CMC Ao tem, particularmente, as seguintes atribuições: *i)* emitir parecer sobre a constituição e autorizar o funcionamento dos mercados regulamentados de valores mobiliários e seus intervenientes; *ii)* intervir na atividade das entidades gestoras do mercado, sempre que nele se verifiquem situações anómalas ou o interesse público e a defesa dos investidores imponham; *iii)* fiscalizar a adequação da estrutura, da eficiência e da regularidade do funcionamento do mercado; *iv)* instaurar e instruir os processos contravencionais resultantes da violação das disposições legais e regulamentares e aplicar aos infratores as correspondentes sanções; e *v)* instaurar inquéritos para averiguação de infrações de qualquer natureza cometidas no âmbito do mercado, ou que afetem o seu normal funcionamento, incluindo delitos de manipulação, uso indevido de informação privilegiada, violação de segredo profissional e outros de natureza semelhante.

A supervisão do mercado de valores mobiliários visa, em última instância, acautelar a existência de liquidez do mercado, a rentabilidade dos investidores e a segurança e credibilidade do mercado. Para o efeito e nos termos do artigo 25º do CVM Ao, são conferidos à CMC Ao os seguintes poderes: **(1)** – Exigir quaisquer elementos e informações e examinar livros, registos e documentos, não podendo as entidades supervisionadas invocar o segredo profissional; **(2)** – Ouvir quaisquer pessoas, intimando-as para o efeito, quando necessário; **(3)** – Determinar que as pessoas responsáveis pelos locais onde se proceda à instrução de qualquer processo ou a outras diligências coloquem à sua disposição as instalações de que os seus agentes careçam para a execução dessas tarefas, em condições adequadas de dignidade e eficiência; **(4)** – Requerer a colaboração de outras pessoas ou entidades, incluindo autoridades policiais, quando tal se mostre necessário ou conveniente ao exercício das suas funções, designadamente em caso de resistência a esse exercício ou em razão da especialidade técnica das matérias em causa; **(5)** – Substituir-se às entidades gestoras de mercados regulamentados, de sistemas de liquidação, de câmara de compensação, de contraparte central e de sistemas centralizados de valores mobiliários quando estas não adotem as medidas necessárias à regularização de situações anómalas que ponham em causa o regular funcionamento do mercado, da atividade exercida ou os interesses dos investidores; **(6)** – Substituir-se às entidades supervisionadas no cumprimento de deveres de informação; e, **(7)** – Divulgar publicamente o facto de um emitente não estar a observar os seus deveres.

Para além da supervisão e no âmbito do *enforcement*, cabe ainda, nos termos do 28º do CVM Ao, à CMC Ao, a tarefa de fiscalizar o mercado de valores mobiliários. Esta atividade consiste em efetuar as inspeções e realizar inquéritos para averiguação de infrações de qualquer natureza cometidas no mercado ou que afetem o seu normal funcionamento.

Apesar de, na sistemática do CVM Ao, a fiscalização estar prevista no capítulo referente à supervisão, aquela atividade distingue-se desta, pois transcende a mera atividade administrativa, isto é, ao ser-lhe conferida o poder de efetuar inspeções e realizar inquéritos para averiguações de infrações, a CMC Ao passa a ter um típico poder de polícia.

3.1.1. Ferramentas de supervisão da CMC referente a 2017

De acordo com o Relatório Anual de 2017, publicado no seu *site*[12], a CMC Ao, para além dos normativos sobre os processos de supervisão

[12] Cf. Relatório de Contas da CMC Ao (2017).

prudencial e comportamental das entidades ligadas ao mercado de valores mobiliários, criou as bases técnicas sobre as seguintes matérias: ativos ponderados pelo risco dos Organismos de Investimentos Colectivos (OIC's); deveres de Prestação de Informação Financeira dos Emitentes; prestação de Informação Periódica dos Auditores Externos; licenciamento das Entidades Supervisionadas pela CMC Ao; integração no Sistema Informático de Supervisão; Peritos Avaliadores de Imóveis de Organismos de Investimento Coletivo imobiliários.

Relativamente aos processos de licenciamento de OIC's e Entidades Conexas, ao longo de 2017, foram analisados dezasseis pedidos de licenciamento, tendo sido registadas doze entidades e autorizadas a constituição de quatro.

A supervisão direta (presencial) consubstanciou-se na verificação *in loco* sobre o grau de conformidade legal, na mitigação do risco sistémico e na defesa da legítima confiança dos investidores das entidades e OIC's registadas na CMC Ao, através do Programa Anual de Supervisão dos Organismos de Investimento Coletivo e Entidades. E a supervisão indireta consubstanciou-se na verificação e acompanhamento com base na informação periódica submetida pelas entidades e outras fontes de informação (imprensa, denúncias, etc.) das instituições financeiras registadas na CMC Ao.

3.1.2. Conselho Nacional de Estabilidade Financeira

Com o objetivo de reforçar a coordenação e articulação entre as três autoridades de supervisão do sector financeiro e criar uma abordagem comum de questões intersectoriais, estabelecendo canais de comunicação estruturados entre as três autoridades para eliminar ou resolver (potenciais) conflitos de competências ou lacunas regulamentares, o legislador consagrou, no artigo 67º da Lei de Base das Instituições Financeiras, a existência do Conselho Nacional de Estabilidade Financeira como um órgão independente de natureza pública, que tem como escopo a promoção de mecanismos de cooperação a fim de garantir a estabilidade financeira e a prevenção de crise sistémica no sistema financeiro angolano e, para o efeito, tem competências de coordenação entre autoridades e funções de acompanhamento e de avaliação dos desenvolvimentos em matéria de estabilidade financeira, as quais são exercidas sem prejuízo das competências e autonomia das autoridades que o compõem.

O Conselho Nacional de Estabilidade Financeira tem como membros permanentes: o Ministério das Finanças, que o preside; o Governador do BN Ao, na qualidade de coordenador adjunto; os Presidentes da CMC Ao e da ARSEG Ao, bem como os respetivos administradores responsáveis pelo pelouro da supervisão.

Embora seja objeto de alguma crítica em alguns círculos académicos, devido à sua natureza política, a presença do Ministro das Finanças afigura-se como determinante, na medida em que é o "*ente*", em última instância, responsável pela estabilidade global do sistema financeiro nacional e, por isso, deve assumir a tarefa de prevenir e controlar os riscos sistémicos no sector financeiro do país, e a sua presença é igualmente importante para dirimir conflitos resultantes de conflito positivo ou negativo de competência entre os três supervisores.

Para além da previsão legal, é necessário que esta entidade entre em funcionamento para dirimir não só os conflitos de competência como também para materializar a plataforma de cooperação entre os diferentes supervisores do sistema financeiro com vista à estabilidade financeira nacional e à criação de um ambiente seguro para os investidores rentabilizarem os seus aforros[13].

4. O futuro do sistema de supervisão financeira em Angola: que desafios?

Hoje, as fronteiras convencionais que tradicionalmente separavam os diferentes segmentos do mercado financeiro (banca, seguros e valores mobiliários) têm vindo cada vez mais a desaparecer, criando o fenómeno que usualmente se designa por convergência financeira e que não se manifesta apenas através da criação de grupos financeiros que operam em todos os segmentos, mas também pela multiplicidade de intermediários financeiros, que não bancos e seguradoras, os quais também prestam e/ ou vendem serviços e produtos financeiros, e a criação de novos e complexos produtos financeiros, resultado da chamada "*engenharia financeira*"[14], o que impõe novos desafios à atividade de supervisão

[13] Leonildo João Lourenço Manuel, *Mecanismos de Protecção do Investido no Mercado de Valores Mobiliários*, 1ª ed., Where Angola: Luanda (2018), 124.

[14] Cujo exemplo mais conhecido é o da *titularização de créditos* ("securitization"). Este produto esteve na origem de muitos dos problemas da crise financeira e económica iniciada

desenvolvida pelos organismos de supervisão financeiro. E é à volta destes desafios que, adiante, dedicamos a nossa análise.

4.1. O desafio da dupla supervisão

Como fizemos referência, com esbatimento das fronteiras convencionais que separavam os diferentes segmentos do mercado financeiro, tem-se construído um sistema financeiro onde os bancos entram no mercado segurador e no mercado de investimentos e onde as seguradoras, por sua vez, entram no mercado do crédito e de investimentos.

Este facto, para além da dupla supervisão, potencia a existência de conflitos entre a CMC Ao e o BN Ao, ou, entre estes e a ARSEG Ao. Assim, adiante passamos a analisar o modo como estas controvérsias se apresentam.

4.2. A dupla supervisão entre o BN Ao e a CMC Ao

As instituições financeiras bancárias atuam no mercado de valores mobiliários como agentes de intermediação, realizando serviços e atividades de investimento em valores mobiliários e instrumentos derivados, nos termos permitidos às sociedades distribuidoras de valores mobiliários.

Ora, decorre, do nº 2 do artigo 6º da Lei de Base das Instituições Financeiras, que cabe também ao BN Ao o papel de regular e supervisionar as instituições bancárias e as suas operações no mercado de valores mobiliários, o que levanta a problemática da dupla supervisão, isto é, um conflito positivo de competência. Coloca-se, assim, a questão de saber se a CMC Ao terá também competência de regular e supervisionar as instituições bancárias que desenvolvam atividades do mercado de valores mobiliários e de derivados.

Duas correntes se posicionam em sentidos diversos. A primeira entende que, de acordo com a Lei de Base das Instituições Financeiras, o BN Ao é a entidade autorizada para regular e supervisionar as instituições financeiras bancárias e todas as suas atividades, independentemente do mercado em que operam.

em 2007. Sobre titularização, João Calvão da Silva, *Titularização de créditos – securitization*, 3ª ed, Almedina: Coimbra (2013), 11-34; Sobre a engenharia financeira, José Manuel Gonçalves Santos Quelhas, *Sobre a Evolução do Sistema Financeiro: novos produtos financeiros*, Coimbra Editora: Coimbra (1996), 37 ss..

A segunda posição, na qual nos revemos, entende que o CVM Ao constitui o regime próprio para a regulação e supervisão das operações realizadas no mercado e em instrumentos mobiliários, independentemente da natureza dos seus operadores. Por isso, as atividades de intermediação de valores mobiliários realizadas pelos bancos devem ser reguladas e supervisionadas pela CMC Ao.

Sendo supervisionada pela CMC Ao, coloca-se a questão de saber se esta supervisão deverá ser meramente comportamental[15] ou se também abarcará a vertente prudencial. Antes de respondermos a esta questão, é necessário considerar que a supervisão prudencial visa salvaguardar a segurança e a solidez das instituições financeiras, garantindo que não assumem riscos excessivos e assegurando que cumprem com as suas obrigações perante investidores, depositantes, segurados e outras contrapartes[16].

Estas matérias, via de regra, não estão associadas à atividade e serviços de investimentos realizados pelos bancos no mercado de valores mobiliários; por isso, apesar de concluirmos que compete à CMC Ao a supervisão, esta competência deve ficar de fora da supervisão prudencial, cabendo assim ao BN Ao a sua realização[17].

4.3. A dupla supervisão entre o BN Ao e a ARSEG Ao

Algumas das questões colocadas em face da supervisão dos bancos quando atuam no mercado bancário também se põem em sede do mercado de seguros, pois, no âmbito da convergência financeira, sobre a qual já nos debruçámos, os bancos, para além dos serviços e produtos bancários tradicionais, passaram, a partir das suas agências, a prestar serviços no mercado de seguros, isto é, a poder comercializar seguros (*ban-*

[15] A Supervisão Comportamental é dirigida à proteção da confiança legítima das contrapartes das entidades supervisionadas, visando combater, por exemplo, os conflitos de interesses e garantir a qualidade da informação relevante comunicada ou divulgada. A instituição encarregue da supervisão comportamental cuida da transparência, divulgação, práticas justas e transparentes, e igualdade dos participantes no mercado.

[16] Ricardo Miguel Simões da Silva, *A Regulação e Supervisão dos Conglomerados Financeiros*, WP 14 Bol. Cienc. Eco. FDUC – Série BCE (2016), 7-8.

[17] De ressaltar que igual controvérsia foi colocada em sede da realidade portuguesa, mas, apesar de existir um modelo de supervisão funcional, remeteu a supervisão prudencial para o BP Pt e a comportamental para a CMVM Pt.

cassurance) através da distribuição de produtos financeiros de seguros e da atividade de mediação de seguros[18].

Por outro lado, as seguradoras, no âmbito da gestão dos fundos de pensões, passaram a estar habilitadas a captar do público fundos reembolsáveis para operações de capitalização; participar no capital social de outras sociedades; e a comercializar crédito bancário ("*assurbanque*") e outros produtos financeiros ("*assurfinance*")[19].

Temos assim um sistema financeiro onde os bancos entram no mercado segurador e no mercado de valores mobiliários e onde as seguradoras, por sua vez, entram nos mercados de crédito e de valores mobiliários[20]. E esta situação é suscetível de potenciar um conflito positivo entre o BN Ao e a ARSEG Ao, resultando daí um excesso de regulação e supervisão ou, pelo contrário, a sua falta. E em face desta realidade, o desafio consiste em repensar o modelo de supervisão adotado em Angola.

4.4. A supervisão prudencial dos conglomerados

Com os escândalos recentes, por exemplo, do Grupo Espírito Santo, os conglomerados financeiros, enquanto grupos financeiros que atuam nos três segmentos do mercado financeiro (Banca, Seguros e Valores Mobiliários)[21], têm vindo a ocupar uma posição central no sistema financeiro angolano[22], sobretudo devidos aos desafios que impõem ao sistema de regulação e supervisão do sistema financeiro, por exemplo, o aumento do perigo de risco/efeito de contágio dentro dos conglomera-

[18] Silva, *A Regulação* cit., 16.

[19] Silva, *Banca* cit., 31; e, Silva, *A Regulação* cit., 17.

[20] Silva, *A Regulação* cit., 17.

[21] Kazuhiko Koguchi, *Les Conglomérats Financiers,* 183 L'Observateur de L'OCDE, OCDE: Paris (1993), 18-21, 18; José Engrácia Antunes, *A Supervisão Consolidada dos Grupos Financeiros*, Publicações Universidade Católica: Porto (2000), 28.

[22] Os principais bancos angolanos, para além de operarem por modo próprio no mercado de valores mobiliários (como distribuidoras), integram-se em sociedades que operam no mercado de seguro, por meio de sociedade de seguros, por exemplo, Banco Angolano de Investimentos, a NOSSA Seguro; o Banco de Poupança e Créditos, a Mundial Seguros; e o Banco Internacional de Crédito, ao BIC-Seguro.

dos financeiros[23] e, consequentemente, dentro do próprio sistema financeiro[24].

Os conglomerados financeiros colocam delicados problemas de controlo consolidado para o modelo de supervisão funcional, pondo em causa, por exemplo, a garantia da observância das normas prudenciais de cada uma das atividades, a prevenção e o combate de circulação de ativos fictícios mediante operação intragrupo, e a existência de mecanismos adequados de supervisão para controlo de riscos, como risco de contágios decorrente da convergência financeira, isto é, do esbatimento das fronteiras (*firewalls*)[25].

Diante destes problemas, tem-se colocado a questão de saber que organismo será chamado para efetuar a supervisão prudencial dos conglomerados financeiros que atuam no mercado financeiro angolano. A esta questão tem-se apontado, como resposta, o disposto no artigo 66º da Lei de Base das Instituições Financeiras, no nº 2 e alínea *b)* do nº 3 do artigo 20º do CVM Ao, normas que, respectivamente, dispõem sobre o poder do BN Ao e da CMC Ao de efetuar a supervisão de base consolidada às instituições financeiras sob sua jurisdição.

Ora, pensamos que esta norma responde à questão da supervisão dos grupos financeiros homogéneos pelo facto de integrarem as instituições que operam no mesmo segmento de mercado, mas, tratando-se de um conglomerado financeiro, isto é, grupo empresariais heterogéneos, constituídos por instituições financeiras que desenvolvem actividades em diferentes segmentos do mercado (banca, seguro e valores mobiliários), resultando daí, por exemplo, o fenómeno da *bancassurance*, da

[23] Hal S. Scott, *Connectedness and contagion – Protecting the financial system from panics*, The MIT Press: Cambridge (2016), 6-14, 67-75.

[24] Os perigos de risco sistémico nos conglomerados financeiros podem configurar-se num risco sistémico intragrupo inerente ao conglomerado, traduzida "numa situação de crise em instituições financeiras de um sector financeiro do conglomerado poder rapidamente atingir as instituições dos outros sectores financeiros do mesmo conglomerado (principalmente por causa das relações e operações que ocorrerão entre instituições financeiras do conglomerado). Em segundo lugar, este risco sistémico intragrupo, aliado ao importante peso que os conglomerados financeiros têm no sistema financeiro, pode agravar o próprio risco sistémico existente no seio do sistema financeiro". Cf. Silva, *A Regulação* cit., 27; Quelhas, *Sobre as Crises* cit., 405.

[25] Silva, *Banca* cit., 32.

assurfinance ou *allfinance*[26], a norma do artigo 64º da Lei de Base das Instituições Financeiras não responde ao problema, na medida em que, num sistema de supervisão funcional, como é o caso angolano, poderá desencadear um conflito de competência, sobretudo negativo, o que gera sobreposições e lacunas de regulação e, consequentemente, de supervisão no sistema financeiro.

4.5. A supervisão dos derivados e dos produtos financeiros complexos

Decorre da alínea *b)* do artigo 17º CVM Ao que, para além dos valores mobiliários, compete à CMC Ao a regulação e a supervisão dos instrumentos derivados que, segundo Engrácia Antunes, são os "*instrumentos financeiros resultantes de contratos a prazo celebrados e valorados por referência a um determinado activo subjacente*"[27], ou seja, são produtos financeiros que derivam de um ativo fundamental ou subjacente, em forma de contrato, cujo valor é baseado no desempenho deste ativo, por exemplo, as *opções*, os *futuros*, os *swaps*, os *contratos a prazo* e quaisquer outros instrumentos ou contratos com características análogas, nos termos da alínea *e)* do artigo 2º do CVM Ao.

Dentre as suas características, destaca-se o facto de estes instrumentos derivarem de um ativo subjacente que, por exemplo, no âmbito do artigo 11º do Regulamento da CMC Ao sobre Repositórios de Transações, são as mercadorias, crédito, divisas, instrumentos de capital próprio, taxas de juro, ações, obrigações e outros. E é em sede desta característica que se tem colocado a questão de saber se a supervisão dos derivados compete em exclusivo à CMC Ao ou, por exemplo, ao BN Ao, quando o ativo subjacente for um crédito, divisas ou taxa de juros.

Semelhante problemática é colocada em sede da convergência financeira, pois esta, com o avanço da tecnologia, tem permitido o desenvolvimento de novos produtos que combinam características da banca, dos seguros e dos valores mobiliários cuja regulação e supervisão também constitui uma matéria controvertida.

Apesar de o nº 3 do artigo 8º da Lei de Base das Instituições Financeiras dispor que compete a CMC Ao regular e supervisionar os produtos e os serviços e atividade em valores mobiliários e instrumentos deriva-

[26] Silva, *Banca* cit., 32.

[27] Antunes, *Instrumentos* cit., 113.

dos por quaisquer outras instituições financeiras, a alínea b) do nº 3 do artigo 227º do CVM Ao estabelece que as cláusulas contratuais gerais referentes às operações sobre instrumentos derivados que tenham como ativo subjacente instrumentos do mercado monetário ou cambial carece de aprovação do BN Ao. Esta disposição parece indiciar que cabe ao BN Ao a supervisão daqueles instrumentos derivados, por isso, é neste âmbito que tem emitido um conjunto de aviso sobre esta matéria.

Uma outra perspetiva pode seguir no sentido de que a norma da alínea *b)* do nº 3 do artigo 227º do CVM Ao confere uma competência partilhada pelo facto de existir sempre a intervenção da CMC Ao no âmbito da realização de operações de instrumentos derivados que tenham como ativos subjacentes instrumentos do mercado cambial e monetário.

4.6. A questão do *enforcement versus* promoção

Uma das questões colocada, em sede da supervisão, resulta do facto de que a CMC Ao, por exemplo, para além de lhe ser incumbida a tarefa de regulação e supervisão, tem também a promoção do mercado de valores mobiliários[28] através não só do desenvolvimento de atividades de literacia financeira, como também da adoção de práticas que permitam o acesso dos operadores ao mercado e, assim, conduzir para o desenvolvimento eficiente do mercado.

Ora, este processo remete o supervisor a um verdadeiro desafio, concretizado na escolha entre a promoção e o *compliance*, isto é, de um lado, deve ser condescendente face às irregularidade das instituições em prol do surgimento do mercado; por outro lado, no âmbito da supervisão, deve aplicar as sanções às entidades sempre que ocorram irregularidades ou práticas lesivas dos interesses dos investidores e do mercado a fim de assegurar a segurança jurídica e a legítima confiança. Estas duas posturas apresentam-se como controversas e cabe ao supervisor optar entre a promoção e o *enforcement*, semelhante à posição de *Janos*, deus romano das mudanças e transições.

Diante desta situação, o supervisor, a todo o momento, de acordo com os contextos e as acuais condições específicas do mercado, deve procurar tomar uma posição que, por um lado, não prejudique o funcionamento

[28] *Vide* artigos 4º e 5º do Estatuto Orgânico da Comissão do Mercado de Capitais, aprovado pelo Decreto Legislativo Presidencial nº 54/13, de 6 de junho.

regular e eficiente do mercado e, por outro lado, proteja os investidores, e nesta medida deve buscar um ponto ótimo e de equilíbrio.

4.7. A necessidade da mudança de paradigma: da supervisão baseada em regras para a supervisão baseada no risco

Tradicionalmente, a supervisão é vista como uma atividade de verificação de conformidade (ou *compliance*), tem natureza essencialmente retroativa, pois baseia-se na verificação dos livros, registos e conduta dos operadores de mercado em face das regras pré-existentes. Por meio de uma *check-list* de regras e procedimentos, analisa-se a conformidade legal dos atos dos operadores.

As entidades supervisoras avaliam o grau de cumprimento das regras, por meio da análise dos relatórios sobre as operações e desempenho histórico dos agentes do mercado e, neste processo, tem-se reparado que os resultados são avaliados com pouca ênfase nos controlos sistémicos e mecanismos de gestão de risco[29].

Para corrigir estas debilidades, o processo de supervisão, depois da *crise do suprime* de 2007/2008, tem mudado de paradigma, ou seja, tem surgido a necessidade de a supervisão se basear não só em transações individuais, mas sobretudo nos riscos internos dos operadores, no seu perfil de risco e no juízo que a entidade de supervisão faz sobre a sua capacidade de gestão de risco.

Na supervisão baseada no risco, o nível de intensidade de supervisão baseia-se num processo mais complexo de elaboração de perfil de risco e no exercício do julgamento sobre a qualidade da administração dos operadores e sua capacidade de identificar, gerir e mitigar o risco ao qual o operador e seus clientes são expostos. De acordo com a IOSCO, a ênfase no uso do julgamento pelo regulador é um dos aspetos mais desafiadores da supervisão baseada no risco[30].

Atualmente, a maioria das entidades de supervisão utilizam um sistema de supervisão baseada na conformidade que, apesar da importância do

[29] Seguindo de perto a abordagem da IOSCO, cf. IOSCO, *Toolkit for Risk Based Supervision of Securities Markets Intermediaries, Module 1 Introduction to Risk Based Supervision.* Acessível em IOSCO: https://www.iosco.org/members_area/capacity_building_online_toolkit/ (consultado a 12 de Maio de 2018).

[30] IOSCO, *Toolkit* cit., 12.

seu papel na dissuasão e na deteção de comportamentos injustos e abusivos para com os investidores, as últimas crises e fraudes financeiras, bem como a crescente complexidade dos mercados e instrumentos financeiros, tem levantado a necessidade de reforçar os mecanismos de proteção dos investidores, obrigando, assim, à sua reformulação e, por isso, as entidades de supervisão financeira devem mudar o paradigma da sua filosofia de atuação, adotando um sistema de supervisão baseada no risco[31].

A supervisão baseada no risco é comummente definida como "*um processo em que se avalia e se determina o perfil de risco de cada agente de mercado*[32]*, bem como o programa de supervisão que inclui inspecções específicas no local e fora do local, reuniões prudenciais e auditorias externas*"[33].

A supervisão baseada no risco tem por objetivo primário identificar fontes de problemas futuros, reconhecer esses riscos e tomar medidas atenuantes, bem como promover a transparência no mercado, fornecer sinais de aviso prévio e encorajar as administrações dos participantes do mercado a autoavaliarem a sua posição no mercado, o que implica um processo de acompanhamento e avaliação contínua dos perfis de risco, das estratégias de negócios e exposições ao risco dos agentes do mercado[34].

Na supervisão baseada no risco, a atuação das entidades de supervisão deixou de estar baseada em regras pós-evento (revisão das transações, de desempenho histórico) e centrou-se em mecanismos pró-ativos ou numa abordagem prospetiva, materializados na deteção de violações das regras e focadas na avaliação dos controlos e gestão de risco, nos riscos e prudências e, por isso, as entidades de supervisão aumentaram a sua capacidade de identificar os riscos de antemão e permitir que se tomem medidas corretivas[35].

Assim, enquanto a supervisão baseada nas regras visa a salvaguarda de estabilidade, promover a eficiência e assegurar uma proteção ade-

[31] Manuel, *Mecanismos* cit., 125.

[32] É definido como "*os riscos aos quais a empresa está exposta, sua disposição de assumir riscos (ou apetite ao risco) e sua capacidade de gerir e mitigar riscos*".

[33] Realizadas com base no nível e na tendência de cada tipo de risco, materializado no risco de mercado, risco de crédito, risco de liquidez, risco operacional, risco de conformidade legal, risco reputacional e risco anti branqueamento de capitais. Cf. IOSCO, *Toolkit* cit., 22 e ss..

[34] IOSCO, *Toolkit* cit., 23.

[35] Manuel, *Mecanismos* cit., 126.

quada para os investidores, a supervisão baseada no risco, para além destes objetivos, visa como objetivos específicos melhorar o perfil de risco dos agentes de intermediação e outros operadores do mercado, implementar um regime de supervisão integrado, promover a confiança no sistema financeiro como um todo e, desta forma, assegurar os mecanismos de proteção dos investidores[36].

Para a implementação da supervisão baseada no risco é necessária a utilização de um conjunto de ferramentas, matéria sobre a qual nos debruçaremos no ponto seguinte.

4.8. Ferramentas de supervisão baseada no risco

O processo de supervisão baseada em risco consiste na avaliação e atualização contínua dos perfis de risco, estratégias de negócios, tratamento dos seus clientes e exposições dos operadores do mercado.

Por meio da análise de sensibilidade, "*testes de stress*" e outras técnicas de monitorização de riscos, a supervisão baseada no risco permite que os recursos regulatórios sejam implementados de forma mais eficaz e eficiente, pois possibilita identificar a probabilidade de ocorrência de um evento negativo e ser capaz de quantificar o seu provável impacto nos clientes, nos mercados financeiros e, possivelmente, na economia em geral.

Mas para a realização deste processo é necessária a utilização das seguintes ferramentas: *i)* existências e a imposição de regras de licenciamento, comportamentais e prudenciais; *ii)* estudo de qualidade e estratégia da gestão; *iii)* utilização de um programa sistemático de inspeções *in loco*; *iv)* aplicação de sanções às infrações; *v)* exigência de padrões elevados de controlos internos[37].

As regras de licenciamento permitem que só tenham acesso ao mercado as pessoas com recursos, qualificações suficientes e de boa reputação. A imposição de normas prudenciais permite assegurar, de forma inicial e contínua, que os operadores disponham de estrutura económica, tecnológica e humana adequada para suportar o volume de negociação e honrar os compromissos em que estejam envolvidos. A imposição de regras de conduta de negócios garante que o agente de

[36] Manuel, *Mecanismos* cit., 127.

[37] IOSCO, *Toolkit* cit., 21.

intermediação realizará de forma adequada a atividade de consultoria e gestão prudente dos ativos do seu cliente.

A exigência de padrões elevados de controlos internos e de gestão de riscos permite a redução da possibilidade de inadimplência ou utilização inapropriada de ativos dos investidores.

A utilização de um programa sistemático de inspeções *in loco* das empresas permite obter o seguinte: *i)* uma melhor definição da posição de risco da empresa e do seu possível impacto no mercado; *ii)* ajustar o âmbito e a intensidade da supervisão em relação ao nível de risco exposto; *iii)* assegurar um regime de supervisão integrado com uma utilização eficiente e uma afetação eficaz de recursos escassos; *iv)* uma abordagem mais pró-ativa; e *v)* promover a confiança no sistema como um todo entre os investidores e outras partes interessadas.

Para a implementação da supervisão baseada no risco, a entidade de supervisão deve ter a capacidade de utilizar estas ferramentas de forma a identificar problemas numa fase precoce, tomar medidas corretivas e, se necessário, aplicar sanções proporcionais e dissuasivas. Deve organizar um programa de supervisão contínua e esta deve consistir em inspeções no local, reuniões com a gestão dos operadores a nível sénior, auditoria aos seus relatório e contas, bem como aplicação de sanções quando necessário[38].

5. Conclusão – Problemas novos e fórmulas antigas: que solução?

A problemática da convergência financeira (materializada na existência da questão da dupla supervisão; da supervisão prudencial dos conglomerados financeiros mistos; da promoção versus *enforcement*; e dos instrumentos derivados e dos produtos financeiros complexos) remete o sistema financeiro para um verdadeiro problema de supervisão cuja solução, entendemos, comunga da mesma necessidade de alteração do modelo de supervisão adotado em Angola. Ou seja, o modelo funcional de supervisão não consegue responder aos desafios apresentados e, por isso, o sistema financeiro fica vulnerável a comunidades de riscos originadas pelos laços intrasocietários, pela heterogeneidade e complexidade

[38] IOSCO, *Toolkit* cit., 21.

dos produtos financeiros e pelo entrosamento dos agentes e dos respetivos mercados[39].

Face a esta realidade, tem-se proposto uma regulação e supervisão coordenada "*em que, continuando a existir a tradicional regulação sectorial, haja também uma coordenação e concertação entre as diferentes autoridades reguladoras financeiras*"[40], por meio, por exemplo, de um comité de concertação, como o Conselho Nacional de Estabilidade Financeira. Entendemos que, no caso angolano, esta mitigação do modelo funcional não resolve os problemas apresentados, pois continuamos a ter a problemática da regulação dos produtos financeiros complexos e da supervisão prudencial e consolidada dos conglomerados financeiros.

Na verdade, esta proposta já foi acolhida em Angola, com a consagração do Conselho Nacional de Estabilidade Financeira, no artigo 67º da Lei de Base das Instituições Financeiras, mas a este "*ente*", sendo coordenado pelo Ministro das Finanças e tendo como integrantes os "*Chairmans*" e os administradores responsáveis pela supervisão dos três Organismos de Regulação e Supervisão do sistema financeiro, é-lhe apontado o demérito de ter um carácter mais político do que técnico e, por isso, não consegue impor uma efetiva coordenação entre os supervisores a fim de garantirem a supervisão eficiente, por exemplo, dos conglomerados financeiros, dos derivados e dos produtos financeiros complexos.

Para os desafios apresentados, é imprescindível abandonar o modelo de supervisão funcional e, por isso, migrar para novos modelos de supervisão, como o "*Twin Peaks*" ou o consolidado.

O modelo consolidado, adotado por exemplo por Cabo Verde e Moçambique, reúne no mesmo órgão a tarefa de supervisão de todos os segmentos do mercado financeiro e, por isso, é-lhe apontada a vantagem de aumentar a eficiência e conferir uma visão unificada, integrada e global sobre o sistema financeiro, bem como de reduzir a possibilidade de arbitragem regulatória e imprimir agilidade e foco na supervisão e regulação, o que, por exemplo, resolve o problema da supervisão prudencial dos conglomerados financeiros, dos potenciais conflitos entre os organismos de supervisão e a questão dos derivados e dos produtos financeiros complexos.

[39] No mesmo sentido: Antunes, *A Supervisão* cit., 58.

[40] Silva, *A Regulação* cit., 38.

Por isso, apesar de ser um modelo que depende de elevado grau de organização interna, propicia conflitos nos objetivos de regulação e não permite uma tão eficiente supervisão de cada sector financeiro de *per si*, apresentando-se como o melhor modelo para a supervisão macro prudencial do sistema financeiro[41].

Adotado, por exemplo, na Austrália, onde coexistem a *Australian Prudential Regulatory Authority (APRA)*, que supervisiona as instituições financeiras por razões prudenciais, o *Reserve Bank of Australia*, que cuida da estabilidade sistémica e a *Australian Securities and Investment Commission (ASIC)*, que controla a integridade do mercado e as regras de conduta nos negócios, no modelo "*Twin Peaks*", a supervisão prudencial e a comportamental são feitas por organismos distintos, isto é, um que executa a função de supervisão prudencial e outro que se ocupa das questões comportamentais[42].

Este modelo de supervisão, por razões prudenciais e por conduta nos negócios (comportamental), permite resolver os desafios descritos, na medida em que confere maior facilidade no controlo prudencial dos conglomerados, operadores multifuncionais e grupos; permite a existência de uma regulação uniformizada para as Instituições Financeiras e a redução nos custos de supervisão; e é o modelo ideal para assegurar a prioridade na proteção dos investidores, na integridade e transparência dos mercados. Por isso, somos da opinião de que, em Angola, se deve abandonar o modelo tradicional e ponderar-se a migração para o modelo "*Twin Peaks*" ou para o *modelo consolidado*.

Bibliografia

Domingas Miguel Nazaré, *A ENSA e a Reforma do Sector de Segurador em Angola*, Caxinde: Luanda (2008).

Hal S. Scott, *Connectedness and contagion – Protecting the financial system from panics*, The MIT Press: Cambridge (2016).

Helena Prata Garrido Ferreira, *Lições de Direito Económico*, 2ª ed, Casa da Ideias: Luanda (2010).

[41] Silva, *A Regulação* cit., 41.

[42] Manuel, *Mecanismos* cit., 117.

João Calvão da Silva, *Titularização de créditos – securitization*, 3ª ed, Almedina: Coimbra (2013).

Jorge Leão Peres, *Contabilidade Bancária*, Universidade Lusíada de Angola, Edição do Autor: Luanda (2011).

José Engrácia Antunes, *A Supervisão Consolidada dos Grupos Financeiros*, Publicações Universidade Católica: Porto (2000).

José Manuel Gonçalves Santos Quelhas, *Sobre a Evolução do Sistema Financeiro: novos produtos financeiros*, Coimbra Editora: Coimbra (1996).

Kazuhiko Koguchi, *Les Conglomérats Financiers*, 183 *L'Observateur de L'OCDE*, OCDE: Paris (1993), 18-21.

Leonildo João Lourenço Manuel, *O Dever de Informação e a Responsabilidade do Emitente pelo Conteúdo do Prospecto – Aproximações à luz do Direito Angolano*, Dissertação de Mestrado apresentada à Faculdade de Direito da Universidade Agostinho Neto, policopiado, Luanda (2016);
– *Mecanismos de Protecção do Investido no Mercado de Valores Mobiliários*, 1ª ed., Where Angola: Luanda (2018).

Luís Cabral de Moncada, *Filosofia do Direito e do Estado*, I/I, 2ª ed., Coimbra Editora: Coimbra (2006).

Manuel Camati, *Os Títulos do Banco Central de Angola*, 1ª ed, Mayamba Editora: Luanda, (2012).

Ricardo Miguel Simões da Silva, *A Regulação e Supervisão dos Conglomerados Financeiros*, WP 14 Bol. Cienc. Eco. FDUC – Série BCE (2016), 7-8.

Valter Filipe, *O Banco Nacional de Angola e a Crise Financeira*, 1ª ed, Mayamba Editora: Luanda (2012).

Inovação tecnológica e regulação do mercado de valores mobiliários

Francisco Satiro
Taimi Haensel

Resumo: *Um número expressivo de manifestações de grandes expoentes do pensamento humano indica serem necessárias novas abordagens para compreender o mundo atual. Nesta esteira, também a atividade regulatória precisa ser repensada. As relações permeadas pela inovação tecnológica trazem questões antes inexistentes e que demandam reflexão sobre como seria um arcabouço jurídico adequado. O presente estudo observa transformações importantes experimentadas por agentes, instituições, operações e processos, dentre outros elementos do mercado de valores mobiliários, em função da revolução informacional em curso. Busca, com isso, realçar algumas repercussões da inovação tecnológica sobre a regulação contemporânea do mercado de valores mobiliários. Trata-se de um ponto de partida para o aprofundamento de discussões sobre as bases em que um novo regime regulatório do mercado de valores mobiliários deve se construir com vistas a atender às demandas de uma ordem social caracterizada por tecnologias em constante aprimoramento.*

1. Introdução

Toffler, em seu exercício de futurologia publicado na década de 80, advertiu que importantes mudanças em nossa sociedade estavam em curso. O autor, valendo-se da metáfora de ondas colidentes,[1] previu

[1] O autor qualifica como ondas colidentes os movimentos de transformação que teriam o condão de mudar todo o modo de viver da humanidade. Alvin Toffler, *A Terceira Onda*, 23ª ed., Record: Rio de Janeiro (1998), 19.

estarmos vivendo o impacto da *Terceira Onda*, substitutiva do processo de industrialização vivenciado na *Segunda Onda*.[2]

O império global da informação como base dos negócios; a disseminação dos cabos de fibra ótica permitindo a troca de informações por ondas de luz, em substituição às redes de cobre; a ajuda dos computadores para processar enormes quantidades de informações que dificilmente seriam sintetizadas pelo ser humano;[3] o retorno das pessoas ao "prossumo";[4] a cultura dos "tecno-rebeldes", para quem a tecnologia precisa ser examinada à luz do que é apropriado para nossos objetivos como sociedade:[5] são parte da realidade atual que Toffler explorou há quase quarenta anos.

Ao final da década de 90, Castells lançou estudo sociológico em trilogia que abordou o advento da "Sociedade em Rede" em seu volume inicial. Nele, o autor entende estarmos na *Era da Tecnologia da Informação*, nascida ao término do século XX, momento histórico tão relevante quanto aquele da Revolução Industrial.[6] Vê no "informacionalismo" o substrato do atual modo de produção capitalista.[7-8]

Pierre Levy, ao longo da década de 90, também refletiu sobre o assunto. Encarou o fenômeno do *virtual* como sendo o critério distin-

[2] Toffler, *A Terceira* cit., 24-27.

[3] Toffler, *A Terceira* cit., 162, 168 e 180.

[4] O prossumo seria consumo dos bens e serviços produzidos por elas mesmas, reduzindo a demanda por atividades providas por intermediários. O autor dá o exemplo específico do lançamento dos testes de gravidez a serem feitos pela própria pessoa no início dos anos 70. Tratava-se de exame antes restrito a medicos e a laboratórios. Toffler, *A terceira* cit., 266-268.

[5] Toffler, *A Terceira* cit., 158-159.

[6] Trata-se de "[u]m intervalo cuja caraterística é a transformação de nossa 'cultura material' pelos mecanismos de um novo paradigma tecnológico que se organiza em torno da tecnologia da informação." Manuel Castells, *A Sociedade em Rede* (A era da Informação: Economia, Sociedade e Cultura v. 1), 11ª ed., Paz e Terra: São Paulo (2008) 67-68.

[7] Castells, *A Sociedade* cit., 51.

[8] O autor critica, contudo, a dimensão do fenômeno conferida em um grande número de manifestações sobre o tema, nos quais vê "exagero profético" e "manipulação ideológica". Isto porque a revolução em curso não teria como causa essencial a tecnologia da informação. O papel desta, na verdade, teria sido o de meio que propiciou as condições materiais para a revolução. Castells, *A Sociedade* cit., 68.

tivo da humanidade atual.[9] Situou a informação e o conhecimento como "principal fonte de produção de riqueza" da atividade econômica contemporânea[10] em suas investigações sobre a virtualidade. Explicou que "um movimento geral de virtualização afeta hoje não apenas a informação e a comunicação mas também os corpos, o funcionamento econômico, os quadros coletivos da sensibilidade e o exercício da inteligência."[11].

A virtualização na vida em sociedade repercute na forma como lidamos com espaço e tempo. Sendo a informação e o conhecimento a base da economia, esta se descola em relação a um território.[12] A seu turno, em uma unidade de tempo, a pessoa, uma comunidade, uma ação ou informação podem se fazer manifestar em mais de um local, sem nele estarem presentes. Tempo e espaço deixam de ser elementos restritivos.

"Muitos nomes, nenhuma certeza", observa De Masi. E aponta que pode ser transposta ao momento atual a mesma dificuldade em classificar a realidade da industrialização pelos pensadores que então identificaram o fim de uma civilização iminentemente agrária.[13]

É nestes termos que nega as inúmeras propostas de rótulos sobre a sociedade atual, optando, provisoriamente, pela noção já difundida de *sociedade pós-industrial*.[14] Explora, contudo, a noção de sociedade "progra-

[9] "Certamente nunca antes as mudanças das técnicas, da economia e dos costumes foram tão rápidas e desestabilizantes. *Ora, a virtualização constitui justamente a essência, ou a ponta fina, da mutação em curso.* Enquanto tal, a virtualização não é nem boa, nem má, nem neutra. Ela se apresenta como o movimento mesmo do 'devir outro' – ou heterogênese – do humano. Antes de temê-la, condená-la ou lançar-se às cegas a ela, proponho que se faça o esforço de apreender, de pensar, de compreender em toda a sua amplitude a virtualização." (Grifou-se) Pierre Levy, *O que é o virtual?*, Editora 34: São Paulo(1996) 11-12.

[10] Levy, *O que é* cit., 54.

[11] Levy, *O que é* cit., 11.

[12] "Precisamente: o conhecimento e a informação não são 'imateriais' e sim desterritorializados; longe de estarem presos a um suporte privilegiado, eles podem viajar. Mas informação e conhecimento tampouco são 'materiais'! A alternativa do material e do imaterial vale apenas para substâncias, ao passo que a informação e o conhecimento são da ordem do acontecimento ou do processo." Levy, *O que é* cit., 56.

[13] Domenico De Masi, *A Sociedade Pós-Industrial*, 3ª ed., SENAC: São Paulo (2000) 30.

[14] *"Por este motivo, e devido ao sucesso de que este termo já desfruta, preferimos a denominação de 'sociedade pós-industrial' que, na nossa opinião, deve ser mantida enquanto não ficar claro que a nova*

mada" de Hegedus,[15] em que, compreendendo a ciência como traço distintivo do mundo atual, não haveria mais limites tanto para a resolução quanto para a geração de novos problemas.

Identifica, ainda, uma sensação de 'crise' recorrentemente manifestada nas discussões contemporâneas, explicando que os efeitos benéficos das novas tecnologias necessariamente conduzem à constatação de que tal crise tem origem em nossa visão ultrapassada de mundo, e não em eventos concretos.[16]

Embora não se encontre consenso sobre qual seria o núcleo ou eventuais elementos determinantes da civilização contemporânea, as mudanças no modo de vida são sentidas nas relações econômicas. As transformações sociais profundas logo precisaram ser melhor entendidas também pela economia.

Nesta linha, a análise econômica de Schwab entende, mais recentemente, estarmos diante de uma "quarta revolução industrial", lastreada na interconexão entre vários elementos e, dentre eles, em tecnologias digitais.[17] Assim como os autores previamente abordados, também se vê diante da dificuldade de categorizar os desdobramentos das transforma-

sociedade, além de delinear-se como diferente em relação à sociedade industrial, se distingue também por um ou vários fatores determinantes cuja preeminência é bem visível.

Portanto, o termo 'sociedade pós-industrial' não é com cereza impecável, mas por enquanto é o menos ruim, justamente por sua indefinição que não nos obriga a privilegiar algum fator, visto a que ainda não temos condições de arriscar uma preferência neste sentido." (Grifos no original) De Masi, *A Sociedade* cit., 31-32.

[15] De Masi, *A Sociedade* cit., 60.

[16] De Masi, *A Sociedade* cit., 28.

[17] "Ciente das várias definições e argumentos acadêmicos utilizados para descrever as três primeiras revoluções industriais, acredito que hoje estamos no início de uma quarta revolução industrial. Ela teve início na virada do século e baseia-se na revolução digital. É caracterizada por uma internet mais ubíqua e móvel, por sensores menores e mais poderosos que se tornaram mais baratos e pela inteligência artificial e aprendizagem automática (ou aprendizado de máquina)."

"(...) O que torna a quarta revolução industrial fundamentalmente diferente das anteriores é a fusão dessas tecnologias e a interação entre os domínios físicos, digitas e biológicos." Klaus Schwab, *A Quarta Revolução Industrial*, Edipro: São Paulo (2016), 20-21.

ções em curso.[18] E, como os demais autores, identifica um estado de "para sempre na versão beta", de impermanência das inovações que surgem.[19]

O que destas discussões sobre uma nova sociedade repercute sobre o mercado de valores mobiliários? Há o efeito de impacto previsto por Toffler; a tecnologia da informação instrumentaliza o desenvolvimento, agregando o pensamento humano ao processo produtivo como preconiza Castells; os meios e relações, muitas vezes virtuais, encontram soluções para seus problemas na atualização, antes de entrarem novamente em processo de transformação, segundo Levy; há necessidade de se recorrer a novas formas de pensar os fenômenos da vida, posto não serem mais os critérios da era industrial adequados para explicar a realidade hoje instaurada, conforme postula De Masi; há a interpenetração da tecnologia digital com outros domínios da ciência, tornando a imprevisibilidade um elemento corriqueiro da nova era, como constata Schwab. Todas estas perspectivas fazem parte de um mercado de valores mobiliários que, no tempo presente, experimenta a transformação de sua substância.

O Direito precisa se dedicar, de início, a conhecer e a mapear os problemas da nova essência do mercado como condição prévia para que se possa, posteriormente, pensar e erigir uma ordenação que enderece a estabilidade e a segurança. Com esse intuito, este estudo tece observações introdutórias sobre alguns agentes, produtos e instituições transformados pelo paradigma informacional e da virtualização.

2. Inovação Tecnológica, Mercado de Valores Mobiliários e Regulação

A regulação do mercado de valores mobiliários enfrenta uma revolução material e formal na atualidade, pelo que nos parece haver um novo direito do mercado de valores mobiliários em construção.

[18] "A quarta revolução industrial terá um impacto monumental na economia global; será tão vasto e multifacetado que fica difícil separar determinado efeito do outro." Schwab, *A Quarta* cit., 40.

[19] "As empresas que sobreviverem ou prosperarem precisarão manter e aprimorar continuamente sua vantagem inovadora. Empresas, indústrias e corporações enfrentarão pressões darwinianas contínuas e, como tal, a filosofia 'para sempre na versão beta' (sempre evoluindo) vai se tomar predominante." Schwab, *A Quarta* cit., 76.

Material, porque as partes, operações e relações do mercado estão em mutação.[20] Cabe, nesse sentido, examinar o objeto a ser regrado. *Formal*, porque as regras do jogo precisam de estruturas e objetivos diferentes dos tradicionais. Nessa seara, promove-se a reflexão sobre o modelo regulatório que melhor atende às transformações em curso e se investigam quais seriam as estratégias para bem regrar a nova realidade.

Este trabalho se debruça sobre a primeira perspectiva: o conteúdo do mercado de valores mobiliários que, em função das transformações da era informacional, demanda atenção regulatória.

Como plano de ação para a atividade regulatória em geral, Schwab prescreve a necessidade de o regulador identificar os fenômenos tecnológicos que carecem de atenção, compreender o objeto a ser tratado, regrá-lo com celeridade, e fazer isso em regime de interação com empresas e sociedade civil.[21]

Com base em tal recomendação, empreendemos, a seguir, o esforço de identificar e conhecer algumas feições proeminentes da substância do mercado de valores mobiliários contemporâneo surgidas a partir da inovação tecnológica.

2.1. Algoritmos

Estudo brasileiro recente assim descreve uma parte do cenário da digitalização do mercado de valores mobiliários:

> (...) No lugar de antigos pregoeiros, compradores e vendedores diretos de ações, estão físicos e astrofísicos, estatísticos, matemáticos e economistas

[20] Vários conceitos de base informacional, virtualizados, tomam o lugar que historicamente era ocupado por objetos físicos e por interações presenciais. É o caso das noções de 'papel', 'operador', 'pregão viva-voz', 'livro' e 'bolsa', que hoje ou convivem ou estão sendo suplantadas pelas ideias de algoritmos, robôs, negociação eletrônica em alta frequência, plataforma, *crowdfunding*, *coin offerings*, *tokens* dentre tantas outras.

[21] "Muitos avanços tecnológicos existentes hoje não recebem considerações apropriadas nos quadros regulamentares atuais e isso poderá, até mesmo, interromper o contrato social estabelecido pelos governos com seus cidadãos. Pela governança ágil, os reguladores devem encontrar formas contínuas de adaptação a um ambiente novo e em rápida mudança, reinventando-se para entender melhor o que estão regulamentando. Para fazer isso, governos e agências reguladoras precisam colaborar estreitamente com as empresas e com a sociedade civil para conseguir dar forma às necessárias transformações globais, regionais e industriais." Schwab, *A Quarta* cit., 83.

formados nas melhores universidades que desenham algoritmos e estratégias de negociações automatizadas para serem realizadas na velocidade de milissegundos, por meio de sistemas computacionais.[22]

Os algoritmos aí mencionados são a tecnologia subjacente que possibilita tomar decisões, acompanhar o mercado e fechar negócios de maneira automatizada, dentre outras funções, revolucionando a forma como as operações com valores mobiliários são feitas e o papel dos agentes tradicionalmente envolvidos.[23]

A computadorização e o emprego de meios eletrônicos foi só o começo do processo de transformação do mercado de valores mobiliários, relata Brummer. Ele explica que os algoritmos consistem em códigos computacionais contendo um "conjunto de procedimentos e funções" destinados a formular decisões de investimento. O emprego dessa ferramenta tem por objetivo maximizar a realização de tarefas em níveis em que o operador humano não conseguiria competir, a exemplo da quantidade de informações que o algoritmo processa no tempo e da rapidez no disparo automático das ofertas. Ainda, o algoritmo comporta

[22] "Sob esse novo 'complexo', computação de alta *performance*, infraestrutura de baixa latência, *hardwares* e *softwares* de alta precisão, programados pelos melhores cérebros da informática avançada, combinam-se para mapear, monitorar, tomar decisões e negociar ativos, comprar e vender papéis, em altíssima velocidade, por vezes sem intervenção humana, na escala dos milissegundos – em alguns casos, aproximadamente trinta ou quarenta vezes mais rápido do que uma piscada de olho humano." Edemilson Paraná, *A Digitalização do Mercado de Capitais no Brasil: Tendências Recentes*, Texto para Discussão 2370, IPEA: Brasília (Fevereiro de 2018), 8-9 (relatando como a inovação tecnológica passou a permear as atividades do mercado de valores mobiliários).

[23] Em explicação bastante detalhada, Yadav descreve a perspectiva prática da negociação com algoritmos:
"In place of humans submitting orders and routing and processing trades, firms can delegate these tasks to algorithms, computerized instructions that transact in accordance with a firm's pre-set strategy. Untethered from the limitations of human cognition, algorithms enable trades to occur at high speed and high volume using pre-programmed decision rules to identify trading opportunities. With the aid of algorithms, traders can deploy a more powerful array of quantitative techniques, statistics, and financial modeling as part of the buying and selling process than previously possible." Yesha Yadav, *How Algorithmic Trading Undermines Efficiency in Capital Markets* (February 24, 2014). Acessível em: https://ssrn.com/abstract=2400527 (consultado a 11 de outubro de 2018) 1609-1610.

a inserção de uma série de parâmetros condicionadores da sua atividade, como os retornos esperados e os limites de risco aceitáveis.[24]

Esse emprego dos algoritmos nas operações com valores mobiliários é comumente referido como *algo-trade*, conjugando a noção de algoritmo com a sua aplicação na negociação de ativos em bolsa (o '*trade*') ou como "robô", em alusão à automatização do negócio.[25]

Os *algo-trades* deram origem, por sua vez, a mais uma inovação. Na medida em que o algoritmo consegue disparar a oferta de forma autônoma, sem a necessidade de intervenção humana e em grandes quantidades, bem como processar volumes massivos de informações, a questão da velocidade ganhou importância como diferencial nas operações em bolsa. Foi nesse quadro que o *high-frequency trading*, a negociação em alta frequência ou HFT, passou a representar importante volume das operações hoje cursadas no mercado nacional e internacional.[26]

Embora não exista um conceito único que dê conta de todos os aspectos do HFT, ele é classificado pela Diretiva 2004/39/EC da União Europeia (a "Diretiva dos Mercados de Instrumentos Financeiros II" ou

[24] Chris Brummer, *Disruptive Technology and Securities Regulation* (2015). Acessível em Fordham Law Review: http://ir.lawnet.fordham.edu/flr/vol84/iss3/6 (consultado a 07 de outubro de 2018) 1001-1002.

[25] A expressão é usada como sinônimo de algoritmo em relatório do regulador: CVM, *Supervisão Baseada em Risco – Relatório Semestral Julho-Dezembro 2017.* Acessível em: http://www.cvm.gov.br/menu/acesso_informacao/planos/sbr/bienio_2017_2018.html (consultado a 11.10.2018) 151. Já Noda constata *algorithmic trading, automated trading, algo-trading, black-box trading* e *robot trading* como expressões intercambiáveis. Margareth Noda, *Acesso eletrônico e Tendências para a Intermediação no Mercado de Valores Mobiliários,* Dissertação de Mestrado, Faculdade de Direito da Universidade de São Paulo: São Paulo (2010) 47.

[26] Sobre a presença do HFT nos mercados, Paraná apresenta o seguinte quadro: "Esses algoritmos e mecanismos de negociação automatizada, também conhecidos como "robôs investidores", já são responsáveis por mais de 40% de tudo que é comprado e vendido diariamente na bolsa de valores brasileira. Nos mercados americanos, onde investimentos bilionários em cabos de fibra ótica próprios e conexão ultrarrápida via micro-ondas são realizados para economizar de 2 a 3 milissegundos, estima-se que esse percentual ultrapasse a marca dos 50%, tendo chegado ao seu auge de cerca de 60% a 70% entre 2009 e 2014. Nos mercados europeus, a média estimada de utilização está em torno de 40% do total das negociações (...)." Paraná, *A Digitalização* cit., 10-11.

"MiFidII") como uma "técnica de negociação algorítmica."[27] [28] Em sede de discussões acadêmicas, algumas características comuns frequentemente listadas para o HFT são o emprego de algoritmos e a utilização de tecnologia computacional para trocar dados em alta velocidade, isto com o objetivo de implementar uma estratégia negocial de forma mais rápida que os demais participantes do mercado.[29]

A utilização dos algoritmos e do HFT vem sendo apontado como fonte de diversas preocupações em termos de regulação, pensando tanto em questões da qualidade de mercado quando da integridade de suas estruturas. A título meramente introdutório, o emprego da velocidade da ferramenta para a realização de ilícitos de mercado, a volatilidade exacerbada e imotivada dos preços dos ativos, o descolamento dos preços dos ativos negociados em bolsa de seu valor fundamental, a dificuldade de supervisão regulatória em razão das massivas quantidades de dados trocadas em curtos lapsos de tempo, a imposição de custos aos *players* (instituições, investidores e regulador) para adoção da tecnologia, o afastamento de investidores com menor capacidade de compreensão da complexidade tecnológica envolvida nas negociações algorítmicas, den-

[27] A definição de HFT para o MiFidII consta de seu Artigo 4(40):
"*(40) 'high-frequency algorithmic trading technique' means an algorithmic trading technique characterised by:*
(a) infrastructure intended to minimise network and other types of latencies, including at least one of the following facilities for algorithmic order entry: co-location, proximity hosting or high – speed direct electronic access;
(b) system-determination of order initiation, generation, routing or execution without human intervention for individual trades or orders; and
(c) high message intraday rates which constitute orders, quotes or cancellations; (...)"

[28] A definição de negociação algorítmica do MiFidII consta de seu Artigo 4(39).
"*(39) 'algorithmic trading' means trading in financial instruments where a computer algorithm automatically determines individual parameters of orders such as whether to initiate the order, the timing, price or quantity of the order or how to manage the order after its submission, with limited or no human intervention, and does not include any system that is only used for the purpose of routing orders to one or more trading venues or for the processing of orders involving no determination of any trading parameters or for the confirmation of orders or the post-trade processing of executed transactions; (...)*".

[29] Vide, por exemplo: Maureen O'Hara, *High Frequency Market Microstructure*, v. 116 n. 2 Journal of Financial Economics (April 2014) 4.; e Albert J. Menkveld, *The Economics of High-Frequency Trading: Taking Stock* (June 1, 2016, forthcoming). Acessível em Annual Review of Financial Economics: https://ssrn.com/abstract=2787542 (consultado a 11 de outubro de 2018).

tre muitas outras discussões, têm integrado a pauta de inquietações a serem sanadas pelo direito do mercado de valores mobiliários.[30]

2.2. Distributed Ledger Tecnologies

Os chamados *distributed ledger tecnologies* ou DLTs[31] têm o *blockchain* como o maior expoente, sendo a base para a amplamente conhecida criptomoeda "Bitcoin"[32].

Trata-se de tecnologia que consiste no emprego de algoritmos criptografados para formar um 'livro' digital de registros. O processamento e armazenagem desse livro é gerido de forma descentralizada. A terminologia frequentemente empregada se refere a uma governança que seria "distribuída" ou "compartilhada" entre os vários integrantes ("*peers*") de

[30] Para uma discussão mais detalhada destes problemas, vide: Taimi Haensel, *Os Desafios da Regulação do High Frequency Trading no Brasil – Uma abordagem prudencial a luz das transformações operadas pela inovação tecnológica no mercado de valores mobiliários*. Tese de doutorado. Faculdade de Direito da Universidade de São Paulo: São Paulo (2019) 240.

[31] Para os fins deste trabalho, DLT e *blockchain* são entendidos da seguinte forma: "*Distributed ledger technology (DLT) has established itself as an umbrella term to designate multi-party systems that operate in an environment with no central operator or authority, despite parties who may be unreliable or malicious ('adversarial environment'). Blockchain technology is often considered a specific subset of the broader DLT universe that uses a particular data structure consisting of a chain of hash-linked blocks of data.*" Michel Rauchs / Andrew Glidden / Brian Gordon / Gina Pieters / Martino Recanatini / François Rostand / Kathryn Vagneur / Bryan Zhang, *Distributed Ledger Technology Systems: A Conceptual Framework* (2018). Acessível em: https://www.jbs.cam.ac.uk/fileadmin/user_upload/research/centres/alternative-finance/downloads/2018-10--26-conceptualising-dlt-systems.pdf (consultado a 11 de outubro de 2018) 15.

[32] "*The Bitcoin blockchain is the first, the world's largest and the most widely researched DLT. It uses a highly complex consensus mechanism ('mining' based and referred to as 'proof of work' as explained later in this chapter) to validate and authorize new information added to the ledger. The distributed nature of the Bitcoin blockchain through the use of blocks and hashes (overcoming the need for a central counterparty or central database), combined with the sophisticated consensus mechanism (overcoming the trust problem that characterizes the internet and any networks between unknown, distributed parties) are the most important, and therefore the most researched, innovations brought about by the Bitcoin blockchain.*" IOSCO, *IOSCO Research Report on Financial Technologies (Fintech)* (February 2017). Acessível em: https://www.iosco.org/library/pubdocs/pdf/IOSCOPD554.pdf (consultado a 07 de outubro de 2018) 48.

uma rede de computadores,[33] que pode ser pública ou privada.[34] Seria pelo consenso dos participantes que novos registros poderiam passar a integrar esse livro.

A figura de um agente central de validação das operações perde a função em tal sistema, sem prejuízo da confiança nos registros.[35] A integridade dos registros seria mantida pela aprovação prévia a ser conferida pelos usuários da rede sobre quaisquer atualizações.[36]

E porque o termo *blockchain*? Um conjunto de informações seriam agrupadas em um 'bloco' ("*block*")[37]. Em termos de suporte, as informações (de um direito, de uma operação, entre outros) são registradas e gravadas em conjunto, e a imagem do bloco é empregada de forma

[33] "*In essence, a blockchain is a distributed digital ledger that uses cryptographic algorithms to verify the creation or transfer of digital records in a distributed network.*" Michèle Fink, *Blockchains: Regulating the Unknown* (2018). Acessível em German Law Journal: www.germanlawjournal.com/s/01-Vol_19_No_4_Finck.pdf (consultado a 11 de dezembro de 2018) 667-668.

[34] Sobre a classificação entre DLTs públicos vs. DLTs privados: "*DLT uses either a public or private network. Public networks are open networks, accessible to anyone who wishes to join, without any restrictions on membership. Any data stored on a public network is visible to all network participants, in encrypted form. The first DLT network, centered on the issuance and exchange of bitcoins, was established as a public network. This network does not have any central authority; instead it relies on the network participants to verify transactions and record data on the network, based on a certain protocol. In contrast to public networks, private networks are permissioned networks, and only those entities that have been granted access can join them. Private networks allow the network operator to restrict access and create an environment of known, trusted parties. On private networks, permission levels may also be tiered such that different entities and individuals may have varying levels of authority to transact and view data. There is a growing desire to employ private networks, particularly in the financial services sector, as various industries start to develop commercial uses of DLT while seeking to maintain greater control over network users.*" FINRA, *Distributed Ledger Technology: Implications of Blockchain for the Securities Industry* (January 2017). Acessível em: https://www.finra.org/sites/default/files/FINRA_Blockchain_Report.pdf (consultado a 07.10.2018) 3.

[35] "(...) *The set-up of blockchain allows actors to trust the technology, which dispenses from the need to trust human counterparties or institutions. This novel variant of trust allows individuals, companies, and machines to interact directly without the need for third parties. While these entities may not trust another, trust in the blockchain is sufficient to allow them to interact. This is important as it underlines that trust doesn't disappear – it is placed in code and those that develop it instead of counterparties and institutions.*"
Fink, *Blockchains* cit., 669.

[36] IOSCO, *IOSCO Research Report* cit., 48.

[37] Para a IOSCO: "*A blockchain provides a digitally signed time series of data or records, put together as blocks with the linkage also digitally signed, thereby making it hard to tamper with.*"

ilustrativa. O bloco se presta ainda a auxiliar no entendimento de que há uma construção ordenada em andamento. A cada bloco, podem ser empilhados outros na sequência (se aprovados pelo consenso dos integrantes da rede mediante confirmação do *hash*[38]), formando uma cadeia ("*chain*").[39]

Uma série de aplicações para os DLTs são discutidas para o mercado de valores mobiliários.[40-41] O registro de propriedade sobre valores mobiliários ainda envolve um sistema complexo de escrituração e de processamento de eventos societários.[42] A International Organization of Securities Commissions ("IOSCO") identifica algumas utilizações recentes com DLTs referentes ao registro de ações de companhias fechadas que se mostram promissoras no desenvolvimento de ferramentas que diminuam custos relacionados à subscrição, verificação de propriedade e a operacionalização de eventos societários em companhias

E repisa explicação contida em estudo da Goldman Sachs: "*This database is made of "a chain of blocks", with each block containing data such as details of the transactions – the seller, the buyer, the price, the contract terms and other relevant details.*" IOSCO, *IOSCO Research Report* cit., 48.

[38] "*The transaction detail contained in each block is validated by all nodes in the network via an algorithm called 'hashing'. The transaction is valid if the result of hashing is confirmed by all nodes.*" IOSCO, *IOSCO Research Report* cit., 48.

[39] Veja-se, a esse respeito, a explicação de Yermack: "(...) *Blocks are "chained" together in the pattern proposed by Haber and Stornetta (1991), because the header of each block contains a hash function reflecting the contents of the previous block, which itself includes a hash function derived from its predecessor, and so forth, all the way back to the first block in the chain. (...)*" David Yermack, *Corporate Governance and Blockchains* (November 28, 2016, Forthcoming). Acessível em Review of Finance: https://ssrn.com/abstract=2700475 (consultado a 07 de outubro de 2018) 8.
E a explicação de Fink: "*Blockchain gets its name from the fact that it constitutes a record of all transactions grouped into blocks that form a chain. The creation of this chain of blocks occurs through consensus algorithms that diverge depending on the blockchain at issue.*" Fink, *Blockchains* cit., 668.

[40] A criação de valores mobiliários empregando o DLT é examinado no próximo item deste artigo.

[41] Para uma crítica detalhada sobre as funcionalidades apregoadas ao DLT, vide: Joseph Lee, *Distributed Ledger Technologies (Blockchain) in Capital Markets: Risk and Governance* (May 18, 2018). Acessível em: https://ssrn.com/abstract=3180553 (consultado a 11 de outubro de 2018).

[42] Sobre a definição de evento societário: "*A corporate action is an event initiated by a company that affects the investors of the securities it issued. Typical corporate actions include payments of stock dividends or bond coupons, early redemption of debt securities, right issues, stock splits and proxy voting.*" IOSCO, *IOSCO Research Report* cit., 54.

abertas.[43] Também aponta vantagens em relação à confiabilidade e segurança dos registros feitos em DLTs.[44] Outro benefício diria respeito à transparência. Exemplificativamente, Yermak aponta que o registro digital das ações permitiria aos acionistas acompanhar em tempo real as transferências de valores mobiliários de uma companhia aberta.[45]

A negociação de ativos no mercado de bolsa é outro campo de onde as funcionalidades dos DLTs são investigadas. Atualmente, o encontro de ofertas, principalmente em sistemas como o norte-americano, é um sistema intrincado de acessos, intermediários, processos e validações, tudo orquestrado por uma entidade administradora do ambiente de negociação. A desintermediação das operações já visualizada por Schwab[46] para a economia em geral pode manifestar-se aqui, sendo a negociação formalizada, autorizada e registrada pelo DLT. A *Financial Industry Regulatory Authority* ("FINRA") dos Estados Unidos já identificou expressamente a tendência de mudança no papel dos intermediários na fase do *trade*, na medida em que a execução do negócio pode passar a ser feita mediante validação das próprias partes, seja por consenso da rede, seja por alguma outra técnica de confirmação utilizada nos DLTs.[47] Custos podem ser reduzidos com a simplificação da estrutura e a diminuição de intermediários envolvidos.[48]

Ato contínuo à execução e registro do negócio, segue-se o processo de *pós-trade*, em que se conduz a compensação da operação.[49]

[43] IOSCO, *IOSCO Research Report* cit., 53

[44] IOSCO, *IOSCO Research Report* cit., 59.

[45] O autor aborda em detalhe uma série de efeitos dessa transparência para a melhoria da governança corporativa das companhias abertas, como a possibilidade de acompanhamento das posições detidas pela administração. Vide: Yermack, *Corporate* cit., 3.

[46] Schwab, *A Quarta* cit., 160.

[47] FINRA, *Distributed* cit., 6.

[48] "*With blockchain, we can trade assets peer to peer without this costly and complex legacy infrastructure.*" Don Tapscott, *2018 Regulation Roundtable: Addressing the Regulatory Challenges of Disruptive Innovation – Summary of 10 May 2018 Proceedings held at KPMG Toronto* (8 Aug. 2018). Acessível em: https://s3.us-east-2.amazonaws.com/briwebinars/Tapscott_2018+Blockchain+Regulation+Roundtable_Blockchain+Research+Institute.pdf (consultado a 11 de outubro de 2018) 12.

[49] "Compensação: cálculo das obrigações ou direitos líquidos dos participantes do sistema, de forma que apenas os resultados líquidos de suas operações em relação aos outros participantes do mercado, tanto dos ativos quanto dos valores financeiros, é que constituem de

O valor mobiliário é, na sequência, 'entregue' para seu novo titular e o valor devido pela operação é pago à contraparte (a liquidação). Aqui, novamente, toda uma estrutura de instituições, garantias e processos é empregada para mitigar riscos de crédito e operacionais. Esse processo, hoje, no mercado de bolsa, ainda pode demorar dias.[50] A perspectiva é que negociações cursadas através do *blockchain* possam ser compensadas em bem menos tempo[51] e, assim como no caso da negociação, com custos significativamente menores.[52]

O tema comporta incertezas sobre seus possíveis desdobramentos, levando Fink a afirmar que "*Regulators asked to engage with distributed ledgers are thus compelled to regulate the unknown.*" Ainda assim, a autora

fato um direito ou obrigação contra o sistema." CVM, *Mercado de Valores Mobiliários Brasileiro*, Série TOP, 3ª ed., CVM: Rio de Janeiro (2014). Acessível em: http://www.investidor.gov.br/portaldoinvestidor/export/sites/portaldoinvestidor/publicacao/Livro/LivroTOP-CVM.pdf (consultado a 20 de outubro de2018) 248.

50 "*Historically, securities have different clearing and settlement times. Whereas two parties may agree to make a trade and to clear that trade instantly, the settlement times can take much longer; they range from 'T+3' for most equity markets – that is, trade plus three days to settle – to even longer in other asset classes, as trades work their way through a complex multi-layer process, including pre-trade, trade, post-trade, custody, and so on.*" Tapscott, 2018 *Regulation* cit., 12.

51 "*Trades for bitcoin or ether settle in minutes, not days, but there are a lot more parties involved in securities transactions – more than most investors appreciate. There are complexities such as short selling and margin buying. Blockchain has the potential to increase settlement speed for securities, but it's more complicated than a comparison to cryptocurrencies. The degree to which these processes can be automated through interoperable smart contracts will determine the gains in settlement speed.*" Stephen McKeon, *The security token thesis* (May 25, 2018). Acessível em: https://hackernoon.com/the-security-token-thesis-4c5904761063 (consultado a 23 de setembro de 2018).

52 "*Stock trades in the U.S. generally require three business days for settlement to occur and ownership to move formally from seller to buyer. During this interval, funds pass between brokers and their clients, and shares are transferred on the books of the brokerage and the ledger of the corporation, all under the supervision of the Depository Trust Clearing Corp. Many people are involved in this process. In contrast, a sale of stock on the blockchain could be settled much more quickly, depending upon the cycle time for adding new blocks, and it would not require numerous middlemen, reducing the costs that now appear variously in commissions and bid-ask spreads. While stock markets would probably continue to operate in some form to facilitate the meeting of buyers and sellers, liquidity could increase greatly in response to the lower cost and faster speed of settlement. Cost savings on a blockchain market would take both direct and indirect forms. The direct cost savings would accrue from the reduction in personnel and streamlining of processes compared to those used currently. Indirect savings, potentially larger, would emerge from the reduced need for firms to tie up assets in collateral as a form of bonding during the settlement process.*" Yermack, *Corporate* cit., 19.

entende que a melhor forma de abordar uma inovação tecnologica é regrá-la desde seus primeiros estágios, enquanto ela ainda é maleável.[53] Um ambiente de certeza para os agentes da inovação somado à proteção do interesse público justificariam tal escolha.[54]

2.3. Tokenização de Valores Mobiliários

Uma aplicação dos DLTs de grande repercussão na atualidade são os *tokens*, por vezes também chamados de *coins*, figuras que vêm sendo utilizadas tanto no mercado financeiro[55] quanto no mercado de valores mobiliários.[56] Uma definição ampla explica os *tokens* como "manifestação digital" do conteúdo de um contrato e que teria funcionalidades de simplificação da contratação.[57]

Três modalidades de *tokens* são correntemente identificadas no mercado financeiro em sentido amplo: de pagamento, de *utility* e de ativos.[58]

[53] Fink, *Blockchains* cit., 665-666.

[54] Fink, *Blockchains* cit., 667.

[55] A exemplo de projeto estrangeiro para agilizar pagamentos entre Estados Unidos e Reino Unido. Tainá Freitas, *AMEX, Santander e Ripple juntam-se para usar blockchain em pagamentos* (2017). Acessível em *StartSe*: https://startse.com/noticia/amex-santander-e-ripple-juntam-se-para-usar-blockchain-em-pagamentos (consultado a 11 de outubro de 2018).

[56] A exemplo da oferta pública do Aspen Coin, securitização da propriedade do St. Regis Aspen Resort, encerrada em 14.09.2018. *Indiegogo's ICO Platform Launches "Aspen Coin" of St. Regis Aspen Resort* (August 27, 2018). Acessível em The Creative Crypto Magazine: https://ico.indiegogo.com/projects/aspen/ https://thecreativecrypto.com/indiegogos-ico-platform-launches-aspen-coin-of-st-regis-aspen-resort/ (consultado a 11 de outubro de 2018).

[57] "(...) *Specifically, special legal regimes that implement this object into the economy have the potential to absorb current legal regimes, such as contractual provisions relating to specific types of contracts, consumer law protection, security laws and other similar regimes. This potential is realised by the essence of this technology: digitalization of existing objects of rights and simplification of the process of contracting with them. The original subject matter of the contract is replaced by its digital manifestation: a 'token'.* (...)". SAVELYEV, Alexander. Some risks of tokenization and blockchainization of private law. *Computer Law & Security Review: The International Journal of Technology Law and Practice*, 2018. https://doi.org/10.1016/j.clsr.2018.05.010.

[58] A classificação tripartite é de lavra do regulador financeiro suíço em *Guidelines* publicadas em 2018. FINMA, *Guidelines for enquiries regarding the regulatory framework for initial coin offerings (ICOs)* (16 February 2018). Acessível em: https://www.finma.ch/en/news/2018/02/20180216-mm-ico-wegleitung/ (consultado a 06.10.2018).
Uma breve descrição de cada categoria é dada nos seguintes termos: "*Tokens can be put into three categories: payment tokens, which are pure cryptocurrencies; utility tokens, which provide access*

Como forma de pagamento (como é o caso das criptomoedas), pertenceriam ao âmbito da regulação financeira. A seu turno, os *utility tokens* confeririam direitos a prestação de serviços ou a bens. Já a categoria de *tokens* de ativos comportaria, dentre outras, a aplicação da tecnologia como suporte a valores mobiliários tradicionais.

No bojo dos *tokens* de ativos, estariam os *security tokens*, explicados como sendo "qualquer representação de valor com suporte em *blockchain* que esteja sujeito à regulação do direito do mercado de valores mobiliários."[59]

Diversos são os motivos apontados para a substituição dos métodos tradicionais de formalização da propriedade e/ou de direitos sobre valores mobiliários pelos *tokens*.

O suporte em DLT permite o fracionamento do ativo, de forma que mais investidores teriam condições de acessar o mercado de valores mobiliários nessas condições, comprando partes do ativo quando seu valor unitário for proibitivo. Também aumentaria a base de possíveis investidores, que se torna global e não mais local.[60] Um mercado mais profundo pode auxiliar na liquidez dos valores mobiliários negociados.[61]

to a service or product; and asset tokens, which represent shares in physical assets and income streams, for instance, or an entitlement to dividend or interest payments. The tokenization of 'non-bankable assets' in particular – assets that are not currently taken into account in the financial system – will open up completely new investment opportunities." Thomas Zeeb, *Beginning of a new era*. Acessível em: https://focus.world-exchanges.org/articles/beginning-new-era (consultado a 27.09.2018).

[59] McKeon, *The security* cit.

[60] A CVM aponta a questão territorial como uma das inovações promovidas por essa tecnologia: "Primeiro, por utilizar-se de meios exclusivamente digitais, **essa forma de captação facilita a captação de recursos de investidores a partir de qualquer localidade**, mediante a transferência de moedas virtuais ou moedas fiduciárias, com maior facilidade e agilidade quando comparado às vias tradicionais." (Grifou-se) CVM, *Initial Coin Offerings (ICOs) – FAQ da CVM a respeito do tema*. (16.11.2017) Acessível em: http://www.cvm.gov.br/noticias/arquivos/2017/20171116-1.html (consultado a 06 de outubro de 2018).

[61] *"The reason tokenization improves liquidity is because it enables deeper markets. Since tokens are highly divisible and global, the potential number of market participants is substantially higher than what we see today in markets for illiquid assets."* Stephen McKeon, *Traditional Asset Tokenization* (August 11, 2017). Acessível em: https://hackernoon.com/traditional-asset-tokenization-b8a59585a7e0 (consultado a 23 de setembro de 2018).

Além disso o menor custo de gestão da estrutura de pré e pós trading pode influenciar positivamente o interesse dos investidores.

Como se viu, o tema ainda tende a apresentar desdobramentos futuros. Como regular, contudo, um objeto que ainda está sendo aprimorado no mercado de valores mobiliários? O regulador único do mercado financeiro e de valores mobiliários da Suíça optou pela edição de *Guidelines*. Nesse documento de 2018, a Autorité Fédérale de Surveillance des Marchés Financiers da Suíça ("FINMA") informou que analisará as intenções de realização de ofertas iniciais de *coins* (ou *initial coin offerings*, ICO, no jargão de mercado) de forma pontual, no caso-a-caso. Baseado nesse exame, a FINMA definirá se a oferta em questão deve observância às leis e regras pertinentes aos ativos que regula.[62]

A Comissão de Valores Mobiliários ("CVM") também já se manifestou sobre a realização de operações nos moldes dos *initial coin offerings* no Brasil abordando aspectos sobre eventuais ofertas do produto, emissores, intermediários e ambientes de negociação. Na ocasião, a autarquia esclareceu que ativos digitais "a depender do contexto econômico de sua emissão e dos direitos conferidos aos investidores, podem representar valores mobiliários, nos termos do art. 2º, da Lei 6385/76." *Tokens* com estas características estariam, portanto, sujeitos a sua competência regulatória; outros, não. Até a data, contudo, nenhuma operação deste tipo teria sido levada a registro (ou dispensada de registro).[63]-[64] A nota

[62] FINMA, *Guidelines* cit.

[63] CVM, *Initial Coin Offering. Nota a Respeito do Tema* (11.10.2017). Acessível em: http://www.cvm.gov.br/noticias/arquivos/2017/20171011-1.html (consultado a 06 de outubro de 2018)

[64] A CVM decidiu, em 30.01.2018 que a emissão do Token *Niobium Coin* não seria valor mobiliário: "O Colegiado acompanhou a manifestação da área técnica, consubstanciada no Memorando nº 19/2017-CVM/SRE, complementado pelo Memorando nº 7/2018-CVM/SRE/GER-3, no sentido de que a criptomoeda ou *utility token* Niobium Coin, nos estritos termos em que foi apresentada à CVM até esta data, não se caracteriza como valor mobiliário, razão pela qual a CVM não teria competência em relação à sua pretendida oferta inicial de distribuição (*Initial Coin Offering – ICO*)." CVM. *Caracterização de ICO como oferta de valor mobiliário – proc. sei 19957.010938/2017-13*. 30.01.2018. Acessível em: http://www.cvm.gov.br/decisoes/2018/20180130_R1/20180130_D0888.html. Acesso em: 11.10.2018.

aproveita ainda para listar uma série de riscos ao investidor, potencializados em caso de operações não registradas.[65]

Em documento produzido logo na sequência, a CVM delimitou com mais detalhamento o que consideraria como ativos, operações, procedimentos de registro e de negociação de um possível *ICO*. O texto é importante, na medida em que oferece algumas balizas mais concretas aos eventuais participantes do mercado, como a essencialidade de prospecto (em detrimento dos *white papers* comumente apresentados) e a não exigência de "ferramentas de amparo reputacional" habitualmente apresentadas no prospecto desse tipo de ativo, a exemplo de "publicação de seus códigos-fonte, a divulgação de que houve auditoria independente de seus códigos-fonte e a divulgação de opiniões de supostos especialistas técnicos a respeito da oferta e do projeto em questão". [66]

Mais recentemente, no início de 2018, o tema "Ativos virtuais e ofertas públicas – ICO" foi adicionado a Ofício-Circular da CVM.[67] Algumas sinalizações relevantes por parte do regulador estão presentes nesta manifestação. Inicialmente, materializa mais uma vez o reconhecimento

[65] "a. Risco de fraudes e esquemas de pirâmides ('Ponzi');

b. Inexistência de processos formais de adequação do perfil do investidor ao risco do empreendimento (*suitability*);

c. Risco de operações de lavagem de dinheiro e evasão fiscal/divisas;

d. Prestadores de serviços atuando sem observar a legislação aplicável;

e. Material publicitário de oferta que não observa a regulamentação da CVM;

f. Riscos operacionais em ambientes de negociação não monitorados pela CVM;

g. Riscos cibernéticos (dentre os quais, ataques à infraestrutura, sistemas e comprometimento de credenciais de acesso dificultando o acesso aos ativos ou a perda parcial ou total dos mesmos) associados à gestão e custódia dos ativos virtuais;

h. Risco operacional associado a ativos virtuais e seus sistemas;

i. Volatilidade associada a ativos virtuais;

j. Risco de liquidez (ou seja, risco de não encontrar compradores/vendedores para certa quantidade de ativos ao preço cotado) associado a ativos virtuais; e

k. Desafios jurídicos e operacionais em casos de litígio com emissores, inerentes ao caráter virtual e transfronteiriço das operações com ativos virtuais." CVM, *Initial Coin Offering. Nota* cit.

[66] CVM, *Initial Coin Offerings (ICOs) – FAQ* cit.

[67] O documento é intitulado "Orientações gerais sobre procedimentos a serem observados pelos emissores e intermediários em ofertas públicas de valores mobiliários."O material, que é periodicamente atualizado, tem cunho orientativo, linguagem objetiva e é percebido pelos profissionais do mercado como um manual de referência para questões práticas.

de que há um novo tipo de operação no horizonte do mercado de valores mobiliários; ainda ele informa emissores sobre possibilidades a considerar em sede de inovação tecnológica; e, por fim, alerta as instituições participantes do mercado de que, em que pese sua novidade, o novo ativo e operações relacionadas não estão isentos do cumprimento das regras do arcabouço vigente para operações tradicionais.

2.4. *FINTECHs*

A expressão *Fintech*, junção dos termos *financial* e *technology*,[68] ganhou relevo no mundo recentemente. É frequentemente empregada para designar tanto instituições do mercado financeiro em sentido estrito e do mercado de valores mobiliários, quanto produtos e serviços que rompem com os modelos tradicionais desses segmentos econômicos. Trata-se de tendência, conforme já apontou o regulador do mercado de valores mobiliários brasileiro, ao criar em 2016, um núcleo de trabalho sobre o tema.[69]

A competição com instituições e institutos do mercado tradicional que se instaurou em outras áreas da economia,[70] instaurou-se também no mercado financeiro.[71] Os consumidores da nova geração se viram atra-

[68] Ilene Patrícia de Noronha Najjarian, *Fintech: Novo Desafio Regulatório*, 74 Revista de Direito Bancário e do Mercado de Capitais (2016) 34.

[69] A Portaria CVM/PTE/Nº 105/2016 instituiu o Núcleo de Inovação em Tecnologias Financeiras da CVM, o "Fintech Hub". CVM, *Portaria CVM/PTE/Nº 105, de 07 de junho de 2016*. Acessível em: http://www.cvm.gov.br/export/sites/cvm/decisoes/anexos/2016/20160607/PORTARIA-105.pdf (consultado a 08 de outubro de 2018).

[70] "Os monopólios concedidos pelo governo (por exemplo, a indústria de táxis, os médicos) têm, a bastante tempo, sido justificados pelo fato de certos tipos de profissões de alto risco precisarem de maior grau de controle e por somente poderem ser exercidas por profissionais licenciados, a fim de garantir um grau adequado de segurança e proteção ao consumidor. Há rupturas, atualmente, em muitos desses monopólios do governo, causadas pelos avanços tecnológicos que permitem que as pessoas interajam umas com as outras em uma base peer-to-peer e pelo surgimento de novos intermediários, responsáveis pela coordenação dos pares e pela facilitação de suas interações." Schwab, *A Quarta* cit., 85.

[71] "*This new era of FinTech is marked by the speed of technological change and the range of new entrants in the financial sector, including FinTech startups as well as information technology and e-commerce TechFins' all competing with traditional financial institutions and across developing, emerging, and developed markets.*" Dirk A. Zetzsche / Ross P. Buckley / Douglas W. Arner / Janos Nathan Barberis. *Regulating a Revolution: From Regulatory Sandboxes to Smart Regulation* (August 14, 2017). Acessível em: https://ssrn.com/abstract=3018534 (consultado a 08 de outubro de 2018) 7.

ídos por funcionalidades que imprimiram rapidez, digitalização e personalização dos serviços financeiros.[72]

Estudo recente de pesquisadores do *European Banking Institute* propõe uma classificação dos diversos agentes que hoje militam nesta área. Assim, *FinTech*, em sentido amplo, abarcaria as *startups* do ramo (para as quais se empregaria o termo '*FinTechs*'), empresas de tecnologia e de e-commerce já em atuação (que designam de '*TechFins*') e as instituições prestadoras de serviços no mercado financeiro. Como atributos da atividade prestada pelas *Fintechs*, identificam inovação e desenvolvimento econômico, a ser instrumentalizado por mudanças disruptivas no modo de atuar no mercado financeiro.[73]

A IOSCO também destacou os traços da nova figura em manual dedicado exclusivamente ao tema publicado 2017. Nele, a instituição aponta a inovação nos modelos de negócios (empregando a automação propiciada pela internet) e o emprego de tecnologias inovadoras (podendo valer-se de computação cognitiva, *machine learning*, inteligência artificial e DLTs) como eixos dessa indústria em expansão.[74]

Uma concepção de Fintech adotada pela CVM, também bastante ampla, inclui no conceito "a aplicação intensiva de novas tecnologia nos mercados, produtos ou serviços sob a jurisdição da CVM, incluindo, dentre outros, áreas relacionadas a plataformas de financiamento e à distribuição, negociação e pós-negociação de valores mobiliários, tais

[72] "*On top of this, technological innovations lead to changed demands and new forms of competition. Recently FINTECH (financial technology) companies, whose business model revolves around providing automated alternatives to mainstream banking products, have received much attention. With their offer they appeal to the younger generation (millennials) of customers that demands quick, digital, and personalized service. Surveys confirm that this generation has a low degree of trust in traditional banks, which makes them receptive to those alternatives and a bottleneck to traditional banks.*" Yvoone Lootsma, *Blockchain as the Newest Regtech Application – the Opportunity to Reduce the Burden of KYC for Financial Institutions* (August 2017). Acessível em Banking & Financial Services Policy Report: https://static1.squarespace.com/static/567bb0614bf118911ff0bedb/t/59ca5fc4017db2da07ec290c/1506435012176/Article+-+Blockchain+as+the+Newes+Regtech+Application+-+Yvonne+Lootsma+%281%29.pdf (consultado a 10 de outubro de 2018).

[73] "*FinTech embraces new startups (FinTechs), established technological and e-commerce companies (which we call TechFins) as well as incumbent financial firms. FinTech promises innovation and economic growth through disruption of traditional finance, yet it also poses a major challenge to the post-Crisis regulatory paradigm.*" Zetzche, *Regulating* cit., 4.

[74] IOSCO, *IOSCO Research Report* cit., 76.

como: crowdfunding, digital securities, automated advice, distributed ledger technology e high-frequency trading."[75]

O *crowdfunding* e o *automated advice*, dois dentre os diversos serviços que tem o potencial de impactar instituições sedimentadas do mercado de valores mobiliários e a forma como elas atuavam, vem sendo objeto de atenção por parte do regulador brasileiro. E, como destaca Najjarian, registrar, monitorar e fiscalizar um software é um desafio de vulto no âmbito das negociações com valores mobiliários.[76]

2.4.1. Plataformas de *Crowdfunding*

Pequenos empreendimentos promissores, com ideias inovadoras, como qualquer outro empreendimento na história, demandam capital. O que mudou na sociedade atual foi a ideia de mundo, que se abriu para a perspectiva da colaboração e a aceitação dos suportes eletrônicos como ferramenta de convívio e de viabilização das necessidades humanas. Nesse espírito, o *crowdfunding* se difundiu.[77]

De forma geral, o *crowdfunding* consiste na captação de recursos perante um público indeterminado para a realização de algum projeto. A aproximação entre o tomador dos recursos e seus financiadores é feita pela internet, geralmente em uma plataforma que organiza a captação. Os mais diversos segmentos tem se utilizado desse modelo.[78] Segundo a doutrina, trata-se de "técnica de financiamento alternativa".[79]

Na seara do mercado de valores mobiliários, o *crowdfunding* é empregado para angariar recursos destinados ao financiamento de uma atividade empresarial. De um lado, uma empresa carece de recursos para

[75] CVM, *Portaria* cit.

[76] Najjarian, *Fintech* cit., 34.

[77] O 'prossumo' (colocando o consumidor a participar da produção daquilo que consome) e a 'desmercadização' (modificando a função da intermediação na economia) antevistos por Toffler parecem ser concretizados nessa nova estrutura do mercado de capitais. Toffler, *A Terceira* cit., 277-278.

[78] Najjarian transpôs para a doutrina nacional os ensinamentos de Esteven Bradford, que visualiza quatro modelos de crowdfunding: o modelo de doação, o modelo de recompensa ou pré-venda, o modelo de empréstimo e o modelo de participação. Estes dois últimos podem, conforme o caso, ser enquadrados como valores mobiliários regulados pela CVM. Ilene Patrícia de Noronha Najjarian, *O Crowdfunding e a Oferta Pública de Valores Mobiliários,* n. 37 Revista FMU Direito (2012) 54.

[79] Zetzsche, *Regulating* cit., 18.

desenvolver um projeto e, de outro, investidores interessados (e cientes dos riscos) em investir em um negócio iniciante, mas de alto potencial inovador.

Em 2012, o *Jumpstart Our Business Startups Act*, conhecido como JOBS Act, medida do governo Obama em reação aos efeitos da crise de 2008, passou a prever a emissão de valores mobiliários mediante *crowdfunding*. Na sequência, a figura se popularizou, sendo incorporada também aos regimes jurídicos de outros países. [80]

A regulamentação da atividade no Brasil veio em 2017, com a Instrução CVM 588, que possibilitou a oferta pública de valores mobiliários de emissão de sociedades empresárias de pequeno porte e a criação das plataformas eletrônica de investimento participativo ("plataformas de *crowdfunding*").

Há muito que o setor das empresas entrantes no mercado carecia de um formato eficiente de captação de recursos via valores mobiliários.[81] Iniciativas replicando modelos em menor escala das ofertas e negociações em mercados organizados não alcançaram a adesão esperada.[82]

Uma característica marcante do *crowdfunding* no mercado de valores mobiliários é o "relaxamento" de alguns requisitos pertinentes a pro-

[80] "*Following the US lead and IOSCO recommendations, 80 at least 14 of 27 jurisdictions consulted by the FSB legislated regarding crowdfunding or peer-to-peer finance.*" Zetzsche, *Regulating* cit., 18.

[81] Em atenção a tal lacuna, e tendo em mente a importância do segmento para o desenvolvimento econômico, o regulador assim descreve seus objetivos com a edição da nova norma: "Tais regras são consideradas estratégicas para a ampliação e a melhoria da qualidade dos instrumentos de financiamento para empresas em fase inicial e com dificuldades de acesso ao crédito e à capitalização, mas que são vitais para a geração de emprego e renda na economia." CVM, *Relatório Anual 2017.* Acessível em: http://www.cvm.gov.br/export/sites/cvm/publicacao/relatorio_anual/anexos/Relatorio_Anual_2017.pdf (consultado a 09 de outubro de 2018) 42.

[82] Exemplo disso é o 'Bovespa Mais', segmento de acesso para empresas com requisitos de listagem facilitados, criado pela então BM&FBovespa S.A. – Bolsa de Valores, Mercadorias e Futuros ("BM&FBOVESPA") atual B3, única bolsa em operação no Brasil na atualidade). BM&FBOVESPA, *Segmentos de Listagem: Bovespa Mais.* Acessível em: http://www.bmfbovespa.com.br/pt_br/listagem/acoes/segmentos-de-listagem/bovespa-mais/ (consultado a 11 de outubro de 2018). Notícias relatam que o segmento está em reformulação. Maria Luíza Filgueiras, *Bolsa prepara mudanças no mercado de acesso* (18.09.2018). Acessível em Valor Econômico: https://www.valor.com.br/financas/5854869/bolsa-prepara-mudancas-no-mercado-de-acesso (consultado a 11 de outubro de 2018).

cessos típicos de emissão da regulação deste mercado. Regras estritas são flexibilizadas para viabilizar outros modelos de utilização dos valores mobiliários.

Nessa linha, no caso da regulação brasileira, criou-se um novo agente participante, uma fusão das noções de instituição intermediária, de entidade administradora de ambiente de negociação e de instrumento de prestação de serviços automatizados pela internet: a plataforma. Com ela, o investidor realiza seu negócio diretamente e de forma virtual.

A ideia da instituição intermediária tradicional é, com isso, desafiada em seu aspecto espacial, como um estabelecimento físico dotado de pessoal à disposição do cliente para intermediar operações pelo cliente.

Outra ruptura diz respeito à regra geral das ofertas públicas ordinárias, que é a obtenção de registro da oferta perante a CVM conforme determina o artigo 2º da Instrução 400/2003. No *crowdfunding*, as ofertas públicas recebem dispensa *automática* de registro, ou seja, não estão sujeitas à análise de regularidade prévia do regulador (art. 3º da Instrução CVM 588/2017).

Também para o emissor, a instrução erigiu um arcabouço normativo excepcional destinado àquelas que convencionou designar como "sociedades empresárias de pequeno porte", assim enquadradas conforme requisito de receita bruta anual.[83] A regra geral de registro de emissor (art. 1º da Instrução CVM 480/2009) é dispensada para a empresa que busca recursos via *crowdfunding* (art. 7º, VIII da Instrução CVM 480/2009 com redação dada pela Instrução CVM 595/2018).

Alguns objetivos são expressamente almejados pelo regulador. Em relação ao emissor, deseja-se a agilização e simplificação dos processos de capitalização da empresa. Em relação à economia, tem a intenção de fomentar novos negócios. Em relação aos investidores, o emprego de meios eletrônicos pretende aumentar o acesso ao público em geral.[84] Com a inserção das plataformas de *crowdfunding* na operação, estas sim com registro obrigatório perante a CVM (art. 12 e seguintes da Instrução

[83] Intrução CVM 588/2017: "Art. 2º: (...)
III – sociedade empresária de pequeno porte: sociedade empresária constituída no Brasil e registrada no registro público competente, com receita bruta anual de até R$ 10.000.000,00 (dez milhões de reais) apurada no exercício social encerrado no ano anterior à oferta e que não seja registrada como emissor de valores mobiliários na CVM; (...)"

[84] CVM, *Relatório* cit., 43.

CVM 588/2017), interpõe-se um *gatekeeper* para auxiliar o regulador em sua tarefa.

Em agosto de 2018, o mercado brasileiro já contava com 9 plataformas de *crowdfunding* registradas.[85] Mesmo diante de tantas perspectivas promissoras, a atividade requer acompanhamento. Nesse sentido, a IOSCO divulgou uma lista de riscos potenciais a serem monitorados pelos reguladores: o alto risco de insucesso das empresas iniciantes, possibilidade aumentada de fraudes, lavagem de dinheiro e financiamento de atividades terroristas em face do uso de meios eletrônicos de negociação, problemas operacionais em plataformas, ausência de mercado secundário (na maioria dos casos) que permita a liquidação do investimento, e a inadequação desse tipo de investimento a certos públicos face à limitação de informações oferecidas.[86]

2.4.2. Os *Robo-Advisors*

Em 2016, Schwab analisou o emprego de inteligência artificial para tomada de decisões no conselho de administração das companhias, relatando notícia de 2014 sobre o algoritmo VITAL (*Validating Investment Tool for Advancing Life Sciences*), que foi indicado como conselheiro

[85] CVM, *Plataformas Eletrônicas de Investimento Coletivo (crowdfunding) registradas na CVM (atualização em 22/8/2018)*. Acessível em: http://www.cvm.gov.br/export/sites/cvm/menu/regulados/plataformas_de_crowdfunding/anexos/Plataformas_eletronicas_de_investimento_coletivo.pdf. (consultado a 10 de outubro de 2018).

[86] *"In addition to common investment risks, such as conflict of interest, data protection and fraud, IOSCO believes regulators should pay attention to the additional risks related to crowdfunding:*
• Heightened financial risks: High risk of default or failure is often associated with start-up businesses.
• Fraud, money laundering/terrorist financing: The risk of fraud may be higher in the case of online private offering.
• Platform failure: There is risk of platform failure or closure for crowdfunding portals.
• Illiquidity: In most cases there is no secondary market for crowdfunding securities, which may limit investors' ability to sell or liquidate these securities.
• Suitability/information asymmetry: A crowdfunding offering may not be suitable for all investors, as many lack experience with these types of offerings and may not be able to carry out sufficient due diligence due to a lack of appropriate skills and/or the significant information asymmetry between the entrepreneur and the investor IOSCO, *Statement on Addressing Regulation of Crowdfunding* (December 2015). Acessível em: https://www.iosco.org/library/pubdocs/pdf/IOSCOPD521.pdf (consultado a 09 de outubro de 2018). 2.

com direito a voto na *Deep Knowledge Ventures.*[87] Em 2018, Lee anteviu os reflexos da utilização dos DLTs na desintermediação das atividades de recomendação de investimentos, o que conduziria à redução gradual da atividade consultiva dos gestores de recursos.[88] Mesmo assim, as empresas de administração de ativos estariam investindo no desenvolvimento de ferramentas de inteligência artificial.[89]

O mercado de valores mobiliários nacional não está em descompasso com cenário acima descrito. Entre 2016 e 2017, a CVM diligenciou novidades e alterações normativas para comportar essa nova realidade, em que algoritmos e sistemas passam a influenciar a tomada de decisões ou, até mesmo, decidir, em substituição à ação humana.

A Instrução CVM 592/2017, que veio a atualizar o regramento da atividade de consultoria de valores mobiliários, incluiu previsão sobre o emprego de "sistemas automatizados ou algoritmos", pelos prestadores de tais serviços, em seu art. 16. A regra explicita que os agentes que se valerem destas ferramentas estão sujeitos ao regime comum delineado pela instrução. O Edital de Audiência Pública que antecedeu a instrução motiva esse realce nos seguintes termos: "(...) Isto é, tais sistemas automatizados constituem somente ferramentas e instrumentos para suas respectivas atividades, mas de forma alguma desobrigam ou afastam os prestadores de serviços que os utilizam das responsabilidades e coman-

[87] "Se a lei de Moore continuar a valer, conforme tem funcionado nos últimos 30 anos, as CPUs atingirão o mesmo nível de processamento do cérebro humano em 2025. A *Deep Knowledge Ventures*, um fundo de capital de risco com base em Hong Kong que investe em ciências biológicas, pesquisas sobre o câncer, doenças relacionadas com o envelhecimento e medicina regenerativa, nomeou para seu conselho de administração um algoritmo de inteligência artificial, chamado VITAL *(Validating Investment Tool for Advancing Life Sciences* – Ferramenta de Validação de Investimentos para o Avanço das Ciências Biológicas)." Schwab, *A Quarta* cit., 156.

[88] "*With the invention of Robo-advisors – which use algorithms to recommend a portfolio of funds based on an investor's answers to an online questionnaire – asset management role as advisor will be gradually diminished.*" Lee, *Distributed* cit., 19.

[89] Lee, *Distributed* cit., 19. E também Aliya Ram / Robin Wigglesworth, *When Silicon Valley came to Wall Street – Mainstream asset managers have begun using big data and machine learning* (October 28, 2017). Acessível em Financial Times: https://www.ft.com/content/ba5dc7ca-b3ef-11e7-aa26-bb002965bce8 (consultado a 09 de outubro de 2018).

dos das Instruções específicas."[90] Ainda, pensando em sede de atividades de supervisão sobre a ferramenta, a instrução prevê, em parágrafo único, que "[o] código-fonte do sistema automatizado ou o algoritmo deve estar disponível para a inspeção da CVM na sede da empresa em versão não compilada."

A autarquia aproveitou o momento para inserir comandos idênticos também na instrução que trata da administração de carteira de valores mobiliários.[91]

O emprego da inteligência artificial no mercado de valores mobiliários com os *robo-advisors* vivencia uma expansão no Brasil, conforme noticia a mídia especializada.[92-93] Os benefícios que acompanham essa funcionalidade da tecnologia extravasam a seara econômica.[94] Contudo, com a efetiva disseminação da inteligência artificial como uma das ferramentas distintivas da sociedade atual, será necessário atentar também para os possíveis impactos negativos que a literatura já identificou, a exemplo de dificuldades com o *accountability* das ações do robô, diminuição de postos de trabalho, falhas e ataques à segurança informacional, dentre outros riscos.[95]

[90] CVM. *Edital de Audiência Pública SDM nº 06/18.* <http://www.cvm.gov.br/audiencias_publicas/ap_sdm/2018/sdm0618.html>. Acesso em: 10.10.2018. p. 8.

[91] Art. 16-A, incluído na Instrução CVM 588/2015 pela Instrução CVM 593/2017.

[92] Ana Lucia Moura Fé, *Robôs investidores usam IA para entregar carteira personalizada* (24.05.2018). Acessível em Valor Econômico: https://www.valor.com.br/financas/5545649/robos-investidores-usam-ia-para-entregar-carteira-personalizada (consultado a 09 de outubro de 2018).

[93] Note-se, porém, percepção diversa ao final de 2016, no sentido de que, para a America Latina e Caribe: "(...) *robo-advisors and robo-investors or any other technology-based investment decision tools are not well developed in the region.*" Diego Herrera, *Alternative Finance (Crowdfunding) Regulation in Latin America and the Caribbean – A Balancing Act,* DISCUSSION PAPER IDB-DP-480 (September 2016), Banco Interamericano de Desenvolvimento, 18.

[94] Schwab assim lista os impactos positivos da inteligência artificial:
"– Decisões racionais, orientadas por dados; menos viés.
– Eliminação da "exuberância irracional".
– Reorganização das burocracias ultrapassadas.
– Ganhos no trabalho e inovação.
– Independência energética.
– Avanços na ciência médica, a erradicação de doenças." Schwab, *A Quarta.* cit. 155.

[95] Quanto aos impactos negativos, Schwab assim lista:
"– Prestação de contas (quem é o responsável, direitos fiduciários, questões jurídicas).

3. Conclusão

A inovação tecnológica permeia a sociedade contemporânea, em transformação que se processa há algumas décadas. Refletir sobre a revolução em curso integra a tarefa de compreender a natureza das mutações inarredáveis que o mercado de valores mobiliários vem experimentando.

Novos agentes, instituições, produtos, serviços, processos, interesses e necessidades que tem a informação e o conhecimento como base demandam que a ciência jurídica aprenda a lidar com a 'atualização' como resposta ao problema 'virtual'.

Nessa linha, tais respostas da regulação tendem a se fazer menos perenes: requerem o mesmo constante aperfeiçoamento que também se exige da inovação tecnológica, assim como se beneficiam do constante surgimento de novas ideias em processos colaborativos entre os agentes interessados. Tendem, ainda, a internalizar as novas dimensões de espaço e de tempo próprias dos fenômenos da era da informação. O território e o local físico perdem importância, enquanto as medidas temporais se tornam variáveis relevantes.

O próprio modo de regular pode se tornar automatizado, prescindindo de interferência humana para cumprimento da lei. Lessig constatou que "*code is law*" no mundo atual. Considerando que o desenvolvimento da tecnologia não pode ser detido, um dos desafios que antevemos, diante de tal cenário, será imprimir nos códigos da informática os valores que são caros à humanidade.[96]

Bibliografia

Adriana Cotias, *Na onda dos robôs, Magnetis recebe aporte de R$ 17 milhões.* (13.04.2018. Acessível em Valor Econômico: https://www.valor.com.br/financas/5449575/na-onda-dos-robos-magnetis-recebe-aporte-de-r-17-milhoes (consultado a 09 de outubro de 2018).

- Perdas de trabalho.
- *Hacking*/ cibercrime.
- Responsabilidade e responsabilização, governança.
- Tornar-se incompreensível." Schwab, *A Quarta* cit., 155.

[96] *"So should we have a role in choosing this code, if this code will choose our values? Should we care about how values emerge here?"* Lawrence Lessig, *Code is Law – On Liberty in Cyberspace* (01.01.2000). Disponível em *Harvard Magazine*: https://harvardmagazine.com/2000/01/code-is-law-html (consultado a 06 de outubro de 2018).

Albert J. Menkveld, *The Economics of High-Frequency Trading: Taking Stock* (June 1, 2016, forthcoming). Acessível em Annual Review of Financial Economics: https://ssrn.com/abstract=2787542 (consultado a 11 de outubro de 2018) 1-28.

Aliya Ram / Robin Wigglesworth, *When Silicon Valley came to Wall Street – Mainstream asset managers have begun using big data and machine learning* (October 28, 2017). Acessível em Financial Times: https://www.ft.com/content/ba5dc7ca-b3ef-11e7-aa26-bb002965bce8 (consultado a 09 de outubro de 2018).

Alvin Toffler, *A Terceira Onda*, 23ª ed. Record: Rio de Janeiro (1998) 491.

Ana Lucia Moura Fé, *Robôs investidores usam IA para entregar carteira personalizada* (24.05.2018). Acessível em Valor Econômico: https://www.valor.com.br/financas/5545649/robos-investidores-usam-ia-para-entregar-carteira-personalizada (consultado a 09 de outubro de 2018).

Balmes Vega Garcia, *Direito e Tecnologia – Regime Jurídico da Ciência, Tecnologia e Inovação*, LTr: São Paulo, 2008. 181.

BM&FBOVESPA, *Segmentos de Listagem: Bovespa Mais*. Acessível em: http://www.bmfbovespa.com.br/pt_br/listagem/acoes/segmentos-de-listagem/bovespa-mais/ (consultado a 11 de outubro de 2018)

Chris Brummer, *Disruptive Technology and Securities Regulation* (2015). Acessível em Fordham Law Review: http://ir.lawnet.fordham.edu/flr/vol84/iss3/6 (consultado a 07 de outubro de 2018) 977-1052.

Clayton M. Christensen / Michael E Raynor / Rory McDonald. *What Is Disruptive Innovation?* (December 2015). Acessível em Harvard Business Review: https://hbr.org/2015/12/what-is-disruptive-innovation (consultado a 23.09.2018)

CVM, *Edital de Audiência Pública SDM nº 06/18* (10.10.2018). Acessível em: http://www.cvm.gov.br/audiencias_publicas/ap_sdm/2018/sdm0618.html. (consultado a 10 de outubro de 2018).

CVM, *Plataformas Eletrônicas de Investimento Coletivo (crowdfunding) registradas na CVM (atualização em 22/8/2018)*. Acessível em: http://www.cvm.gov.br/export/sites/cvm/menu/regulados/plataformas_de_crowdfunding/anexos/Plataformas_eletronicas_de_investimento_coletivo.pdf. (consultado a 10 de outubro de 2018).

CVM, *Caracterização de ICO como oferta de valor mobiliário – proc. sei 19957.010938//2017-13* (30.01.2018) Acessível em: http://www.cvm.gov.br/decisoes/2018/20180130_R1/20180130_D0888.html. (consultado a 11 de outubro de 2018)

CVM, *Supervisão Baseada em Risco – Relatório Semestral Julho-Dezembro 2017*. Acessível em: http://www.cvm.gov.br/menu/acesso_informacao/planos/sbr/bienio_2017_2018.html (consultado a 11.10.2018) 172.

CVM, *Relatório Anual 2017*. Acessível em: http://www.cvm.gov.br/export/sites/cvm/publicacao/relatorio_anual/anexos/Relatorio_Anual_2017.pdf (consultado a 09 de outubro de 2018) 73.

CVM, *Initial Coin Offerings (ICOs) – FAQ da CVM a respeito do tema*. (16.11.2017) Acessível em: http://www.cvm.gov.br/noticias/arquivos/2017/20171116-1.html (consultado a 06 de outubro de 2018)

CVM, *Initial Coin Offering. Nota a Respeito do Tema* (11.10.2017). Acessível em: http://www.cvm.gov.br/noticias/arquivos/2017/20171011-1.html (consultado a 06 de outubro de 2018)

CVM, *Portaria CVM/PTE/Nº 105, de 07 de junho de 2016*. Acessível em: http://www.cvm.gov.br/export/sites/cvm/decisoes/anexos/2016/20160607/PORTARIA-105.pdf (consultado a 08 de outubro de 2018).

CVM, *Mercado de Valores Mobiliários Brasileiro*, Série TOP, 3ª ed., CVM: Rio de Janeiro (2014). Acessível em: http://www.investidor.gov.br/portaldoinvestidor/export/sites/portaldoinvestidor/publicacao/Livro/LivroTOP-CVM.pdf (consultado a 20 de outubro de2018) 376.

David Yermack, *Corporate Governance and Blockchains* (November 28, 2016, Forthcoming). Acessível em Review of Finance: https://ssrn.com/abstract=2700475 (consultado a 07 de outubro de 2018) 46.

Diego Herrera, *Alternative Finance (Crowdfunding) Regulation in Latin America and the Caribbean – A Balancing Act*, DISCUSSION PAPER IDB-DP-480 (September 2016), Banco Interamericano de Desenvolvimento, 38.

Dirk A. Zetzsche / Ross P. Buckley / Douglas W. Arner / Janos Nathan Barberis. *Regulating a Revolution: From Regulatory Sandboxes to Smart Regulation* (August 14, 2017). Acessível em: https://ssrn.com/abstract=3018534 (consultado a 08 de outubro de 2018) 61.

Domenico De Masi, *A Sociedade Pós-Industrial*, 3ª ed. SENAC: São Paulo (2000) 443.

Don Tapscott, *2018 Regulation Roundtable: Addressing the Regulatory Challenges of Disruptive Innovation – Summary of 10 May 2018 Proceedings held at KPMG Toronto* (8 Aug. 2018). Acessível em: https://s3.us-east-2.amazonaws.com/briwebinars/Tapscott_2018+Blockchain+Regulation+Roundtable_Blockchain+Research+Institute.pdf (consultado a 11 de outubro de 2018) 48.

Edemilson Paraná, *A Digitalização do Mercado de Capitais no Brasil: Tendências Recentes*, Texto para Discussão 2370, IPEA: Brasília (Fevereiro de 2018) 52.

FINMA, *Guidelines for enquiries regarding the regulatory framework for initial coin offerings (ICOs)* (16 February 2018). Acessível em: https://www.finma.ch/en/news/2018/02/20180216-mm-ico-wegleitung/ (consultado a 06.10.2018) 11.

FINRA, *Distributed Ledger Technology: Implications of Blockchain for the Securities Industry* (January 2017). Acessível em: https://www.finra.org/sites/default/files/FINRA_Blockchain_Report.pdf (consultado a 07.10.2018) 22.

Ilene Patrícia de Noronha Najjarian, *Fintech: Novo Desafio Regulatório*, 74 Revista de Direito Bancário e do Mercado de Capitais (2016) 33-49.

Ilene Patrícia de Noronha Najjarian, *O Crowdfunding e a Oferta Pública de Valores Mobiliários*, n. 37 Revista FMU Direito (2012) 48-55.

Indiegogo's ICO Platform Launches "Aspen Coin" of St. Regis Aspen Resort (August 27, 2018). Acessível em The Creative Crypto Magazine: https://ico.indiegogo.com/projects/aspen/ https://thecreativecrypto.com/indiegogos-ico-platform-launches-aspen-coin-of-st-regis-aspen-resort/ (consultado a 11 de outubro de 2018).

IOSCO, *IOSCO Research Report on Financial Technologies (Fintech)* (February 2017). Acessível em: https://www.iosco.org/library/pubdocs/pdf/IOSCOPD554.pdf (consultado a 07 de outubro de 2018) 75.

IOSCO, *Statement on Addressing Regulation of Crowdfunding* (December 2015). Acessível em: https://www.iosco.org/library/pubdocs/pdf/IOSCOPD521.pdf (consultado a 09 de outubro de 2018) 2.

Isaac Asimov, *The Bicentennial Man* em *Fiction 100 – An Anthology of Short Stories*, 5ª ed., org. James H. Pickering, MacMillan: New York (1988), 39-65.

Jonathan B. Wiener, *The regulation of technology, and the technology of regulation* (2004). Acessível em: https://scholarship.law.duke.edu/cgi/viewcontent.cgi?referer=&httpsredir=1&article=1960&context=faculty_scholarship (consultado a 11 de outubro de 2018) 483-500.

Joseph Lee, *Distributed Ledger Technologies (Blockchain) in Capital Markets: Risk and Governance* (May 18, 2018). Acessível em: https://ssrn.com/abstract=3180553 (consultado a 11 de outubro de 2018) 1-25.

Klaus Schwab, *A Quarta Revolução Industrial*, Edipro: São Paulo (2016) 191.

Lawrence Lessig, *Code is Law – On Liberty in Cyberspace* (01.01.2000). Acessível em *Harvard Magazine*: https://harvardmagazine.com/2000/01/code-is-law-html (consultado a 06 de outubro de 2018)

Manuel Castells, *A Sociedade em Rede*, A Era da Informação: Economia, Sociedade e Cultura. v. 1, 11ª ed. Paz e Terra: São Paulo (2008) 698.

Maria Luíza Filgueiras, *Bolsa prepara mudanças no mercado de acesso* (18.09.2018). Acessível em Valor Econômico: https://www.valor.com.br/financas/5854869//bolsa-prepara-mudancas-no-mercado-de-acesso (consultado a 11 de outubro de 2018).

Margareth Noda, *Acesso eletrônico e Tendências para a Intermediação no Mercado de Valores Mobiliários*, Dissertação de Mestrado, Faculdade de Direito da Universidade de São Paulo: São Paulo (2010) 92.

Maureen O'Hara, *High Frequency Market Microstructure*, v. 116 n. 2 Journal of Financial Economics (April 2014) 257-270.

Michael Lewis, *Flash boys – Revolta em Wall Street*, Intrínseca: Rio de Janeiro, (2014) 238.

Michael Morelli, *Regulating Secondary Markets in the High Frequency Age: A Principled and Coordinated Approach* (2016). Acessível em Michigan Business & Entrepreneurial Law Review: https://repository.law.umich.edu/mbelr/vol6/iss1/4 (consultado a 11 de outubro de 2018) 79-107.

Michel Rauchs / Andrew Glidden / Brian Gordon / Gina Pieters / Martino Recanatini / François Rostand / Kathryn Vagneur / Bryan Zhang, *Distributed Ledger Technology Systems: A Conceptual Framework* (2018). Acessível em: https://www.jbs.cam.ac.uk/fileadmin/user_upload/research/centres/alternative-finance/downloads/2018-10-26-conceptualising-dlt-systems.pdf (consultado a 11 de outubro de 2018) 110.

Michèle Fink, *Blockchains: Regulating the Unknown* (2018). Acessível em German Law Journal: www.germanlawjournal.com/s/01-Vol_19_No_4_Finck.pdf. (consultado a 11 de dezembro de 2018) 665-692.

Pierre Levy, *O que é o virtual?* Editora 34: São Paulo (1996) 157.

Alexander Savelyev, *Some risks of tokenization and blockchainization of private law* 2018. Acessível em: https://doi.org/10.1016/j.clsr.2018.05.010 (consultado a 10 de outubro de 2018).

Stephen McKeon, *The security token thesis* (May 25, 2018). Acessível em: https://hackernoon.com/the-security-token-thesis-4c5904761063 (consultado a 23 de setembro de 2018).

Stephen McKeon, *Traditional Asset Tokenization* (August 11, 2017). Acessível em: https://hackernoon.com/traditional-asset-tokenization-b8a59585a7e0 (consultado a 23 de setembro de 2018).

Taimi Haensel, *Os Desafios da Regulação do High Frequency Trading no Brasil – Uma abordagem prudencial a luz das transformações operadas pela inovação tecnológica no mercado de valores mobiliários.* Tese de doutorado. Faculdade de Direito da Universidade de São Paulo: São Paulo (2019) 240.

Tainá Freitas, *AMEX, Santander e Ripple juntam-se para usar blockchain em pagamentos* (2017). Acessível em *StartSe*: https://startse.com/noticia/amex-santander-e-ripple-juntam-se-para-usar-blockchain-em-pagamentos (consultado a 11 de outubro de 2018).

Thomas Zeeb, *Beginning of a new era*. Acessível em: https://focus.world-exchanges.org/articles/beginning-new-era (consultado a 27.09.2018).

WEF, *The Global Information Technology Report – Innovating in the Digital Economy* (2016). Acessível em: http://www3.weforum.org/docs/GITR2016/WEF_GITR_Full_Report.pdf (consultado a 11 de outubro de 2018) 289.

WEF, *The New Physics of Financial Services. Understanding how artificial intelligence is transforming the financial ecosystem,* Part of the Future of Financial Services Series, Prepared in collaboration with Deloitte (August 2018). Acessível em: http://www3.weforum.org/docs/WEF_New_Physics_of_Financial_Services.pdf (consultado a 11 de outubro de 2018) 167.

Yesha Yadav, *How Algorithmic Trading Undermines Efficiency in Capital Markets* (February 24, 2014). Acessível em: https://ssrn.com/abstract=2400527 (consultado a 11 de outubro de 2018) 1607-1671.

Yvoone Lootsma, *Blockchain as the Newest Regtech Application – the Opportunity to Reduce the Burden of KYC for Financial Institutions* (August 2017). Acessível em Banking & Financial Services Policy Report: https://static1.squarespace.com/static/567bb0614bf118911ff0bedb/t/59ca5fc4017db2da07ec290c/1506435012176/Article+-+Blockchain+as+the+Newes+Regtech+Application+-+Yvonne+Lootsma+%281%29.pdf (consultado a 10 de outubro de 2018)

A autorregulação no mercado de capitais

Vanessa Constantino Brenneke

Resumo: *A autorregulação é estratégia regulatória, referendada pelos princípios de regulação da IOSCO*[1]. *Funda-se na participação de coletividades, organizadas em entidades com estrutura apartada e hierarquizada em relação aos participantes de mercado, para a atividade de elaboração de regras, definição de estratégias de supervisão, mecanismos de fiscalização e punição em caso de descumprimento. Quando utilizada de forma efetiva, a autorregulação tende a ser vetor de desenvolvimento do mercado de capitais.*

1. A autorregulação como estratégia regulatória

Como desenvolver um conjunto regulatório – entendido por regras, mecanismos de monitoramento e de coerção – que efetivamente cumpra os objetivos da regulação para mercado de capitais: preservar a integridade do mercado, preservar a integridade financeira e proteger os investidores (Carson, 2011, p. 10) e ainda garantia de criação e manutenção de mercados justos, eficientes e transparentes e redução de risco sistêmico (IOSCO, 2010)?

Este artigo sugere que tal conjunto regulatório pode ser formado também pela autorregulação, como estratégia regulatória consubstanciada na opção estatal e também na contribuição da sociedade para a criação, implementação e realização de parcela da atividade regulató-

[1] International Organization of Securities Commissions – IOSCO.

ria no mercado de capitais. Para tanto, mostra a visão da IOSCO sobre os princípios de regulação, incluindo a autorregulação e classifica a regulação a partir de seu agente emissor, para trilhar as alternativas da regulação privada e chegar à autorregulação. Ato contínuo, conceitua a entidade de autorregulação como instrumento de implementação da autorregulação e melhores práticas de atuação. Posteriormente, são listadas as condições para o surgimento da autorregulação e perspectivas (positivas e negativas) de seu uso. Antes das considerações finais, são apresentados quatro exemplos brasileiros de entidades de autorregulação, seu relacionamento com a autoridade estatal e seus perímetros de atuação.

2.1. A IOSCO, seus princípios de regulação e a autorregulação

A IOSCO[2], rede de governo[3] reconhecida pelas autoridades de mercado de capitais de suas jurisdições-membros como criadora de padrões

[2] A International Organization of Securities Commissions – IOSCO foi criada em 1983, por 11 comissões de valores mobiliários. Em 3 anos, tornou-se entidade internacional e foi criada uma secretaria permanente para seus trabalhos. Em outubro de 2018, a IOSCO contava com 220 membros. Ver em https://www.iosco.org/about/?subsection=about_iosco Acesso em 14 out 2018. Seus membros tem 3 categorias: (i.) os membros ordinários (128) são em sua maioria entidades estatais com autoridade sobre o mercado de capitais e/ou derivativos em suas jurisdições; (ii.) os membros associados (28) são reguladores estatais supra ou sub nacionais, organismos internacionais, (iii.) os membros afiliados (64) são entidades de autorregulação, bolsas de valores, estruturas para o mercado financeiro, entidades que oferecem mecanismos de compensação e proteção aos investidores e outras entidades com interesse em valores mobiliários. Ressalte-se que a IOSCO aceitou 3 entidades de autorregulação brasileiras como membros afiliados, a saber: B3 – Brasil, Bolsa, Balcão; BM&FBovespa Supervisão de Mercados e ANBIMA.

[3] Os membros da IOSCO devem cooperar em desenvolver, implementar e promover a aderência dos padrões de regulação e a troca de informações para implementação de regulação apropriada. Trata-se de uma "*rede de governo*".

"*Conforme definição de SLAUGTHER [SLAUHTER, Anne-Marie, The Power and Legitimacy of Government Networks, in The Partnership Pirnciple, New Forms of Governance in the 21th Century. London: Archetype Publications, 2004], as redes de governo ou redes governamentais são aquelas em que as autoridades governamentais se encontram, em bases regulares, com seus pares de diferentes fronteiras e jurisdições. O objetivo desse encontro inclui o intercâmbio e a apropriação de informações, bem como atividades de coordenação e de adoção de políticas para enfrentar problemas comuns numa escala global. A ação coordenada das redes de autoridade governamentais de distintos países permite o fechamento de lacunas existentes entre jurisdições estatais. O formato de redes governamentais se espalhou*

globais para a regulação de mercado de capitais publicou princípios de regulação[4], para nortear a busca deste conjunto regulatório.

As recomendações da IOSCO para a política regulatória de seus Estados-membros têm forte efeito reputacional na comunidade internacional. O reconhecimento dos Princípios da IOSCO como se fossem integrantes do ordenamento pátrio é recomendação do Center for Financial Market Integrity – CFA. Referida entidade reconhece que a determinação da regulação é decisão de cada Estado. Mas ressalta as benesses da harmonização dos ambientes regulatórios em mercado globalizado – desenvolvimento das melhores práticas, de novos produtos e vinculações entre agentes reguladores (CFA Institute Centre For Financial Market Integrity, 2007, p. 26).

Os princípios IOSCO de regulação são parte integrante do Programa de Avaliação do Setor Financeiro, o FSAP, um programa conjunto do Fundo Monetário Internacional, o FMI e o Banco Mundial que pretende promover a redução da probabilidade e gravidade de crises no financeiro, incluindo o mercado de valores mobiliários. A realização periódica do FSAP pelos Estados-membros foi aprovada pelo G-20[5] e pelo Finan-

pelo mundo, e, particularmente no que concerne a matérias financeiras e econômicas, tem sido uma ferramenta interessante para enfrentar problemas globais sem recorrer-se à estrutura tão combatida e dificultosa que representaria um governo ou autoridade global" (Rachman; Prado; Coelho, [2015], p. 3).

[4] Os atuais 38 Princípios IOSCO para a regulação do mercado de valores mobiliários versam sobre temas como: o regulador estatal, os mecanismos de coerção, os mecanismos de cooperação nacional e internacional, os emissores, os auditores, as agências de classificação de riscos e outros provedores de serviços de informação, os mecanismos de investimentos coletivos, os intermediários, os mercados secundários e outros mercados e serviços de liquidação e, também, a autorregulação.

[5] G20 foi criado em 1999, para promover diálogo entre países desenvolvidos e emergentes sobre a estabilidade econômica global. O Grupo conta com a participação de Chefes de Estado, Ministros de Finanças e Presidentes de Bancos Centrais de 19 países: África do Sul, Alemanha, Arábia Saudita, Argentina, Austrália, Brasil, Canadá, China, Coreia do Sul, Estados Unidos, França, Índia, Indonésia, Itália, Japão, México, Reino Unido, Rússia e Turquia. A União Europeia também faz parte do Grupo, representada pela presidência rotativa do Conselho da União Europeia e pelo Banco Central Europeu.

cial Stability Board[6] como mecanismo para a melhoria da estabilidade financeira no mundo.

A aplicação dos princípios apontados pela IOSCO foi examinada em 77 países, a partir da base de dados de países do FMI e do Programa de Avaliação do Setor Financeiro do Banco Mundial, o FSAP, sem menção individual (Carvajal; Elliot, 2007)[7]. O estudo reconheceu que, em muitos países, a autorregulação é vital no mercado de capitais[8].

2. Regulação e sua classificação

Regulação pode ser entendida como qualquer mecanismo que afete o comportamento das pessoas. Neste caso, é mecanismo de controle social, pode ser exercido qualquer pessoa, mesmo que sem intenção, desde que efetivamente modifique o comportamento das pessoas. Nesta acepção, não só a intervenção direta na economia é regulação como também as regras e quaisquer mecanismos não intencionais e/ou para-estatais (Baldwin; Scott; Hood, 2011, p. 3-4; Baldwin; Cave, 1999, p. 2).

A depender do agente da regulação que a emite, a regulação pode ser pública ou privada. Se a regulação for formulada pelo Estado é a regulação pública. No entanto, se Estado decidir não deter a exclusividade da regulação, outorgando aos participantes de mercado a liberdade para a possível criação do conjunto regulatório e se os participantes de mercado aceitarem realizar esta atividade, por motivos que exploraremos à frente, cria-se regulação privada, coexistente com e complementar à regulação pública.

A regulação privada tem diversos contornos, em função da (i.) estrutura do relacionamento entre os participantes de mercado, (ii.) existência de aparato de monitoramento e coerção da regra e (iii.) amplitude social. Cada uma destas características conduz a espécies de regulação

[6] Mais informações sobre o Financial Stability Board podem ser encontradas em http://www.fsb.org/ Acesso em 14 out. 2018

[7] Disponível em https://www.imf.org/external/pubs/ft/wp/2007/wp07259.pdf. Acesso 14 out.2018

[8] A referida análise considera a autorregulação como aspecto positivo, embora tenha revelado que (i.) a supervisão estatal sobre as entidades autorreguladoras ainda é fraca na maioria dos países analisados, por causa da falta de tempo suficiente, recursos e falta de habilidade para promover as devidas inspeções e (ii.) há sobreposição entre as atividades autorregulatórias, o que resulta ineficiências ou vazio regulatório em determinada área.

privada, com efeitos diferentes sobre o mercado de capitais. Escolher qualquer uma das alternativas descritas e certificar-se da efetividade da implementação da escolha implica comunicar de forma verdadeira e exata a estratégia regulatória. Tratemos, pois, dos critérios de classificação da regulação privada.

Sob o critério do estrutura de relacionamento entre os participantes de mercado, a regulação privada poderá ser realizada com subordinação ou em coordenação. Será realizada com subordinação, quando uma entidade for destacada do mercado, mas por ele criada. Esta entidade terá a função de implementar a criação do conjunto regulatório e sua aplicação.[9]

A regulação privada no plano da coordenação faz-se internamente ou entre pares; como é o caso dos controles internos, *compliance* feitos pelas empresas em relação a suas atividades ou a sugestão de recomendações técnicas publicadas por organizações chamadas de "laboratórios de ideias" ou, em inglês "think tanks"[10].

Aparato de fiscalização da regra. A implementação da regulação privada pode ser feita com ou sem mecanismos de monitoramento e/ou coerção.

Se houver real monitoramento e sanção por descumprimento haverá publicidade dos desvios de conduta dos maus profissionais de forma a permitir seleção natural por parte dos usuários dos serviços. A regulação privada, quando realizada com efetivo aparato de acompanhamento e coerção, cria entidade apartada do mercado para a realização desta atividade[11].

A regulação privada pode não ter qualquer aparato de monitoramento e/ou coerção. Ainda assim regulação será porque a regra ou orientação técnica pode servir de influência à mudança de comportamento dos regulados, na medida em que é importante direção para os

[9] Um exemplo brasileiro de autorregulação com subordinação é o realizado pela ANBIMA, em que seus membros se submetem à Códigos de melhores práticas e supervisão, com possibilidade de punição.

[10] Um exemplo de regulação privada com coordenação entre seus pares é o IBGC, que oferece padrões de melhores práticas em termos de governança corporativa (IBGC, 2015).

[11] Um exemplo brasileiro de entidade de autorregulação, a ser descrito à frente, que tem aparatos para monitoramento e coerção é a BM&FBovespa Supervisão de Mercados, ou apenas, "BSM". Mais informações: http://www.bsm-autorregulacao.com.br/ Acesso em 14 out 2018.

profissionais do mercado sobre quais são os melhores patamares de conduta. A importante destas normas de direção são especialmente relevantes em mercados em formação.

Com efeito, a mera emissão de regras pode ser muito importante para mercados com pouco desenvolvimento. A regulação privada pode ser feita apenas a partir de orientações ou recomendações, sem cumprimento facultativo e sem qualquer verificação de efetivo adimplemento das regras. No Brasil, o Instituto Brasileiro de Governança Corporativa (IBGC)[12] e o Comitê de Orientação para Divulgação de Orientação ao Mercado (CODIM)[13] são exemplos atuais de entidades privadas divulgadoras de recomendações a respeito de melhores práticas em seus campos de atuação, sem a utilização de nenhuma sanção.

IBGC e CODIM tem trabalhado com efetividade na multiplicação de conhecimento e cultura perante os diversos participantes de mercado, criando novos patamares, mais elevados, para os novos profissionais, e, assim, coerção social para o cumprimento das recomendações. O IBGC além de emitir regras, também tem realizado cursos sobre governança corporativa para a certificação de conselheiros de administração e cursos de educação continuada para os participantes de mercado, como acionistas herdeiros, gestão interna, compliance.

Há também a possibilidade de arranjo institucional entre Estado e regulação privada, como no caso da recomendação da CVM brasileira em relação às regras produzidas pelo CODIM. Esta recomendação é reconhecimento do apoio estatal à iniciativa de regulação privada.

No entanto, sem mecanismos de monitoramento efetivos, com a devida publicidade, não há possibilidade de avaliação externa qualitativa dos profissionais pelos usuários dos serviços.

Amplitude social. No que diz respeito à amplitude social, a regulação privada pode ser unilateral (normas criadas e a serem cumpridas por si), bilateral (normas contratuais), multilateral (normas elaboradas para alcançar coletividades).

Percorrida a classificação sugerida para a regulação privada, cabe posicionar a autorregulação diante destes conceitos, com o objetivo de

[12] Mais informações: https://www.ibgc.org.br/ Acesso em 14 out 2018.

[13] Mais informações: http://www.codim.org.br/ Acesso em 14 out 2018

delimitar a estratégia regulatória que pretendemos aprofundar neste artigo.

A autorregulação é espécie de regulação privada, caracterizada por: (i.) existência de hierarquia em sua aplicação, (ii.) existência de aparato de fiscalização de regra e (iii.) amplitude social multilateral.

3. Autorregulação: origens e vertentes

Se o Estado não interferir e a autorregulação surgir apenas em função da liberdade e força de coordenação dos próprios agentes de mercado será chamada de *autorregulação endógena*. É fundada no Direito privado e na liberdade negocial. Seu conteúdo pode ser inovador em relação ao ordenamento jurídico existente, mas não ser contrário a ele.

O Estado pode agir no sentido de (i.) demandar dos participantes de mercado a criação de regras para torná-las estatais, (ii.) "ameaçar" os participantes de mercado com regulação estatal, caso aquela coletividade não se autorregule e (iii.) construir, por meio de regras estatais, a estrutura da autorregulação e depois escolher o grupo que a implementará ("*autorregulação regulada*"). Nestas três hipóteses, a autorregulação tende a complementar as regras estatais e não a inová-las.

A IOSCO sugere, em seus princípios de regulação, que o modelo, se for adotado, de autorregulação impõe determinado acompanhamento pelo Estado. Neste sentido, o Princípio IOSCO sobre Autorregulação (Princípio 9) dispõe:

> *Where the regulatory system makes use of Self-Regulatory Organizations (SROs) that exercise some direct oversight responsibility for their respective areas of competence, such SROs should be subject to the oversight of the Regulator and should observe standards of fairness and confidentiality when exercising powers and delegated responsibilities.*[14]

Com efeito, a tônica do modelo IOSCO proposto para a autorregulação impõe contínua supervisão do Estado em relação à entidade de autorregulação-executora. Entenda-se por contínua supervisão a realização de inspeções, revisões periódicas, reporte de requisitos, revisão e veto de instrumentos e regras utilizados pela entidade autorreguladora e

[14] Disponível em https://www.iosco.org/library/pubdocs/pdf/IOSCOPD561.pdf. Acesso em 14 out. 2018

verificação contínua da conformidade com as condições estabelecidas na autorização.

3.1. A entidade de autorregulação

De fato, a implementação da autorregulação precisa de "esquemas organizatórios adequados" (Moreira, 1997, 52) formulados por coletividades para a criação de regras, seus mecanismos de monitoramento e de fazer cumprir. Ao ser criada, esta entidade, privada e coletiva, torna-se hieraquicamente superior aos participantes de mercado.

O reconhecimento da entidade de autorregulação como privada, será detectada pela identificação de quem tomou a iniciativa de sua criação, se há liberdade para modificar sua organização e funcionamento, se a designação de seus dirigentes é livre (ou tem intervenção do Estado), se define livremente sua linha de ação (ou se é sujeita a instruções do Estado), se seus atos são definitivos (ou carecem de autorização, confirmação ou recurso ao Estado), qual é a origem de seus recursos financeiros e se tem competência para aplicar sanções. Reconhecer a natureza privada da entidade é importante para verificar o grau de liberdade oferecido pelo Estado aos participantes de mercado.

Sugere-se que a entidade de autorregulação abrigue coletividades. Coletividades não são monolitos, obras construídas de um só material, uma só pedra. Há disparidade de habilidades e de influência. Se assim for, esta estrutura passa a ser um tecido social conector dos membros de coletividades, com suas diferenças de influência, poder, conhecimento, objetivos, perfis. Esta multiplicidade produz novos interesses, diferentes dos individuais, que irradiam força endógena produzindo estímulos suficientes para dar vida à autorregulação.

As tarefas das entidades de autorregulação são: elaborar regras, monitorar o cumprimento das regras e aplicar mecanismos de fazer cumprir as regras (Carson, 2011, p.6), com transparência, tratamento igualitário ou equitativo, prestação de contas, e mecanismos de identificação e gerenciamento de conflito de interesses entre si e seus membros.

A IOSCO define a entidade de autorregulação como aquela que:

> • *Establish rules of eligibility that must be satisfied in order for individuals or firms to participate in any significant securities activity or*

• Establish and enforce binding rules of trading, business conduct and qualification for individuals and/or firms engaging in securities activities or

• Establish disciplinary rules and/or conduct disciplinary proceedings, which would enable the SRO to impose appropriate sanctions for non-compliance of its rules[15].

Trataremos à frente, 4 exemplos de entidades de autorregulação e seus perímetros de atuação. Tais exemplos oferecerão ao leitor cores vivas para a estrutura procedimental a seguir descrita.

A primeira tarefa de uma entidade de autorregulação é perceber seu perímetro de atuação. O conteúdo destas regras normalmente referem-se às condições de ingresso, permanência, saída voluntária ou compulsória (expulsão) da entidade de autorregulação, bem como seus respectivos procedimentos, tão necessários e relevantes para assegurar a integridade da atuação da entidade de autorregulação.

Delimitado este espaço, o procedimento de elaboração de regras inicia-se. Primeiro, deve ser feita a coleta das expectativas de *todos* os seus membros, com tempo adequado para o estudo das propostas, oferecimento de sugestões, discussão dos assuntos e descrição prévia das alçadas de discussão e quóruns de aprovação. Este procedimento não pode ser desprezado. É extenuante, difícil e implica decisões importantes. Mas a participação dos membros e sua aceitação do conteúdo proposto é crucial para a efetividade das regras depois de emitidas.

No início da iniciativa autorregulatória, as regras tem comando genérico, são normas de direção. Com o passar do tempo, o aumento da cooperação e consenso entre os participares de mercado, as regras passam a ser mais específicas como resposta às dúvidas de implementação.

Divulgada a regra, há que estabelecer-se um período de tempo para a adequação dos procecimentos internos dos participantes de mercado. Neste intervalo, a entidade de autorregulação atua de forma meramente educacional. Passado o estágio de conhecimento e adaptação dos procedimentos às novas regras, finalmente a entidade de autorregulação deverá exercer todo o aparato de coerção.

[15] Disponível em https://www.iosco.org/library/pubdocs/pdf/IOSCOPD562.pdf. Acesso em 14 out. 2018

Deve haver uma corrrespondência entre cada preceito determinado pela entidade de autorregulação e sua forma de monitoramento, seja por mecanismos pedagógicos (como simulação de auditoria e cartas pedagógicas explicando as novas regras), estímulos para o cumprimento (publicidade dos bons cumpridores das regras) ou sanções para o descumprimento: reputacional (censuras públicas ou privadas e até a expulsão da entidade), serviços ao mercado (criação de cursos para evitar os descumprimentos realizados) ou pecuniária (valor proporcional à regra descumprida).

Todas as atividades da entidade de autorregulação devem atender a transparência. Este princípio, basilar, é relevante e implica custos de observância por parte da entidade de autorregulação. Passemos a exemplificar formas de tornar o princípio da transparência efetivo.

Deve-se assegurar o conhecimento necessário ao associado sobre as consequências da submissão à entidade de autorregulação. Esta relação de ingresso deve ser formal e por escrito para que a entidade de autorregulação tenha mecanismos jurídicos perante o Poder Judiciário do país para cobrar judicialmente o cumprimento dos padrões estabelecidos pela entidade de autorregulação e, em caso de descumprimento, das taxas periódicas para seu funcionamento e ainda implementar eventuais sanções.

Deve haver uma metodologia para o monitoramento dos autorregulados por parte da entidade de autorregulação que abranja igualmente todos os autorregulados. Por exemplo, em função do tempo e recursos humanos disponíveis pode-se eleger um único critério dos padrões para a verificação de todos os autorreguladores. Com isso, busca-se evitar que a supervisão seja atividade feita apenas para uma parcela dos autorregulados, enquanto outros não recebem qualquer supervisão.

Estabelecida a metodologia e devidamente aplicada, cada suspeita de indício de descumprimento de regra encontrada pela área técnica deverá impor um pedido de explicações ao autorregulado. Em havendo indício de descumprimento, inicia-se o procedimento administrativo. Tudo com a descrição clara dos fatos para possibilitar contraditório e ampla defesa, em tempo adequado para tanto. Os passos da investigação no procedimento administrativo devem ser informados ao autorregulado. Ao fim, a decisão deverá ser fundamentada e deve ser levada à público.

Além da transparência, todos membros da entidade de autorregulação devem receber tratamento igualitário e/ou equitativo, ao ser estabelecida a metodologia para o monitoramento das regras. Razões fora do perímetro regulatório, subjetivas ou benéficas a apenas um membro são condutas incompatíveis com a boa governança corporativa. Uma forma de evitar conflito de interesses é a criação de comitês de julgamento formado por membros independentes.

O primeiro item a ser tratado no estabelecimento de mecanismos de gerenciamento de conflitos de interesse refere-se à sustentabilidade financeira. A origem, a suficiência e estabelecimento de fluxo dos recursos da entidade de autorregulação é elemento fundamental para o sucesso ou a derrocada da iniciativa autorregulatória.

A origem dos recursos define que o potencial interesse de benefício próprio do mantenedor em detrimento da boa atividade autorregulatória. Se os recursos financeiros para a realização da atividade de autorregulação advém dos próprios participantes de mercado o primeiro conflito de interesses a ser gerenciado é o choque entre os interesses dos provedores dos recursos financeiros e atividade de regular, especialmente a de investigar e punir. Para evitar tais conflitos de interesse, é importante que o centro decisório seja compartilhado com outros agentes, independentes, a fim de evitar benefícios próprios.

A suficiência dos recursos definirá a qualidade e adequação da implementação da autorregulação, produzindo ou não um ciclo de confiança e credibilidade. Os recursos devem ser proporcionais ao número de autorregulados, perímetro regulatório e forma de monitoramento.

A estabilidade e certeza do fluxo de recursos definirá a continuidade da atividade e a permanência dos funcionários que detêm a inteligência interna para a boa execução dos trabalhos.

A definição da estrutura de profissionais da entidade de autorregulação será fundamental para a verificação do real comprometimento do mercado para com a atividade autorregulatória e como mecanismo de gerenciamento de riscos do mercado.

A entidade autorreguladora deve ter definido o tratamento dado para os conflitos de interesse na entidade autorreguladora, com mecanismos para afastá-los e para gerenciá-los apropriadamente. São formas de gerenciamento de conflito de interesses:

- Estabelecimento de alçada de decisão colegiada, como um conselho de administração;
- Permanência no conselho de administração da entidade de autorregulação de membros independentes ou membros, também representantes de outros segmentos adjacentes ao segmento autorregulado;
- Vedação à presença, manifestação e voto do agente em situação de conflito de interesses durante as discussões realizadas na entidade de autorregulação.

Os mecanismos para o gerenciamento de conflitos de interesses dependem das características da entidade autorreguladora. É preciso um olhar atento para encontrar conflitos de interesses não conhecidos até então e criar mecanismos de gerenciamento efetivos.

Estas práticas de governança corporativa para a autorregulação certamente resultarão em ambiente de confiança para a sustentabilidade de autorregulação.

Para além disso, o Princípio IOSCO sobre Autorregulação, sugere que é obrigação do regulador estatal autorizar[16] e acompanhar[17] a enti-

[16] Segundo o Princípio IOSCO, o início formal a constituição de entidade como de autorregulação depende de autorização para a atividade. Neste sentido, o regulador estatal deve impor à entidade autorreguladora o atendimento de parâmetros de comportamento profissional, como confidencialidade e procedimentos, que são esperados do regulador estatal. Também são sugeridas outros requisitos, tais como:

- capacidade de implementação dos propósitos do ordenamento jurídico estatal, por meio de suas regras e do aparato necessário para seu monitoramento e mecanismos para seu cumprimento;
- concessão de tratamento justo e consistente para todos os membros da entidade autorregulatória;
- suporte a mecanismos de proteção ao acionista;
- submissão ao regulador estatal de regras e modificações para revisão e/ou aprovação, de acordo com o seu critério para fazer assegurar que as regras autorregulatórias sejam consistentes com as diretrizes de política pública estabelecidas pelo regulador;
- cooperação com o regulador e outras entidades autorreguladoras para investigar e tornar executáveis as leis aplicáveis, regras e leis.

[17] Neste sentido, o acompanhamento deve abranger a existência de:

- Regras próprias para aplicar sanções, quando houver o não cumprimento de suas regras;
- Mecanismos para assegurar a representação equitativa de seus membros na composição da diretoria e conselho de administração;
- Mecanismos para evitar situações contra a concorrência ou benefício próprio indevido.

dade de autorregulação. Caso não encontre efetividade de regras ou mecanismos acima mencionados, a IOSCO sugere o regulador estatal deve ainda ter força e mecanismos para:

(i.) endereçar assuntos que afetem os investidores e o mercado;
(ii.) tomar para si ou auxiliar a entidade autorreguladora quando:
a. os poderes da entidade de autorregulação forem inadequados para dirimir ou endereçar conduta incorreta ou
b. houver alegações de conduta incorreta ou
c. ocorrer efetivo conflito de interesses.

Como se viu, a autorregulação é estratégia regulatória facultativa, implementada por entidade apartada do mercado, privada e coletiva, que organiza a elaboração e aplicação do conjunto regulatório, com transparência, tratamento igualitário entre os membros e mecanismos de gerenciamento de conflito de interesses. A IOSCO sugere que esta entidade de autorregulação inicie suas atividades apenas mediante autorização estatal e seja supervisionada continuamente pelo regulador estatal, incluindo a possibilidade de, se o caso, substituir-se à entidade de autorregulação.

4. Condições para o surgimento da autorregulação.

Há condições propícias para o surgimento da autorregulação: a existência de participantes de mercado, a necessária permissão do Estado, o ambiente de cooperação, a existência de mais benefícios do que custos. Passemos a explorá-las.

Existência de participantes de mercado. Nos países em que economia está quase inteiramente calcada na exportação de mercadorias agrícolas, como café e cacau, o desafio é de *criação* do mercado, a *formação* de profissionais em número e sofisticação adequada para servirem de interlocutores com a própria sociedade e com o Estado. Neste estágio, o país defrontar-se-á com a ausência de profissionais em determinado campo de atuação, e, por isso, deverá valer-se de fontes internacionais para a criação dos marcos regulatórios para definição da educação e estrutura necessárias, com o objetivo de formação de profissionais no mercado doméstico e/ou atração de profissionais internacionais.

É condição para o surgimento de autorregulação um grupo de profissionais com quem o Estado possa interagir. Estes profissionais devem ter sofisticação e histórico suficientes que lhe permitam antecipar os riscos associados aos negócios jurídicos que pretendem regular. Na hipótese de existir um número significativo de profissionais de mercado, o Estado pode considerar a autorregulação como estratégia de regulação.

Quando o mercado de capitais já está estabelecido, como Brasil e Portugal, há o desafio de *desenvolvimento* do mercado, por meio da criação de canais de *comunicação efetiva e organizada entre os participantes de mercado e os participantes de mercado e o Estado* para a jornada da melhoria do mercado.

Permissão do Estado. Uma segunda condição para fazer florescer a autorregulação é existência de permissão tácita ou explícita pelo Estado para os participantes de mercado coordenarem-se para criá-la. A interação com o Estado, a partir desta liberdade, criará espécies de autorregulação: autorregulação endógena, quando criada sem estímulos oriundos do Estado; a autorregulação por coerção, quando o Estado ameaça os participantes de mercado a autorregularem-se sob pena de não conhecerem qual será a futura e potencial regulação estatal; a autorregulação regulada, quando a lei define os perímetros de auxílio da atuação estatal.

Ambiente de cooperação. Além da liberdade proporcionada pelo Estado, será necessário que haja ambiente de cooperação entre os participantes de mercado.

> *Três são as condições mínimas para o sucesso das soluções cooperativas: pequeno número de participantes, existência de informação sobre o comportamento dos demais e existência de relação continuada entre os agentes* (Salomão Filho, 2008, p.98).

> *Em mercados nos quais os agentes sejam identificáveis, participem de interações constantes e tenham interesses não diametralmente opostos, é natural que tais agentes negociem padrões de comportamento para diminuir os custos de negociar a cada transação. Esses agentes geralmente estabelecem as normas para interações futuras e os meios de punição para aqueles que deixarem de cumpri-las. É uma maneira de criar ordem sem que haja legislação estatal* (Dias, 2005, 129).

Para a formação do ambiente de cooperação, também contam (i.) o esforço genuíno dos participantes de mercado de criar mecanismos eficazes de discussão, (ii.) empatia e solidariedade entre os participantes e (iii.) confiança como o cumprimento de determinada conduta esperada, que são a integridade e a melhor técnica na consecução das atividades.

Mais benefícios do que custos. A autorregulação depende da existência de mais benefícios do que custos ou, ao menos, do menor custo possível. A comparação dos cenários, sob os pontos de vista estatal e dos participantes de mercado, de (i.) ausência de regulação, (ii.) criação de regulação estatal e (iii.) autorregulação, considerados arranjos possíveis com o Estado pode oferecer a dimensão dos custos e benefícios.

Este cálculo deve ser elaborado considerando o descasamento no tempo entre custos e benefícios na implementação da autorregulação. Tais benefícios raramente são percebidos no mesmo tempo do desembolso para implementação da autorregulação; os primeiros imediatos, os últimos futuros e, por vezes, não quantificáveis. Mesmo com esta dificuldade anunciada, passemos a tratar dos três cenários.

O primeiro cenário a ser considerado é o da ausência de regulação. Sob a perspectiva estatal, este cenário revela nenhum custo imediato com a criação da regulação, mas pode implicar ao Estado potencial incapacidade de reconhecer e impedir prejuízos à sociedade devido à inércia. De outro lado, a ausência de regulação significa consequente ausência de custos de observância da norma para os potenciais participantes de mercado. Tal ausência, a princípio, pode ser algo desejado. No segundo momento, surge a real tendência da seleção adversa: os maus profissionais expulsam os bons profissionais do mercado. Esta seleção adversa ocorre pelos motivos a seguir. Primeiro, porque os maus profissionais muito provavelmente solicitarão menores remunerações, dada sua falta de formação e mecanismos de controle. O usuário do serviço tenderá a utilizar serviços com remuneração mais acessível. Depois, porque não haverá sinalização para os usuários do serviço da qualidade dos profissionais. Esta sinalização seria possível se houvesse dados públicos, passíveis de consulta pelos usuários do serviço, de certificação dos profissionais, bem como histórico, das condutas não adequadas à higidez do sistema e suas eventuais punições.

O segundo cenário é o de existência de regulação exclusivamente estatal. Os custos, para o Estado, são os de (i.) elaboração de regras, (ii.) criação de mecanismos de monitoramento e (iii.) implementação de mecanismos de fazer cumprir a regra, seja pela criação de benefícios ou punições pelo descumprimento. Já para os profissionais de mercado, os custos são os de: (i.) gerenciamento do risco político, (ii.) adaptações às novas regras de seu *modus operandi* e (iii.) custo permanente da observância das regras.

O gerenciamento do risco político é feito por meio do acompanhamento, pelos participantes de mercado, das demandas levadas para debate em procedimentos legislativos e o exercício de influência perante os participantes de mercado dos interesses de cada participante de mercado. É necessário que os agentes públicos recebam as demandas e influências e escrevam suas regras considerando o interesse público e adequação para a sociedade. O custo do gerenciamento do risco político é a somatória do tempo dos profissionais destinado ao acompanhamento e convencimento dos agentes públicos e preparação de material técnico versus o custo de eventual surpresa de promulgação de regra compulsória inadequada.

O Estado e a sociedade privada podem trabalhar em conjunto na criação de regulação, com inúmeras gradações e arranjos institucionais possíveis. Se o Estado tornar-se ativo na criação de autorregulação, deve considerar o custo de identificação dos representantes de mercado que servirão como interlocutores e o acompanhamento da formação da regra. Elaborada a regra, o custo para o Estado dependerá do grau de supervisão que quiser exercer sobre a entidade de autorregulação e a sua forma. O Estado poderá, de acordo com o estágio de desenvolvimento de seu mercado de capitais, optar por sua atuação direta e/ou utilizar a alternativa da consciente inércia na elaboração de regras, monitoramento e aplicação para possibilitar espaço para a autorregulação. Para os participantes de mercado, os custos são (i.) de coordenação entre os participantes de mercado, (ii.) de transformação (ou adaptação ao processos internos), (iii.) de monitoramento do mercado pela entidade de autorregulação cumulada com a somatória dos custos de observância pelos diversos participantes de mercado e (iv.) a efetiva execução do conjunto normativo.

Caso o Estado considere que os participantes tem liberdade para realizar regulação, sem qualquer interveniência do Estado, mesmo como ouvinte, não haverá custos na produção das regras. Esta desconexão deve ser apenas aparente, porque o Estado deve compreender as regras privadas como complementares ao ordenamento jurídico pátrio ou como forma de desenvolvimento do mercado.

Sob o ponto de vista dos participantes de mercado, os custos serão de elaboração das regras, criação de mecanismos de monitoramento e mecanismos para fazer cumprir a regra. Tais custos podem ser menores do que os custos de gerenciamento de risco político, de modo que os participantes de mercado sintam-se estimulados a entrar na área de contratação que a autorregulação significa evitando uma atuação do Estado não desejada.

5. Sobre a utilização da Autorregulação

A dualidade. Há dualidade em cada um dos argumentos que listaremos a seguir. O argumento considerado favorável pode ser visto sob a perspectiva negativa e vice versa. O primeiro exemplo trata da elevação dos padrões de ética de mercado. Se, a princípio, este é argumento positivo; de outro lado, pode servir para alijar profissionais sem grau suficiente para alcançar padrões de ética sugeridos como obrigatórios pelos profissionais que já alcançaram determinados critérios. Há, neste caso, automática, e talvez injusta, exclusão dos profissionais menos sofisticados. Ao considerar este argumento sob as duas perspectivas, o regulador estará atento à possibilidade de, paulatinamente, em passos lentos mas contínuos, aumentar os padrões de todo mercado, sem impedir de forma drástica a ascensão de um contingente de profissionais ainda não treinado.

O segundo exemplo refere-se à autorregulação e o conflito de interesses que lhe é essência. Usado o maniqueísmo, este argumento é apenas negativo. Mas se o conflito de interesses for considerado um dado de realidade a ser combatido, a autorregulação poderá criar mecanismos de gerenciamento de conflitos de interesses que anulem seu mau efeito sobre a atividade.

Considerando os argumentos abaixo sob diversas perspectivas, o regulador terá condições de calibrar o uso da autorregulação à realidade de seu país e ao estágio do mercado de capitais em que atua.

Solução ex ante. A regulação estatal tende a ser *ex post.* A história tem mostrado a tendência de aumento de regulação estatal após a existência de crises sistêmicas. A autorregulação tem abordagem *ex ante*, preventiva, por ser elaborada por profissionais de mercado com proximidade estratégica com o dia a dia das operações. A autorregulação tende a detectar potenciais riscos futuros e oferecer soluções a tempo de serem revertidos. Neste sentido, é uma solução *ex ante.*

Flexibilidade. A autorregulação é mais flexível do que a regulação estatal em função da complexidade do procedimento legislativo para aprovação da última, que geralmente ocorrem no Congresso Nacional e com a acolhida de diversas influências, inclusive políticas.

Participação e Aceitação. A autorregulação, por ser proposta pelos participantes de mercado, presume a participação dos agentes na elaboração das regras e consequente prévio conhecimento do conteúdo regulatório proposto. Esta ciência diminui o custo de adequação por parte do participante de mercado para o cumprimento das regras. Sob a perspectiva estatal, há menor custo de monitoramento do cumprimento das regras.

Celeridade. A autorregulação é mais rápida do que a atuação estatal especialmente quando no dinâmico ambiente do mercado de capitais. Esta velocidade se explica pelo conhecimento que os participantes de mercado têm de seus perímetros de atuação e interesse em proteger suas atividades contra crises sistêmicas provocadas por erros ou abusos dos próprios participantes de mercado.

Conhecimento Técnico. A complexidade e as inovações constantes do mercado de capitais tendem a não ser capturadas pelo Estado em tempo real. O mercado e seus profissionais tem conhecimento técnico sobre o conteúdo e potenciais riscos das inovações. Deste modo, por sua proximidade com o mercado, as coletividades via entidade de autorregulação, terão seu conhecimento organizado para a criação de regras necessárias.

Utilização de recursos dos participantes de mercado. Há Estados que não tem recursos para implementação de regulação de mercado de capitais. A autorregulação surge como estratégia para o Estado, na medida em que sua implementação é feita a partir de recursos dos próprios participantes de mercado. A estratégia de não-monopólio estatal na regulação pode produzir financiamento da atividade fora do orçamento do próprio país, dado que será financiada com recursos dos participantes de mercado.

Se de um lado, o Estado poderá concentrar-se em questões estratégicas ou ele exclusivas, como as questões penais; de outro, pode resultar ineficiência e/ou possível desvio do interesse público. Tudo dependerá da utilização de corretos mecanismos de implementação e a lisura de seus agentes.

A autorregulação *regulada* tem sido utilizada pelo regulador brasileiro na matriz da Supervisão Baseada em Risco, a SBR[18], para o aproveitamento do trabalho das entidades de autorregulação como mecanismo de gerenciamento de riscos mensurados pelo órgão regulador.

[18] Mais informações em http://www.cvm.gov.br/menu/acesso_informacao/planos/sbr/sbr.html Acesso em 01 nov 2018.

Anteceder a regulação estatal. Depois de criada, implementada e absorvida pelo mercado, a autorregulação tende a ser regulação estatal. Esvaziada a autorregulação, os participantes de mercado poderão buscar novos conteúdos como (i.) soluções para o risco potencial não percebido a olho nu e (ii.) de sistematização das melhores práticas para condutas existentes.

Criação de valor. A autorregulação cria valor para o mercado doméstico, tornando-se fator de desenvolvimento para o país.

Conflito de objetivos. A entidade de autorregulação, mantida por recursos dos participantes de mercado, pode ser desviada do interesse público para atender seus interesses privados. É portanto necessária a criação de mecanismos para evitar o conflito entre o objetivo público de implementar regulação para todos e o objetivo privado de benefício a determinado participante de mercado.

Conflito de interesses. São exemplos de conflito de interesses entre (i.) a entidade de autorregulação e seus mantenedores, como no caso das bolsas de valores mutualizadas; (ii.) a entidade de autorregulação e sua unidade de negócios, como no caso das bolsas desmutualizadas.

As bolsas de valores tradicionais, cuja estrutura jurídica é de associação de membros e não de companhias, não objetivam lucros e suas estruturas são formadas pela agremiação dos próprios participantes de mercado. Nelas, as corretoras são membros, e o conflito é decorrente da identidade física entre regulador e regulado, na medida em que os intermediários decidem como seria o monitoramento das atividades de intermediação, inclusive as suas. Nesta estrutura, há conflito entre o interesse da unidade de autorregulação, que é monitorar o cumprimento das regras e implementar mecanismos de fazer cumprir, os "donos" da bolsa, membros da associação, que podem requerer não serem monitorados, para não ter o risco de serem punidos.

As bolsas de valores e centrais de liquidação e custódia, quando deixaram de ser associações para ser sociedades de capital aberto, processo também chamado de *desmutualização*, certamente precisam gerenciar outro tipo de conflito de interesses: o interesse de atuar como empresa com fins lucrativos e o interesse de atuar eficazmente como entidade reguladora. As bolsas desmutualizadas buscam lucro. O interesse da unidade de negócios é a fidelização do cliente; enquanto a unidade autorregulatória será a aplicação das regras, incluindo sanções por descumprimento. Um dos mecanismos utilizados para gerenciar este conflito é a criação de entidade jurídica independente da bolsa de valores, assegurada fonte de financiamento, que tenham comitês decisores, formados, em sua maioria, por membros externos e independentes, para desvincular sua atuação autorreguladora com interesses de seus membros.

Diante destes possíveis conflitos reais, um mecanismo de mitigação seria a criação de centro de decisão apartado da bolsa com a eleição de membros independentes dos mantenedores e mandato fixo, com orçamento garantido, e cumprimento das regras de boa governança corporativa.

Sobreposição entre autorregulação e atividades de regulação estatal. Estado e entidade de autorregulação devem buscar alocação eficiente de tarefas, sob pena de aumento de custo de observância das regras para todos. Mais do que a efetiva alocação eficiente, as atividades devem *parecer* aos participantes de mercado com alocação eficiente. A autorregulação depende da atração dos participantes de mercado para implementá-la com recursos, tempo e profissionais. Se houver aparência de ineficiência, a autorregulação tenderá a deixar de existir.

6. Exemplos de entidades de autorregulação brasileiras e seus perímetros de atuação

Segue a apresentação de quatro entidades de autorregulação brasileiras e seus perímetros de atuação. A ANBIMA é entidade de autorregulação endógena e tem relacionamento de coordenação com a CVM. A APIMEC é a entidade de autorregulação *regulada*, na medida em que seu perímetro de atuação foi definido por regra estatal, bem como a forma de seu credenciamento perante a CVM para promover a certificação dos analistas de investimento. A BSM é entidade decorrente de obrigação legal de autorregulação das atividades da bolsa brasileira. Por fim, a Diretoria de Regulação da B3 nasce no contexto da lei, mas ao longo do tempo também produz e aplica autorregulação *endógena* por meio de seus segmentos diferenciados de governança, incluindo o Novo Mercado, e no programa destaque em governança das estatais.

6.1. ANBIMA, como entidade de autorregulação *endógena*.

A autorregulação da ANBIMA é endógena, produzida pelos agentes privados sem ingerência estatal. A ANBIMA não precisou receber registro prévio da autoridade estatal brasileira, a CVM, como condição para o exercício regular de suas atividades[19]. A edição do conjunto regulatório da ANBIMA não passa pelo crivo da CVM para ter eficácia. Não há controle de legalidade das regras autorregulatórias por parte do órgão regulador[20]. A CVM continua a ter o poder de coerção incidente ela e seus autorregulados como quaisquer de seus jurisdicionados. Todos seus atos continuam a ser passíveis de revisão pela jurisdição estatal, seja pelo Poder Judiciário, seja pela arbitragem.

A vinculação de participante de mercado à ANBIMA pode dar-se de forma integral – atendimento a todos os Códigos – ou parcial – compromisso de conformidade com um ou alguns Códigos. Em ambos os casos, há rito de ingresso, previamente definido, que mescla a vontade dos associados e a comprovação da capacidade técnica do participante de mercado aspirante. Todo associado à ANBIMA tem o direito de propor e manifestar oposição à admissão de novos Associados, o que pode constituir barreira a novos entrantes no mercado de valores mobiliários.

A autorregulação da ANBIMA traz consigo a mentalidade de "*um por todos, todos por um*" necessária ao surgimento e manutenção da autorregulação que é traduzida, por exemplo, pela imposição de seus associados de exercerem suas atividades profissionais exclusivamente com pares vinculados à ANBIMA[21] e pelo princípio de que o associado à ANBIMA deve evitar práticas que possam a vir prejudicar ao segmento de prestação de qualquer dos serviços por ela disciplinados.

Conforme a determinação de cada Código ANBIMA de Regulação e Melhores Práticas, as instituições participantes devem encaminhar

[19] No Brasil, as entidades de autorregulação em sua maioria associações de classe, são constituídas formalmente como associações civis sem fins lucrativos. Quando decidem começar a atividade de autorregulação endógena, buscam a aprovação de seus associados e incluem em seus atos constitutivos o exercício da atividade. Há o registro da alteração do estatuto social no cartório competente, para fins de publicidade, apenas. Não há necessidade de registro prévio na CVM.

[20] Usualmente, este controle de legalidade é feito pelas próprias entidades de autorregulação, que incluem em seus conjuntos autorregulatórios menção expressa à soberania das regras estatais. Seu conteúdo é complementar à lei e, se houver contradição entre a regra estatal e a regra autorregulatória, deve prevalecer a regra estatal, para atingir os objetivos definidos em lei.

[21] Cf. Art. 7º – No exercício de suas atividades, as Instituições Participantes deverão: "(...)" VI. Participar apenas de Ofertas Públicas cujos Coordenadores (i) sejam Instituições Participantes; ou (ii.) sejam integrantes de conglomerado ou grupo financeiro das Instituições Participantes.

informações sobre suas atividades profissionais contribuindo para a formação de base de dados centralizada.

A ANBIMA, como entidade de autorregulação, tem Códigos específicos para realizar a autorregulação endógena de:

- Administração, gestão e distribuição de fundos de invetimento, FIDC (fundos de investimento em direitos creditórios) e fundos de investimento imobiliários.
- Custódia para investidores e emissores, controladoria de ativo e passivo de fundos de investimento, carteiras administradas ou clubes de investimento, e escrituração de ativos.
- Serviços de private banking oferecidos a clientes de instituições bancárias.
- Coordenação de ofertas públicas de valores mobiliários – como ações (inclusive OPA), debêntures, notas promissórias, BDR, CRI e CRA – e atividade de agente fiduciário
- Análise prévia de Emissão de ações (somente follow on), debêntures, notas promissórias, BDR e fundos imobiliários.
- Qualificação dos profissionais que atuam na prospecção ou venda de produtos de investimento; assessoram os gerentes de contas de investidores pessoas físicas em investimentos; e desempenham atividade de gestão de recursos de terceiros.
- Negociação de títulos e valores mobiliários de renda fixa e derivativos em mercado de balcão.
- Prestação de serviços de seleção, alocação e realocação de patrimônio financeiro por meio de fundos exclusivos/reservados ou carteiras administradas, com foco no perfil de investimento e nas necessidades financeiras do investidor.
- Administração, gestão de carteira e distribuição de cotas de FIP (Fundos de Investimento em Participações) ou FIEE (Fundos de Investimento em Empresas Emergentes)
- Distribuição de produtos de investimento no segmento de varejo.

6.2. APIMEC, como entidade autorreguladora *regulada*

A criação de medidas de controle de acesso e permanência de profissionais, como provas de capacitação[22], pode servir como mecanismo de

[22] Os resultados destas provas serão sinais para comprovar a idoneidade e o conhecimento técnico do profissional facilmente reconhecidos não só pelos usuários, mas também pelos reguladores (YAZBEK, 2008, p. 36).

gerenciamento do risco provocado pela assimetria informacional[23] entre profissionais e usuários do serviço.

A CVM adotou esta estratégia para analistas de valores mobiliários, utilizando a autorregulação. No Brasil, é condição para o ingresso do analista de valores mobiliários na prática regular de negócios a certificação por entidade de autorregulação credenciada para este fim. O credenciamento somente é obtido caso sejam satisfeitas as exigências da CVM, como comprovação da existência de estrutura adequada, capacidade técnica e independência. A APIMEC foi credenciada pela CVM para atestar a qualidade técnica dos analistas, bem como supervisionar suas práticas profissionais, inclusive a verificação da comprovação da atualização dos conhecimentos dos analistas[24].

A APIMEC define em seu Código de Conduta[25] normas de atuação do analista de valores mobiliários, de natureza principiológica[26], e normas de conduta relativas a conflito de interesses, busca por informações de alta qualidade, independência, atuação em conformidade com as regras estatais, vedação ao uso de informação privilegiada ou que fira a integridade dos mercados ou de seus participantes, busca de aprimoramento técnico. A APIMEC também define em seu Código de Conduta o procedimento de credenciamento do analista de valores mobiliários. O Código de Processo da APIMEC define os procedimentos para apuração de infração e punições cabíveis.

[23] A assimetria informacional revela-se pela diferença entre a *real* capacitação do profissional do mercado de valores mobiliários e a *percepção* pelo usuário do serviço sobre a capacitação deste profissional. Isto porque ao escolher determinado profissional no mercado de valores mobiliários, o usuário do serviço pode não ter como saber o grau de qualidade e especialização daquele profissional.

[24] Ao adotar o credenciamento, a CVM opta por estratégia de supervisão indireta colocando a entidade de autorregulação em contato direto com o participante de mercado. Os documentos públicos disponibilizados pela CVM permitem aferir que a supervisão da CVM, em relação às entidades de autorregulação credenciadas, é intensa.

[25] O “Código de Conduta da APIMEC para o Analista de Valores Mobiliários” está disponível em <http://www.apimec.com.br/Apimec/show.aspx?id_canal=3760&id_materia=29368>. Acesso em: 11 dez. 2015.

[26] O Código de Conduta define princípios gerais para o exercício da função de analista.

O credencimento dos analistas de valores mobiliários é realizado por meio de provas[27]. Além da certificação, a APIMEC, como entidade de autorregulação, supervisiona o analista de valores mobiliários, que, como vimos, está subordinado à Código de Conduta[28] e Código de Processos[29].

A APIMEC poderá instaurar procedimento de apuração de irregularidades, também chamado de PAI, para a averiguação de fatos que podem indicar infração às regras do Código de Conduta. Se houver indícios de violação de regra, deve-se instaurar processo administrativo.

As penalidades aplicáveis aos processos administrativos são advertência privada ou pública – com ou sem determinação de ações para sanar o dano, multa, suspensão do credenciamento, perda permanente do registro de analista.

6.3. BSM, como entidade autorreguladora *decorrente da lei*

O Estado brasileiro definiu a autorregulação como estratégia regulatória. Neste sentido, o artigo 17, Paragrafo 1º da Lei 5384/76 preceitua:

> *Às Bolsas de Valores, às Bolsas de Mercadorias e Futuros, às entidades do mercado de balcão organizado e às entidades de compensação e liquidação de operações com valores mobiliários incumbe, como órgãos auxiliares da Comissão de Valores Mobiliários, fiscalizar os respectivos membros e as operações com valores mobiliários nelas realizadas.*

A BSM é entidade jurídica apartada da bolsa brasileira, com patrimônio próprio, para assegurar sua independência e autonomia no exercício do monitoramento e fiscalização das atividades da B3 – Brasil, Bolsa, Balcão.

[27] A APIMEC disponibiliza centros de teste, locais físicos no país. O credenciamento deve ser renovado periodicamente (de 5 em 5 anos). Com a aprovação nas provas, o profissional recebe o Certificado Nacional do Profissional de Investimento (CNPI), que tem três espécies: CNPI para análise fundamentalista, CNPI-T para analista técnico e CNPI-P para analista pleno (fundamentalista e técnico).

[28] A Instrução CVM 483 determina que o Código de Conduta deverá ter regras para potenciais situações de conflito de interesses, qualidade de informações, independência, dever de cumprimento das regras autorregulatórias e estatais e as punições cabíveis em caso de infração. O Código de Conduta está disponível em <http://www.apimec.com.br/Apimec/show.aspx?id_canal=3760&id_materia=29368>. Acesso em: 24 out. 2015.

[29] Disponível em: <http://www.apimec.com.br/Apimec/show.aspx?id_canal=3761&id_materia=29370> Acesso em: 24 out. 2015.

A supervisão da BSM busca coibir descumprimentos às regras de acesso e permanência do mercado organizado, a inexistência, inadequação ou ineficácia de controles internos, a realização de práticas abusivas, não monitoração e não comunicação de atipicidades relacionadas à prevenção à lavagem de dinheiro.

A supervisão promovida pela BSM envolve a integralidade das ofertas e operações ocorridas no ambiente da B3. A primeira fase de supervisão utiliza informações públicas para alimentar *softwares* de mineração de dados e supervisão de mercado. A BSM, a partir de 2012, passou a utilizar sistemas de supervisão de mercado[30] para a detecção de falhas. Estes sistemas aumentaram a eficiência da supervisão consubstanciada no aumento percentual dos alertas por eles emitidos, que resultaram na detecção de indícios de irregularidades. A partir destes filtros e alertas, é realizada investigação sobre possível descumprimento das regras, concedida a possibilidade dos envolvidos manifestarem-se. Como decorrência desta investigação, é elaborado relatório de acompanhamento de mercado que poderá ser (i.) arquivado, (ii.) fundamento para a implementação de medida de persuasão (que pode ser o envio de carta de recomendação, determinação ou censura) ou (iii.) fundamento para a abertura de processo administrativo, que pode impor penas como advertência, multa[31], suspensão[32] e inabilitação[33].

6.4. Diretoria de Regulação da B3, como entidade de autorregulação *decorrente da lei e, também, endógena*

Assim, como a BSM, a Diretoria de Regulação da B3 também é entidade de autorregulação *regulada* e, neste âmbito, seu perímetro de atuação é a listagem das companhias brasileiras na bolsa de valores da B3, o monito-

[30] São duas as ferramentas utilizadas desde 2012: SMARTS Integrity, um sistema de supervisão de mercado com interface gráfica e que trabalha a partir de filtros e de alertas com parâmetros definidos e o SAS (Statistical Analysis System), que extrai operações do mercado e de investidores que apresentam tipicidade. (CVM, Relatório Semestral jan-jun/2013, 50).

[31] Limitada a R$ 500.000,00 por acusação ou 50% do valor da operação ou 3 vezes a vantagem obtida, dos três o maior valor.

[32] No prazo máximo de 90 dias.

[33] No prazo máximo de 10 anos.

ramento do cumprimento do Regulamento dos Emissores[34] bem como a verificação dos descumprimentos potenciais ou efetivos, a condução dos procedimentos sancionadores e se for o caso, a punição dos infratores.

Também são atividades da DRE o cumprimento dos dois convênios firmados com a CVM. Um convênio trata do acompanhamento de obrigações de prestação de informações periódicas e eventuais e de notícias divulgadas sobre companhias listadas: relacionadas a atos societários e dados econômico-financeiros das companhias listadas. O outro convênio refere-se ao desenvolvimento e manutenção de sistemas para a divulgação de informações.

No campo da autorregulação endógena, a Diretoria de Regulação da B3 monitora e fiscaliza o cumprimento dos Regulamentos dos Segmentos Especiais de Listagem[35] e Programa Destaque em Governança das Estatais [36]. Os segmentos especiais de listagem foram e são extremamente importantes para o mercado para a proteção do investidor e atração de investidores ao Brasil.

[34] O Regulamento para Listagem de Emissores e Admissão à Negociação de Valores Mobiliários ("Regulamento de Emissores") e no Manual do Emissor ("Manual"), documento que acompanha e detalha as regras do regulamento, tem a finalidade de regular os emissores no mercado tradicional. A DRE busca com este conjunto de regras assegurar a integridade do mercado de valores mobiliários e a proteção dos investidores. A CVM apresentou suas considerações no Regulamento de Emissores e Manual antes do início de sua vigência. As considerações referiam-se, notadamente, ao disposto nos artigos 15 e 117 da Instrução CVM nº461/07. Disponível em: <http://www.cvm.gov.br/export/sites/cvm/decisoes/anexos/2015/20151117_R1/8716.pdf>. Acesso em: 29 dez. 2015.

[35] São três Segmentos Especiais de Listagem, a saber: Novo Mercado, Nível 2 e Nível 1. Cada Segmento Especial de Listagem tem um conjunto de regras privadas específico que poderia ser aceito pelas companhias abertas, que, por sua vez, passariam a conferir direitos aos acionistas das companhias participantes.

[36] O Programa contempla quatro assuntos que norteiam a criação de medidas de governança corporativa: Transparência, Controles Internos, Composição da Administração, Compromisso do Controlador Público. Disponível em: <http://www.bmfbovespa.com.br/pt-br/noticias/download/Programa-Destaque-Governanca-Estatais-Programa-completo.pdf.> Acesso em: 7 nov. 2015.

7. Conclusões

A autorregulação é espécie de regulação privada, caracterizada por: (i.) existência de hierarquia em sua aplicação, (ii.) existência de aparato de fiscalização de regra e (iii.) amplitude social multilateral.

A autorregulação é estratégia regulatória internacionalmente aceita como uma faculdade legítima do Estado de decidir não atuar em determinados perímetros regulatórios, permitindo aos participantes de mercado a atuação no campo regulatório. O modelo sugerido pelo IOSCO impõe ao Estado o dever de autorizar e acompanhar a atividade autorregulatória.

A entidade de autorregulação, privada e coletiva, será o "esquema organizatório adequado" para a criação de regras, mecanismos de monitoramento e fiscalização. Sua atuação deverá pautar-se pela transparência, tratamento igualitário ou equitativo entre seus membros, prestação de contas e mecanismos de identificação e gerenciamento de conflitos de interesses.

Além da liberdade oferecida pelo Estado, o surgimento da autorregulação depende da existência de um grupo de profissionais, em ambiente de cooperação, que perceba mais benefícios do que custos para sua ação.

A autorregulação cria valor, é solução *ex ante* aos potenciais problemas não conhecidos pelo regulador, tem flexibilidade e rapidez para adaptar-se a novas demandas do mercado, é elaborada com a utilização de conhecimento técnico e recursos financeiros da própria indústria, antecede a regulação estatal e ainda serve como forma de gerenciamento de riscos pelo regulador. A autorregulação também inspira cuidados: deve ter mecanismos para gerenciamento de conflito de objetivos e interesses e evitar sobreposição das atividades de autorregulação com a regulação estatal.

Os exemplos brasileiros de entidades de autorregulação permitem concluir que diferentes formas de autorregulação – endógena, regulada, em coordenação com a autoridade estatal – podem melhorar o mercado e participar da estrutura de supervisão baseada em risco.

A autorregulação, se corretamente aplicada e em havendo condições para seu surgimento e permanência, será vetor de desenvolvimento para o mercado de capitais.

Bibliografia

ASSOCIAÇÃO BRASILEIRA DAS ENTIDADES DOS MERCADOS FINANCEIRO E DE CAPITAIS. Código de Regulação e Melhores Práticas Atividades Conveniadas. Disponível em: http://www.anbima.com.br/pt_br/autorregular/codigos/atividades-conveniadas.htm. Acesso em: 01 nov. 2018.

–. Código de Regulação e Melhores Práticas para a Atividade de Gestão de Patrimônio Financeiro no Mercado Doméstico. Disponível em: http://www.anbima.com.br/pt_br/autorregular/codigos/gestao-de-patrimonio.htm..pdf>. Acesso em: 01 nov. 2018.

–. Código de Regulação e Melhores Práticas para as Ofertas Públicas de Distribuição e Aquisição de Valores Mobiliários. Disponível em: http://www.anbima.com.br/pt_br/autorregular/codigos/ofertas-publicas/ofertas-publicas.htm Acesso em: 01 nov. 2018

–. Código de Regulação e Melhores Práticas Distribuição de Produtos de Investimento no Varejo. Disponível em: http://www.anbima.com.br/data/files/8E/B5/49/46/730D851093995C8569A80AC2/Codigo-Varejo-04-11-16.pdf. Acesso em: 01 nov. 2018.

–. Código de Regulação e Melhores Práticas Fundos de Investimento. Disponível em: < http://www.anbima.com.br/data/files/49/E6/2A/13/B600A510C81C5B9569A80AC2/Codigo-de-Fundos-01072016.pdf. Acesso em: 01 nov. 2018.

–. Código de Regulação e Melhores Práticas Negociação de Instrumentos Financeiros. Disponível em: http://www.anbima.com.br/pt_br/autorregular/codigos/negociacao-de-instrumentos-financeiros.htm. Acesso em: 01 nov. 2018.

–. Código de Regulação e Melhores Práticas para a Atividadc de Private Banking no Mercado Doméstico. Disponível em: http://www.anbima.com.br/data/files/35/12/E0/B0/127675106582A275862C16A8/codigo_private_banking_1_.pdf. Acesso em: 01 nov. 2018.

–. Código de Regulação e Melhores Práticas Processos de Regulação e Melhores Práticas. Disponível em: http://www.anbima.com.br/data/files/49/E6/2A/13/B600A510C81C5B9569A80AC2/Codigo-de-Fundos-01072016.pdf. Acesso em: 01 nov. 2018.

–. Código de Regulação e Melhores Práticas Programa de Certificação Continuada. Disponível em: http://www.anbima.com.br/data/files/32/27/37/8F/540C26101D86DB2678A80AC2/Codigo-Certificacao-Vigente-14052018.pdf. Acesso em: 01 nov. 2018.

–. Código de Regulação e Melhores Práticas Serviços Qualificados ao Mercado de Capitais. Disponível em: http://www.anbima.com.br/pt_br/autorregular/codigos/servicos-qualificados.htm. Acesso em: 01 nov. 2018.

Associação dos analistas e profissionais de investimento do mercado de capitais. Código de Conduta da APIMEC para o Analista de Valores Mobiliários. Disponível em: http://www.apimec.com.br/Apimec/show.aspx?id_canal=3760&id_materia=29368 Acesso em: 01 nov. 2018.

Ayres, Ian; Braithwaite, John. Responsive Regulation: transcending the deregulation debate. New York: Oxford, 1992.

Baldwin, Robert; Cave, Martin; Lodge, Martin. Understanding regulation: theory, strategy, and practice. Oxford University Press, 1999.

Baldwin, Robert; Scott, Colin, and Hood, Christopher. A reader on regulation. Oxford University Press, 2011.

Baldwin, Ernest E.; Busch, Jonathan M. Ending Securities Industry Self--Regulation as We Know It. Rutgers Law Review, Newark, v. 57, n. 4p. 1351, 2004.

Balleisen, Edward J.; Eisner, Marc. The promise and pitfalls of Co-Regulation: How Governments can draw on private governance for public purpose. In: Moss, David e Cisternino, John. New Perspectives on Regulation. Cambridge: MA, 2009. p. 127-149. (The Tobin Project). Disponível em: <http://www.tobinproject.org/books-papers/new-perspectives-regulation>. Acesso em: 5 fev. 2014.

Barreto Filho, Oscar. Natureza jurídica das bôlsas de valores do direito brasileiro. Revista da Faculdade de Direitoda Universidade de São Paulo, São Paulo v., 54, n. 1, p. 93-130, 1959.

Benkler, Yochai. From Greenspan´s Despair to Obama´s Hope: The Scientific Basis of Cooperation as Principles of Regulation. In: Moss, David e Cisternino, John. New Perspectives on Regulation. Cambridge: MA, 2009. The Tobin Project. Disponível em: <http://www.tobinproject.org/books-papers/new-perspectives-regulation>. Acesso em: 5 fev. 2014.

Black, Bernard S. The Legal and Institutional Preconditions for Strong Securities Markets. UCLA Law Review, Los Angeles, v. 48, p. 781-855, 2001. Disponível em: <http://ssrn.com/abstract=182169>. Acesso em: 27 nov. 2015.

Black, Julia. *Constitutionalising Self-Regulation.* The Modern Law Review, London, v. 59, n. 1, p. 24-55. 1996.

–. *Decentring Regulation: Understanding the role of Regulation and Self-Regulation in a 'Post-Regulatory' World.* Current Legal Problems, London, v.54, p. 103--146, 2001.

Blumrosen, Alfred W. *Six Conditions for Meaningful Self-Regulation.* American Bar Association Journal, Chicago, v. 69, no. 9, p. 1264-1269, Set.1983. Disponível em: <http://www.jstor.org/stable/20756426>. Acesso em: 27 jul. 2015.

BLUNDELL, John; ROBINSON, Colin. *Regulação sem o Estado*. Tradução Vera Nogueira. Regulation without the State. Rio de Janeiro: Instituto Liberal, 2000.

CALABRÓ, Luis Felipe Amaral. *Regulação e autorregulação do Mercado de bolsa. Teoria Palco-Plateia*. São Paulo: Almedina, 2011.

CAMARA, Paulo. *Manual de Direito dos valores mobiliários*. 2. ed. Lisboa: Almedina, 2011.

CARY, William L. *Self-Regulation in the Securities Industry*. American Bar Association Journal, Chicago, v. 49, p. 244-247, 1963.

CARSON, John. *Conflicts of Interest in Self-Regulation: Can demutualized exchanges successfully manage them?* Washington: The World Bank, 2003. Disponível em: <https://ec.europa.eu/digital-agenda/sitcs/digital-agenda/files/dae-library/conflicts_of_interest_in_self-regulation_can_demutualized_exchanges_successfully_manage_them.pdf> .Acesso em: 23 jun. 2014.

–. *Self-Regulation in Securities Markets*. Washington: The World Bank, 2011. (Policy research working papers 5542). Disponível em: <http://dx.doi.org/10.1596/1813-9450-5542>. Acesso em: 23 jun. 3014.

CARVAJAL, Ana; ELLIOT, Jennifer. *Strengths and Weaknesses in Securities Market Regulation: A Global Analysis*. IMF Working Paper n.7/259. 2007. Disponível em: <https://www.imf.org/external/pubs/ft/wp/2007/wp07259.pdf.> Acesso em: 23 jun. 2014.

CFA INSTITUTE CENTRE FOR FINANCIAL MARKET INTEGRITY. *Self-Regulation in Today´s Securities Markets: Outdated System or Work in Progress?* 2007. Disponível em: <http://www.cfapubs.org/doi/pdf/10.2469/ccb.v2007.n7.4819>. Acesso em: 7 jul. 2014.

–. *Self-Regulation in the Securities Markets. Transitions and New Possibilities*. 2013. Disponível em: <http://www.cfapubs.org/doi/pdf/10.2469/ccb.v2013.n11.1> Acesso em: 10 maio 2015.

COASE, Ronald H. *The problem of Social Cost*. The Journal of Law & Economics, v.3, p. 1-44, 1960.

COMISSÃO DE VALORES MOBILIÁRIOS, *REGULAÇÃO DO MERCADO DE VALORES MOBILIÁRIOS. Fundamentos e Princípios*. Rio de Janeiro: 1978. Disponível em: <http://www.portaldoinvestidor.gov.br/portaldoinvestidor/export/sites/portaldoinvestidor/galerias/arquivos-historias-interativas/RegulacaoDoMercadoDeValoresMobiliarios.pdf>. Acesso em: 7 out. 2015.

COSTA, Roberto Teixeira da. *Mercado de Capitais: uma trajetória de 50 anos*. São Paulo: Imprensa Oficial do Estado de São Paulo, 2006.

DIAS, Luciana Pires. *Regulação e Auto-regulação no Mercado de valores mobiliários*. Dissertação de Mestrado. 2005.

DOMBALAGIAN, Onnig H. *Self and Self-Regulation: Resolving the SRO Identity Crisis*. Brooklyn Journal of Corporate, Financial and Commercial Law, Brooklyn, v.1, n. 2. 2006. Disponível em: <http://practicum.brooklaw.edu/sites/default/files/print/pdfs/journals/brooklyn-journal-corporate-financial-and--commercial-law/volume-1/number-2/cfcl_v1ii_1.pdf >. Acesso em: 23 jun. 2014.

Donaggio, Angela Rita Franco. *Governança Corporativa e Novo Mercado.* Proteção ao investidor e falhas no marco regulatório. São Paulo: Saraiva, 2012.

Eizirik, Nelson. *Mercado de Capitais,* Rio de Janeiro, IBMEC, 1977.

–. Questões de direito societário e mercado de capitais. Rio de Janeiro: Forense, 1987.

–. O papel do Estado na Regulação do Mercado de Capitais. Rio de Janeiro: IBMEC, 1977.

–. Wald, Arnoldo. O regime jurídico das bolsas de valores e sua autonomia frente ao Estado. Revista de Direito Mercantil, Rio de Janeiro, ano 25, n. 61, p. 6, jan./mar. 1986.

Eizirik, Nelson, Gaal, Ariádna; Parente, Flávia; Henriques, Marcus de Freitas. Mercado de Capitais: regime jurídico. 3. ed. Rio de Janeiro: Renovar, 2011

Ferraz, Adriano Augusto Teixeira. *A autorregulação no mercado de valores mobiliários brasileiro: a coordenação do mercado por entidades profissionais privadas.* Belo Horizonte, 2012. Dissertação (Mestrado em Direito) – Faculdade de Direito da Universidade Federal de Minas Gerais.

Flohr, Annegret. *Self-Regulation and Legalization.* Making Global Rules for Banks and Corporations. Reino Unido: Palgrave Macmilian, 2014.

França, Erasmo Valladão Azevedo et al. *Conflito de interesses nas assembléias de SA*:(e outros escritos sobre conflito de interesse). São Paulo: Malheiros, 2014.

Gadinis, Stravros; Jackson, Howell E. *Markets as Regulators: A Survey.* Southern California Law Review, California, v. 80, p. 1239, 2007.

Gorga, Érica. *Direito societário atual.* Rio de Janeiro: Elsevier, 2013.

Graham, David; Woods, Ngaire. *Making Corporate Self Regulation Effective in Developing Countries.* World Development, Oxford, v., 34, n. 5, p. 868, 2006.

Gunningham, N.; Rees, J. *Industry Self-Regulation: An Institutional Perspective. Law & Policy,* Oxford, v. 19, n. 4, p. 363-414, 1996.

International Monetary Fund; World Bank. *2013. Financial Sector Assessment Program : Brazil – IOSCO Objectives and Principles of Securities Regulation. World Bank, Washington, DC. © World Bank.* https://openknowledge.worldbank.org/handle/10986/15973 License: CC BY 3.0 IGO.

International Organization of Securities Commissions, Iosco *Objectives and principles of securities regulation.* 2010. Disponível em: <https://www.iosco.org/library/pubdocs/pdf/IOSCOPD323.pdf >. Acesso em 01 nov. 2018

–. *Methodology for Assessing Implementation of the IOSCO – Objectives and Principles of Securities Regulation. 2008*. Disponível em: <http://www.iosco.org/library/pubdocs/pdf/IOSCOPD266.pdf>. Acesso em: 01 nov. 2018.

–. *Model for Effective Regulation. Report of the SRO Consultative Committee of the International Organization of Securities Commissions. 2000*. Disponível em: <http://www.iosco.org/library/pubdocs/pdf/IOSCOPD110.pdf>. Acesso em: 01 nov. 2018.

–. *Affiliate Members Consultative Committee*. Disponível em: <https://www.iosco.org/about/?subsection=display_committee&cmtid=2>. Acesso em: 01 nov. 2018.

Instituto Brasileiro de Governança Corporativa. *Código de Melhores Práticas de Governança Corporativa*. 5. ed. 2015. Disponível em: <http://conhecimento.ibgc.org.br/Lists/Publicacoes/Attachments/21138/Publicacao-IBGC-Codigo-CodigodasMelhoresPraticasdeGC-5aEdicao.pdf>. Acesso em: 01 nov. 2018.

Coffe Jr., John C. *Do Norms Matter? A Cross-Country Examination of the Private Benefits of Control*. Columbia Law and Economics Working Paper, New York, n. 183, jan. 2001. Disponível em: <http://www.law.columbia.edu/lawed/> Acesso em: 15 maio 2015.

Jennings, Richard W. *Self-Regulation in the Securities Industry: The role of the Securities and Exchange Commission*. 29 Law & Contemporary Problems. 663, 1964.

Kay, John. *The Kay Review of UK Equity Markets and Long-Term Decision Making*. Final Report. 2012. Disponível em: <https://www.gov.uk/government/consultations/the-kay-review-of-uk-equity-markets-and-long-term-decision--making>. Acesso em: 01 nov 2018.

Karmel, Roberta S. *Securities Industry Self-Regulation – Tested by the crash*. Washington and Lee Law Review, Indianapolis, v. 45, p. 1297-1319, 1988.

Kershaw, David. *Corporate Law and Self-Regulation*. London School of Economics and Political Science. LES Law, Society and Economy Working Papers 5/2015. Disponível em: <http://ssrn.com/abstract=2574201>. Acesso em: 2 de set. 2015.

Lipton, David A. *SEC or the Exchanges: Who Should Do What and When* – A Proposal to Allocate Regulatory Responsibilities for Securities Markets. The UC Davis Law Review, California, v., n.16, p. 527, 1982.

Lorena Dutra, Marcos Galileu. *As novas estruturas organizacionais das bolsas*. 2008. Tese (Doutorado em Direito) – Faculdade de Direito, Univesidade de São Paulo, 2008.

Menezes Santos, Aline de. *Regulação e estruturas de supervisão do mercado financeiro*. In: Sardenberg, Amarilis Prado. Desenvolvimento do mercado de capitais no Brasil: temas para reflexão. São Paulo: Ed. Sociologia e Política, 2015.

–. Artigo 1o. In: Codorniz, Gabriela; Patella, Laura (Coord.). Comentários à Lei do Mercado de Capitais. Lei 6385/76. São Paulo: Quartier Latin, 2015.

–. Trindade, Marcelo. *Regulação e Auto-regulação no Brasil e a Crise Internacional.* Disponível em: <http://www.bovespasupervisaomercado.com.br/InstDownload/BSM-Artigo-MarceloTrindade-e-AlineMenezesSantos.pdf>. Acesso em: 14 maio 2014.

Miller, Sam Scott. *Self-Regulation of the Securities Markets: A Critical Examination.* Washington and Lee Law Review, Indianapolis, v. 42, p. 853-888, 1985. Disponível em: <http:// heionline.org>. Acesso em: 20 jun. 2015.

Moreira, Vital. *Auto-regulação profissional e Administração Pública*. Coimbra: Almedina, 1997.

Neder Cerezetti, Sheila Christina. *Regulação do Mercado de Capitais e Desenvolvimento.* In: Salomão Filho, Calixto. Regulação e Desenvolvimento. São Paulo: Malheiros, 2012.

Ogus, Anthony. *Rethinking Self-Regulation.* Oxford Journal of Legal Studies, Oxford, v. 15, p. 97-15, 1995.

Omarova, Saule T. *Wall Street as Community of Fate: Toward Financial Industry Self-Regulation.* University of Pennsylvania Law Review, v. 159, n. 2, p. 411--492, 2011. Disponível em: <http://scholarship.law.upenn.edu/cgi/viewcontent.cgi?article=1086&context=penn_law_review>. Acesso em: 4 jan. 2016.

Page, A.C. *Self-Regulation: The Constitucional Dimension.* The Modern Law Review, v. 49, n. 2, mar. 1986.

Pargendler, Mariana. *Evolução do Direito Societário. Lições do Brasil.* São Paulo: Saraiva, 2013. (Série direito, desenvolvimento e justiça: produção científica).

Rachman, Nora; Prado, Viviane Muller; Coelho, Alexandre Ramos. *Internacionalização dos padrões regulatórios internacionais no Brasil. O Caso IOSCO.* Disponível em: <https://www.academia.edu/7554145/Internaliza%C3%A7%C3%A3o_dos_padr%C3%B5es_regulat%C3%B3rios_internacionais_no_Brasil_o_caso_IOSCO>. Acesso em: 25 nov. 2015.

Rachman, Nora Matilde. *Caminhos da cooperação regulatória no mercado de capitais.* 2013. Tese (Doutorado em Direito) – Universidade de São Paulo, São Paulo, 2013.

Rocha, Glauco da. *Autorregulação e poder disciplinar das bolsas de valores, mercadorias e futuros.* Direito & Justiça, Porto Alegre, v. 41, p. 182-194, jul-dez. 2015. Disponível em: <http://revistaseletronicas.pucrs.br/ojs/index.php/fadir/> Acesso em: 10 jul 2015.

Salomão Filho, Calixto. *Regulação da atividade econômica: princípios e fundamentos jurídicos.* São Paulo: Malheiros, 2012.

Sammeck, Jan. *A new institutional economics perspective on industry self-regulation.* Gabler Verlag/Springer Fachmedien Wiesbaden, 2012. Disponível em:

<https://mail.google.com/mail/u/0/#inbox/1522d9f233bbb86a?projector=1>. Acesso em: Acesso em: 2 fev. 2015.

SANO, Flora Pinotti. *O modelo de supervisão baseada em risco e o papel da auto-regulação*. In Auto-regulação e desenvolvimento do mercado de valores mobiliários brasileiro. São Paulo: Saraiva, 2008, 1-36.

SANTANA, Maria Helena Santos Fernandes. *O Novo Mercado*. São Paulo: São Paulo: BM&FBOVESPA, 2008. Disponível em: <http://www.bmfbovespa.com.br/Pdf/focus5.pdf>. Acesso em: 2 fev. 2015.

SCHWARCZ, Steven L. *Financial Industry Self-Regulation: Aspiration and Reality*. Disponível em: <http://scholarship.law.upenn.edu/cgi/viewcontent.cgi?article=1064&context=penn_law_review_online>. Acesso em: 15 maio 2015.

SENDEN, Linda. *Soft Law, Self-Regulation and Co-Regulation in European Law: Where do they Meet?* Electronic Journal of Comparative Law, [Tilburg, Netherlands], v. 9.1, jan. 2005. Disponível em: < https://ec.europa.eu/digital-agenda/sites/digital-agenda/files/discussions/Soft%20Law,%20Self-Regulation%20and%20Co-Regulation%20in%20European%20Law-Where%20do%20they%20meet.pdf >. Acesso em: 15 maio 2015.

SOUZA JUNIOR, Francisco Satiro. *Regime Jurídico das opções negociadas em bolsas de valores*. Tese. (Doutorado em Direito) – Faculdade de Direito, Universidade de São Paulo, 2002.

–. Direito, gestão e prática: mercado de capitais. São Paulo: Saraiva, 2013.

STIGLER, George J. *The Theory of Economic Regulation. The Bell Journal of Economics and Management Science*, Chicago, v. 2., n. 1, 3-21, 1971. Disponível em: <www.jstor.org/stable/3003160>. Acesso em: 30 set. 2015.

STIGLITZ, Joseph E. Capitalist Tools. Vanity Fair, 2009. Disponível em: <http://www.vanityfair.com/news/2009/01/stiglitz200901-2>. Acesso em: 5 jan. 2016.

STRINGHAM, Edward Peter. *Private Governance: Creating Order in Economic and Social Life*. New York: Oxford University Press, 2015.

SZTAJN, Rachel. *Regulação e o mercado de valores mobiliários*. Revista de Direito Mercantil, Industrial, Econômico e Financeiro, São Paulo, v. 53, n. 135. p. 136-47. jul./set. 2005.

–. *O paradoxo do sistema financeiro: estabilidade e risco*. 2009. Tese (Doutorado em Direito) – Faculdade de Direito da Universidade de São Paulo, São Paulo, 2009.

TORRES, Marcos José Rodrigues. *Autorregulação na BM&FBOVESPA: Supervisão e Enforcement*. 15/10/2015. In: CAMARA DOS DEPUTADOS. Comissão de Desenvolvimento Econômico, Indústria, Comércio e Serviços. Audiência pública. Requerimento 42/2015. Tema: Discutir a autorregulação no mercado de capitais brasileiro. Disponível em: <http://www2.camara.leg.br/atividade-

-legislativa/comissoes/comissoes-permanentes/cdeic/audiencias/audiencias-publicas-2015.-1>. Acesso em: 8 jan. 2016.

Trindade, Marcelo; Menezes, Aline de. *Regulação e Auto-regulação no Brasil e a Crise Internacional*. Disponível em: http://www.bovespasupervisaomercado.com.br/InstDownload/BSM-Artigo-MarceloTrindade-e-AlineMenezesSantos.pdf >. Acesso em: 14 maio 2014.

Tuch, Andrew F. *The Self-Regulation of Investment Bankers*. George Washington law review, n. 101, 2015. Disponível em: <http://ssrn.com/abstract=2432601 or http://dx.doi.org/10.2139/ssrn.2432601. Acesso em 27 jul. 2015.

Wald, Arnoldo; Eizirik, Nelson. *O regime jurídico das bolsas de valores e sua autonomia frente ao Estado*. Revista de Direito Mercantil, Rio de Janeiro, ano 25, n. 61, p. 6, jan./mar. 1986.

Yazbek, Otavio. *Regulação do mercado financeiro e de capitais*. Rio de Janeiro: Elsevier, 2007.

–. A regulamentação das bolsas de valores e das bolsas de mercadorias e futuros e as novas atribuições da Comissão de Valores Mobiliários. Revista de Direito Bancário e do Mercado de Capitais, São Paulo. v. 9, n. 34, p. 198-218. out./dez. 2006.

–. Evolução recente da regulação do mercado de capitais: impactos da crise de 2008 e opções de reforma. In: Sardenberg, Amarilis Prado. Desenvolvimento do mercado de capitais no Brasil: temas para reflexão. São Paulo: Ed. Sociologia e Política, 2015, p. 49-90.

Zanotta, Alexandre. *Regulação e Auto-regulação no mercado de capitais brasileiro*. São Paulo, 2005. Dissertação (Mestrado em Direito) – Faculdade de Direito da Pontifícia Universidade Católica de São Paulo, São Palo, 2005.

Zingales, Luigi. *The Future of Securities Regulation*. Chicago, 2009. Disponível em: <http://ssrn.com/abstract=1319648>. Acesso em: 6 jan. 2016.

Capítulo VI

Crimes contra o Mercado

Os crimes contra o mercado: âmbito material e significado político-criminal após a reforma de 2017

Frederico de Lacerda da Costa Pinto[1]

Resumo: *A reforma de 2017 da parte sancionatória do CVM Pt trouxe alterações significativas ao elenco de crimes contra o mercado, ao âmbito das incriminações do abuso de informação privilegiada e da manipulação do mercado e ao sistema de fontes que delimitam a intervenção penal neste sector. O presente texto apresenta o regime atual e as novas soluções que, por influência da reforma europeia do abuso de mercado de 2014, foram acolhidas entre nós e traça algumas possíveis linhas de evolução, identificando três áreas que merecem a atenção do legislador no futuro: envio doloso de informações falsas aos reguladores, falsificação de informação financeira e contabilística de emitentes e intermediários financeiros e gestão ruinosa destas entidades.*

1. A evolução dos crimes contra o mercado e a reforma de 2017

O elenco de crimes contra o mercado de valores mobiliários manteve-se aparentemente estável nas últimas décadas. Numa leitura simples, o sistema penal português integra há mais de três décadas os crimes de manipulação do mercado e de abuso de informação privilegiada: o crime de manipulação de preços estava previsto no artigo 276º do CP Pt de 1852/86

[1] As opiniões apresentadas neste estudo são exclusivamente pessoais e não podem, em caso algum, ser atribuídas às instituições a que me encontro profissionalmente ligado (FDUNL e CMVM), nem ao grupo de trabalho que preparou a reforma do abuso de mercado de 2017, que tive o privilégio de coordenar.

e o CSC Pt de 1987 integrou, na sua parte sancionatória, um crime de *manipulação fraudulenta de cotações de títulos* (artigo 525º) e outro de *abuso de informações* (artigo 524º)[2]. Mas, na realidade, apesar de terem a mesma referência nominal, o conteúdo das incriminações tem variado substancialmente ao longo dos anos, por vezes de forma subtil e pouco percetível.

Podemos identificar três grandes linhas de alterações: uma primeira corresponde à mutação da natureza do tipo incriminador que, apesar de manter a mesma designação legal, sofreu alterações na sua *ratio* de tutela; a segunda traduz-se no alargamento material do âmbito dos tipos incriminadores existentes, integrando no mesmo novas condutas ilícitas, por modificação explícita do tipo legal ou por inclusão de novas realidades na previsão típica, sem alteração formal da lei; a terceira corresponde ao aditamento de novos crimes contra o mercado, com novas condutas ilícitas, novos bens jurídicos e novos tipos incriminadores.

Uma primeira alteração ao mapa legal destas incriminações verifica-se quando entra em vigor o CodMVM/91 Pt. Este diploma, tipificou os crimes de *abuso de informação* (artigo 666º) e de *manipulação do mercado* (artigo 667º), tendo revogado expressamente as incriminações previstas nos artigos 524º e 525º do CSC Pt. A tipificação do crime de abuso de informação em 1991 foi então determinada (e condicionada) pela transposição da Diretiva nº 89/592/CEE, de 13 de novembro (coordenação das regulamentações respeitantes às operações de iniciados). A alteração descrita não se traduziu apenas na substituição das incriminações previstas no CSC Pt por outras equivalentes: foi modificada a natureza de cada incriminação, a sua *ratio* de tutela e o seu âmbito material. Vejamos, ainda que sumariamente, em que termos tal aconteceu.

Os crimes de *abuso de informações* e de *manipulação fraudulenta de cotações de títulos* previstos no CSC Pt de 1987 eram *ilícitos societários* e não crimes contra o mercado. Os interesses tutelados correspondiam a bens jurídicos protegidos enquanto interesses das sociedades comerciais: a proteção penal das informações societárias e tutela penal da credibi-

[2] Elementos sobre a evolução histórica destas incriminações, entre nós, encontram-se em Sérgio Vasques, *A Manipulação do Mercado de Valores Mobiliários*, APDMC: Valadares (1997), 17 ss.; Fátima Gomes, *Insider Trading*, APDMC: Valadares (1996), 63 ss.; Frederico de Lacerda da Costa Pinto, *O novo regime dos crimes e contra-ordenações no Código dos Valores Mobiliários*, Almedina: Coimbra (2000), 38 ss..

lidade económica das cotações das ações ou o valor das obrigações da sociedade. No CSC Pt o crime de abuso de informações é, na verdade, um crime de revelação ilegítima de segredos ou de aproveitamento abusivo dos mesmos, contra os interesses das sociedades comerciais e dos seus sócios, correspondendo apenas um dos ilícitos incluídos no atual crime de abuso de informação privilegiada. O crime de manipulação fraudulenta de cotações de títulos, por seu turno, constituía uma modalidade especial de manipulação de preços (crime que estava previsto no artigo 276º do CP Pt 1952/86). Não eram, portanto, crimes económicos, mas sim crimes societários. Por isso mesmo, e de forma coerente, o CSC Pt fazia acompanhar a intervenção penal de regimes especiais de natureza cível: estorno compulsivo de mais valias obtidas com a prática do crime, a favor da sociedade lesada, e possibilidade de recurso a mecanismos de destituição judicial de titulares de órgãos sociais envolvidos nos crimes (artigo 449º e 450º do CSC Pt).

O CodMVM/91 Pt alterou a natureza das incriminações, deslocando a *ratio* da tutela da sociedade comercial para o mercado dos ativos. Os crimes de abuso de informação e a manipulação do mercado passam a ser vistos como crimes contra o mercado e a idoneidade lesiva do ilícito passa a ser aferida pela sua aptidão para influenciar o mercado dos ativos ou alterar artificialmente o seu regular funcionamento. O centro axiológico de tutela deixa de ser a sociedade e os seus sócios e passa a ser o mercado em que os ativos se negoceiam. Por isso mesmo, não devia o legislador (em 1991) ter revogado expressamente os crimes de abuso de informações e de manipulação fraudulenta de cotações de títulos previstos no CSC Pt, porque estes se aplicavam a qualquer sociedade comercial (e não apenas a sociedades cotadas) com a finalidade de proteger as suas informações e a integridade do valor económicos dos seus ativos. Com a revogação expressa das incriminações do CSC Pt só as informações e ativos de sociedades relacionadas com um mercado onde se formem cotações e preços de forma regular é que estão protegidos pelo sistema penal. As demais sociedades poderão apenas (e eventualmente) invocar os crimes de revelação e aproveitamento ilegítimo de segredos, previstos nos artigos 195º e 196º do CP Pt. De qualquer modo, continuam em vigor (porque não foram abrangidos pela norma revogatória de 1991) os mecanismos cíveis de estorno de mais valias e de destituição de titulares de órgãos sociais previstos no CSC Pt (artigos 449º e 450º).

O segundo tipo de alterações que se podem identificar nas incriminações referidas ocorre nas reformas de 1997 e de 2006 e incide, essencialmente, na concreta configuração dos tipos incriminadores.

A reforma de 1997 veio substituir o CodMVM/91 Pt pelo CVM Pt. Todo o texto do código foi profundamente reformulado e alterado, no plano substancial e na técnica jurídica usada. As incriminações de abuso de informação e de manipulação do mercado foram mantidas (artigos 378º e 379º do CVM Pt), mas com uma profunda reformulação na estrutura dos tipos incriminadores, tendo sido adotadas (por influência da lei italiana e de forma congruente com as técnicas legislativas usadas entre nós) descrições típicas mais simples, sem elementos subjetivos especiais da ilicitude, e eliminadas complexas articulações causais de elementos que, tendo de ser objeto de prova (por serem elementos típicos), motivavam alguma complexidade processual, inútil e sem qualquer vantagem político-criminal[3]. As penas foram moderadamente elevadas (de 2 para 3 anos de prisão) e a multa convertida em sanção alternativa (deixando de ser cumulada com a pena de prisão, como acontecia no CodMVM/91 Pt).

A reforma de 2006 veio transpor para o ordenamento nacional a Diretiva nº 2003/6/CE, do Parlamento Europeu e do Conselho, de 28 de Janeiro, relativa ao abuso de mercado (*Market Abuse Directive*, conhecida internacionalmente como *MAD I*)[4]. E com ela verifica-se um primeiro alargamento típico do abuso de informação privilegiada que, em função da experiência dos atentados de 11 de setembro de 2001 e a sua relação com os mercados financeiros, passou a contemplar a conexão da informação com a prática de um facto ilícito praticado ou a praticar. Deste modo, a informação privilegiada sofre uma alteração muito significativa, porque deixa de ser apenas *corporate information* passando a ser também *non corporate information*: informação obtida através da prática de um crime e informação associada à realização futura de um crime

[3] Desenvolvimentos em Costa Pinto, *O novo regime* cit., n.2, 69 ss., 83 ss..

[4] Sobre a evolução das reformas europeias em matéria de abuso de mercado (e os vários instrumentos usados para o efeito), veja-se Helena Magalhães Bolina, *A Revisão das Diretivas do Abuso de Mercado: Novo Âmbito, o mesmo Regime*, CadMVM – Número Especial: Ensaios de Homenagem a Amadeu Ferreira, II (2015), 11-28, 11 ss., onde se identificam as principais alterações em relação à reforma europeia de 2003.

com impacto no mercado dos ativos (como aconteceu com os atentados de 11 de setembro).

A crise financeira de 2008 levou o legislador a elevar as penas dos crimes em causa para 5 anos de prisão, através da Lei nº 28/2008, de 19 de junho, o que foi concretizado sem alteração do âmbito dos tipos incriminadores. A reforma foi mais simbólica do que necessária e correspondeu fundamentalmente a uma afirmação de censura do poder político ao crime económico. Mas o agravamento das penas foi moderado e proporcional, pois, por um lado, os 5 anos de prisão correspondiam à pena prevista também para os crimes patrimoniais de média gravidade acolhidos no CP Pt (furtos, abusos de confiança, burlas) e, por outro, estava ainda muito longe das agravações de outros países da União Europeia, em que as penas podem ultrapassar os 10 anos de prisão (caso de Itália, por exemplo). No plano material, pode dizer-se que o legislador acabou por reconhecer a elevada danosidade da criminalidade económica.

Entretanto, começaram a ser utilizadas na intermediação financeira práticas de negociação algorítmica de alta frequência, em que os sistemas informáticos eram programados para reagir a variações do mercado, alterando de forma significativa a negociação diária por cruzamento sucessivo de ofertas desencadeadas automaticamente. Os cursos negociais assim criados deram origem a enormes problemas, onde avultava a dimensão e a artificialidade dos negócios realizados. E, portanto, tais práticas colocavam diretamente em causa a regularidade do mercado, a fiabilidade da liquidez e das cotações criadas, prejudicando seriamente os interesses dos emitentes e dos investidores. A União Europeia chegou a ter em curso reformas legislativas para incluir tal matéria no âmbito da manipulação do mercado (*v.g.* a proposta de Regulamento COM (2011) 611), o que acabou por ser assumido com o reconhecimento político-criminal de que o tipo incriminador da manipulação do mercado já podia abranger uma parte dessas realidades. Em suma, o âmbito de vigência material da incriminação da manipulação do mercado acabou por ser alargado pela sua aplicação a novas realidades negociais, sem alteração imediata da lei[5].

[5] Para uma leitura sobre o significado deste fenómeno na expansão da intervenção penal, Frederico de Lacerda da Costa Pinto, *Tendências e rupturas na evolução do Direito Penal Económico*, I/3 CLR (2017), 91-113, 100 ss..

A terceira linha de alterações aos crimes contra o mercado de valores mobiliários verifica-se a partir de 2014, com um extenso e profundo pacote legislativo da União Europeia, que incluiu o Regulamento (UE) nº 596/2014 (Regulamento do Abuso de Mercado) e a Diretiva 2014/54/UE (Diretiva do Abuso de Mercado), ambos do Parlamento e do Conselho, de 16 de abril de 2014, acompanhados pela publicação sucessiva de mais de quinze instrumentos de outra natureza (regulamentos delegados, diretivas de execução, orientações e normas técnicas). Aqueles dois instrumentos normativos são internacionalmente designados, respetivamente, como *Market Abuse Regulation* (*MAR*) e *Market Abuse Directive* (*MAD II*)[6].

A reforma europeia veio a ser concretizada entre nós através da Lei nº 28/2017, de 30 de maio, que trouxe alterações muito significativas ao regime penal do mercado de valores mobiliários. Alterações que se fizeram sentir no sistema de fontes relevante para a compreensão e delimitação dos tipos incriminadores, na interação dos tipos incriminadores da lei nacional com o Direito da União Europeia, no âmbito material das incriminações (que passaram a incluir novos ilícitos) e no próprio elenco de crimes contra o mercado, que foi expressamente alargado a novas incriminações[7]. Dessas alterações se dará adiante conta de forma mais pormenorizada, a propósito de cada um dos temas tratados.

2. Caracterização dos crimes contra o mercado

Os crimes contra o mercado são crimes económicos, isto é, contemplam factos que põem em perigo ou lesam estruturas e valores essenciais do funcionamento dos mercados de valores mobiliários. Estes são parte do sistema económico e cumprem funções importantes no financiamento de atividades económicas, na aplicação de poupanças, na criação, distribuição e transferência de riqueza, na dinamização e gestão do risco das atividades económicas e financeiras e na flexibilização dinâmica das estruturas acionistas das empresas. Neste sentido, os crimes contra o mercado assumem uma *ratio* de tutela diferente da que está subjacente

[6] Em pormenor, Bolina, *A Revisão* cit., n.4, 13 ss..

[7] Veja-se, Frederico de Lacerda da Costa Pinto, *O novo regime europeu do abuso de mercado e a adaptação do sistema sancionatório nacional*, em *O Novo Direito dos Valores Mobiliários*, coord. Paulo Câmara, Almedina: Coimbra (2017), 33-42, 33 e ss..

aos crimes patrimoniais: estes protegem o património numa perspetiva estática, enquanto realidade valiosa integrada em esferas jurídicas concretas, no momento da agressão, e os crimes contra o mercado visam proteger genericamente aspetos fundamentais do bom funcionamento do mercado de valores mobiliários, enquanto bem público em si mesmo, por se tratar de um espaço económico onde se realizam quer interesses públicos, quer interesses individuais[8].

O modelo de tutela adotado nos crimes económicos traduz-se na preservação das condições essenciais ao bom funcionamento do mercado, para que o mesmo possa cumprir plenamente as suas funções económicas. O paradigma da ilicitude neste caso não é o prejuízo patrimonial cristalizado no momento da agressão (como acontece nos crimes patrimoniais), mas sim as transferências ilícitas de riqueza ou o risco de tal acontecer por adulteração das condições de regular funcionamento do mercado.

Os crimes económicos podem ter dimensões patrimoniais, mas estas em regra não condicionam o tipo e a realização do tipo, representando antes e apenas uma densificação da ilicitude do facto concreto. O que significa que podemos ter crimes contra o mercado com lesados no plano patrimonial e crimes contra o mercado sem lesados no plano patrimonial. Por essa razão, os crimes contra o mercado previstos no CVM PT não preveem na descrição legal do tipo incriminador o prejuízo patrimonial como elemento essencial do crime. O dano que geram corresponde à erosão de um bem público (o mercado) e pode refletir-se depois em esferas patrimoniais autónomas. O prejuízo patrimonial, a existir, será um resultado não compreendido no tipo, mas relevante para a aferição do grau de ilicitude do facto.

O bom funcionamento do mercado pressupõe que o valor dos ativos negociados deve corresponder a uma interação real e minimamente esclarecida entre a oferta e a procura, gerando por isso uma liquidez real e fiável, condições básicas da formação de preços adequados à realidade que podem servir de base a novas decisões de investimento.

Os crimes contra o mercado subvertem estes valores. O abuso de informação privilegiada assenta numa assimetria ilícita entre os investi-

[8] Uma exposição sobre os princípios fundamentais do funcionamento do mercado e os valores e interesses aos mesmos associados, encontra-se em A. Barreto Menezes Cordeiro, *Manual de Direito dos Valores Mobiliários*, 2ª ed. (atualizada), Almedina: Coimbra (2018), 86 ss..

dores, em que a supremacia informativa do *insider*, conseguida de forma proibida por lei, lhe dá uma vantagem negocial injusta, protegendo-o do risco negocial inerente ao mercado que se transfere para terceiros que participem no mercado. A manipulação do mercado, por seu turno, é em si mesma a negação do mercado (livre interação entre a oferta e a procura) através do controlo das estruturas de criação de liquidez e de formação dos preços. Num mercado manipulado não existe livre encontro da oferta e da procura, mas sim indução artificial e enganosa de uma ou de outra. O manipulador controla artificialmente o mercado e instrumentaliza-o, para se proteger do risco negocial (porque sabe que o mercado está a ser manipulado) com a transferência simultânea de riscos para o resto do mercado e os demais participantes (que, em regra, ignoram que o mercado está a ser manipulado).

Os tipos incriminadores adotados para tutelar o mercado são por isso habitualmente crimes de perigo, com dois tipos de resultados danosos que os podem agravar: a lesão efetiva de um bem jurídico público (o mercado ou dimensões específicas do mesmo) e lesão de interesses individuais (em regra, meras agravantes da ilicitude concreta do facto). Também por isso, e de forma coerente, os crimes contra o mercado são crimes públicos, em que o procedimento criminal não é legalmente condicionado pela vontade de ofendidos individuais. Um mesmo facto pode, aliás, assumir dimensões diferentes: por exemplo, o aproveitamento ilegítimo de segredos de uma empresa pode constituir simultaneamente um crime contra a empresa (artigo 196º do CP Pt) e um crime contra o mercado, se esse segredo corresponder a informação usada ilicitamente no mercado de valores mobiliários (artigo 378º do CVM Pt). Sintomaticamente, o primeiro é um crime semipúblico (artigo 198º do CP Pt) e o segundo (artigo 378º do CVM Pt) um crime público.

Uma característica dos crimes contra o mercado é a de que em regra os tipos incriminadores comportam uma pluralidade de ilícitos típicos. Isto é, o tipo legal de crime não descreve apenas um facto ilícito, mas sim várias modalidades de ilícitos que se traduzem em diferentes condutas e distintos factos típicos. Quer isto dizer, concretizando, que não existe uma modalidade de abuso de informação privilegiada, mas sim várias formas típicas de abuso de informação privilegiada (transmitir ilegitimamente informação privilegiada a terceiros ou, diversamente, dar ordens de negociação com informação privilegiada ou, ainda, concretizar negócios de compra, venda ou troca de ativos com informação privilegiada). De igual modo, não existe uma modalidade de manipulação do mercado, mas sim várias formas típicas de manipular o mercado (com informação falsa, com celebração de negócios de natureza fictícia ou com outras práticas fraudulentas).

Esta pluralidade de previsões normativas pode gerar situações de concurso intra típico (no âmbito da realização do mesmo tipo incriminador), em que o agente pratica vários factos típicos: por exemplo, transmite informação privilegiada a alguém, dá ordens a um intermediário financeiro com essa informação e realiza negócios autonomamente com a mesma informação; noutro exemplo, uma estratégia de manipulação de um ativo pode passar pela articulação da divulgação de informações falsas com a realização de negócios de natureza fictícia sobre esses ativos visados pela informação. Se a informação for a mesma e o mercado dos ativos o mesmo, tal facto não dá origem a concurso homogéneo de crimes, mas apenas a uma realização intensificada do mesmo tipo de crime. Se, diversamente, a informação ou o mercado dos ativos for diferente existirá um possível concurso de crimes, por variação no objeto e meio da agressão típica.

A hermenêutica destes tipos incriminadores exige ainda uma dupla conexão: por um lado, com os conceitos jurídicos não penais do sistema em causa (conceitos relevantes para a delimitação do tipo penal) e, por outro, uma especial conexão com a realidade empírica abrangida pela pretensão de vigência do tipo.

Os crimes contra o mercado estão integrados num sistema jurídico mais vasto que inclui instrumentos de natureza diversa, como o CVM Pt e a regulamentação europeia sobre vários aspetos no mercado de valores mobiliários, incluindo os abusos de mercado. O regime da informação e o conceito de informação privilegiada, por exemplo, são densificados em diversas partes do CVM Pt (artigo 7º e 248º ss.) e, de forma muito pormenorizada, no artigo 7º do Regulamento (UE) nº 596/2014, de 16 de abril (a Diretiva 2014/57/UE, de 16 de abril, remete no artigo 2º para o conceito de informação privilegiada do Regulamento). A própria lei penal estabelece (desde a reforma de 2017) uma conexão normativa entre o conceito relevante para o tipo incriminador e a regulamentação europeia sobre o conceito de informação privilegiada (artigo 378º, nº 4, do CVM Pt). O que vale por dizer, em suma, que um elemento típico fundamental do crime de abuso de informação privilegiada é (agora) delimitado não apenas pelo legislador nacional, mas sim (e em boa parte) pelo legislador europeu. E sempre que este alterar o conceito de informação privilegiada do Regulamento (UE) nº 596/2014, de 16 de abril, ou do CVM Pt, isso irá refletir-se no âmbito do crime de abuso de informação[9].

Para além disto, os tipos incriminadores em causa exigem necessariamente uma conexão com as realidades que lhe estão subjacentes. Estamos perante criminalidade de contexto, com agentes próprios, mercados específicos e operações típicas desses mercados. Isto significa, por exemplo, que os conceitos usados nos tipos incriminadores não devem ser apenas interpretados por referência ao sentido literal possível das palavras, de acordo com um uso competente da linguagem, mas sim (dentro deste círculo semântico) de acordo com o significado material que tais realidades possuem no circuito económico em causa, incluindo a dimensão técnica ou económica subjacente aos mesmos. Assim, por exemplo, "dar ordens" com informação privilegiada corresponde, não ao seu sentido literal imediato, mas a uma forma específica de o comitente das operações comunicar com o intermediário financeiro que as vai executar através de ofertas a inserir no sistema de negociação, o que deve ser tido em conta na interpretação do tipo legal; ou «realizar operações de natureza fictícia» corresponde a técnicas negociais de inserção e gestão de ofertas nas plataformas informáticas que têm uma dimensão real (resultam de ofertas introduzidas no sistema de negociação) e uma dimensão aparente (não são o que podem parecer). O que tem sido concretizado com o levantamento e organização de sucessivas tipologias de negociação que podem ter esse potencial enganatório. Tais práticas encontram-se hoje exemplificativamente descritas no Anexo II do Regulamento Delegado (UE) 2016/522 da Comissão, de 17 de dezembro de 2015. Este funciona, por um lado, como instrumento hermenêutico que concretiza os enquadramentos normativos do Regulamento e da Diretiva de 2016 e, por outro, permite densificar de forma mais segura os tipos incriminadores nacionais, pois uma parte dos factos concretos que

[9] Para o enquadramento deste problema num sistema penal que passou a integrar uma codificação (CodMVM/91 Pt) num sistema europeu de fontes organizadas em rede, Costa Pinto, *O novo regime europeu* cit., n. 7, 41-42.

podem realizar os tipos de crimes (*v.g.* técnicas de negociação) estão antecipadamente descritos num instrumento normativo internacional.

Uma característica final deve ser apontada a este tipo de criminalidade. São crimes que surgem num contexto *ab initio* lícito, isto é, em si mesmos são praticados num circuito legal, envolvendo atos legais e que podem, em si mesmos, ser também atos legais, ao contrário do que se passa com outros atos criminosos cuja ilicitude é manifestamente evidente desde o momento da sua prática. O que significa que a identificação do facto ilícito típico exige nestes casos a sua diferenciação desta massa de atos legais, o que torna por vezes difícil tal singularização. Esta exige uma análise técnica das operações e a despistagem dos casos que podem corresponder a formas lícitas de intervir nos mercados. Muitas vezes só após a análise técnica das operações é que é possível concluir se estamos ou não perante atos ilícitos. O que vale por dizer que a notícia do crime se adquire nestes casos não de uma forma imediata (com um significado auto-evidente), mas sim após uma filtragem técnica que despista a hipótese de se poder tratar de atos lícitos, em função do contexto em que surgem. É esta filtragem técnica que, em parte, justifica a necessidade das averiguações preliminares pela CMVM Pt (artigos 382º ss. do CVM Pt) antes do envio dos processos para o Ministério Público.

3. O abuso de informação privilegiada e os alargamentos de 2017

Os ilícitos penais que funcionam como matriz dos crimes contra o mercado de valores mobiliários foram durante muito tempo (de 1991 a 2017) apenas dois: o abuso de informação privilegiada (artigo 378º) e a manipulação do mercado (artigo 379º). Além destes, existiu sempre o crime de desobediência (artigo 381º do CVM Pt), mas que não é um crime específico do mercado de valores mobiliários (por isso o regime das averiguações preliminares não se lhes aplica). A reforma de 2017 alargou o mapa legal das incriminações, criando, por um lado, novas formas de abuso de informação e de manipulação do mercado (artigos 378º-A a 379º-C) e tipificando, por outro, um novo crime de captação de investimento com informação falsa ou enganosa (artigo 379º-E, todos do CVM Pt).

O *abuso de informação privilegiada* traduz-se num crime de antecipação que gera uma assimetria entre os investidores: alguém transmite ou usa (em proveito próprio ou alheio) informação economicamente relevante que não está disponível para a generalidade dos investidores[10]. Ao fazê-lo, intervêm no mercado numa situação de supremacia perante os demais investidores ou cria o risco de tal acontecer (ao transmitir a informação para terceiros). Essa supremacia não resulta de um mérito próprio (por exemplo, recolha, tratamento e análise de informação disponível para todos) mas da conversão para uso pessoal (ou de terceiro) de um bem (a informação) de que não tinha legitimidade para dispor. Com isso o agente amortece o risco do seu investimento (ou de terceiros) e ganha vantagem sobre os demais agentes do mercado, convertendo para uso próprio um bem económico de que não tem legitimidade para dispor, subvertendo com isso a justa distribuição do risco inerente ao funcionamento dos mercados. A proibição penal do abuso de informação privilegiada visa proteger a igualdade dos investidores perante o risco negocial, igualdade que é garantida através da função pública da informação.

O tipo incriminador do abuso de informação privilegiada (artigo 378º do CVM Pt) estrutura-se com base em três elementos fundamentais: o *conceito de informação privilegiada* (nºs 4, 5 e 7), as *condutas ilícitas* que se traduzem na sua transmissão ou utilização abusiva (nºs 1 e 4) e *o dolo* do agente (conhecimento e vontade de praticar o facto, nos termos do artigo 14º do CP Pt). Todos estes elementos são essenciais para fundamentar e delimitar o âmbito material da incriminação.

O conceito de informação privilegiada é normativamente traçado pelo Direito da União Europeia desde a primeira Diretiva sobre a matéria, de 1989. A informação privilegiada é o conhecimento de factos com quatro características cumulativas: trata-se de informação não pública, precisa, específica e *price sensitive* (artigo 378º, nº 4). Este conceito tem

[10] Para uma leitura desta incriminação, abrangendo diferentes fases da vigência da mesma, Gomes, *Insider Trading* cit., n. 2, 63 ss.; Costa Pinto, *O novo regime* cit., n. 2, 41 ss.; José de Faria Costa/Maria Elisabete Ramos, *O crime de abuso de informação privilegiada (*Insider Trading*). A informação enquanto problema jurídico-penal*, Coimbra Editora: Coimbra (2006). Sobre a importância da informação em diversas vertentes para os mercados de valores mobiliários, José Ferreira Gomes/Diogo da Costa Gonçalves, *Manual de Sociedades Abertas e de Sociedades Cotadas*, I, AAFDL: Lisboa (2018), 54 ss. (texto do primeiro Autor). Uma descrição de vários casos que foram levados a julgamento entre nós pode ver-se em Comissão do Mercado de Valores Mobiliários, *Contraordenações e Crimes no Mercado de Valores Mobiliários. O sistema sancionatório, a evolução legislativa e as infrações imputadas*, Almedina: Coimbra (2015).

sido densificado pela doutrina[11] e pela jurisprudência, mas tem, igualmente, sido progressivamente estendido pelo legislador a realidades diversas. Assim, na sua versão inicial, a informação privilegiada é essencialmente constituída por factos societários (*corporate information*). Para além deste núcleo inicial, o legislador tem alargado o conceito a outras realidades (*non corporate information*) como um crime planeado que pode ter relevância no mercado de valores mobiliários (em 2006: artigo 378º, nº 1, alínea *d)*, do CVM Pt) ou a informação sobre ordens pendentes (em 2017: artigo 378º, nº 5, do CVM Pt). Este último caso corresponde à criminalização de situações específicas de violação de regras de conflitos de interesses com assimetria informativa, solução imposta pela padronização europeia da intervenção penal nesta matéria. A lei adaptou ainda o conceito de informação privilegiada ao funcionamento do mercado de derivados sobre mercadorias, nele incluindo um outro referente delimitador: a informação que os agentes desses mercados têm direito a receber ou têm a legítima expectativa de receber, de acordo com as práticas de mercado aceites (artigo 378º, nº 7).

A forma de acesso à informação privilegiada é igualmente relevante para o âmbito de vigência dos tipos, prevendo a lei dois grupos de situações: os *insiders* primários, com acesso imediato e qualificado a fontes de informação privilegiada, e os *insiders* secundários, que recebem a informação dos primeiros ou de outros *insiders* secundários (nºs 1 e 3 do artigo 378º do CVM Pt).

As condutas proibidas consistem na transmissão ou uso negocial dessa informação (recomendar, ordenar ou negociar) a que se teve acesso, mas que não se podia usar. A simples posse ou o acesso à informação privilegiada por si só não constitui crime de abuso de informação privilegiada. A lei exige, para além do acesso à informação, um facto subsequente que se traduza na transmissão ou no uso negocial dessa informação. O ilícito típico reside neste facto. Em 2017, em função da padronização estabelecida pelo Direito Europeu, a incriminação passou a prever expressamente o aconselhamento e o cancelamento ou modificação de uma ordem em função da informação privilegiada que o comitente obteve (nº 2 do artigo 378º). Nestes casos, o alargamento do âmbito da incriminação é mais aparente do que real, porque se podia

[11] Veja-se a literatura citada na nota anterior e, ainda, Bolina, *A Revisão* cit., n. 4, 17 ss..

defender (embora de forma não isenta de dúvidas) que tais factos já estavam incluídos na proibição de transmissão, aconselhamento e emissão de ordens com informação privilegiada. De qualquer modo, sendo objetivo da legislação europeia uniformizar o âmbito das proibições em matéria de abuso de mercado, é preferível o tipo prever expressamente tais factos, para clarificar o âmbito de vigência das normas penais.

O dolo do agente organiza-se com os elementos intelectuais e volitivos previstos no artigo 14º do CP Pt, tendo como única particularidade o facto de incidir em parte sobre elementos normativos do tipo, essenciais para delimitar o facto ilícito: o agente tem de saber que a informação que transmite ou utiliza é privilegiada. Não se exige um conhecimento jurídico preciso do conceito normativo, mas sim e apenas o conhecimento das características básicas da informação (uma "valoração paralela na esfera de um leigo"). O que não se afigura especialmente difícil em termos de prova, pois o próprio circuito da informação, a forma como o agente teve acesso à mesma e o uso negocial que dela fez são em regra elementos indiciadores do conhecimento de que a informação em causa era privilegiada.

Na lei portuguesa, o agente do crime de abuso de informação privilegiada (e também nos demais crimes previstos) é uma pessoa física. As pessoas coletivas não são responsáveis por este crime, podendo ser demandadas no processo penal como responsáveis civis se as transações feitas envolverem a sua carteira de títulos (artigo 378º, nº 8, do CVM Pt, e artigo 73º do CP Pt). Desta forma consegue-se centrar o essencial da dissuasão preventiva no destinatário essencial da norma de conduta (a pessoa física que decide e executa os factos), sem que a pessoa coletiva sirva de escudo para diluir a responsabilidade daquela. E, simultaneamente, a pessoa coletiva não fica completamente isenta de responsabilidade, pois responde no processo penal pela dimensão patrimonial dos ilícitos de que beneficiou.

As penas previstas para o abuso de informação privilegiada têm-se mantido estáveis no ordenamento jurídico nacional: 5 anos de prisão para os factos dos *insiders* primários e 4 anos de prisão para os factos dos *insiders* secundários, ambos com multa alternativa (artigo 378º, nºs 1 e 3, do CVM Pt), a que acrescem as sanções acessórias do artigo 380º e o regime de apreensão e perda das vantagens do crime (artigo 380º-A, do CVM Pt). Estas sanções respeitam as exigências mínimas da Diretiva

2014/57/UE, de 16 de abril (artigo 7º), que não impõe a criminalização mas exige penas mínimas para o caso de os Estados optarem pela intervenção penal.

4. A manipulação do mercado e a negociação algorítmica de alta frequência

Na *manipulação de mercado* (artigo 379º do CVM Pt) o agente adultera o processo de negociação através da divulgação de informação (falsa, incompleta, exagerada ou tendenciosa), criando um curso artificial para os ativos (manipulação ruidosa) ou recorrendo a técnicas negociais que não correspondem a uma efetiva oferta ou procura dos ativos (manipulação silenciosa e fraudulenta)[12]. Nesse sentido, a manipulação é a antítese do mercado, pois a liquidez e o preço manipulados não resultam da livre interação da oferta e da procura, mas sim de uma interferência intencional na negociação que cria artificialmente uma tendência (mais ou menos expressiva) de mercado, com práticas de risco, liquidez artificial ou preços sem correspondência na procura efetiva. Em suma, a proibição penal da manipulação visa proteger a regularidade do processo de negociação, que constitui condição de fiabilidade da informação relativa a quantidades e preços dos ativos negociados nos mercados de valores mobiliários. Este são valores económicos e valores públicos (pois o mercado, a liquidez e os preços formados cumprem funções públicas), com dimensões também privadas.

O tipo incriminador da manipulação (artigo 379º, nº 1, do CVM Pt) exige três elementos essenciais para estar consumado: uma *conduta típica* (divulgar informações falsas, incompletas, exageradas ou tendenciosas; realizar operações de natureza fictícia ou desenvolver outras práticas fraudulentas); a *aptidão dessa conduta* para alterar o regular funcionamento do mercado (idoneidade lesiva do facto, descrita no nº 3)[13]; e o

[12] Para uma perspetiva sobre esta incriminação veja-se a literatura citada na n.2 e, depois, João Gomes da Silva, *O crime de manipulação do mercado*, XIV/I DJ (2000), 193-245, 193 ss., e Alexandre Brandão da Veiga, *O crime de manipulação, defesa e criação de mercado*, Almedina: Coimbra (2001). Uma exposição e análise de casos de manipulação do mercado julgados pelos tribunais portugueses encontra-se em Comissão do Mercado de Valores Mobiliários, *Contraordenações e Crimes* cit., n.10, 181 ss..

[13] Desenvolvimentos sobre a comprovação deste elemento típico e a sua relação (também probatória) com o nexo de causalidade em Paulo de Sousa Mendes/António Miranda, *A cau-*

dolo do agente. Na reforma de 2017, foi acrescentado um resultado agravante (nº 2): se a conduta do agente provocar ou contribuir para alterar efetivamente o regular funcionamento do mercado a pena é elevada a 8 anos de prisão ou multa até 600 dias. Assim, o crime previsto no nº 1 é um tipo de aptidão (um crime de perigo abstrato-concreto), enquanto o crime do nº 2 é um crime material (de resultado lesivo). A diferença de penas expressa a diferente gravidade dos ilícitos em causa e permite organizar, numa lógica de proporcionalidade da reação penal, as diferentes situações em função das consequências das práticas manipulatórias sobre o funcionamento do mercado (perigo *versus* resultado ilícito). A diferenciação é especialmente importante e necessária a partir do momento em que podem ser subsumidas ao tipo de manipulação condutas com gravidade concreta muito distinta e variável na sua extensão, incluindo a negociação algorítmica de alta frequência que pode, num curto espaço de tempo, desencadear artificialmente alterações profundas no mercado dos ativos em causa.

A contraposição entre as duas incriminações (abuso de informação e manipulação do mercado) pode estabelecer-se quanto ao conteúdo e significado dos factos para o mercado e os investidores: no abuso de informação o agente aproveita indevidamente uma vantagem informativa a que tem acesso mas que não pode usar, enquanto na manipulação o agente põe em causa a informação decorrente da negociação (ao praticar factos que podem gerar liquidez e preços artificiais), controlando-a de formas que não são imediatamente percetíveis para a generalidade do mercado. Assim, no abuso de informação estamos perante a utilização abusiva de um bem económico (conversão da informação em regra destinada ao público num uso individual) e na manipulação do mercado face a uma adulteração fraudulenta de outro bem económico (as condições de livre negociação dos ativos, designadamente ao nível da formação da liquidez e preços).

O crime de manipulação é um tipo aberto, cujos conceitos mais genéricos (*v.g.* operações de natureza fictícia ou práticas fraudulentas) se revelam nas dinâmicas negociais do sector e são normalmente documentados em tipologias, organizadas e divulgadas pelos reguladores,

salidade como critério heurístico – Uma demonstração através do exemplo da manipulação de cotações no mercado financeiro, 15 RPCC (2005), 167-208.

que visam concretizar os conceitos gerais usados nos tipos. A evolução da indústria e dos meios tecnológicos pode acrescentar realidades empíricas ao âmbito de vigência do tipo incriminador. Uma descrição expressiva pode ser encontrada no elenco de operações concretas que podem ser consideradas manipulação do mercado e que estão agora reunidas no Anexo II do Regulamento Delegado (UE) 2016/522 da Comissão, de 17 de dezembro de 2015. Este elenco de factos não significa que os mesmos sejam necessariamente manipulação, mas sim que se trata de práticas negociais que podem ser subsumidas ao tipo, em função da experiência já existente sobre o seu potencial enganatório e a sua idoneidade lesiva. A concretização exemplificativa da previsão legal acaba por densificar de forma antecipada a pretensão de vigência dos tipos incriminadores, tornando-os mais precisos e claros para os destinatários das normas, para os reguladores e para as autoridades judiciárias.

Confirma este entendimento (da manipulação como um tipo aberto) a capacidade da incriminação para integrar na sua previsão as novas realidades da negociação automatizada de alta frequência, com base em algoritmos que desencadeiam ofertas no sistema de negociação, reagindo automaticamente às ofertas, aos preços e à liquidez que se vai formando.

A importância do tema permitia antever uma reação legislativa específica sobre a matéria (em 2011), que acabou por se reconduzir à simples confirmação hermenêutica da tipicidade da manipulação do mercado já existente, embora com pequenas alterações. A Diretiva 2014/65/UE (no seu artigo 4º, nº 1, ponto 39) delimitou estas práticas como "negociação em instrumentos financeiros, em que um algoritmo informático determina automaticamente os parâmetros individuais das ordens, tais como o eventual início da ordem, o calendário, o preço ou a quantidade da ordem ou o modo de gestão após a sua introdução, com pouca ou nenhuma intervenção humana". Em síntese, as ofertas (de compra e venda) são desencadeadas automaticamente pelo sistema informático com base em algoritmos computacionais. Mereceu especial preocupação a negociação de alta frequência (*High Frequency Negotiation*: *HFT*) pela elevada concentração de efeitos nocivos sobre o mercado[14].

[14] Em pormenor, Miguel Santos Almeida, *Introdução à negociação de alta frequência*, 54 CadMVM (2016), 23-36. Desenvolvimentos com interesse em Telma Filipa Batista Gonçal-

A negociação de alta frequência apresenta várias características que contribuem para a sua elevada danosidade jurídico-negocial, ao nível dos *volumes negociados* (possibilidade de se atingirem grandes dimensões negociais em curto espaço de tempo), *do tempo das transações* (as ofertas são transmitidas e executadas em frações de segundo), da *elevada concentração* (podem concentrar em frações de segundo a liquidez de um dia de negociação), da *inutilização da interferência negocial* (impedem respostas negociais humanas tempestivas, gerando por isso compressão da oferta e da procura) e da *agravação de meros erros pontuais* (pelas características atrás referidas, ampliam os efeitos e consequências dos erros humanos na introdução de ofertas no sistema). Uma parte substancial destas práticas proibidas está agora descrita no citado Anexo II (Secção I) do Regulamento Delegado (UE) 2016/522, de 17 de dezembro de 2015: *v.g. ping orders, quote stuffing, momentum ignition, layering and spoofing,* como técnicas negociais que podem ser consideradas manipulação do mercado.

Nem toda a negociação algorítmica e de alta frequência pode ser reconduzida à previsão da manipulação do mercado. O Regulamento (UE) nº 596/2014, de 16 de abril de 2014 (MAR), exige uma especial idoneidade lesiva, decorrente do propósito de não negociar e da sua potencialidade para perturbar ou atrasar o funcionamento do sistema de negociação, dificultar a identificação por outras pessoas de ordens verdadeiras no sistema de negociação ou gerar uma ideia falsa ou enganosa da oferta ou procura de um instrumento financeiro (artigo 12º, nº 2, alínea *c)*, do MAR). A reforma de 2017 integrou este tipo de práticas no regime preventivo do artigo 311º do CVM Pt e alterou a redação do nº 3 do artigo 379º do CVM Pt, de forma a incluir na idoneidade lesiva das práticas manipulatórias estes potenciais efeitos sobre o funcionamento do sistema de negociação. Com esta alteração, a negociação automatizada de alta frequência é plenamente integrada no tipo legal da manipulação do mercado.

ves, *Estudo sobre os desafios da negociação algorítmica e de alta frequência na eficiência financeira e na integridade do mercado – novos desenvolvimentos regulatórios,* Estudos do Instituto dos Valores Mobiliários, [s.d.]. Acessível em Instituto dos Valores Mobiliários: https://www.institutovaloresmobiliarios.pt (consultado a 11 de abril de 2019). Para uma visão de conjunto, com uma boa exposição e muita informação relevante, Barreto Menezes Cordeiro, *Manual* cit., n. 8, 212 ss..

A reforma europeia não resolveu o problema de saber quem, nestes casos, seria o autor da manipulação. O criador do algoritmo por si só não pode ser autor, mas eventualmente cúmplice da manipulação, porque não pratica o facto típico. O intermediário financeiro através do qual se executa o facto não pode ser autor porque o tipo incriminador está previsto apenas para a autoria de uma pessoa física e não de entes coletivos. Como a manipulação prevê factos concretos, quem exercer o domínio do facto sobre a realização dessas operações poderá ser considerado autor. Com estes contornos a autoria da manipulação por negociação de alta frequência deve delimitar-se no círculo de pessoas que toma a decisão de fazer funcionar o sistema de negociação com esses parâmetros, uma vez que os mesmos sejam efetivamente realizados.

5. Novos mercados, novas incriminações

A revisão do CVM Pt de 2017, ao concretizar a reforma europeia do abuso de mercado de 2014, veio criar novas modalidades de abuso de informação e de manipulação do mercado.

Na legislação europeia estas novas realidades não estão autonomizadas em tipos incriminadores distintos, mas apenas como modalidades específicas dos crimes de abuso de informação e de manipulação do mercado. O legislador nacional optou por autonomizar estas novas incriminações em tipos incriminadores que acrescem aos tipos já existentes previstos nos artigos 378º e 379º do CVM Pt, por duas razões essenciais: em primeiro lugar, apesar de a estrutura axiológica do facto ser semelhante, o objeto da conduta típica é distinto, implica conceitos diferentes e, por vezes, exige a alteração de alguns elementos do tipo incriminador; em segundo lugar, as incriminações do abuso de informação privilegiada e de manipulação do mercado estão estabilizadas, têm uma vigência de mais de duas décadas entre nós e uma densificação doutrinária e judicial relevantes, ao contrário das novas incriminações que ainda vão fazer esse percurso, suscitar dúvidas e ser eventualmente sujeitas a modificações legislativas, se tal for necessário. Tudo ponderado, afigura-se razoável que a evolução das novas incriminações não perturbe a vigência já estabilizada das incriminações mais antigas.

As novas incriminações (uma de abuso de informação e três de manipulação do mercado) têm um objeto típico diferente e contemplam factos que surgem noutros mercados, com outros ativos a serem negociados, a saber:

O mercado de *licenças de emissão* (licenças de emissão de carbono e outros gases)[15], no qual se se preveem o abuso de informação e a manipulação do mercado (artigos 378ºA e 379º-A);

O mercado de *contratos de mercadorias à vista que estejam relacionados com instrumentos derivados*, para o qual a lei prevê apenas o crime de manipulação de mercado (artigo 379º-B), cujo tipo incriminador inclui uma cláusula de idoneidade lesiva mais complexa, em duas etapas de causalidade potencial de forma sequencial: o facto tem de revelar aptidão para alterar o regular funcionamento do mercado de contratos de mercadorias à vista e, por essa via, possuir igualmente aptidão para alterar preço de instrumentos financeiros relacionados;

A manipulação de *índices de referência*, que se traduz em fornecer ou transmitir informações ou dados que alteram artificialmente o valor ou a forma de cálculo do índice de referência de um instrumento financeiro (artigo 379º-C, todos do CVM Pt). Neste caso, o tipo incriminador está construído como um crime de resultado, pois exige-se a alteração efetiva do valor ou forma de cálculo do índice (sem esse resultado poderá existir apenas tentativa punível, nos termos dos artigos 22º e 23º do CP Pt).

6. O uso de informação falsa ou enganosa na captação de investimento

O novo tipo incriminador de *uso de informação falsa ou enganosa na captação de investimento* (artigo 379º-E, do CVM Pt), criado em 2017, corresponde à necessidade de evolução do sistema sancionatório específico do mercado de valores mobiliários, tendo desenvolvimentos semelhantes ocorrido em países com uma cultura jurídica próxima da nossa (concretamente, Alemanha, Itália e Espanha)[16]. Não se trata de uma incriminação integrada

[15] Para um enquadramento destes instrumentos, Paulo Câmara, *Manual de Direito de Valores Mobiliários*, 3ª ed., Almedina: Coimbra (2016), 226 ss..

[16] Veja-se o § 264 a do *StGB* alemão, o artigo 282 bis do CP Es, os artigos 173 bis ss. do t.u.f. e, depois, após uma sucessão de reformas e contrarreformas, os artigos 2621 e 2622 do CC It. Petra Wittig, *Wirtschaftsstrafrecht*, 3. Auf., C. H. Beck: München (2014), 235 associa a origem da incriminação ao combate político criminal aos mercados paralelos, por contraposição à tutela legal dos circuitos institucionais. Mas a explicação é algo limitada, já que a falsidade da informação pode surgir em qualquer mercado e é tão ou mais grave nos mer-

na reforma europeia de 2014, mas é uma opção integralmente coerente com dois dos seus referentes axiológicos essenciais: a qualidade da informação e a proteção dos investidores. Os factos que a nova incriminação contempla já são atualmente crime (de uso de documento falso, burla ou manipulação), pelo que a nova incriminação delimita uma tipicidade mais adequada aos circuitos económicos de captação de poupança.

O ilícito penal previsto no artigo 379º-E, do CVM Pt, consiste em deliberar ou decidir captar investimentos, colocar valores mobiliários ou outros instrumentos financeiros ou captar financiamentos usando para o efeito informação falsa ou enganosa. A informação falsa e enganosa adquire especial danosidade nos circuitos da captação de investimentos, por se tratar do uso ilícito de um instrumento lícito para captar financiamentos num circuito económico regulado. Este facto vicia a decisão dos investidores, gera riscos ocultos para o seu património, distorce as condições concorrenciais de recurso a essas fontes de financiamento e mina a confiança nos circuitos de captação de poupanças e de financiamento das empresas. A incriminação em causa tem assim uma dupla dimensão de tutela: protege um *bem jurídico coletivo e supra-individual*, o funcionamento idóneo, regular e transparente do circuito de captação pública de investimentos, e, simultaneamente, um *bem jurídico individual*, o património dos investidores[17]. Ao contrário da burla (que visa proteger o património da vítima), a nova incriminação do artigo 379º-E do CVM Pt tutela assim um *bem jurídico misto ou composto*, que integra dimensões públicas e privadas[18].

cados institucionais. Sobre este tipo de incriminações vejam-se os estudos de Ignacio Lledó Benito, *Breves notas sobre el fraude de inversores español y el "uso de informação falsa ou enganosa para captar investimento" del derecho português*, 48/150 RMP (2017), 43-88 e, do mesmo Autor, com mais desenvolvimento, *El fraude de inversores*, Dykinson: Madrid (2017), onde se encontra muita informação relevante. Sobre o problema em Itália, com mais informação, Pietro Sabella, *Crisis bancarias y Derecho penal económico: entre la necessidade de tutela del ahorro y la autonomia del mercado. Aspectos problemáticos e ideias de reforma*, 41 RPen (2018), 200-213. Para mais informação, veja-se o meu estudo *O novo crime de uso de informação falsa ou enganosa na captação de investimento*, 6 Themis, Estudos em comemoração dos 20 anos da Faculdade de Direito da Universidade de Lisboa (2018), 519-535, de que o presente texto constitui, nesta parte, um breve resumo.

17 Em pormenor, Lledó Benito, *Breves notas* cit., 51 ss., e, depois, *El fraude* cit., n.16, 45 ss..

18 Neste sentido, Karl Lackner/Kristian Kühl, *§ 264 a*, em *Strafgesetzbuch Kommentar*, 27. neue bearbeitete Auf., C. H. Beck: München (2011), anotação nº 1; e, Wittig, *Wirtschafts-*

A nova incriminação está delineada como um crime específico próprio: a sua realização típica exige qualidades do autor, que tem de ser titular de um órgão de direção ou de administração de um intermediário financeiro, de uma entidade que detenha uma participação qualificada num intermediário financeiro ou, ainda, de uma entidade emitente de valores mobiliários ou de outros instrumentos financeiros. Os agentes do facto típico são assim titulares de cargos vinculados a elevados padrões de diligência e têm especiais relações de fidelidade e respeito para com os investidores. O que garante uma relação de congruência material e sistemática com o regime do CSC Pt (artigo 64º).

O núcleo do ilícito previsto no artigo 379º-E do CVM Pt consiste em participar na decisão de fazer a operação com informação falsa ou enganosa, mais especificamente, em deliberar ou decidir, para essa entidade ou para outrem, a captação de investimentos, a colocação de valores mobiliários ou de instrumentos financeiros ou a captação de financiamento, por qualquer outro meio, utilizando para o efeito informação económica, financeira ou jurídica falsa ou enganosa. Este é o momento de perigo que revela merecimento penal em função da possibilidade de se iniciar a operação subsequente de captação de poupança. Nestes termos, o tipo incriminador do artigo 379º-E do CVM Pt abrange na sua previsão o financiamento colaborativo de investimento (capital ou empréstimo), também conhecido por *Crowdfunding*, executado por intermediário financeiro (*ex vi* art. 10º, nº 2, da Lei nº 102/2015, de 24 de agosto).

O nº 1 do artigo 379º-E do CVM Pt contempla uma incriminação de perigo abstrato, num circuito de captação massificada de poupança que legitima a presunção de perigo feito pelo legislador: independentemente da execução efetiva da operação e das suas consequências, o crime já está consumado com a decisão de realizar a operação com infor-

strafrecht cit., n.16, 236-237. No mesmo sentido, Lledó Benito, *El fraude* cit., n. 16. 66-67. Também, Peter Cramer, *§ 264 a*, em *Strafgesetzbuch Kommentar*, coord. Shönke/Schröder, 25 neubearbeitete Auf., C. H. Beck: München (1997), anotação nº 1, dando prevalência em primeira linha à função do mercado de capitais sobre a tutela do património individual. Sobre as combinações relativas à proteção primária do património individual, num mercado em que rege o anonimato, e a tutela de bens *supra* individuais, Thomas Fischer, *§ 264 a*, em *Strafgesetzbuch und Nebengesetze*, 58. Auf., C. H. Beck: München (2011), anotação nº 2.

mação sem qualidade[19]. A subscrição ou comercialização subsequente de ativos ou a entrega de valores correspondentes à execução da operação correspondem à consumação do crime previsto no nº 2 do mesmo artigo. Este nº 2 prevê um crime material, em que o resultado típico é a subscrição, comercialização, obtenção de investimentos ou receção de financiamentos. Esta modalidade consuma-se com a realização da primeira operação de subscrição, comercialização, investimento ou financiamento, não dependendo por isso do termo final ou da conclusão da operação em causa. Noutros termos, a liquidação financeira da operação consuma a lesão no património do investidor; a quantidade de valores subscritos ou comercializados ou o valor dos montantes entregues à entidade em causa representam apenas um preenchimento intensificado do tipo incriminador.

O tipo incriminador delimita o ilícito em função de a informação que acompanha a operação ser falsa ou enganosa. Com isto traça-se o essencial do âmbito do ilícito: uma operação valiosa (captação de investimento) só é proibida se a sua realização for acompanhada de informação falsa ou enganosa para quem vai aplicar capital na operação em curso. A informação é falsa quando a comunicação não descreve com verdade a realidade subjacente ou, noutros termos, quando o seu significado não tiver, no todo ou em parte, correspondência na realidade retratada. A informação incompleta não tem autonomia: ou é falsa – por discrepância relativamente à realidade comunicada – ou os elementos em falta tornam enganosa a informação divulgada. Noutros termos, enquanto a informação falsa tem um referente aferido retrospetivamente (por referência à realidade retratada), a informação enganosa tem uma vocação prospetiva: é enganosa a informação que revela aptidão para induzir o destinatário em erro.

Contrariamente aos crimes de abuso de informação privilegiada e à manipulação do mercado, os tipos incriminadores previstos no nºs 1 e 2 do artigo 379º-E do CVM Pt são imputáveis a título de dolo e de negli-

[19] No mesmo sentido, embora perante outra descrição típica do facto, Lackner/Kühl, *§ 264 a StGB* cit., n. 18, anotação nº 2; Fischer, *§ 264 a StGB* cit., n. 18, anotação nº 32; Cramer, *§ 264 a StGB* cit., n. 16, anotação 1; Wittig, *Wirtschaftsstrafrecht* cit., n. 16, 237; Lledó Benito, *El fraude* cit., n. 16, 45 ss. e para uma contraposição entre a solução espanhola e a solução portuguesa, do mesmo Autor, *Breves notas* cit., 66-69.

gência, como resulta do seu nº 3. A punição da negligência justifica-se pelos deveres do cargo e de respeito para com os investidores e pela perigosidade especial da informação falsa nos circuitos de captação massificada de poupança. As penas legalmente previstas para os factos descritos estão organizadas em três escalões de gravidade: pena de prisão de 1 a 6 anos para o tipo base que prevê a forma simples (artigo 379º-E, nº 1), prisão de 2 a 8 anos para a forma agravada (nº 3) e pena de prisão até 3 anos e até 4 anos na forma negligente de cada uma daquelas variantes típicas (nº 3).

7. As regras especiais de exclusão da responsabilidade

O âmbito material do novo regime do abuso de mercado criado com a reforma de 2017 não assenta apenas num conjunto de normas imperativas, com cominações sancionatórias. A heterogeneidade normativa do Regulamento é muito acentuada e repercute-se de forma visível na malha normativa do artigo 379º-D, do CVM Pt, que sob a epígrafe «exclusões» descreve várias situações de natureza jurídica distinta. Algumas destas cláusulas já estavam consagradas na legislação anterior, outras surgiram com a reforma europeia do abuso de mercado de 2014, concretizada entre nós em 2017. O significado dogmático das diversas cláusulas do artigo 379º-D do CVM Pt e da regulação europeia conexa é distinto consoante as matérias em causa.

Algumas normas permissivas são exclusões materiais do âmbito de vigência da lei, como acontece com os "programas de recompra" (artigo 5º do Regulamento), as "operações de estabilização" (artigo 5º do Regulamento) e as isenções de interesse público (artigo 6º do Regulamento). Na terminologia da Diretiva 2014/57/UE, o novo regime não lhes é aplicável (artigo 1º, nº 3), o que na linguagem do artigo 379º-D, nº 1, do CVM Pt, corresponde a matéria a que os tipos incriminadores "não se aplicam". Não se trata, portanto, de um problema de exclusão típica, porque não se exclui do âmbito do tipo uma realidade que esteja formalmente incluída na esfera de proteção da lei. Tais factos (desde que tenham esses exatos contornos) estão *ab initio* fora do âmbito de vigência do novo regime e dos tipos incriminadores correspondentes. Em linguagem dogmática, são factos atípicos.

Diversamente, as "práticas de mercado aceites" (nº 4 do artigo 397º-D, em conexão com o artigo 13º do MAR),[20] uma vez determinadas e divulgadas nos termos e condições do Regulamento Delegado (UE) 2016/908 da Comissão, de 26 de fevereiro de 2016, constituem uma causa de exclusão da tipicidade, com uma vigência exclusivamente nacional: os factos são em princípio típicos mas, verificadas as condições de reconhecimento da prática de mercado aceite, são excluídos do âmbito do tipo, no país em causa. Trata-se, portanto, de uma exclusão válida apenas no espaço jurídico da autoridade que promove o seu reconhecimento enquanto prática de mercado aceite.

O regime das "sondagens de mercado" (artigo 379º-D, nº 3, do CVM Pt, em conexão com o artigo 11º do Regulamento), designação que abrange alguns casos de divulgação seletiva de informação privilegiada, é também uma causa de exclusão da tipicidade da transmissão de informação privilegiada. A transmissão fica sujeita, contudo, a uma proibição de retransmissão e de uso dessa informação (artigo 11º, nº 5, alínea *b)* a d), do Regulamento). Isto é, quem transmite e quem recebe a informação privilegiada não pode realizar operações com base na mesma, nem a pode retransmitir para terceiros, sob pena de incorrer num possível crime de abuso de informação privilegiada.

As "condutas legítimas" (artigo 379º-D, nº 2, em conexão com o artigo 9º do Regulamento) constituem regras interpretativas sobre a imputação de algumas infrações de abuso de mercado, regras essas que não funcionam automaticamente, antes exigem a verificação de várias condições positivas ou negativas. Em alguns casos, trata-se "apenas de esclarecimentos de situações que já anteriormente não eram consideradas abrangidas no âmbito do abuso de informação"[21]. No plano dogmático, as várias "condutas legítimas" podem traduzir-se em situações de *exclusão da imputação* (por exemplo, adoção de procedimentos adequados e eficazes para evitar o acesso a informação privilegiada) ou em casos de *confirmação hermenêutica da atipicidade do facto* (por exemplo, quando a causa de um negócio é uma decisão tomada em momento anterior ao uso de informação que veio a ser considerada privilegiada tal facto não

[20] Desenvolvimentos, cf. Bolina, *A Revisão* cit., n. 4, 23-24.

[21] Assim, Bolina, *A Revisão* cit., n. 4, 21; e, em pormenor, 20-23, dando conta do sentido e limites das várias situações previstas.

é considerado crime à luz dos elementos típicos da lei portuguesa). A figura (heterogénea) das "condutas legítimas" foi adotada na regulação europeia por razões de segurança jurídica e para nivelar causas de exclusão de responsabilidade, cujo reconhecimento poderia ser mais complexo em ordenamentos jurídicos com uma dogmática penal menos consistente.

8. O novo regime de proteção de denunciantes

A reforma de 2017 do CVM Pt criou um pormenorizado regime de prestação de informações, apresentação de denúncias e colaboração probatória sobre infrações às regras do mercado, agora previsto nos artigos 304º-D, 305º-F e 368º-A a 368º-E do CVM Pt. Não se trata de uma inovação absoluta, porque a reforma europeia de 2003 (*MAD I*) já tinha dado origem ao regime de comunicação de operações suspeitas, acolhido entre nós (desde 2006) no artigo 382º, nº 2 a 6, do CVM Pt. Contudo, o regime de denúncias que veio a ser acolhido na reforma europeia de 2014 do abuso de mercado é distinto e vai muito mais longe do que o regime de comunicação de operações suspeitas (este visa essencialmente prevenir os abusos de mercado). A opção do legislador europeu de 2014 limitou de forma muito significativa a margem de decisão do legislador nacional nesta matéria, pois a reforma europeia impôs pelo menos a consagração de um regime de denúncias do abuso de mercado com proteção dos denunciantes, assente em várias exigências organizativas, funcionais e jurídicas.

Em breve síntese, o Regulamento (UE) nº 596/2014, do Parlamento Europeu e do Conselho, de 16 de Abril de 2014 (MAR), reconheceu a necessidade de os sistemas jurídicos nacionais terem instrumentos e mecanismos internos para prevenir e detetar os abusos de mercado (considerando nº 45), que deviam incluir procedimentos eficazes de deteção e comunicação de operações suspeitas (considerando nº 46) e, ainda, (i) mecanismos de proteção legal para informadores internos que denunciem abuso de mercado e (ii) possibilidade de os Estados Membros concederem incentivos financeiros a esses informadores (considerando nº 74). No plano normativo, o artigo 16º do Regulamento (MAR) contemplou um regime de prevenção e deteção de abuso de mercado, formulando deveres de prevenir, detetar e de comunicar ordens e operações suspeitas, e a Diretiva de Execução (UE) 2015/2392, da Comissão, de 17 de dezembro de 2015, delimitou o regime da transmissão de informações (denúncias e colaboração) sobre infrações efetivas ou potenciais às regras acolhidas no Regulamento (UE) nº 596/2014. Na prática, o legislador nacional apenas podia (i) decidir se as denúncias e a colaboração (informativa e probatória) seriam ou não compensadas com incentivos financeiros e (ii) aprofundar as garantias jurídicas estabelecidas na legislação europeia citada. A reforma de 2017 não acolheu o regime das denúncias premiadas e adequou a proteção jurídica oferecida aos denunciantes, informadores e colaboradores aos mecanismos admissíveis no ordenamento jurídico nacional.

O tema das informações, denúncias e colaboração cruza vários referentes históricos, diferentes soluções jurídicas, perspetivas utilitaristas e valorações éticas que são difíceis de compatibilizar entre si. Em alguns casos, as diferentes opiniões são mesmo contraditórias e inconciliáveis. Correndo o risco de alguma simplificação, podemos identificar duas grandes tendências nestas matérias: uma assente na valorização destes mecanismos de informação e colaboração e outra marcada pela sua rejeição categórica, seja por motivos jurídicos, seja por razões éticas.

A denúncia (designadamente anónima) expressa um distanciamento ou mesmo uma rutura assumida ou camuflada com pessoas e factos. Em relação ao crime organizado esta rutura pode ter um valor político-criminal real, como tem acontecido nos mecanismos de colaboração premiada desenvolvidos em Itália para combater a Mafia e as organizações terroristas ou, como aconteceu entre nós, a revelação de redes de tráfico de droga implantadas num aeroporto nacional. Esse valor jurídico não é linear, pois também pode implicar uma subversão do modelo de processo e uma captura das instâncias judiciais por informadores externos, já que as instâncias públicas, em função da colaboração de alguns arguidos, não investem devidamente na investigação autónoma dos factos. Noutra perspetiva, a rutura pode envolver um juízo de duplicidade e traição em relação a pessoas a quem o denunciante esteve ligado, com a consequente desconfiança gerada em relação ao mesmo. A este aspeto acresce a natureza odiosa de algumas denúncias que historicamente marcaram várias épocas da vida europeia e do nosso país, como as denúncias à Santa Inquisição ou as informações fornecidas às polícias políticas dos Estados totalitários, incluindo à PIDE (Polícia de Informação e Defesa do Estado) durante o período do Estado Novo em Portugal.

O regime de informações, denúncias e provas agora acolhido tem uma filiação algo diversa, também cultivada nos Estados atuais, inclusivamente entre nós em matéria de corrupção ou de assédio sexual nos locais de trabalho. Trata-se da figura das "denúncias cívicas", aquelas que permitem conhecer factos muito relevantes socialmente, ocorridos em circuitos reservados e que de outro modo dificilmente chegariam ao conhecimento das autoridades em tempo útil e com algum rigor informativo. A figura tem especial aplicação nos E.U.A. no domínio das indústrias alimentar, cosmética, automobilística e farmacêutica. A revelação, por exemplo, de efeitos secundários graves dos medicamentos a longo prazo ou de aditivos proibidos, ocultados intencionalmente pela indústria para preservar a sua quota de mercado ou ganhar tempo para fazer evoluir o medicamento, tem notoriamente interesse público.

No caso específico do sistema financeiro, a crise das *dotcom* na viragem do século, com as limpezas fraudulentas de balanços (ocultação de prejuízos e empolamento de lucros) assentou por vezes em mecanismos de opacidade que foram revelados por pessoas (designadamente por trabalhadores) ligados às empresas envolvidas. A reação legislativa norte-americana marcou uma viragem significativa na matéria, passando a incluir regimes de proteção de denunciantes. Assim aconteceu, desde logo, com o *Sarbanes-Oxley Act*, de 2002, ao criar um regime de proteção legal de denunciantes internos (sec. 806) e, depois, no *Dodd-Frank Act* de 2010, que aprofundou esta matriz da proteção de denunciantes e acolheu a solução de atribuir incentivos financeiros a informadores (*v.g.* sec. 748 ss.). As atividades prosseguidas neste domínio estão centralizadas no *Office of the Whistleblower* da *Securities and Exchange Commission*, que divulga regulamente informação *on line* sobre a colaboração premiada com incentivos financeiros e os resultados processuais que a mesma favoreceu.

Este tipo de soluções acabou por fazer sentir a sua influência no Direito da União Europeia, primeiro de forma moderada na reforma de 2003 (*MAD I*) e agora de forma mais intensa na reforma de 2014 (*MAR* e *MAD II*). O resultado dessa influência é algo peculiar. O legislador europeu realizou uma importação acrítica da figura norte-americana das denúncias cívicas e da experiência que a mesma teve no sistema financeiro dos E.U.A.. Mas a realidade, os valores dominantes e os sistemas financeiros dos Estados membros da União Europeia são muito diferentes do mundo norte-americano. Desde logo, no plano da escala social e económica e das experiências existentes. Os casos (*v.g.* Reino Unido e Suíça) conhecidos, com denúncias relativas a multinacionais de indústria farmacêutica e cuidados geriátricos que foram mal-sucedidas, designadamente com consequências muito nefastas para a vida dos denunciantes e impunidade para as empresas denunciadas. O legislador europeu na reforma de 2014 privilegiou, contudo, a ilusão sobre a eficácia das denúncias, em detrimento da experiência existente na Europa sobre a matéria. As divergências sobre alguns pontos do tema fizeram com que o legislador recuasse na pretensão de criar inventivos financeiros aos denunciantes (parte do montante em multa ou indemnizações pagas pelos arguidos), tornando tal opção meramente facultativa. A solução era assim permitida pela reforma europeia de 2014, mas não foi acolhida pelo legislador nacional em 2017.

As principais linhas de força do regime adotado com a Lei nº 28//2017, de 30 de maio, podem resumir-se da seguinte forma:

O regime é centrado sobre informações, provas e denúncias, e não apenas sobre denúncias, clarificando-se desse modo as várias formas de colaboração. Não foi acolhido o regime das "denúncias remuneradas", por ser uma figura estranha ao direito nacional que dá origem a mais problemas do que aqueles que pretende resolver, designadamente no domínio da credibilidade da prova assim obtida. A lei sublinhou, de forma inequívoca, que a identificação do denunciante é facultativa e estabeleceu um regime de anonimato com garantias organizativas para a sua preservação (artigo 368º-A, nº 5). A quebra do anonimato só será admissível por decisão do denunciante e, fora esse caso, por lei expressa ou por decisão de tribunal, seguindo o regime da quebra do segredo profissional e respetivas garantias (artigo 368º-A, nº 5). A denúncia é classificada como ato lícito, exceto se for falsa e apresentada de má-fé (artigo 368º-A, nº 6), o que impede que a mesma seja fonte de responsabilidade para o denunciante. Foi consagrada uma formulação explícita da proibição de retaliação, acompanhada de uma presunção temporal de retaliação (artigo 368º, nºs 6 e 7). A lei reconheceu prevalência à vontade do denunciante quanto à transferência da denúncia para outra entidade (artigo 368º-A, nº 9), reforçando ainda o regime de confidencialidade em caso de transmissão de informação relativa à denúncia (artigo 368º-D). Finalmente, foi acolhida a aplicação do regime legal de proteção de testemunhas (cf. Lei nº 93/99, de 14 de julho) em caso de intervenção processual do denunciante (artigo 368º-E, nº 3).

9. Tendências de evolução

A reforma de 2017 dos crimes contra o mercado (concretização da reforma europeia do abuso de mercado de 2014) foi, depois das alterações de 1997 e de 2006, a revisão mais extensa e profunda destas incriminações. Foram mantidos os tipos básicos do abuso de informação privilegiada e da manipulação do mercado, cujos ilícitos já se encontram estabilizados entre nós ao nível regulatório, doutrinário e judicial[22], com as incriminações pontualmente alargadas no seu âmbito de vigência material (casos que contemplam) por uniformização da União Europeia.

As novas incriminações no domínio das licenças de emissão, dos instrumentos financeiros relacionados com contratos de mercadorias à vista e dos índices de referência ainda terão de fazer o seu percurso. Do ponto de vista legal não devem sofrer grandes alterações nos tempos mais imediatos; do ponto de vista hermenêutico serão testadas pela consistência dos casos que surjam, tal como acontece no domínio da captação de investimento com informação falsa ou enganosa. Neste caso, tendo em conta a expansão do *crowdfunding* é possível que seja neste domínio (bem como em relação a novos instrumentos financeiros) que surjam os primeiros casos. Para todas as situações antevê-se uma produção significativa de instrumentos de *soft law* por parte da ESMA e dos reguladores nacionais que, perante o mesmo quadro legislativo, podem clarificar e delimitar o seu âmbito de aplicação.

Não significa isto que o catálogo de crimes contra o mercado esteja definitivamente fechado. Em três domínios diferentes podem identificar-se factos com eventual merecimento penal, cuja necessidade de tutela pode ser debatida:

Por um lado, na prestação dolosa de informação falsa aos reguladores sectoriais, designadamente em operações especialmente importantes;

Noutro plano, a matéria da falsificação de informação financeira e contabilística de entidades emitentes e de intermediários financeiros pode igualmente merecer, pela sua repercussão sistémica, a atenção do

[22] Fundamental, os elementos reunidos em Comissão do Mercado de Valores Mobiliários, *Contraordenações e Crimes* cit., n.10, 67 ss..

legislador, perante a manifesta insuficiência do regime penal do CSC Pt e a inadequação dos crimes de falsificação previstos no CP Pt. O legislador tem alargado tipicamente as modalidades de falsificação (artigos 255º ss. do CP Pt), criando tipos incriminadores novos em função da natureza dos documentos falsificados, mas nunca o fez (quando tal se justificava, por maioria de razão) em relação à informação financeira e contabilística de algumas sociedades comerciais, que são agentes qualificados no mercado de valores mobiliários;

Finalmente, num terceiro caso, pode merecer uma especial reflexão o problema da gestão fraudulenta de entidades emitentes e de intermediários financeiros, cujo enquadramento atual oscila entre as simples contraordenações e o crime de infidelidade, previsto no artigo 227º do CP Pt. Mas este tem limitações significativas que o tornam inadequado àquelas entidades,[23] designadamente: é apenas um crime contra o património que não contempla as dimensões económicas destes ilícitos, tem uma tipicidade apertada com elementos funcionalizados à lesão patrimonial, não tem circunstâncias agravantes e é um crime semipúblico, em que o início do procedimento criminal está condicionado à apresentação de uma queixa legítima e tempestiva por um ofendido. A integridade dos agentes económicos que intervêm de forma decisiva no mercado de valores mobiliários pode sugerir uma outra aproximação do tema, também pelos efeitos públicos e sistémicos da gestão fraudulenta ou ruinosa destas entidades.

Bibliografia

Miguel Santos Almeida, *Introdução à negociação de alta frequência,* 54 CadMVM (2016), 23-36.

Ignacio Lledó Benito, *Breves notas sobre el fraude de inversores español y el "uso de informação falsa ou enganosa para captar investimento" del derecho português,* 48/150 RMP (2017), 43-88;

– *El fraude de inversores,* Dykinson: Madrid (2017).

[23] Desenvolvimentos sobre as várias limitações que se identificam quando se procura aplicar o tipo incriminador em causa às atividades económicas de risco, com grande interesse, Augusto Silva Dias, *Imputação objetiva de negócios de risco à Ação de infidelidade (art. 224º, nº 1 do Código Penal),* Almedina: Coimbra (2018).

Helena Magalhães Bolina, *A Revisão das Diretivas do Abuso de Mercado: Novo Âmbito, o mesmo Regime*, CadMVM – Número Especial: Ensaios de Homenagem a Amadeu Ferreira, II (2015), 11-28.

Paulo Câmara, *Manual de Direito de Valores Mobiliários*, 3ª ed., Almedina: Coimbra (2016).

A. Barreto Menezes Cordeiro, *Manual de Direito dos Valores Mobiliários*, 2ª ed. (atualizada), Almedina: Coimbra (2018).

José de Faria Costa/Maria Elisabete Ramos, *O crime de abuso de informação privilegiada (*Insider Trading*). A informação enquanto problema jurídico-penal*, Coimbra Editora: Coimbra (2006).

Peter Cramer, *§ 264 a*, em *Strafgesetzbuch Kommentar*, coord. Shönke/Schröder, 25 neubearbeitete Auf., C. H. Beck: München (1997).

Augusto Silva Dias, *Imputação objetiva de negócios de risco à ação de infidelidade (art. 224º, nº 1 do Código Penal)*, Almedina: Coimbra (2018).

Thomas Fischer, *§ 264 a*, em *Strafgesetzbuch und Nebengesetze*, 58. Auf., C. H. Beck: München (2011).

Fátima Gomes, *Insider Trading*, APDMC: Valadares (1996).

José Ferreira Gomes/Diogo da Costa Gonçalves, *Manual de Sociedades Abertas e de Sociedades Cotadas*, I, AAFDL: Lisboa (2018).

Telma Filipa Batista Gonçalves, *Estudo sobre os desafios da negociação algorítmica e de alta frequência na eficiência financeira e na integridade do mercado – novos desenvolvimentos regulatórios*, Estudos do Instituto dos Valores Mobiliários, [s.d.]. Acessível em Instituto dos Valores Mobiliários: www.institutovaloresmobiliarios.pt (consultado a 11 de abril de 2019).

Karl Lackner/Kristian Kühl, *§ 264 a*, em *Strafgesetzbuch Kommentar*, 27. neue bearbeitete Auf., C. H. Beck: München (2011).

Paulo de Sousa Mendes/António Miranda, *A causalidade como critério heurístico – Uma demonstração através do exemplo da manipulação de cotações no mercado financeiro*, 15 RPCC (2005), 167-208.

Frederico de Lacerda da Costa Pinto, *O novo regime dos crimes e contra-ordenações no Código dos Valores Mobiliários*, Almedina: Coimbra (2000);

– *Tendências e rupturas na evolução do Direito Penal Económico*, I/3 CLR (2017), 91-113;

– *O novo regime europeu do abuso de mercado e a adaptação do sistema sancionatório nacional*, em *O Novo Direito dos Valores Mobiliários*, coord. Paulo Câmara, Almedina: Coimbra (2017), 33-42;

– *O novo crime de uso de informação falsa ou enganosa na captação de investimento*, 6 Themis, Estudos em comemoração dos 20 anos da Faculdade de Direito da Universidade de Lisboa (2018), 519-535.

Comissão do Mercado de Valores Mobiliários, *Contraordenações e Crimes no Mercado de Valores Mobiliários. O sistema sancionatório, a evolução legislativa e as infrações imputadas*, Almedina: Coimbra (2015).

Pietro Sabella, *Crisis bancarias y Derecho penal económico: entre la necessidade de tutela del ahorro y la autonomia del mercado. Aspectos problemáticos e ideias de reforma*, 41 RPen (2018), 200-213.

João Gomes da Silva, *O crime de manipulação do mercado*, XIV/I DJ (2000), 193--245.

Sérgio Vasques, *A Manipulação do Mercado de Valores Mobiliários*, APDMC: Valadares (1997).

Alexandre Brandão da Veiga, *O crime de manipulação, defesa e criação de mercado*, Almedina: Coimbra (2001).

Petra Wittig, *Wirtschaftsstrafrecht*, 3. Auf., C. H. Beck: München (2014).

Insider trading luso-brasileiro

Francisco Antunes Maciel Müssnich[1]

***Resumo**: A relevância da prevenção do ilícito do* insider trading, *que se caracteriza pela utilização de informações privilegiadas para obtenção de vantagem indevida, requer que o tema esteja sempre em debate, seja para analisar a correta aplicação das normas que o disciplinam, seja para estudar possíveis medidas preventivas que impeçam o abalo produzido no mercado pela indevida utilização de informação privilegiada. Desse modo, neste artigo pretende-se abordar o assunto de modo a compreender os diversos pontos de contato entre o tratamento do* insider trading *no Brasil e em Portugal, países em que o combate ao ilícito vem sendo cada vez mais desenvolvido e aplicado.*

1. Introdução

O ilícito do *insider trading* fere um dos princípios mais relevantes do mercado de capitais. Abala a confiança dos investidores e contribui diretamente para um cenário de assimetria informacional. Diante do prejuízo que gera ao mercado, tem sido enfrentado com rigidez e preocupação pelos órgãos regulatórios de todo o mundo.

No Brasil e em Portugal não tem sido diferente e é o que se buscará examinar ao longo deste breve artigo. Pode-se dizer que o desenvolvimento das normas do *insider trading* em ambos os países tem em comum a influência da tradição norte-americana na regulamentação do insti-

[1] O autor agradece a Marcella Campinho Vaz pelas contribuições a este texto.

tuto, que, aos poucos, foi sendo incorporado aos sistemas jurídicos brasileiro e português.

Para uma boa compreensão do tratamento do *insider* em âmbito nacional e português, um prévio mapeamento das disposições normativas aplicáveis à matéria mostra-se essencial para que, em um segundo momento, possamos analisar os elementos caracterizadores do ilícito em ambos os sistemas jurídicos.

2. Regulamentação do *insider trading* Brasil – Portugal

No Brasil, o primeiro enunciado a tratar do tema foi o artigo 3º (X), da Lei nº 4.728/65, que disciplina o mercado de capitais. Ao cuidar das atribuições do Banco Central do Brasil (BACEN Br), o dispositivo estabelecia sua competência para "fiscalizar a utilização de informações não divulgadas ao público em benefício próprio ou de terceiros, por acionistas ou pessoas que, por força de cargos que exerçam, a elas tenham acesso". Apesar do esforço do legislador no combate ao *insider trading*, a norma se mostrou insuficiente. Além de não tornar o uso indevido de informação privilegiada crime, nem ato ilícito, ela não oferecia quaisquer parâmetros para a caracterização do *insider trading*.

Com o advento da Lei das S.A. Br, a matéria recebeu tratamento mais consistente. O artigo 155º, ao consagrar o dever de lealdade do administrador, passou a versar sobre a vedação ao *insider trading* nos seguintes termos:

> *"Art. 155º. [...] §1º Cumpre, ademais, ao administrador de companhia aberta, guardar sigilo sobre qualquer informação que ainda não tenha sido divulgada para conhecimento do mercado, obtida em razão do cargo e capaz de influir de modo ponderável na cotação de valores mobiliários, sendo-lhe vedado valer-se da informação para obter, para si ou para outrem, vantagem mediante compra ou venda de valores mobiliários.*
>
> *§2º O administrador deve zelar para que a violação do disposto no §1º não possa ocorrer através de subordinados ou terceiros de sua confiança.*
>
> *§3º A pessoa prejudicada em compra e venda de valores mobiliários, contratada com infração do disposto nos §§ 1º e 2º, tem direito de haver do infrator indenização por perdas e danos, a menos que ao contratar já conhecesse a informação.*
>
> *§4º É vedada a utilização de informação relevante ainda não divulgada, por qualquer pessoa que a ela tenha tido acesso, com a finalidade de auferir vantagem, para si ou para outrem, no mercado de valores mobiliários".*

De facto, a disciplina da Lei das S.A. Br trouxe elementos capazes de permitir não só um melhor delineamento da figura do *insider*, como também a possibilidade de reparação pelos danos sofridos. Nota-se que os parágrafos primeiro e quarto supracitados permitem o estabelecimento dos requisitos necessários para a configuração da prática do *insider trading*, quais sejam: ***(i)*** a existência de informação privilegiada não divulgada ao mercado; ***(ii)*** o acesso a essa informação privilegiada; e ***(iii)*** a intenção de tirar proveito dessa informação nas negociações.

Também versando sobre a matéria, a Instrução CVM Br nº 358/2002 revela-se marco normativo de grande importância na regulamentação do *insider trading* ao dispor, entre outros temas, sobre vedações e condições para a negociação de ações de companhias abertas na pendência de fato relevante não divulgado ao mercado. Em seu artigo 13º, a Instrução define o *insider trading*, sem inovar o que se encontra previsto pela Lei das S.A. Br, nos seguintes termos:

> *"Art. 13º. Antes da divulgação ao mercado de ato ou fato relevante ocorrido nos negócios da companhia, é vedada a negociação com valores mobiliários de sua emissão, ou a eles referenciados, pela própria companhia aberta, pelos acionistas controladores, diretos ou indiretos, diretores, membros do conselho de administração, do conselho fiscal e de quaisquer órgãos com funções técnicas ou consultivas, criados por disposição estatutária, ou por quem quer que, em virtude de seu cargo, função ou posição na companhia aberta, sua controladora, suas controladas ou coligadas, tenha conhecimento da informação relativa ao ato ou fato relevante.*
>
> *§1º A mesma vedação aplica-se a quem quer que tenha conhecimento de informação referente a ato ou fato relevante, sabendo que se trata de informação ainda não divulgada ao mercado, em especial àqueles que tenham relação comercial, profissional ou de confiança com a companhia, tais como auditores independentes, analistas de valores mobiliários, consultores e instituições integrantes do sistema de distribuição, aos quais compete verificar a respeito da divulgação da informação antes de negociar com valores mobiliários de emissão da companhia ou a eles referenciados.*
>
> *§2º Sem prejuízo do disposto no parágrafo anterior, a vedação do caput se aplica também aos administradores que se afastem da administração da companhia antes da divulgação pública de negócio ou fato iniciado durante seu período de gestão, e se estenderá pelo prazo de seis meses após o seu afastamento.*
>
> *§3º A vedação do caput também prevalecerá: I – se existir a intenção de promover incorporação, cisão total ou parcial, fusão, transformação ou reorganização societária;*

e II – em relação aos acionistas controladores, diretos ou indiretos, diretores e membros do conselho de administração, sempre que estiver em curso a aquisição ou a alienação de ações de emissão da companhia pela própria companhia, suas controladas, coligadas ou outra sociedade sob controle comum, ou se houver sido outorgada opção ou mandato para o mesmo fim.

§4º Também é vedada a negociação pelas pessoas mencionadas no caput no período de 15 (quinze) dias que anteceder a divulgação das informações trimestrais (ITR) e anuais (DFP) da companhia, ressalvado o disposto no §2º do art. 15º-A.

§5º As vedações previstas no caput e nos §§ 1º, 2º, e 3º, inciso I, deixarão de vigorar tão logo a companhia divulgue o fato relevante ao mercado, salvo se a negociação com as ações puder interferir nas condições dos referidos negócios, em prejuízo dos acionistas da companhia ou dela própria.

§6º A vedação prevista no caput não se aplica à aquisição de ações que se encontrem em tesouraria, através de negociação privada, decorrente do exercício de opção de compra de acordo com plano de outorga de opção de compra de ações aprovado em assembleia geral, ou quando se tratar de outorga de ações a administradores, empregados ou prestadores de serviços como parte de remuneração previamente aprovada em assembleia geral.

§7º As vedações previstas no caput e nos §§ 1º a 3º não se aplicam às negociações realizadas pela própria companhia aberta, pelos acionistas controladores, diretos ou indiretos, diretores, membros do conselho de administração, do conselho fiscal e de quaisquer órgãos com funções técnicas ou consultivas, criados por disposição estatutária, de acordo com os procedimentos previstos no art. 15º-A".

Ressalta-se que o ilícito de *insider trading* no Brasil é combatido pela legislação nas mais diversas frentes. É tratado para fins de responsabilização civil, administrativa e penal.

A responsabilidade civil é prevista no citado artigo 155º, §3º da Lei das S.A. Br, cabendo ao *insider* ressarcir todos aqueles afetados pelo ilícito perpetrado. Nota-se que o legislador optou pela exclusividade da solução ressarcitória, sem cogitar da possibilidade de anulação do ato, garantindo o atendimento do interesse daqueles que foram prejudicados sem abalar a segurança e a estabilidade necessárias aos negócios realizados no mercado.

Já a responsabilização administrativa se dá perante a CVM Br, por meio de processo administrativo, conforme atribuição estabelecida pelo artigo 9º (V e VI) da Lei nº 6.385/1976[2]. Nesses processos, poderão ser aplicadas as diversas penalidades previstas no artigo 11º da Lei nº 6.385/1976[3], tais como advertência, multa, suspensão para o exercício do cargo em companhia aberta, inabilitação temporária, suspensão da autorização para o exercício das atividades de mercado e inabilitação ou proibição temporária para a prática de determinadas atividades[4].

Além das responsabilidades civil e administrativa, a crescente relevância atribuída à tutela do mercado de capitais levou à inclusão, pela Lei nº 10.303/2001, do crime de uso indevido de informação privilegiada na Lei nº 6.385/1976, em capítulo dedicado aos crimes contra o mercado de capitais, cuja redação foi modificada pela Lei nº 13.506/2017[5].

[2] "Art. 9º. A Comissão de Valores Mobiliários, observado o disposto no §2º do art. 15º, poderá: [...] V – apurar, mediante processo administrativo, atos ilegais e práticas não eqüitativas de administradores, membros do conselho fiscal e acionistas de companhias abertas, dos intermediários e dos demais participantes do mercado; VI – aplicar aos autores das infrações indicadas no inciso anterior as penalidades previstas no Art. 11º, sem prejuízo da responsabilidade civil ou penal".

[3] As Instruções nº 358/2002 e nº 491/2011 da CVM Br enquadram o *insider trading* como infração grave, sujeitando o infrator, inclusive, às penalidades previstas nos incisos III a VIII do art. 11º da Lei nº 6.385/1976, consoante o §3º do mesmo dispositivo.

[4] Sobre a proporcionalidade na aplicação de sanções: "O *insider trading*, a negociação com informação privilegiada, não disponível aos demais agentes, inclui-se entre as mais graves infrações em mercado de capitais exatamente porque o subverte naquilo que tem de mais fundamental, que é a confiança nos agentes e nas informações disponíveis. Dessa forma, por uma questão de proporcionalidade, tratando-se de conduta das mais graves, é correto que sejam aplicadas punições graves, como as multas pecuniárias máximas e a pena de suspensão da autorização do exercício da função de administrador de carteira, propostas pelo voto do Diretor Relator e por isso endossadas pelos demais membros do Colegiado", cf. Proc. Sanc. CVM Br nº RJ 18/01 (Rel. Eli Loria), 04-nov.-2004 (trecho do voto do Presidente Marcelo Fernandez Trindade).

[5] "Art. 27º-D. Utilizar informação relevante de que tenha conhecimento, ainda não divulgada ao mercado, que seja capaz de propiciar, para si ou para outrem, vantagem indevida, mediante negociação, em nome próprio ou de terceiros, de valores mobiliários: Pena – reclusão, de 1 (um) a 5 (cinco) anos, e multa de até 3 (três) vezes o montante da vantagem ilícita obtida em decorrência do crime.

Exercício Irregular de Cargo, Profissão, Atividade ou Função. §1º Incorre na mesma pena quem repassa informação sigilosa relativa a fato relevante a que tenha tido acesso em razão de cargo ou posição que ocupe em emissor de valores mobiliários ou em razão de relação comercial, profissional ou de confiança com o emissor. §2º A pena é aumentada em 1/3 (um

A tutela penal surge na esteira da inefetividade do combate ao ilícito tão somente pelas vias cível e administrativa e, a despeito das críticas dirigidas à utilização do poder punitivo do Estado, o potencial danoso desta prática explica a intensificação da resposta do Poder Público.

Apesar da conhecida dificuldade de investigação dos crimes relacionados ao sistema financeiro, já há sentença penal condenatória referente ao crime de uso indevido de informação privilegiada. Trata-se de caso em que dois executivos da Sadia utilizaram informações privilegiadas concernentes à operação de fusão com a Perdigão para lucrar com a negociação de ações da Perdigão na Bolsa de Nova York. A sentença condenatória do juízo de primeira instância foi mantida pelo Tribunal Regional Federal da 3ª Região, com parcial provimento do recurso do Ministério Público para majorar as penas impostas[6]. A decisão foi um marco na jurisprudência nacional sobre a matéria.

Assim como no Brasil, em Portugal a regulamentação do ilícito do *insider* foi paulatinamente sendo desenvolvida, mas de forma claramente diversa. Desde a segunda metade do século XX, Portugal – assim como a União Europeia – passa a regulamentar a matéria no sentido da criminalização do *insider trading*.

Na União Europeia, o primeiro passo dado corresponde à Diretiva (CEE) 89/592/CEE, do Conselho, de 1989[7], cuja principal inovação foi obrigar todos os Estados-Membros a adotar as medidas necessárias para reprimir as práticas de *insider trading*, tanto em mercados bolsistas, como em mercados não bolsistas.

No entanto, a União Europeia reconheceu que esta Diretiva estava incompleta, já que se limitava à prevenção do abuso de informação. Assim, em 2003, foi ela revogada pela Diretiva (CE) 2003/6/CE do Parlamento Europeu e do Conselho, relativa ao abuso de informação privilegiada e à manipulação de mercado (abuso de mercado).

Mais recentemente, surgiu o Regulamento (UE) nº 596/2014, do Parlamento Europeu e do Conselho, de 2014, relativo ao abuso de mer-

terço) se o agente comete o crime previsto no caput deste artigo valendo-se de informação relevante de que tenha conhecimento e da qual deva manter sigilo".

[6] Tribunal Regional Federal 3 (Apelação Criminal nº 0005123-26.2009.4.03.6181/SP), 04-fev.-2013 (Luiz Stefanini).

[7] A Diretiva (CEE) 89/592/CEE, do Conselho, foi transposta para a ordem jurídica portuguesa, por intermédio do Decreto-Lei nº 142-A/91, de 10 de abril.

cado, que revoga a Diretiva (CE) 2003/6/CE do Parlamento Europeu e do Conselho. Surgiu, igualmente, a Diretiva (UE) 2014/57/UE do Parlamento Europeu e do Conselho, também de 2014, relativa às sanções penais aplicáveis ao abuso de informação privilegiada e à manipulação de mercado[8].

Especificamente em Portugal, desde os anos oitenta a ordem jurídica já proibia o que eles chamam de abuso de informação privilegiada.

A responsabilidade pela prática de abuso de informação privilegiada foi introduzida no ordenamento jurídico português pelo CSC Pt, resultando dos seus artigos 449º e 450º a natureza ilícita do abuso de informação.

Observa-se que estas disposições contemplam apenas sanções não penais, como a obrigação de indenizar os lesados, a destituição judicial dos agentes responsáveis e o inquérito judicial.

A criminalização do *insider trading* em Portugal foi deixada para CMVM Pt, regulando, o CSC Pt, apenas a responsabilidade civil[9].

Inicialmente, o crime de abuso de informação no âmbito dos mercados de valores mobiliários foi inserido no artigo 666º do CodMVM/91 Pt. Em 1999, o atual CVM Pt alocou o crime de abuso de informação no artigo 378º – onde se mantém atualmente.

Vale notar que em Portugal as consequências do *insider* são combatidas apenas por meio da responsabilização civil e criminal.

Na esfera cível, como estabelece o artigo 449º do CSC Pt, a obrigação de indemnizar tem como medida a quantia equivalente ao montante da vantagem patrimonial realizada. Para propor a ação de indenização, os legitimados ativos são as pessoas prejudicadas com tais operações e, na impossibilidade de sua identificação, a própria sociedade. Além da obrigação de indenizar, há também a possibilidade de os agentes responsáveis serem judicialmente destituídos.

[8] Ressalta-se que tanto o Regulamento, como a Diretiva, não são pacíficos em Portugal, tendo em vista que há quem entenda que o Regulamento é, de alguma forma, um retrocesso e que a Diretiva trará poucas inovações para Portugal, pois, embora o diploma estabeleça penas mínimas, Portugal já contempla essas exigências, estando até acima do que a Diretiva exige como mínimo.

[9] Apesar de ter sido introduzido o artigo 524º no CSC Pt, que tipificou o crime de abuso de informações, este foi revogado, em 1991, quando da entrada em vigor do CMVM Pt.

Já em domínio penal, a prática do abuso de informação faz incorrer o seu autor em sanções criminais que o artigo 378º do CVM Pt limita a 5 ou 4 anos de prisão (a depender do agente) e pena de multa. Ressalta-se que, de acordo com o artigo 380º do CVM Pt, são igualmente aplicáveis as penas acessórias de *(i)* interdição temporária do exercício de profissão, atividade ou funções relacionadas com o crime cometido, por um prazo não superior a cinco anos; *(ii)* interdição, por prazo não superior a 12 meses, de negociar por conta própria em instrumentos financeiros; *(iii)* cancelamento do registo ou revogação da autorização para exercício de funções de administração, gestão, direção ou fiscalização em entidades sujeitas à supervisão da CMVM Pt; e *(iv)* publicação da sentença condenatória a expensas do arguido.

Diante das dificuldades na prova do *insider*, a doutrina portuguesa ressalta a escassez de decisões sobre abuso de informação privilegiada que chega a juízo dos tribunais, sendo que o resultado final dos casos transitados em julgado traduz-se em poucas condenações pela prática do crime[10].

Um dos casos que resultou em condenação tratou de uma aquisição de ações de empresa que ia realizar uma fusão por incorporação com outra empresa[11]. O Tribunal considerou que os agentes cometeram em

[10] Rodrigo Sá Pereira Ribeiro da Fonseca, *Sociedades Abertas: Algumas questões levantadas pelo* Insider Trading *em Portugal*. Dissertação apresentada para obtenção do título de mestre na Universidade Católica Portuguesa – Faculdade de Direito/Escola do Porto, policopiado, Porto (2017). Acessível em UCP: https://www.repositorio.ucp.pt/bitstream/10400.14/23286/1/Tese%20final%20Rodrigo.pdf (consultado a 08 de outubro de 2018), 28-29.

[11] O caso é assim resumido pela CMVM Pt: "Uma sociedade cotada iniciou um projecto de fusão (por incorporação) com outra empresa cotada do mesmo sector. Antes de divulgar publicamente a operação, apresentou-a, com exigência expressa de sigilo, a um órgão consultivo para obter o seu acordo. Um accionista de referência com assento nesse órgão informou telefonicamente um colaborador da sua empresa do projecto que iria ser anunciado em breve. Esse colaborador deu ordens de compra de acções de uma das empresas envolvidas, para a sua própria carteira e para a carteira de títulos da empresa dirigida pelo accionista de referência que tinha obtido a informação em primeira linha. Conseguiram adquirir lotes significativos de acções antes de a operação ser anunciada e o preço subir. Essas acções não só se valorizaram com o anúncio da operação, como poderiam ser trocadas por acções da outra empresa envolvida na fusão, com um acréscimo significativo de valor. O que veio a ser aproveitado por ambos os arguidos, tendo um mantido as acções em carteira enquanto o outro alienou as que havia adquirido", cf. CMVM, *Abuso de Informação Privilegiada – Conceitos, Comportamentos Proibidos, Consequências Legais, Linhas de Orientação e Decisões Judiciais*. Acessível em CVMV: http://www.cmvm.pt/pt/Legislacao/Legislacaonacional/

coautoria o crime de abuso de informação privilegiada, condenando cada um na pena de 180 dias de multa (à taxa diária de 300 euros). A defesa recorreu da decisão e o Ministério Público interpôs recurso autônomo requerendo que fosse ainda decretada a perda a favor do Estado das vantagens patrimoniais obtidas com a prática do crime. O Tribunal da Relação de Lisboa negou razão à defesa e deu razão ao Ministério Público, decretando a perda das vantagens econômicas do crime. A defesa recorreu para o Tribunal Constitucional, que lhe negou razão em todos os pontos do recurso, baixando o processo para execução[12].

Diferente é a situação no Brasil. Como visto, há apenas uma única decisão transitada em julgada criminalizando pelo ilícito de *insider* previsto no artigo 27º-D da Lei nº 6.385/1976. Contudo, por meio da específica competência da Comissão de Valores Mobiliários brasileira para punir administrativamente eventual acusado – a qual não existe no âmbito do direito português[13] –, há centenas de processos administrativos que condenam a prática do *insider* pelos agentes do mercado, com a estipulação das mais diversas penas[14].

Diante de todo o exposto, e considerando os respectivos regulamentos de Portugal e Brasil, a seguir serão analisados os principais elementos que caracterizam o *insider* sob a ótica luso-brasileira.

Recomendacoes/Anexos/Pages/Abuso-de-Informa%C3%A7%C3%A3o-Privilegiada.aspx (consultado a 03 de outubro de 2018), 5.

[12] CMVM, *Abuso* cit., 5.

[13] No Brasil, a CVM Br tem poder disciplinar conferido por lei, configurado por sua competência para "apurar, mediante processo administrativo, atos ilegais e práticas não equitativas de administradores, membros do conselho fiscal e acionistas de companhias abertas, dos intermediários e dos demais participantes do mercado", cf. art. 9º (V) da Lei nº 6.385/76. Já em Portugal, a CMVM Pt, mediante sua competência para supervisionar o mercado de valores mobiliários, tem o poder de identificar e investigar operações suspeitas, que fujam dos padrões de normalidade negocial, para denuncia-las ao Ministério Público quando os elementos recolhidos revelem fundadas suspeitas de corresponderem ao uso ilegal de informação privilegiada. Após isso, a tramitação do processo é da responsabilidade das autoridades judiciárias, não havendo participação ativa da CMVM Pt, que apenas oferecerá sua colaboração de acordo e em função das solicitações das autoridades judiciárias. Logo, em Portugal não há, como no Brasil, responsabilização administrativa por *insider*.

[14] Para uma análise dos diversos precedentes administrativos que tratam sobre a prática do *insider*, ver tabela anexa à obra de minha autoria, cf. Francisco Antunes Maciel Müssnich, Insider trading *no direito brasileiro*. Saraiva: São Paulo (2017), 135-175.

3. O *insider trading* luso-brasileiro

De início, observa-se que tanto a legislação brasileira quanto a portuguesa estabelecem que somente será possível cogitar-se da existência de *insider trading* quando se estiver diante de uma informação privilegiada. Tendo conhecimento desse tipo de informação, abre-se ao agente duas opções: divulgá-la (se possível) ou abster-se de negociar com base nela. As alternativas podem ser sintetizadas na expressão *disclosure or refrain from trading*[15].

Extrai-se do §4º do artigo 155º da Lei das S.A. Br, basicamente, que a informação privilegiada será aquela, simultaneamente, relevante e sigilosa. Tem-se que informações relevantes são aquelas capazes de produzir efeitos significativos sobre as negociações de títulos, quando avaliadas por um investidor médio[16]. Sigilosa, por sua vez, será a informação ainda não divulgada para conhecimento do mercado[17].

Do conceito específico previsto no artigo 378º, nº 4 e nº 5, do CVM Br português retiram-se quatro características necessárias para que a informação seja considerada privilegiada: ***(i)*** que não seja pública, ***(ii)*** que seja específica[18], ***(iii)*** que seja precisa[19] e ***(iv)*** que seja idónea a

[15] Nelson Eizirik, *Lei das S/A comentada*, II, Quartier Latin: São Paulo (2011), 370.

[16] Essa noção é normalmente extraída da parte final do §4º do art. 157º da Lei das S.A. Br: "§4º Os administradores da companhia aberta são obrigados a comunicar imediatamente à bolsa de valores e a divulgar pela imprensa qualquer deliberação da assembleia-geral ou dos órgãos de administração da companhia, *ou fato relevante ocorrido nos seus negócios, que possa influir, de modo ponderável, na decisão dos investidores do mercado de vender ou comprar valores mobiliários emitidos pela companhia*".

[17] O caráter sigiloso não é intrínseco à informação, justificando-se apenas enquanto necessário à realização de negócios societários.

[18] Sobre a especificidade, explica-se que "a informação deve referir-se a determinado emitente, isto é, a factos internos do emitente, ou a determinados valores mobiliários ou outros instrumentos financeiros", cf. Francisco Proença de Carvalho/Filipa Loureiro, *O crime de abuso de informação privilegiada (insider trading), em especial a questão dos administradores como insiders primários, quando actuam em representação da sociedade*, 27 Actualidad Jurídica Uría Menéndez (2010). Acessível em Uría: https://www.uria.com/documentos/publicaciones/2767/documento/artPor03.pdf?id=2554 (consultado a 02 de outubro de 2018), 116.

[19] De acordo com a CMVM Pt, "a informação tem de ser precisa. A determinação de que se está perante um facto ocorrido, existente ou razoavelmente previsível, caracteriza a natureza precisa da informação, assim operando a distinção entre esta e os meros rumores ou especulações". Sendo assim, "a informação é precisa quando tem um grau de concretização que permite que a mesma seja utilizada", cf. CMVM, *Abuso* cit., 1-2.

influenciar o preço de valores mobiliários ou outros instrumentos financeiros (*price-sensitive*)[20].

A maior profundidade da conceituação da regra portuguesa é positiva. A necessidade de precisão, por exemplo, escapa à lei brasileira, que não a prevê expressamente. Como já oportunamente ressaltado, a informação, para ser objeto de *insider trading*, "deve ser séria, referente a fatos minimamente precisos. Nada impede a realização de operações com base em meros rumores, eventualmente conduzindo a negócios lucrativos. Não estará presente, na hipótese, a informação relevante e sigilosa necessária para a identificação do delito"[21].

Acerca do caráter preciso da informação, a doutrina portuguesa faz uma delimitação negativa e afirma que "deve excluir-se do conceito [de informação privilegiada] as referências vagas, rumores, notícias difusas", sendo que a exigência legal da informação ser precisa significaria "que a informação deve ter em relação à realidade que descreve um mínimo de materialidade ou objectividade ou, noutros termos, a consistência mínima para permitir a sua utilização por um investidor médio"[22].

Além da existência de uma informação privilegiada, merecedora de tutela especial, é preciso que haja um sujeito com acesso a essa informação, capaz de utilizá-la indevidamente. Trata-se da figura do *insider*.

O §4º do artigo 155º da Lei das S.A. Br, incorporando definição expansiva da figura do *insider*, reporta-se a "qualquer pessoa que a ela [informação relevante] tenha tido acesso". Pela abrangência do termo "qualquer pessoa", a exata compreensão de quem pode ser reputado como *insider* torna-se mais complexa e passa pela distinção, acolhida

[20] Acerca do caráter idôneo da informação, assevera-se que "só cabe no conceito de informação privilegiada a informação que possa influenciar o valor dos títulos", sendo que "a valoração da idoneidade deverá ser feita por intermédio de um juízo *ex ante*, ou seja, deve considerar-se o momento anterior ao da publicação da informação privilegiada. Trata-se de um juízo de prognose relativamente aos efeitos da revelação da informação reservada, um juízo de comparação entre o uso da informação reservada e os efeitos previsíveis da reacção do mercado conferida a tal informação. Assim, se as previsíveis alterações às cotações forem sensíveis, a informação é privilegiada", cf. Carvalho/Loureiro, *O crime* cit., 116.

[21] Müssnich, *Insider* cit., 41.

[22] Frederico de Lacerda da Costa Pinto, *O novo regime dos crimes e contra-ordenações no Código dos Valores Mobiliários*. Almedina: Coimbra (2000), 77.

pela jurisprudência administrativa da CVM Br, entre *insiders* primários e secundários.

Já no artigo 378º do CVM Pt, o crime de abuso de informação estrutura-se tipicamente por meio de certas relações especiais que um grupo de agentes tem com a fonte de informação privilegiada (casos do artigo 378º, nºs 1 e 2 do CVM Pt[23]) ou que qualquer pessoa tem com aqueles agentes que possuem essa relação especial (artigo 378º, nº 3).

Nota-se, assim, que, também em Portugal, os agentes do ilícito do *insider* distinguem-se em *insider* primário (artigo 378º, nºs 1 e 2) e secundário (artigo 378º, nº 3).

Os *insiders* primários, ou *corporate insiders*, são aqueles sujeitos que possuem acesso direto à informação privilegiada, em razão de sua função ou cargo[24]. Serão igualmente primários os denominados *insiders* temporários (*temporary* ou constructive *insider*), que são os profissionais que, embora não sejam empregados ou administradores, possuem uma relação de fidúcia com a companhia, derivada do exercício de função ou desempenho de atividade que lhes confira acesso direto às informações. Isto porque eles têm acesso direto à informação privilegiada e uma especial relação de confiança estabelecida com a companhia[25].

Os *insiders* secundários, por sua vez, não possuem acesso direto à informação privilegiada, obtendo tal informação por meio de outra pessoa, normalmente outro *insider*. Por não fazerem parte da companhia,

[23] De acordo com o qual poderá ser qualificado como *insider* quem disponha de informação privilegiada *(i)* devido à sua qualidade de titular de um órgão de administração, de direção ou de fiscalização de um emitente ou de titular de uma participação no respetivo capital; *(ii)* em razão do trabalho ou do serviço que preste, com caráter permanente ou ocasional, a um emitente ou a outra entidade; *(iii)* em virtude de profissão ou função pública que exerça; *(iv)* que, por qualquer forma, tenha sido obtida através de um facto ilícito ou que suponha a prática de um facto ilícito.

[24] Essa categoria incorpora administradores, acionistas controladores e empregados da sociedade. No Brasil, a própria companhia emissora é atingida pela proibição de negociar com base em informação privilegiada, conforme explicitado pelo artigo 13º da Instrução CVM Br nº 358/2002.

[25] São exemplos elucidativos os advogados, consultores, contadores e executivos de bancos de investimento que prestam serviços à companhia.

são também chamados de *insiders* de mercado (*market insiders*) ou mesmo de *outsiders*[26].

É no âmbito dos *insiders* secundários que se insere a complexidade na interpretação do termo "qualquer pessoa" constante do §4º do artigo 155º da Lei das S.A. Br. Há quem defenda a exigência de verificação de nexo profissional no acesso do *tippee* à informação privilegiada[27], negando a possibilidade de configuração de *insider trading* na hipótese de acesso fortuito à informação[28]. A despeito do referido posicionamento, a norma parece ampliar os contornos do conceito de *insider*. Uma vez tendo optado pela ausência de qualquer qualificação limitadora dos potenciais sujeitos ativos do delito – diferentemente do previsto pela regra portuguesa – parece que a escopo da lei brasileira foi abranger o maior número de pessoas possível.

Ressalta-se que a classificação apresentada possui importantes efeitos práticos no que se refere à presunção de conhecimento da informação privilegiada. Enquanto aos *insiders* primários vigora uma presunção relativa de que efetivamente detinham as informações privilegiadas, tendo em vista possuírem acesso direto a elas, essa presunção não recai sobre os *insiders* secundários, o que influencia diretamente na questão probatória do ilícito[29].

[26] Como recebem a informação de outras pessoas, é igualmente comum o emprego da expressão *tippees* para referir a essa espécie de *insider*, sendo aqueles que transmitem a informação denominados *tippers*.

[27] Eizirik, *Lei* cit., 372.

[28] "Tanto que se terceiro, em um evento social, ou em uma reunião clubística, por exemplo, vem a ouvir uma informação relevante de uma determinada companhia, por indiscrição de seu administrador, e se aproveita da informação assim obtida para realizar negócio com papéis da companhia, não há falar, nesse caso, nas figuras de *tipper* e *tippee*, em razão do que não poderá o negociante dos papéis ser acusado de prática de *insider trading*, somente o administrador respondendo por quebra do dever de sigilo", cf. José Waldecy Lucena, *Das sociedades anônimas*, II, Renovar: Rio de Janeiro (2009), 494.

[29] Quanto à questão probatória, qualquer condenação de *insider trading* pressupõe a prova de detenção de informação privilegiada por quem decidiu o investimento. A ausência de prova de detenção de informação privilegiada significa que não há nexo de causalidade entre a conduta do acusado e um suposto resultado ilícito. O nexo de causalidade é, portanto, requisito que exige a comprovação de ocorrência de ilícito, de tal maneira que haja uma vinculação direta entre o agir e o que a lei coíbe.

Além da existência de informação privilegiada e do acesso a esta, outro relevante requisito previsto expressamente pela lei brasileira para a configuração do delito de *insider trading* é a verificação de negociação com a intenção do agente de para obter vantagem utilizando-se da informação privilegiada à qual teve acesso. Trata-se do elemento subjetivo do ilícito, que se extrai da leitura do §4º do artigo 155º da Lei das S.A. Br, quando se refere à utilização da informação relevante "com a finalidade de auferir vantagem, para si ou para outrem".

No direito português, nota-se que, para que se preencha o tipo legal do ilícito do *insider*, levando em consideração os exclusivos termos do artigo 378º do CVM Pt, não há referência direta à exigibilidade do dolo. A doutrina portuguesa, no entanto, ao dissertar sobre o assunto, ressalta que "o crime de abuso de informação privilegiada apenas é imputável a pessoas singulares e a título doloso (artigo 13º do CP Pt)"[30]. Pondera-se que a norma não faz referência direta "pois a imputação do crime a título de dolo, como elemento essencial da punibilidade do agente, já resulta das regras gerais previstas no CP Pt, em especial, do artigo 13º onde se estabelece que 'só é punível o facto praticado com dolo ou, nos casos especialmente previstos na lei, com negligência'"[31].

Em resumo, o ilícito do *insider* em Portugal apresenta uma estrutura que combina e enuncia as qualidades típicas dos agentes (artigo 378º, nºs 1, 2 e 3), relacionando-as com a prática de um dos fatos descritos, consignando um nexo de causalidade entre a posse da informação e a conduta proibida, exigindo como elemento subjetivo geral, o dolo, nos termos dos artigos 13º e 14º do CP Pt.

Como se pode perceber, é clara a maior profundidade do tratamento dado à matéria pela norma portuguesa. Além de, como visto, apontar os tipos de agente do ilícito do *insider* e estabelecer conceito especifico acerca do termo "informação privilegiada", a regra do 378º do CVM Pt ainda aponta os comportamentos que figuram no tipo do ilícito criminal, quais sejam: transmitir; negociar a informação; aconselhar alguém

[30] Carvalho/Loureiro, *O crime* cit., 114.

[31] Carvalho/Loureiro, *O crime* cit., 114.

a negociar; e ordenar a subscrição, venda ou troca de ativos com base numa informação privilegiada[32].

A vantagem da previsão de condutas é que afasta eventuais condenações pela mera posse de informação[33], o que, realmente, não se mostra suficiente para a caracterização do *insider*, ainda mais tratando-se de *insider* secundário, ao qual não cabe qualquer presunção de acesso à informação.

No Brasil, no entanto, a CVM Br vem tentando desconsiderar essa lógica. A autarquia, em algumas situações, já deixou de realizar de maneira contundente a prova do acesso à informação pelo acusado, levando em consideração apenas a mera demonstração de negociação atípica para fins de responsabilização de *insider* secundário[34].

[32] De acordo com a norma, do lado dos *insiders* primários, as condutas penalmente típicas são: i) transmissão de informação privilegiada a alguém fora do âmbito normal das suas funções; ii) negociação ou aconselhamento de alguém a negociar valores mobiliários ou outros instrumentos financeiros, com base em informação privilegiada; iii) emissão de ordem de subscrição, aquisição, venda ou troca, direta ou indiretamente, para si ou para outrem, com base em informação privilegiada. Do lado dos *insiders* secundários, são típicas as seguintes condutas: i) transmissão de informação privilegiada a outrem; ii) negociação ou aconselhamento de alguém a negociar em valores mobiliários ou outros instrumentos financeiros, com base em informação privilegiada; iii) emissão de ordem de subscrição, aquisição, venda ou troca, direta ou indiretamente, para si ou para outrem, com base em informação privilegiada.

[33] A doutrina portuguesa, ao analisar os comportamentos expressamente previsto pelo 378º, afirma que essa previsão "implica que a simples posse não tem relevância para o preenchimento do tipo deste preceito". No entanto, ressaltou-se que a técnica utilizada pelo legislador não foi particularmente feliz, pois "o estipulado acaba por ser complexo e denso, o que não deixa de causar alguma estranheza uma vez que, em alguns aspetos, dá azo a algumas lacunas de difícil integração", cf. Ricardo Alexandre Cardoso Rodrigues/João André de Almeida da Luz Soares, *A (des)informação na dianteira do profano: o crime de abuso de informação privilegiada – uma reflexão inevitável*, 75/3-4 ROA (2015), 805-806.

[34] Nesse sentido, o Proc. Sanc. CVM Br nº 24/2005 (Rel. Sergio Weguelin), 07-out.-2008, foi o primeiro precedente em que se afastou a comprovação do acesso efetivo à informação privilegiada por *insider* secundário. De acordo com o relator: "esta prova [do acesso à informação] pode ser extraída das características da operação e da existência de um mecanismo que obscurece seu beneficiário final. Isto, por si só, prova que houve acesso à informação, ainda que se desconheça como os defendentes chegaram a tal informação. Isto – reconheça-se – representa uma inovação em relação aos precedentes da CVM envolvendo "*insider trading*", nos quais as operações em condições suspeitas não foram consideradas provas do uso de informação privilegiada. Sempre se procurou demonstrar o meio de acesso (relações fiduciárias, profissionais, comerciais, etc.) entre a informação e quem dela se aproveitou".

4. Conclusão

Longe de analisar as diversas complexidades que envolvem o ilícito de *insider*, buscou-se percorrer os principais pontos de contato existentes nas legislações brasileira e portuguesa com respeito à caracterização do ilícito. Dessa análise, observa-se que a vedação à prática do *insider trading* surge da necessidade de prevenir comportamentos baseados em uma situação de assimetria de informações.

Ressalta-se que, além da repressão na forma de sanções administrativas, civis e penais, o *insider* também deve ser objeto de medidas preventivas. Justamente pelo seu relevante impacto em diversos aspectos do mercado financeiro, é necessário que medidas e políticas que ajudem na análise da simetria informacional sejam estipuladas. Pode-se citar, exemplificativamente, a chamada *Chinese Wall*, mecanismo preventivo cujo objetivo é restringir, por meio de segregação de atividades, o fluxo de informações privilegiadas no âmbito de instituições complexas, multisserviços, de modo a evitar a realização de negociações com base nessas informações – e, em última análise, evitar situações de conflito de interesses.

Outro mecanismo interessante, que, inclusive, é regulado pela lei portuguesa[35], refere-se ao dever de elaboração de listas de pessoas com acesso a informação privilegiada. A elaboração das listas de *insiders* tem um valor preventivo do abuso de informação na medida em que desestimula os envolvidos de usarem abusivamente dessa informação, dado que o grupo de suspeitos está, à partida, identificado e tem, igualmente, valor para a investigação dos casos.

Em um mercado que tem como objetivo a disseminação simétrica e perfeita de informação, o *insider trading* é um ilícito de elevado potencial danoso, pois falseia a paridade informativa e a transparência do mercado. Seus impactos influenciam não só a operação e as pessoas a ela relacionadas, mas também o próprio mercado de capitais, que está ancorado na confiança dos investidores. Além de destruir essa confiança, o

[35] Os nºs 6 e 7 do artigo 248º do CVM Pt prevê a criação pelos emitentes, e pessoas que atuem em seu nome ou por sua conta, de uma lista de todos os trabalhadores ou colaboradores que, a qualquer título ou por virtude de um qualquer vínculo, tenham acesso, ainda que ocasional, a informação privilegiada.

ilícito do *insider* abala a formação do preço dos ativos e privilegia uma indevida assimetria de informações.

Daí a importância e a severidade que se vem imprimindo ao tratamento do assunto por parte das entidades fiscalizadoras dos mercados ao redor do mundo – e não apenas na esfera administrativa, mas também na civil e na penal.

Acertadamente, Portugal e Brasil reprimem a prática do *insider trading* na forma de sanções e medidas preventivas, as quais se mostram fundamentais para garantir a eficiência dos mercados financeiros, assegurando a sua regulamentação, a liquidez dos títulos e a confiança dos investidores.

Bibliografia

Francisco Antunes Maciel Mussnich, Insider trading *no direito brasileiro*, Saraiva: São Paulo (2017).

Francisco Proença de Carvalho/Filipa Loureiro, *O crime de abuso de informação privilegiada (*insider trading*), em especial a questão dos administradores como insiders primários, quando actuam em representação da sociedade*, 27 Actualidad Jurídica Uría Menéndez (2010), 111-119.

Frederico de Lacerda da Costa Pinto, *O novo regime dos crimes e contra-ordenações no Código dos Valores Mobiliários*, Almedina: Coimbra (2000).

Nelson Eizirik, *Lei das S/A comentada*, II. Quartier Latin: São Paulo (2011).

Ricardo Alexandre Cardoso Rodrigues/João André de Almeida da Luz Soares, *A (des)informação na dianteira do profano: o crime de abuso de informação privilegiada – uma reflexão inevitável*, 75/3-4 ROA (2015), 779-833.

Rodrigo Sá Pereira Ribeiro da Fonseca, *Sociedades Abertas: Algumas questões levantadas pelo* Insider Trading *em Portugal*. Dissertação apresentada para obtenção do título de mestre na Universidade Católica Portuguesa – Faculdade de Direito/Escola do Porto, policiopiado, Porto (2017). Acessível em UCP: https://www.repositorio.ucp.pt/bitstream/10400.14/23286/1/Tese%20final%20Rodrigo.pdf (consultado a 08 de outubro de 2018).

Atuação das instituições de mercados financeiros e de capitais na prevenção à lavagem de dinheiro e do financiamento do terrorismo – panorama

Francisco Satiro
Adriana Cristina Dullius[1]

Resumo: *A lavagem de dinheiro ou branqueamento de capitais ("money laundering") tem chamado a atenção de reguladores em todo o mundo nas últimas décadas. É a possibilidade de uso dos valores decorrentes da prática de ilícitos que estimula seus agentes a praticá-los. Há hoje uma clara consciência de que impedir o uso do "dinheiro sujo" é essencial para a prevenção de crimes, em especial de larga escala internacional, como tráfico de drogas e terrorismo. O presente texto descreve em brevíssimo resumo as opções legislativas do Brasil na definição de medidas contra a lavagem de dinheiro.*

1. Introdução

A criminalidade organizada e os mecanismos para a legitimação das receitas delas advindas[2] são temas de grande importância nas discussões internacionais acerca da prevenção e repressão à criminalidade, uma vez

[1] Os autores agradecem às contribuições de Marcus Vinicius de Carvalho, do Núcleo de Prevenção à Lavagem de Dinheiro e do Financiamento ao Terrorismo da Superintendência Geral da Comissão de Valores Mobiliários, que também representa a Autarquia no Conselho do COAF.

[2] Fausto de Sanctis afirma, inclusive, que um dos aspectos que garante a continuidade da criminalidade organizada é a dissimulação de parte de seus ganhos em atividades comerciais lícitas, o que reforçaria o seu poder na sociedade e, em última instância, poderia corroer os alicerces do próprio Estado de direito. Sobre o assunto, Fausto Martins de Sanctis,

que seus efeitos ultrapassam as fronteiras transnacionais e impactam a efetividade das políticas públicas que delas tratam.

Especificamente quanto ao crime conhecido como lavagem de dinheiro ("LD"), observa-se, apesar de ser objeto de norma específica desde 1998 (Lei nº 9.613/98), sua persecução passou a ter maior visibilidade depois do julgamento, no Supremo Tribunal Federal ("STF") da Ação Penal nº 470. Conhecido como "mensalão", este processo teve como objeto o pagamento de vantagens indevidas a diversos agentes públicos e a consequente prática de atos visando "à lavagem dessas quantias" em instituições financeiras.

A falta de transparência e de estabilidade gerada pela ocorrência frequente do ilícito constante de lavagem de dinheiro tende a afetar a economia como um todo, pois, como bem colocado por Mauro Salvo, "sistemas financeiros corruptos e sem transparência são inerentemente instáveis. Em excesso, a LD pode causar aumento da volatilidade dos fluxos internacionais de capitais e da taxa de câmbio, disparidades de mercado e distorções nos investimentos e os fluxos comerciais"[3].

Contudo, em que pese as vulnerabilidades detectadas em sua implementação, notadamente quanto às carências estruturais[4] do Conselho de Controle de Atividades Financeiras ("COAF"), órgão que ocupa o papel da Unidade de Inteligência Financeira em território nacional, a política de prevenção e repressão à lavagem de dinheiro consiste, pelo menos sob o aspecto formal, em um sistema alinhado com as recomendações internacionais.

O presente estudo visa a demonstrar, de forma sucinta, como foram estruturadas as atividades de prevenção à lavagem de dinheiro e do financiamento do terrorismo, ("PLDFT"), que representam um aspecto de grande importância da política de combate à esta modalidade de ilícito criminal. Nesse sentido, será abordada, inicialmente, a tipificação do crime de lavagem de dinheiro, demonstrando a evolução legislativa

Crime Organizado e Lavagem de Dinheiro – Destinação dos Bens Apreendidos, Delação Premiada e Responsabilidade Social, 2. ed, 2ª tiragem, São Paulo: Saraiva (2016), 26-30.

[3] Mauro Salvo, *A Lavagem de Dinheiro como Ameaça à Estabilidade Financeira: Uma Abordagem Baseada em Risco,* Volume 9, Número 1, Revista da Procuradoria-Geral do Banco Central (2015), 173-195, 186.

[4] Quando se fala em carência estrutural, faz-se referência à notória escassez de recursos humanos, financeiros e tecnológicos, o que igualmente ocorre em outros entes públicos.

sobre o tema e os princípios de regência sobre a matéria. Em sequência, será exposto o arcabouço legal implementado pela Lei nº 9.613/98, dando-se especial ênfase ao sistema de prevenção ao ilícito e, nesta perspectiva, demonstrando o papel atribuído, especificamente, às instituições financeiras[5], supervisionadas pelo Banco Central do Brasil, e às instituições que atuam no mercado de capitais, supervisionadas pela Comissão de Valores Mobiliários ("CVM"). Finalmente, apresentar-se-ão algumas conclusões alcançadas sobre o tema.

2. Das particularidades do ilícito da lavagem de dinheiro

Ainda que não seja o foco do presente estudo, uma breve análise dos posicionamentos de autores que abordam a questão da lavagem de dinheiro sob o âmbito criminal demonstra o destaque dado à necessidade de movimentação dos recursos, por um ou mais atos, com o fito de sua integração na economia local com a aparência de licitude. É o caso, por exemplo, de Douglas Borges de Vasconcelos[6], Pier Paolo Bottini[7] e

[5] Adotar-se-á, no presente estudo, o conceito de instituição financeira constante do art. 17, *caput* e parágrafo único, da Lei nº 4.595/1964, a saber: "Art. 17. Consideram-se instituições financeiras, para os efeitos da legislação em vigor, as pessoas jurídicas públicas ou privadas, que tenham como atividade principal ou acessória a coleta, intermediação ou aplicação de recursos financeiros próprios ou de terceiros, em moeda nacional ou estrangeira, e a custódia de valor de propriedade de terceiros. Parágrafo único. Para os efeitos desta lei e da legislação em vigor, equiparam-se às instituições financeiras as pessoas físicas que exerçam qualquer das atividades referidas neste artigo, de forma permanente ou eventual".

[6] De acordo com o autor, "Como fenômeno criminal, a "lavagem de dinheiro representa o resultado de uma complexa ação organizada que – por meio de técnicas dissimuladoras – viabiliza a introjeção de recursos originariamente ilícitos no sistema econômico-financeiro. Ao ofuscar o elo com sua origem ilícita e – por consequência – atribuir-lhes aparência de licitude, a prática macula a higidez da economia local (que é fragilizada por fundar-se em pilares ilegítimos)", *in* Douglas Borges de Vasconcelos, *A Política Pública de Lavagem de Dinheiro no Brasil,* Rio de Janeiro: Lumen Juris (2015), 34.

[7] No original, "Lavagem de dinheiro é o ato ou a sequência de atos praticados para mascarar a natureza, origem, localização, disposição, movimentação ou propriedade de bens, valores e direitos de origem delitiva ou contravencional, com o escopo último de reinseri-los na economia forma com aparência de licitude. Nas palavras de Blanco Cordero é um "processo em virtude do qual os bens de origem delitiva se integram no sistema econômico legal com a aparência de terem sido obtidos de forma lícita". Trata-se, em suma, do movimento de afastamento dos bens de seu passados sujo, que se inicia com a ocultação simples e termina com sua introdução no circuito comercial ou financeiro, com aspecto legítimo"

Carla Veríssimo de Carli[8], que igualmente apontam, como finalidade da prática do ilícito, a dissociação dos bens e valores de sua origem ilícita.

Nota-se, outrossim, que a racionalidade econômica do lavador de dinheiro é distinta daquela do investidor tradicional, uma vez que, como destacado por Mauro Salvo, os riscos a que ele está sujeito, e que visa a diminuir, não são de ordem econômica, o que que deve ser levado em conta pelo ente estatal ao planejar as políticas que visam coibir tais operações, dotadas de características peculiares[9].

(Gustavo Henrique Badaró/Pierpaolo Cruz Bottini, *Lavagem de Dinheiro – Aspectos Penais e Processuais Penais*, 3. ed., 2ª tiragem, São Paulo: Revista dos Tribunais (2016), 29).

[8] No original, "Uma definição "criminológica" do delito de lavagem de dinheiro poderia ser, por exemplo, "*o **processo** de legitimação de capital espúrio, realizado com o objetivo de torná-lo apto para uso, e que implica, normalmente, em perdas necessárias*". A lavagem de dinheiro é um processo de *depuração.* O crime, muitas vezes, é um negócio – tem objetivo de lucro. O crime econômico certamente deve ser visto assim. Como todo negócio, tem custos. Poderíamos encarar a lavagem de dinheiro como um processo produtivo que se destina a transformar dinheiro "sujo" em dinheiro "limpo". Os custos dessa produção são as perdas necessárias, acima referidas, e que ficam evidentes ao analisar casos concretos (são, inclusive, um dos sinais que ajudam a reconhecê-la)" (Carla Veríssimo de Carli, *Lavagem de Dinheiro: Ideologia da Criminalização e Análise do Discurso.* Dissertação de mestrado apresentada na Pontifícia Universidade Católica do Rio Grande do Sul (2006), acessível em http://tede2.pucrs.br/tede2/bitstream/tede/4797/1/385247.pdf (consultado a 13 de outubro de 2018), 112-113).

[9] Nas palavras do autor, "O lavador de dinheiro maximiza seus retornos e minimiza seus riscos não em termos financeiros. Em outras palavras, sua otimização se dá pela redução da probabilidade de ver descoberta a origem de seus recursos e, dessa forma, ser desmascarado e punido. Portanto, os fluxos podem, em determinados momentos, seguir direções opostas ao esperado, confundindo a racionalidade risco/retorno financeiro. Caberia aos reguladores e aos supervisores, na medida do possível, separar as transações de acordo com sua racionalidade ou, no mínimo, ter sempre em mente que nem todas as operações seguem o mesmo raciocínio" (Mauro Salvo, *A Lavagem de Dinheiro como Ameaça à Estabilidade Financeira: Uma Abordagem Baseada em Risco,* Volume 9, Número 1, Revista da Procuradoria-Geral do Banco Central (2015), 173-195, 174). No mesmo sentido, pronuncia-se Carla Veríssimo de Carli, *in verbis:* "Como as operações de lavagem de dinheiro não se orientam por uma lógica econômica, é possível encontrar negócios que dão prejuízo e que, mesmo assim, sigam sendo explorados; ou empresários que preferem declarar mais renda do que efetivamente percebem em um empreendimento, tendo, por isso, que pagar mais impostos. Não fazem sentido se olhadas como se fossem negócios de verdade (por exemplo, não faz sentido ter prejuízo e manter o negócio. No entanto, fazem sentido, como lavagem de dinheiro, como operações destinadas a trazer uma aparência de licitude. As perdas são o curso de legitimar o dinheiro" (Carla Veríssimo de Carli, *Lavagem de Dinheiro: Ideologia da Criminali-*

Carla de Carli alerta, nesta seara, que a lavagem de dinheiro não utiliza instrumentos *em si* ilegais, mas usa atos legais ou legítimos que, na essência, não têm o conteúdo que aparentam ter ou o procedimento utilizado não se destina ao objetivo que dele se esperaria[10], com o objetivo de ocultar ou de dissimular a relação entre ilícito penal e os bens, direitos e valores dele provenientes, direta ou indiretamente[11]

Tecidas essas considerações iniciais, passa-se à análise da Lei nº 9.613/98, que, em seu art. 1º, define o ilícito penal nos seguintes termos:

> *Art. 1º Ocultar ou dissimular a natureza, origem, localização, disposição, movimentação ou propriedade de bens, direitos ou valores provenientes, direta ou indiretamente, de infração penal. (Redação dada pela Lei nº 12.683, de 2012)*

Nota-se que a atual redação do art. 1º da Lei nº 9.613/98, aprovada em 2012, ampliou significativamente a abrangência do tipo penal, se comparada com a redação original da norma[12], que continha um rol

zação e Análise do Discurso. Dissertação de mestrado apresentada na Pontifícia Universidade Católica do Rio Grande do Sul (2006), acessível em http://tede2.pucrs.br/tede2/bitstream/tede/4797/1/385247.pdf (consultado a 13 de outubro de 2018), 113).

[10] A descrição acima lembra, em muitos aspectos, a figura da simulação, consolidado no Direito Civil, que é assim descrita por Enzo Roppo: "Através da simulação, os contraentes declaram querer um certo regulamento contratual, quando, na realidade, estão de acordo em não querer nenhum ou em querer um diverso do declarado. Para esse fim, é necessário que, ao lado da declaração, à qual corresponde o *contrato simulado,* e, portanto, simplesmente falso, as partes emitam uma *contradeclaração,* que enuncie a sua vontade real. Cria-se, assim, uma situação aparente, destinada, na intenção das partes, a enganar os terceiros (o contrato simulado), por detrás de cuja aparência está a situação real, que corresponde aos efeito e ao programa efectivamente querido pelas partes" (Enzo Roppo, *O Contrato,* trad. Ana Coimbra e M. Januário C. Gomes, Coimbra: Almedina (2009), 162).

[11] Carla Veríssimo de Carli, *Lavagem de Dinheiro: Ideologia da Criminalização e Análise do Discurso.* Dissertação de mestrado apresentada na Pontifícia Universidade Católica do Rio Grande do Sul (2006), Acessível em http://tede2.pucrs.br/tede2/bitstream/tede/4797/1/385247.pdf (consultado a 13 de outubro de 2018), 116.

[12] O art. 1º da Lei nº 9.613/96, antes da grande modificação de 2012, contava com a seguinte redação:

"Art. 1º Ocultar ou dissimular a natureza, origem, localização, disposição, movimentação ou propriedade de bens, direitos ou valores provenientes, direta ou indiretamente, de crime:

I – de tráfico ilícito de substâncias entorpecentes ou drogas afins;

II – de terrorismo e seu financiamento; (Redação dada pela Lei nº 10.701, de 2003)

exaustivo dos ilícitos penais que poderiam ser enquadrados como originadores dos bens, direitos e valores a serem objeto de lavagem.

Ainda que existam críticas quanto à ampliação deste rol[13], sobretudo em relação à inclusão de contravenções penais como delitos anteriores à lavagem de dinheiro[14], fato é que, na realidade brasileira, diversas con-

III – de contrabando ou tráfico de armas, munições ou material destinado à sua produção;
IV – de extorsão mediante seqüestro;
V – contra a Administração Pública, inclusive a exigência, para si ou para outrem, direta ou indiretamente, de qualquer vantagem, como condição ou preço para a prática ou omissão de atos administrativos;
VI – contra o sistema financeiro nacional;
VII – praticado por organização criminosa.
VIII – praticado por particular contra a administração pública estrangeira (arts. 337-B, 337-C e 337-D do Decreto-Lei nº 2.848, de 7 de dezembro de 1940 – Código Penal). (Incluído pela Lei nº 10.467, de 2002)".

[13] Pierpaolo Cruz Bottini, por exemplo, enfatiza que a ampliação deste rol impactaria, sobretudo, nas práticas de política criminal atualmente vigentes quanto aos ilícitos patrimoniais considerados de menor gravidade, pelas razões que ora se seguem: "O impacto disso nos crimes *patrimoniais* – em especial nos mais leves – é relevante. Em primeiro lugar, no que concerne às *medidas cautelares pessoais,* corre-se o risco de retroceder em toda a política de descarceramento promovida pelo legislador com a aprovação da Lei 12.403/2011(Lei das cautelares penais). Esse diploma vedou a *prisão preventiva* em crimes *dolosos punidos com a pena máxima inferior ou igual a 4 anos,* casos em que se enquadram o *furto* e o *estelionato.* Com a possibilidade de prática concursiva desses delitos com a *lavagem de dinheiro,* será cabível a *prisão preventiva,* pois a pena resultante da acumulação material será maior do que os 4 anos indicados na lei de cautelares. Também mais difícil a aplicação da *suspensão condicional do processo* (art. 89 da Lei nº 9.099/1995) e mesmo da substituição pela pena *restritiva de direitos* (art. 44 do CP), uma vez que a condenação em *concurso material* com o crime de *lavagem* inviabilizaria – no mais das vezes, a incidência de tais dispositivos. Ou seja, sob uma ótica político-criminal, a aplicação do rol de antecedentes promovida pela Lei 12.683/2012 é exagerada" (Gustavo Henrique Badaró/Pierpaolo Cruz Bottini, *Lavagem de Dinheiro – Aspectos Penais e Processuais Penais,* 3. ed., 2ª tiragem, São Paulo: Revista dos Tribunais (2016), 100).

[14] Mencione-se, por exemplo, o ensinamento de Diogo Tebet, *in verbis:* "Inobstante tais violações, percebe-se o real motivo do referido projeto legislativo: a inclusão das contravenções penais, como os jogos de azar e loterias não autorizadas, como figuras antecedentes à lavagem (por isso a escolha pelo vocábulo "infrações penais", e não mais crimes). Percebe-se neste ponto o casuísmo do legislador que, em vez de discutir possíveis reformas das figuras tratadas nos tipos contravencionais, opta por simplesmente incluí-los como antecedentes ao delito de lavagem. Além de violar definitivamente o princípio da proporcionalidade neste caso, há inegável subversão de toda a estrutura da Lei 9.613/1998, que sequer atingiu o devido grau de análise e reflexão da comunidade jurídica sobre sua aplicabilidade, pertinên-

travenções penais altamente lucrativas, como a exploração de jogo ilegal, como o "jogo do bicho"[15], são praticadas por organizações criminosas; as rendas por ela auferidas são empregadas no fortalecimento da organização criminosa e "reinvestidas" na prática de novos ilícitos, que podem ser de natureza grave. Portanto, ainda que se pudesse pensar em outras alternativas em termos de política criminal, o certo é que a nova redação do art. 1º possibilita, na prática, que essas condutas possam igualmente ser objeto de repressão mais eficiente pelos agentes estatais, além de acompanhar o mais moderno posicionamento internacional sobre o tema.

Infere-se, de outra feita, que o tipo penal em vigor no Brasil se coaduna com a descrição das fases necessárias para a configuração da lavagem de dinheiro elencadas pelo Gafi/FAFT[16], a saber:

> *Fase 1 – Colocação*
>
> *É a colocação do dinheiro no sistema econômico. Objetivando ocultar sua origem, o criminoso procura movimentar o dinheiro em países com regras mais permissivas e naqueles que possuem um sistema financeiro liberal. A colocação se efetua por meio de depósitos, compra de instrumentos negociáveis ou compra de bens.*
>
> *Para dificultar a identificação da procedência do dinheiro, os criminosos aplicam técnicas sofisticadas e cada vez mais dinâmicas, tais como o fracionamento dos valores*

cia e constitucionalidade" (Diogo Tebet, *Lei de Lavagem de Dinheiro e a Extinção do Rol dos Crimes Antecedentes*, in *Boletim do Instituto Brasileiro de Ciências Criminais*, 237, (2012), 19).

[15] O jogo do bicho, previsto no art. 58 da Lei de Contravenções Penais (Decreto Lei nº 3.688/1941), é uma loteria clandestina de aposta em números cuja centena, dividida em grupos de quatro números, corresponde a um de vinte e cinco animais. No Rio de Janeiro, é fato notório que parte das receitas auferidas com este ilícito financiava os desfiles das escolas de samba do Carnaval, o que demonstraria, pelo menos em uma visão superficial, a realização de lavagem de dinheiro pelos contraventores.

[16] O Gafi/FATF (Group d'Action Financière/Financial Action Task Force on Money Laundering) é um organismo internacional criado em 1989 que, na feliz síntese de Douglas Borges de Vasconcelos, tem como objetivo "estabelecer diretivas normativas que contemplem estratégias hábeis a fortalecer o combate à lavagem de dinheiro, ao financiamento do terrorismo e a outras ameaças potencialmente comprometedoras do sistema financeiro internacional" (Douglas Borges de Vasconcelos, *A Política Pública de Lavagem de Dinheiro no Brasil*, Rio de Janeiro: Lumen Juris (2015), 36). Dentre as diretivas por ele editadas, destaca-se a relevância das "Recomendações do GAFI", que consistem em um guia de medidas legais, regulatórias e operacionais a serem adotadas para que os procedimentos de combate à lavagem de dinheiro sejam padronizados entre os países que o compõem.

que transitam pelo sistema financeiro e a utilização de estabelecimentos comerciais que usualmente trabalham com dinheiro em espécie.

Fase 2 – Ocultação

Consiste em dificultar o rastreamento contábil dos recursos ilícitos. O objetivo é quebrar a cadeia de evidências ante a possibilidade da realização de investigações sobre a origem do dinheiro.

Os criminosos buscam movimentá-lo de forma eletrônica, transferindo os ativos para contas anônimas – preferencialmente, em países amparados por lei de sigilo bancário – ou realizando depósitos em contas abertas em nome de "laranjas" ou utilizando empresas fictícias ou de fachada.

Fase 3 – Integração

Os ativos são incorporados formalmente ao sistema econômico. As organizações criminosas buscam investir em empreendimentos que facilitem suas atividades – podendo tais sociedades prestarem serviços entre si. Uma vez formada a cadeia, torna-se cada vez mais fácil legitimar o dinheiro ilegal[17].

Em uma simples análise dos conceitos acima, observa-se que é na fase de colocação que existe a maior probabilidade de ser detectada a prática do ilícito, uma vez que, como bem apontado por Douglas Borges de Vasconcelos, é o momento em que, pela quantia ou pela frequência, as operações realizadas podem chamar a atenção das autoridades fiscalizatórias (internas ou externas)[18]. Da mesma forma, como será abordado com maior detalhamento no próximo capítulo, nesta fase é que, usualmente, são detectadas atividades atípicas pelas entidades sensíveis, que encaminham as informações necessárias à Unidade de Inteligência Financeira.

Por não ser o escopo do presente estudo, não serão abordadas as normas de cunho processual penal que visam a possibilitar uma persecução mais efetiva do ilícito de LD, como a previsão de medidas cautelares reais[19] ou da competência da Justiça Federal para a apreciação de tais ilícitos quando estes forem praticados "contra o sistema financeiro e a ordem econômico-financeira".

[17] Conselho de Controle de Atividades Financeiras – COAF. Acessível em https://www.fazenda.gov.br/assuntos/prevencao-lavagem-dinheiro#fases-da-lavagem-de-dinheiro (consultado a 13 de outubro de 2018).

[18] Douglas Borges de Vasconcelos, *A Política Pública de Lavagem de Dinheiro no Brasil*, Rio de Janeiro: Lumen Juris (2015), 36-37.

[19] Vide arts. 4º e 4º-A da Lei nº 69.613/1998.

Entretanto, é importante destacar, no que tange à criação de estruturas para a atuação repressiva do ilícito, que a Lei nº 9.613/1998 previu, em seu art. 14[20], a criação do Conselho de Controle de Atividades Financeiras ("COAF") e sua atuação como Unidade de Inteligência Financeira[21]. Uma das missões institucionais deste órgão é organizar as informações recebidas das diversas entidades sensíveis, mencionadas no art. 9º da mesma lei, por meio de sistema próprio[22]; constatando-se a presença de indícios da prática de ilícito penal, são encaminhadas infor-

[20] Art. 14. É criado, no âmbito do Ministério da Fazenda, o Conselho de Controle de Atividades Financeiras – COAF, com a finalidade de disciplinar, aplicar penas administrativas, receber, examinar e identificar as ocorrências suspeitas de atividades ilícitas previstas nesta Lei, sem prejuízo da competência de outros órgãos e entidades.
(...)
§ 2º O COAF deverá, ainda, coordenar e propor mecanismos de cooperação e de troca de informações que viabilizem ações rápidas e eficientes no combate à ocultação ou dissimulação de bens, direitos e valores.
§ 3º O COAF poderá requerer aos órgãos da Administração Pública as informações cadastrais bancárias e financeiras de pessoas envolvidas em atividades suspeitas. (Incluído pela Lei nº 10.701, de 2003).

[21] Para que o Brasil fosse aceito no GAFI/FAFT, diversos requitos deveriam ser prenchidos. Dentre eles, salientam-se o marco legal de LD e a criação de uma UIF, que foram atendidos com a edição da Lei nº 9.613/1998.

[22] De acordo com a página do COAF (http://fazenda.gov.br/assuntos/prevencao-lavagem-dinheiro/inteligencia-financeira), esse procedimento é assim sintetizado: "As comunicações encaminhadas pelos **setores obrigados** são recebidas pelo SisCoaf – que, programado com regras de inteligência previamente definidas, efetua análise sistêmica e distribui as comunicações que deverão ser tratadas individualmente pelos analistas. As comunicações e análises são armazenadas no SisCoaf, o que possibilita a construção de uma base de dados utilizada como subsídios para a realização das análises subsequentes. Além da base de dados do SisCoaf, são utilizadas outras bases de dados. A maior parte delas já está integrada ao Sistema. O conteúdo das comunicações é avaliado e relacionado com outras informações disponíveis. Quando detectados sinais de alerta, é calculado o risco inerente à comunicação. Esse cálculo é efetuado de forma automatizada, pela Central de Gerenciamento de Riscos e Prioridades – CGRP. De acordo com o risco apurado na CGRP, são abertas pastas virtuais, chamadas "caso", para aprofundamento da análise. Além do cálculo do risco das comunicações, a CGRP efetua o gerenciamento e a hierarquização dos casos abertos, permitindo a priorização daqueles com risco mais alto. O resultado das análises é registrado em documento denominado Relatório de Inteligência Financeira – RIF".

mações[23] às autoridades competentes, usualmente o Ministério Público ou a Polícia, para a adoção das providências cabíveis[24].

3. Da Atuação das Instituições Financeiras e do Mercado de Capitais na PLDFT

Antes de adentrarmos no estudo específico do arcabouço regulatório aplicável às instituições financeiras e de mercado de capitais quanto à prática de atos visando à PLDFT, é importante salientar que a expressão "prevenção" pode trazer alguma confusão ao intérprete. Isso porque, sob o ponto de vista do tipo penal, anteriormente abordado, nenhum dos atos elencados nos arts. 10 e 11 da Lei 9.613/98 pode evitar a prática do crime de lavagem de dinheiro, uma vez que este se configura com a simples colocação dessas quantias no sistema financeiro de forma a dissimular a sua origem. Portanto, a comunicação de atividades suspeitas, depois de ocorrerem as operações, não coíbe a prática do ilícito pela atual redação do tipo.

Entende-se, pois, que a forma adequada de interpretar a expressão "prevenção" é no sentido de que os atos praticados pelas entidades sensíveis, em especial a comunicação de tais operações, têm a possibilidade de evitar que o capital decorrente da prática de ilícitos seja, de forma definitiva, incorporado ao sistema financeiro. Nesse sentido, ainda que o tipo penal tenha se perfectibilizado, os montantes decorrentes de práticas criminosos não estarão disponíveis aos infratores, o que efetivamente enfraquece as organizações criminosas. Poder-se-ia, dizer, portanto, de forma sintética, que as medidas em comento visam desestimular e aumentar o custo (no seu sentido mais amplo) da atividade das organizações criminosas. No entanto, cabe enfatizar que cabe à entidade sensível a decisão acerca do início e da manutenção do relacionamento com o investidor; aquela deverá, no extremo, encaminhar comunicação ao COAF mesmo que não realize a operação, se constatada atipicidade.

[23] Essas informações são encaminhadas às autoridade competentes por meio de um documento denominado Relatório de Inteligência Financeira, que, como será abordado posteriormente, é protegido por sigilo, nos termos da Lei Complementar nº 105/2001.

[24] É o que determina expressamente o art. 15 da Lei nº 9.613, *in verbis:* "O COAF comunicará às autoridades competentes para a instauração dos procedimentos cabíveis, quando concluir pela existência de crimes previstos nesta Lei, de fundados indícios de sua prática, ou de qualquer outro ilícito".

Feitas essas considerações iniciais, cumpre salientar que a Lei nº 9.613/98, seguindo as orientações internacionalmente estabelecidas, em especial pelo GAFI/FATF, adotou um sistema em que diversos órgãos reguladores são responsáveis pela fiscalização da atuação de determinados setores, expressamente definida nos arts. 10 e 11 da aludida Lei, na prevenção e no combate à LD.

Note-se que a atuação exigida de tais pessoas físicas e jurídicas, que tem maiores possibilidades de detecção de operações suspeitas (especialmente na fase da colocação do dinheiro "sujo" na economia), as coloca na situação de verdadeiros *gatekeepers,* uma vez que, por sua proximidade com o negócio em que a infração ocorre, são colocadas como instância prévia do controle e auxiliares dos entes públicos.

Nas palavras de Taimi Haensel, ao tratar de instituição intermediária do mercado de valores mobiliários enquanto *gatekeeper*, "seja pelos deveres de registro, seja pelos deveres de comunicação de indícios de ilícito, a instituição intermediária põe em uso sua capacidade de obstaculizar ilícitos e é empregada como auxiliar do poder regulador"[25].

O art. 9º da Lei de Prevenção à Lavagem de Dinheiro estabelece quem são os setores obrigados a essa atuação de duas maneiras distintas. No *caput* e respectivos incisos, dispõe que é integrante deste sistema toda a entidade que atuar em: I) captação, intermediação e aplicação de recursos financeiros de terceiros, em moeda nacional ou estrangeira; II) compra e venda de moeda estrangeira ou ouro como ativo financeiro ou instrumento cambial; e III) custódia, emissão, distribuição, liquidação, negociação, intermediação ou administração de títulos ou valores mobiliários. Arrola, ainda, no parágrafo único, um extenso rol de pessoas físicas e jurídicas a quem é imposta essa obrigação[26].

[25] Taimi Haensel, *A figura dos Gatekeepers – Aplicação às Instituições Intermediárias do Mercado Organizado de Valores Mobiliários Brasileiros,* São Paulo: Almedina (2014), 181.

[26] *Parágrafo único. Sujeitam-se às mesmas* obrigações:
I – as bolsas de valores, as bolsas de mercadorias ou futuros e os sistemas de negociação do mercado de balcão organizado; II – as seguradoras, as corretoras de seguros e as entidades de previdência complementar ou de capitalização; III – as administradoras de cartões de credenciamento ou cartões de crédito, bem como as administradoras de consórcios para aquisição de bens ou serviços; IV – as administradoras ou empresas que se utilizem de cartão ou qualquer outro meio eletrônico, magnético ou equivalente, que permita a transferência de fundos; V – as empresas de arrendamento mercantil (leasing) e as de fomento comercial (factoring); VI – as sociedades que efetuem distribuição de dinheiro ou quaisquer bens móveis,

Uma particularidade que se pode ressaltar é que, antes da alteração legislativa decorrente da aprovação da Lei nº 12.683/2012, a legislação brasileira não incluía, expressamente, pessoas físicas no rol dos indivíduos obrigados a colaborar com o sistema de prevenção e combate à lavagem de dinheiro; somente pessoas jurídicas.

A grande polêmica decorrente desta modificação legal foi a inclusão, no inciso XIV, da obrigatoriedade de comunicação de operações suspeitas por parte de prestadores de serviço de assessoria, consultoria, auditoria, aconselhamento ou assistência em determinadas operações, uma vez que essas atividades podem ser prestadas por advogados.

Em que pese a existência de recomendação expressa do GAFI/FATF de inclusão do advogado entre os indivíduos sujeitos à obrigatoriedade de prestação de informações[27], há previsão expressa, no Estatuto dos

imóveis, mercadorias, serviços, ou, ainda, concedam descontos na sua aquisição, mediante sorteio ou método assemelhado; VII – as filiais ou representações de entes estrangeiros que exerçam no Brasil qualquer das atividades listadas neste artigo, ainda que de forma eventual; VIII – as demais entidades cujo funcionamento dependa de autorização de órgão regulador dos mercados financeiro, de câmbio, de capitais e de seguros; IX – as pessoas físicas ou jurídicas, nacionais ou estrangeiras, que operem no Brasil como agentes, dirigentes, procuradoras, comissionárias ou por qualquer forma representem interesses de ente estrangeiro que exerça qualquer das atividades referidas neste artigo; X – as pessoas físicas ou jurídicas que exerçam atividades de promoção imobiliária ou compra e venda de imóveis; XI – as pessoas físicas ou jurídicas que comercializem jóias, pedras e metais preciosos, objetos de arte e antigüidades; XII – as pessoas físicas ou jurídicas que comercializem bens de luxo ou de alto valor, intermedeiem a sua comercialização ou exerçam atividades que envolvam grande volume de recursos em espécie; XIII – as juntas comerciais e os registros públicos; XIV – as pessoas físicas ou jurídicas que prestem, mesmo que eventualmente, serviços de assessoria, consultoria, contadoria, auditoria, aconselhamento ou assistência, de qualquer natureza, em operações: a) de compra e venda de imóveis, estabelecimentos comerciais ou industriais ou participações societárias de qualquer natureza; b) de gestão de fundos, valores mobiliários ou outros ativos; c) de abertura ou gestão de contas bancárias, de poupança, investimento ou de valores mobiliários; d) de criação, exploração ou gestão de sociedades de qualquer natureza, fundações, fundos fiduciários ou estruturas análogas; e) financeiras, societárias ou imobiliárias; e f) de alienação ou aquisição de direitos sobre contratos relacionados a atividades desportivas ou artísticas profissionais; XV – pessoas físicas ou jurídicas que atuem na promoção, intermediação, comercialização, agenciamento ou negociação de direitos de transferência de atletas, artistas ou feiras, exposições ou eventos similares; XVI – as empresas de transporte e guarda de valores; (Incluído pela Lei nº 12.683, de 2012) XVII – as pessoas físicas ou jurídicas que comercializem bens de alto valor de origem rural ou animal ou intermedeiem a sua comercialização; e XVIII – as dependências no exterior das entidades mencionadas neste artigo, por meio de sua matriz no Brasil, relativamente a residentes no País.

[27] Nota-se que a questão igualmente não é consenso em Portugal, onde aumentaram significativamente as críticas a essa imposição, expressamente prevista no art. 79º da Lei 83/201.

Advogados (Lei 8.906/1994), de que estes devem manter sigilo quanto a informações obtidas no exercício de suas atividades profissionais (arts. 7º e 34, inciso VII). Além disso, o art. 1º da Lei dispõe que são atividades privativas de advocacia, além da postulação a órgão do Poder Judiciário e aos juizados especiais; as atividades de consultoria, assessoria e direção jurídicas, onde se enquadrariam as atividades englobadas pela regra legal acima mencionada.

Essas particularidades da legislação brasileira abrem margem a diversas interpretações do alcance de tal dever imposto aos advogados. Por um lado, existem autores que defendem que devem ser comunicadas, pelos advogados, operações suspeitas a que tenha conhecimento no

Apenas a título de ilustração, mencionamos elucidativo artigo de José Costa Pinto, que de forma sintética, ilustra a problemática da questão em três ideias básicas: "A primeira, no sentido de que, ao contrário do que a discussão pública mais recente sugeriria, as normas da Nova Lei do Combate ao BC/FT em matéria de deveres dos advogados não são propriamente inovadoras, antes são uma evolução das estabelecidas desde 2004 no nosso país. A segunda, no sentido de que, salvo melhor opinião, consideramos que o dever de respeitar o "sigilo profissional" pelos advogados deverá sempre sobrepor-se aos demais deveres previstos na Nova Lei do Combate ao BC/FT. Por um lado, porque este dever resulta de um ato normativo com o mesmo valor jurídico desta lei (o Estatuto da Ordem dos Advogados, aprovado igualmente por lei da Assembleia da República). Por outro, porque o âmbito material em que o advogado está sujeito ao cumprimento dos deveres em crise é substancialmente reduzido face à atividade dos advogados (veja-se, por exemplo, a redação da lei que isenta os advogados dos deveres acima analisados sempre que atuem "no decurso da apreciação da situação jurídica do cliente", o que constitui um amplo campo de isenção). A terceira, e última, para mencionar que a Nova Lei do Combate ao BC/FT prevê ainda a possibilidade de a Ordem dos Advogados poder vir a regulamentar o cumprimento dos deveres resultantes deste normativo pelos advogados (artigo nº 90º da Nova Lei do Combate ao BC/FT), o que sem dúvida constitui uma oportunidade para os advogados portugueses poderem, em caso de necessidade, dotar-se dos meios relevantes para defenderem este valor fundamental do "segredo profissional". Com efeito, se todos estamos de acordo quanto à importância de combater os fenómenos do branqueamento de capitais e do financiamento do terrorismo, caberá aos advogados defender de forma intransigente o "segredo profissional" como valor supremo da advocacia e do Estado de Direito que é a República Portuguesa e lembrar sempre, de forma vigilante e firme, o poder político e legislativo que há valores inderrogáveis" (José Costa Pinto, *Combater o Branqueamento de Capitais, Defender o Segredo Profissional dos Advogados*, in *Vida Judiciária* (2018). Acessível em https://www.costa-pinto.pt/xms/files/2018_Updates/Artigo_Combater_o_branqueamento_de_capitais_Jan-Fev._2018.pdf, consultado a 23 de outubro de 2018).

exercício de atividade de consultoria jurídica não processual (comercial, tributária, administrativa, sucessória etc.)[28].

Por outro lado, Vicente Greco Filho e João Daniel Rassi[29] entendem que o sigilo abrange todas as atividades praticadas pelo advogado no exercício regular da profissão. Da mesma forma, Pierpaolo Cruz Bottini e Heloisa Estellita[30] defendem que os advogados não estão obrigados a

[28] Nas palavras do autor, "Vale dizer: a atividade de consultoria jurídica não processual (comercial, tributária, administrativa, sucessória etc.) encontra-se, agora, indiscutivelmente abrangida pelos deveres inerentes ao *know your customer*, sem que daí se possa extrair qualquer inconstitucionalidade. Digo de outro modo: o advogado que defende interesse em sede de processo ou fórmula consultoria sobre específica situação jurídica concernente a um processo judicial busca a salvaguarda de um interesse em conformidade com o ordenamento jurídico, isto é, aplica seus conhecimentos técnicos para proteger direitos e garantias inerentes ao devido processo legal. Na atividade de consultoria, mormente a de natureza tributária, a situação é diversa: o cliente procura o advogado projetando determinada conduta que, a depender das circunstâncias, poderá traduzir crime de "lavagem" de dinheiro. A consultoria recai, assim, sobre a melhor forma ou o modo mais eficaz – ou menos suspeito – de ocultar ou dissimular valores obtidos criminosamente" (Rodrigo de Grandis, *Considerações sobre o Dever do Advogado de Comunicar Atividade Suspeita de "Lavagem" de Dinheiro*, in *Boletim do Instituto Brasileiro de Ciências Criminais*, 237 (2012), 10).

[29] No original, "Incide, ainda, a necessidade de se fazer a ponderação dos bens jurídicos envolvidos. O advogado tem a seu favor (e contra ele às vezes) o dever do sigilo profissional, garantia, não apenas do exercício profissional, mas principalmente dos eventuais envolvidos em infração penal. Entendendo-se o contrário, comprometer-se-ia o Direito Constitucional à ampla defesa. Quem consulta um advogado não pode estar contando fatos a um delator. As normas devem ser interpretadas dentro do sistema e, no caso, é essencial a ele, democrático humanista, a garantia da defesa técnica que somente pode ser exercida por advogado que tenha o dever de sigilo para que nele possa ser depositada a confiança indispensável a que ela se exerça. Por esta razão, concluímos que o dever de notificar os órgãos administrativos, tal como previu a reforma, não vincula a figura do advogado na evitação do resultado da lavagem praticada pelo seu cliente, e, consequentemente, a ele não se pode fazer a imputação por crime de lavagem praticado por terceiro, ainda que saiba que o cliente o cometeu ou cometerá. Ressalva-se, apenas, como já foi feito, a hipótese do advogado que deixa de ser advogado e vem a ser peça de organização criminosa ou de conluio para a prática dos crimes. Nestas circunstâncias, pensamos que o aspecto subjetivo deve ser levado em consideração, em que o conluio prévio implica afastamento do risco permitido, não havendo que se falar em conduta neutra" (Vicente Greco Filho/João Daniel Rassi, *Lavagem de Dinheiro e Advocacia: uma Problemática das Ações Neutras*, in *Boletim do Instituto Brasileiro de Ciências Criminais*, 237 (2012), 14).

[30] Em suas palavras, "Em conclusão, o sigilo e a inviolabilidade são elementos estruturantes do exercício da advocacia, sem os quais não é possível qualquer atividade de representação

realizar comunicação de atividade suspeita da qual tiverem conhecimento em sua atuação em processos judiciais ou em consultoria jurídica. Salientam, entretanto, se o conhecimento de tais operações advier de atividades que não sejam privativas de advogado, como administrador de bens, gestor imobiliário ou agente de negócios, por exemplo, tais informações teriam de ser prestadas.

Todos os autores concordam, entretanto, que o advogado pode participar diretamente da prática do ilícito, recebendo, por exemplo, parte dos honorários advindos da atividade ilícita e os devolvendo ao cliente. Em situações como essa, não haveria que se falar em dever de comunicar, mas inclusão direta no tipo penal, respondendo o advogado pela prática do ilícito.

As entidades sensíveis elencadas no art. 9º se submetem, diretamente, às normas estabelecidas pelo regulador responsável pela normatização e fiscalização das atividades por ela praticadas, dentro dos limites estabelecidos pela Lei 9.613/1998. Existe, portanto, uma extensa gama de reguladores responsáveis pela verificação do cumprimento do disposto na Lei 9.613/1998. A título de ilustração, colaciona-se rol, não

ou orientação. Por isso, a inviolabilidade deve ser resguardada, mesmo diante da necessidade de impor a certos profissionais deveres de comunicação de atos suspeitos de seus clientes às autoridades públicas. O novo Código de Ética e Disciplina da Ordem mantém e protege tais institutos por meio da proteção do escritório, das comunicações e das informações trocadas entre advogado e cliente. Não se trata de privilégio, mas de disposição elementar, fundada no devido processo legal. Por isso, o advogado, quando exerce atividades típicas de advocacia – descritas nas normas que regem a profissão – não poderá, no atual quadro normativo, ter o dever de comunicar ou notificar autoridades de eventuais atividades suspeitas ou atípicas praticadas por seus clientes que possam caracterizar a lavagem de dinheiro, mas tem o dever de se abster, de não colaborar com sua prática, sob pena de incorrer no mesmo delito. Quando, porém, desempenhe atividades estranhas à advocacia, submete-se às regras fixadas para aquele ramo profissional, de forma que deverá, eventualmente, comunicar atos suspeitos se assim exigirem as normas específicas para o setor" (Pierpaolo Crz Bottini/Heloisa Estellita, *A Confiança, o Sigilo e a Inviolabilidade*, in *Revista dos Tribunais,* vol 290 (2016). Acessível em http://www.mpsp.mp.br/portal/page/portal/documentacao_e_divulgacao/doc_biblioteca/bibli_servicos_produtos/bibli_boletim/bibli_bol_2006/RTrib_n.970.02.PDF, (consultado a 23 de outubro de 2018), 8).

exaustivo, de reguladores elencados pelo próprio COAF[31] e as entidades por ele reguladas, *in verbis:*

- **Banco Central do Brasil – BCB:** Instituições financeiras e demais instituições autorizadas a funcionar pelo Banco Central do Brasil;
- **Comissão de Valores Mobiliários – CVM:** a) entidades administradoras de mercados organizados; b) pessoas que tenham, em caráter permanente ou eventual, como atividade principal ou acessória, cumulativamente ou não, a custódia, emissão, distribuição, liquidação, negociação, intermediação, consultoria ou administração de títulos ou valores mobiliários e a auditoria independente no âmbito do mercado de valores mobiliários; e c) demais pessoas sujeitas à regulação da CVM;
- **Conselho Federal de Corretores de Imóveis – Cofeci:** pessoas físicas e jurídicas que exerçam atividades de promoção imobiliária ou compra e venda de imóveis, em caráter permanente ou eventual, de forma principal ou acessória;
- **Conselho de Controle de Atividades Financeiras – Coaf:** a) comércio de jóias, pedras e metais preciosos; b) comércio de bens de luxo e alto valor; c) fomento comercial (factoring), securitizadora; d) serviços de assessoria, consultoria, auditoria, aconselhamento ou assistência, exceto contadores, economistas e corretores imobiliários (não submetidas à regulação de órgão próprio regulador); e e) Pessoas físicas ou jurídicas que atuem na promoção, intermediação, comercialização, agenciamento ou negociação de direitos de transferência de atletas ou artistas;
- **Conselho Federal de Contabilidade – CFC:** Profissionais e Organizações Contábeis, quando no exercício de suas funções;
- **Conselho Federal de Economia – Cofecon:** Pessoas físicas e jurídicas prestadoras de serviços de economia e finanças;
- **Departamento de Registro Empresarial e Integração – Drei:** Juntas Comerciais;
- **Polícia Federal:** Empresas de Transporte e guarda de valores;

[31] Acessível em https://www.fazenda.gov.br/assuntos/regulacao-e-supervisao/supervisao-para-prevencao-a-lavagem-de-dinheiro/supervisao-prevencao-lavagem-de-dinheiro#setores-obrigados. (consultado a 13 de novembro de 2018).

- **Instituto do Patrimônio Histórico e Artístico Nacional - Iphan:** Pessoas físicas ou jurídicas que comercializem Antiguidades e/ou Obras de Arte de Qualquer Natureza;
- **Secretaria de Acompanhamento Fiscal, Energia e Loteria - Sefel:** Loterias e Promoções Comerciais mediante sorteio ou métodos assemelhados;
- **Superintendência de Seguros Privados - Susep:** Sociedades seguradoras e de capitalização, resseguradores locais e admitidos, entidades abertas de previdência complementar; e
- **Superintendência Nacional de Previdência Complementar - Previc:** Entidades fechadas de previdência complementar.

Apontados os sujeitos a quem as normas de PLDFT se destinam, observa-se que a Lei 9.613/1998, em seus artigos 10 e 11, atribui aos entes sensíveis diversos deveres, minuciosamente regulamentados pelos órgãos reguladores brasileiros[32]. Tais obrigações, se analisadas sob um aspecto mais abrangente, demonstram que a política pública brasileira de PLDFT encampou a orientação dos órgãos internacionais quanto à exigência da implementação de rotinas que possibilitem, aos entes sensíveis, a verificação da atipicidade de uma operação.

Um dos mais importantes destes deveres diz respeito à efetiva implementação da política do "conheça seu cliente" (*"know your customer"*), nos moldes do disposto no art. 10, incisos I e II[33], da Lei nº 9.613/1998.

A política em questão não versa, simplesmente, acerca da manutenção formal de um cadastro, mas da implementação de uma efetiva relação com o cliente, conhecendo suas peculiaridades e as características das operações por ele realizadas. Ou seja, para que se alcance tal mis-

[32] Tendo em vista o escopo do presente trabalho, em que pese a grande relevância das normas de todos os supervisores, será dada ênfase ao regramento editado pelo Banco Central e pela Comissão de Valores Mobiliários.

[33] Art. 10. As pessoas referidas no art. 9º:

I – identificarão seus clientes e manterão cadastro atualizado, nos termos de instruções emanadas das autoridades competentes;

II – manterão registro de toda transação em moeda nacional ou estrangeira, títulos e valores mobiliários, títulos de crédito, metais, ou qualquer ativo passível de ser convertido em dinheiro, que ultrapassar limite fixado pela autoridade competente e nos termos de instruções por esta expedidas.

ter, o cadastro deve ser completo e atualizado, apto a disponibilizar as informações necessárias para que o ente sensível possa averiguar, com rapidez e eficiência, a atipicidade das operações (comparando-as, por exemplo, com o perfil do cliente pessoa física ou com o porte e o objeto social da pessoa jurídica, por exemplo). Além disso, deve haver uma real inteiração entre a entidade e o seu cliente, por meio, por exemplo, de visitas aos estabelecimentos comerciais e pela efetiva verificação das informações por eles prestadas.

Neste sentido, lecionam Julya Sotto Mayor Wellish, Alexandre Pinheiro dos Santos e Fábio Medina Osório, *in verbis:*

> *A Instrução [CVM nº 301/1999] exige, ainda, informações detalhadas sobre a situação financeira (inclusive rendimentos de pessoas naturais) e patrimonial dos clientes, o que, naturalmente, é imprescindível para a detecção de operações voltadas à legitimação de recursos obtidos ilicitamente, inclusive mediante a eventual utilização de "laranjas".*
>
> *Tais exigências estão em linha com o consenso internacional relacionado ao princípio conhecido como "Conheça seu Cliente –* Know your customer*", segundo o qual os participantes do mercado de capitais devem empregar toda a diligência necessária no sentido de efetivamente conhecerem as características e os perfis dos clientes, até para que possam avaliar as eventuais formas de atuação diante de indícios de "lavagem" de dinheiro*[34].

A adoção desta linha regulatória está em conformidade com orientação firmada pelo Comitê de Basileia desde 1988[35], alinhada com a redação da Recomendação 10 do GAFI/FAFT, devendo as instituições financeiras envidar esforços no sentido de identificar verdadeiramente seus novos clientes, no intuito de que o sistema financeiro não seja utilizado como veículo para circulação de recursos ilícitos[36].

[34] Alexandre Pinheiro dos Santos, Fábio Medina Osório e Julya Sotto Mayor Wellish, *Mercado de Capitais – Regime Sancionador*, São Paulo: Saraiva (2012), 219-220.

[35] Basel Committee on Banking Supervision (Comitê da Basileia), Prevention of Criminal Use of the Banking System for the Purpose of Money-Laundering (1988). Acessível em https://www.bis.org/publ/bcbsc137.pdf (consultado a 11 de novembro de 2018).

[36] No original, "*With a view to ensuring that the financial system is not used as a channel for criminal funds, banks should make reasonable efforts to determine the true identity of all customers requesting the institution's services. Particular care should be taken to identify the ownership of all accounts and those using safe-custody facilities. All banks should institute effective procedures for obtaining*

Em novo documento, divulgado em 2001, o Comitê da Basileia ressalta a importância da implementação da política do *know your customer* como ferramenta destinada ao combate à lavagem de dinheiro, destacando que sua inexistência ou ineficiência geram sérios riscos à instituição financeira, especialmente riscos reputacionais, operacionais, legais e de concentração[37]. São arroladas, outrossim, as principais medidas a serem adotadas pelas entidades, a saber: a) política de aceitação do cliente; b) identificação do cliente; c) monitoramento contínuo das contas de alto risco; e d) gerenciamento do risco[38]. Finalmente, são descritos, com maior detalhamento, os mecanismos para a implementação das medidas acima, dando-se ênfase aos cuidados que devem ser adotados

identification from new customers. It should be an explicit policy that significant business transactions will not be conducted with customers who fail to provide evidence of their identity" (Basel Committee on Banking Supervision (Comitê da Basileia), Prevention of Criminal Use of the Banking System for the Purpose of Money-Laundering (1988). Acessível em https://www.bis.org/publ/bcbsc137.pdf, (consultado a 11 de novembro de 2018), 3).

[37] "*7. The inadequacy or absence of KYC standards can subject banks to serious customer and counterparty risks, especially reputational, operational, legal and concentration risks. It is worth noting that all these risks are interrelated. However, any one of them can result in a significant financial cost to banks (e.g. through the withdrawal of funds by depositors, the termination of inter-bank facilities, claims against the bank, investigation costs, asset seizures and freezes, and loan losses)*". Basel Committee on Banking Supervision (Comitê da Basileia), *Customer Due Diligence for Banks* (2001). Acessível em https://www.bis.org/publ/bcbs77.pdf (consultado a 11 de novembro de 2018), 11.

[38] No original: "*All banks should be required to "have in place adequate policies, practices and procedures that promote high ethical and professional standards and prevent the bank from being used, intentionally or unintentionally, by criminal elements". Certain key elements should be included by banks in the design of KYC programmes that best suit their circumstances. Such essential elements should start from the banks' risk management and control procedures and should include (1) customer acceptance policy, (2) customer identification, (3) on-going monitoring of high risk accounts and (4) risk management. Banks should not only establish the identity of their customers, but should also monitor account activity to determine those transactions that do not conform with the normal or expected transactions for that customer or type of account. KYC should be a core feature of banks' risk management and control procedures, and be complemented by regular compliance reviews and internal audit. Nonetheless, it is important that the requirements do not become so restrictive that they deny access to banking services, especially for people who are financially or socially disadvantaged*". Basel Committee on Banking Supervision (Comitê da Basileia), *Customer Due Diligence for Banks* (2001). Acessível em https://www.bis.org/publ/bcbs77.pdf (consultado a 11 de novembro de 2018), 11.

pelas instituições financeiras, tanto em suas sedes quanto em seus estabelecimentos em outros países[39].

A exigência constante da Lei nº 9613/1998 foi regulamentada pelos arts. 2º a 6º da Circular nº 3.461/2009[40], do Banco Central, e pelos arts. 3º a 5º e Anexo I da Instrução CVM nº 301/1999, que contém listagem minuciosa da documentação que se entende necessária para a obtenção das informações relevantes quanto aos clientes, dispondo sobre os dados essenciais para seu cadastro, e suas operações.

Em se tratando de pessoas jurídicas, a regulamentação de regência exige que as informações cadastrais contenham as informações acerca dos representantes das pessoas jurídicas e a cadeia de participação societária que demonstre quem é o beneficiário final das operações por ela realizadas (art; 2º, § 2º, da Circular 3461/2009; Art. 3º-A, inciso I, da Instrução CVM nº 301/1999). Na Nota Interpretativa da Recomendação 10 do GAFI/FAFT, define-se o real beneficiário do cliente (pessoa jurídica) da entidade sensível como a pessoa física que possui direito de propriedade e controle sobre a pessoa jurídica[41-42].

[39] Ver Recomendação 10 do GAFI/FATF: http://fazenda.gov.br/orgaos/coaf/arquivos/as-recomendacoes-gafi

[40] O Banco Central igualmente prevê a necessidade de manutenção de sistemas de registros de operações envolvendo cheques (art. 7º da Circular 3461/1999), cartões pré-pagos (art. 8º da Circular 3461/1999) e recursos em espécie (art. 9º da Circular 3461/1999).

[41] Gafi/FAFT, *As Recomendações do GAFI,* fevereiro de 2012, 87 e 88. Acessível em http://www.fazenda.gov.br/orgaos/coaf/arquivos/as-recomendacoes-gafi (consultado a 10 de novembro de 2018).

[42] Para fins de conceituação da figura do beneficiário final, é relevante o disposto no art. 8º da Instrução Normativa nº 1.634/2016 da Receita Federal, que conta com a seguinte redação: "Art. 8º As informações cadastrais relativas às entidades empresariais e às entidades a que se referem os incisos V, XV, XVI e XVII do caput do art. 4º devem abranger as pessoas autorizadas a representá-las, bem como a cadeia de participação societária, até alcançar as pessoas naturais caracterizadas como beneficiárias finais ou qualquer das entidades mencionadas no § 3º.

§ 1º Para efeitos do disposto no caput, considera-se beneficiário final:

I – a pessoa natural que, em última instância, de forma direta ou indireta, possui, controla ou influencia significativamente a entidade; ou

II – a pessoa natural em nome da qual uma transação é conduzida.

§ 2º Presume-se influência significativa, a que se refere o § 1º, quando a pessoa natural:

I – possui mais de 25% (vinte e cinco por cento) do capital da entidade, direta ou indiretamente; ou

Três observações se mostram necessárias nesta seara.

É de se notar, primeiramente, que a Lei 9.613/98 não registrou nenhum dever sobre identificar o beneficiário final, nem mesmo conceituou. Todavia, os reguladores do SFN fizeram menção expressa a esse conceito em suas normas.

O segundo aspecto a ser considerado é que o conceito de beneficiário final, acima mencionado, não se confunde com o conceito de comitente/investidor final, previsto nas Instruções CVM nº 461/2007 e 505/2001, a saber, a "pessoa natural ou jurídica, fundo de investimento, clube de investimento ou o investidor não residente, em nome do qual são efetuadas operações com valores mobiliários" (art. 1º da Instrução CVM nº 505/2011).

Assim sendo, o cumprimento do disposto no art. 22 da Instrução CVM nº 505/2011[43], que determina a obrigatoriedade da informação da identidade do comitente final em todas as operações não significa, necessariamente, que houve o cumprimento do disposto na Instrução CVM nº 301/1999. Isso porque o comitente final pode ser uma pessoa jurídica, se esta for apontada como a titular da operação; em situação como essa, o beneficiário final só será identificado pela entidade sensível se houver solicitação de informação acerca da pessoa física que é proprietária ou controladora da pessoa jurídica.

Finalmente, apesar da relevância da informação para o sistema de PLDFT, nem sempre é possível ou aplicável a indicação de todos os beneficiários finais de uma pessoa jurídica. Mencione-se, por exemplo, a situação das sociedades anônimas de capital aberto e controle pulverizado, com ações negociadas em bolsa de valores e grande liquidez, bem como um fundo soberano de outro país investindo no mercado de capitais brasileiro (Resolução CMN nº 4.373/2014).

De outra feita, cabe especial atenção à situação dos clientes que sejam classificáveis como pessoas politicamente expostas ("PEP")[44],

II – direta ou indiretamente, detém ou exerce a preponderância nas deliberações sociais e o poder de eleger a maioria dos administradores da entidade, ainda que sem controlá-la."

[43] Art. 22. O intermediário deve identificar o comitente final em todas as: I – ordens que transmita ou repasse; II – ofertas que coloque; e III – operações que execute ou registre.

[44] Não podemos deixar de mencionar, acerca da normatização sobre as pessoas politicamente expostas, a recente edição da Resolução 29/2017, do COAF, que regulamenta especificamente o tema.

inclusive porque, na realidade brasileira, uma das grandes fontes de receitas decorrentes de atividades ilícitas é a prática de corrupção passiva, crime previsto no art. 317 do Código Penal (Decreto-Lei nº 2.848/1940)[45].

Apesar de o Banco Central e a CVM acolherem conceito mais abrangente de pessoa política politicamente exposta (art. 4º, § 1º da Circular 3491/2009[46] e art. 3º-B da Instrução CVM nº 301/1999[47]), optou-se pela inclusão de listagens exemplificativas de indivíduos que, inequivocamente, são enquadráveis como PEPs[48].

Em uma singela análise comparativa entre as normas, nota-se que o rol elencado pelo Banco Central, no § 2º do art. 4º, inclui uma maior gama de sujeitos do que número de indivíduos que assim devam ser classificados do que aquele constante do art. 3º-B, § 2º, da Instrução CVM nº 301/1999[49]. Além disso, o Banco Central, nos §§ 3º e 6º do art. 4º da Circular, determina a adoção de providências de cunho informa-

[45] Art. 317 – Solicitar ou receber, para si ou para outrem, direta ou indiretamente, ainda que fora da função ou antes de assumi-la, mas em razão dela, vantagem indevida, ou aceitar promessa de tal vantagem:
Pena – reclusão, de 2 (dois) a 12 (doze) anos, e multa.

[46] 1º Consideram-se PEP os agentes públicos que desempenham ou tenham desempenhado, nos últimos cinco anos, no Brasil ou em países, territórios e dependências estrangeiros, cargos, empregos ou funções públicas relevantes, assim como seus representantes, familiares e outras pessoas de seu relacionamento próximo.

[47] Art. 3º-B Para efeitos do disposto nesta Instrução considera-se:
I – pessoa politicamente exposta aquela que desempenha ou tenha desempenhado, nos últimos 5 (cinco) anos, cargos, empregos ou funções públicas relevantes, no Brasil ou em outros países, territórios e dependências estrangeiros, assim como seus representantes, familiares e outras pessoas de seu relacionamento próximo.
II – cargo, emprego ou função pública relevante exercido por chefes de estado e de governo, políticos de alto nível, altos servidores dos poderes públicos, magistrados ou militares de alto nível, dirigentes de empresas públicas ou dirigentes de partidos políticos; e
II – familiares da pessoa politicamente exposta, seus parentes, na linha direta, até o primeiro grau, assim como o cônjuge, companheiro e enteado.

[48] Cf. a origem na Meta 5/2006 da ENCCLA http://enccla.camara.leg.br/acoes/metas-de-2006 e na Deliberação nº2/2006 do COREMEC http://sa.previdencia.gov.br/site/arquivos/office/3_081014-104123-503.pdf

[49] O inciso III, da Circular 3.461/2009 inclui como PEPs os membros dos tribunais regionais federais, do trabalho e eleitorais, do Conselho Superior da Justiça do Trabalho e do Conselho da Justiça Federal. Por sua vez, o inciso VI refere o conselho de contas dos Municípios.

cional pelas instituições financeiras, no intuito de confirmar o enquadramento, como PEP, de clientes estrangeiros[50]. Por fim, este Supervisor determina, no § 8º, a extensão do tratamento dado às PEPs àquele que exerce ou exerceu função de alta administração em uma organização internacional de qualquer natureza.

Outra distinção entre a regulamentação dos supervisores aqui enfocados diz respeito ao prazo de manutenção dos cadastros e registros das operações. Enquanto a CVM, no art. 5º, prevê a conservação dos dados pelo período mínimo de cinco anos, que pode ser estendido no caso de investigação comunicada formalmente pela Autarquia, o Banco Central prevê diferentes prazos para sua conservação, dependendo da espécie de operação realizada, no art. 11 da Circular nº 3.461/2009[51].

Além do dever de implementar a política "conheça o seu cliente", a Lei 9.613/1999 igualmente impõe às entidades sensíveis o dever de "adotar políticas, procedimentos e controles internos, compatíveis com seu porte e volume de operações, que lhes permitam atender ao disposto neste artigo e no art. 11, na forma disciplinada pelos órgãos com-

[50] § 3º No caso de clientes estrangeiros, para fins do disposto no caput, as instituições mencionadas no art. 1º devem adotar pelo menos uma das seguintes providências: I – solicitar declaração expressa do cliente a respeito da sua classificação; II – recorrer a informações publicamente disponíveis; III – consultar bases de dados comerciais sobre PEP; e IV – considerar como PEP a pessoa que exerce ou exerceu funções públicas proeminentes em um país estrangeiro, tais como chefes de estado ou de governo, políticos de alto nível, altos servidores governamentais, judiciais, do legislativo ou militares, dirigentes de empresas públicas ou dirigentes de partidos políticos.
§ 6º No caso de relação de negócio com cliente estrangeiro que também seja cliente de instituição estrangeira fiscalizada por entidade governamental assemelhada ao Banco Central do Brasil, admite-se que as providências em relação a PEP sejam adotadas pela instituição estrangeira, desde que assegurado ao Banco Central do Brasil o acesso aos respectivos dados e procedimentos adotados.

[51] Art. 11. As informações e registros de que trata esta circular devem ser mantidos e conservados durante os seguintes períodos mínimos, contados a partir do primeiro dia do ano seguinte ao do término do relacionamento com o cliente permanente ou da conclusão das operações: I – 10 (dez) anos, para as informações e registros de que trata o art. 7º; II – 5 (cinco) anos, para as informações e registros de que tratam os arts. 6º, 8º e 9º. III – 5 (cinco) anos, para as informações cadastrais definidas nos arts. 2º e 3º. Parágrafo único. As informações de que trata o art. 2º devem ser mantidas e conservadas juntamente com o nome da pessoa incumbida da atualização cadastral, o nome do gerente responsável pela conferência e confirmação das informações prestadas e a data de início do relacionamento com o cliente permanente.

petentes". A disposição em comento, constante do inciso III do art. 10, é regulamentada pelos art. 1º da Circular nº 3.461/2009[52]e pelo art. 9º da Instrução CVM nº 301/1999[53].

Trata-se da incorporação, ao regime de PLDFT, da obrigatoriedade de adoção de programa de *compliance* por parte das entidades sensíveis, dentro de suas características particulares, como já exigido das instituições financeiras desde o Acordo de Basileia II[54-55]. A função de *compliance*

[52] Art. 1º As instituições financeiras e demais instituições autorizadas a funcionar pelo Banco Central do Brasil devem implementar políticas, procedimentos e controles internos, de forma compatível com seu porte e volume de operações, destinados a prevenir sua utilização na prática dos crimes de que trata a Lei nº 9.613, de 3 de março de 1998. (Redação dada pela Circular nº 3.654, de 27/3/2013.)
§ 1º As políticas de que trata o caput devem: I – especificar, em documento interno, as responsabilidades dos integrantes de cada nível hierárquico da instituição; II – contemplar a coleta e registro de informações tempestivas sobre clientes, que permitam a identificação dos riscos de ocorrência da prática dos mencionados crimes; III – definir os critérios e procedimentos para seleção, treinamento e acompanhamento da situação econômico-financeira dos empregados da instituição; IV – incluir a análise prévia de novos produtos e serviços, sob a ótica da prevenção dos mencionados crimes; V – ser aprovadas pelo conselho de administração ou, na sua ausência, pela diretoria da instituição; VI – receber ampla divulgação interna.

[53] Art. 9º As pessoas mencionadas no art. 2º desta Instrução deverão:
I – adotar e implementar regras, procedimentos e controles internos que viabilizem a fiel observância das disposições desta Instrução, contemplando, inclusive: a) a coleta e registro de informações sobre clientes para permitir a identificação tempestiva dos riscos de prática dos crimes mencionados no art. 1º desta Instrução; b) a análise prévia de novas tecnologias, serviços e produtos, visando à prevenção dos crimes mencionados no art. 1º desta Instrução; e c) a seleção e o monitoramento de funcionários, com o objetivo de garantir padrões elevados de seus quadros, visando à prevenção dos crimes mencionados no art. 1º desta Instrução;
II – manter programa de treinamento contínuo para funcionários, destinado a divulgar as regras, procedimentos e controles internos e prevenção à lavagem de dinheiro e ao financiamento ao terrorismo

[54] De acordo com Alice Saldanha Vilar, os Acordos da Basileia "são organizados e publicados pelo Comitê de Supervisão Bancária da Basileia (BCBS, *Basel Committee on Banking Supervision*), sendo coordenados pelo Banco de Compensações Internacionais (BIS, *Bank for International Settlements*), na cidade de Basileia, Suíça, reunindo bancos centrais de vários países. Os Acordos da Basileia são formalizados por documentos que constituem recomendações, tratando-se, portanto, de instrumentos de *soft law* (direito flexível). Apesar de não terem caráter cogente no cenário internacional, são importantes mecanismos de governança global dos sistemas financeiros" (Alice Saldanha Villar, *Direito Bancário*, Leme: Jhmizuno (2017), 38).

[55] Gustavo Mathias Alves Pinto, menciona que um dos pilares de Basileia II, que tinha por objetivo assegurar que cada instituição financeira utilizasse o modelo de mensuração

foi originalmente tratada no sistema financeiro brasileiro por meio da Resolução CMN nº 2.554/1998, posteriormente complementada pela Resolução CMN nº 4.595/2017.

Carla Veríssimo, ao tratar de critérios para a avaliação de programas de *compliance* em face da Lei Anticorrupção (Lei nº 12.846/2013), traz ensinamentos que são perfeitamente aplicáveis ao presente estudo, razão pela qual é oportuna a sua transcrição *in verbis:*

> *Para que um programa de* compliance *possa contribuir para a conformidade com as leis e repercutir favoravelmente na responsabilização da pessoa jurídica e das pessoas físicas, ele deve ser efetivo. Numa ótica de autorregulação regulada, não cabe determinação minudente por parte do Estado sobre como devem ser estes programas. Isto, além de não ser possível, não seria igualmente recomendável. Apenas estruturas fundamentais devem ser indicadas na legislação. Não é demais lembrar a natureza público-privada do* compliance, *pois os parâmetros de atuação partem da legislação criada pelo Estado, sob a influência dos padrões estabelecidos por organismos internacionais, além da própria política empresaria.*
>
> *Em suma, o mais adequado é que o programa seja desenvolvido pela própria empresa, levando-se em consideração fatores específicos que a diferenciam dos demais – tamanho, porte da operação, área de atuação e os riscos ligados à natureza de sua atividade*[56].

Dito de outra forma, a adoção de um efetivo programa de *compliance*[57] diminui significativamente a exposição das instituições financeiras e

de risco mais compatível com seu tamanho, estrutura e grau de sofisticação, "incentiva as autoridades bancárias a garantir que as instituições financeiras tenham processos internos capazes de mensurar sua adequação de capital e de melhor identificar e gerir exposições a riscos. As autoridades devem avaliar a forma de cálculo do capital regulatório praticada por cada banco e intervir quando julgarem necessário" (Gustavo Mathias Alves Pinto, *Regulação Sistêmica e Prudencial do Setor Bancário Brasileiro,* São Paulo: Almedina (2015), 198-199).

[56] Carla Veríssimo, *Compliance – Incentivo à Adoção de Medidas Anticorrupção,* São Paulo: Saraiva (2017), 272-273.

[57] Algumas características presentes em programas de *compliance,* de acordo com Gustavo Henrique Badaró e Pierpaolo Cruz Bottini, são: a) distribuição de atribuições e responsabilidades, com a autonomia do setor de compliance; b)elaboração de Código de Conduta; c) seleção e treinamento do corpo funcional; d) precaução com novos produtos; e) estabelecimento de critérios de coleta, registro, confirmação e atualização de informações, quanto ao cliente (*know your customer*), ao fornecedor (*know your supplier*) e ao parceiro (*know your*

de mercado de capitais a riscos reputacionais e operacionais, o que, em última instância, gera benefícios pela sua implementação[58].

Na análise da atuação das entidades sensíveis quanto à eficiência na implementação do programa de *compliance*, um método que pode ser adotado consiste na formulação dos seguintes questionamentos:

a) Há necessidade de elaboração de controles? Nesta seara, deve-se verificar se, de acordo com o porte da entidade sensível ou da complexidade de suas operações, são exigíveis normas formalizadas de controle.

b) Conteúdo do documento que está vinculado ao controle interno é suficiente para que sejam adotadas medidas que visem a minimizar o risco de realização de operações que possam ser enquadradas como LD? O foco da análise é na redação da política de *compliance*, no intuito de verificar se ela atende às necessidades do ente.

partner). f) análise de riscos e definição de procedimentos; g) comunicação de operações suspeitas; h) instituição de procedimentos internos de investigação; e i) previsão de avaliação periódica do programa de compliance (Gustavo Henrique Badaró/Pierpaolo Cruz Bottini, *Lavagem de Dinheiro – Aspectos Penais e Processuais Penais,* 3. ed., 2ª tiragem, São Paulo: Revista dos Tribunais (2016), 60-75). Carla Veríssimo, amparada em Engelhart, apresenta outros elementos necessários para a configuração de um programa de compliance, a saber: 1) formulação do programa: a) análise de riscos e sua valoração; b) definição de medidas de prevenção, detecção e comunicação dos valores da empresa; c) criação de uma estrutura de compliance; 2) Implementação do programa: a) comunicação e detalhamento de suas especificações; b) promoção de sua observância; c) medidas organizacionais para criação de processos de *compliance;* 3) Consolidação e aperfeiçoamento: a) estabelecimento de um processo para apuração de violações; b) estabelecimento dos critérios para a sanção das violações; e c) avaliação continuada e aperfeiçoada do programa (Carla *Compliance – Incentivo à Adoção de Medidas Anticorrupção,* São Paulo: Saraiva (2017), 277)

58 Nesse sentido, vide, a título de ilustração, o ensinamento de Mauro Salvo, *in verbis:* "A inadequação ou a ausência de boa gestão de risco LD/FT pode aumentar a exposição dos bancos a riscos graves, especialmente aos riscos de reputação operacionais, de conformidade e de concentração. Desenvolvimentos recentes, incluindo-se ações de execução robusta tomada pelos reguladores e os custos diretos e indiretos correspondentes incorridos pelos bancos, devido à sua falta de diligência na aplicação adequada do risco de políticas de gestão, procedimentos e controles, tem destacado os riscos. Esses custos e danos provavelmente poderiam ter sido evitados, se os bancos mantivessem políticas PDL/CFT com base em risco e procedimentos eficazes" (Mauro Salvo, *A Lavagem de Dinheiro como Ameaça à Estabilidade Financeira: Uma Abordagem Baseada em Risco,* Volume 9, Número 1, Revista da Procuradoria-Geral do Banco Central (2015), 182)

c) Sistema de controle, apesar de formalmente adequado, foi colocado em prática? Analisa-se a estrutura da entidade sensível, para verificar se existem, efetivamente, os mecanismos necessários para a implementação do sistema de controle.

d) Sistema é adequado para monitorar e fiscalizar as normas de seu supervisor, com a inclusão de eventos passíveis de identificação? Nesse momento, deve ser avaliada a adequação do registro dos clientes nos cadastros próprios da entidade, o sistema utilizado para monitoramento e seus parâmetros e, por fim, os critérios de exclusão de um determinado cliente ou uma determinada operação,

e) Houve a comunicação? Não ocorrendo a comunicação de operação suspeita, o ente regulado deve apresentar justificativa para a tomada desta decisão. Entretanto, os critérios apontados pelo regulado podem não ser aceitos pelo regulador, que, neste caso, instaura processo administrativo sancionador pela prática de ilícito administrativo (sem prejuízo pela responsabilização penal, que pode ocorrer se houver demonstração de envolvimento direto de membro da instituição financeira em que a operação foi realizada).

O cumprimento dos deveres de implementação das políticas de *compliance* e de "conheça o seu cliente" propicia os elementos necessários ao cumprimento dos deveres previstos no art. 11, incisos I e II, do art. 11 da Lei nº 9.613/1998. São as bases, portanto, para que o ente para que possa verificar a existência, na operação realizada por seu cliente, de sérios indícios de crime ou de elementos que justifiquem a comunicação ao COAF.

Existem diversos elementos concretos que indiciam a ocorrência de uma operação atípica, relacionados, sobretudo, a inconsistências cadastrais ou incongruências entre a natureza da operação e o resultado almejado pelo cliente[59]; sendo constatada a atipicidade da operação, a

[59] Em documento elaborado pelo Grupo de Egmont, composto por diversas Unidades de Inteligência Financeira, são apontadas, com base em casos concretos, inúmeras situações que indiciariam a atipicidade de uma operação, apta a gerar a necessidade de sua comunicação. Dentre eles, merecem destaque: a) apresentação de documentação falsa ou preparada por sociedade sem tradição no mercado; b) contas empresariais não são utilizadas para o pagamento de despesas usuais da companhia; c) transferências de contas empresariais para contas pessoais; d) movimentação atípica ou não-econômica entre contas; e) faturamento irreal de sociedade (considerando fatores como tamanho, lucro e volume das operações); f) padrão de

entidade deve realizar a comunicação em um prazo curto, uma vez que a rapidez na realização da comunicação favorece a realização das investigações por parte do COAF.

É importante ressaltar, contudo, que a entidade sensível não precisa se convencer, inequivocamente, da ocorrência do crime de lavagem de dinheiro para que realize a comunicação; existindo elementos que demonstrem que a operação possui elementos que não são usuais, ainda que não haja plena certeza sobre a ocorrência de lavagem de dinheiro, a comunicação é obrigatória.

Nesse sentido, reitere-se, o ente sensível é considerado como um verdadeiro *gatekeeper*, como salientado por Taimi Haensel, *in verbis:*

> *Sobre os deveres de comunicação, o legislador recorre à necessidade do gatekeeper de preservar suas características de reputação e de repeat player, além de sua capacidade para obstaculizar ilícitos (neste caso, já em andamento). Para tanto, emprega estratégia regulatória que coloca a corretora como instância prévia de controle, em razão de sua proximidade com o negócio em que a infração ocorre*[60].

Finalmente, exige-se que seja indicado um administrador da entidade sensível como responsável pelo cumprimento dos deveres acima mencionados[61], podendo este responder administrativamente pela prática do ilícito imputado à pessoa jurídica. Não há, entretanto, qualquer irregularidade em tal imputação, uma vez que é amplamente admitido, na seara administrativa, o estabelecimento de focos de responsabilização pela prática de determinadas infrações[62].

vida do cliente é incompatível com a renda declarada; g) movimentação excessivamente complexa de recursos; h) transferência de ativos a preços muito superiores ou inferiores aos praticados no mercado; e i) liquidações sucessivas de empréstimos, sem justificativa econômica (Grupo de Egmont, *100 Casos de Lavagem de Dinheiro,* 2001. Acessível em http://www.fazenda.gov.br/centrais-de-conteudos/publicacoes/casos-casos/arquivos/100-casos-de-lavagem-de-dinheiro.pdf, (consultado a 05 de novembro de 2018)). Por sua vez, o Banco Central, na Carta Circular nº 3.542/2012, elencou um extenso rol de situações que podem indicar a atipicidade de uma operação realizada no mercado financeiro.

[60] Taimi Haensel, *A figura dos Gatekeepers – Aplicação às Instituições Intermediárias do Mercado Organizado de Valores Mobiliários Brasileiros,* São Paulo: Almedina (2014), 180-181.

[61] Art. 18 da Circular 3.461/2009 do Banco Central; art. 10 da Instrução CVM nº 301/1999.

[62] A CVM, por exemplo, acolhe este posicionamento há quase uma década, nos termos do precedente estabelecido pelo Diretor Otavio Yazbek, *in verbis:* "8. A lógica de se esta-

Sendo constatada a quebra dos deveres acima elencados, o supervisor, no exercício de seu poder fiscalizatório, realiza a adequada apuração dos fatos e, sendo o caso, propõe processo administrativo sancionador, que seguirá as determinações constantes do Decreto nº 2.799/1998[63], que regulou o art. 13 da Lei nº 9.613/1998.

Comprovadas a materialidade e a autoria da infração, serão aplicadas as penalidades previstas no art. 12 da Lei nº 9.613/1998, a saber, advertência, multa pecuniária, inabilitação temporária e/ou cassação ou

belecer focos de responsabilização – diretores responsáveis por atividades específicas – é a de criar não apenas centros de imputação de responsabilidades, de modo que estas não fiquem sempre diluídas na pessoa jurídica, mas também a de, com isso, criar estímulos para a conduta diligente – ou protetiva – dos administradores designados para aquelas funções. 9. Assim, ainda que uma determinada instituição sempre tenha adotado más práticas, de maneira generalizada cabe ao diretor responsável registrar seus esforços, tomar medidas hábeis tanto a resolver os problemas existentes, quanto a delimitar sua responsabilidade. E isso, vale dizer, é um dos elementos a diferenciar a responsabilidade de que aqui se está tratando de responsabilidade objetiva. Também não é de inversão do ônus da prova que se trata no presente caso, uma vez que a situação, de flagrante irregularidade, restou também comprovada. 10. Não há que se falar em injustiça, então, na atribuição de responsabilidade a uma única pessoa no caso vertente, mas sim no fruto de uma estratégia regulatória que sempre foi clara. E não há que se falar também, a meu ver, que, em caso como este, a responsabilidade deva caber, de forma exclusiva, à instituição administradora, eximindo-se, desta maneira, o diretor que teria assumido a área com problemas". No mesmo sentido, PAS CVM nº RJ2005/8510, Dir. Rel. Luciana Dias, julg. em 04.04.2007; PAS CVM nº RJ2010/9129, Dir. Rel. Otávio Yazbek, julg. em 09.08.2011; PAS CVM nº RJ2010/13301, Dir. Rel. Luciana Dias, julg. em 23.10.2012; PAS CVM nº 08/2004, Dir. Rel. Luciana Dias, julg. em 06.12.2012; PAS CVM nº 03/2009, Dir. Rel. Ana Novaes, julg. em 30.04.2013; PAS CVM nº 01/2010, Dir. Rel. Roberto Tadeu, julg. em 09.07.2013; PAS CVM nº RJ2012/12201, Dir. Rel. Luciana Dias, julg. em 04.08.2015; PAS CVM nº RJ2013/5456, Dir. Rel. Roberto Tadeu, julg. em 20.10.2015; PAS CVM nº 12/2013, Dir. Rel. Gustavo Borba, julg. em 24.05.2016; e PAS CVM nº RJ2015/9465, Dir. Rel. Gustavo Borba, julg. em 13.07.2018.

[63] O art. 14 do Decreto 2.799/1998, que trata do regramento aplicável aos processos administrativos que tem por objeto ilícitos praticados pelos entes sensíveis, conta com a seguinte redação: "Art. 14. As infrações administrativas previstas na Lei nº 9.613, de 1998, serão apuradas e punidas mediante processo administrativo, assegurados o contraditório e a ampla defesa. Parágrafo único. O Banco Central do Brasil, a Comissão de Valores Mobiliários, a Superintendência de Seguros Privados e demais órgãos ou entidades responsáveis pela aplicação de penas administrativas previstas no art. 12 da Lei nº 9.613, de 1998, observarão seus procedimentos e, no que couber, o disposto neste Estatuto.

suspensão da autorização para o exercício de atividade, operação ou funcionamento.

Da decisão condenatória, cabe recurso ao Conselho de Recursos do Sistema Financeiro Nacional ("CRSFN"), "órgão colegiado integrante da estrutura do Ministério da Fazenda, sendo composto atualmente por oito conselheiros com conhecimentos especializados em assuntos financeiros e de mercado de capitais"[64].

Em que pese existir referência, no art. 16, § 2º, da Lei nº 9.613/1998, ao direcionamento do recurso administrativo ao Ministro da Fazenda, esta competência foi transferida ao CRSFN por força do advento do Decreto nº 7.835/2012[65], sendo responsável, inclusive, pelo julgamento de processos oriundos de supervisores que não sejam vinculados ao Ministério da Fazenda. Entretanto, entendemos que tal procedimento é salutar, uma vez que a apreciação de todos os processos pelo mesmo órgão recursal assegura um mínimo de uniformidade ao sistema.

Finalmente, observe-se que o Banco Central revisou, recentemente, a Circular 3.461/2009[66], bem como que a CVM está em processo de revisão da Instrução CVM nº 301/1999[67], no intuito de incluir à legislação as mais novas orientações internacionais sobre o tema.

[64] Gustavo Mathias Alves Pinto, *Regulação Sistêmica e Prudencial do Setor Bancário Brasileiro,* São Paulo: Almedina (2015), 226.

[65] Nesse sentido, transcreve-se excerto do PARECER/PGFN/CAF Nº 1939/2013, em que a Procuradoria-Geral da Fazenda Nacional, respondendo questionamento formulado pelo Secretário-Executivo do COAF, fala sobre a competência para o julgamento dos recursos contra decisões administrativas relacionadas a ilícitos enquadrados na Lei nº 9.613/1998: "6. Com o advento do Decreto nº 7.835, de 8 de novembro de 2012, a competência do Ministro de Estado da Fazenda quanto à análise dos recursos em questão foi transferida ao CRSFN. Este Conselho passou a ter atribuição de analisar tanto os recursos interpostos das decisões do COAF quanto das decisões relativas à aplicação de sanções previstas na Lei nº 9.613, de 1998, proferidas pelas demais autoridades e órgãos".

[66] As mais recentes alterações da Circular 3.461/2009 podem ser encontradas no endereço eletrônico https://www.bcb.gov.br/pre/normativos/busca/normativo.asp?tipo=circ&ano=2009&numero=3461.

[67] Recomenda-se, para os interessados em conhecer a proposta da nova regulamentação da CVM, o acesso ao Edital de Audiência Pública nº 08/2016, que se encontra no endereço eletrônico http://www.cvm.gov.br/audiencias_publicas/ap_sdm/2016/sdm0916.html.

4. Conclusão

Sob o ponto de vista formal, é possível observar a existência de uma legislação coerente com as orientações internacionais quanto à implementação dos mecanismos de prevenção à lavagem de dinheiro, com a atuação dos supervisores (Banco Central e CVM) na criação de regulamentação para melhor aplicação da Lei nº 9.613/1998. Nesse sentido, merecem destaque as normas referentes à política do "conheça seu cliente", de *compliance* e de comunicação de operações atípicas à Unidade de Inteligência Financeira (COAF).

Sem prejuízo de possíveis considerações do GAFI/FAFT sobre a atual conjuntura brasileira, em que pese seja possível vislumbrar uma melhora na atuação brasileira contra o crime de lavagem de dinheiro, como demonstra, por exemplo, avaliação do *International Centre for Asset Recovery*[68], observa-se que existe, ainda, um longo caminho a ser trilhado, uma vez que várias das normas acima abordadas, apesar de adequadas sob o ponto de vista legal, podem ser melhor implementadas na realidade brasileira.

Finalmente, questão ainda não discutida pelos reguladores é o impacto, sobre o regime de prevenção à lavagem de dinheiro, da edição da Lei Geral de Proteção de Dados (Lei nº 13.709/2018), sobretudo quanto ao tratamento das informações obtidas pela entidade sensível para o exercício de suas atividades.

Bibliografia

Gustavo Henrique Badaró/Pierpaolo Cruz Bottini, *Lavagem de Dinheiro – Aspectos Penais e Processuais Penais,* 3. ed., 2ª tiragem, São Paulo: Revista dos Tribunais (2016).

Pierpaolo Crz Bottini/Heloisa Estellita, *A Confiança, o Sigilo e a Inviolabilidade,* in *Revista dos Tribunais,* vol 290 (2016). Acessível em http://www.mpsp.mp.br/portal/page/portal/documentacao_e_divulgacao/doc_biblioteca/bibli_ser-

[68] Embasado em diversos indicadores, o *International Centre for Asset Recovery* elaborou *ranking* que visa a refletir o risco da prática de lavagem de dinheiro e de financiamento ao terrorismo entre 129 países de todos os continentes. No ano de 2018, o Brasil melhorou significativamente sua posição, passando a ocupar a 83ª posição entre os países avaliados. Acessível em https://index.baselgovernance.org/ (consultado a 11 de novembro de 2018).

vicos_produtos/bibli_boletim/bibli_bol_2006/RTrib_n.970.02.PDF (consultado a 23 de outubro de 2018)

Carla Veríssimo de Carli, *Lavagem de Dinheiro: Ideologia da Criminalização e Análise do Discurso.* Dissertação de mestrado apresentada na Pontifícia Universidade Católica do Rio Grande do Sul (2006). Acessível em http://tede2.pucrs.br/tede2/bitstream/tede/4797/1/385247.pdf (consultado a 13 de outubro de 2018).

– *Compliance – Incentivo à Adoção de Medidas Anticorrupção,* São Paulo: Saraiva (2017).

Rodrigo de Grandis, *Considerações sobre o Dever do Advogado de Comunicar Atividade Suspeita de "Lavagem" de Dinheiro,* in *Boletim do Instituto Brasileiro de Ciências Criminais,* 237 (2012), 9-10.

Vicente Greco Filho/João Daniel Rassi, *Lavagem de Dinheiro e Advocacia: uma Problemática das Ações Neutras,* in *Boletim do Instituto Brasileiro de Ciências Criminais,* 237 (2012). 12-13.

Taimi Haensel, *A figura dos Gatekeepers – Aplicação às Instituições Intermediárias do Mercado Organizado de Valores Mobiliários Brasileiros,* São Paulo: Almedina (2014).

Gustavo Mathias Alves Pinto, *Regulação Sistêmica e Prudencial do Setor Bancário Brasileiro,* São Paulo: Almedina (2015).

José Costa Pinto, *Combater o Branqueamento de Capitais, Defender o Segredo Profissional dos Advogados,* in *Vida Judiciária* (2018). Acessível em https://www.costapinto.pt/xms/files/2018_Updates/Artigo_Combater_o_branqueamento_de_capitais_Jan-Fev._2018.pdf (consultado a 23 de outubro de 2018), 42-43.

Enzo Roppo, *O Contrato,* trad. Ana Coimbra e M. Januário C. Gomes, Coimbra: Almedina (2009).

Mauro Salvo, *A Lavagem de Dinheiro como Ameaça à Estabilidade Financeira: Uma Abordagem Baseada em Risco,* Volume 9, Número 1, Revista da Procuradoria-Geral do Banco Central (2015), 173-195.

Fausto Martins de Sanctis, *Crime Organizado e Lavagem de Dinheiro – Destinação dos Bens Apreendidos, Delação Premiada e Responsabilidade Social,* 2. ed, 2ª tiragem, São Paulo: Saraiva (2016).

Alexandre Pinheiro dos Santos/Fábio Medina Osório/Julya Sotto Mayor Wellish, *Mercado de Capitais – Regime Sancionador,* São Paulo: Saraiva (2012).

Douglas Borges de Vasconcelos, *A Política Pública de Combate à Lavagem de Dinheiro no Brasil,* Rio de Janeiro: Lumen Juris (2015).

Diogo Tebet, *Lei de Lavagem de Dinheiro e a Extinção do Rol dos Crimes Antecedentes,* in *Boletim do Instituto Brasileiro de Ciências Criminais,* 237, (2012), 18-19.

Celso Sanches Vilardi, *A ciência da Infração Anterior e a Utilização do Objeto da Lavagem,* in in *Boletim do Instituto Brasileiro de Ciências Criminais,* 237 (2012), 17-18.

Alice Saldanha Villar, *Direito Bancário,* Leme: Jhmizuno (2017).
Gafi/FAFT, *As Recomendações do GAFI* (2012). Acessível em http://www.fazenda.gov.br/orgaos/coaf/arquivos/as-recomendacoes-gafi, (consultado a 10 de novembro de 2018)
Basel Committee on Banking Supervision (Comitê da Basileia), *Customer Due Diligence for Banks* (2001). Acessível em https://www.bis.org/publ/bcbs77.pdf (consultado a 11 de novembro de 2018)
Basel Committee on Banking Supervision (Comitê da Basileia), Prevention of Criminal Use of the Banking System for the Purpose of Money-Laundering, (1988). Acessível em https://www.bis.org/publ/bcbsc137.pdf (consultado a 11 de novembro de 2018).

O branqueamento de capitais na União Europeia

Paulo de Sousa Mendes[1]

Resumo: *O atual foco no autobranqueamento de capitais despreza as razões de política criminal que levaram à criminalização do branqueamento de capitais, enquanto instrumento de descoberta do rasto do dinheiro e confisco das vantagens provenientes do ilícito antecedente, além de que esbanja os escassos recursos humanos do sistema de administração de Justiça na instrução e julgamento de processos-crime desnecessariamente complexos quando o beneficiário económico da atividade criminosa já está naturalmente referenciado nos autos, enquanto agente do crime principal. No presente texto procuraremos demonstrar que a punição do autobranqueamento é uma fuga para a frente, destinada a desviar as atenções do fracasso da estratégia de política criminal implementada através da punição do branqueamento de capitais. Criticamos a opção de política criminal que levou à criminalização do autobranqueamento de capitais num número crescente de países e, em alternativa, procuraremos tirar as devidas ilações daquilo que tem corrido mal na punição do branqueamento de capitais, especialmente no tocante à eficácia*

[1] O presente texto constitui uma atualização do artigo anteriormente publicado pelo A.: *A problemática da punição do autobranqueamento e as finalidades de prevenção e repressão do branqueamento de capitais no contexto da harmonização europeia*, 3 CLR (2017), 127-156. Em versão castelhana: *La problemática de la punición del autoblanqueo y las finalidades de prevención y represión del blanqueo de capitales en el contexto de la armonización europea*, em *Garantías procesales de investigados y acusados – Situación actual en el ámbito de la Unión Europea*, coord. Coral Arangüena Fanego/Montserrat de Hoyos Sancho/Begoña Vidal Fernández, Tirant lo Blanch: Valencia (2018), 523-550.

de tal punição para o desmembramento das associações criminosas e a recuperação dos ativos que têm origem na atividade criminosa altamente organizada.

1. Introdução

O atual foco no autobranqueamento de capitais despreza as razões de política criminal que levaram à criminalização do branqueamento de capitais, enquanto instrumento de descoberta do rasto do dinheiro e confisco das vantagens provenientes do ilícito antecedente, além de que esbanja os escassos recursos humanos do sistema de administração de Justiça na instrução e julgamento de processos-crime desnecessariamente complexos quando o beneficiário económico da atividade criminosa já está naturalmente referenciado nos autos, enquanto agente do crime principal. No presente texto procuraremos demonstrar que a punição do autobranqueamento é uma fuga para a frente, destinada a desviar as atenções do fracasso da estratégia de política criminal implementada através da punição do branqueamento de capitais. Criticamos a opção de política criminal que levou à criminalização do autobranqueamento de capitais num número crescente de países e, em alternativa, procuraremos tirar as devidas ilações daquilo que tem corrido mal na punição do branqueamento de capitais, especialmente no tocante à eficácia de tal punição para o desmembramento das associações criminosas e a recuperação dos ativos que têm origem na atividade criminosa altamente organizada.

2. O autobranqueamento de capitais

A Convenção CE de Estrasburgo (1990) admite que as Partes prevejam, nas respetivas ordens jurídicas, que as infrações de branqueamento de capitais não se aplicam aos agentes do ilícito antecedente (art. 6º, nº 2, alínea *b)*). A Convenção NN.UU. de Palermo (2000) permite que cada legislação interna determine que as infrações de branqueamento de capitais não se aplicam às pessoas que tenham cometido a infração principal (art. 6º, nº 2, alínea *e)*). A Convenção CE de Varsóvia (2005) aceita igualmente que as infrações de branqueamento de capitais não se apliquem às pessoas que praticaram a infração principal (art. 9º, nº 2, alínea *b)*).

2.1. A pressão do GAFI

Mas a pressão do GAFI/FATF tem sido muito grande no sentido de os países criminalizarem o autobranqueamento de capitais[2]. A Alemanha foi criticada pelo GAFI por alegada insuficiência legislativa na previsão e punição do branqueamento de capitais, em especial por causa da impunidade do autobranqueamento, sendo confrontada com a iminência de um procedimento de monitorização (*Überwachungsverfahren*) por parte do GAFI e ainda com a possibilidade de vir a ser considerada como país de alto risco (*Hochrisikoland*)[3-4]. Na Alemanha, o § 261 Abs. 9 S. 2 do StGB excluía expressamente a punição do autobranqueamento de capitais (*Selbstgeldwäsche*)[5], até que a introdução do § 261 Abs. 9 S. 3 StGB pela Lei do Combate à Corrupção (*Gesetz zur Bekämpfung der Korruption*), de 20-nov.-2015 (em vigor desde 26-nov.-2015), veio prever uma exceção à impunidade do autobranqueamento se o agente do ilícito antecedente ocultar a origem ilícita do bem perante o executor material das operações de reciclagem[6].

Em Espanha, o art. 301 do CP Es omitia a questão, até que a Lei Orgânica nº 5/2010, de 22 de junho (em vigor desde 24-dez.-2010), decretou, através de nova redação do art. 301 CP Es, a punição do autobranqueamento de capitais (*autoblanqueo de capitales*).

Em Itália, o art. 648-bis do CP It excluía a punibilidade dos agentes do ilícito antecedente pelo crime de reciclagem (*riciclaggio*), até que foi introduzido, através do art. 3 da Lei nº 186, de 15.12.2014 (em vigor

[2] Para desenvolvimentos sobre a criação e importância do GAFI, por todos, cf. Ben Koslowski, *Harmonisierung der Geldwäschestrafbarkeit in der Europäischen Union – Entwicklung europäischer Vorgaben zur Strafbarkeit wegen Geldwäsche unter Berücksichtigung mitgliedstaatlicher Geldwäschetatbestände*, Nomos: Baden-Baden (2016), 110-118.

[3] Cf. Bundesrepublik Deutschland, Deutscher Bundestag, *OECD-Kritik an Deutschland bei Geldwäschebekämpfung*, em *Deutscher Bundestag*, 18. Wahlperiode, Drucksache 18/1763 17-jun. (2014).

[4] Koslowski, *Harmonisierung* cit., 190.

[5] Reinhard Glaser, *Geldwäsche (§ 261 StGB) durch Rechtsanwälte und Steuerberater bei der Honorarannahme*, Herbert Utz: München (2009), 5-72; e Koslowski, *Harmonisierung* cit., 188-190.

[6] § 261 Abs. 9 S. 3 StGB: "A impunidade prevista no inciso 2 é excluída se o autor ou participante trouxer um bem resultante de um [...] ato ilícito no tráfego jurídico, tendo ocultado a origem ilícita do bem". Em língua original: "*Eine Straflosigkeit nach Satz 2 ist ausgeschlossen, wenn der Täter oder Teilnehmer einen Gegenstand, der aus einer* [...] *rechtswidrigen Tat herrührt, in den Verkehr bringt und dabei die rechtswidrige Herkunft des Gegenstandes verschleiert*".

desde 01.01.2015), o novo art. 648-ter-1 CP It, prevendo e punindo a autoreciclagem (*autoriciclaggio*).

Em Portugal, a lei, desde a revisão do CP Pt de 2004 (Lei nº 11/2004, de 27 de março), manda punir expressamente o branqueamento de vantagens "obtidas por si", nos termos do art. 368º-A, nº 2, do CP Pt[7], o que tem sido frequentemente interpretado como previsão do autobranqueamento de capitais e imposição do concurso efetivo entre o branqueamento e o crime principal[8].

2.2. A Diretiva relativa ao combate ao branqueamento de capitais através do direito penal

Em dezembro de 2016, a Comissão Europeia apresentou a Proposta de Diretiva do Parlamento Europeu e do Conselho relativa ao combate ao branqueamento de capitais através do direito penal. O art. 3º, nº 3, da Proposta de Diretiva visava a introdução da obrigação de criminalização do autobranqueamento pelos Estados-Membros. O autobranqueamento foi um dos pontos em que se centraram os debates no Conselho, tendo

[7] O Decreto-Lei nº 15/93, de 22 de janeiro, que reviu a legislação de combate à droga, criminalizou o branqueamento de capitais pela primeira vez em Portugal (art. 23º). O Decreto-Lei nº 313/93, de 15 de setembro, manteve a relação do branqueamento com o crime de tráfico de estupefacientes. O Decreto-Lei nº 325/95, de 02 de dezembro, acrescentou à lista de crimes subjacentes o terrorismo, o tráfico de armas, a extorsão de fundos, o rapto, o lenocínio, a corrupção e outras infrações previstas na Lei nº 36/94, de 29 de setembro (Medidas de Combate à Corrupção e Criminalidade Económica e Financeira). Aquele decreto-lei seria sucessivamente alterado pela Lei nº 65/98, de 02 de setembro, pelo Decreto-Lei nº 275-A/2000, de 09 de novembro, pela Lei nº 104/2001, de 25 de agosto, e pelo Decreto-Lei nº 323/2001, de 17 de dezembro. Seguidamente, a Lei nº 10/2002, de 11 de fevereiro, alargou os crimes subjacentes, que passaram a incluir o tráfico de produtos nucleares, o tráfico de pessoas, o tráfico de órgãos ou tecidos humanos, a pornografia com menores, o tráfico de espécies protegidas e a fraude fiscal, bem como todos os crimes punidos com pena de prisão de limite máximo superior a 5 anos (critério misto qualitativo e quantitativo). De 1993 a 2004, o branqueamento manteve-se sempre fora do CP Pt. A Lei nº 11/2004, de 27 de março (Lei do Branqueamento), transferiu as normas incriminadoras do branqueamento para dentro do CP Pt, passando as mesmas a constar do art. 368º-A CP Pt.

[8] Neste sentido: Jorge Alexandre Fernandes Godinho, *Sobre a punibilidade do autor de um crime pelo branqueamento das vantagens dele resultantes*, 1 ROA (2011), 71-110, 77. Mas esta não é a única interpretação possível do texto legal, como refere Inês Ferreira Leite, Ne (idem) bis in idem – *Proibição de dupla punição e de duplo julgamento – Contributos para a racionalidade do poder punitivo público*, II, AAFDL: Lisboa (2016), 105-106/n.4447.

este adotado, em 8 de junho de 2017, a sua posição sobre a Proposta de Diretiva, seguindo-se as negociações entre o Conselho e o Parlamento. A posição do Conselho sobre o autobranqueamento teve uma reserva da Alemanha, como era de esperar, em função da punição excecional do autobranqueamento na ordem jurídica alemã. Até à data a Alemanha somente aceitou punir, aliás a contragosto, as situações que configuram autoria mediata de autobranqueamento através da instrumentalização por indução em erro do executor imediato do crime. Dificilmente deixaria, assim, de pôr reservas à punibilidade-regra do autobranqueamento. Mesmo assim, a proposta passou incólume e já temos a nova Diretiva (UE) 2018/1673 do Parlamento Europeu e do Conselho de 23 de outubro de 2018 relativa ao combate ao branqueamento de capitais através do direito penal.

2.3. Os argumentos contrários

A discussão sobre a criminalização do autobranqueamento de capitais não acaba aqui. Ainda é uma questão premente, que tem de ser considerada à luz dos princípios de direito penal[9]. Não podemos deixar de notar que seria preciso uma enorme carga de legitimação para explicar esta punição, pois parece haver aqui uma violação do princípio *non bis in idem*[10]. Na verdade, a ação de conversão, ocultação ou aquisição de vantagens pode ser considerada como o último estádio do ilícito antecedente[11]. Assim sendo, o autobranqueamento representa um facto posterior não punível[12]. Caso contrário, o autobranqueamento corresponderia a uma dupla punição.

Importa ainda notar que é natural que o agente do crime principal queira evitar os riscos de perseguição penal. Assim sendo, a ordem jurídica não pode valorar autonomamente como branqueamento de capitais a reciclagem dos proventos do ilícito antecedente, a menos que se

[9] Paulo de Sousa Mendes/Sónia Reis/António Miranda, *A dissimulação dos pagamentos na corrupção será punível também como branqueamento de capitais?*, 2 ROA (2008), 795-810, 798.

[10] Mendes/Reis/Miranda, *A dissimulação* cit., 799; e, Leite, Ne (idem) bis in idem cit., 113.

[11] Council of Bars and Law Societies of Europe, *CCBE Comments on the Proposal for a Directive of the European Parliament and of the Council on countering money laundering by criminal law COM (2016) 826 final 2016/0414 (COD)*, [s.e.]: Bruxelas (2017), 7.

[12] José de Oliveira Ascensão, *Branqueamento de capitais: Reação criminal*, em *Estudos de Direito Bancário*, Coimbra Editora: Coimbra (1999), 337-358, 347-348.

entenda que o criminoso tem o dever de expor o próprio crime, autoincriminando-se, o que é inaceitável[13]. Basta lembrar o privilégio contra a autoincriminação (*nemo tenetur se ipsum accusare*[14])[15].

Mas não faremos uma discussão aprofundada destes argumentos. O ponto que gostaríamos de destacar é antes que o foco no autobranqueamento ignora as razões de política criminal que levaram à criminalização do branqueamento de capitais, enquanto instrumento de descoberta do rasto do dinheiro e confisco das vantagens provenientes do ilícito antecedente, além de que esbanja os escassos recursos humanos do sistema de administração de Justiça na instrução e julgamento de processos-crime desnecessariamente complexos quando o beneficiário económico da atividade criminosa já está naturalmente referenciado nos autos, enquanto agente do crime principal.

3. O branqueamento de capitais

O branqueamento de capitais constitui universalmente um crime derivado, de referência ou de conexão (ou outra designação equivalente), no sentido de que tem como pressuposto a realização de um ilícito antecedente, de onde sejam provenientes as vantagens convertidas, ocultadas ou adquiridas. Esta conexão do crime de branqueamento de capitais com um ilícito antecedente só encontra paralelo em alguns, aliás bem poucos, tipos de crime clássicos, tais como o encobrimento[16], a receptação, o favorecimento real e o favorecimento pessoal, onde estão igualmente em causa os obstáculos colocados pelos respetivos agentes à

[13] Miguel Bajo/Silvina Bacigalupo, *Derecho Penal Económico*, Editorial Centro de Estudios Ramón Areces: Madrid (2001), 689/n.33.

[14] O privilégio contra a autoincriminação é reconhecido por vários instrumentos de direito internacional convencional. Em especial, veja-se o art. 6º da CEDH e a sua interpretação pela jurisprudência do TEDH. Mas veja-se sobretudo a alínea *g)* do nº 3 do art. 14º do PIDCP, adotado pela AG-NN.UU., um normativo que é taxativo quanto ao direito de a pessoa "não ser obrigada a prestar declarações contra si própria nem a confessar-se culpada". Este princípio também se encontra consagrado na Convenção Americana de Direitos Humanos, o Pacto de São José de Costa Rica, que garante à pessoa "o direito de não depor contra si mesma, e não confessar-se culpada".

[15] Mendes/Reis/Miranda, *A dissimulação* cit., 806; e, Council of Bars and Law Societies of Europe, *CCBE Comments* cit., 7.

[16] Octavio García Pérez, *El encubrimiento y su problemática en el Código penal*, Atelier: Barcelona (2008), 60-64.

atividade probatória ou preventiva da entidade competente relativamente a um ilícito antecedente[17].

O ilícito antecedente funciona como pressuposto do branqueamento de capitais, mas, enquanto tal, tem de ser provado[18]. A prova da materialidade do ilícito antecedente é especialmente difícil. Seria fácil se dependesse simplesmente de decisão judicial prévia sobre o ilícito ante-

[17] Manuel A. Abanto Vásquez, *Evolución de criminalización del lavado de activos en doctrina y práctica de Perú y Alemania, em Lavado de activos y compliance: Perspectiva internacional y derecho comparado*, coord. Kai Ambos/Dino Carlos Caro Coria/Ezequiel Malarino, Jurista Editores: Lima (2015), 27-90, 51.

[18] Alguma doutrina recusa expressamente que o ilícito antecedente possa ser considerado como elemento típico do branqueamento de capitais, sob pena de, sendo o ilícito antecedente praticado por pessoa diversa do autor, termos de admitir uma responsabilidade criminal por facto alheio. Neste sentido: Pedro Caeiro, *A Decisão-Quadro do Conselho, de 26 de junho de 2001, e a relação entre a punição do branqueamento e o facto precedente: Necessidade e oportunidade de uma reforma legislativa, em Liber Discipulorum para Jorge de Figueiredo Dias*, coord. Manuel da Costa Andrade et al., Coimbra Editora: Coimbra (2003), 1067-1132, 1094. Outros setores da doutrina não enjeitam considerar o ilícito antecedente como elemento típico. Neste sentido, por exemplo: Dino Carlos Caro Coria/Diana Marisela Asmat Coello, *El impacto de los Acuerdos Plenarios de la Corte Suprema Nº 03-2010/cj-116 de 16 de noviembre y Nº 7-20117cj-116 de 6 de diciembre de 2011 en la delimitación y persecución del delito de lavado de activos*, em *Compliance y prevención del lavado de activos y del financiamento del terrorismo: Actas de I Foro Internacional de Compliance y Prevención del lavado de activos y del Financiamento del Terrorismo*, coord. Dino Carlos Caro Coria/Luis Miguel Reyna Alfaro, CEDPE: Lima (2013), 95-134, 114; Rogério Filippetto, *Lavagem de dinheiro: Crime econômico da pós-modernidade*, Lumen Juris: Rio de Janeiro (2011), 148; e, Benja Satula, *Branqueamento de capitais*, Universidade Católica Editora: Lisboa (2010), 84. Outras vozes, porém, preferem considerar o ilícito antecedente como uma condição objetiva de punibilidade. Neste sentido: Vitalino Canas, *O crime de branqueamento – Regime de prevenção e de repressão*, Almedina: Coimbra (2004), 150. Há, por fim, doutrina residual que considera o ilícito antecedente como um pressuposto do branqueamento de capitais, mas sem tomar posição sobre se tal significa considerá-lo como elemento típico ou condição objetiva de punibilidade. Neste sentido: Jorge Alexandre Fernandes Godinho, *Do crime de "branqueamento" de capitais: Introdução e tipicidade*, Almedina: Coimbra (2001), 165. Convenhamos que falar simplesmente em pressuposto é iludir os instrumentos da dogmática da infração criminal, pelo que não se pode deixar de tomar posição nesta matéria. Ora, a classificação como condição objetiva de punibilidade parece ser a mais adequada, pois é a única que é compatível com a impossibilidade de controlo do ilícito antecedente por parte do autor do branqueamento de capitais. Sobre a esfera objetiva de domínio do destinatário da norma e a definição das condições objetivas de punibilidade: Frederico de Lacerda da Costa Pinto, *A categoria da punibilidade na teoria do crime*, II, Almedina: Coimbra (2013), 1034-1057.

cedente. Mas o tipo legal do branqueamento de capitais dispensa, na generalidade dos países, qualquer decisão anterior sobre o ilícito antecedente. Na verdade, a eventual exigência de uma sentença penal, transitada em julgado, relativamente ao ilícito antecedente deixaria impunes os agentes na esmagadora maioria dos casos de branqueamento de capitais e frustraria mesmo a intenção de política criminal que levou à criação deste tipo de crime.

É preciso lembrar que a investigação do branqueamento de capitais promove a identificação e punição dos autores, coautores e participantes dos ilícitos antecedentes, sejam quais forem esses ilícitos. É a própria investigação do branqueamento de capitais que desperta as suspeitas da prática de ilícitos antecedentes, que depois terão de ser adrede investigadas no âmbito de processos-crime abertos para o efeito em território nacional. Dado que a punição do branqueamento de capitais terá lugar ainda que o ilícito antecedente não tenha sido praticado em território nacional, ainda nestes casos a investigação do branqueamento de capitais promove a cooperação judiciária internacional em matéria penal num mundo globalizado.

Trata-se de uma estratégia de política criminal orientada para a descoberta do rasto do dinheiro (*money trail*). Na verdade, a investigação do branqueamento de capitais permite reconstituir os fluxos do dinheiro e, dessa forma, chegar aos seus beneficiários económicos finais, os quais, como se presume, só podem ser os autores, coautores e participantes dos ilícitos antecedentes[19].

Assim, a incriminação do branqueamento de capitais serve, em princípio, para melhorar os resultados da repressão penal contra certas formas de criminalidade organizada, desde logo agindo-se contra os intermediários das operações de reciclagem dos proventos ilícitos como meio de atingir os autores, coautores e participantes do crime organizado e os respetivos negócios[20].

[19] Nuno Brandão, *Branqueamento de capitais: O sistema comunitário de prevenção*, Coimbra Editora: Coimbra (2002), 20.

[20] Peter Alldridge, *What Went Wrong with Money Laundering Law?*, Palgrave Macmillan: London, (2016), 1-31.

3.1. A legitimação da incriminação do branqueamento de capitais

Não se pode aceitar a legitimidade da incriminação do branqueamento de capitais só com base na sua utilidade instrumental para a repressão do crime organizado, senão estaríamos defronte de um método de obtenção de prova, em vez de um verdadeiro crime. Daí que a doutrina procure identificar um ou mais bens jurídicos tutelados pela incriminação do branqueamento de capitais, de molde a justificar, à luz do binómio da dignidade penal e da necessidade de pena, a autonomia do próprio crime de branqueamento de capitais.

Ao nível macroeconómico, o fenómeno do branqueamento de capitais constitui uma ameaça às políticas económicas, dando sinais errados aos mercados e podendo afetar a estabilidade das economias. Ao nível microeconómico, o branqueamento de capitais provoca situações de concorrência desleal e perturba a circulação dos bens no mercado, na medida em que são frequentemente usadas empresas de fachada. Ao nível político, o branqueamento de capitais ameaça a estabilidade e o funcionamento das instituições do Estado de direito democrático, pois anda normalmente associado à criminalidade organizada, que usa os proventos da atividade criminosa para a corrupção das estruturas de poder e o controlo dos meios de comunicação social. O branqueamento de capitais ameaça também a administração da Justiça, na medida em que dificulta a identificação e a punição dos autores, coautores e participantes dos ilícitos antecedentes. Finalmente, o branqueamento de capitais aparece cada vez mais associado ao financiamento do terrorismo, não obstante este poder ser também financiado com capitais de proveniência inteiramente lícita[21]. Em todos estes interesses ameaçados pelo branqueamento de capitais consegue a doutrina divisar matéria para potenciais bens jurídicos[22].

Todos esses bens jurídicos são, porém, ameaçados remotamente, ainda que se entenda que o branqueamento de capitais oferece aos autores, coautores e participantes dos ilícitos antecedentes a possibilidade

[21] Alldridge, *What Went Wrong* cit., 33-39; e, Koslowski, *Harmonisierung* cit., 51-60.

[22] Brandão, *Branqueamento* cit., 20-23; Fernando Molina Fernández, *Qué se protege en el delito de blanqueo de capitales? Reflexiones sobre un bien jurídico problemático, y a la vez aproximación a la 'participación' en el delito*, em *Política criminal y blanqueo de capitales*, coord. Miguel Bajo Fernández/Silvina Bacigalupo, Marcial Pons: Madrid/Barcelona/Buenos Aires (2009), 91-123, 92-95; e, Koslowski, *Harmonisierung* cit., 67-73.

de disporem dos lucros da sua atividade criminosa e de usarem-nos para corromper os fundamentos da sociedade e as respetivas instituições democráticas. Por conseguinte, o crime de branqueamento de capitais é mais um exemplo da expansão do chamado direito penal do risco, caracterizado pela criação de crimes de perigo abstrato e pela proteção de bens jurídicos vagos e indiferenciados[23].

3.2. A crítica dos pressupostos da incriminação do branqueamento de capitais

Não seria assim se o crime de branqueamento de capitais fosse construído claramente como pós-delito, o que implicaria que: (i) o autor não pudesse ser também autor, coautor ou participante do ilícito antecedente; (ii) a penalidade do crime de branqueamento não pudesse exceder a do ilícito antecedente; (iii) a lista dos ilícitos antecedentes aos quais se refere o crime de branqueamento de capitais fosse limitada à criminalidade organizada; (iv) as modalidades negligentes de branqueamento de capitais não fossem puníveis; (v) a separação entre a repressão e a prevenção do branqueamento de capitais fosse claramente estabelecida[24].

Mas o crime de branqueamento de capitais galgou, entretanto, tamanha distância relativamente aos ilícitos antecedentes e conquistou tais foros de autonomia que agora até parece que o branqueamento de capitais é reprovado por si mesmo. Por isso se percebe a crítica certeira daqueles que dizem que "o sistema repressivo tende a deslocar-se dos culpados para os inocentes"[25]. Nesta perspetiva, os "culpados" são os autores, coautores e participantes dos ilícitos antecedentes, que acabaram esquecidos pela ordem jurídica, ao passo que os "inocentes" são os autores do crime da moda, designadamente quando atuam negligentemente e não indagam a origem das vantagens que convertem, ocultam ou adquirem[26].

[23] Miguel Bajo, *El desatinado delito de blanqueo de capitales*, em *Política criminal y blanqueo de capitales*, coord. Miguel Bajo Fernández/Silvina Bacigalupo, Marcial Pons: Madrid/Barcelona/Buenos Aires (2009), 11-20, 14-15.

[24] Bajo, *El desatinado* cit., 12.

[25] Ascensão, *Branqueamento* cit., 343.

[26] Tal ocorre sobremaneira quando – citando mais uma vez Ascensão, *Branqueamento* cit., 343 – se "[alarga] o círculo, de maneira a fazer abranger crimes que não têm já nada que ver com a preocupação que está na origem da incriminação", assim se "confundi[ndo] tudo, admiti[ndo-se] reações desproporcionadas e p[ondo-se] em causa os resultados que se pre-

Não queremos passar ao lado dos referidos problemas de legitimidade da incriminação do branqueamento de capitais à luz dos princípios do direito penal no quadro de um Estado de direito democrático, mas vamos doravante privilegiar os problemas de (in)eficácia dessa incriminação. Na verdade, os elementos do GAFI, instituído em 1989 por iniciativa do G7 e criado com a missão de promover a luta contra o branqueamento de capitais e, desde 2001, o financiamento do terrorismo à escala mundial, só são, porventura, sensíveis às críticas pragmáticas[27]. Por conseguinte, é importante que a doutrina penal mostre que está atenta também à dimensão prática dos problemas do direito penal contemporâneo.

Com o presente texto procuraremos, assim, cingir-nos a alguns aspetos práticos que não devem ser descurados defronte do fenómeno do branqueamento de capitais. São eles: (i) o fracasso da perseguição do branqueamento de capitais para efeitos de confisco das vantagens do crime; (ii) a necessidade de priorizar a prevenção do branqueamento de capitais; (iii) a importância do sistema global de prevenção administrativa do branqueamento de capitais; (iv) a complementaridade entre a aplicação efetiva do Direito (*law enforcement*) e o cumprimento normativo voluntário (*compliance*).

4. O fracasso da repressão do branqueamento de capitais para efeitos de confisco das vantagens do crime

Em princípio, a repressão penal do branqueamento de capitais não onera com a privação da liberdade os agentes do crime organizado,

tendiam atingir". No Brasil, chega-se ao absurdo de criminalizar a ocultação de bens ou valores provindos de qualquer infração penal, incluindo as contravenções penais, nos termos da Lei nº 9.613, de 03-mar.-1998, posteriormente modificada pela Lei nº 12.683, de 09-jul.-2012. Para desenvolvimentos, cf. Renato de Mello Jorge Silveira/Eduardo Saad-Diniz, *Compliance, Direito Penal e Lei Anticorrupção*, Saraiva: São Paulo (2015), 57-58.

[27] É muito contestável a visão que provém apenas de uma equipa (*task force*) cujo principal objetivo é a luta contra o branqueamento de capitais à escala mundial, pois esta torna-se refém, por definição, de uma estratégia monotemática e unidimensional, que se reproduz a si mesma e não toma em conta os fins últimos do direito penal. Isto para já não falar no facto de essa estratégia corresponder aos interesses de um número limitado de países industrializados, como refere Pablo Galain Palermo, *Lavado de activos en Uruguay: Una visión criminológica*, em *Lavado de activos y compliance: Perspectiva internacional y derecho comparado*, coord. Kai Ambos/Dino Carlos Caro Coria/Ezequiel Malarino, Jurista Editores: Lima (2015), 317-369, 329.

mas sim os encobridores que dolosamente facilitam o investimento dos ganhos ilegais nos mercados económicos e financeiros.

A par da punição dos encobridores, a repressão penal do branqueamento de capitais permite ainda o descobrimento dos fluxos de ativos de origem ilícita e, nessa medida, pode servir para desencadear os mecanismos jurídicos do confisco dos proventos da criminalidade organizada. O próprio processo-crime contra os agentes do branqueamento de capitais propicia um contexto procedimental adequado para operacionalizar a máxima de que "o crime não compensa". A dificuldade está em declarar perdidos a favor do Estado os ativos de uma pessoa diferente da pessoa condenada por ilícito de branqueamento de capitais, supondo que o tribunal logrou persuadir-se de que os bens em questão resultaram de específicas atividades criminosas. O instituto do confisco das vantagens do crime pode aqui encontrar aplicação, exigindo-se apenas que os factos – neste caso, o ilícito típico antecedente de que provêm as vantagens[28] – possam ser imputados a uma pessoa determinada, não sendo necessária uma acusação formal, mas bastando, em abstrato, essa possibilidade no âmbito de processo-crime a instaurar[29]. Tratar-se-ia, assim, de uma modalidade de confisco de bens não baseada em decisão de condenação (*non-conviction based asset confiscation*)[30].

Não se pode, porém, depositar grandes esperanças na eficácia da repressão penal do branqueamento de capitais como meio de privar os agentes das infrações antecedentes das vantagens das suas atividades ilícitas. Seria preciso que o Ministério Público procedesse à apreensão cautelar dos ativos pertencentes aos agentes das infrações antecedentes e consignasse tais ativos como vantagens da prática do crime de branqueamento de capitais na acusação, promovendo depois a sua perda junto do Tribunal e aguardando que a decisão judicial se tornasse definitiva e fosse executada[31]. O resultado final será, as mais das vezes, dececionante, pois raras vezes serão superados todos os obstáculos que

[28] João Conde Correia, *Da proibição do confisco à perda alargada*, INCM: Lisboa (2012), 80-81/n.139.

[29] Correia, *Da proibição* cit., 95.

[30] Correia, *Da proibição* cit., 95.

[31] João Conde Correia/Hélio Rigor Rodrigues, *O confisco das vantagens e a pretensão patrimonial da Autoridade Tributária e Aduaneira nos crimes tributários (Anotação ao Acórdão do TRP de 23-11-2016, processo nº 905/15.4IDPRT.P1)*, JO (2017), 1-28, 27.

se antepõem ao confisco das vantagens ou perda limitada de bens neste contexto.

5. A prioridade à prevenção administrativa do branqueamento de capitais

Gostaríamos de destacar uma outra dimensão do problema do branqueamento de capitais, que é a necessidade da prevenção. No tocante à prevenção do branqueamento de capitais, o discurso é diferente. Se quisermos, a componente mais promissora do discurso começa aqui.

A política criminal contemporânea assenta em dois pilares, o preventivo e o repressivo[32]. A prevenção criminal é uma função administrativa, enquanto garantia da segurança pública. Mas não escapa às amplas competências do Ministério Público. O Ministério Público não é apenas o órgão do Estado que exerce a persecução penal.

São cada vez mais difíceis de traçar as fronteiras da prevenção criminal com a própria investigação criminal, como acontece diante do aparecimento na práxis de distintas modalidades de procedimentos administrativos, investigações preliminares, pré-inquéritos, investigações proativas ou o que se lhes queira chamar. A prevenção criminal tem vindo a ganhar múltiplas facetas e crescente intensidade, podendo até incluir a utilização de métodos ocultos de obtenção de provas (*e.g.*, agentes infiltrados)[33]. Mas a utilização de agentes infiltrados na prevenção criminal do branqueamento de capitais é inadequada. Que sentido faria infiltrar funcionários da polícia com identidades falsas nos bancos, nas sociedades de leilões de arte ou nos clubes de futebol para detetarem possíveis situações do branqueamento de capitais? São sociedades comerciais legítimas.

Também não é comum a disponibilização pelo Ministério Público de linhas diretas de denúncia (*whistleblowing hotlines*) do branqueamento de

[32] Na Europa, pode falar-se de uma autêntica viragem preventiva (*preventive turn*) a partir dos anos 80 do século passado, segundo Adam Crawford, *The preventive turn in Europe*, em *Crime Prevention Policies in Comparative Perspective*, coord. Adam Crawford, Willan: Portland, Oregon (USA) (2009), XV-XXVIII, XVI.

[33] Ulrich Sieber, *Der Paradigmenwechsel vom Strafrecht zum Sicherheitsrecht: Zur neuen Sicherheitsarchitektur der globalen Risikogesellschaft*, em *Die Verfassung moderner Strafrechtspflege – Erinnerung an Joachim Vogel*, coord. Klaus Tiedemann/Ulrich Sieber/Helmut Satzger/Christoph Burchard/Dominik Brodowski, Nomos: Baden-Baden (2016), 351-372, 351-372.

capitais. Ao Ministério Público interessa recolher informação dos particulares sobretudo sobre os ilícitos antecedentes, tais como a corrupção e as fraudes.

Mas a prevenção não visa necessariamente o impedimento ou a sinalização do próprio crime de branqueamento de capitais. Mais eficaz é a prevenção que atua sobre as fontes de risco que tornam as entidades financeiras (*e.g.*, os bancos, as bolsas) e não financeiras (*e.g.*, as sociedades de leilões, os clubes de futebol) vulneráveis às operações de branqueamento de capitais. A prevenção que atua sobre as fontes de risco seria igualmente eficaz mesmo se o branqueamento de capitais não fosse previsto e punido por lei como infração criminal. Que a prevenção nada tem a ver com a criminalização do branqueamento de capitais é fácil de demonstrar, nem que seja através de um apontamento histórico, a saber: nos Estados Unidos da América, que, como todos sabemos, foi o país pioneiro nesta matéria, o *Bank Secrecy Act*, de 1970, que foi a primeira lei antibranqueamento de capitais[34], é anterior ao *Money Laundering Control Act*, de 1986, que previu e puniu pela primeira vez o crime de branqueamento de capitais. No *Bank Secrecy Act*, a prevenção do branqueamento de capitais bastava-se com a imposição às pessoas obrigadas de deveres de comunicação e informação defronte das autoridades administrativas competentes, sob cominação de sanções administrativas para o incumprimento.

5.1. A prevenção administrativa no contexto da harmonização europeia

As convenções internacionais privilegiam a repressão, impondo a obrigação de criminalização do branqueamento de capitais nas ordens jurídicas nacionais[35].

[34] O *Bank Secrecy Act* impõe aos bancos nacionais deveres de comunicação de certas atividades ou transações que despertem suspeitas de violação das leis federais, exigindo-lhes que remetam um *Suspicious Activity Report* às agências federais competentes.

[35] Os grandes marcos internacionais nesta matéria são os seguintes: (i) Convenção NN.UU. de Viena (20-dez.-1988); (ii) Convenção CE de Estrasburgo (08-nov.-1990); (iii) Convenção NN.UU. de Palermo (15-nov.-2000); (iv) Convenção CE de Varsóvia (16-mai.-2005).

As recomendações internacionais[36] e as diretivas europeias[37] promovem a prevenção administrativa do branqueamento de capitais, incentivando a adoção de medidas de controlo das fontes de risco. Infelizmente, o panorama parece estar a mudar com a atual Proposta de Diretiva do Parlamento Europeu e do Conselho relativa ao combate ao branqueamento de capitais através do direito penal.

5.2. A finalidade da prevenção administrativa do branqueamento de capitais

A prevenção administrativa visa minorar os riscos de utilização dos circuitos económicos e financeiros legais para depósito, ocultação e recuperação das vantagens provenientes da atividade criminosa. Assim, a prevenção administrativa implica que as entidades sujeitas às leis nacionais ponham em prática medidas rigorosas de conhecimento e vigilância da clientela (*customer due diligence*) e graduem essas medidas em função de tipologias de clientes e de operações suspeitas. É por isso que os instrumentos internacionais e as leis nacionais incorporam conceitos tais como "beneficiários efetivos", "pessoas politicamente expostas", "relações de negócio" e "bancos de fachada". Dentro da tipologia de clientes, as "pessoas politicamente expostas", por exemplo, não são necessariamente suspeitas de praticar quaisquer crimes, mas terão mais oportunidades de fazê-lo, segundo critérios de risco. Portanto, a vigilância do cliente será mais apertada nessas

[36] Merecem destaque as 40 (+8) Recomendações do GAFI de 1990 (revistas em 1996, 2003 e 2012).

[37] Na base do sistema europeu começou por estar a Diretiva 91/308/CEE, de 10-jun.-1991. O texto comunitário seguiu, no essencial, as 40 Recomendações do GAFI, na versão primitiva de 1990. Foram adotadas a Ação Comum 98/699/JAI relativa ao branqueamento de capitais, identificação, deteção, congelamento, apreensão e perda de instrumentos e produtos do crime, de 03-dez.-1998, e a Decisão-Quadro do Conselho 2001/500/JAI relativa ao mesmo tema, de 26-jun.-2001. A Segunda Diretiva 2001/97/CE, de 04-dez.-2001, seguiu as 40 Recomendações do GAFI, na versão de 1996. A Terceira Diretiva do Parlamento Europeu e do Conselho relativa à prevenção da utilização do sistema financeiro para efeitos de branqueamento de capitais e de financiamento do terrorismo, de 26-out.-2005, seguiu as 40 Recomendações do GAFI, na versão de junho de 2003. Finalmente, a Quarta Diretiva 2015/849/UE do Parlamento Europeu e do Conselho, de 20-mai.-2015, segue as 40 Recomendações do GAFI, na versão de fevereiro de 2012. Para desenvolvimentos sobre a Quarta Diretiva, por todos, cf. Koslowski, *Harmonisierung* cit., 118-122.

circunstâncias. De resto, a vigilância da clientela orienta-se pela mesma lógica quanto aos demais fatores de risco.

São vários os deveres preventivos a cargo das pessoas obrigadas. Exemplos desses deveres são os seguintes: (a) o dever de identificação; (b) o dever de recusa de realização de operações; (c) o dever de conservação de documentos; (d) o dever de exame; (e) o dever de comunicação; (f) o dever de abstenção; (g) o dever de colaboração; (h) o dever de segredo e (i) o dever de criação de mecanismos de controlo e de formação. O incumprimento desses deveres é geralmente cominado com sanções administrativas.

Se a prevenção for eficaz, as oportunidades de branqueamento de capitais serão significativamente reduzidas. Mas não só: as tentativas de branqueamento de capitais poderão ser atempadamente detetadas e os ativos poderão ser congelados, em vista do confisco, muito antes do que aconteceria no âmbito de uma investigação criminal.

5.3. A aplicação efetiva do Direito e o cumprimento normativo voluntário

A prevenção administrativa do branqueamento de capitais implica uma atitude proativa das autoridades administrativas e o concurso das pessoas obrigadas. A este propósito, fala-se em aplicação efetiva do Direito por parte das autoridades administrativas e cumprimento normativo voluntário por parte das pessoas obrigadas (em especial, a banca). A aplicação efetiva do Direito não se pode basear apenas no exercício dos poderes das autoridades administrativas, carecendo ainda de uma atitude colaborativa por parte das pessoas obrigadas. Nenhuma prevenção administrativa do branqueamento de capitais é eficaz se for implementada contra a vontade e o interesse das pessoas obrigadas, mas também nenhuma prevenção administrativa é eficaz se contar só com a eventual boa vontade das pessoas obrigadas. É fundamental que se consiga sempre garantir a estreita articulação entre a aplicação efetiva do Direito e o cumprimento normativo voluntário, por forma a evitar que o enfoque na prevenção de riscos económicos, jurídicos e reputacionais a cargo das empresas (autorregulação) se traduza, afinal, na retirada do Estado do cenário regulatório, consumando-se assim um modelo de política criminal neoliberal[38]. A referida

[38] Silveira/Saad-Diniz, *Compliance* cit., 257-258.

articulação é praticável porque as pessoas obrigadas são empresas que se dedicam a atividades económicas e financeiras legítimas, sendo objetivamente do seu interesse não aparecerem conotadas com a prática de crimes de branqueamento de capitais e financiamento do terrorismo.

A necessidade de verificação dos resultados atingidos pelas pessoas obrigadas impõe que a matéria não seja apenas alvo das rotinas de supervisão, tais como questionários à distância, mas seja também tratada ao nível inspetivo, implicando assim o exame *on-site* dos sistemas de controlo interno utilizados por cada pessoa obrigada, a análise dos resultados obtidos com esses sistemas e o incentivo à melhoria dos recursos instalados ou à implementação de novos recursos. Os progressos registados têm de ser regularmente avaliados. Em especial, a inspeção dos sistemas de controlo interno deve passar pela realização de reuniões entre os representantes das autoridades de supervisão e os responsáveis dos departamentos de *compliance* ou estruturas similares nas pessoas obrigadas. Desta forma se promoverá o aperfeiçoamento, numa base voluntária, dos sistemas de controlo interno e dos mecanismos de reporte de operações suspeitas às autoridades de supervisão (*e.g.*, comunicações automáticas, triagem de falsos positivos).

Ao nível da banca, os sistemas de controlo interno obedecem a crescentes exigências. Nomeadamente as seguintes:

> *"Um banco deve ser capaz de demonstrar aos respetivos supervisores, a pedido, quais são os seus instrumentos de controlo, gestão e mitigação de riscos de branqueamento de capitais e financiamento de terrorismo; a sua política de aceitação de clientes; os seus procedimentos e políticas de identificação e verificação de clientes; a sua monitorização em tempo real e os seus procedimentos de reporte de operações suspeitas e todas as medidas tomadas contra o branqueamento de capitais e o financiamento do terrorismo"*[39].

[39] Em língua original: *"A bank should be able to demonstrate to its supervisors, on request, the adequacy of its assessment, management and mitigation of ML/FT risks; its customer acceptance policy; its procedures and policies concerning customer identification and verification; its on-going monitoring and procedures for reporting suspicious transactions; and all measures taken in the context of AML/CFT"* (Basel Guidelines AML/CFT).

Os sistemas de controlo interno na banca implicam a criação de mecanismos de defesa quanto à abertura de contas de depósitos à ordem de novos clientes, em particular de pessoas jurídicas com sede em *off-shores*. Tem de haver também um mecanismo adequado de monitorização de operações, com incorporação de nomes de pessoas politicamente expostas e informação individualizada (*e.g.*, números de contas) e com identificação de movimentos relevantes e especificação dos totais. No limite, terá de haver autorização legal para o congelamento de ativos (*asset freezing*).

Apesar de os avanços em matéria de prevenção administrativa do branqueamento de capitais seguirem universalmente as mesmas recomendações de organizações internacionais e regionais (*soft law*), os exemplos nacionais estão ainda longe de apresentar soluções harmonizadas no que respeita à possibilidade de congelamento de ativos.

O recente pacote legislativo suíço sobre as infraestruturas dos mercados financeiros e outras regras dos mercados financeiros, que entrou em vigor em 1 de janeiro de 2016, integra a lei federal relativa à luta contra o branqueamento de capitais e o financiamento do terrorismo, de 10 de outubro de 1997, a qual consagra expressamente a possibilidade de os intermediários financeiros, especialmente os bancos, realizarem por sua própria iniciativa o congelamento de ativos (art. 10 *Blocage des avoirs*)[40], ao mesmo tempo que guardam o silêncio perante o cliente relativamente a essa iniciativa (art. 10a *Interdiction d'informer*)[41]. O congelamento de ativos é uma medida potencialmente bastante eficaz contra o branqueamento de capitais, se for corretamente aplicada por parte dos bancos, pois garante a posterior intervenção eficaz das autoridades judiciárias, através dos mecanismos do processo penal.

O congelamento de ativos é, seguramente, muito mais eficaz do que os instrumentos contemplados na legislação de outros países, tais como Portugal, onde se prevê apenas um dever de abstenção de execução de operações suspeitas por parte dos bancos. Felizmente, a recentíssima

[40] *Nouvelle teneur selon le ch. I 7 de la LF du 12 déc. 2014 sur la mise en œuvre des recommandations du Groupe d'action financière, révisées en 2012, en vigueur depuis le 1er janv. 2016* (RO 2015 1389; FF 2014 585).

[41] Luc Thévenoz/Urs Zulauf, *Réglementation et autoréglementation des marchés financiers en Suisse*, Weblaw: Berne (2016), Cap. A-15.01 (Loi sur le blanchiment d'argent 1997).

Lei do Branqueamento consagra entre nós, pela primeira vez, a possibilidade de as operações suspeitas poderem ser realizadas se a abstenção for suscetível de prejudicar a prevenção ou a futura investigação das atividades criminosas de que provenham fundos ou outros bens do branqueamento de capitais ou do financiamento do terrorismo, após consulta ao DCIAP e à UIF (art. 47º, nº 3, da Lei do Branqueamento)[42]. Caso contrário, a recusa de operações suspeitas apenas traz como consequência que o cliente procuraria outra instituição bancária onde pudesse fazê-la, gorando-se assim a hipótese de uma intervenção oportuna em matéria de sinalização de situações de branqueamento de capitais e eventual recuperação de ativos.

6. Os programas de cumprimento normativo voluntário levados a sério

Desde a passada década, as empresas têm vindo a adotar paulatinamente programas de cumprimento normativo voluntário (*compliance programs*), em ordem a minorar significativamente os riscos de responsabilização das pessoas jurídicas e respetivos dirigentes nos âmbitos civil, administrativo (contraordenacional) e até criminal e, com isso, a beneficiar também todas as partes interessadas (*stakeholders*)[43]. Houve uma progressiva tomada de consciência de que litígios, sanções, restrições regulatórias e danos à reputação das empresas poderiam ser evitados se fossem concebidos e postos em prática programas de cumprimento normativo voluntário. A promoção de boas práticas e sistemas de controlo interno é indispensável para as empresas não sucumbirem às próprias falhas e perderem, no final, a batalha da competitividade.

[42] Lei nº 83/2017, de 18 de agosto (Estabelece medidas de combate ao branqueamento de capitais e ao financiamento do terrorismo, transpõe parcialmente as Diretivas 2015/849/UE, do Parlamento Europeu e do Conselho, de 20-mai.-2015, e 2016/2258/UE, do Conselho, de 06-dez.-2016, altera o CP Pt e o CPI Pt e revoga a Lei nº 25/2008, de 5 de junho, e o Decreto-Lei nº 125/2008, de 21 de julho).

[43] Ulrich Sieber/Marc Engelhart, *Compliance Programs for the Prevention of Economic Crimes: An Empirical Survey of German Companies*, em *Schriftenreihe des Max-Planck-Instituts für ausländisches und internationales Strafrecht, Reihe S: Strafrechtliche Forschungsberichte (MPIS)*, 140, Duncker & Humblot: Berlin (2014), 1-2.

6.1. O ónus de prova das medidas implementadas contra falhas organizacionais

O fim último do cumprimento normativo voluntário tem de ser evitar a prática de vários tipos de ilícitos, incluindo os ilícitos criminais (*e.g.*, acidentes laborais, crimes ambientais, crimes contra os consumidores, crimes tributários, corrupção ativa, branqueamento de capitais e financiamento do terrorismo)[44], e não obter isenções de responsabilidade (coletiva ou individual), nem atenuações de sanção. Caso contrário, os programas de cumprimento normativo voluntário tornar-se-iam facilmente estratagemas de fuga à responsabilidade.

Acautelando-se contra esses estratagemas, o legislador, por isso mesmo, não deve extrair da simples existência de programas de cumprimento normativo voluntário nas empresas efeitos automáticos de dispensa ou redução das sanções aplicáveis. Também pelas mesmas razões, as autoridades judiciárias e administrativas devem manter-se neutrais defronte da existência de programas de cumprimento normativo voluntário nas empresas, pelo menos até verem se são levados a sério no caso concreto.

Dito isto, importa notar que, em cada caso gerador de responsabilidade, o visado é quem tem o ónus de alegar e produzir prova no processo sobre os seguintes itens: (i) existência de programas de cumprimento normativo voluntário; (ii) existência de sistemas efetivos de cumprimento normativo voluntário; (iii) identificação de medidas adequadas e realmente implementadas contra falhas organizacionais suscetíveis de originar a prática de infrações; (iv) identificação, avaliação e controlo dos riscos empresariais.

Não se diga que esse ónus de alegação e produção de prova configura uma inversão do ónus da prova, desde logo porque os itens mencionados não integram os elementos típicos da infração, nem constituem excludentes da responsabilidade.

Tudo visto e ponderado, os programas, os sistemas e as medidas de cumprimento normativo voluntário poderão ter impacto na avaliação da

[44] Gustavo Britta Scandelari, *As posições de garante na empresa e o criminal compliance no Brasil: Primeira abordagem*, em *Compliance e Direito Penal*, coord. Décio Franco David, Atlas: São Paulo (2015), 158-199, 183-184.

responsabilidade (coletiva ou individual) e na determinação das sanções aplicáveis.

6.2. A responsabilidade criminal de titulares do órgão de administração, de dirigentes ou de trabalhadores

O incumprimento dos deveres preventivos é gerador de simples responsabilidade administrativa[45] ou então contraordenacional, que é uma espécie de responsabilidade administrativa prevista em algumas ordens jurídicas nacionais (Alemanha e Portugal).

Será que da violação de deveres preventivos também pode resultar a responsabilidade criminal de pessoas singulares e coletivas por branqueamento de capitais?

A resposta, em princípio, é negativa, já que os critérios de risco que subjazem aos deveres preventivos não permitem, só por si, identificar uma operação de branqueamento de capitais que possa ser alvo de encobrimento por parte (de titulares do órgão de administração, de dirigentes ou de trabalhadores) da entidade sujeita aos ditos deveres preventivos. Só no caso em que for manifesta a origem ilícita do dinheiro que é depositado, ocultado ou recuperado para utilização no circuito económico legal se poderá equacionar a responsabilidade criminal dos indivíduos que não se abstiveram de executar as operações que lhes foram ordenadas pelo cliente.

6.3. A responsabilidade criminal do oficial de cumprimento

Muito discutida é a hipótese em que o departamento de cumprimento normativo voluntário de um banco deteta uma operação suscetível de configurar a prática de branqueamento de capitais, mas o diretor do departamento, o chamado oficial de cumprimento (*compliance officer*), não a reporta ao órgão de administração (ou ao respetivo pelouro). Tal conduta desse diretor configurará um crime de branqueamento de capitais?

Já vimos que a conduta de dirigentes da instituição de crédito que violem os deveres preventivos, em regra, não é alvo de penas criminais. Mas a resposta seria diferente se fosse evidente a origem ilícita dos ativos e o diretor deixasse de reportar as operações em causa?

[45] Silveira/Saad-Diniz, *Compliance* cit., 244.

Neste contexto, é frequentemente citado um acórdão da 5ª Secção Penal do Supremo Tribunal Federal alemão, que declarou, em *obiter dictum*, que o oficial de cumprimento tem, por regra, um dever de garante jurídico-penal, nos termos do § 13 Abs. 1 StGB, que o obriga a evitar os delitos dos trabalhadores da empresa relacionados com a atividade empresarial (BGH 5 StR 394/08, 17-jul.-2009)[46].

Em última análise, trata-se aqui de saber se é possível a prática de um crime de branqueamento de capitais por omissão imprópria, pressupondo-se neste caso a violação de um dever de garante[47]. Na generalidade das ordens jurídicas nacionais, falta uma regulação detalhada e legalmente vinculativa das funções do oficial de cumprimento (*e.g.*, Alemanha, Espanha e Portugal)[48]. Sendo assim, a delimitação da sua competência no âmbito da empresa constitui o único fundamento possível para a sua posição de garante, com base na qual se possa depois erigir uma eventual responsabilidade criminal por comissão por omissão. Para fundamentar uma posição de garante do oficial de cumprimento é necessário partir da posição de garante dos órgãos de governo da instituição de crédito (em especial, o órgão de administração). A doutrina

[46] Andy Carrión Zenteno/Gustavo Urquizo Videla, *La responsabilidad penal del oficial de cumplimiento en el ámbito empresarial: Un breve análisis comparativo entre Alemania-Perú y EEUU*, em *Lavado de activos y compliance: Perspectiva internacional y derecho comparado*, coord. Kai Ambos/Dino Carlos Caro Coria/Ezequiel Malarino, Jurista Editores: Lima (2015), 371-401, 377.

[47] Salvo nas ordens jurídicas nacionais em que existe um tipo de crime específico para o oficial de cumprimento que omitir a comunicação à autoridade competente de operações suspeitas de branqueamento de capitais que haja detetado, como é o caso do art. 5 do Decreto Legislativo 1106 peruano, como é referido por Carrión Zenteno/Urquizo Videla, *La responsabilidad penal* cit., 386. Mas, em minha opinião, esta é uma solução legislativa que não se pode aceitar, pois confunde as meras operações suspeitas, segundo critérios de risco, com as situações de branqueamento de capitais em que há conhecimento ou crença justificada relativamente à origem ilícita dos ativos, valendo neste último caso o reporte à autoridade competente como denúncia do crime. Mesmo neste caso, porém, não se pode transformar o oficial de cumprimento numa *longa manus* da Justiça, através da consagração de uma denúncia obrigatória, porquanto ele não é um funcionário da administração pública, mas sim um trabalhador de uma empresa privada, a qual, quando muito, poderá fazer uma denúncia facultativa à autoridade competente e poderá ter interesse em fazê-la para não figurar como autora do próprio branqueamento de capitais. De resto, o dever de reporte do oficial de cumprimento, quer de operações suspeitas quer de delitos, só deverá vigorar perante o órgão de administração da pessoa coletiva.

[48] Carrión Zenteno/Urquizo Videla, *La responsabilidad* cit., 376-377.

dominante tem afirmado uma posição de garante da administração que a obriga a evitar a prática de delitos de empresa[49]. A posição de garante do oficial de cumprimento corresponde a um dever derivado e não originário. O dever de conhecimento originário do órgão de administração, em especial do pelouro, é complementado pelo dever de reporte derivado do oficial de cumprimento, ao mesmo tempo que o dever de fiscalização originário do pelouro é complementado por um dever de vigilância derivado do oficial de cumprimento[50]. A designação de um oficial de cumprimento através de uma suficiente *diligentia in delegando* não desonera, porém, o órgão de administração, pois o dever originário permanece no órgão de liderança e fiscalização da empresa[51]. Importante é, pois, impedir que haja descarga de responsabilidades por parte dos líderes das empresas no responsável de *compliance*, como se este fosse o bode expiatório de todas as falhas da empresa e fosse pago para isso[52].

A imputação do crime de branqueamento de capitais ao oficial de cumprimento depende ainda da verificação do dolo, enquanto elemento típico. Discute-se a possibilidade de dolo eventual no crime de branqueamento de capitais[53]. Não é fácil de aceitar a realização do crime de branqueamento de capitais na modalidade do dolo eventual, apesar de os elementos subjetivos do tipo admitirem, por via de regra, o dolo direto, o dolo necessário e o dolo eventual. No caso do crime de branqueamento de capitais, porém, a mera suspeita da origem ilícita dos bens e a assunção do risco de lhes conferir uma aparência de licitude constituiria uma frágil concretização do dolo eventual, sobretudo

[49] Eduardo Demetrio Crespo, *Sobre la posición de garante del empresario por la no evitación de delitos cometidos por sus empleados*, em *Cuestiones actuales de Derecho penal económico*, coord. José Ramón Serrano-Piedecasas/Eduardo Demetrio Crespo, COLEX: Madrid (2008), 61-87, 64; e, Carrión Zenteno/Urquizo Videla, *La responsabilidad* cit., 379.

[50] Carrión Zenteno/Urquizo Videla, *La responsabilidad* cit., 380; e, Scandelari, *As posições* cit., 174-176.

[51] Carrión Zenteno/Urquizo Videla, *La responsabilidad* cit., 383.

[52] Scandelari, *As posições* cit., 191.

[53] André Luís Callegari/Ariel Barazetti Weber, *Alteração da Lei de Lavagem de Dinheiro brasileira: Dolo eventual e a teoria da cegueira deliberada – A problemática do 'transplante' da Common Law para a Civil Law*, em *Compliance y prevención del lavado de activos y del financiamento del terrorismo: Actas de I Foro Internacional de Compliance y Prevención del lavado de activos y del Financiamento del Terrorismo*, coord. Dino Carlos Caro Coria/Luis Miguel Reyna Alfaro, CEDPE: Lima (2013), 135-147, 135-147.

se atentarmos na circunstância de o branqueamento de capitais ocorrer no quadro das chamadas ações externamente neutrais (*äußerlich neutrale Handlungen*), que são ações aparentemente conformes às atividades profissionais do dia-a-dia, tais como a atividade do caixa do banco que executa as ordens do cliente[54]. Como caracterizar o dolo eventual de quem realiza uma ação de branqueamento de capitais externamente igual a milhares de ações legítimas que o mesmo agente realiza na sua atividade profissional normal[55]? Se defendermos a possibilidade de dolo eventual no crime de branqueamento de capitais, então será necessário procedermos aqui a um transplante jurídico (*legal transplant*), tomando de empréstimo a doutrina anglo-saxónica da cegueira deliberada (*willful blindness*), que permite qualificar como dolosa a conduta de quem deliberadamente "fecha os olhos" ou faz "vista grossa"[56].

Aceitando a possibilidade de dolo eventual no crime de branqueamento de capitais, importa concretizar esta possibilidade no caso da comissão por omissão por parte do oficial de cumprimento, de forma a impedir qualquer réstia de confusão entre a prática desse crime e a mera violação dos deveres preventivos. Para a verificação do dolo eventual não basta que o oficial de cumprimento suspeite ou tenha razões suficientes para suspeitar que teve lugar, está em curso ou foi tentada uma operação suscetível de configurar a prática do crime de branqueamento de capitais, mas é preciso ainda que tenha desenvolvido ações concretas para evitar a confirmação da origem ilícita dos bens. Só assim se circunscreve com segurança o âmbito do dolo eventual, nos mesmos termos, aliás, em que o Supremo Tribunal dos Estados Unidos da América restringiu

[54] O debate sobre a questão das ações neutras começou em meados dos anos 80 do século XX na dogmática penal alemã e a própria expressão "ações externamente neutrais" teve origem num acórdão do Supremo Tribunal Federal alemão (BGH, 23-jan.-1985 – 3 StR 515/84), como é referido por Kai Ambos, *La complicidad a través de acciones cotidianas o externamente neutrales*, trad. Gabriel Pérez Barberá (do original „Beihilfe durch Alltagshandlungen", 32 JA (2000), 721-725), 8 RDPC (2001), 195-206, 195-206. Sobre as ações neutras em geral: Luís Greco, *Cumplicidade através de ações neutras – A imputação objetiva na participação*, Renovar: Rio de Janeiro (2004); José Danilo Tavares Lobato, *Teoria geral da participação criminal e ações neutras: Uma questão única de imputação objetiva*, 1ª reimp. (1ª ed., 2009), Juruá: Curitiba (2010); e, Francisco Manuel Fonseca de Aguilar, *Dos comportamentos ditos neutros na cumplicidade*, AAFDL: Lisboa (2014).

[55] Ambos, *La complicidad* cit., 203.

[56] Callegari/Weber, *Alteração* cit., 140/n.12.

recentemente a doutrina da cegueira deliberada de modo a transcender a temeridade (*recklessness*) e a mera negligência (*negligence*)[57], ambas reconduzíveis à nossa figura geral da negligência, a qual não é punível no branqueamento de capitais na maior parte das ordens jurídicas nacionais[58].

É ainda frequentemente apontado como obstáculo à imputação do crime de branqueamento de capitais ao oficial de cumprimento o facto de as suas funções não lhe permitirem que dê ordens aos demais diretores e trabalhadores dos departamentos executivos da empresa[59]. Sendo assim, é discutível que se lhe possa assacar a omissão de uma ação adequada a evitar o resultado do branqueamento de capitais (imputação objetiva), além de que dificilmente se imagina que espécie de ações poderia ter realizado para evitar a confirmação da origem ilícita dos bens (imputação subjetiva). É, porém, um obstáculo meramente aparente, já que o dever do oficial de cumprimento de informar o pelouro a respeito das eventuais infrações praticadas dentro da empresa torna-o corresponsável pela tomada das adequadas contramedidas que corrigiriam a situação ou, pelo menos, levariam à comunicação da mesma às autoridades competentes.

[57] Em 31-mai.-2011, o Supremo Tribunal dos Estados Unidos da América estabeleceu um novo padrão para a cegueira deliberada, em Global-Tech Appliances Inc. v. SEB SA, Case No. 10-6, 563 U.S. (2011): "Entendemos que [os] requisitos [da crença na elevada probabilidade da existência de um certo facto e da realização de ações deliberadas para evitar o conhecimento desse facto] dão à cegueira deliberada um escopo apropriadamente delimitado que suplanta a temeridade e a negligência. Segundo esta formulação, o réu deliberadamente cego é aquele que intencionalmente executa ações para evitar a confirmação de uma elevada probabilidade de conduta criminosa e que quase se pode dizer que possuía o conhecimento atual dos factos críticos". Em língua original: "*We think these requirements give willful blindness an appropriately limited scope that surpasses recklessness and negligence. Under this formulation, a willfully blind defendant is one who takes deliberate actions to avoid confirming a high probability of wrongdoing and who can almost be said to have actually known the critical facts*" (13-14).

[58] Há quatro países da União Europeia (Alemanha, Bélgica, Espanha e Suécia) que punem o branqueamento de capitais culposo, conforme é referido por Kai Ambos, *Lavagem de dinheiro e direito penal*, trad., notas e comentários sob a perspectiva brasileira de Paulo Rodrigo Alflen da Silva/Sergio Antonio, Fabris: Porto Alegre (2007), 28.

[59] Carrión Zenteno/Urquizo Videla, *La responsabilidad* cit., 381-383 e 396.

7. A fuga para a frente através da punição do autobranqueamento

Jorge Godinho fez um diagnóstico da prática em Portugal e Macau. É o seguinte:

> *"Na verdade, são relativamente invulgares os casos em que um agente é acusado isoladamente da prática do crime de branqueamento de capitais, ou seja, divorciado do tipo de crime que gerou os proventos ilícitos. Por outras palavras: não abundam os casos de 'puro' branqueamento de capitais. Ocorrem com mais frequência os casos em que um mesmo processo penal respeita quer a um crime que visa ou compreende a obtenção de um ganho patrimonial quer à dissimulação da origem das vantagens dele obtidas, o que coloca invariavelmente a questão de saber se o agente do crime principal, prévio ou precedente pode ser punido em concurso efetivo pela prática dessas duas espécies de crimes ou se, pelo contrário, haverá aí uma relação de concurso aparente, que leve a não considerar um deles – questão esta que se assume como que uma inarredável 'porta de entrada' para todos os outros debates sobre o branqueamento de capitais"*[60].

Segundo cremos, o mesmo diagnóstico é válido para todos os países. Ou seja, a incriminação do branqueamento de capitais é usada na prática para agravar a responsabilidade criminal dos agentes do crime principal.

Acresce que acusação por branqueamento de capitais é usada pelos titulares da instrução criminal como expediente para promover as medidas de investigação mais gravosas para os arguidos que são geralmente facultadas pelos regimes legais de exceção consagrados na generalidade das ordens jurídicas nacionais para a prevenção e a repressão do branqueamento de capitais e do financiamento do terrorismo[61].

Mas eis que estamos já nos antípodas das razões de política criminal que estiveram na origem da incriminação do branqueamento de capitais. Duvidamos que o sistema penal contemporâneo tenha melhorado com isso.

8. O foco na perda alargada como método de recuperação de ativos

Em Portugal, a Lei nº 5/2002, de 11 de janeiro (que estabelece medidas de combate à criminalidade organizada e económico-financeira) consagra um regime de perda alargada, baseado na diferença entre o património do arguido e aquele que seria compatível com o seu rendimento

[60] Godinho, *Sobre a punibilidade* cit., 72.

[61] Alldridge, *What Went Wrong* cit., 41.

lícito[62]. O conceito de património incongruente é definido no art. 7º, nº 1: "presume-se constituir vantagem de atividade criminosa a diferença entre o valor do património do arguido e aquele que seja congruente com o seu rendimento lícito", sendo desnecessário provar a origem concreta do bem para o confiscar.

São requisitos da perda alargada: (i) a condenação do arguido pela prática de um crime de catálogo (art. 1º); (ii) os bens serem património do arguido (art. 7º, nº 2) e (iii) o património ser incongruente com o seu rendimento lícito. Estabelece-se uma presunção legal da proveniência do património desconforme, mas o arguido pode ilidir a presunção legal (art. 7º, nº 1).

A doutrina discute a natureza jurídica da perda alargada: (i) efeito da pena? (ii) reação penal análoga a uma medida de segurança? (iii) medida de carácter não penal?

Além de que são apresentadas muitas objeções de princípio à perda alargada: (i) princípio da culpa; (ii) presunção de inocência; (iii) *nemo tenetur se ipsum accusare*; (iv) princípio *in dubio pro reo*; (v) princípio do acusatório; (vi) garantia da propriedade privada.

O Tribunal Constitucional português deu novo impulso à perda alargada, na medida em que decidiu não julgar inconstitucional a norma constante do nº 1 do art. 7º da Lei nº 5/2002, de 11 de janeiro, que estabelece que, no caso de condenação pelo crime de lenocínio, "para efeitos de perda de bens a favor do Estado, presume-se constituir vantagem de atividade criminosa a diferença entre o valor do património do arguido e aquele que seja congruente com o seu rendimento lícito"[63].

Noutro aresto, o Tribunal Constitucional português decidiu também não julgar inconstitucionais as normas constantes dos arts. 7º e 9º, nºs 1, 2 e 3, da Lei nº 5/2002, de 11 de janeiro, respeitantes ao regime probatório da factualidade subjacente à perda alargada de bens a favor do Estado[64].

A Lei nº 45/2011, de 24 de junho, criou o Gabinete de Recuperação de Ativos (GRA), adaptando o ordenamento jurídico português à Deci-

[62] A Sexta alteração à Lei nº 5/2002, de 11 de janeiro, com republicação, foi introduzida pela Lei nº 30/2017 de 30 de maio.

[63] Ac. TC Pt nº 101/2015, de 11-fev.-2015, proc. nº 1090/2013, 1ª sec. (Maria Lúcia Amaral).

[64] Ac. TC Pt nº 392/2015, de 12-ago.-2015, proc. nº 665/15, 2ª sec. (João Cura Mariano).

são 2007/845/JAI do Conselho, de 6 de dezembro de 2007, relativa à cooperação entre os Gabinetes de Recuperação de Bens dos Estados-Membros no domínio da deteção e identificação de produtos ou outros bens relacionados com o crime. O GRA, que ficou na dependência da Política Judiciária, tem atribuições de investigação análogas às dos órgãos de polícia criminal e procede à investigação financeira ou patrimonial, por determinação do Ministério Público, quando estejam em causa instrumentos, bens ou produtos relacionados com crimes puníveis com pena de prisão igual ou superior a três anos e o valor universal estimado dos mesmos seja superior a 1 000 unidades de conta (€ 102 000). A referida Lei procedeu ainda à criação de um Gabinete de Administração de Bens (GAB), que ficou sediado no Instituto de Gestão Financeira e de Infraestruturas da Justiça, I. P., organismo tutelado pelo Ministério da Justiça, estabelecendo as regras de administração dos bens recuperados, apreendidos ou perdidos a favor do Estado e visando a sua boa gestão e o seu incremento patrimonial.

Atualmente discute-se se seria preferível uma investigação financeira ou patrimonial separada do processo penal, para efeitos de uma *actio in rem*. Neste caso, poderia garantir-se que não haveria transferência de provas para o processo penal e poderia figurar-se a imposição de um dever de colaboração aos visados[65].

A Procuradoria-Geral da República de Portugal, em parceria com a Polícia Judiciária, a *Fiscalía General del Estado*, de Espanha e o *Bureau Ontnemingswetgeving* OM – BOOM (Gabinete de Recuperação de Ativos dos Países Baixos), candidatou-se ao programa financeiro comunitário "Prevenir e Combater a Criminalidade", criado pela Decisão 2007/125/JAI do Conselho, de 12 de fevereiro de 2007, com um projeto respeitante à recuperação de ativos, que veio a denominar-se Projeto Fénix:

> *"O Projeto FENIX partiu da constatação de que em vários Estados da União Europeia, a reação penal tem estado centrada na sanção a aplicar ao arguido, despre-*

[65] Augusto Silva Dias/Vânia Costa Ramos, *O direito à não autoincriminação* (Nemo tenetur se ipsum accusare) *no processo penal e contraordenacional português*, Coimbra Editora: Coimbra (2009), 52; Pedro Caeiro, *Sentido e função do instituto da perda de vantagens relacionadas com o crime no confronto com outros meios de prevenção da criminalidade reditícia (em especial, os procedimentos de confisco in rem e a criminalização do enriquecimento 'ilícito')*, 2 RPCC (2011), 267-321; e, Érico Fernando Barin, *Alargar a perda alargada: O projeto Fénix*, 16 C&R (2013), 53-95.

zando-se a perda ou confisco quer dos instrumentos, quer dos bens e produtos gerados pela atividade criminosa como momentos essenciais do combate a formas de criminalidade com expressão económica. Perda a que subjazem interesses como os de prevenção, geral e especial, de obstar ao investimento de ganhos ilegais no cometimento de novos crimes e de redução dos riscos de intervenção na economia lícita, além da afirmação do princípio de que o crime não compensa"[66].

São várias as estratégias de política criminal que visam dar execução à máxima de que "o crime não compensa". Não são incompatíveis, mas complementares. A perda alargada afigura-se como a mais promissora.

9. Conclusões

Na crescente tendência para a repressão do autobranqueamento de capitais, é patente a tentação da entidade acusadora para se refugiar sempre que possível em comodidades de prova, as quais só se verificam se o ilícito antecedente fizer parte do objeto do processo em curso e puder ser provado juntamente com o branqueamento de capitais. É o que se passa, por exemplo, em processos-crime contra funcionários corruptos que acabem sendo perseguidos também por autobranqueamento, na medida em que tenham procurado ocultar os subornos por si recebidos através de depósitos e movimentos bancários evasivos. A aludida tentação afronta, porém, as finalidades de política criminal que presidiram à criminalização do branqueamento, para já não falar da vedação do *bis in idem*, que deveria ser motivo mais do que suficiente para impedir a repressão penal do autobranqueamento, na maior parte dos casos.

Importa recentrar a política criminal na prevenção administrativa do branqueamento de capitais. A prevenção que atua sobre as fontes de risco pode ser igualmente eficaz mesmo se o branqueamento de capitais não for previsto e punido por lei como infração criminal. A prevenção administrativa do branqueamento de capitais basta-se com a imposição às pessoas obrigadas de deveres preventivos, sob cominação de sanções administrativas para o incumprimento. Naturalmente, a prevenção administrativa do branqueamento de capitais implica uma atitude proativa das autoridades administrativas competentes e o concurso

[66] Cf. Procuradoria-Geral da República, *Projeto Fenix – Recuperação De Ativos*, PGR: Lisboa (2012), 11.

das pessoas obrigadas. A aplicação efetiva do Direito não se pode basear apenas no exercício dos poderes das autoridades administrativas, carecendo ainda de uma atitude colaborativa por parte das pessoas obrigadas. Nenhuma prevenção administrativa do branqueamento de capitais é eficaz se for implementada contra a vontade e o interesse das pessoas obrigadas, mas também nenhuma prevenção administrativa é eficaz se contar só com a eventual boa vontade das pessoas obrigadas.

Por fim, é urgente priorizar a máxima de que "o crime não compensa". Ora, o moderno instituto jurídico da perda alargada é sumamente mais eficaz como método de recuperação de ativos do que a repressão do branqueamento de capitais. Nunca é de mais frisar que a reação penal tem estado centrada na sanção a aplicar ao acusado, esquecendo-se a perda dos instrumentos e vantagens originadas pela atividade criminosa como aspetos decisivos da perseguição às formas de criminalidade organizada, o que importa doravante corrigir.

Bibliografia

Manuel A. Abanto Vásquez, *Evolución de criminalización del lavado de activos en doctrina y práctica de Perú y Alemania*, em *Lavado de activos y compliance: Perspectiva internacional y derecho comparado*, coord. Kai Ambos/Dino Carlos Caro Coria/Ezequiel Malarino, Jurista Editores: Lima (2015), 27-90.

Francisco Manuel Fonseca de Aguilar, *Dos comportamentos ditos neutros na cumplicidade*, AAFDL: Lisboa (2014).

Peter Alldridge, *What Went Wrong with Money Laundering Law?*, Palgrave Macmillan: London (2016).

Kai Ambos, *La complicidad a través de acciones cotidianas o externamente neutrales*, trad. Gabriel Pérez Barberá (do original „Beihilfe durch Alltagshandlungen", 32 JA (2000), 721-725), 8 RDPC (2001), 195-206;

– *Lavagem de dinheiro e direito penal*, trad., notas e comentários sob a perspectiva brasileira de Paulo Rodrigo Alflen da Silva/Sergio Antonio, Fabris: Porto Alegre (2007).

José de Oliveira Ascensão, *Branqueamento de capitais: Reação criminal*, em *Estudos de Direito Bancário*, Coimbra Editora: Coimbra (1999), 337-358.

Érico Fernando Barin, *Alargar a perda alargada: O projeto Fénix*, 16 C&R (2013), 53-95.

Miguel Bajo, *El desatinado delito de blanqueo de capitales*, em *Política criminal y blanqueo de capitales*, coord. Miguel Bajo Fernández/Silvina Bacigalupo, Marcial Pons: Madrid/Barcelona/Buenos Aires (2009), 11-20.

Miguel Bajo/Silvina Bacigalupo, *Derecho Penal Económico*, Editorial Centro de Estudios Ramón Areces: Madrid (2001).

Nuno Brandão, *Branqueamento de capitais: O sistema comunitário de prevenção*, Coimbra Editora: Coimbra (2002).

Pedro Caeiro, *A Decisão-Quadro do Conselho, de 26 de junho de 2001, e a relação entre a punição do branqueamento e o facto precedente: Necessidade e oportunidade de uma reforma legislativa*, em *Liber Discipulorum para Jorge de Figueiredo Dias*, coord. Manuel da Costa Andrade et al., Coimbra Editora: Coimbra (2003), 1067-1132;

– *Sentido e função do instituto da perda de vantagens relacionadas com o crime no confronto com outros meios de prevenção da criminalidade reditícia (em especial, os procedimentos de confisco in rem e a criminalização do enriquecimento 'ilícito')*, 2 RPCC (2011), 267-321.

André Luís Callegari/Ariel Barazetti Weber, *Alteração da Lei de Lavagem de Dinheiro brasileira: Dolo eventual e a teoria da cegueira deliberada – A problemática do 'transplante' da Common Law para a Civil Law*, em *Compliance y prevención del lavado de activos y del financiamento del terrorismo: Actas de I Foro Internacional de Compliance y Prevención del lavado de activos y del Financiamento del Terrorismo*, coord. Dino Carlos Caro Coria/Luis Miguel Reyna Alfaro, CEDPE: Lima (2013), 135-147.

Dino Carlos Caro Coria/Diana Marisela Asmat Coello, *El impacto de los Acuerdos Plenarios de la Corte Suprema Nº 03-2010/cj-116 de 16 de noviembre y Nº 7-20117cj-116 de 6 de diciembre de 2011 en la delimitación y persecución del delito de lavado de activos*, em *Compliance y prevención del lavado de activos y del financiamento del terrorismo: Actas de I Foro Internacional de Compliance y Prevención del lavado de activos y del Financiamento del Terrorismo*, coord. Dino Carlos Caro Coria/Luis Miguel Reyna Alfaro, CEDPE: Lima (2013), 95-134.

Vitalino Canas, *O crime de branqueamento – Regime de prevenção e de repressão*, Almedina: Coimbra (2004).

Andy Carrión Zenteno/Gustavo Urquizo Videla, *La responsabilidad penal del oficial de cumplimiento en el ámbito empresarial: Un breve análisis comparativo entre Alemania-Perú y EEUU*, em *Lavado de activos y compliance: Perspectiva internacional y derecho comparado*, coord. Kai Ambos/Dino Carlos Caro Coria/Ezequiel Malarino, Jurista Editores: Lima (2015), 371-401.

João Conde Correia, *Da proibição do confisco à perda alargada*, INCM: Lisboa (2012).

João Conde Correia/Hélio Rigor Rodrigues, *O confisco das vantagens e a pretensão patrimonial da Autoridade Tributária e Aduaneira nos crimes tributários (Ano-*

tação ao Acórdão do TRP de 23-11-2016, processo nº 905/15.4IDPRT.P1), em JO (2017), 1-28.

Frederico de Lacerda da Costa Pinto, *A categoria da punibilidade na teoria do crime*, II, Almedina: Coimbra (2013).

Council of Bars and Law Societies of Europe, *CCBE Comments on the Proposal for a Directive of the European Parliament and of the Council on countering money laundering by criminal law COM (2016) 826 final 2016/0414 (COD)*, [s.e.]: Bruxelas (2017).

Adam Crawford, *The preventive turn in Europe*, em *Crime Prevention Policies in Comparative Perspective*, coord. Adam Crawford, Willan: Portland, Oregon (USA) (2009), XV-XXVIII.

Eduardo Demetrio Crespo, Sobre la posición de garante del empresario por la no evitación de delitos cometidos por sus empleados, em *Cuestiones actuales de Derecho penal económico*, coord. José Ramón Serrano-Piedecasas/Eduardo Demetrio Crespo, COLEX: Madrid (2008), 61-87.

Bundesrepublik Deutschland, Deutscher Bundestag, *OECD-Kritik an Deutschland bei Geldwäschebekämpfung*, em *Deutscher Bundestag*, 18. Wahlperiode, Drucksache 18/1763 17-jun. (2014).

Augusto Silva Dias/Vânia Costa Ramos, *O direito à não autoincriminação (*Nemo tenetur se ipsum accusare*) no processo penal e contraordenacional português*, Coimbra Editora: Coimbra (2009).

Rogério Filippetto, *Lavagem de dinheiro: Crime econômico da pós-modernidade*, Lumen Juris: Rio de Janeiro (2011).

Pablo Galain Palermo, *Lavado de activos en Uruguay: Una visión criminológica*, em *Lavado de activos y compliance: Perspectiva internacional y derecho comparado*, coord. Kai Ambos/Dino Carlos Caro Coria/Ezequiel Malarino, Jurista Editores: Lima (2015), 317-369.

Octavio García Pérez, *El encubrimiento y su problemática en el Código penal*, Atelier: Barcelona (2008).

Reinhard Glaser, *Geldwäsche (§ 261 StGB) durch Rechtsanwälte und Steuerberater bei der Honorarannahme*, Herbert Utz: München (2009).

Jorge Alexandre Fernandes Godinho, *Do crime de "branqueamento" de capitais: Introdução e tipicidade*, Almedina: Coimbra (2001);

– *Sobre a punibilidade do autor de um crime pelo branqueamento das vantagens dele resultantes*, 1 ROA (2011), 71-110.

Luís Greco, *Cumplicidade através de ações neutras – A imputação objetiva na participação*, Renovar: Rio de Janeiro (2004).

Ben Koslowski, *Harmonisierung der Geldwäschestrafbarkeit in der Europäischen Union – Entwicklung europäischer Vorgaben zur Strafbarkeit wegen Geldwäsche unter Berücksichtigung mitgliedstaatlicher Geldwäschetatbestände*, Nomos: Baden-Baden (2016).

Inês Ferreira Leite, Ne (idem) bis in idem – *Proibição de dupla punição e de duplo julgamento – Contributos para a racionalidade do poder punitivo público*, II, AAFDL: Lisboa (2016).

José Danilo Tavares Lobato, *Teoria geral da participação criminal e ações neutras: Uma questão única de imputação objetiva*, 1ª reimp. (1ª ed., 2009), Juruá: Curitiba (2010).

Paulo de Sousa Mendes/Sónia Reis/António Miranda, *A dissimulação dos pagamentos na corrupção será punível também como branqueamento de capitais?*, 2 ROA (2008), 795-810.

Fernando Molina Fernández, *Qué se protege en el delito de blanqueo de capitales? Reflexiones sobre un bien jurídico problemático, y a la vez aproximación a la 'participación' en el delito*, em *Política criminal y blanqueo de capitales*, coord. Miguel Bajo Fernández/Silvina Bacigalupo, Marcial Pons: Madrid/Barcelona/Buenos Aires (2009), 91-123.

Portugal, Procuradoria-Geral da República, *Projeto Fenix – Recuperação De Ativos*, PGR: Lisboa (2012).

Benja Satula, *Branqueamento de capitais*, Universidade Católica Editora: Lisboa (2010).

Gustavo Britta Scandelari, *As posições de garante na empresa e o criminal compliance no Brasil: Primeira abordagem*, em *Compliance e Direito Penal*, coord. Décio Franco David, Atlas: São Paulo (2015), 158-199.

Ulrich Sieber, *Der Paradigmenwechsel vom Strafrecht zum Sicherheitsrecht: Zur neuen Sicherheitsarchitektur der globalen Risikogesellschaft*, em *Die Verfassung moderner Strafrechtspflege – Erinnerung an Joachim Vogel*, coord. Klaus Tiedemann/Ulrich Sieber/Helmut Satzger/Christoph Burchard/Dominik Brodowski, Nomos: Baden-Baden (2016), 351-372.

Ulrich Sieber/Marc Engelhart, *Compliance Programs for the Prevention of Economic Crimes: An Empirical Survey of German Companies*, em *Schriftenreihe des Max--Planck-Instituts für ausländisches und internationales Strafrecht, Reihe S: Strafrechtliche Forschungsberichte (MPIS)*, 140, Duncker & Humblot: Berlin (2014).

Renato de Mello Jorge Silveira/Eduardo Saad-Diniz, *Compliance, Direito Penal e Lei Anticorrupção*, Saraiva: São Paulo (2015).

Luc Thévenoz/Urs Zulauf, *Réglementation et autoréglementation des marchés financiers en Suisse*, Weblaw: Berne (2016).

AUTORES

Marcelo Barbosa

Presidente da Comissão de Valores Mobiliários (CVM). Bacharel em Direito pela Faculdade de Direito da Universidade do Estado do Rio de Janeiro (UERJ) e Mestre em Direito (LLM) pela *Columbia Law School.*

Julia Hebling

Graduada em Direito pela Faculdade de Direito da Universidade de São Paulo (USP). Membro da Comissão de Valores Mobiliários (CVM).

Thiago Bottino

Professor da Faculdade de Direito da Fundação Getúlio Vargas do Rio de Janeiro (FGV-Direito Rio). Coordenador acadêmico da graduação da FGV-Direito Rio. Mestre e Doutor pela Pontifícia Universidade Católica do Rio de Janeiro (PUC-Rio). Pós-Doutor pela *Columbia Law School.* Vice-Presidente do Instituto Brasileiro de Ciências Criminais (IBCCRIM). Membro efetivo do Instituto dos Advogados Brasileiros (IAB) e integrante da Comissão Permanente de Direito Penal e da Comissão de Direitos Humanos.

Júlia Rodrigues Costa de Serpa Brandão

Graduada em Direito pela FGV Direito Rio. Advogada nas áreas de direito societário, M&A e mercado de capitais.

Vanessa Constantino Brenneke

Graduação e Mestrado em Direito na Faculdade de Direito da Universidade de São Paulo (USP). Mestre em Direito (LLM) e MBA no Insper. Trabalhou em banco de investimento e escritórios de advocacia. Responsável pelo Convênio ANBIMA-CVM para Ofertas Públicas. Diretora Executiva da CAF – Comitê de Aquisições e Fusões.

Paulo Câmara

Professor Convidado da Faculdade de Direito da Universidade Católica Portuguesa (UCP). Advogado e Managing Partner da Sérvulo & Associados – Sociedade de Advogados. Coordenador do grupo de investigação Governance Lab. Presidente do FinTech Forum da Legalink. Membro da CAM – Comissão de Acompanhamento e Monitorização do Código do Instituto Português de Corporate Governance. Presidente da Mesa da Assembleia Geral da Associação Portuguesa de Bancos e de diversas instituições financeiras. Membro da Comissão de Redação da Revista de Direito Financeiro e de Mercado de Capitais e membro da Comissão Científica da Revista Concorrência & Regulação.

Luís Guilherme Catarino

Secretário geral do Conselho Nacional de Supervisores Financeiros (CNSF), Assessor Jurídico do CdA da Comissão do Mercado de Valores Mobiliários (CMVM). Doutor em Ciências do Direito Público – direito da regulação económica – pela Faculdade de Direito da Universidade de Coimbra (FDC), investigador do Centro de Estudos de Direito Público e da Regulação (CEDIPRE) da mesma Universidade, onde participa nos Seminários de Pós-Graduação e no Instituto dos Valores Mobiliários (IVM) da Faculdade de Direito da Universidade Lisboa (FDL), tem escritos de direito administrativo da regulação publicados em diversas Revistas jurídicas.

A. Barreto Menezes Cordeiro

Professor Auxiliar da Faculdade de Direito da Universidade de Lisboa (FDL). Membro do Centro de Investigação de Direito Privado. Licenciado e Doutor pela FDL. Mestre em Direito (LLM) pelo *King's College London*. Diretor da Revista de Direito Financeiro e dos Mercados de Capitais (RDFMC). Diretor da Revista de Direito e Tecnologia (RDTEC).

Adriana Cristina Dullius

Graduação em Ciências Jurídicas e Sociais pela Universidade Federal do Rio Grande do Sul – UFRGS (1998). Especialista em Processo Civil pela UFRGS (2006). MBA em Finanças pelo IBMEC-Rio de Janeiro (2012). Mestre com distinção em Direito Comercial pela Universidade de São Paulo (USP) (2017). Procuradora Federal (2008-2018) junto à Procuradoria Federal Especializada junto à CVM, bem como no Conselho de Recursos do Sistema Financeiro Nacional (CRSFN), representando a Comissão de Valores Mobiliários (CVM) (2014-2019). Diretora do Departamento de Projetos e de Políticas de Direitos Coletivos e Difusos – Ministério da Justiça.

Nelson Eizirik

Advogado. Sócio do escritório Eizirik Advogados. Professor da Faculdade de Direito da Fundação Getúlio Vargas do Rio de Janeiro (FGV--Direito Rio). Foi Diretor da Comissão de Valores Mobiliários (CVM) (1986-1988) e Presidente Comitê de Aquisições e Fusões (CAF) (2015--2018). Membro da *International Faculty for Corporate and Securities Law.*

Helena Prata Garrido Freitas

Professora da Faculdade de Direito da Universidade Agostinho Neto (FDUAN). Licenciada e Mestre pela FDUAN. Sócia fundadora da ALC Advogados. Membro da Associação Fiscal Angolana. Dirigente da Ordem dos Advogados de Angola

Mário Edison Gourgel Gavião

Presidente da Comissão de Mercado de Capitais (CMC). Foi Administrador Executivo da CMC, membro da Comissão de Preparação e Implementação do Processo de Privatização em Bolsa de Empresas de Referência, Assessor Jurídico e Director do Gabinete de *Compliance* do Banco Angolano de Investimentos, Professor Convidado das Universidades Católica e Lusíada de Angola, participante do Kellogg|Católica Advanced Management Program, membro do Grupo Técnico para a Revisão da Lei das Instituições Financeiras e da Lei dos Valores Mobiliários e da Comissão Técnica para a Revisão da legislação Económica, Licenciado pela Faculdade de Direito da Universidade de Lisboa.

Marcus de Freitas Henriques

Advogado. Sócio do escritório Eizirik Advogados. Membro do Conselho de Supervisão da BSM Supervisão de Mercados.

Taime Haensel

Advogada. Doutora e Mestre em Direito Comercial pela Universidade de São Paulo (USP). Mestre em Direito dos Mercados Financeiro e de Capitais (LLM) pelo IBMEC-SP. Professora universitária de cursos de graduação (Direito, Administração de Empresas e Ciências Contábeis) e de pós-graduação (Direito). Autora de livros e artigos publicados sobre Direito do Mercado de Valores Mobiliários.

Leonildo João Lourenço Manuel

Docente da Faculdade de Direito da Universidade Agostinho Neto (FDUAN). Doutorando em Direito pela Faculdade de Direito da Universidade de Lisboa. Mestre em Direito e Pós-Graduado em Mercados Financeiros. Membro do Governance Lab. Membro fundador da Angola Corporate Governance Association (ACGA).

Paulo de Sousa Mendes

Professor Associado da Faculdade de Direito da Universidade de Lisboa (FDL). Professor-Coordenador da Comissão Científica de Estudos Pós-Graduados (CEPG) da FDL. Membro da Direção do Instituto de Direito Penal e Ciências Criminais (IDPCC). 2º Vice-Diretor do Centro de Investigação em Direito Penal e Ciências Criminais (CIDPCC). Investigador do Centro de Investigação de Direito Privado (CIDP). Membro do Conselho Científico do Centro de Estudos de Direito Penal e Processual Penal Latino-americano (CEDPAL) da Georg-August-Universität Göttingen.

Luís Silva Morais

Professor Associado da Faculdade de Direito da Universidade de Lisboa (FDL). Mestre e Doutor pela FDL. Presidente do Centro de Investigação em Regulação e Supervisão do Sector Financeiro (CIRSD). Advogado e Jurisconsulto.

Francisco Antunes Maciel Müssnich

Sócio do Barbosa, Müssnich & Aragão Advogados com atuação nas áreas de Direito Societário, Fusões e Aquisições e Aconselhamento estratégico em disputas empresariais complexas. Mestrado pela *Harvard Law School* (LLM 1979) e Faculdade de Direito da Fundação Getúlio Vargas do Rio de Janeiro (FGV-Direito Rio) em 2014. Doutorando pela *Goethe Universität Frankfurt* em 2019. Professor de Direito Societário da PUC/RJ, da FGV/RJ e da *Vanderbilt Law School.* Autor dos Livros "Cartas a Um Jovem Advogado" e "Insider Trading no Direito Brasileiro"

João Pedro Barroso do Nascimento

Doutorando e Mestre em Direito Comercial pela Faculdade de Direito da Universidade de São Paulo. Pós-Graduado em Direito Empresarial, com concentração em Direito Societário e Mercado de Capitais, pela FGV Direito Rio. Graduado em Direito pela PUC-Rio. Professor dos Cursos de Graduação e Pós-Graduação da FGV Direito Rio. Advoga nas áreas de direito societário, M&A e mercado de capitais.

Ana Perestrelo de Oliveira

Professora Associada da Faculdade de Direito da Universidade de Lisboa (FDL). Licenciada e Doutora pela FDL. Sócia da Eduardo Paz Ferreira e Associados. Membro de vários grupos de trabalho de preparação legislativa em Angola, Cabo Verde, Guiné-Bissau e Portugal, na área do Direito das sociedades comerciais e do Direito financeiro. Membro da Comissão de redação da Revista de Direito das Sociedades Comerciais e da Revista de Direito Financeiro e dos Mercados de Capitais. Advogada, Jurisconsulta e Árbitra.

Erik Frederico Oioli

Bacharel em Direito pela Universidade de São Paulo (USP), Mestre e Doutor em Direito Comercial pela USP, especialista em regulação do mercado financeiro e de capitais pela EDESP/FGV, MBA em Finanças pelo Insper. Professor de pós-graduação do LLM em Mercado Financeiro e de Capitais do Insper e coordenador acadêmico do *CEU Law School.* Conselheiro editorial e diretor executivo da Revista de Direito das Sociedades e dos Valores Mobiliários – RDSVM. Advogado em São Paulo.

Frederico de Lacerda da Costa Pinto

Professor Associado da Faculdade de Direito da Universidade Nova de Lisboa (FDUNL) e Assessor do Conselho de Administração da Comissão do Mercado de Valores Mobiliários (CMVM). Membro do grupo de investigação *Criminalia* (CEDIS). Tem regido disciplinas de Direito Penal, Direito Penal Económico e Direito Processual Penal e publicado estudos nestes domínios, sobre Direito das Contraordenações, Supervisão do Sistema Financeiro e História do Direito Penal. Participou em várias reformas legislativas do Direito sancionatório do sistema financeiro.

Andre Grunspan Pitta

Bacharel em Direito pela Faculdade de Direito da Universidade de São Paulo (USP). Mestre e Doutor em Direito Comercial pela Faculdade de Direito da USP. Ex-Superintendente Jurídico de Regulação da B3 S.A. – Brasil, Bolsa, Balcão. Presidente do Instituto de Direito Societário Aplicado – IDSA. Advogado em São Paulo e no Rio de Janeiro

Francisco Satiro

Formado em Direito com especialização em Direito Empresarial pela Faculdade de Direito da Universidade de São Paulo (1993). Doutor em Direito Empresarial pela Faculdade de Direito da Universidade de São Paulo (2001). Professor Doutor de Direito Comercial da Faculdade de Direito da USP (Largo São Francisco), desde 2001. Professor visitante na Universidade Guido Carli – LUISS (Roma – 2015), no Centre for Transnational Legal Studies – CTLS (Londres – 2009-2010), Membro titular do Conselho de Recursos do Sistema Financeiro Nacional CRSFN (2011-2015).

Paula Costa e Silva

Professora Catedrática da Faculdade de Direito da Universidade de Lisboa (FDL). Licenciada, Mestre e Doutora pela FDL. Membro da Direção da Associação Portuguesa de Arbitragem. Membro do Conselho Consultivo da Concórdia. Presidente do Instituto de Direito Brasileiro. Presidente da Direção do Instituto dos Valores Mobiliários. Advogada inscrita da Ordem dos Advogados de Portugal e do Brasil. Jurisconsulta e Árbitra.

Sofia Vale

Professora da Faculdade de Direito da Universidade Agostinho Neto (FDUAN). Consultora da MG Advogados. Consultora para arbitragem do Centro de Resolução Extrajudicial de Litígios do Ministério da Justiça e dos Direitos Humanos. É a representante da Rede Africana de Arbitragem da IBA – *International Bar Association* para Angola. Integrou diversas comissões de reforma legislativa, designadamente a Sub-Comissão para a Reforma do Direito Comercial, criada sob a égide da Comissão da Reforma da Justiça e do Direito. Árbitra

Marcelo Godke Veiga

Sócio de Godke Advogados (São Paulo, Curitiba, Natal, Miami e Lisboa). Bacharel em direito pela Universidade Católica de Santos, Mestre em direito pela *Universiteit Leiden* (Países Baixos). Mestre em direito pela *Columbia Law School.* Doutor em Direito pela *Universiteit van Tilburg* (Países Baixos) e doutorando em direito pela Faculdade de Direito da Universidade de São Paulo (USP). Professor da Fundação Armando Álvares Penteado (São Paulo), do Insper – Instituto de Ensino e Pesquisa (São Paulo), do CEU Law School (São Paulo).

Renata Maccacchero Victer

Graduada pela UCAM. Mestre pela Faculdade de Direito da Fundação Getúlio Vargas do Rio de Janeiro (FGV-Direito Rio). Membro da Comissão de Mercado de Capitais da OAB/RJ.

Luca Wanick

Graduada pela Faculdade de Direito da Fundação Getúlio Vargas do Rio de Janeiro (FGV-Direito Rio).

